그림으로 배우는
StatQuest
신경망 & AI 강의

머리에 쏙쏙 들어오는 딥러닝 그림책

조시 스타머 지음
김태헌 옮김

그림으로 배우는 StatQuest 신경망 & AI 강의

1판 1쇄 발행 2025년 11월 13일

지은이 조시 스타머
옮긴이 김태헌
펴낸이 장성두
펴낸곳 주식회사 제이펍

출판신고 2009년 11월 10일 제406-2009-000087호
주소 경기도 파주시 회동길 159 3층 / **전화** 070-8201-9010 / **팩스** 02-6280-0405
홈페이지 www.jpub.kr / **투고** submit@jpub.kr / **독자문의** help@jpub.kr / **교재문의** textbook@jpub.kr

소통기획부 김정준, 이상복, 안수정, 박재인, 박새미, 송영화, 김은미, 나준섭, 권유라
소통지원부 민지환, 이승환, 김정미, 박예은 / **디자인부** 이민숙, 최병찬

진행 권유라 / **교정·교열 및 내지 디자인** 백지선 / **표지 디자인** 이민숙
용지 타라유통 / **인쇄** 한길프린테크 / **제본** 일진제책사

ISBN 979-11-94587-83-5 (93000)
책값은 뒤표지에 있습니다.

제이펍은 여러분의 아이디어와 원고를 기다리고 있습니다. 책으로 펴내고자 하는 아이디어나 원고가 있는 분께서는
책의 간단한 개요와 차례, 구성과 지은이/옮긴이 약력 등을 메일(submit@jpub.kr)로 보내주세요.

GPT는 어떻게 이렇게 자연스럽게 말을 만들어낼까요? 또 내 질문을 이렇게 잘 이해하는 비밀은 무엇일까요? 이런 궁금증을 가진 적이 있다면, 바로 이 책이 그 답을 그림과 직관으로 보여줍니다. 이제는 AI의 도입 여부가 아니라 활용 방식이 핵심 질문이 되었고, 많은 사람들이 그 원리를 알고 싶어 하지만 정작 체계적이고 쉽게 설명된 자료는 많지 않습니다.

그런 독자들에게 이 책은 가장 친절한 안내서가 될 것입니다. 저자인 조시 스타머는 세계적인 데이터 과학 교육 유튜브 채널인 StatQuest의 운영자로, 복잡한 개념을 시각적으로 명쾌하게 설명하는 데 탁월한 능력을 인정받고 있습니다. 이 책은 딥러닝의 기본인 신경망의 기초부터 시작해, 이미지 분류에 사용되는 CNN, 시계열 분석에 활용되는 RNN과 LSTM, GPT 같은 언어 모델의 기반이 되는 트랜스포머와 어텐션 메커니즘까지 핵심 개념을 명쾌한 그림과 함께 풀어냅니다. 특히 ChatGPT 의 기반이 되는 디코더-온리 트랜스포머(decoder-only transformer)의 작동 방식을 단계별로 설명하여 최신 AI 기술의 핵심 원리를 깊이 있게 이해할 수 있도록 돕습니다. 단순히 모델을 나열하는 데 그치지 않고, 왜 그런 구조가 만들어졌는지, 어떤 점에서 혁신적인지를 자연스럽게 이해하도록 안내합니다.

아무리 쉽게 설명된 책이라도 한 번에 완벽히 이해하기란 쉽지 않습니다. 그래서 이 책은 '읽는 책'이면서 동시에 '곁에 두고 두고두고 보는 책'입니다. 이해를 넘어 남에게 설명하고 싶은 순간에도 다시 꺼내 참고할 수 있는 일종의 시각적 '지도'가 되어 줄 것입니다.

또한 이 책이 가진 강점 중 하나는 시간이 지나도 여전히 유효한 핵심을 다루고 있다는 점입니다. AI 분야는 새로운 기술이 쏟아지며 금세 구식이 되기 쉽지만, StatQuest가 보여주는 원리와 직관은 몇 년이 지나도 흔들리지 않는 기반을 제공합니다. 이 점이 역자로서 저를 가장 설레게 했습니다.

마지막으로, 이번 작업이 책으로 세상에 나오기까지 아낌없는 결정을 내려주신 장성두 대표님과 지난 책에 이어 이번에도 처음부터 끝까지 꼼꼼하게 챙겨주신 권유라 편집자님께 깊은 감사를 전합니다. 여러분 덕분에 독자들이 더 쉽게, 더 깊게 AI의 세계를 탐험할 수 있게 되었습니다.

김태헌

강찬석(LG전자)

조시 스타머의 StatQuest 시리즈가 신경망과 트랜스포머 관련 내용을 담아서 더 알차게 돌아왔습니다. 《그림으로 배우는 StatQuest 머신러닝 강의》가 머신러닝 기초 지식을 이해하기 쉽게 설명했다면, 이번 책은 어떻게 보면 더 복잡할 수도 있는 신경망과 트랜스포머 안에서 이뤄지는 연산을 그림으로 잘 설명합니다. 평소에 코드만 보고 원리에 대한 이해가 부족했던 사람이라면 이 책을 통해서 작동 원리를 쉽게 이해할 수 있을 것입니다.

 김용현(Microsoft MVP)

기존 책들이 이론을 먼저 설명하거나 코드를 보여주고 보충하는 방식과 달리, 이 책은 결과 그림을 먼저 제시한 뒤 거기에 예시 값을 대입하며 설명을 전개하는, 신선하고 혁신적인 구성을 갖추고 있습니다. 입문자에게는 다소 부담스러울 수 있으나, 딥러닝에 조금이라도 관심을 가져본 분이라면 내용을 깊이 이해하고 새로운 시각을 얻을 수 있는 색다른 시도가 되고, 딥러닝의 이해가 어려웠던 분에게는 제대로 이해할 기회가 될 것입니다.

 윤지태(금융결제원 플랫폼개발부)

복잡한 수학과 코드를 그림과 직관으로 풀어주는, '이해가 먼저'인 딥러닝 입문서입니다. 퍼셉트론부터 CNN, RNN, 트랜스포머까지 딥러닝의 발전 과정 및 기법을 유기적으로 설명하며, 처음부터 끝까지 '왜'를 납득시켜주는 부분이 굉장히 인상적이었습니다. 처음 딥러닝을 접하는 분에게 강력 추천할 만한 책입니다.

허민(한국외국어대학교 정보전략팀)

복잡한 딥러닝의 원리를 가장 쉽게 이해할 수 있도록 풀어낸 이 책에 최고의 찬사를 보냅니다. 딥러닝의 수식을 사칙연산 수준으로 파헤치고, 그림, 직관, 대화로 원리를 풀어내는 저자의 통찰력과 전달력이 인상적입니다. 덕분에 딥러닝의 원리를 그 어떤 수단보다 쉽게 이해할 수 있었습니다. 이 책은 딥러닝 이론서를 보조하는 개념서로, 트랜스포머 등 어려운 개념부터 파이토치 실습까지 폭넓은 내용을 효율적으로 익힐 수 있었습니다. 또한 왜 알고리즘이 필요하고 어떻게 수식이 우리의 예측이나 분류에 반영되는지 직관적으로 알 수 있었습니다. 특히 직관적 시각화가 인상적입니다. 은닉층 노드의 합산, SSR(잔차제곱합)과 W(가중치) 관계, Adam 최적화, 출력 정규화 등 복잡한 유도 과정을 그림과 소크라테스식 대화로 쉽고 명확하게 설명합니다. 실습과 이해의 조화도 마음에 드는 부분입니다. 파이토치 실습 포함, 각 장마다 실질적인 적용 사례가 꼼꼼해서 좋았습니다. 수학적 원리의 친근한 해설도 일품입니다. 부록에서는 수학 이론 기초를 직관적으로 전달합니다. 이 책이 곁에 있다면 인공지능 학습의 고민은 최소 절반으로 줄어들 것입니다.

제이펍

제이펍은 책에 대한 애정과 기술에 대한 열정이 뜨거운 베타리더의 도움으로
출간되는 모든 IT 전문서에 사전 검증을 시행하고 있습니다.

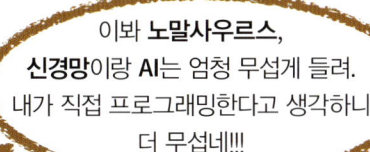

모든 **StatQuest**는 **유쾌한 노래**로 시작하니까...

Hello!!!

나는 조쉬 스타머야! 《그림으로 배우는 StatQuest 신경망 & AI 강의》에 온 걸 환영해!!! 이 책에서는 **신경망과 AI**에 대해 이야기할 거야. 기초부터 최신 기술까지, 모든 개념을 명확한 일러스트와 함께 하나씩 배워나갈 거야. 그리고 마지막에는 **파이토치**로 **신경망**을 코딩하는 법도 배울 거야. **BAM!!!**

차 례

이 책은 이렇게 진행돼!

① 시작하기 전에 이 책이 어떻게 구성되어 있는지 간단히 살펴보자.

② 각 페이지는 우리가 다룰 개념을 정확하게 알려주는 제목으로 시작해.

신경망: 핵심 개념, Part 1

① 이봐, **노말사우르스!** 신경망이랑 AI를 한 문장으로 요약해줄 수 있어?

물론이지, **스콰치!** 신경망이랑 AI는 보통 엄청나게 많은 데이터를 받아서, 그걸 바탕으로 우리가 상상할 수 있는 거의 모든 것(예를 들면 어떤 사람의 키가 어느 정도일지, 이미지들이 얼마나 비슷한지 같은 것)에 대한 예측을 만들어내는 거야. 심지어 시(詩)에 들어갈 단어도 예측할 수 있지!

② **노말사우르스,** 그럼 신경망은 데이터를 추측하는 것과 관련된 거야?

맞아, **스콰치!** 하지만 그 추측들은 무작위가 아니야. 데이터에 기반한 거지. 그리고 우리가 기존의 예제들과 비교해보면서 그 추측이 얼마나 좋은지 가늠해볼 수도 있어.

③ 좋아, 이제 신경망의 핵심 개념부터 이야기해보자!

BAM!

③ 책을 읽다 보면 이런 동그라미 번호들이 보일 거야.

번호 순서대로 따라가기만 하면 각 개념이 자연스럽게 이해될 거야.

④ **BAM!!!** 이제 이 책의 진행 방식을 알았으니 시작해보자!!!

노말사우르스, 이 책에 간식도 포함돼 있어?

네가 알아서 챙겨와야지, **스콰치.**

Chapter 01

신경망과 AI의 기본 개념!!!

(1) 이봐, **노말사우르스!** 신경망이랑 AI를 한 문장으로 요약해줄 수 있어?

물론이지, **스콰치!** 신경망이랑 AI는 보통 엄청나게 많은 데이터를 받아서, 그걸 바탕으로 우리가 상상할 수 있는 거의 모든 것(예를 들면 어떤 사람의 키가 어느 정도일지, 이미지들이 얼마나 비슷한지 같은 것)에 대한 예측을 만들어내는 거야. 심지어 시(詩)에 들어갈 단어도 예측할 수 있지!

(2) **노말사우르스,** 그럼 신경망은 데이터를 추측하는 것과 관련된 거야?

맞아, **스콰치!** 하지만 그 추측들은 무작위가 아니야. 데이터에 기반한 거지. 그리고 우리가 기존의 예제들과 비교해보면서 그 추측이 얼마나 좋은지 가늠해볼 수도 있어.

(3) 좋아, 이제 신경망의 핵심 개념부터 이야기해보자!

BAM!

신경망: 핵심 개념, Part 2

① **문제:** 우리는 약물이 투여량에 따라 얼마나 효과적인지를 보여주는 데이터를 가지고 있어.

그런데 ... **직선(straight line)**으로 데이터를 맞추면 좋은 결과가 나오지 않아. 이 예시에서 직선은 높은 투여량(high dose)에서 끔찍한 예측을 하게 될 거야.

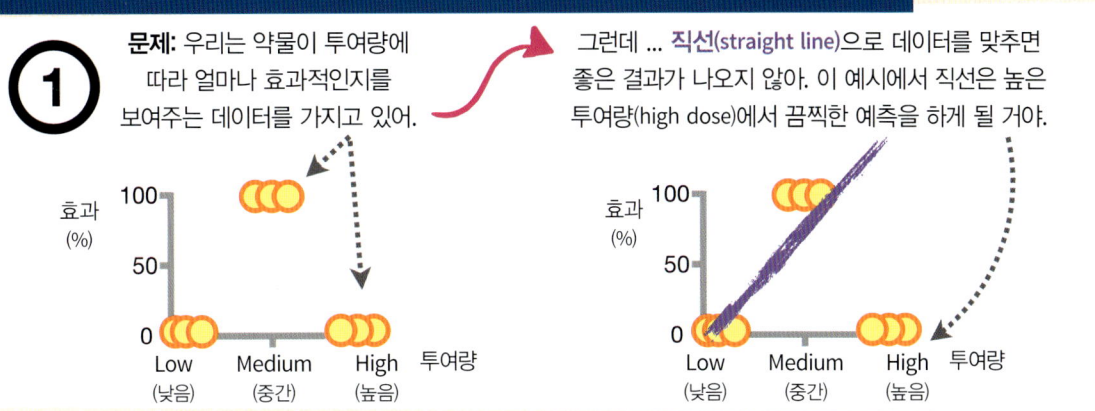

효과 (%)
100
50
0
Low (낮음) Medium (중간) High (높음) 투여량

효과 (%)
100
50
0
Low (낮음) Medium (중간) High (높음) 투여량

② **해답:** 신경망이 처음엔 엄청 어렵게 들릴 수도 있지만, 결국 하는 일은 **복잡한 곡선(fancy squiggle)**이나 **구부러진 형태(bent shape)**를 데이터에 맞추는 거야. 이런 형태를 사용하면 더 좋은 예측을 할 수 있어.

예를 들어 신경망을 사용해서...

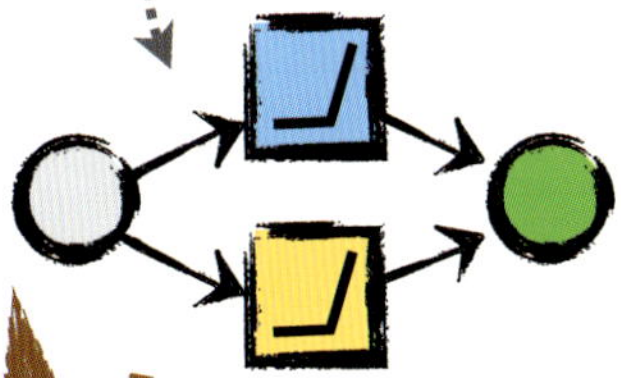

데이터를 **복잡한 곡선**으로 맞출 수도 있고...

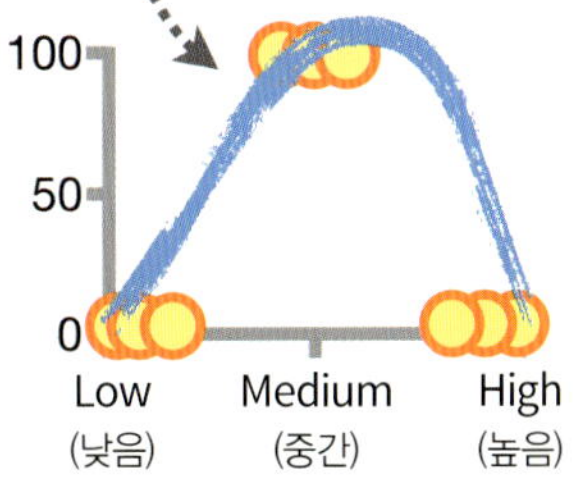

데이터를 **구부러진 형태**로 맞출 수도 있어!

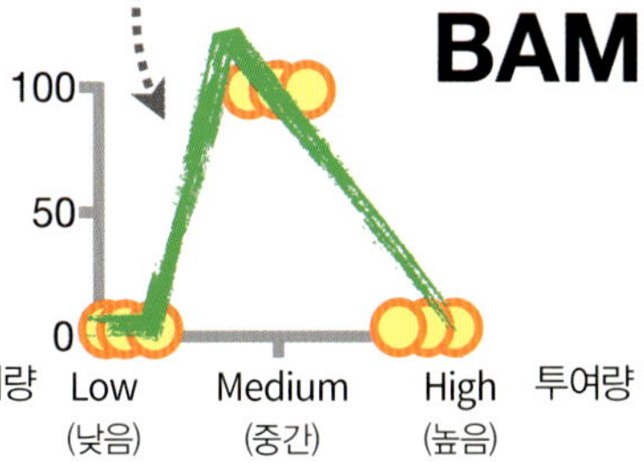

BAM!!!

100
50
0
Low (낮음) Medium (중간) High (높음) 투여량

100
50
0
Low (낮음) Medium (중간) High (높음) 투여량

이봐 **노말사우르스**, 곡선이나 형태를 데이터를 맞추는 게 예측을 위한 것이라는 건 이해했어. 그런데 신경망이 시(poetry)도 쓸 수 있다고 했잖아? 그럼 시도 '예측(prediction)'이라고 할 수 있어?

Bam!

조금 말도 안 되는 것처럼 들릴 수도 있지만, 맞아, **스콰치**! 시를 쓰는 것도 예측의 결과일 수 있어. 신경망은 첫 번째 단어를 예측할 수 있고, 그 단어를 기반으로 다음 단어를 예측할 수도 있어. 그렇게 계속 단어를 예측하다 보면, 결국 한 편의 시가 완성되는 거야!

이제 신경망이 하는 일의 핵심 개념을 알았으니까, 세부 내용을 이야기할 수 있도록 몇 가지 용어를 배워보자!

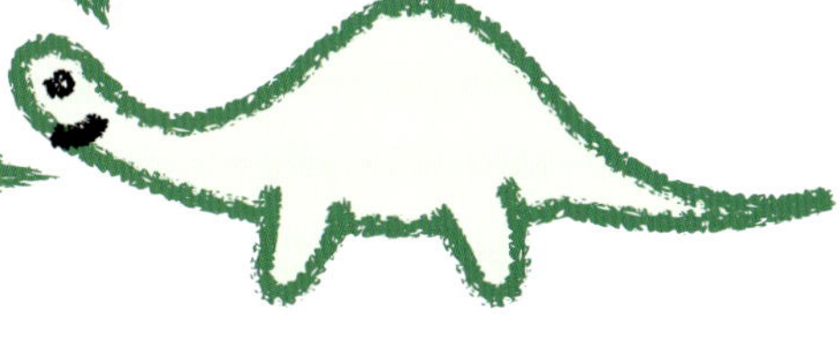

전문용어 주의! 신경망의 해부학

오, 안 돼! 이건 무시무시한 **전문용어 경보야!!!** 으악!

① 신경망은 복잡한 뉴런들이 시냅스로 연결된 모습처럼 보일 수도 있지만, 사실 단순한 구성 요소로 만들어져 있어. 신경망(neural network)이라는 이름도 여기에서 유래한 거야.

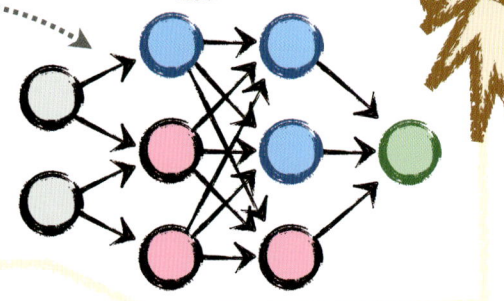

② 신경망은 **노드(node)**라는 사각형 박스로 이루어져 있고...

노드들 사이에서 연결(connection)은 화살표로 나타낼 수 있어.

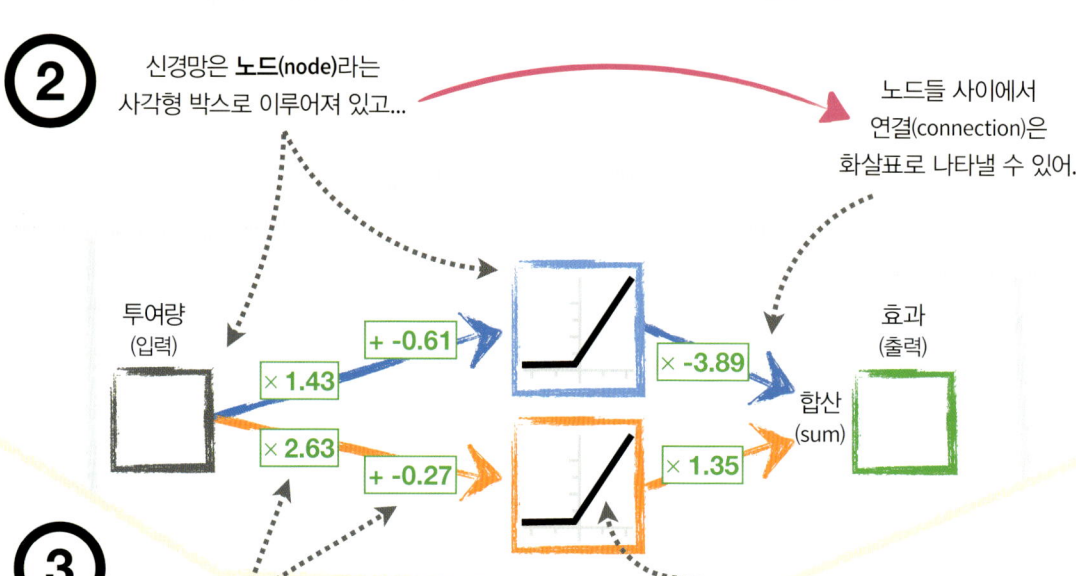

투여량 (입력)
× 1.43
+ -0.61
× -3.89
효과 (출력)
× 2.63
+ -0.27
× 1.35
합산 (sum)

③ 연결선에 있는 숫자들은 **가중치(weight)**라고 하고, 더해지는 숫자들은 **편향(bias)**이라고 해. 이 가중치와 편향은 신경망이 데이터를 학습하면서 추정되는데, 이 과정이 바로 **역전파(backpropagation)**야. 이 장에서는 가중치와 편향이 어떻게 작동하는지 정확히 볼 거고, **2장**에서 역전파를 단계별로 학습할 거야.

노드 안의 구부러진 선들은 **활성화 함수 (activation function)**라고 해. 이 함수들은 신경망이 더 유연해지고, 거의 모든 데이터를 적절하게 맞출 수 있도록 도와줘.

신경망은 **1950년대**에 처음 발명되었어. 처음에는 **X**와 **O** 같은 문자를 구별하기 위해 개발되었고, 인간의 눈과 뇌가 이미지를 처리하는 방식에서 아이디어를 얻어서 **퍼셉트론(perceptron)**이라는 이름이 붙었어.

4

전문용어 주의! 레이어

오, 안 돼!
또 **전문용어 경보야!!!**
으악!! 으악!!

① 신경망은 여러 개의 층으로 구성돼.
보통 신경망에는 여러 개의
입력 노드(input node)가 있고,
이 노드들이 **입력층(input layer)**을 형성해...

② 그리고 보통 여러 개의
출력 노드(output node)가
있어서 **출력층(output
layer)**을 형성하지...

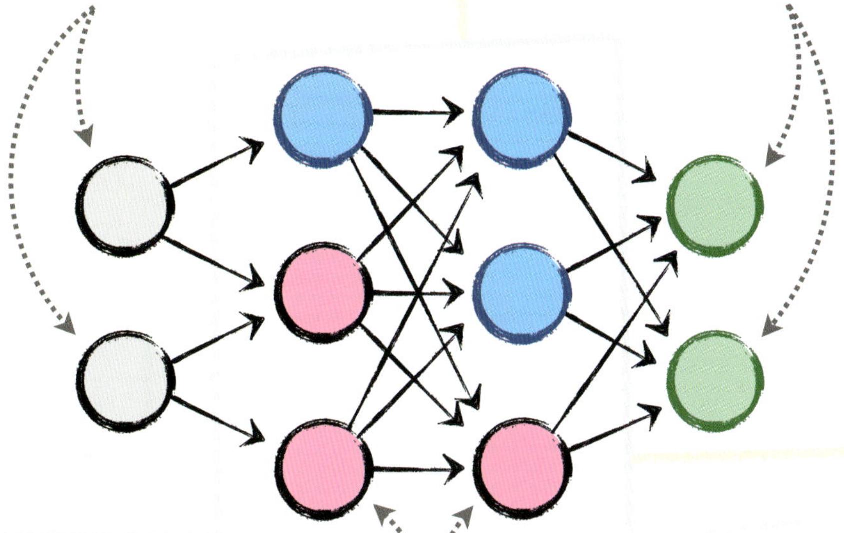

③ 입력층과 출력층 사이에 있는 노드들의 층을 '**은닉층**'이라고 불러.
신경망을 설계할 때 몇 개의 은닉층을 사용할지, 각 층에 몇 개의
노드를 배치할지를 결정하는 것이 핵심이야.
일반적으로 층(layer)이 많고, 노드(node)가 많을수록
데이터에 더 복잡한 형태를 맞출 수 있어.

④ 이 장에서 다룰 예제에서는,
하나의 **입력 노드**가 있고...

두 개의 노드를 가진 **은닉층(hidden layer)**
이 있으며, 이 노드들은 **활성화 함수**
를 포함하고 있어...

그리고
출력 노드가 하나
있어.

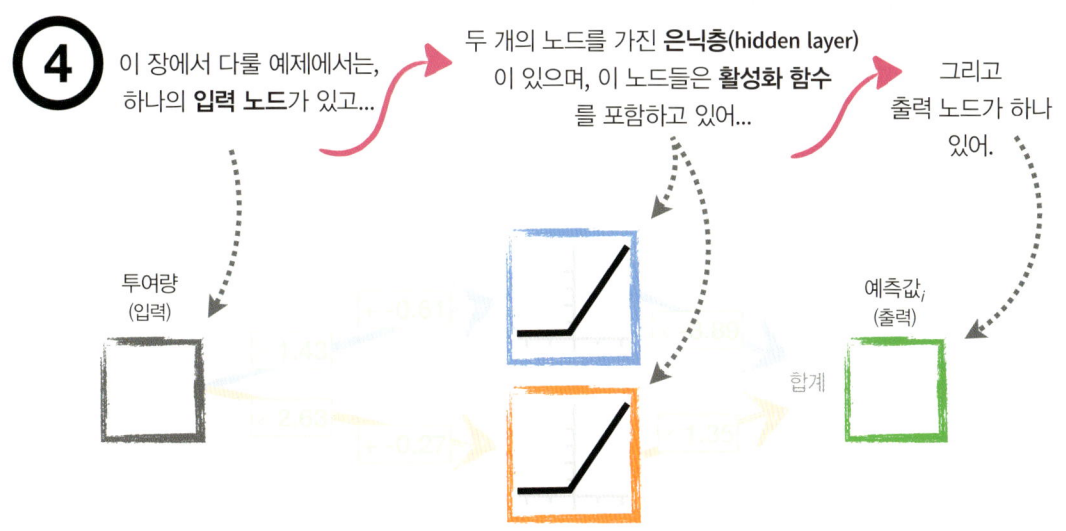

투여량
(입력)

합계

예측값$_i$
(출력)

5

오, 안 돼! 세 번째 전문용어 경보가 연속으로!!! 으악! 으악!! 으악!!!

① **활성화 함수**는 곡선이나 구부러진 형태를 데이터에 맞추는 기본 요소야.

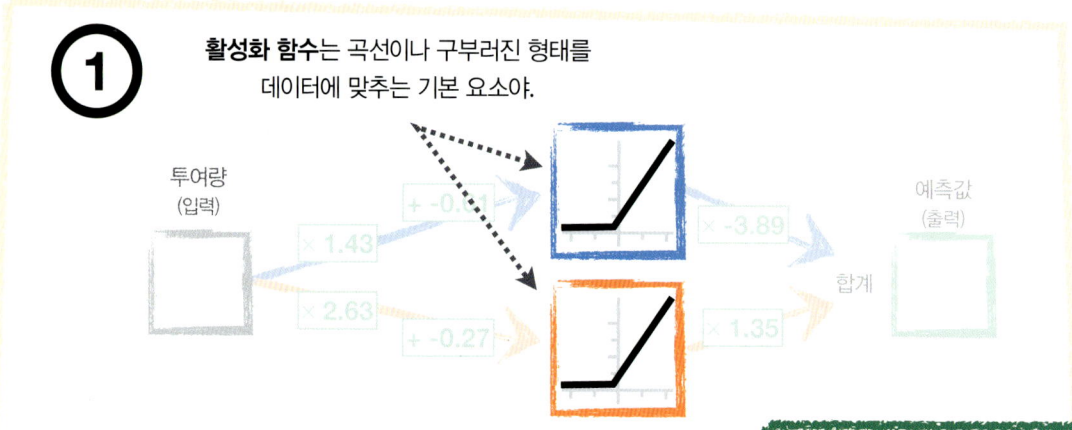

투여량
(입력)

예측값
(출력)

합계

② 활성화 함수에는 다양한 종류가 있어. 그중 대표적인 세 가지를 소개할게.

ReLU(**Rectified Linear Unit**), 로봇 이름 같기도 한 ReLU는 가장 널리 사용되는 활성화 함수야. x = 0에서 꺾이는(**bent**) 형태를 가지고 있어.

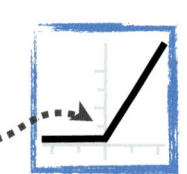

> **참고:**
> **활성화 함수**는 신경망이 데이터를 곡선이나 구부러진 형태로 맞출 수 있도록 도와줘. 일반적으로 은닉층에서 활성화 함수를 많이 사용할수록, 데이터에 더 복잡한 형태를 맞출 수 있어.

SoftPlus는 **ReLU**의 변형된 형태야. ReLU는 x = 0에서 꺾이지만, **SoftPlus**는 부드러운 곡선(**curve**)으로 변화해.

③ 활성화 함수는 매우 복잡해 보이지만, 사실 고등학교 때 배운 수학 함수랑 똑같아. x값을 넣으면 수학 연산을 거쳐 y값을 출력해.

마지막으로, **S**자 형태의 곡선을 가진 **시그모이드(sigmoid)** 함수는 신경망을 가르칠 때 자주 사용되지만, 실제 모델에서는 거의 쓰이지 않아.

예를 들어 **ReLU** 활성화 함수는:

$$\text{ReLU}(x) = \text{Max}(x, 0)$$

즉, 입력값 x와 0 중 더 큰 값을 출력하는 거야.

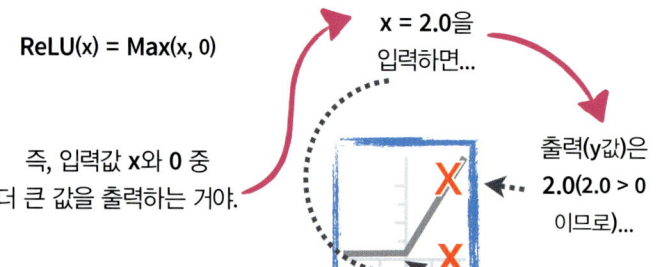

x = 2.0을 입력하면...

출력(y값)은 2.0(2.0 > 0 이므로)...

반대로, x =-1을 입력하면...

출력(y값)은 0(0 > -1이므로)이 되는 거야.

이제 이 활성화 함수들이 어떻게 작동하는지에 대한 핵심 개념을 설명할게.

활성화 함수: 핵심 개념

① 문제: 우리는 복잡한 곡선 혹은 구부러진 형태를 사용해 어떤 데이터셋에도 맞출 수 있는 새로운 흥미로운 형태를 만들어야 해. 심지어 데이터셋이 매우 복잡할 때도 마찬가지지.

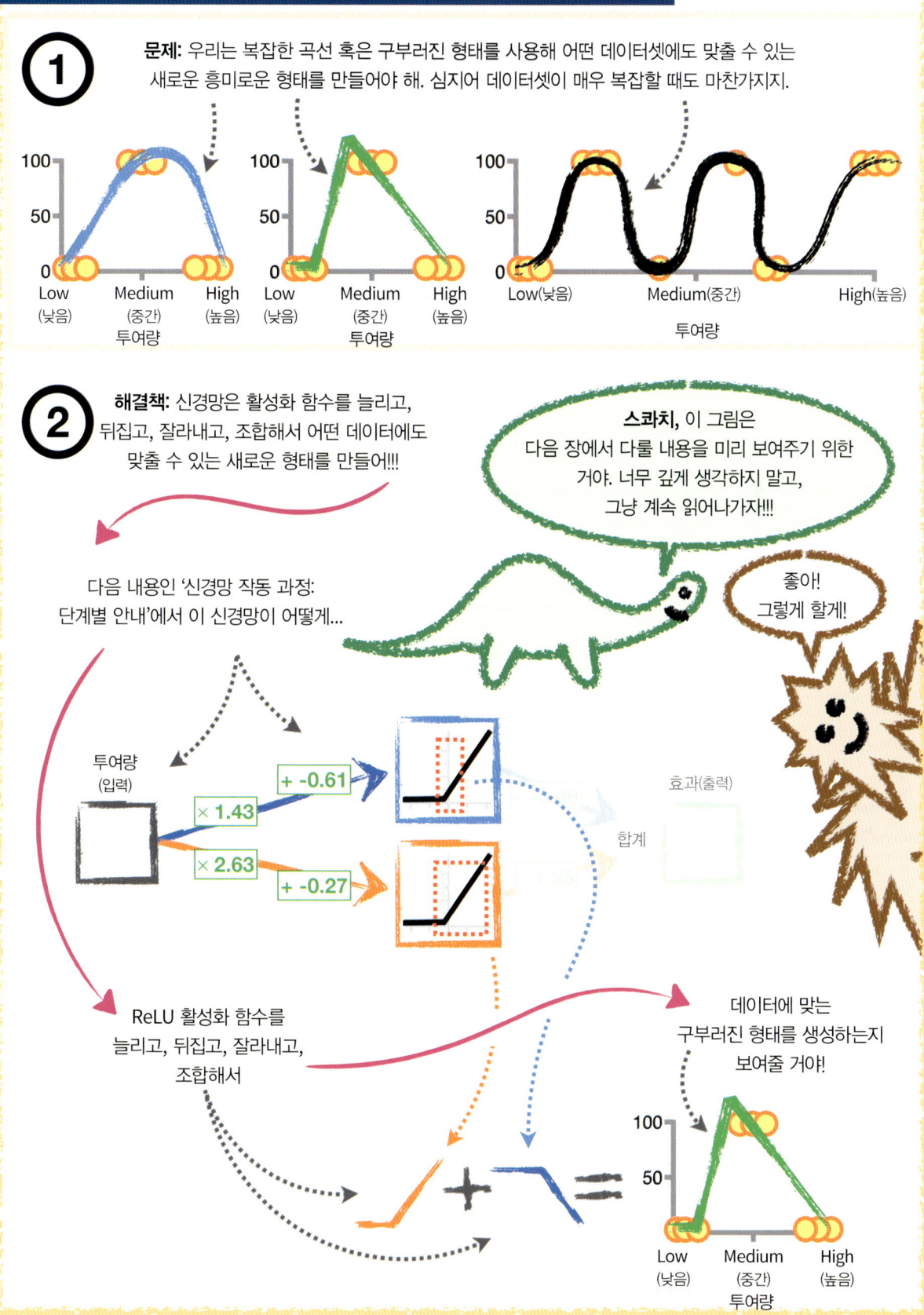

② 해결책: 신경망은 활성화 함수를 늘리고, 뒤집고, 잘라내고, 조합해서 어떤 데이터에도 맞출 수 있는 새로운 형태를 만들어!!!

스콰치, 이 그림은 다음 장에서 다룰 내용을 미리 보여주기 위한 거야. 너무 깊게 생각하지 말고, 그냥 계속 읽어나가자!!!

좋아! 그렇게 할게!

다음 내용인 '신경망 작동 과정: 단계별 안내'에서 이 신경망이 어떻게...

투여량 (입력)

× 1.43   + -0.61

× 2.63   + -0.27

효과(출력)

합계

ReLU 활성화 함수를 늘리고, 뒤집고, 잘라내고, 조합해서

데이터에 맞는 구부러진 형태를 생성하는지 보여줄 거야!

7

신경망 작동 과정: 단계별 안내

① 많은 사람들이 신경망이 마치 블랙박스처럼 내부 동작을 이해하기 어렵다고 말해.
안타깝게도 복잡한 신경망에서는 그 말이 맞아.
하지만 간단한 신경망이라면 다행히 쉽게 이해할 수 있어.
그럼 이 간단한 신경망을 하나씩 단계별로 살펴보면서,
입력값(투여량)이 어떻게 예측된 출력값(효과)으로 변환되는지 확인해보자!

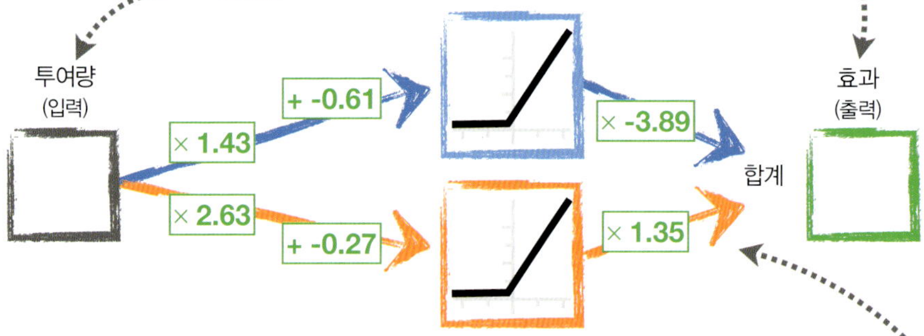

투여량
(입력)

× 1.43   + -0.61   × -3.89

× 2.63   + -0.27   × 1.35

합계

효과
(출력)

참고: 여기에서는 수학 계산을 간단하게 만들기 위해
x축과 y축의 범위를 0에서 1까지로 조정했어.

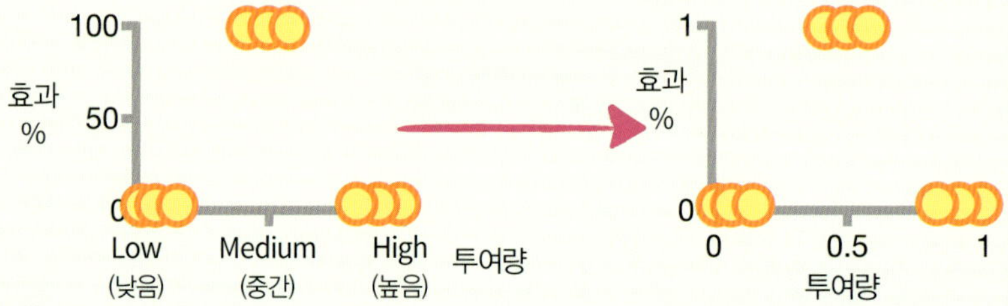

효과 %
100
50
0

Low
(낮음)   Medium
(중간)   High
(높음)   투여량

효과 %
1
0

0   0.5   1
투여량

참고: 노드 간의 연결에 있는 숫자는 '매개변수(parameter)'라고 해.
이 값들은 '역전파'라는 방법을 사용해 추정되며, 이에 대한 자세한 내용은 **2장**에서 다룰 거야.
지금은 단순히 '역전파를 사용해서 키와 몸무게 데이터셋에 맞는 선을 찾는 과정'을 이해하면 돼.
역전파가 어떻게 작동하는지 알아보면...

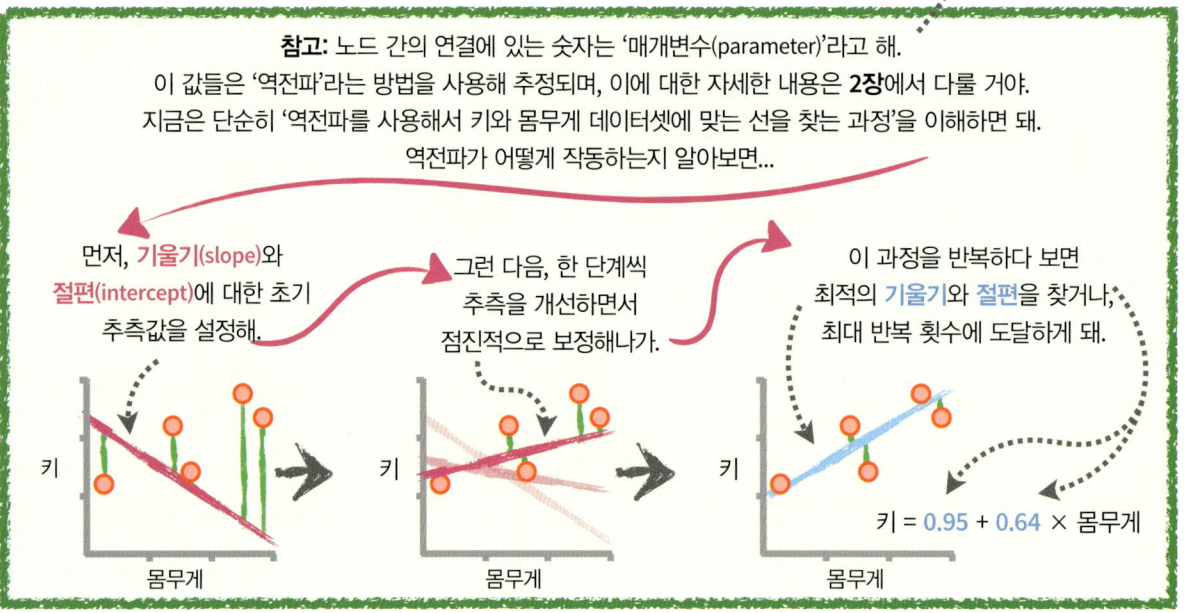

먼저, **기울기(slope)**와
절편(intercept)에 대한 초기
추측값을 설정해.

그런 다음, 한 단계씩
추측을 개선하면서
점진적으로 보정해나가.

이 과정을 반복하다 보면
최적의 **기울기**와 **절편**을 찾거나,
최대 반복 횟수에 도달하게 돼.

키   키   키

몸무게   몸무게   몸무게

키 = 0.95 + 0.64 × 몸무게

신경망 작동 과정: 단계별 안내

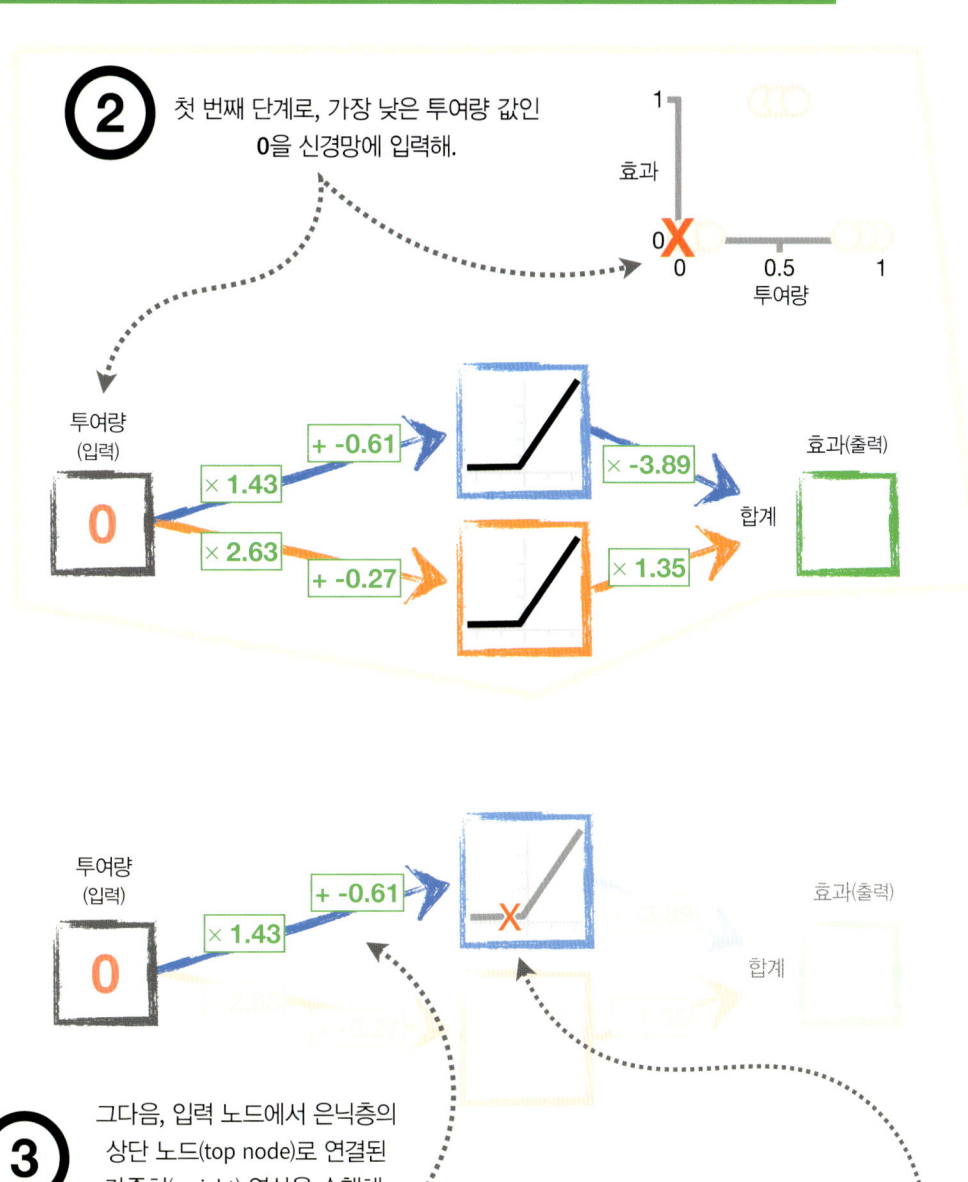

2 첫 번째 단계로, 가장 낮은 투여량 값인 **0**을 신경망에 입력해.

효과
1

0 **X**

0   0.5   1
투여량

투여량
(입력)

0

× 1.43
× 2.63

+ -0.61
+ -0.27

× -3.89
× 1.35

합계

효과(출력)

투여량
(입력)

0

× 1.43

+ -0.61

X

효과(출력)

합계

3 그다음, 입력 노드에서 은닉층의 상단 노드(top node)로 연결된 가중치(weight) 연산을 수행해. 입력값(0)을 **1.43**과 곱한 후, **-0.61**을 더해.

그러면 새로운 x축 좌표 -0.61을 얻을 수 있어.

(**투여량** × 1.43) + (-0.61) = x축 좌표
(0 × 1.43) + (-0.61) = x축 좌표 = -0.61

④ 이제 x축 좌표 **-0.61**을 ReLU 활성화 함수에 넣어보자.

그러면 ReLU 함수는 입력값과 **0** 중 더 큰 값을 출력해.

0이 **-0.61**보다 크므로, 출력값은 **0**이야. 즉, x축 좌푯값이 **-0.61**일 때 대응하는 y축 좌푯값은 **0**이 되는 거야.

$$ReLU(x) = ReLU(-0.61) = Max(0, -0.61) = \text{y축 좌표} = 0$$

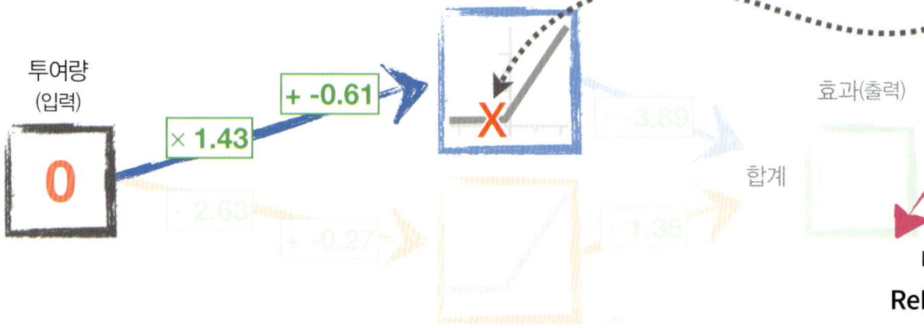

투여량
(입력)

0

× 1.43   + -0.61

효과(출력)

합계

따라서 **투여량**이 **0**일 때, ReLU 활성화 함수의 출력값은 **0**이야. 그럼 원본 데이터 그래프에서 **투여량 = 0**일 때 y축 값이 **0**인 위치에, **ReLU 활성화 함수**의 결과를 나타내는 **파란색 점을 추가**해주자.

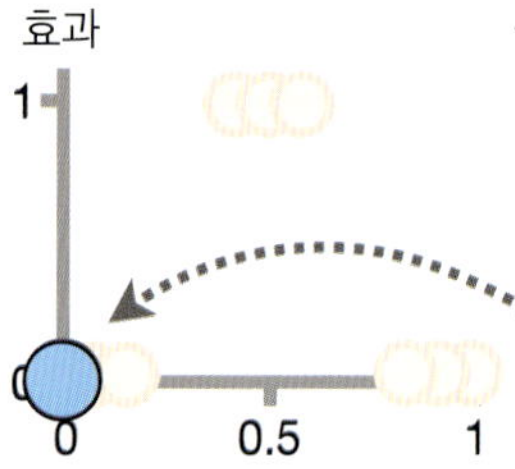

효과

1

0   0.5   1

⑤ 이제 투여량을 **0.2**로 증가시켜 보자...

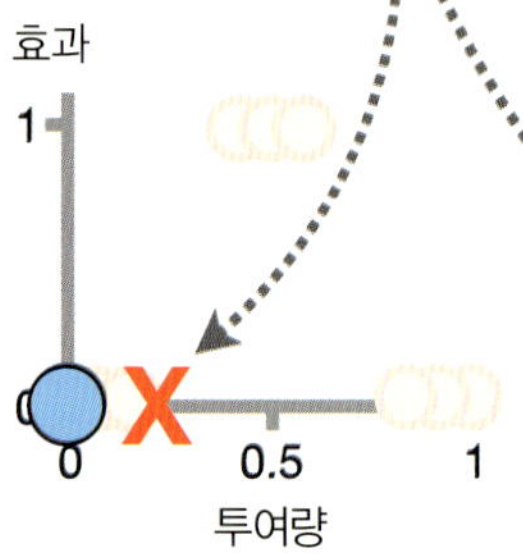

효과

1

0   0.5   1
투여량

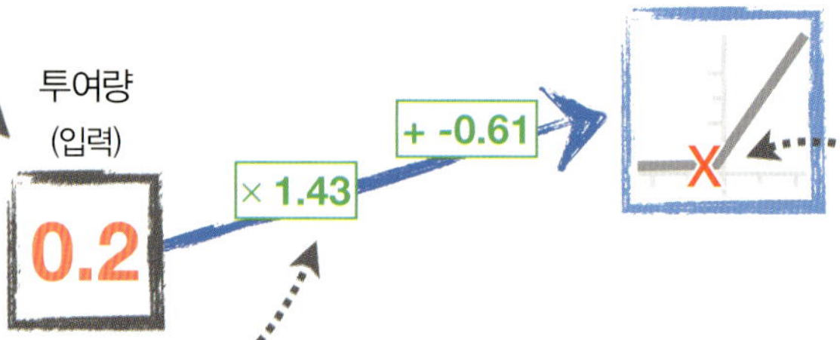

투여량
(입력)

0.2

× 1.43   + -0.61

새로운 x축 좌표를 계산하기 위해, 투여량에 **1.43**을 곱하고 **-0.61**을 더해주면 **-0.32**를 얻게 돼.

$$(\text{투여량} \times 1.43) + -0.61$$
$$(0.2 \times 1.43) + -0.61 = -0.32$$

…그리고 **-0.32**를 ReLU 활성화 함수에 넣어 y축에 해당하는 값, 즉 **0**을 얻을 수 있어.

$$ReLU(-0.32) = Max(0, -0.32)$$
$$= 0$$

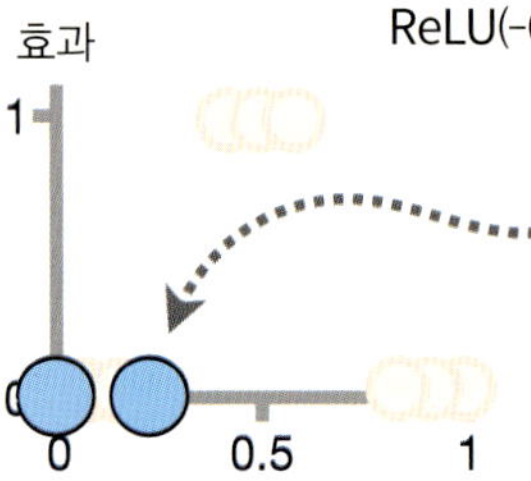

효과

1

0   0.5   1

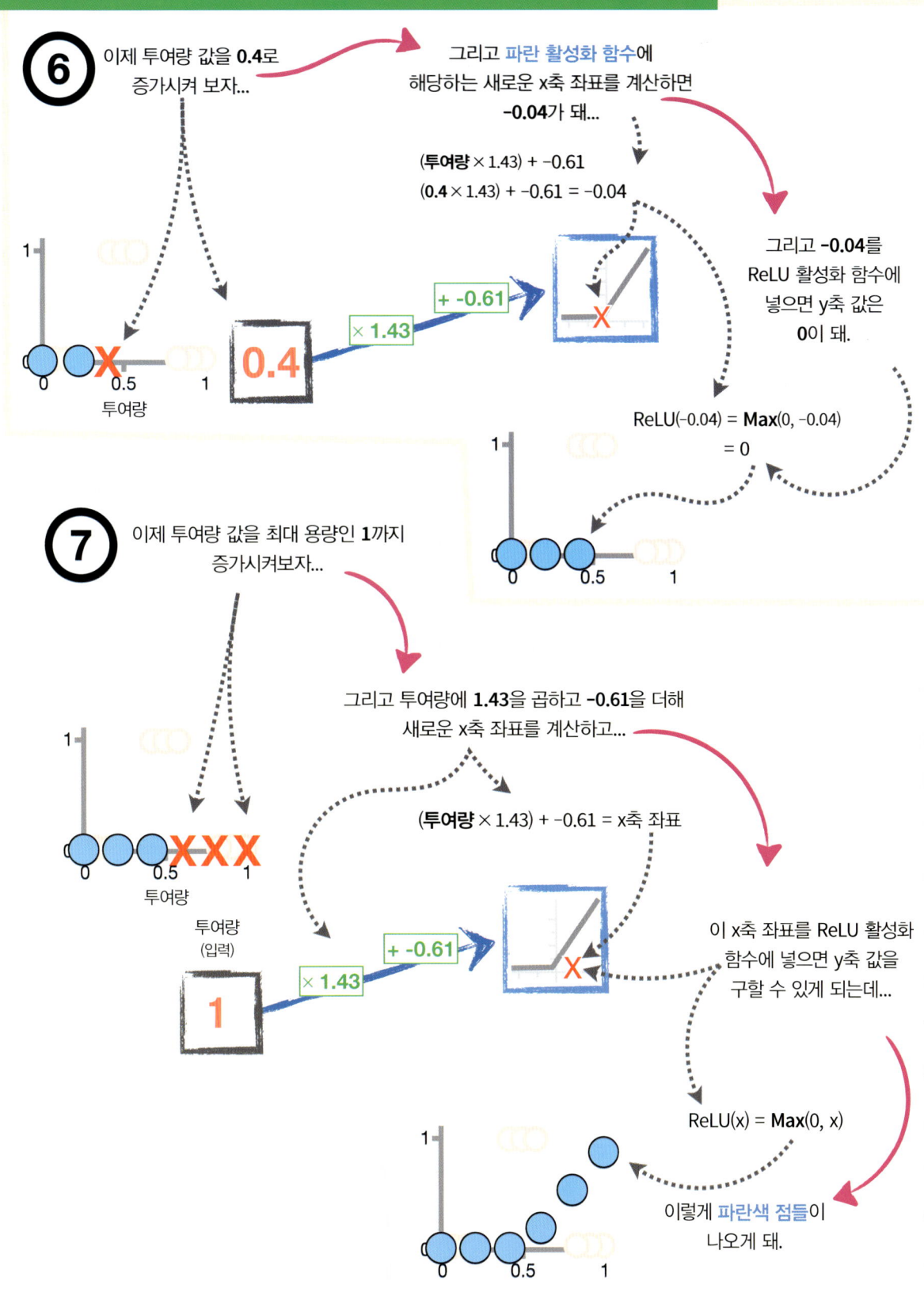

⑥ 이제 투여량 값을 **0.4**로 증가시켜 보자...

그리고 파란 활성화 함수에 해당하는 새로운 x축 좌표를 계산하면 **−0.04**가 돼...

(**투여량** × 1.43) + −0.61

(**0.4** × 1.43) + −0.61 = −0.04

그리고 **−0.04**를 ReLU 활성화 함수에 넣으면 y축 값은 **0**이 돼.

+ −0.61

× 1.43

0.4

1

0.5

1

0

투여량

X

ReLU(−0.04) = **Max**(0, −0.04) = 0

1

0

0.5

1

⑦ 이제 투여량 값을 최대 용량인 **1**까지 증가시켜보자...

그리고 투여량에 **1.43**을 곱하고 **−0.61**을 더해 새로운 x축 좌표를 계산하고...

(**투여량** × 1.43) + −0.61 = x축 좌표

1

0

0.5

1

투여량

XXX

투여량
(입력)

× 1.43

+ −0.61

1

이 x축 좌표를 ReLU 활성화 함수에 넣으면 y축 값을 구할 수 있게 되는데...

ReLU(x) = **Max**(0, x)

이렇게 파란색 점들이 나오게 돼.

1

0

0.5

1

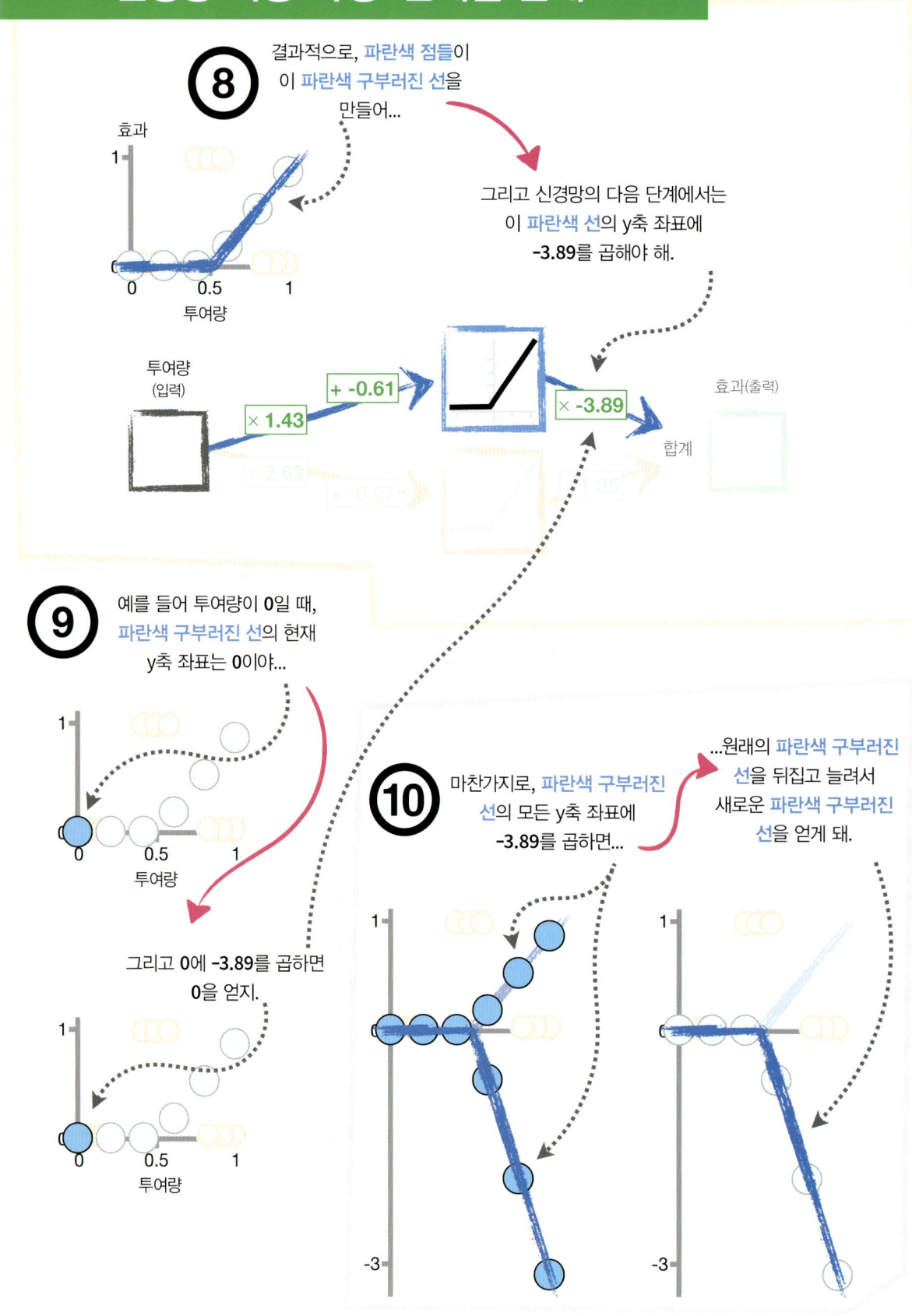

8 결과적으로, 파란색 점들이 이 파란색 구부러진 선을 만들어...

효과

1

0

0.5   1

투여량

그리고 신경망의 다음 단계에서는 이 파란색 선의 y축 좌표에 -3.89를 곱해야 해.

투여량 (입력)

× 1.43

+ -0.61

× -3.89

효과(출력)

합계

9 예를 들어 투여량이 0일 때, 파란색 구부러진 선의 현재 y축 좌표는 0이야...

1

0   0.5   1

투여량

그리고 0에 -3.89를 곱하면 0을 얻지.

1

0   0.5   1

투여량

10 마찬가지로, 파란색 구부러진 선의 모든 y축 좌표에 -3.89를 곱하면...

...원래의 파란색 구부러진 선을 뒤집고 늘려서 새로운 파란색 구부러진 선을 얻게 돼.

1

0

-3

1

0

-3

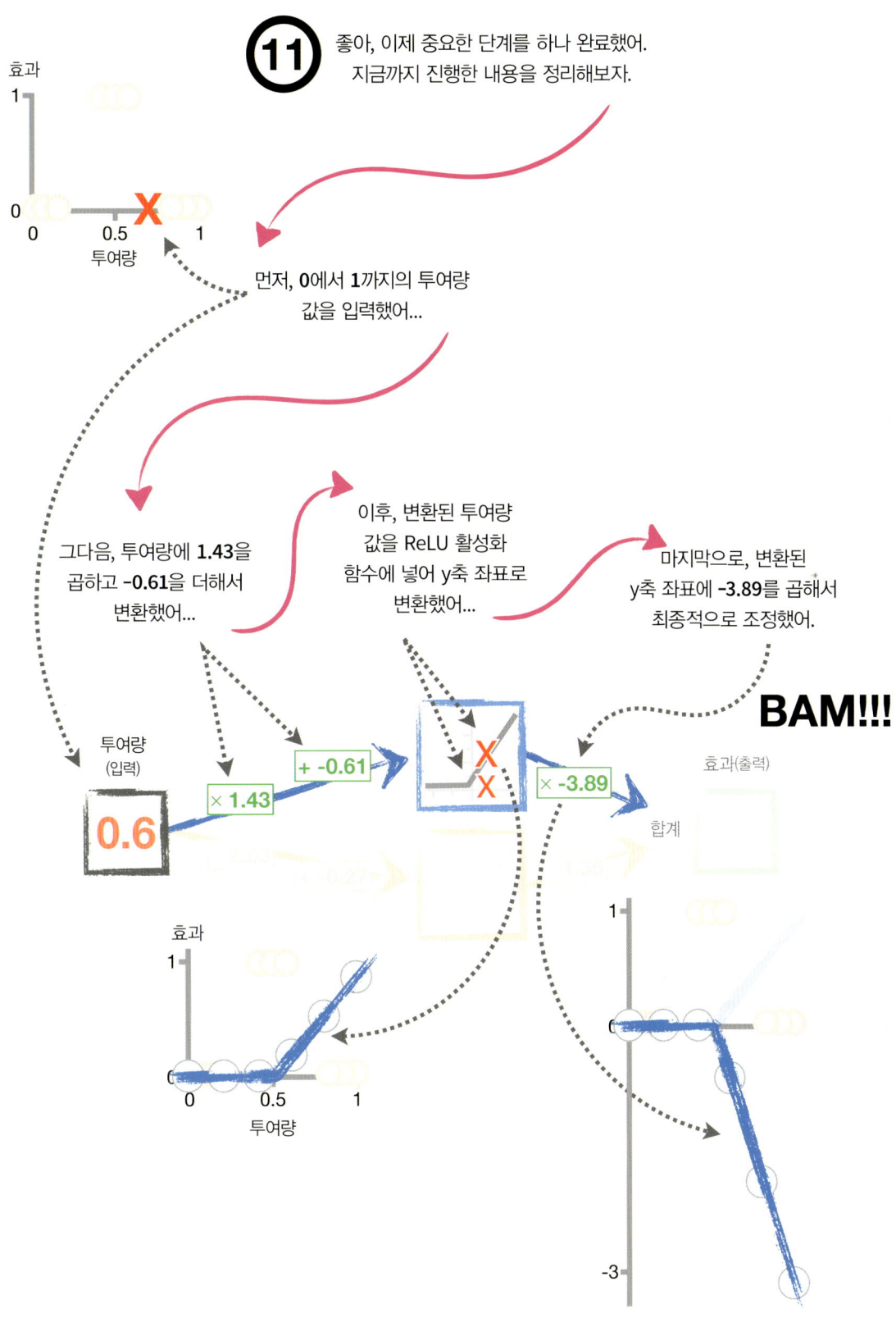

⑪ 좋아, 이제 중요한 단계를 하나 완료했어.
지금까지 진행한 내용을 정리해보자.

효과

먼저, **0**에서 **1**까지의 투여량
값을 입력했어...

이후, 변환된 투여량
값을 ReLU 활성화
함수에 넣어 y축 좌표로
변환했어...

마지막으로, 변환된
y축 좌표에 **−3.89**를 곱해서
최종적으로 조정했어.

그다음, 투여량에 **1.43**을
곱하고 **−0.61**을 더해서
변환했어...

BAM!!!

투여량
(입력)

× 1.43   + -0.61   × -3.89

0.6

효과(출력)

합계

효과

투여량

13

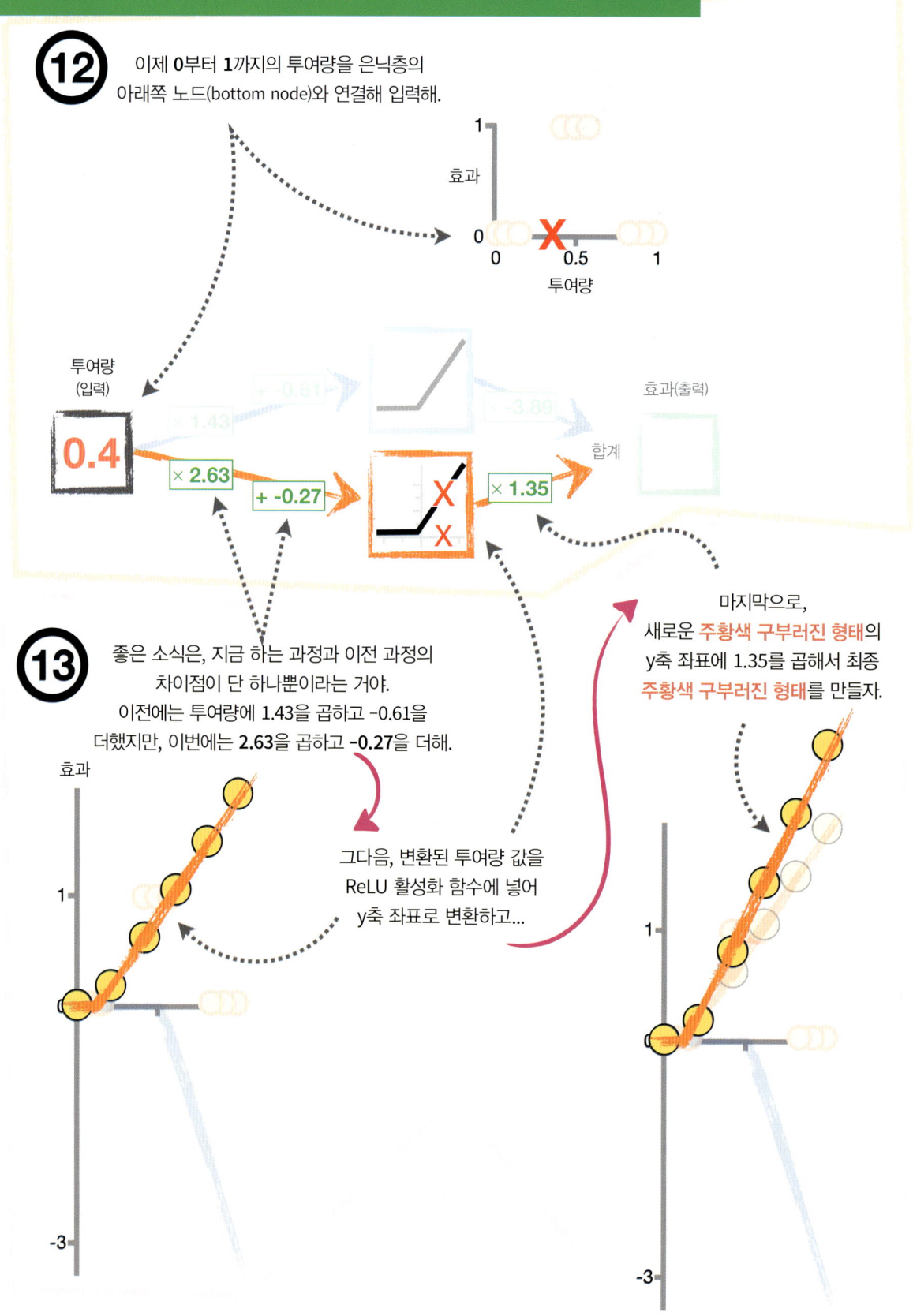

⑫ 이제 0부터 1까지의 투여량을 은닉층의 아래쪽 노드(bottom node)와 연결해 입력해.

효과

0

0 0.5 1

투여량

투여량
(입력)

0.4

× 2.63

+ -0.27

× 1.35

효과(출력)

합계

⑬ 좋은 소식은, 지금 하는 과정과 이전 과정의 차이점이 단 하나뿐이라는 거야. 이전에는 투여량에 1.43을 곱하고 –0.61을 더했지만, 이번에는 2.63을 곱하고 -0.27을 더해.

효과

1

-3

그다음, 변환된 투여량 값을 ReLU 활성화 함수에 넣어 y축 좌표로 변환하고...

마지막으로, 새로운 주황색 구부러진 형태의 y축 좌표에 1.35를 곱해서 최종 주황색 구부러진 형태를 만들자.

1

-3

⑭

이제 주황색
구부러진 선과...

파란색 구부러진 선이
생겼어...

신경망의 마지막 단계는
두 y축 좌표를 더하는 거야.

1

0

-3

투여량
(입력)

× 1.43

+ -0.61

× -3.89

× 2.63

+ -0.27

× 1.35

합계

효과(출력)

⑮

예를 들어 투여량이 0일 때,
주황색 구부러진 선의
y축 값은 0이야...

그리고 파란색 구부러진 선의
y축 값도 0이야...

따라서 투여량이 0일 때
새로운 y축 값은 주황색과
파란색 y축 값의 합이야
(0 + 0 = 0). 이 0 값을
추적하기 위해 초록색 점을
추가해두자.

1

0

-3

1

0

-3

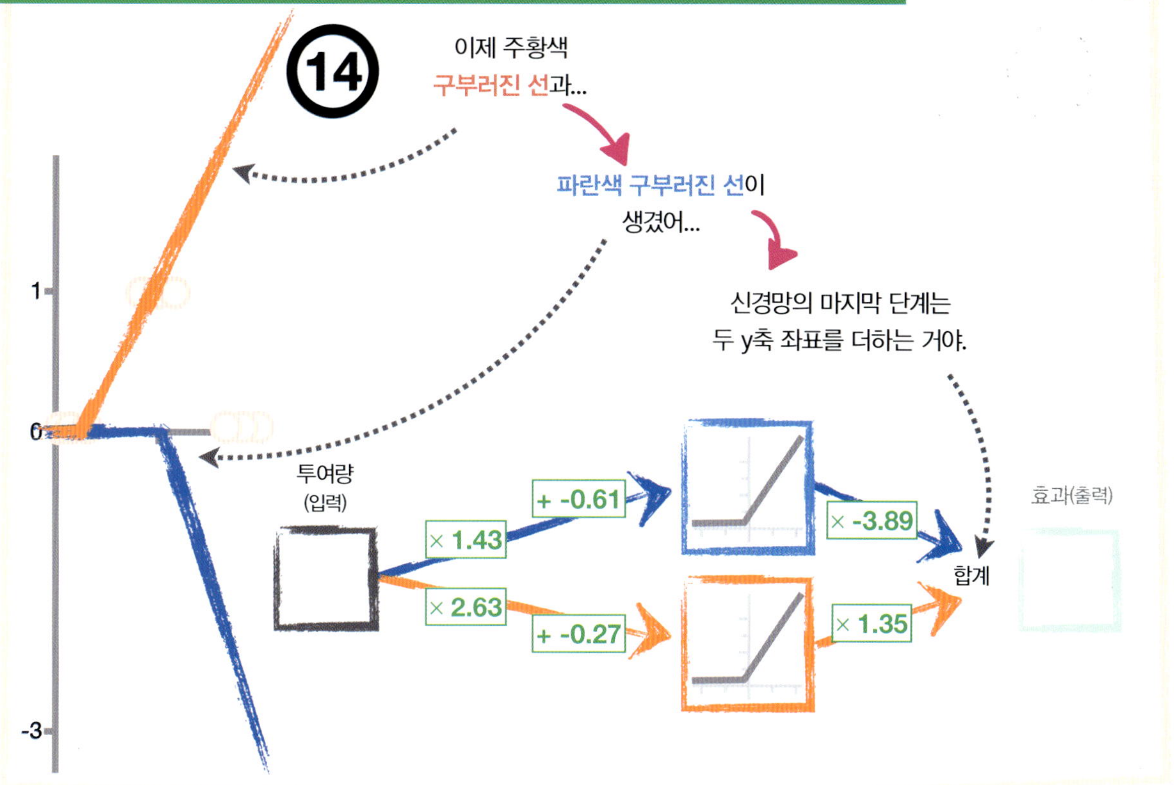

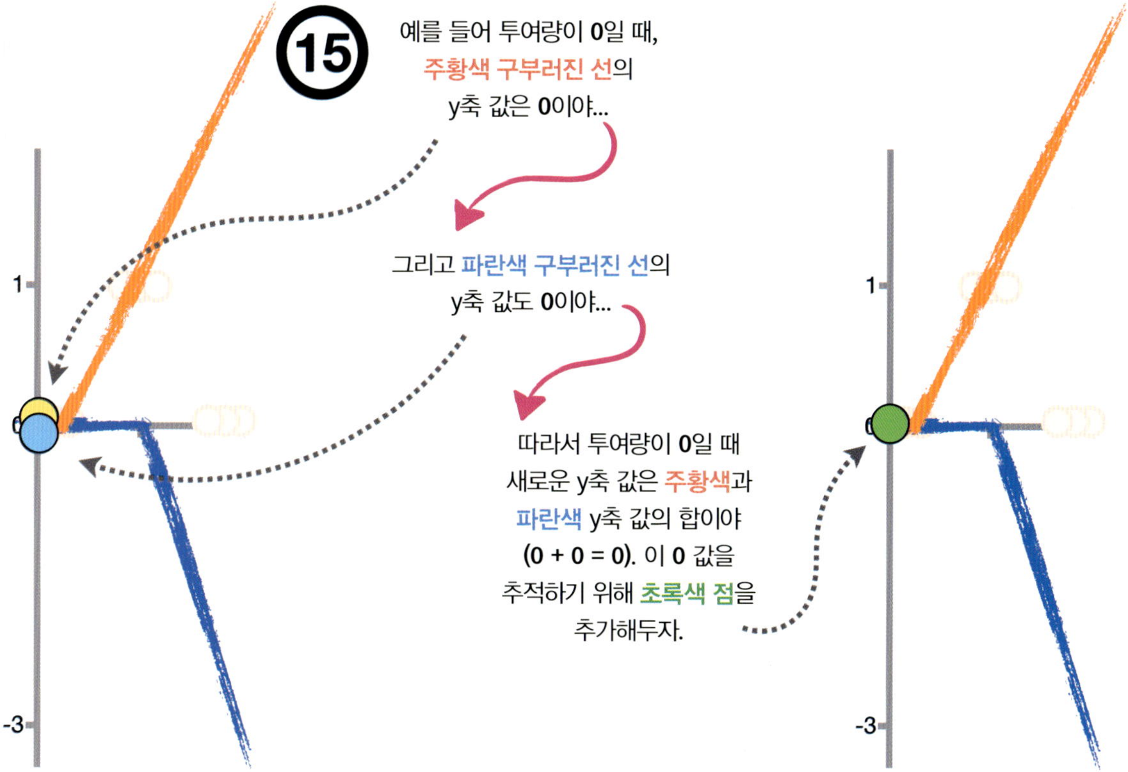

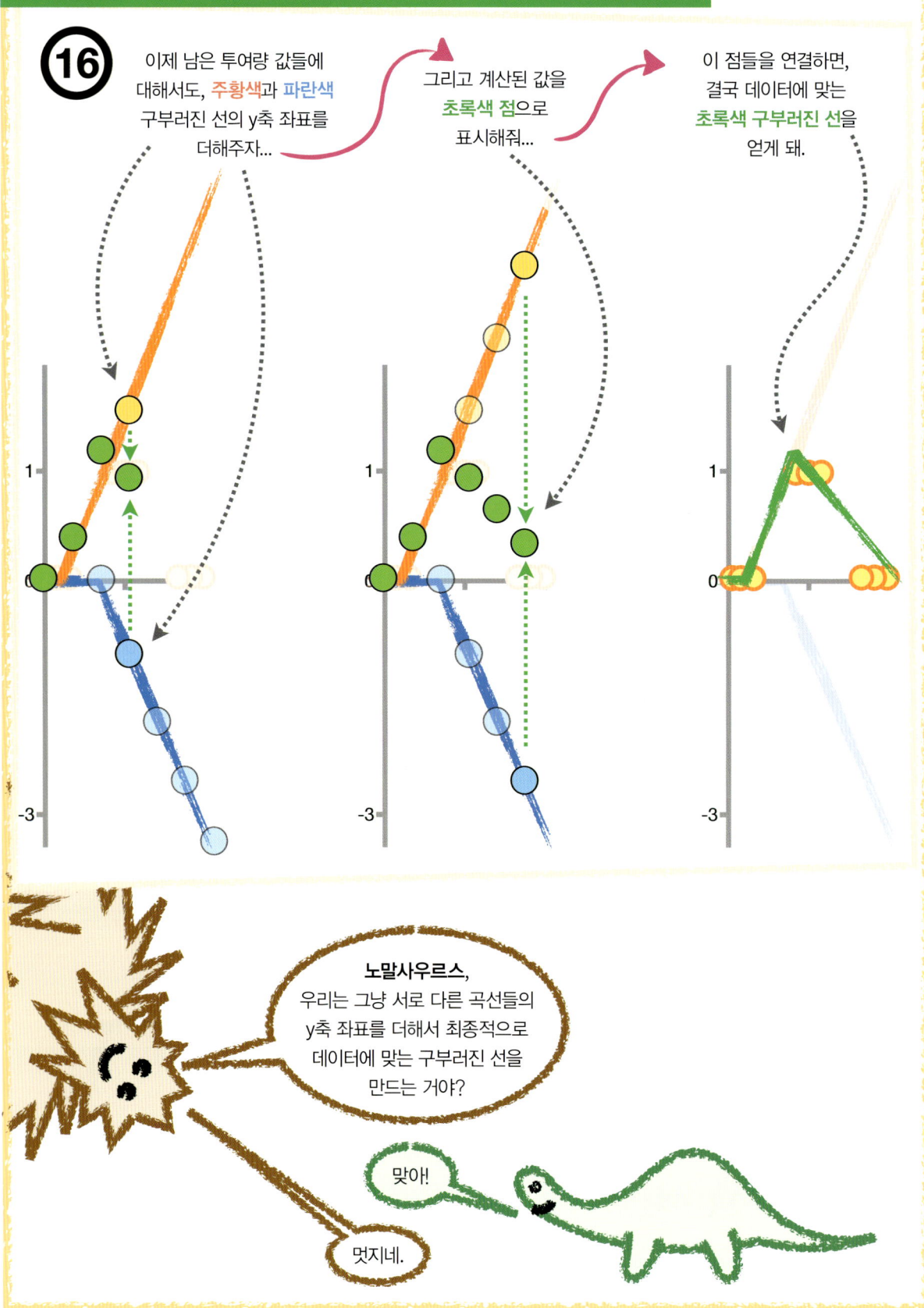

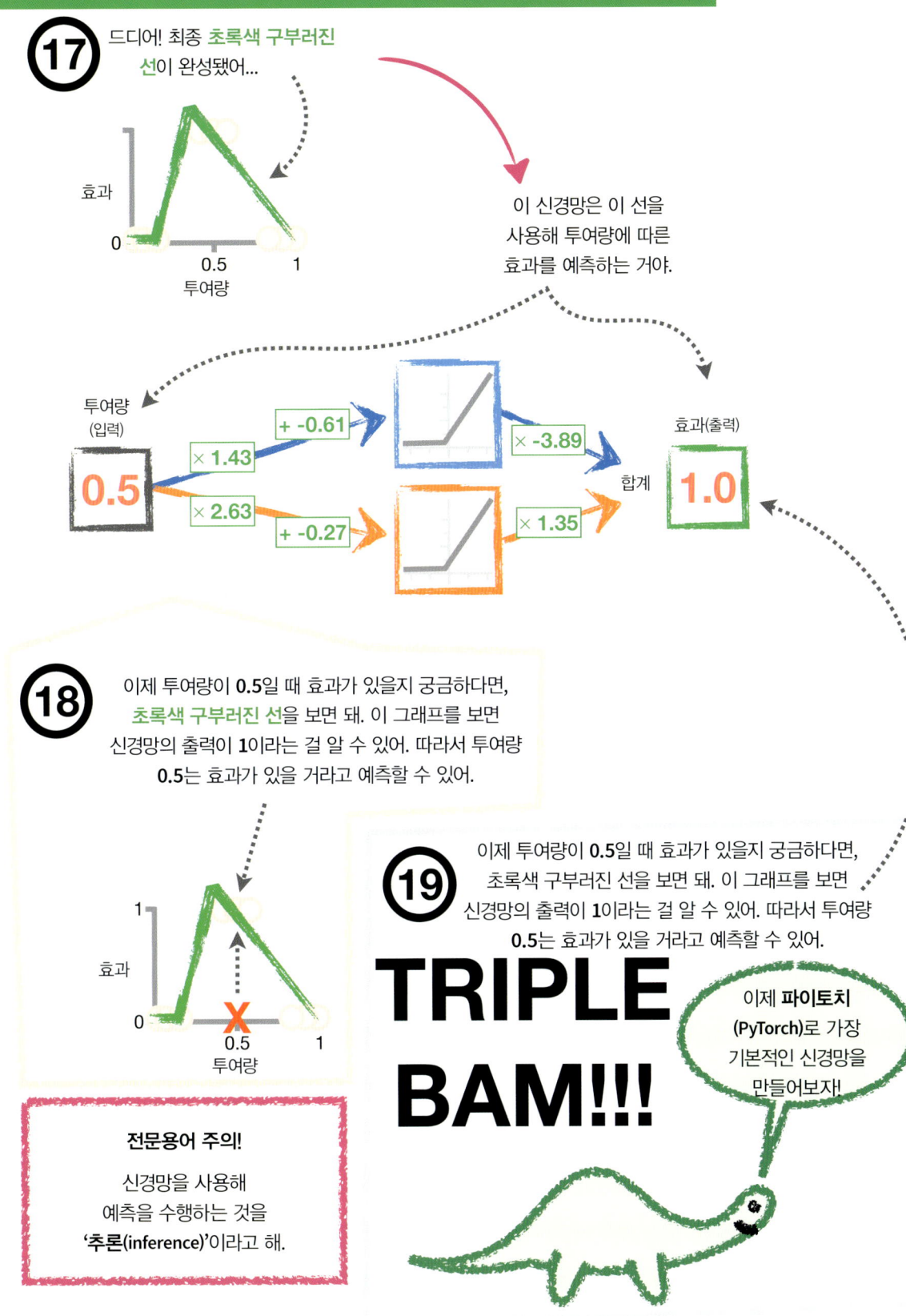

17 드디어! 최종 **초록색 구부러진 선**이 완성됐어...

효과
0
0.5 1
투여량

이 신경망은 이 선을 사용해 투여량에 따른 효과를 예측하는 거야.

투여량
(입력)

0.5

× 1.43   + -0.61   × -3.89

× 2.63   + -0.27   × 1.35

합계

효과(출력)

1.0

18 이제 투여량이 **0.5**일 때 효과가 있을지 궁금하다면, **초록색 구부러진 선**을 보면 돼. 이 그래프를 보면 신경망의 출력이 **1**이라는 걸 알 수 있어. 따라서 투여량 **0.5**는 효과가 있을 거라고 예측할 수 있어.

1
효과
0
X
0.5 1
투여량

19 이제 투여량이 **0.5**일 때 효과가 있을지 궁금하다면, 초록색 구부러진 선을 보면 돼. 이 그래프를 보면 신경망의 출력이 **1**이라는 걸 알 수 있어. 따라서 투여량 **0.5**는 효과가 있을 거라고 예측할 수 있어.

TRIPLE BAM!!!

이제 **파이토치 (PyTorch)**로 가장 기본적인 신경망을 만들어보자!

전문용어 주의!

신경망을 사용해 예측을 수행하는 것을 **'추론(inference)'**이라고 해.

파이토치로 기본적인 신경망 만들기

① 파이토치에서 신경망을 만들 때 가장 기본적인 요소는 **텐서(Tensor)**야. 텐서는 **파이썬 리스트**와 비슷하지만, 데이터와 가중치, 편향을 저장하는 데 사용돼. 텐서와 파이썬 리스트의 가장 큰 차이점은, 텐서에서는 모든 값이 같은 데이터 타입을 가져야 한다는 거야. 예를 들어 정수형 텐서를 만들면 그 안의 모든 값이 정수여야 해. 또한, 텐서는 신경망에서 사용하기 최적화되어 있다는 점도 큰 차이점이야.

참고: 이 튜토리얼은 파이썬의 기본 문법을 알고 있다는 가정하에 진행돼. 파이썬을 처음 접한다면, 여기서 무료 튜토리얼을 확인해봐: https://docs.python.org/ko/3/tutorial/index.html

참고: 모든 튜토리얼은 여기에서 확인할 수 있어: https://github.com/StatQuest/signa

② 이제, 우리가 다음과 같은 데이터가 있다고 가정해보자. x축에는 **투여량**이 있고, y축에는 **효과**가 있어.

이 데이터를 저장하려면 **2**개의 텐서를 만들 수 있어.

첫 번째 텐서는 다양한 투여량을 포함하고...

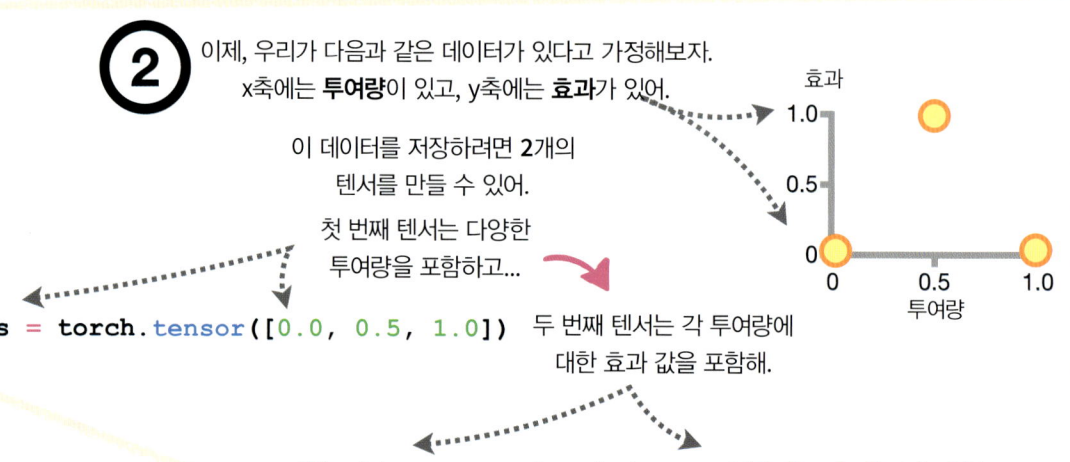

```
doses = torch.tensor([0.0, 0.5, 1.0])
```

두 번째 텐서는 각 투여량에 대한 효과 값을 포함해.

```
effectiveness = torch.tensor([0.0, 1.0, 0.0])
```

③ 파이토치에서 두 번째로 중요한 요소는 nn.Module이야. 모든 신경망은 nn.Module을 상속받아서 만들어져.

nn.Module을 상속받는 클래스는 최소한 두 개의 메서드를 포함해야 해.

```
class myNN(nn.Module):

    def __init__(self):

    ## 신경망의 다양한 요소들을 초기화하는 부분


    def forward(self, input_values):

    ## 입력값을 신경망을 통해 전달하는 부분
```

1) __init__() 메서드는 신경망의 다양한 구성 요소를 초기화하는 역할을 해.

2) forward() 메서드는 입력값을 받아서 신경망을 거쳐 결과를 반환하는 역할을 하지.

④ 이 **QR** 코드를 스캔하거나 클릭, 혹은 탭하면 nn.Module을 사용해 기본적인 신경망을 구현하는 **파이토치** 튜토리얼에 접근할 수 있어. 이 튜토리얼에서는 데이터, **가중치**, 편향에 사용하는 **텐서**도 함께 소개해!

Chapter 02

역전파를 활용한
가중치와 편향
최적화!!!

역전파: 핵심 개념

① **문제:** 신경망에는 최적화해야 할 여러 매개변수가 있고, 이 매개변수들을 최적화해야 데이터에 맞는 **곡선(squiggle)**이나 **구부러진 형태(bent shape)**를 학습할 수 있어. 그렇다면, 어떻게 하면 최적의 매개변숫값을 찾을 수 있을까?

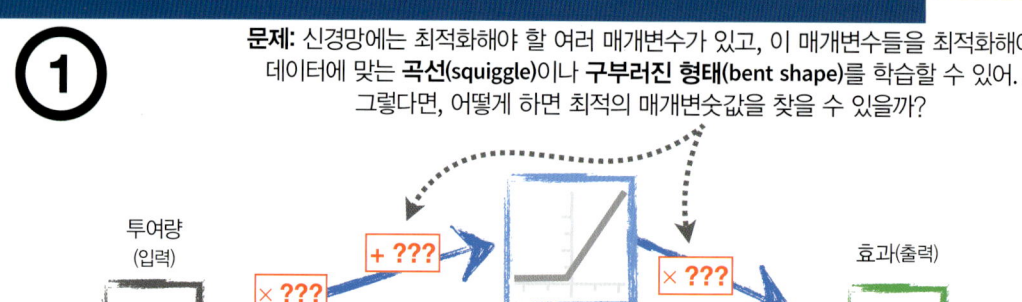

② **해답:** 가장 널리 사용되는 방법은 **역전파**야. 기술적으로 보면, 역전파는 두 단계로 이루어져 있어. 첫 번째 단계는, 각 최적화할 매개변수에 대해 미분(derivative)을 계산해. 이 미분값들의 집합을 '**경사(gradient)**'라고 불러. '**역전파**'라는 이름은 이 경사를 신경망의 출력층에서 입력층 방향으로 계산하기 때문에 붙여진 거야.

> **참고: 미분(도함수, derivative)**
> 개념이 익숙하지 않다면,
> **부록 A**를 참고해봐.

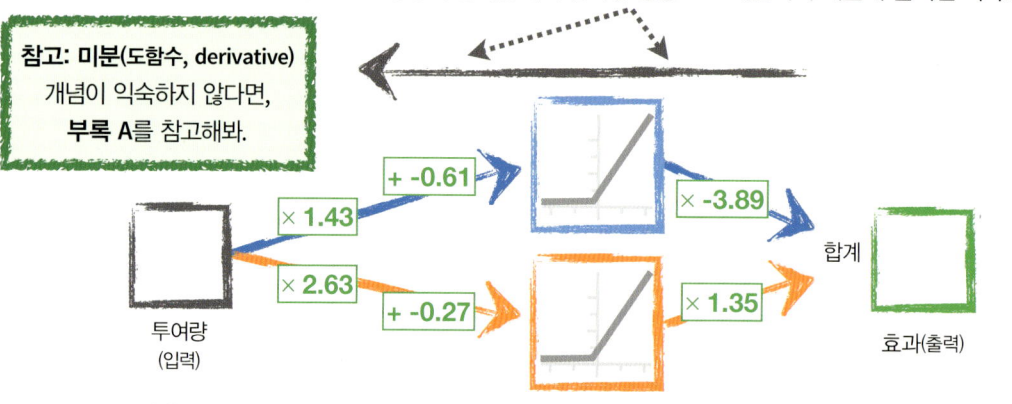

그다음, 두 번째 단계에서는 **경사 하강법(gradient descent)** 또는 다른 최적화 방법을 사용해 매개변수를 조정해. 이 과정은 **반복(iterative)**적으로 진행되면서 최적의 값을 찾아가게 돼. 즉, 여러 작은 단계를 거쳐 점진적으로 매개변수를 개선하는 방식이야. 예를 들어 경사 하강법을 이용해 선을 데이터에 적합하도록(fit) 만든다면...

처음에는 **기울기**와 **절편**에 대한 초기 추측값을 설정해...

그런 다음, 기울기를 기반으로 한 단계씩 개선해 가며...

기울기와 **절편**이 최적화되거나 최대 반복 횟수에 도달하면 멈추게 돼.

이제 역전파의 핵심 개념을 알았으니, 좀 더 세부적인 전문 용어들을 배워보자!

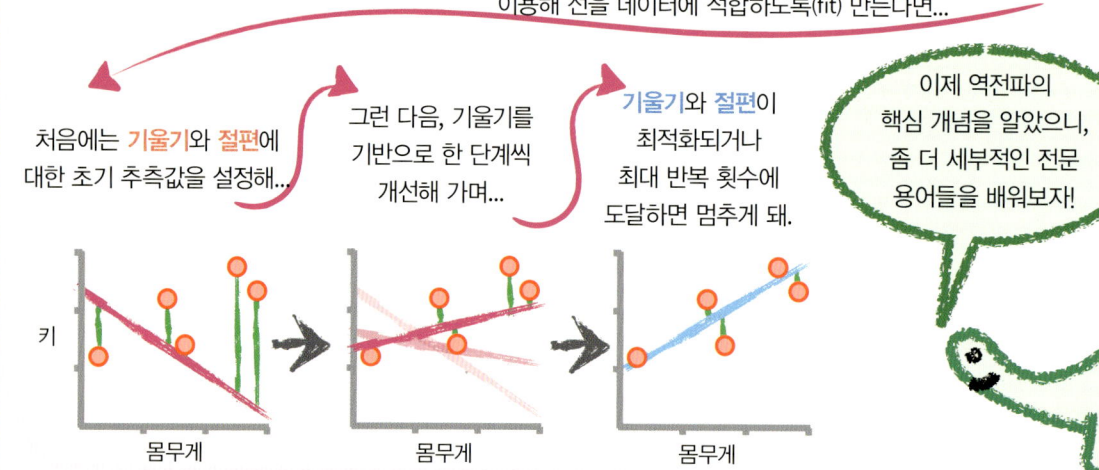

① 신경망을 데이터에 맞게 학습시키는 과정을 '**모델 훈련(training the model)**'이라고 해.

예를 들어 아래와 같이 **3**개의 투여량과 이에 대한 관찰된 효과(effectiveness)로 구성된 데이터셋이 있다고 가정해보자...

그리고 신경망을 학습시켜 이 데이터에 맞는 **구부러진 형태**를 만들었다면...

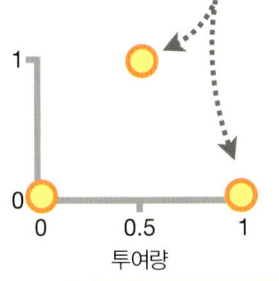

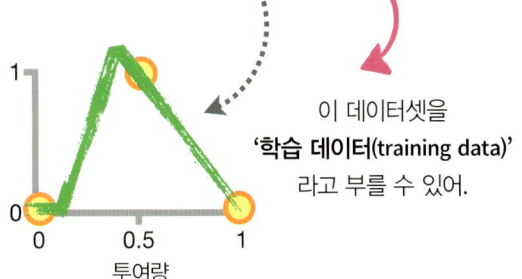

이 데이터셋을 '**학습 데이터(training data)**' 라고 부를 수 있어.

② 이제, 신경망이 학습한 **구부러진 형태**를 살펴보자. 이 곡선은 모든 학습 데이터 포인트를 정확하게 지나가고 있어.

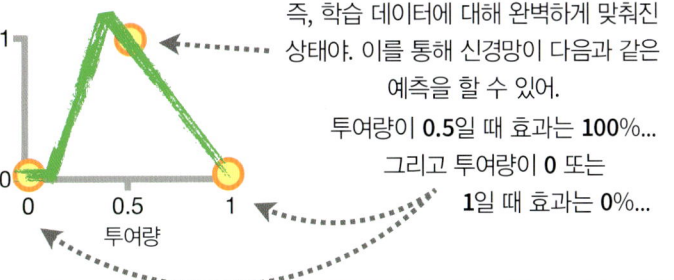

즉, 학습 데이터에 대해 완벽하게 맞춰진 상태야. 이를 통해 신경망이 다음과 같은 예측을 할 수 있어.

투여량이 **0.5**일 때 효과는 **100%**... 그리고 투여량이 **0** 또는 **1**일 때 효과는 **0%**...

③ 하지만 만약 추가적인 데이터 포인트를 수집하면 어떨까? 새로운 데이터 포인트를 보면, 신경망이 학습한 **구부러진 형태**가 잘 맞지 않는다는 걸 알 수 있어.

이는 모델이 학습 데이터에는 잘 맞지만, 학습 데이터에 포함되지 않은 값들에서는 성능이 좋지 않을 수도 있다는 걸 의미해.

④ 이런 문제를 방지하기 위해, 충분한 데이터가 있을 경우 데이터를 **두** 개의 그룹으로 나누는 것이 일반적이야. 하나는 모델을 학습하는 데 사용하는 '**학습 데이터(training data)**'이고, 다른 하나는 학습에 사용되지 않은 데이터로 모델의 성능을 평가하는 '**테스트 데이터(test data)**'야. 이상적인 모델이라면 학습 데이터뿐만 아니라 테스트 데이터에서도 좋은 성능을 보여야 해.

⑤ 학습 데이터와 테스트 데이터를 어떻게 나누는지에 대해 더 많은 이야기를 할 수 있어. 이 주제에 관심이 있다면, 오른쪽 QR 코드를 스캔해서 '**StatQuest Cross Validation**' 영상을 확인해봐.

혹은...

조금 부끄럽지만 홍보를 하자면...

《**그림으로 배우는 StatQuest 머신러닝 강의**》에서 더 자세한 내용을 읽어볼 수도 있어!!!

전문용어 주의! 가중치와 편향

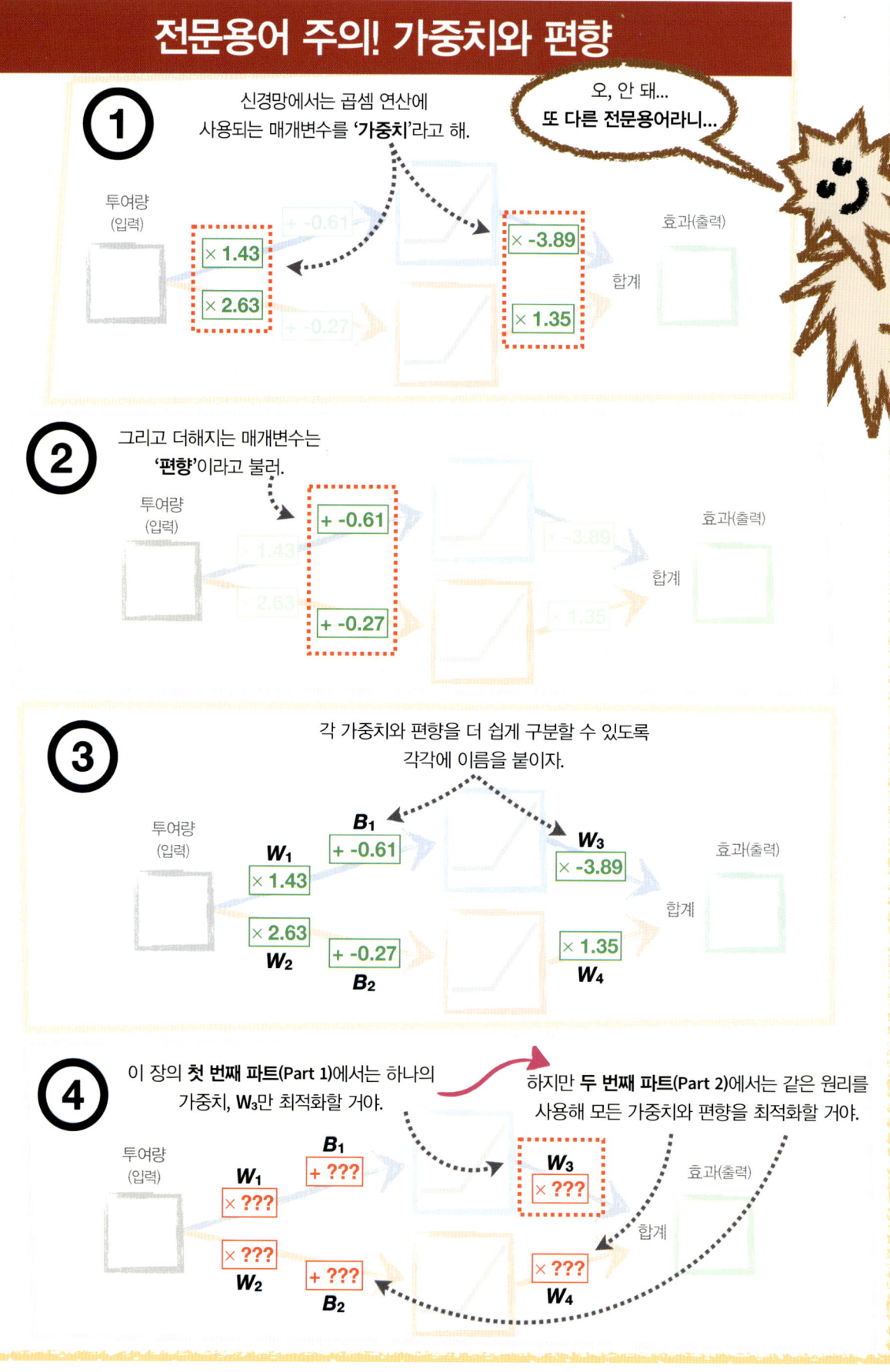

① 신경망에서는 곱셈 연산에 사용되는 매개변수를 '**가중치**'라고 해.

오, 안 돼... **또 다른 전문용어라니...**

투여량 (입력)

× 1.43
× 2.63

+ -0.61
+ -0.27

× -3.89
× 1.35

합계

효과(출력)

② 그리고 더해지는 매개변수는 '**편향**'이라고 불러.

투여량 (입력)

+ -0.61
+ -0.27

합계

효과(출력)

③ 각 가중치와 편향을 더 쉽게 구분할 수 있도록 각각에 이름을 붙이자.

투여량 (입력)

W_1
× 1.43

B_1
+ -0.61

W_3
× -3.89

W_2
× 2.63

B_2
+ -0.27

W_4
× 1.35

합계

효과(출력)

④ 이 장의 **첫 번째 파트(Part 1)**에서는 하나의 가중치, W_3만 최적화할 거야.

하지만 **두 번째 파트(Part 2)**에서는 같은 원리를 사용해 모든 가중치와 편향을 최적화할 거야.

투여량 (입력)

W_1
× ???

B_1
+ ???

W_3
× ???

W_2
× ???

B_2
+ ???

W_4
× ???

합계

효과(출력)

22

역전파
Part 1:

단일 가중치 최적화!!!

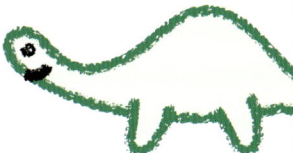

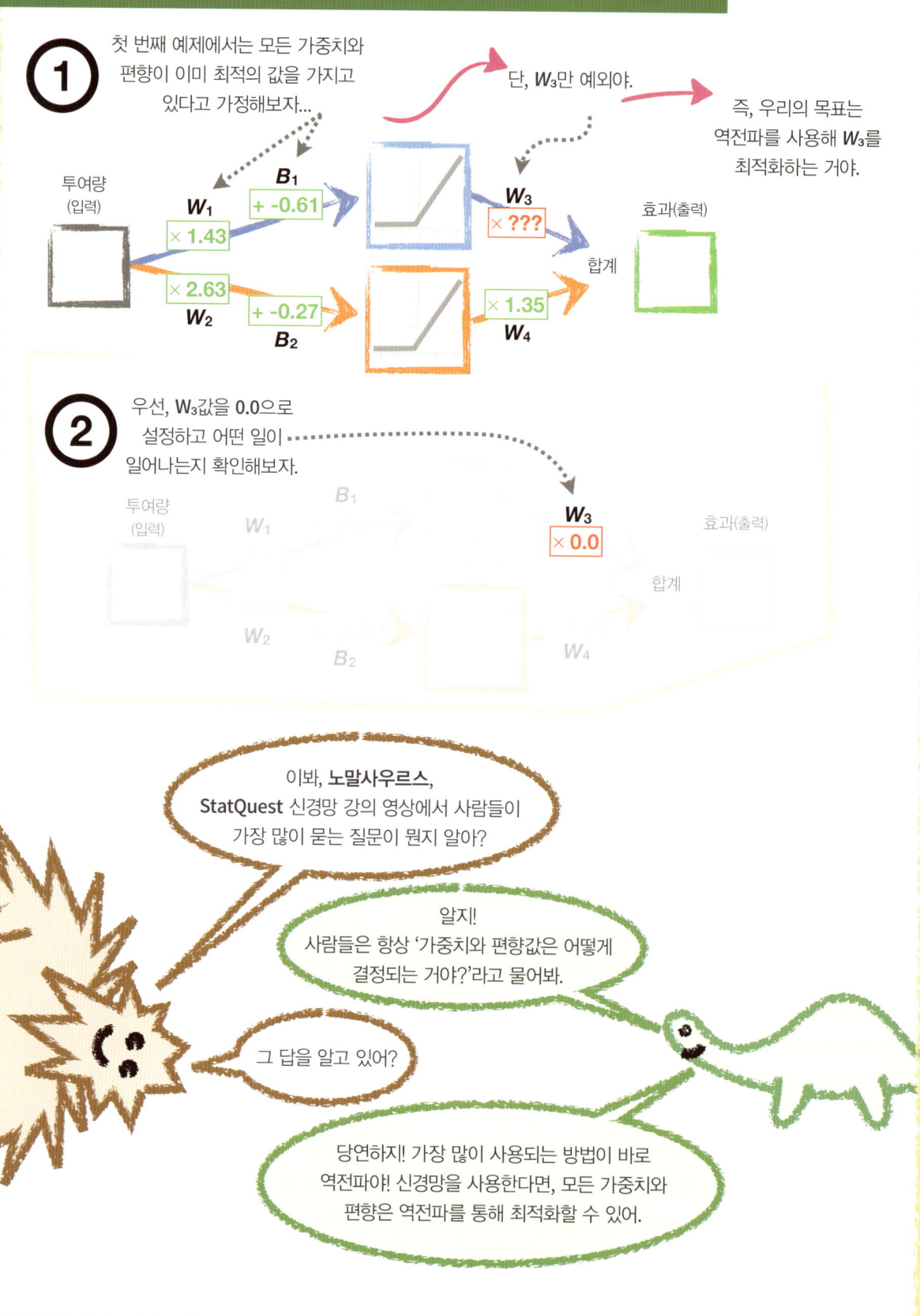

① 첫 번째 예제에서는 모든 가중치와 편향이 이미 최적의 값을 가지고 있다고 가정해보자...

단, W_3만 예외야.

즉, 우리의 목표는 역전파를 사용해 W_3를 최적화하는 거야.

투여량 (입력)

W_1 × 1.43
B_1 + -0.61
W_3 × ???
효과(출력)

W_2 × 2.63
B_2 + -0.27
W_4 × 1.35
합계

② 우선, W_3값을 0.0으로 설정하고 어떤 일이 일어나는지 확인해보자.

투여량 (입력)
B_1
W_1
W_3 × 0.0
효과(출력)
합계
W_2
B_2
W_4

이봐, **노말사우르스**, StatQuest 신경망 강의 영상에서 사람들이 가장 많이 묻는 질문이 뭔지 알아?

알지! 사람들은 항상 '가중치와 편향값은 어떻게 결정되는 거야?'라고 물어봐.

그 답을 알고 있어?

당연하지! 가장 많이 사용되는 방법이 바로 역전파야! 신경망을 사용한다면, 모든 가중치와 편향은 역전파를 통해 최적화할 수 있어.

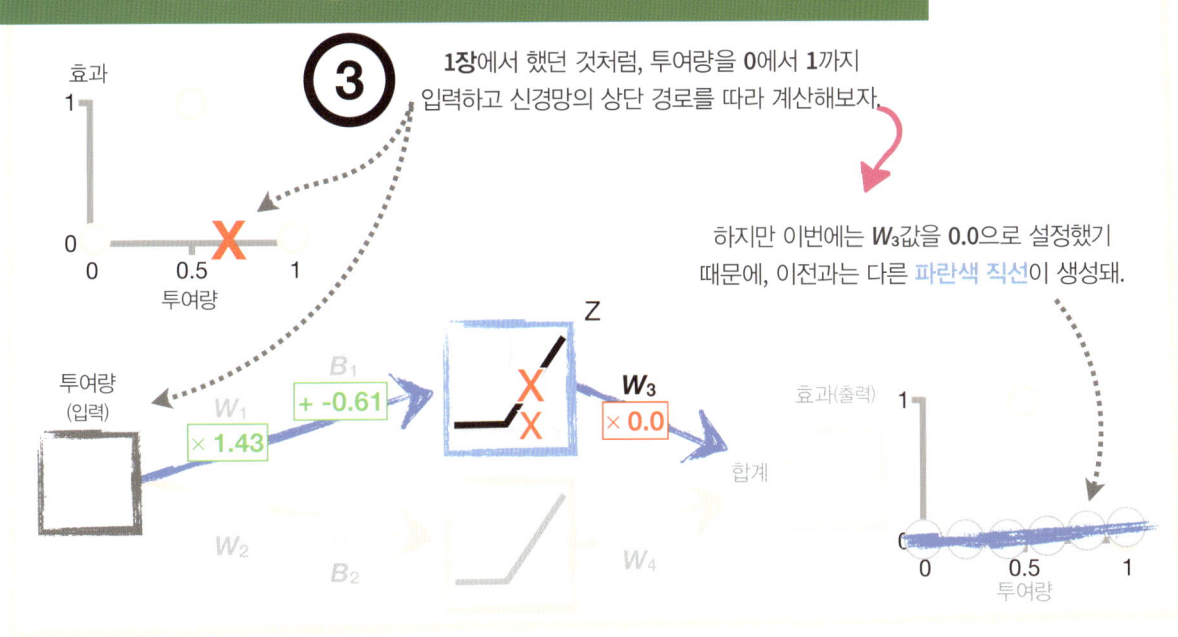

효과

1

0

0   0.5   1

투여량

3 1장에서 했던 것처럼, 투여량을 0에서 1까지 입력하고 신경망의 상단 경로를 따라 계산해보자.

하지만 이번에는 W_3값을 0.0으로 설정했기 때문에, 이전과는 다른 파란색 직선이 생성돼.

투여량 (입력)

W_1 $\times$ 1.43 B_1 + -0.61   Z

W_3 $\times$ 0.0   합계

W_2 B_2 W_4

효과(출력)

1

0

0   0.5   1

투여량

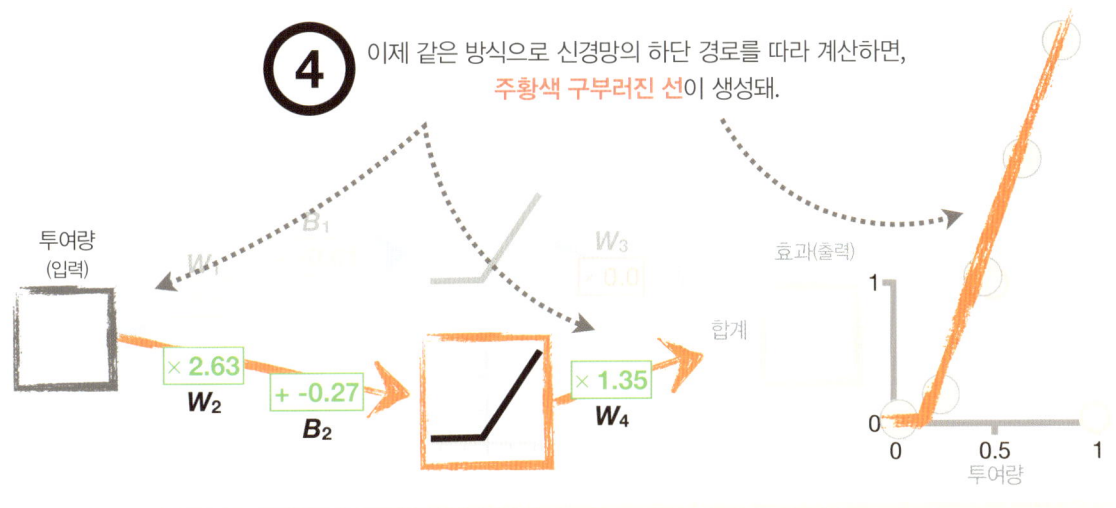

4 이제 같은 방식으로 신경망의 하단 경로를 따라 계산하면, 주황색 구부러진 선이 생성돼.

투여량 (입력)

W_1 B_1 W_3 $\times$ 0.0

$\times$ 2.63 W_2 + -0.27 B_2 $\times$ 1.35 W_4 합계

효과(출력)

1

0

0   0.5   1

투여량

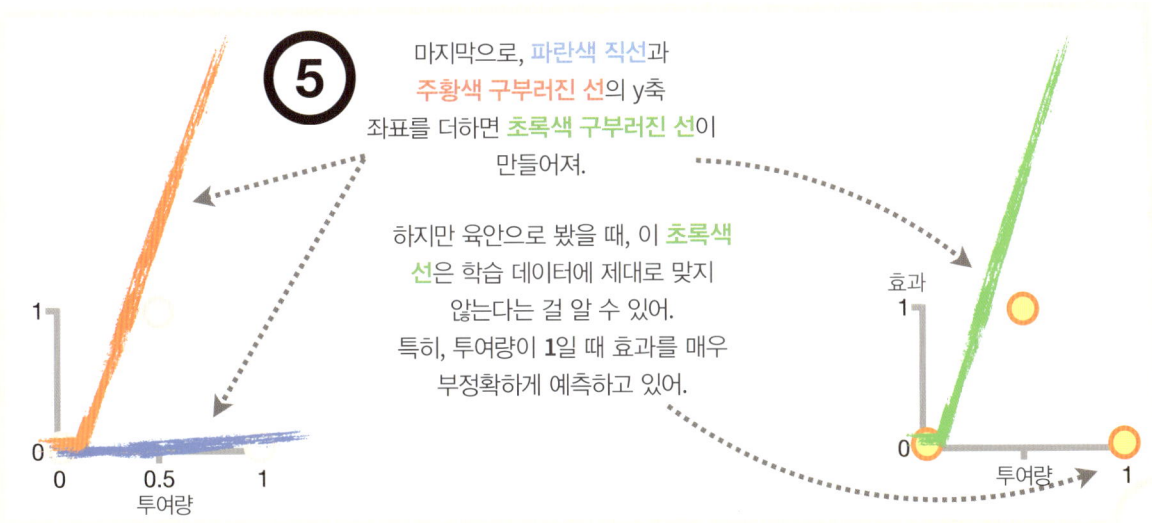

5 마지막으로, 파란색 직선과 주황색 구부러진 선의 y축 좌표를 더하면 초록색 구부러진 선이 만들어져.

하지만 육안으로 봤을 때, 이 초록색 선은 학습 데이터에 제대로 맞지 않는다는 걸 알 수 있어. 특히, 투여량이 1일 때 효과를 매우 부정확하게 예측하고 있어.

1

0

0   0.5   1

투여량

효과

1

0

투여량   1

단일 가중치 최적화: 상세 과정

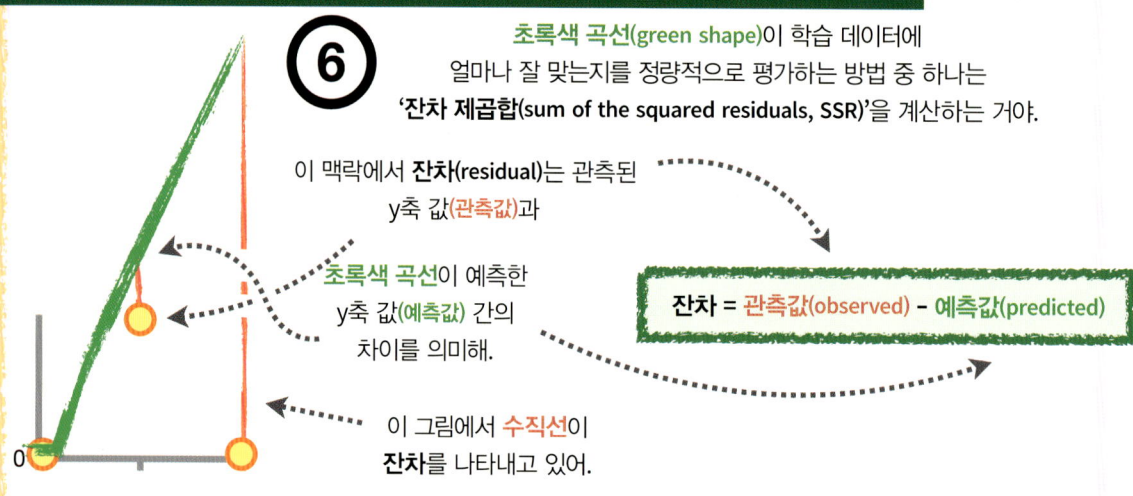

⑥ 초록색 곡선(green shape)이 학습 데이터에
얼마나 잘 맞는지를 정량적으로 평가하는 방법 중 하나는
'잔차 제곱합(sum of the squared residuals, SSR)'을 계산하는 거야.

이 맥락에서 **잔차**(residual)는 관측된
y축 값(관측값)과

초록색 곡선이 예측한
y축 값(예측값) 간의
차이를 의미해.

이 그림에서 **수직선**이
잔차를 나타내고 있어.

> **잔차 = 관측값(observed) − 예측값(predicted)**

⑦ SSR을 계산하려면, 먼저 모든 잔차를 구한 뒤
각각 제곱한 다음, 이 제곱값들을 모두
더해주면 돼.

$$SSR = 잔차_1^2 + 잔차_2^2 + 잔차_3^2 + ...$$

> **참고:** 잔차를 제곱하는 이유는 음수값이
> 양수값을 상쇄하지 않도록 하기 위해서야.
> SSR값이 클수록 잔차가 크다는 뜻이고,
> 이는 모델이 데이터를 잘 맞추지 못하고
> 있다는 신호야. 또한 절댓값을 취하는 대신
> 제곱을 사용하면 이후 수학적인 계산이
> 더 쉬워져.

전문용어 주의!

'잔차 제곱합(SSR)'은 손실 함수(loss function) 또는 비용 함수(cost function)의 한 종류야.
일반적으로 **'손실 함수'**와 **'비용 함수'**는 모델을 학습할 때 최적화하려는 함수를 의미해.
어떤 사람들은 **손실 함수**를 특정 데이터 포인트에 대해 계산하는 함수
(예: SSR이 단일 데이터 포인트에 적용된 경우)로 정의하고,
비용 함수를 전체 데이터셋에 대해 적용되는 함수(예: 전체 데이터셋에 대해 계산된 SSR)로 정의하기도 해.
하지만 이러한 용어 구분은 절대적인 것이 아니므로, 문맥에 따라 유연하게 사용해야 해.

이 책에서는 두 용어를 같은 의미로 사용할 거야. 즉, '손실 함수 또는 비용 함수는 SSR이다'라고
이해하면 돼. 이번 장에서는 SSR을 손실 함수 또는 비용 함수로 사용하지만,
5장에서 '크로스 엔트로피(cross entropy)'라는 또 다른 손실 함수에 대해 배울 거야.

이봐, **노말사우르스**,
신경망에 관한 유쾌한 노래
불러줄 수 있어?

지금은 안 돼! 역전파를
공부하느라 바쁘거든!

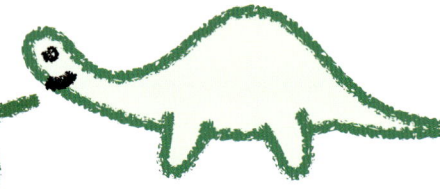

⑧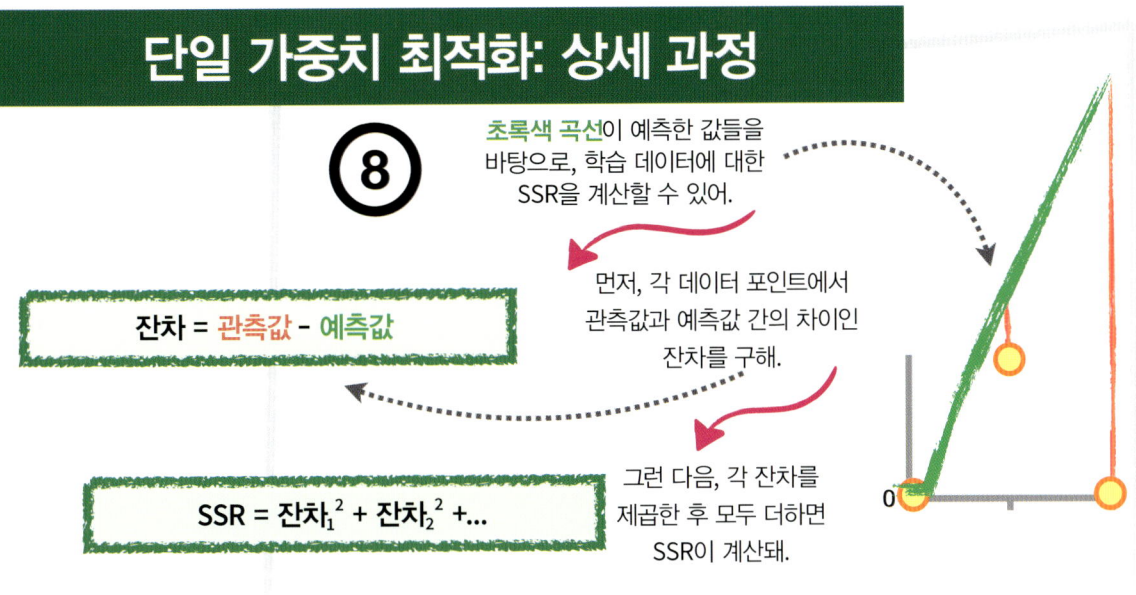

초록색 곡선이 예측한 값들을 바탕으로, 학습 데이터에 대한 SSR을 계산할 수 있어.

먼저, 각 데이터 포인트에서 관측값과 예측값 간의 차이인 잔차를 구해.

잔차 = 관측값 - 예측값

그런 다음, 각 잔차를 제곱한 후 모두 더하면 SSR이 계산돼.

$$SSR = 잔차_1^2 + 잔차_2^2 + ...$$

⑨ 예를 들어 첫 번째 투여량(0)에서, 관측된 효과 값은 0이고 신경망이 예측한 값도 0이야. 즉, 잔차는 0 – 0 = 0이 되고, 이를 SSR 계산식에 대입하면 돼.

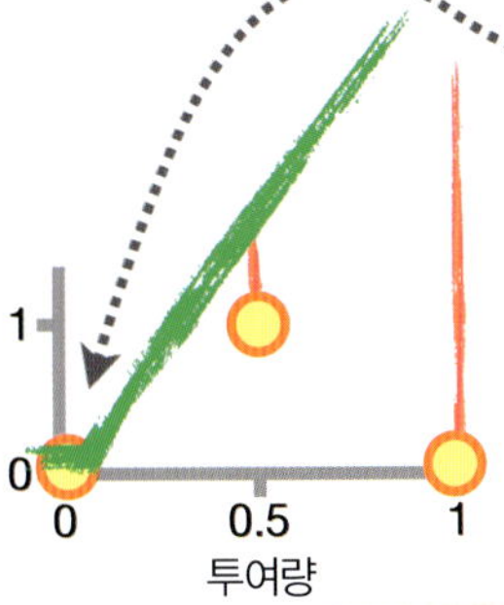

⑩ 다음으로, 투여량이 0.5일 때, 관측값은 1이고, 예측값은 1.40이야. 이 차이를 계산해서 SSR 식에 추가하자.

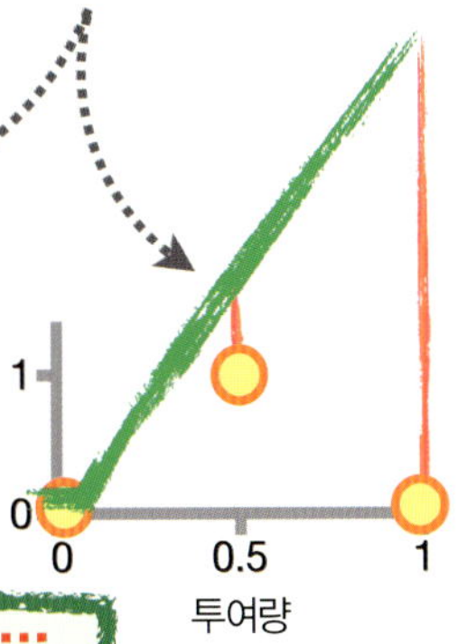

$$SSR = (0 - 0)^2$$
$$+ (1 - 1.40)^2$$
$$+ (0 - 3.19)^2 = 10.34$$

⑪ 마지막으로, 투여량이 1일 때, 관측값은 0이고, 예측값은 3.19야. 즉, 0 – 3.19의 차이를 추가해서 SSR을 계산할 수 있어.

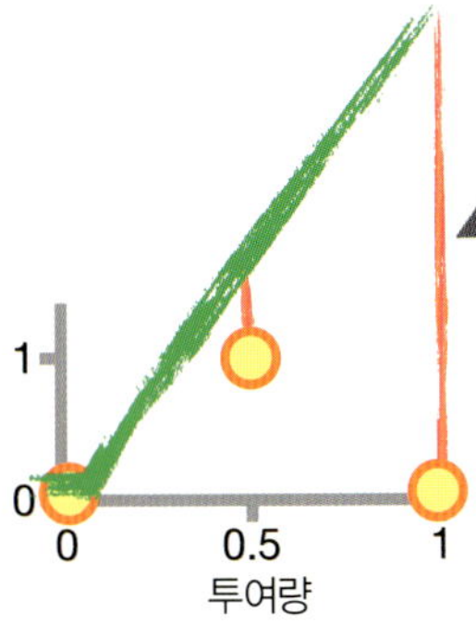

⑫ 이제 모든 잔차를 제곱하고 합산하면, W_3 = 0.0일 때의 SSR값이 10.34가 돼.

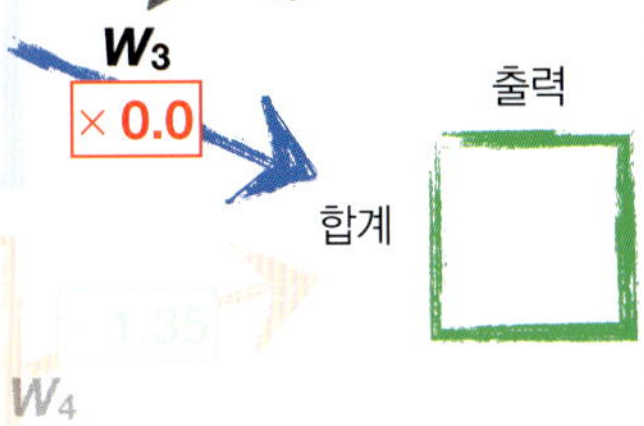

전문용어 주의!
모든 학습 데이터를 사용하여 손실(loss)을 계산하는 과정을 '에포크(epoch) 학습'이라고 해.

W_3
× 0.0

합계

출력

W_4

단일 가중치 최적화: 상세 과정

13 W_3 = 0.0이 SSR을 최소화하는 최적의 값인지 확인하려면, W_3의 여러 값을 사용해 SSR을 비교해볼 수 있어. 즉, W_3값을 변화시키면서 SSR을 계산하고, 이를 그래프에 표시하면 돼. 이 그래프에서는 x축이 W_3값, y축이 해당하는 SSR값이야.

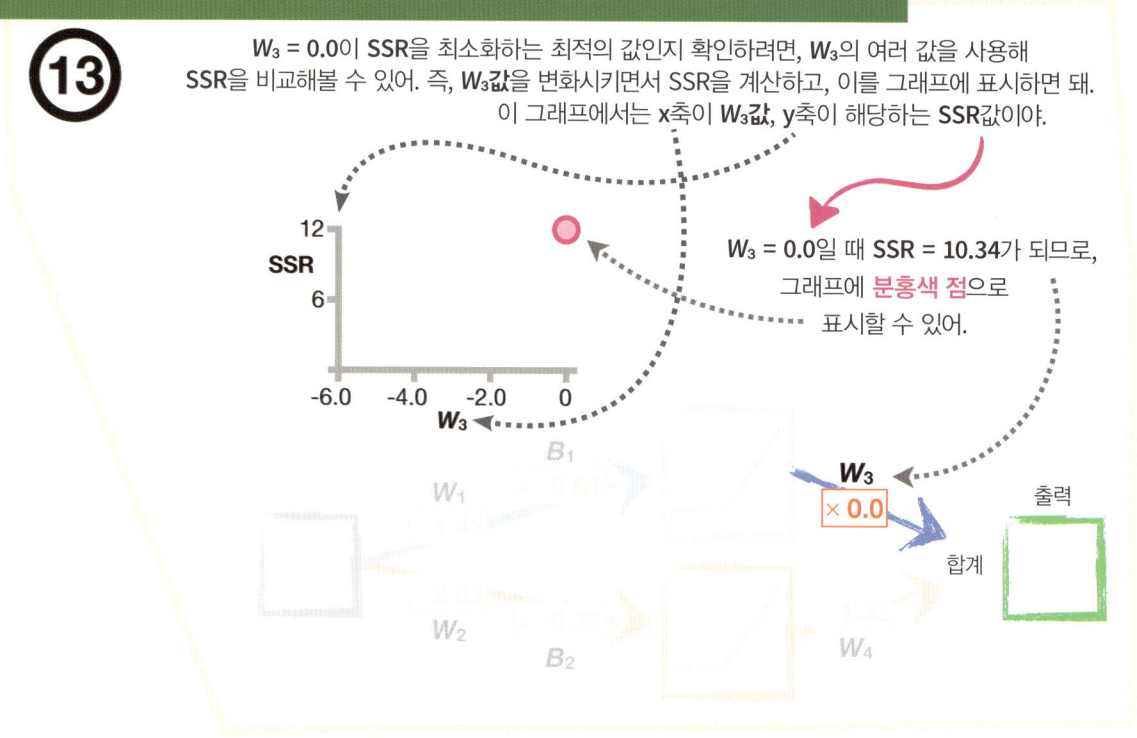

W_3 = 0.0일 때 SSR = 10.34가 되므로, 그래프에 분홍색 점으로 표시할 수 있어.

14 이제 W_3값을 -1.0으로 설정하고...

다시 0에서 1까지의 투여량을 입력해 계산해보자.

이렇게 하면 새로운 초록색 곡선이 생성되는데, 이 곡선은 투여량이 0.5와 1일 때의 관측값과 더 가까워져서 잔차가 줄어들어.

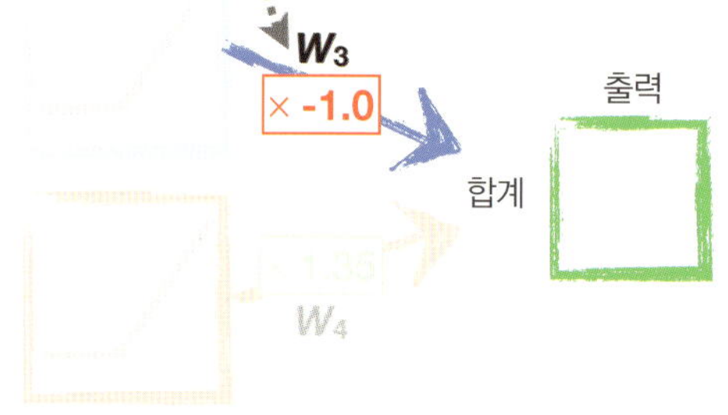

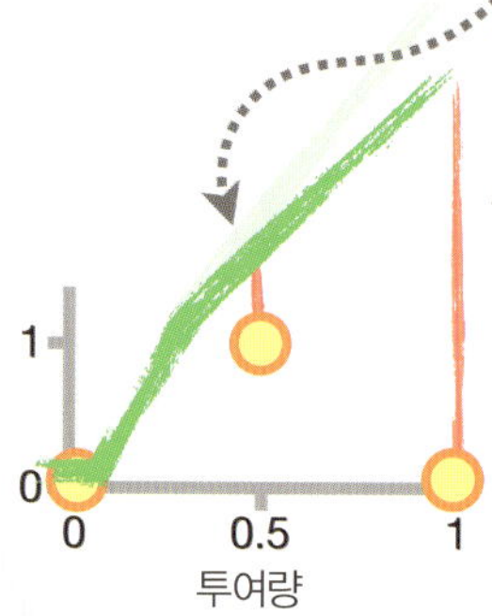

그리고 W_3 = -1.0일 때의 SSR을 계산해서 그래프에 추가하면 돼.

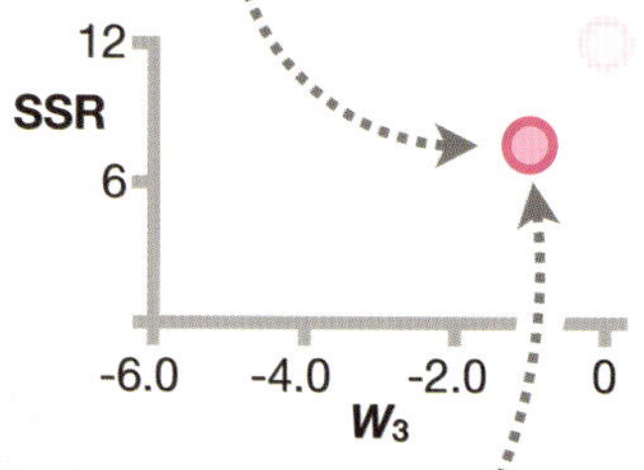

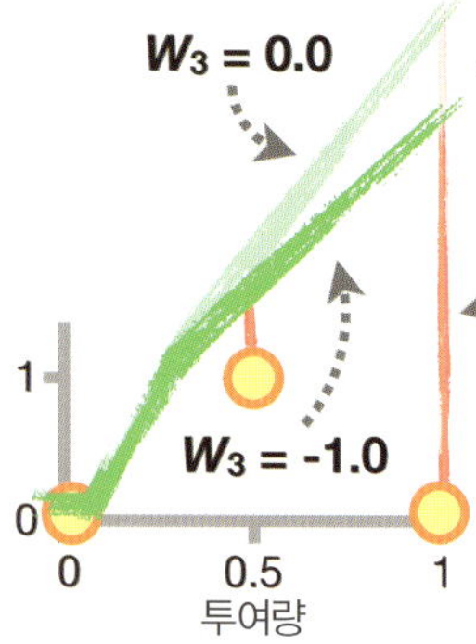

15 결과를 보면, W_3 = -1.0일 때의 잔차가 W_3 = 0.0일 때보다 작아졌어. 즉, 학습 데이터에 더 잘 맞는 곡선을 만들어낸 거야.

그리고 W_3가 -1.0일 때 SSR값이 더 낮아진 것을 통해, 이 값이 더 나은 적합(fit)을 제공한다는 걸 확인할 수 있어.

하지만 W_3 = -1.0이 최선의 값일까? 더 나은 W_3값을 찾아서 잔차를 더 줄이고 SSR을 낮출 수 있을까?

단일 가중치 최적화: 상세 과정

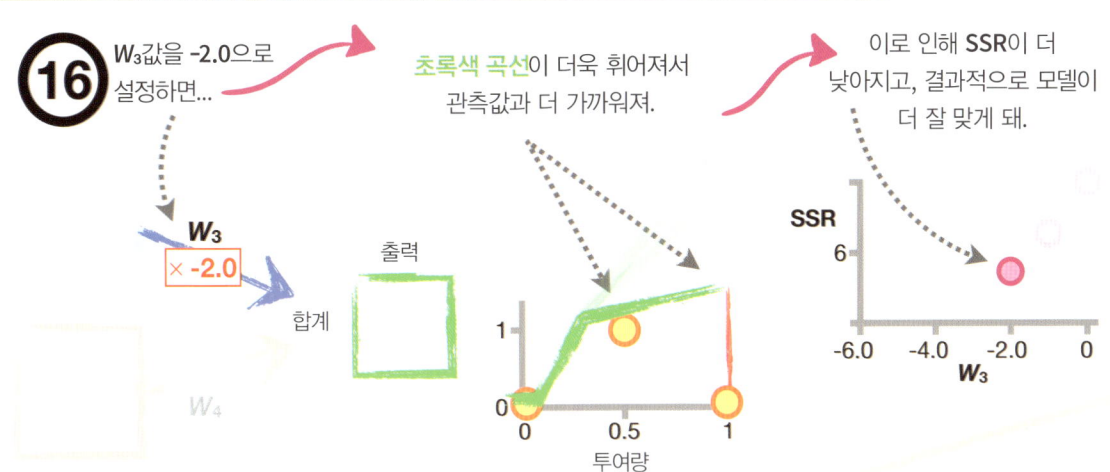

(16) W_3값을 −2.0으로 설정하면...

초록색 곡선이 더욱 휘어져서 관측값과 더 가까워져.

이로 인해 SSR이 더 낮아지고, 결과적으로 모델이 더 잘 맞게 돼.

(17) 다양한 W_3값을 시도해보면, SSR이 가장 낮아지고 모델이 가장 잘 맞는 지점이 $W_3 \approx -4.0$ 근처임을 알 수 있어.

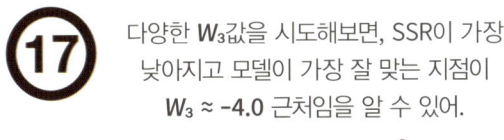

(18) 이론적으로, W_3값을 무한히 많은 값으로 설정하고 각각의 SSR을 계산하면 최적의 값을 찾을 수 있어. 하지만 이런 방식은 시간이 너무 오래 걸려. 대신, '경사 하강법'을 사용하면 SSR이 가장 낮아지는 값을 빠르게 찾을 수 있어. 즉, 경사 하강법을 이용해 **분홍색 곡선**에서 가장 낮은 지점을 빠르게 찾는 거야.

(19) 경사 하강법은 **분홍색 곡선**의 기울기를 이용해서 작동해. 이 기울기는 해당 지점에서의 **접선(tangent line)**의 기울기와 동일해. 기울기가 클수록 더 급격한 변화가 필요하다는 뜻이고, 작을수록 미세한 조정이 필요하다는 뜻이야.

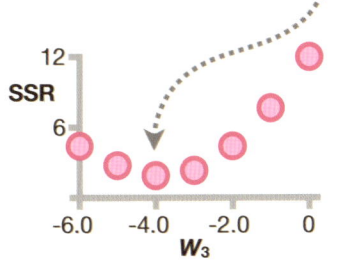

(20) 우선, 곡선 위의 한 점에서 미분을 계산하는 것부터 시작해보자. 이 예제에서는 초깃값 $W_3 = 0.0$에서 미분을 계산하고 있어. $W_3 = 0.0$에서 미분을 계산해보면, 기울기가 비교적 크다는 걸 알 수 있어. 이는 이 지점에서 **접선**의 기울기가 가파르게 내려가고 있다는 의미야. 즉, $W_3 = 0.0$이 최소점(SSR이 가장 낮은 지점)에서 멀리 떨어져 있다는 걸 보여줘.

또한, 미분값 혹은 기울기가 양수라는 것은 W_3값을 왼쪽으로 이동해야 한다는 걸 의미해. 미분이 양수라는 것은 곡선이 증가하는 방향이라는 뜻이고, 따라서 SSR을 더 낮추려면 W_3값을 감소시켜야 해. 즉, 최적의 W_3값을 찾기 위해 왼쪽으로 큰 폭의 이동을 해야 한다는 결론을 얻을 수 있어.

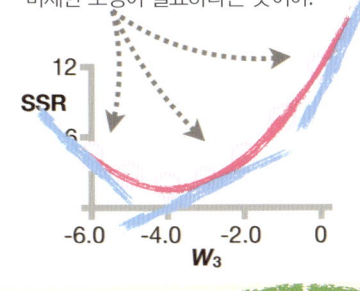

미분이 익숙하지 않다면, **부록 A**를 참고해서 더 자세히 배워보자!

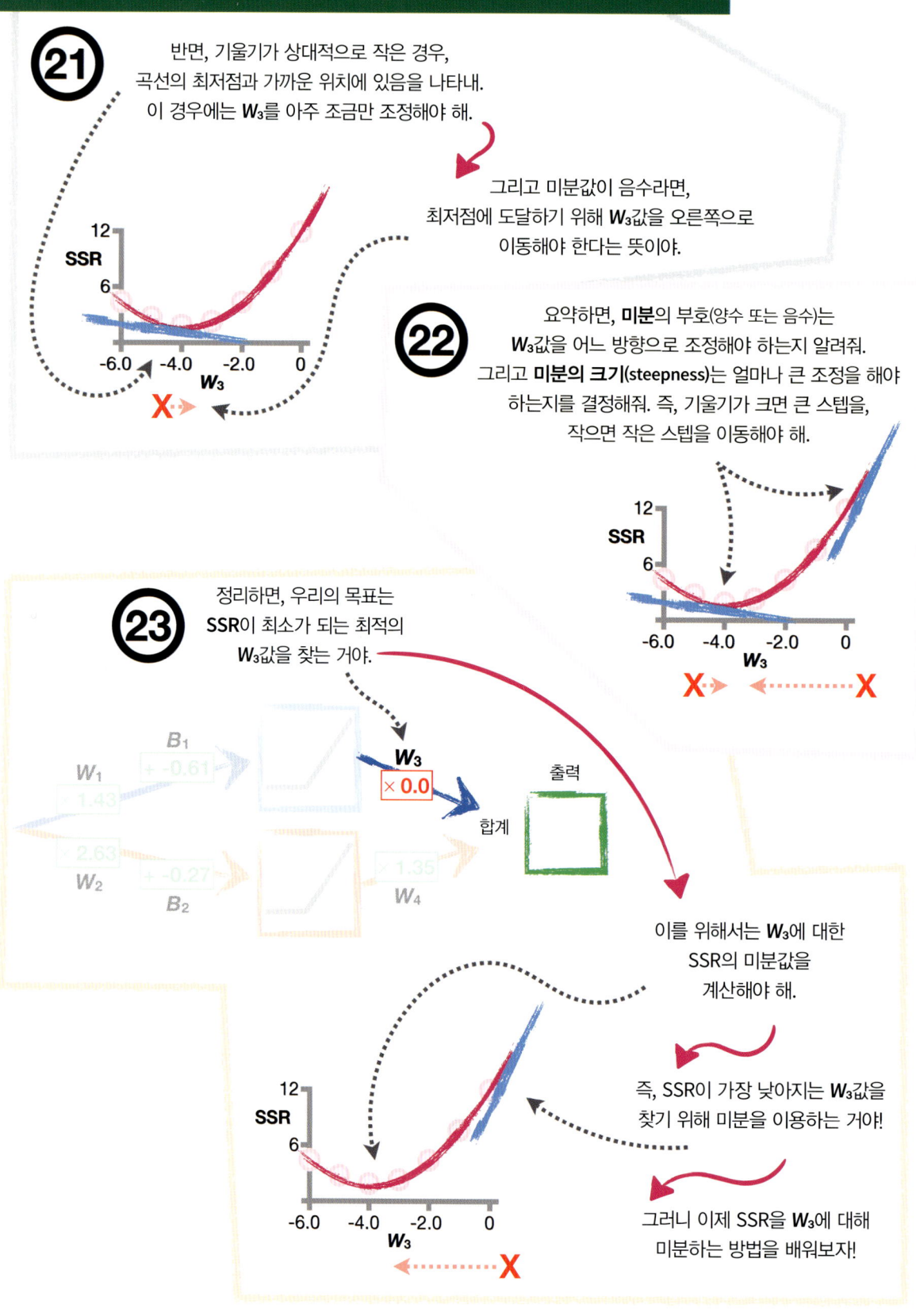

㉑ 반면, 기울기가 상대적으로 작은 경우,
곡선의 최저점과 가까운 위치에 있음을 나타내.
이 경우에는 W_3를 아주 조금만 조정해야 해.

그리고 미분값이 음수라면,
최저점에 도달하기 위해 W_3값을 오른쪽으로
이동해야 한다는 뜻이야.

㉒ 요약하면, **미분**의 부호(양수 또는 음수)는
W_3값을 어느 방향으로 조정해야 하는지 알려줘.
그리고 **미분의 크기**(steepness)는 얼마나 큰 조정을 해야
하는지를 결정해줘. 즉, 기울기가 크면 큰 스텝을,
작으면 작은 스텝을 이동해야 해.

㉓ 정리하면, 우리의 목표는
SSR이 최소가 되는 최적의
W_3값을 찾는 거야.

B_1
$+ -0.61$
W_1
$\times 1.43$

W_3
$\times 0.0$

출력

합계

W_2
$\times 2.63$
B_2
$+ -0.27$

$+ 1.35$
W_4

이를 위해서는 W_3에 대한
SSR의 미분값을
계산해야 해.

즉, SSR이 가장 낮아지는 W_3값을
찾기 위해 미분을 이용하는 거야!

그러니 이제 SSR을 W_3에 대해
미분하는 방법을 배워보자!

단일 가중치 최적화: 미분 계산

① SSR을 W_3에 대해 미분하려면, 먼저 SSR의 정의를 떠올려보자.

SSR은 첫 번째 잔차를 제곱한 값에...

$$SSR = (관측값_1 - 예측값_1)^2$$

$+$

두 번째 잔차를 제곱한 값을 더하고...

$$(관측값_2 - 예측값_2)^2$$

$+$

세 번째 잔차를 제곱한 값을 더해 계산이 돼.

$$(관측값_3 - 예측값_3)^2$$

1

0

0   0.5   1

투여량

② 하지만 이 식은 너무 길어서, 더 간결하게 표현할 방법이 필요해.

이를 위해 '시그마 표기법'을 사용하면 돼.

$$SSR = (관측값_1 - 예측값_1)^2$$
$$+ (관측값_2 - 예측값_2)^2$$
$$+ (관측값_3 - 예측값_3)^2$$

$$SSR = \sum_{i=1}^{n} (관측값_i - 예측값_i)^2$$

③ 그리스 기호인 **시그마(Σ)** 기호는 여러 항목을 더하라는 의미야.

이 예제에서는 학습 데이터의 개수(n)가 3이므로, $n = 3$이 돼.

i는 관측된 데이터 포인트와 예측 데이터 포인트를 나타내는 인덱스고, 1부터 n까지 반복돼.

$$SSR = \sum_{i=1}^{n} (관측값_i - 예측값_i)^2$$

④ 예를 들어 $i = 1$이면, 첫 번째 잔차에 해당하는 관측값과 예측값에 대한 계산이야.

$i = 2$이면, 두 번째 잔차에 대한 값이고...

$i = 3$이면, 세 번째 잔차에 대한 값이야.

1

0

0   0.5   1

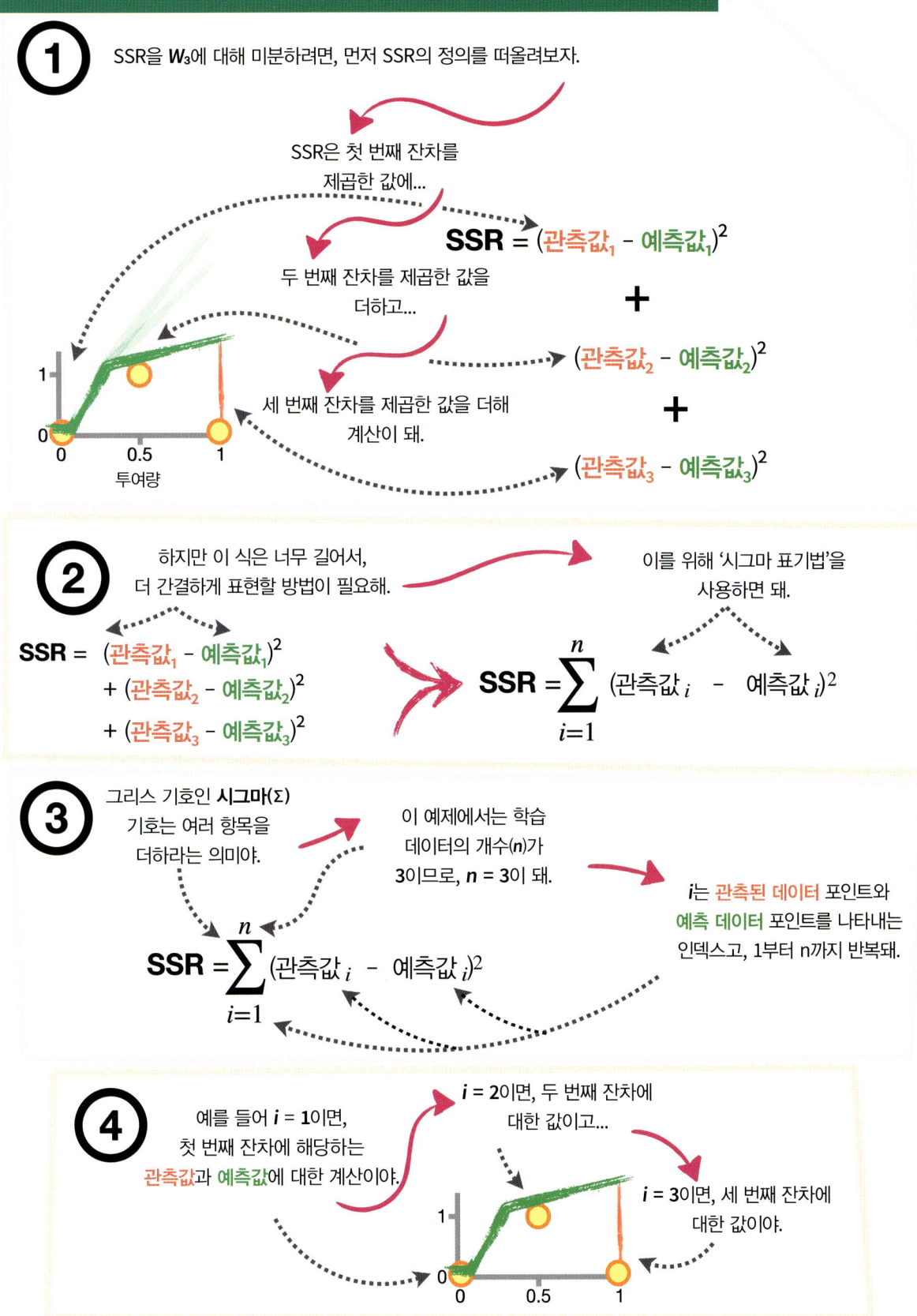

⑤ SSR을 W_3에 대해 미분하기 전에, 기억해야 할 중요한 점이 있어.SSR에서 사용되는 예측값은 초록색 곡선에서 나온다는 거야. 따라서 SSR은 다음과 같이 정의돼. 여기서 예측값은 초록색 곡선과 같아.

$$SSR = \sum_{i=1}^{n} (관측값_i - 예측값_i)^2$$

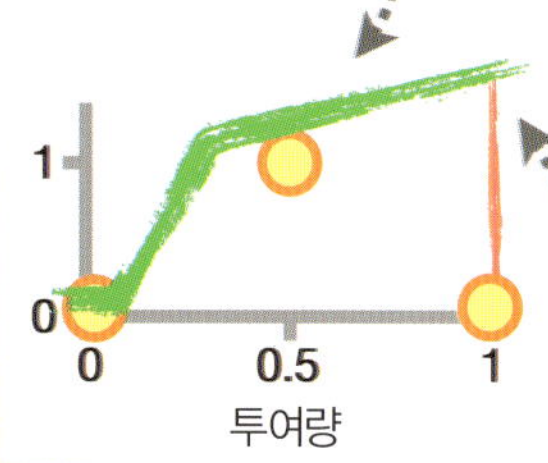

예측값 = 초록색 곡선

⑥ 초록색 곡선은 신경망의 마지막 부분에서 만들어지는데, 파란색 곡선과 주황색 곡선의 y축 값을 더해서 계산돼.

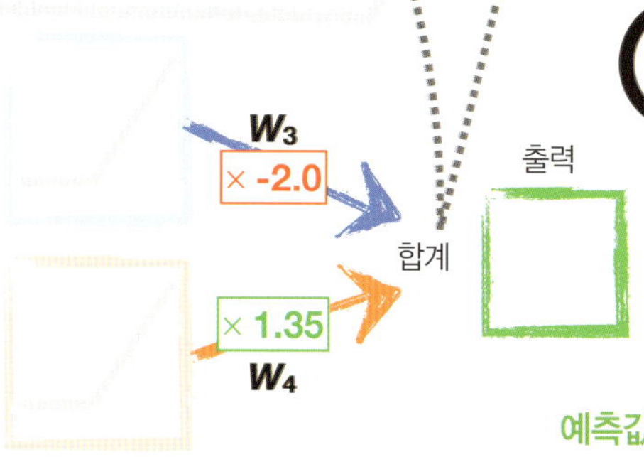

W_3 ×-2.0

출력

합계

×1.35 W_4

예측값 = 초록색 곡선 = 파란색 곡선 + 주황색 곡선

⑦ 마지막으로, 파란색 곡선은 W_3에 의해 조정된 값에서 나오기 때문에 초록색 곡선의 예측값은 다음과 같이 표현할 수 있어.

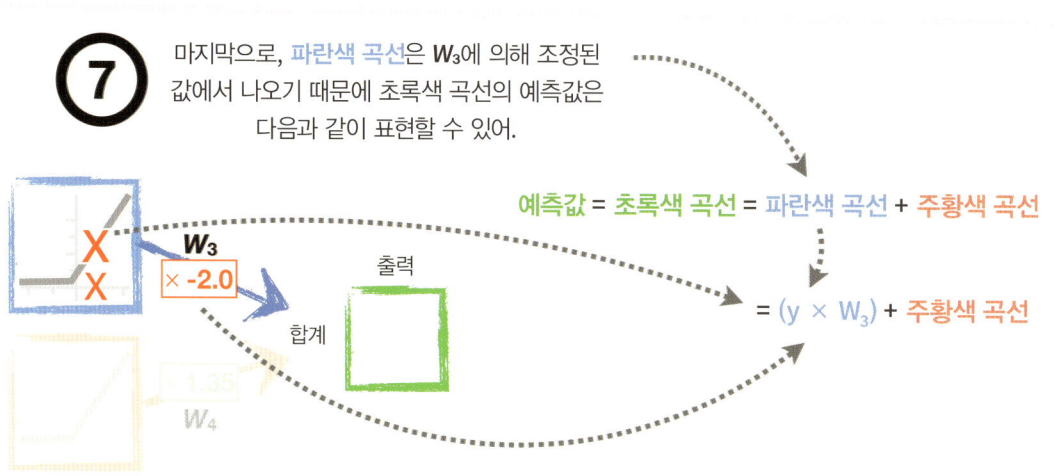

X X W_3 ×-2.0

출력

합계

W_4

예측값 = 초록색 곡선 = 파란색 곡선 + 주황색 곡선

$= (y \times W_3) + 주황색 곡선$

⑧ 즉, SSR은

W_3와 직접 연결되어 있고,

우리는 **연쇄 법칙(chain rule)**을 사용해서 SSR을 W_3에 대해 미분할 수 있어.

$$SSR = \sum_{i=1}^{n} (관측값_i - 예측값_i)^2$$

SSR 공식에서 W_3가 예측값을 통해 반영되기 때문에,

$$\frac{d\,SSR}{d\,W_3}$$

예측값 = 초록색 곡선 = $(y \times W_3)$ + 주황색 곡선

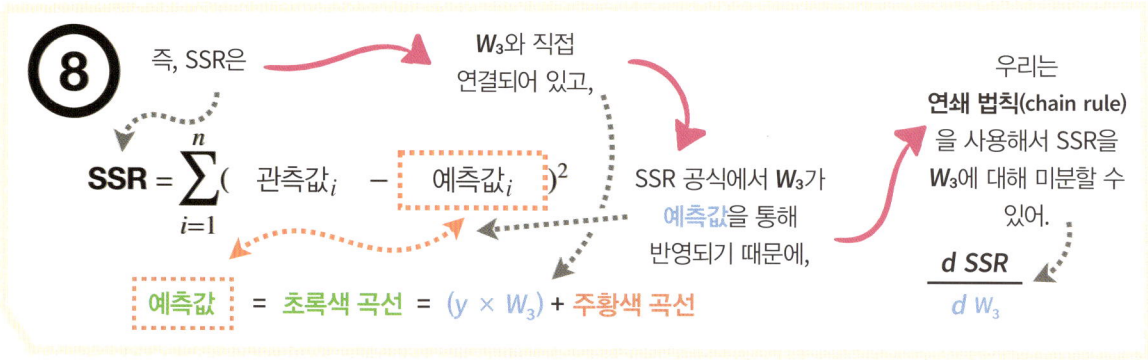

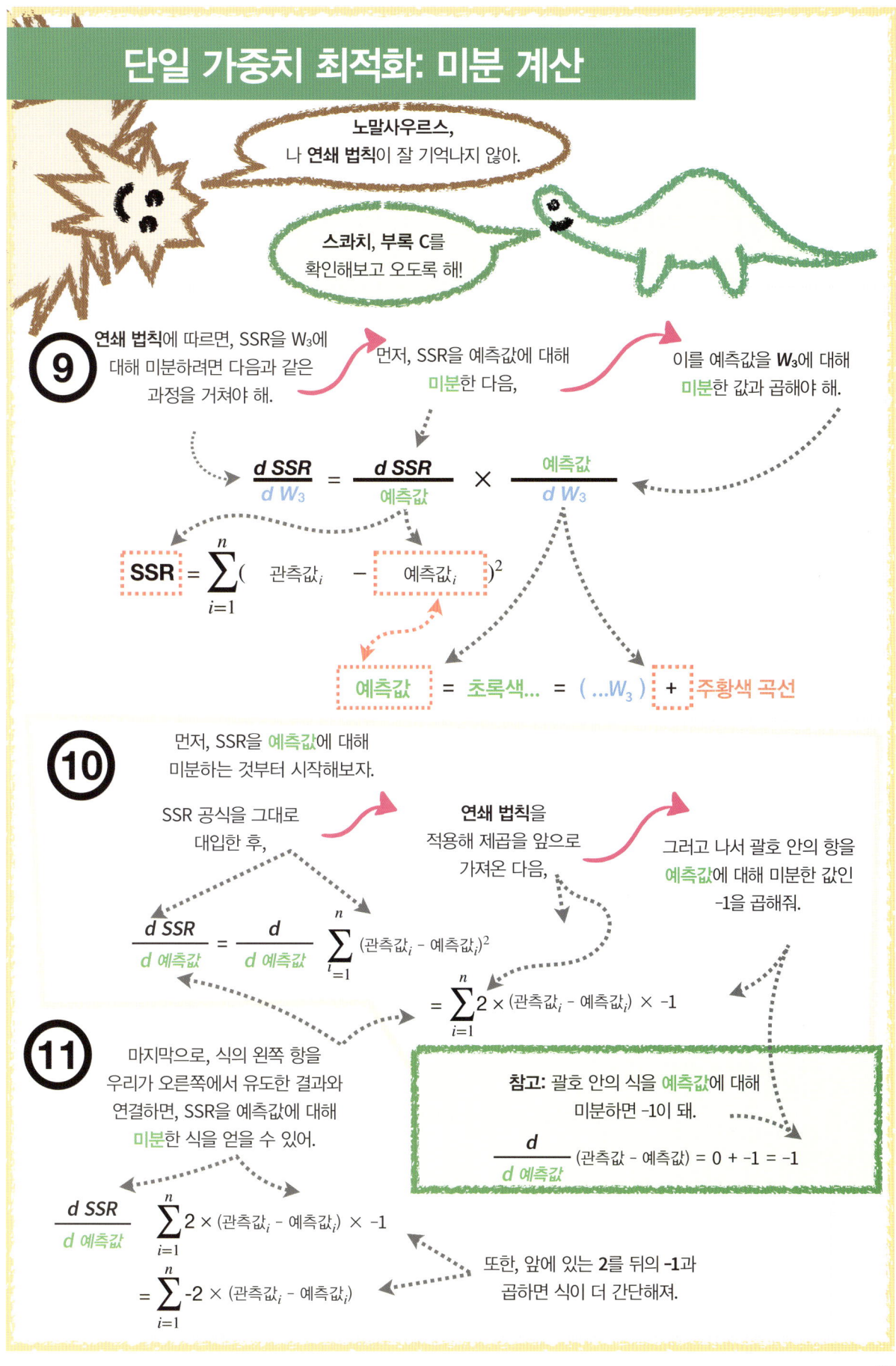

단일 가중치 최적화: 미분 계산

노말사우르스, 나 **연쇄 법칙**이 잘 기억나지 않아.

스콰치, 부록 C를 확인해보고 오도록 해!

⑨ **연쇄 법칙**에 따르면, SSR을 W_3에 대해 미분하려면 다음과 같은 과정을 거쳐야 해.

먼저, SSR을 예측값에 대해 미분한 다음,

이를 예측값을 W_3에 대해 미분한 값과 곱해야 해.

$$\frac{d\,SSR}{d\,W_3} = \frac{d\,SSR}{예측값} \times \frac{예측값}{d\,W_3}$$

$$SSR = \sum_{i=1}^{n} (\,관측값_i - 예측값_i\,)^2$$

$$예측값 = 초록색\ldots = (\ldots W_3) + 주황색\ 곡선$$

⑩ 먼저, SSR을 예측값에 대해 미분하는 것부터 시작해보자.

SSR 공식을 그대로 대입한 후,

연쇄 법칙을 적용해 제곱을 앞으로 가져온 다음,

그리고 나서 괄호 안의 항을 예측값에 대해 미분한 값인 −1을 곱해줘.

$$\frac{d\,SSR}{d\ 예측값} = \frac{d}{d\ 예측값}\sum_{i=1}^{n}(관측값_i - 예측값_i)^2$$

$$= \sum_{i=1}^{n} 2 \times (관측값_i - 예측값_i) \times -1$$

참고: 괄호 안의 식을 예측값에 대해 미분하면 −1이 돼.

$$\frac{d}{d\ 예측값}(관측값 - 예측값) = 0 + -1 = -1$$

⑪ 마지막으로, 식의 왼쪽 항을 우리가 오른쪽에서 유도한 결과와 연결하면, SSR을 예측값에 대해 미분한 식을 얻을 수 있어.

$$\frac{d\,SSR}{d\ 예측값}\quad \sum_{i=1}^{n} 2 \times (관측값_i - 예측값_i) \times -1$$

$$= \sum_{i=1}^{n} -2 \times (관측값_i - 예측값_i)$$

또한, 앞에 있는 **2**를 뒤의 **−1**과 곱하면 식이 더 간단해져.

단일 가중치 최적화: 미분 계산

(12) 이제, SSR을 예측값에 대해 미분한 식을 얻었으니...

$$\frac{d\,SSR}{d\,\text{예측값}} = \sum_{i=1}^{n} -2 \times (\text{관측값}_i - \text{예측값}_i)$$

이를 W_3에 대한 SSR의 미분 식에 대입할 수 있어.

$$\frac{d\,SSR}{d\,W_3} = \frac{d\,SSR}{d\,\text{예측값}} \times \frac{d\,\text{예측값}}{d\,W_3}$$

$$\frac{d\,SSR}{d\,W_3} = \sum_{i=1}^{n} -2 \times (\text{관측값}_i - \text{예측값}_i) \times \frac{d\,\text{예측값}}{d\,W_3}$$

이제, W_3에 대한 예측값의 미분을 계산해야 해.

(13) W_3에 대한 예측값의 **미분**을 구하기 위해, 먼저 예측값의 식을 대입해보자...

$$\text{예측값} = \text{초록색 곡선} = (y \times W_3) + \text{주황색 곡선}$$

$$\frac{d\,Predicted}{d\,W_3} = \frac{d}{d\,W_3}\left[(y \times W_3) + \text{주황색 곡선}\right] = y + 0 = y$$

그리고 **거듭제곱 법칙(power rule)**을 적용하면 (개념이 익숙하지 않다면 **부록 B**를 참고해!), $y \times W_3$를 **미분**하면 y가 되고...

주황색 곡선은 W_3에 영향을 받지 않으므로, 미분하면 0이 돼.

즉, W_3에 대한 예측값의 **미분**은 y야.

(14) 이제, W_3에 대한 예측값의 **미분**을 구했으니...

$$\frac{d\,\text{예측값}}{d\,W_3} = y$$

이 값을 W_3에 대한 SSR의 미분 식에 대입하면...

$$\frac{d\,SSR}{d\,W_3} = \sum_{i=1}^{n} -2 \times (\text{Observed}_i - \text{Predicted}_i) \times \frac{d\,\text{예측값}}{d\,W_3}$$

$$\frac{d\,SSR}{d\,W_3} = \sum_{i=1}^{n} -2 \times (\text{Observed}_i - \text{Predicted}_i) \times y_i$$

W_3에 대한 SSR의 미분을 구하는 데 성공할 수 있어!

BAM!!!

참고: 각 예측값은 서로 다른 y축 값에 해당하므로, 이를 명확하게 표시하기 위해 y에 인덱스 i를 추가했어.

단일 가중치 최적화: 경사 하강법

1 이제, W_3에 대한 SSR의 미분을 구했어...

$$\frac{d\,SSR}{d\,W_3} = \sum_{i=1}^{n} -2 \times (\text{관측값}_i - \text{예측값}_i) \times y_i$$

이 미분값은 W_3를 변경할 때 SSR이 어떻게 변하는지를 알려줘...

이를 활용하면, 경사 하강법 또는 다른 최적화 방법을 사용해 W_3의 최적값을 반복적으로 찾아낼 수 있어. W_3의 최적값은 SSR을 최소화하는 값이며, 이는 미분값이 0이 되는 지점과 일치해.

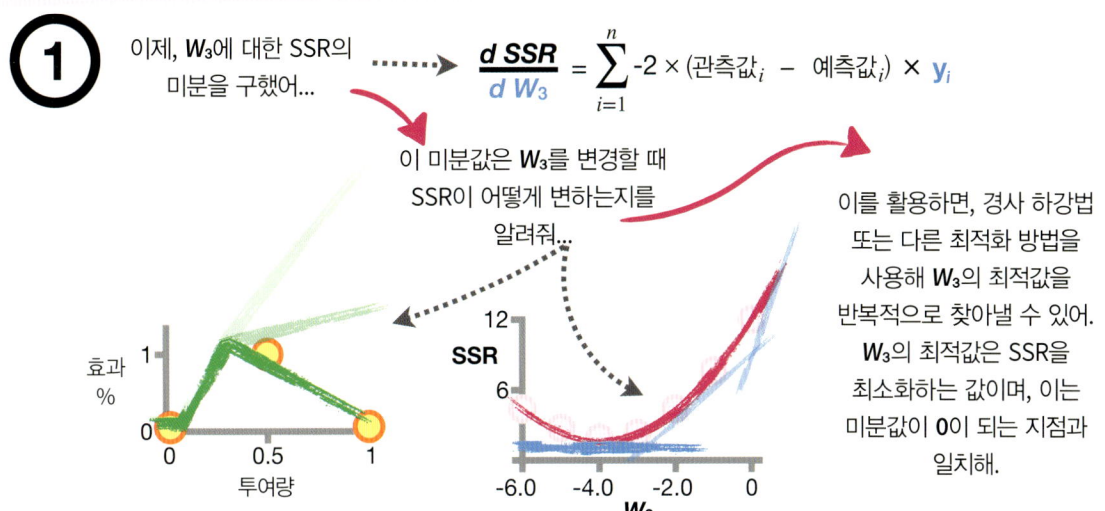

참고: 이 예제에서는 경사 하강법을 사용해 W_3의 최적값을 찾을 거야. 추가로, **확률적 경사 하강법**(stochastic gradient descent, SGD)과 Adam 최적화 방법도 간략히 다룰 예정이야. 이론적으로는 W_3에 대한 미분을 0으로 설정한 후 직접 최적값을 구할 수도 있지만, **활성화 함수**로 인해 비선형성이 발생하기 때문에 모든 가중치와 편향에 대해 이 방법을 적용하기는 어려워. 따라서 전체 매개변수 최적화를 간단하게 하기 위해 모든 매개변수에 동일한 최적화 전략을 사용할 거야.

2 경사 하강법을 사용하려면, 먼저 우리가 구한 미분을 그대로 가져와서 시그마 표기법을 확장해야 해.

$$\frac{d\,SSR}{d\,W_3} = \sum_{i=1}^{n} -2 \times (\text{관측값}_i - \text{예측값}_i) \times y_i$$

$$\begin{aligned}\frac{d\,SSR}{d\,W_3} = &-2 \times (\text{관측값}_1 - \text{예측값}_1) \times y_1 \\ &+ -2 \times (\text{관측값}_2 - \text{예측값}_2) \times y_2 \\ &+ -2 \times (\text{관측값}_3 - \text{예측값}_3) \times y_3\end{aligned}$$

3 마지막으로, **관측값**을 각 투여량에 대해 대입해보자.

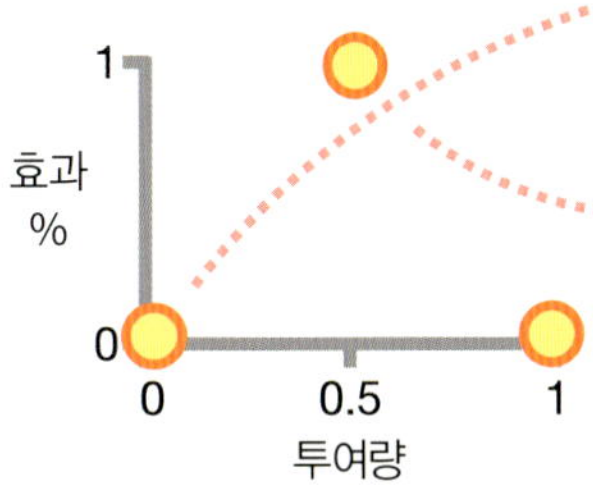

$$\begin{aligned}\frac{d\,SSR}{d\,W_3} = &-2 \times (\text{관측값}_1 - \text{예측값}_1) \times y_1 \\ &+ -2 \times (\text{관측값}_2 - \text{예측값}_2) \times y_2 \\ &+ -2 \times (\text{관측값}_3 - \text{예측값}_3) \times y_3\end{aligned}$$

$$\begin{aligned}\frac{d\,SSR}{d\,W_3} = &-2 \times (0 - \text{예측값}_1) \times y_1 \\ &+ -2 \times (1 - \text{예측값}_2) \times y_2 \\ &+ -2 \times (0 - \text{예측값}_3) \times y_3\end{aligned}$$

④ 이제, 학습 데이터셋에 있는 각 투여량을 신경망에 통과시켜서, 활성화 함수에서 나오는 y축 좌표와 **예측값**을 구할 거야. 먼저, 첫 번째 투여량인 **0**을 입력해보자...

계산을 해보면, 활성화 함수에서 나오는 y축 좌표는 **0**이야. 즉, $y_1=0$인 거지.

따라서 **예측값**도 $예측값_1 = 0$이 돼.

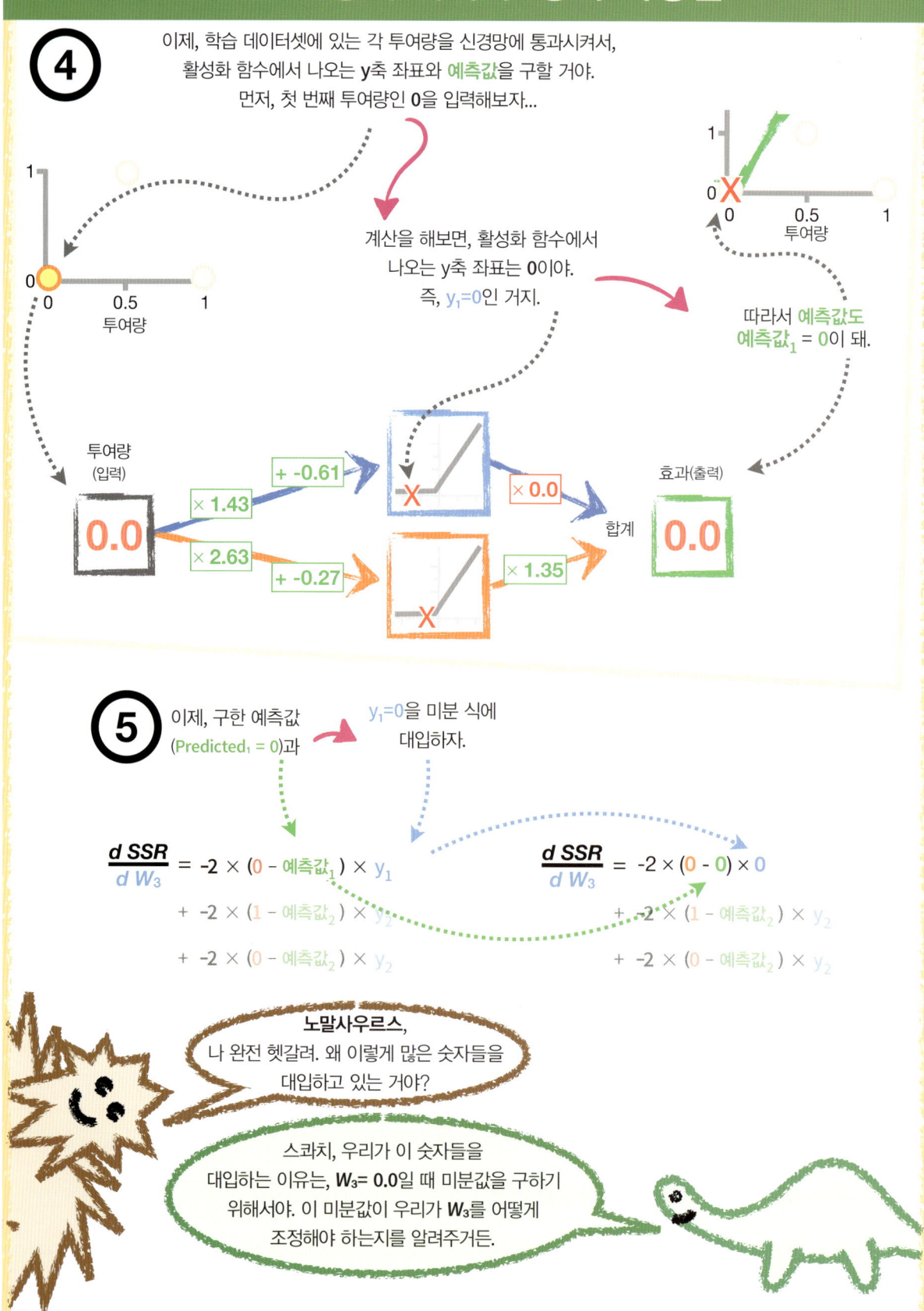

투여량 (입력) **0.0**

× 1.43   + -0.61   × 0.0
× 2.63   + -0.27   × 1.35

합계   효과(출력) **0.0**

⑤ 이제, 구한 예측값 (Predicted₁ = 0)과 $y_1=0$을 미분 식에 대입하자.

$$\frac{d\,SSR}{d\,W_3} = -2 \times (0 - 예측값_1) \times y_1$$
$$+ \; -2 \times (1 - 예측값_2) \times y_2$$
$$+ \; -2 \times (0 - 예측값_2) \times y_2$$

$$\frac{d\,SSR}{d\,W_3} = -2 \times (0 - 0) \times 0$$
$$+ \; -2 \times (1 - 예측값_2) \times y_2$$
$$+ \; -2 \times (0 - 예측값_2) \times y_2$$

노말사우르스, 나 완전 헷갈려. 왜 이렇게 많은 숫자들을 대입하고 있는 거야?

스콰치, 우리가 이 숫자들을 대입하는 이유는, $W_3= 0.0$일 때 미분값을 구하기 위해서야. 이 미분값이 우리가 W_3를 어떻게 조정해야 하는지를 알려주거든.

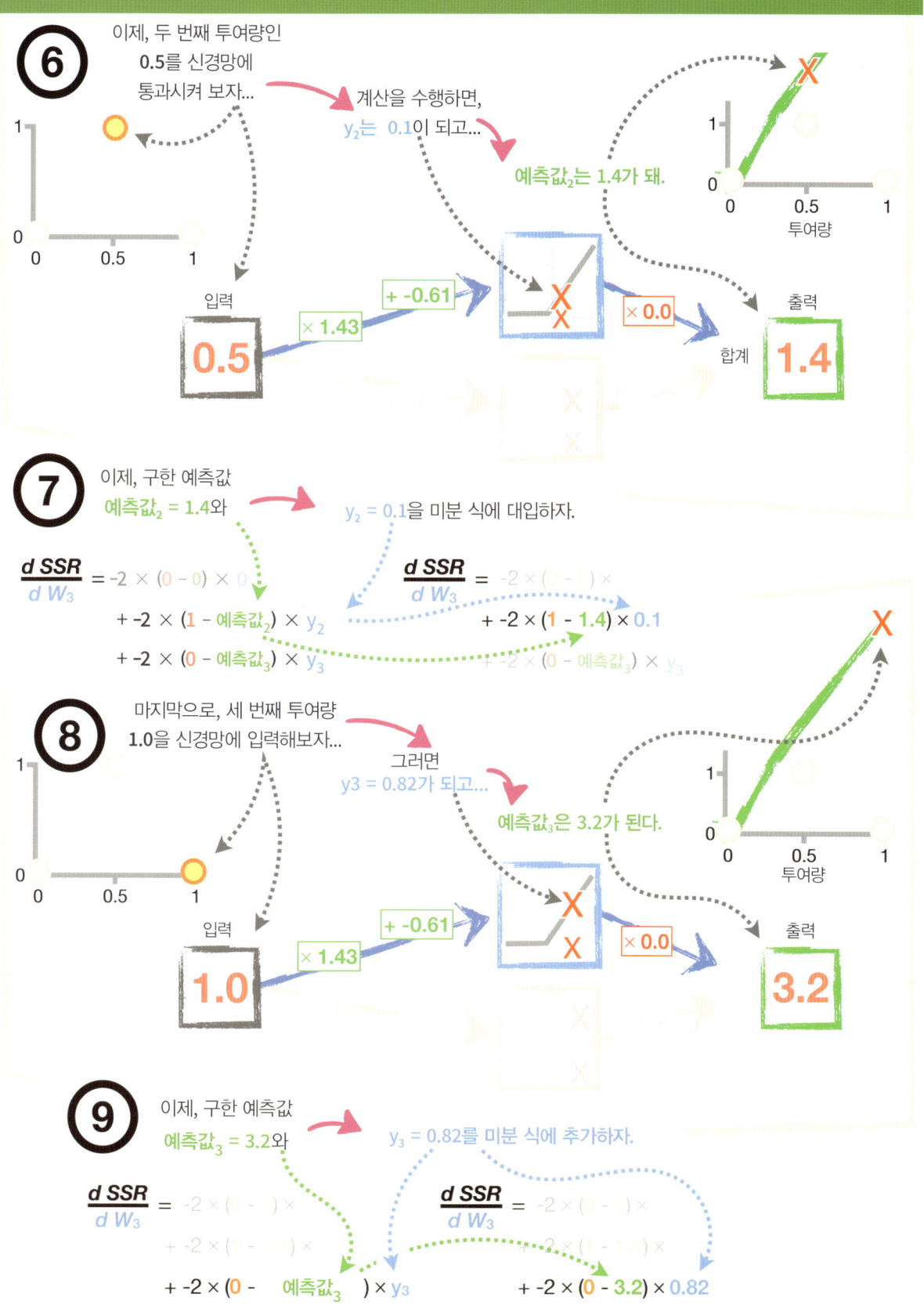

⑥ 이제, 두 번째 투여량인 **0.5**를 신경망에 통과시켜 보자...

계산을 수행하면, y_2는 0.1이 되고...

예측값$_2$는 1.4가 돼.

입력 **0.5** $\times 1.43$ $+ -0.61$ X X $\times 0.0$ 합계 출력 **1.4**

투여량

⑦ 이제, 구한 예측값 예측값$_2$ = 1.4와

$y_2 = 0.1$을 미분 식에 대입하자.

$$\frac{d\,SSR}{d\,W_3} = -2 \times (0 - 0) \times 0$$
$$+ -2 \times (1 - 예측값_2) \times y_2$$
$$+ -2 \times (0 - 예측값_3) \times y_3$$

$$\frac{d\,SSR}{d\,W_3} = -2 \times (0 - 0) \times$$
$$+ -2 \times (1 - 1.4) \times 0.1$$
$$+ -2 \times (0 - 예측값_3) \times y_3$$

⑧ 마지막으로, 세 번째 투여량 **1.0**을 신경망에 입력해보자...

그러면 y3 = 0.82가 되고...

예측값$_3$은 3.2가 된다.

입력 **1.0** $\times 1.43$ $+ -0.61$ X X $\times 0.0$ 출력 **3.2**

투여량

⑨ 이제, 구한 예측값 예측값$_3$ = 3.2와

$y_3 = 0.82$를 미분 식에 추가하자.

$$\frac{d\,SSR}{d\,W_3} = -2 \times (0 - 0) \times$$
$$+ -2 \times (1 -) \times$$
$$+ -2 \times (0 - 예측값_3) \times y_3$$

$$\frac{d\,SSR}{d\,W_3} = -2 \times (0 -) \times$$
$$+ -2 \times (1 -) \times$$
$$+ -2 \times (0 - 3.2) \times 0.82$$

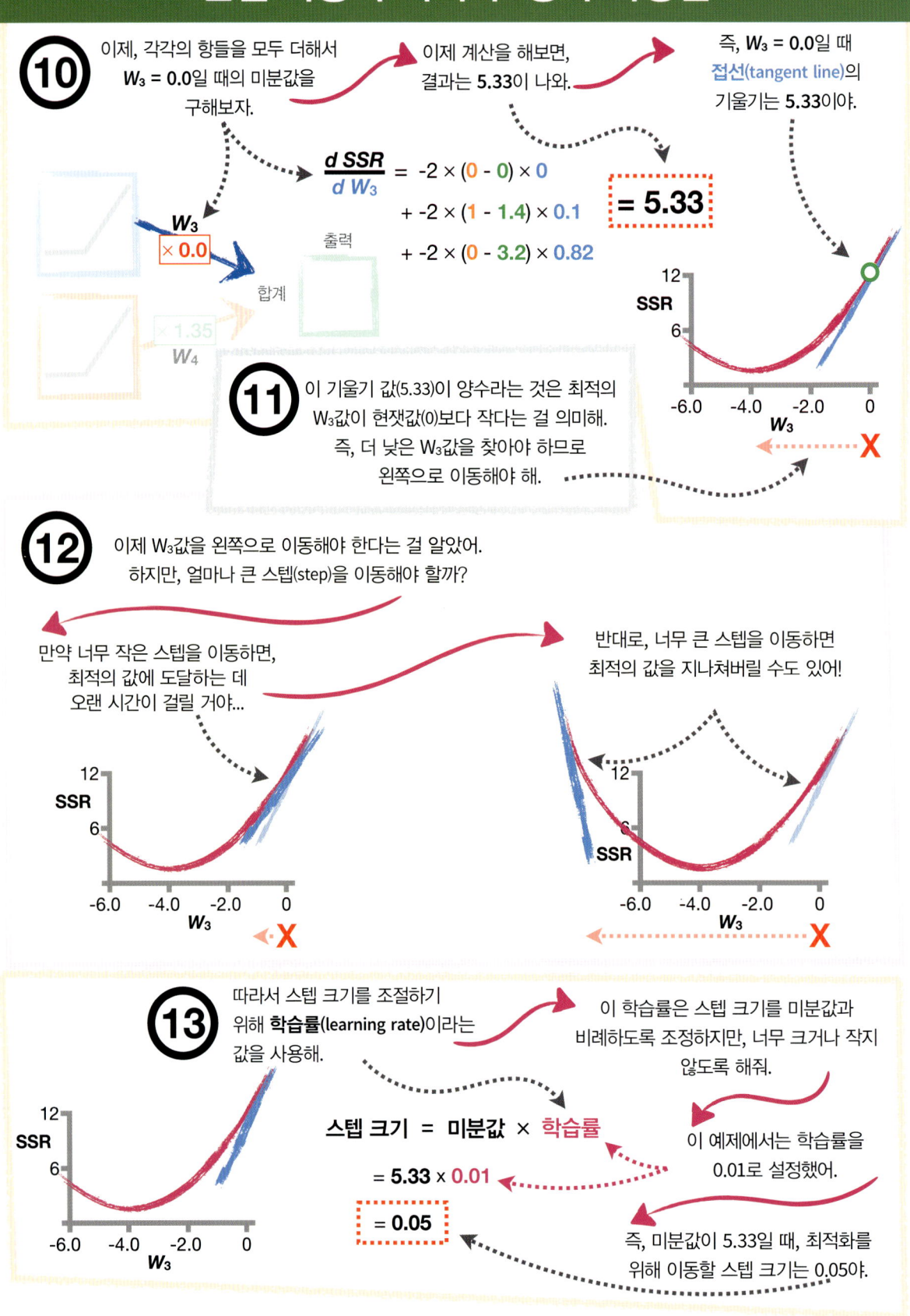

⑩ 이제, 각각의 항들을 모두 더해서 $W_3 = 0.0$일 때의 미분값을 구해보자.

이제 계산을 해보면, 결과는 **5.33**이 나와.

즉, $W_3 = 0.0$일 때 **접선(tangent line)** 의 기울기는 **5.33**이야.

$$\frac{d\,SSR}{d\,W_3} = \begin{aligned} &-2 \times (0 - 0) \times 0 \\ &+ -2 \times (1 - 1.4) \times 0.1 \\ &+ -2 \times (0 - 3.2) \times 0.82 \end{aligned}$$

$$= 5.33$$

W_3
× **0.0**

출력

합계

× 1.35
W_4

⑪ 이 기울기 값(5.33)이 양수라는 것은 최적의 W_3값이 현잿값(0)보다 작다는 걸 의미해. 즉, 더 낮은 W_3값을 찾아야 하므로 왼쪽으로 이동해야 해.

⑫ 이제 W_3값을 왼쪽으로 이동해야 한다는 걸 알았어. 하지만, 얼마나 큰 스텝(step)을 이동해야 할까?

만약 너무 작은 스텝을 이동하면, 최적의 값에 도달하는 데 오랜 시간이 걸릴 거야...

반대로, 너무 큰 스텝을 이동하면 최적의 값을 지나쳐버릴 수도 있어!

⑬ 따라서 스텝 크기를 조절하기 위해 **학습률(learning rate)** 이라는 값을 사용해.

이 학습률은 스텝 크기를 미분값과 비례하도록 조정하지만, 너무 크거나 작지 않도록 해줘.

이 예제에서는 학습률을 0.01로 설정했어.

$$스텝\ 크기 = 미분값 \times 학습률$$

$$= 5.33 \times 0.01$$

$$= 0.05$$

즉, 미분값이 5.33일 때, 최적화를 위해 이동할 스텝 크기는 0.05야.

(14) 이제, 이전 W_3값에서 스텝 크기인 0.05를 빼서 새로운 W_3값을 계산할 수 있어. 기존 W_3값이 0.0이므로...

새로운 W_3 = 기존 W_3 - 스텝 크기

= 0.0 - 0.05

= -0.05

...새로운 W_3값은 -0.05가 돼. 이제 이 값을 적용하면 SSR이 더 낮아진다는 걸 확인할 수 있어.

참고: 스텝 크기를 기존 W_3값에서 빼는 것은, 올바른 방향으로 이동하도록 보장해줘. 즉, 미분값이 양수이면 왼쪽으로 이동하고, 음수이면 오른쪽으로 이동해야 해.

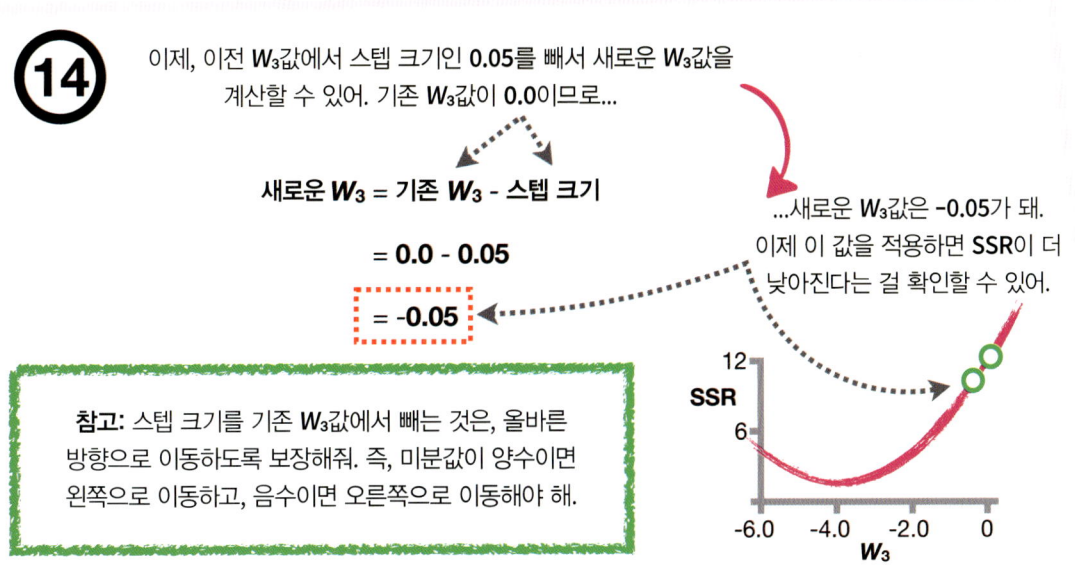

(15) 요약하면...

경사 하강법은 현재 W_3값에 대한 미분값을 계산하고...

$$\frac{d\ SSR}{d\ W_3} = -2 \times (0 - 0) \times 0$$
$$+ -2 \times (1 - 1.4) \times 0.1$$
$$+ -2 \times (0 - 3.2) \times 0.82$$

= 5.33

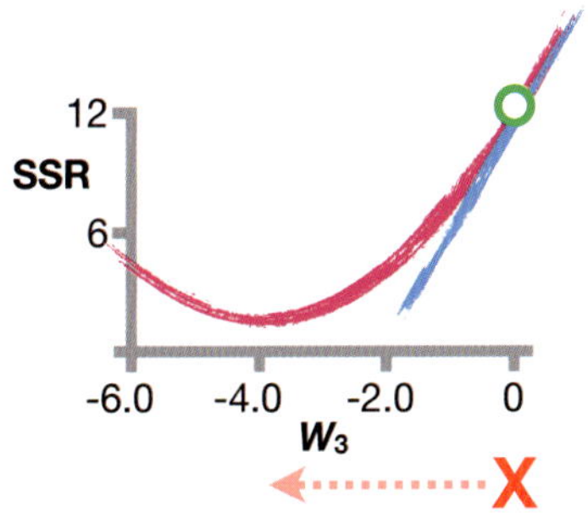

그다음, **학습률**과 곱해서 스텝 크기를 결정해.

스텝 크기 = 미분값 × 학습률

= 5.33 × 0.01

= 0.05

이제, 이 스텝 크기를 사용해 새로운 W_3값을 계산하면... SSR을 더 낮추게 돼!

W_3 = 0일 때 이전의 SSR

W_3 = -0.05일 때 새로운 SSR

새로운 W_3 = 기존 W_3 - 스텝 크기

= 0.0 - 0.05

= -0.05

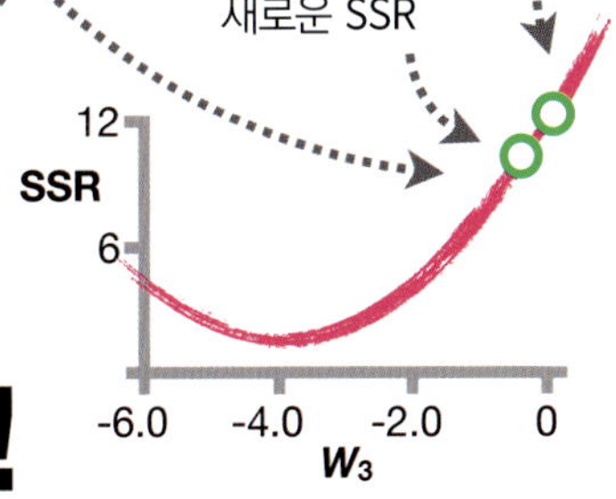

BAM!!!

단일 가중치 최적화: 경사 하강법

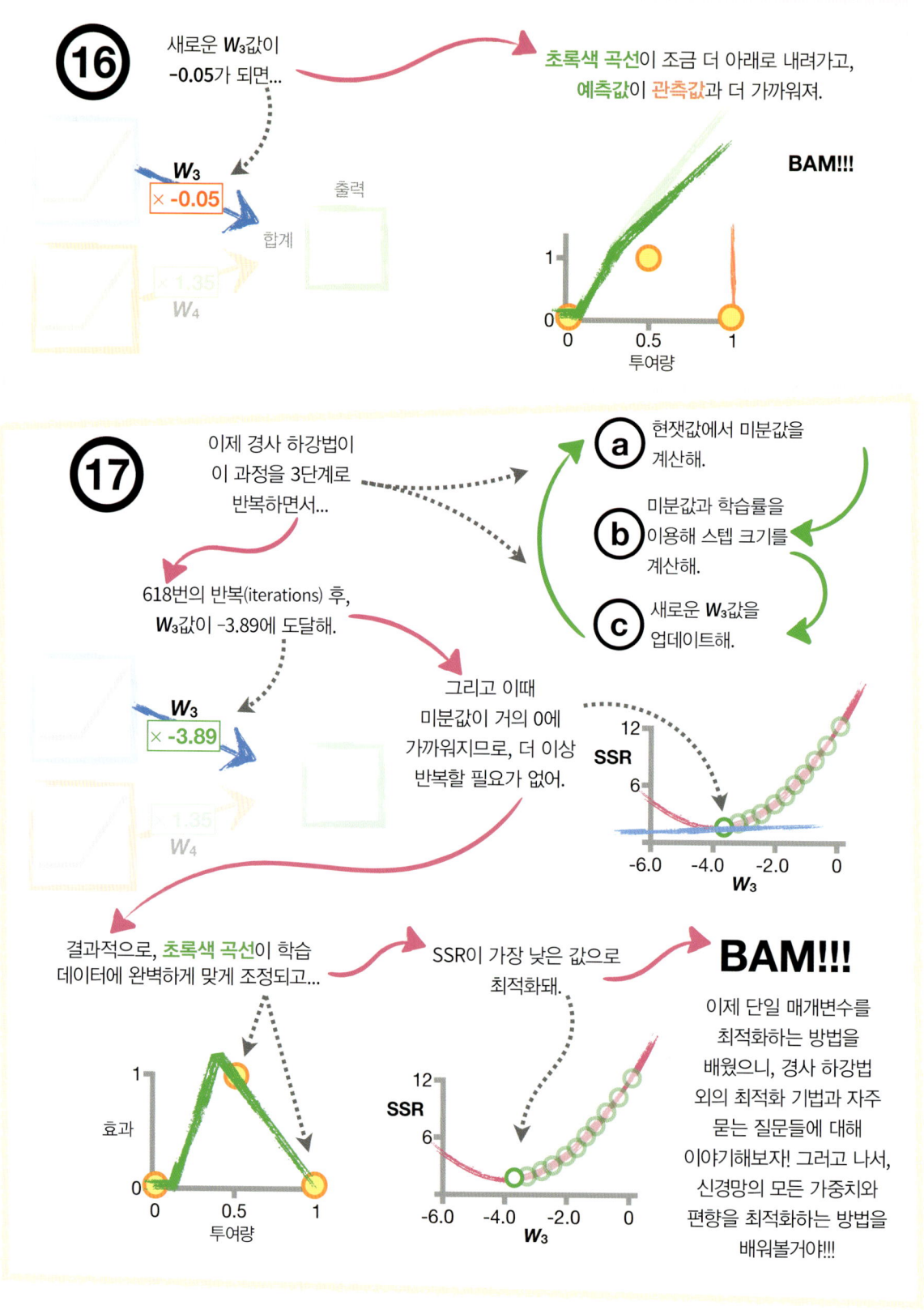

⑯ 새로운 W_3값이
−0.05가 되면...

W_3
×-0.05

출력

합계

×1.35

W_4

초록색 곡선이 조금 더 아래로 내려가고,
예측값이 관측값과 더 가까워져.

BAM!!!

투여량

⑰ 이제 경사 하강법이
이 과정을 3단계로
반복하면서...

a 현잿값에서 미분값을 계산해.

b 미분값과 학습률을 이용해 스텝 크기를 계산해.

c 새로운 W_3값을 업데이트해.

618번의 반복(iterations) 후,
W_3값이 −3.89에 도달해.

W_3
×-3.89

그리고 이때
미분값이 거의 0에
가까워지므로, 더 이상
반복할 필요가 없어.

SSR

W_3

결과적으로, 초록색 곡선이 학습
데이터에 완벽하게 맞게 조정되고...

효과

투여량

SSR이 가장 낮은 값으로
최적화돼.

SSR

W_3

BAM!!!

이제 단일 매개변수를
최적화하는 방법을
배웠으니, 경사 하강법
외의 최적화 기법과 자주
묻는 질문들에 대해
이야기해보자! 그리고 나서,
신경망의 모든 가중치와
편향을 최적화하는 방법을
배워볼거야!!!

확률적 경사 하강법과 Adam: 핵심 개념

① **문제:** 앞에서 본 것처럼, 경사 하강법은 작은 데이터셋에서는 잘 작동해...

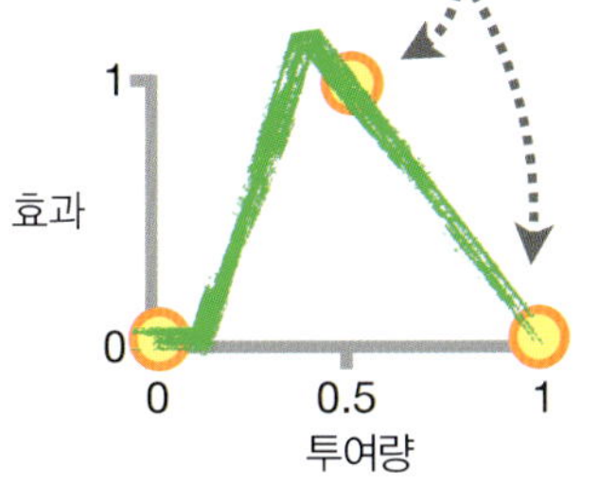

하지만, 데이터가 많아질수록 속도가 느려질 수 있어. 그 이유는 신경망의 모든 가중치와 편향을 최적화할 때, 매번 학습 데이터 전체를 사용해야 하기 때문이야.

효과

투여량

예를 들어 100,000개의 데이터 포인트가 있다면...

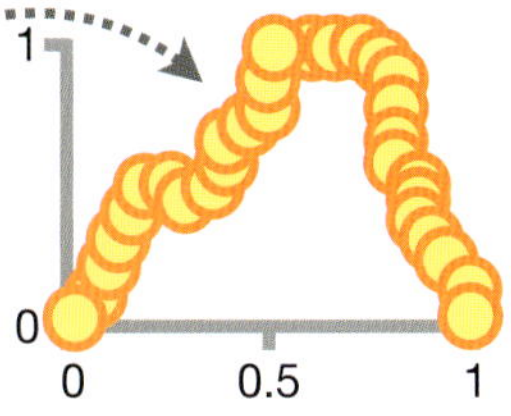

...W_3를 최적화하기 위해 이 계산을...

$$\frac{d\,SSR}{d\,W_3} = \sum_{i=1}^{n} -2 \times (관측값_i - 예측값_i) \times y_i$$

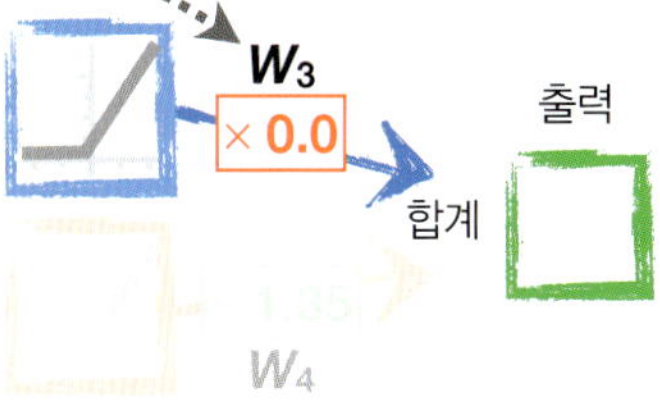

W_3

$\times 0.0$

출력

합계

W_4

100,000배는 늘려야 할지도 몰라. 그러면 하나의 가중치를 계산하기 위해 아주 많은 수학 계산을 해야 하지.

그리고 더 복잡한 신경망에서는 수조 개의 가중치와 편향을 학습해야 하고, 값을 최적화하기 위해 각 학습 스텝마다 이 모든 연산을 수행해야 해.
끔찍해!

$$\frac{d\,SSR}{d\,W_3} = -2 \times (관측값_1 - 예측값_1) \times y_1$$

$$+ -2 \times (관측값_2 - 예측값_2) \times y_2$$

$$+ -2 \times (관측값_3 - 예측값_3) \times y_3$$

$$\vdots \qquad \vdots$$

$$+ -2 \times (관측값_{100,000} - 예측값_{100,000}) \times y_{100,000}$$

② **해결책:** 매 스텝마다 모든 데이터를 사용하지 않고, 확률적 경사 하강법과 Adam 최적화 방법은 무작위로 선택된 데이터의 일부만 사용해. 각 스텝마다 서로 다른 무작위 데이터 샘플을 사용해서 학습을 진행하는 방식이야.

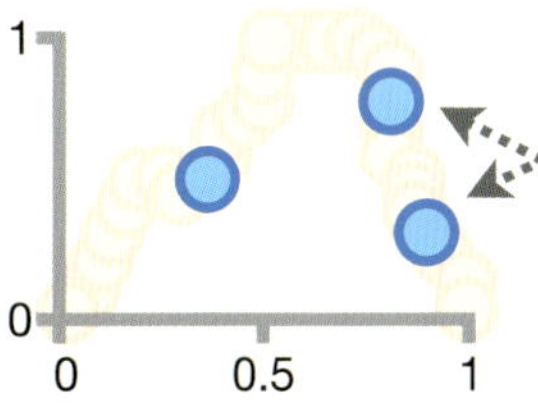

예를 들어 최적의 값을 찾기 위한 첫 번째 스텝에서는... 랜덤하게 3개의 데이터 포인트를 선택하고, 이를 사용해 미분을 계산할 수 있어.

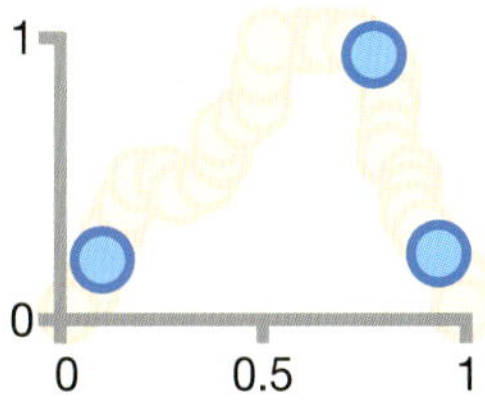

그리고 두 번째 스텝에서는... 전체 데이터를 모두 학습하는 대신 이전 스텝과는 다른 3개의 데이터 포인트를 무작위로 선택해서 학습을 진행하면 돼.

Bam!

참고: 확률적 경사 하강법과 Adam의 주요 차이점은, Adam이 각 스텝에서 가중 평균(weighted average)을 사용하여 학습을 덜 랜덤하게 만든다는 거야.

**경사 하강법(혹은 관련 최적화 방법)은
언제 멈춰야 하는지 어떻게 알까?**

경사 하강법(및 관련 최적화 방법)은 미분값이 0에 가까워지고,
예측값이 더 이상 크게 개선되지 않거나, 사용자가 지정한
최대 반복 횟수에 도달할 때까지 반복을 계속해.

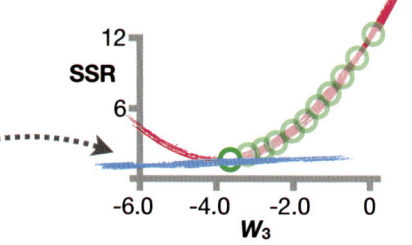

**최적값을 직접 구할 수도 있는데,
왜 경사 하강법을 사용할까?**

W_3만 최적화하는 경우라면, 직접 미분을 0으로 설정해
풀 수도 있어. 하지만 활성화 함수의 비선형성 때문에,
W_1, W_2, B_1, B_2를 포함한 모든 매개변수를 동시에
최적화하는 경우에는 직접 해를 구하기 어려워.

이와 달리, 경사 하강법은 신경망 내 모든 가중치와 편향에
적용할 수 있기 때문에 사용해.

**학습률의 최적값을
어떻게 찾을 수 있을까?**
불행하게도, **파이토치**의
기본값이 잘 맞지 않는다면 여러
값을 직접 시도해볼 수밖에 없어.
하지만 다행히도, 이를 자동으로
찾아주는 함수들도 있어.

역전파가 항상 최적의 매개변숫값을 찾을 수 있을까?

아쉽지만, 역전파가 항상 최적의 값을 찾는 것은 아니야.
예를 들어 SSR의 그래프가
아래와 같은 형태를 띄고 있다면...

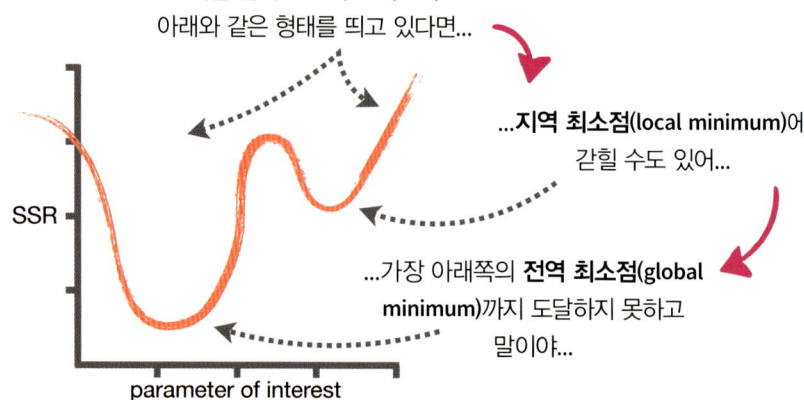

...**지역 최소점(local minimum)**에
갇힐 수도 있어...

...가장 아래쪽의 **전역 최소점(global
minimum)**까지 도달하지 못하고
말이야...

이런 일이 발생하면(즉, 전역 최소점이 아니라 지역 최소점에 갇히게 되면), 아쉬운 상황이야.
더 나쁜 점은, 보통 SSR을 그래프로 그릴 수 없기 때문에
우리가 여러 개의 지역 최소점 중 하나에 갇혀 있다는 사실조차 모를 수도 있다는 거야.
하지만, 경우에 따라 좋은 지역 최소점도 있을 수 있고, SSR을 줄이기 위해 시도해볼 수 있는
몇 가지 방법이 있어.

1) 최적화할 매개변수를 초기화할 때, 다른 랜덤 값을 사용해 다시 시도해보는 거야.
다른 값으로 시작하면 특정 지역 최소점에 갇히는 것을 피할 수도 있어.

2) **학습률**을 크거나 작게 조정해서 시도해보는 거야. 학습률을
조금 더 크게 설정하면 지역 최소점에서 벗어나는 데 도움이 될 수 있어.

역전파
Part 2:

모든 매개변수
최적화하기!!!

노말사우르스,
난 하나의 매개변수(W_3)만 최적화했는데도
머리가 아파. 모든 매개변수를 최적화하는
법도 배워야 해?

지금까지 배운 내용이 충분하다고
느껴진다면, 이 부분은 건너뛰고 이번 장
마지막에 있는 파이토치 튜토리얼로 바로 가도
돼. 아니면 다음 장으로 넘어가도 되고!

고마워! 그런데 이제
머리가 좀 나아진 것 같아,
다음 내용도 읽어볼게!

BAM!

역전파 Part 2: 핵심 개념

1

문제: 지금까지 우리는 역전파를 사용해 단 하나의 매개변수(W_3)를 최적화하는 방법만 다뤘어.

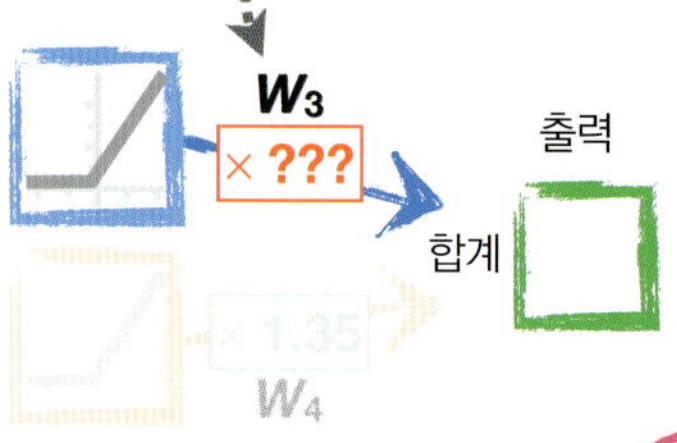

W_3
× ???
합계
출력
× 1.35
W_4

SSR을 W_3에 대해 미분한 후, 경사 하강법을 사용해 SSR을 최소화하는 값을 찾았지.

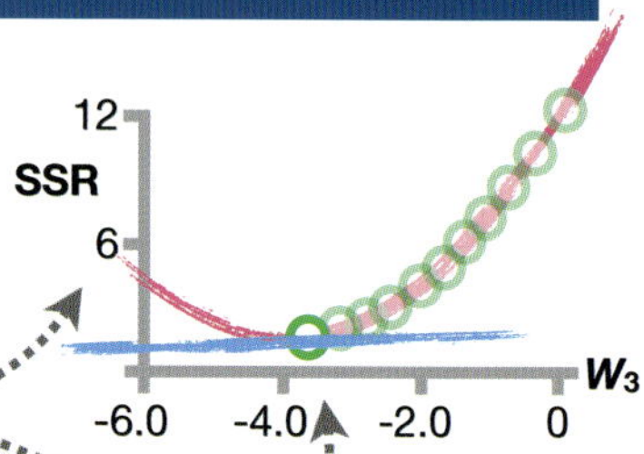

12
SSR
6
-6.0
-4.0
-2.0
0
W_3

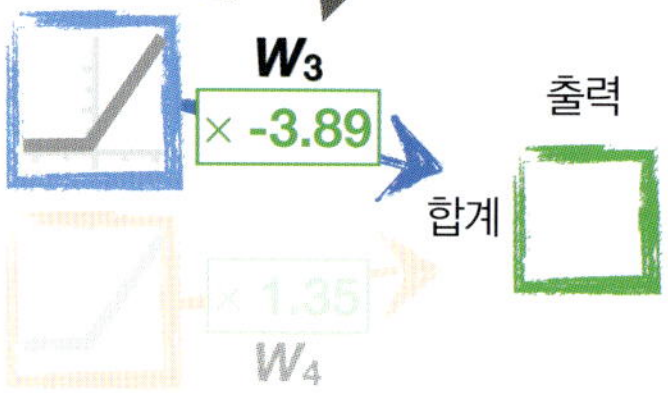

W_3
× -3.89
출력
합계
× 1.35
W_4

하지만, 신경망 내 모든 가중치와 편향를 동시에 최적화하려면 어떻게 해야 할까?

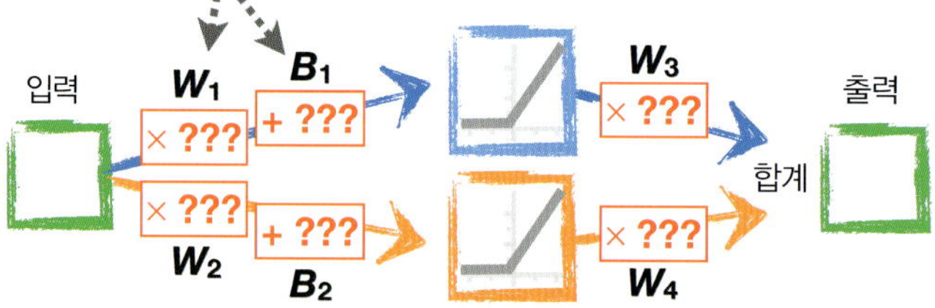

입력
W_1
× ???
B_1
+ ???
W_3
× ???
출력
× ???
W_2
+ ???
B_2
× ???
W_4
합계

2

해결책:
모든 가중치와 편향을 최적화하는 과정은 W_3를 최적화하는 과정과 동일해.

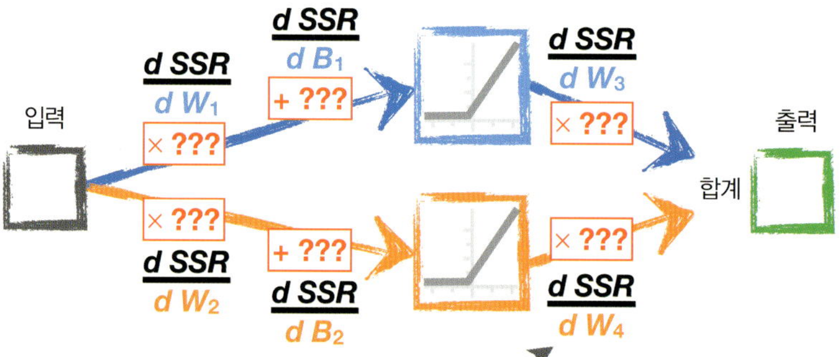

입력
d SSR / d W_1
× ???
d SSR / d B_1
+ ???
d SSR / d W_3
× ???
합계
출력
× ???
d SSR / d W_2
+ ???
d SSR / d B_2
× ???
d SSR / d W_4

먼저, 각 가중치와 편향에 대해 SSR에 대한 미분값을 구해...

그런 다음, 경사 하강법을 사용해 손실 함수 또는 비용 함수(이 예제에서는 SSR)를 최소화하는 값을 찾아.

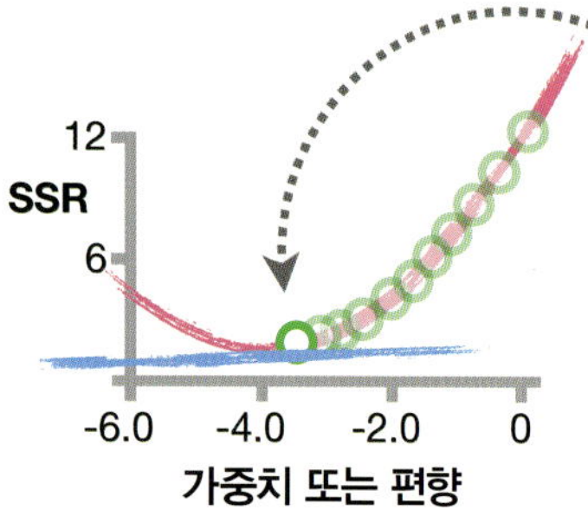

12
SSR
6
-6.0
-4.0
-2.0
0
가중치 또는 편향

하지만 본격적으로 수식을 풀기 전에, 먼저 표기법을 정리하고 신경망이 포함하고 있는 수식을 정리할 필요가 있어. 즉, 앞으로 꽤 많은 수학적 계산이 필요하다는 뜻이야.

각오해!

모든 매개변수 최적화: 수식 정리

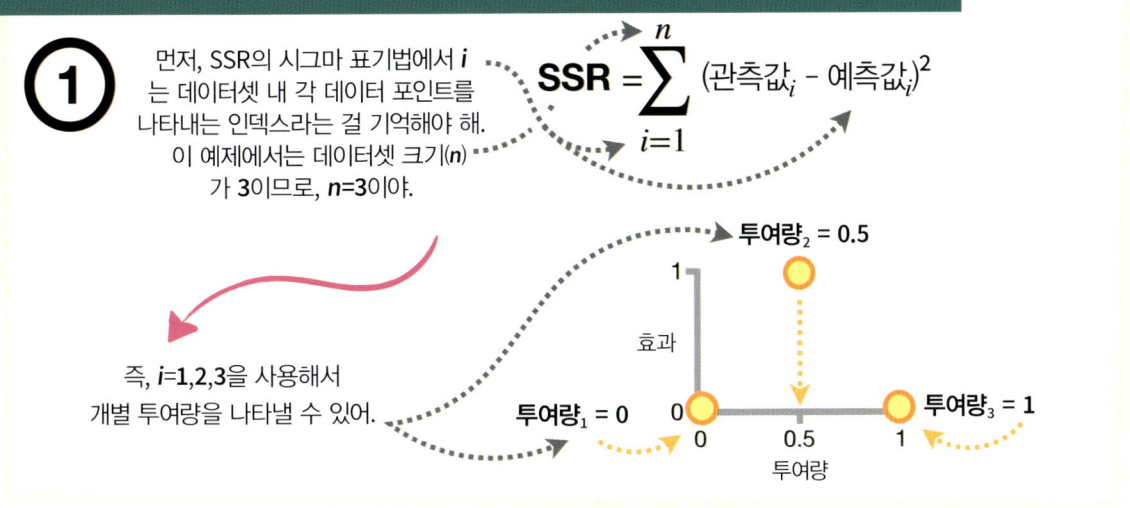

(1) 먼저, SSR의 시그마 표기법에서 *i* 는 데이터셋 내 각 데이터 포인트를 나타내는 인덱스라는 걸 기억해야 해. 이 예제에서는 데이터셋 크기(*n*) 가 3이므로, *n*=3이야.

$$SSR = \sum_{i=1}^{n} (관측값_i - 예측값_i)^2$$

즉, *i*=1,2,3을 사용해서 개별 투여량을 나타낼 수 있어.

투여량$_2$ = 0.5

효과

투여량$_1$ = 0

투여량$_3$ = 1

투여량

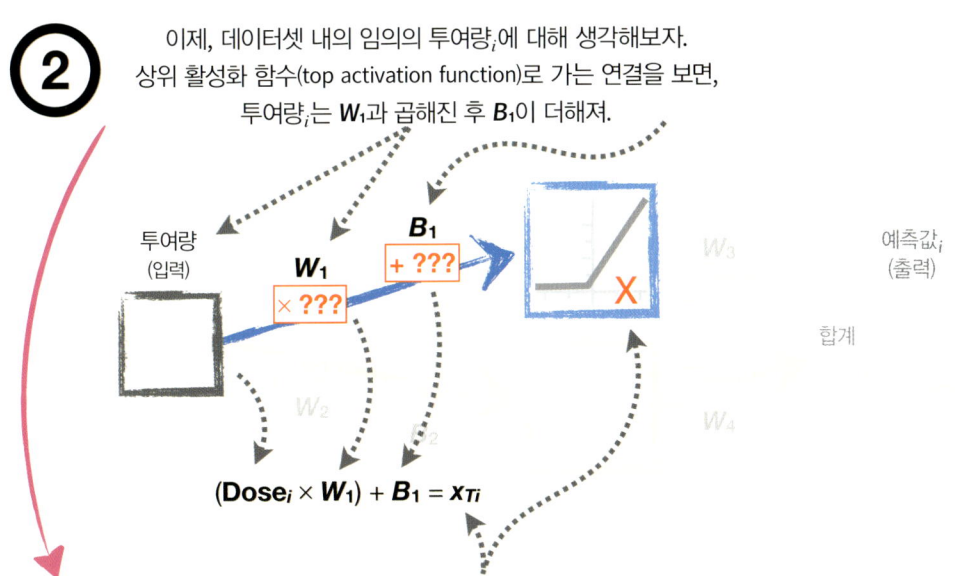

(2) 이제, 데이터셋 내의 임의의 투여량$_i$에 대해 생각해보자. 상위 활성화 함수(top activation function)로 가는 연결을 보면, 투여량$_i$는 W_1과 곱해진 후 B_1이 더해져.

투여량 (입력)

W_1 × ???

B_1 + ???

예측값$_i$ (출력)

합계

$$(Dose_i \times W_1) + B_1 = x_{Ti}$$

이 결과는 x축 좌표가 되고, 이후 활성화 함수의 입력으로 사용돼. 이 값을 x_{Ti}라고 부를 거야. x는 x축 좌표를 의미하고, *T*는 **상위 활성화 함수**를 의미하며, *i*는 해당 값이 어떤 투여량과 관련되어 있는지를 나타내.

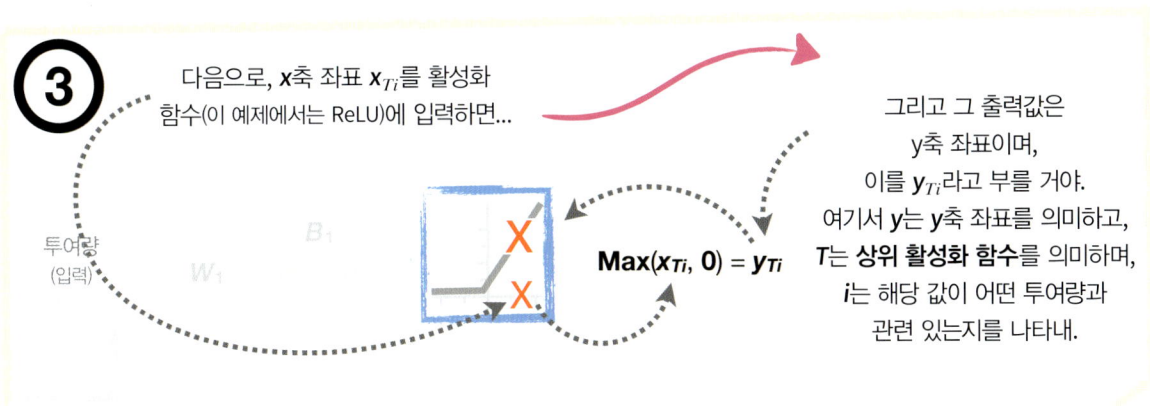

(3) 다음으로, *x*축 좌표 x_{Ti}를 활성화 함수(이 예제에서는 ReLU)에 입력하면...

투여량 (입력)

$$Max(x_{Ti}, 0) = y_{Ti}$$

그리고 그 출력값은 y축 좌표이며, 이를 y_{Ti}라고 부를 거야. 여기서 *y*는 y축 좌표를 의미하고, *T*는 **상위 활성화 함수**를 의미하며, *i*는 해당 값이 어떤 투여량과 관련 있는지를 나타내.

모든 매개변수 최적화: 수식 정리

4 마찬가지로, **하위 활성화 함수(bottom activation function)**로 가는 연결을 보면, 투여량$_i$는 W_2와 곱해진 후 B_2가 더해져. 이렇게 계산된 값이 x_{Bi}이고, 이는 ReLU 활성화 함수의 입력으로 사용돼.

$$(\text{투여량}_i \times W_2) + B_2 = x_{Bi}$$

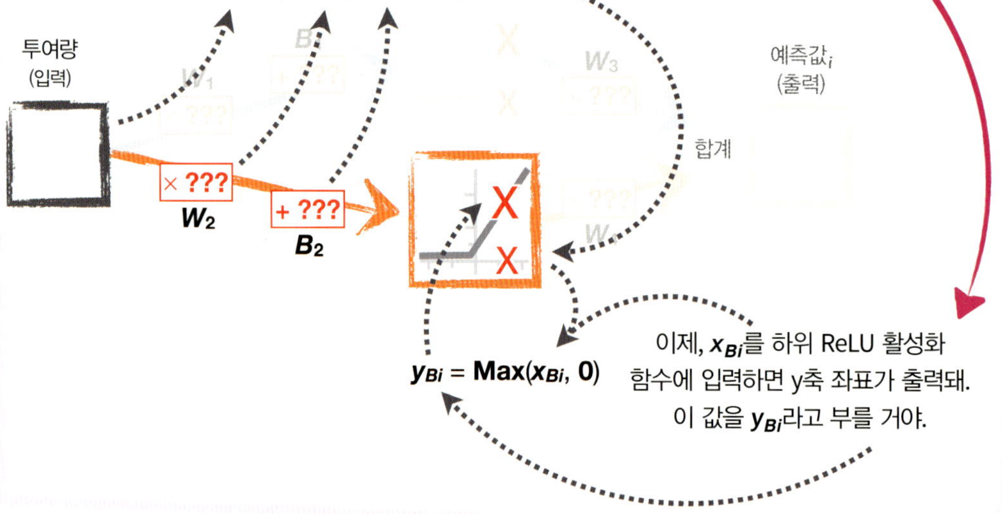

투여량
(입력)
× ???
W2
+ ???
B2
합계
예측값i
(출력)

$$y_{Bi} = \text{Max}(x_{Bi}, 0)$$

이제, x_{Bi}를 하위 ReLU 활성화 함수에 입력하면 y축 좌표가 출력돼. 이 값을 y_{Bi}라고 부를 거야.

5 다음으로, 상위 활성화 함수에서 나온 출력 값 y_T를 W_3와 곱해서 파란색 곡선을 만들어...

$$y_{Ti} \times W_3 = \text{파란색 곡선}$$

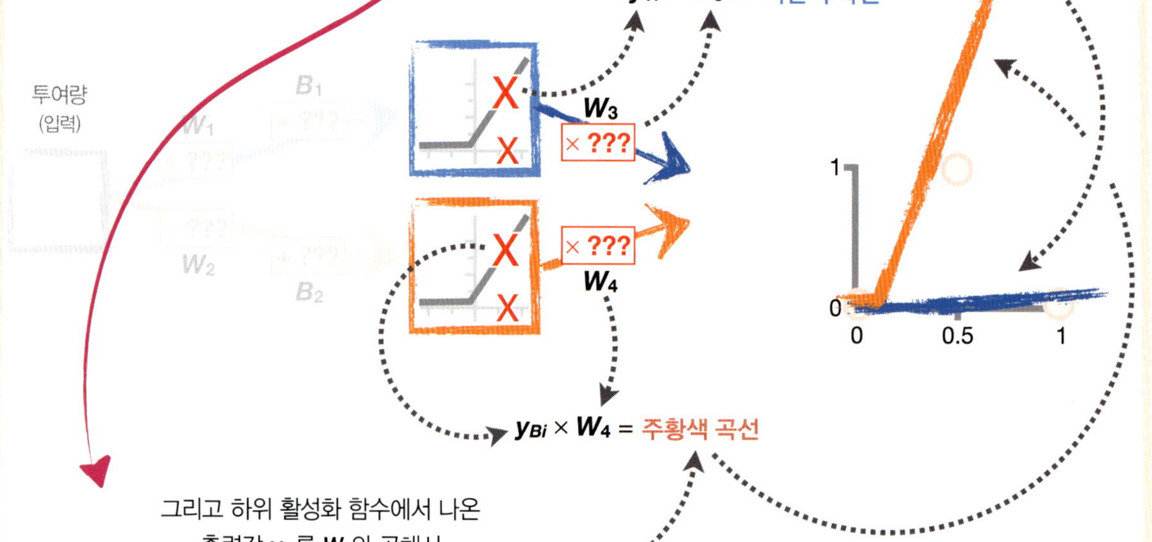

투여량
(입력)
W3
× ???
× ???
W4
1
0
0
0.5
1

$$y_{Bi} \times W_4 = \text{주황색 곡선}$$

그리고 하위 활성화 함수에서 나온 출력값 y_{Bi}를 W_4와 곱해서 주황색 곡선을 만들어줘.

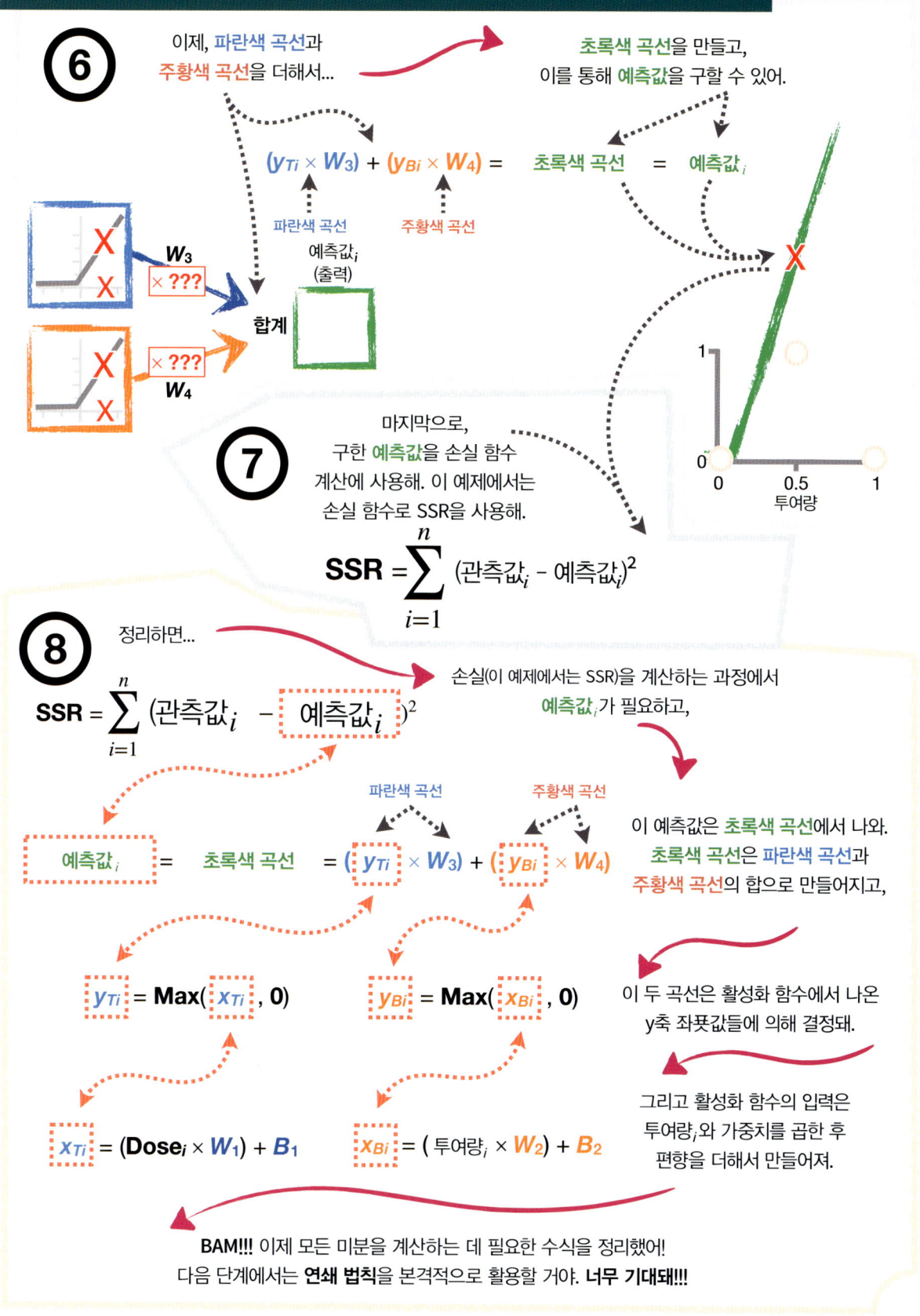

⑥ 이제, 파란색 곡선과 주황색 곡선을 더해서...

초록색 곡선을 만들고, 이를 통해 예측값을 구할 수 있어.

$$(y_{Ti} \times W_3) + (y_{Bi} \times W_4) = \text{초록색 곡선} = \text{예측값}_i$$

파란색 곡선   주황색 곡선

예측값$_i$ (출력)

W_3 × ???

W_4 × ???

합계

⑦ 마지막으로, 구한 예측값을 손실 함수 계산에 사용해. 이 예제에서는 손실 함수로 SSR을 사용해.

$$SSR = \sum_{i=1}^{n} (\text{관측값}_i - \text{예측값}_i)^2$$

⑧ 정리하면...

$$SSR = \sum_{i=1}^{n} (\text{관측값}_i - \boxed{\text{예측값}_i})^2$$

손실(이 예제에서는 SSR)을 계산하는 과정에서 예측값$_i$가 필요하고,

이 예측값은 초록색 곡선에서 나와. 초록색 곡선은 파란색 곡선과 주황색 곡선의 합으로 만들어지고,

파란색 곡선   주황색 곡선

$$\boxed{\text{예측값}_i} = \text{초록색 곡선} = (\boxed{y_{Ti}} \times W_3) + (\boxed{y_{Bi}} \times W_4)$$

$$\boxed{y_{Ti}} = \text{Max}(\boxed{x_{Ti}}, 0) \qquad \boxed{y_{Bi}} = \text{Max}(\boxed{x_{Bi}}, 0)$$

이 두 곡선은 활성화 함수에서 나온 y축 좌푯값들에 의해 결정돼.

$$\boxed{x_{Ti}} = (\text{Dose}_i \times W_1) + B_1 \qquad \boxed{x_{Bi}} = (\text{투여량}_i \times W_2) + B_2$$

그리고 활성화 함수의 입력은 투여량$_i$와 가중치를 곱한 후 편향을 더해서 만들어져.

BAM!!! 이제 모든 미분을 계산하는 데 필요한 수식을 정리했어! 다음 단계에서는 **연쇄 법칙**을 본격적으로 활용할 거야. **너무 기대돼!!!**

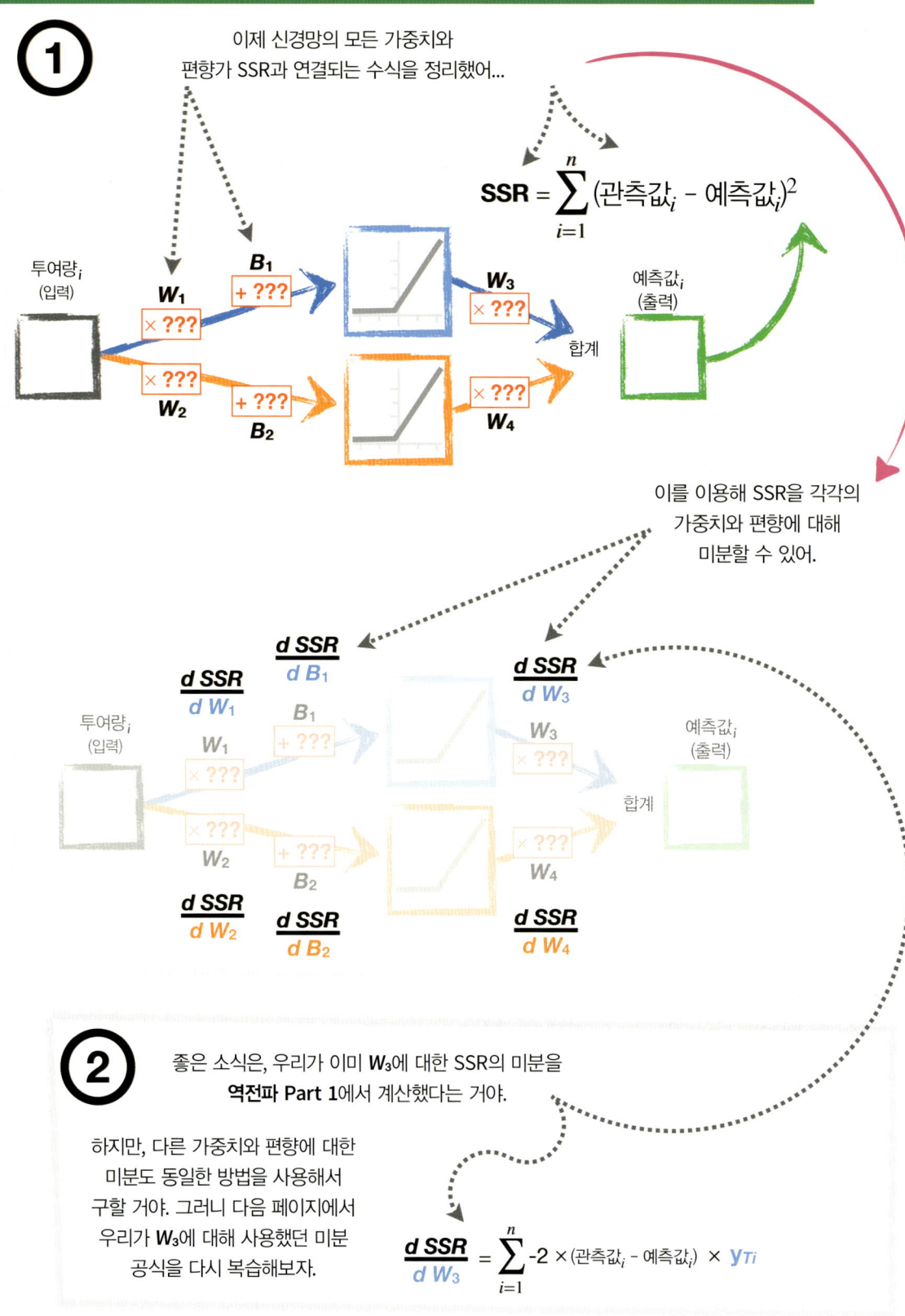

① 이제 신경망의 모든 가중치와 편향가 SSR과 연결되는 수식을 정리했어...

$$SSR = \sum_{i=1}^{n} (관측값_i - 예측값_i)^2$$

투여량$_i$ (입력)

W_1 × ??? B_1 + ??? W_3 × ??? 합계

W_2 × ??? B_2 + ??? W_4 × ???

예측값$_i$ (출력)

이를 이용해 SSR을 각각의 가중치와 편향에 대해 미분할 수 있어.

$\dfrac{d\,SSR}{d\,W_1}$ $\dfrac{d\,SSR}{d\,B_1}$ $\dfrac{d\,SSR}{d\,W_3}$

투여량$_i$ (입력)

W_1 × ??? B_1 + ??? W_3 × ??? 합계

W_2 × ??? B_2 + ??? W_4 × ???

예측값$_i$ (출력)

$\dfrac{d\,SSR}{d\,W_2}$ $\dfrac{d\,SSR}{d\,B_2}$ $\dfrac{d\,SSR}{d\,W_4}$

② 좋은 소식은, 우리가 이미 W_3에 대한 SSR의 미분을 **역전파 Part 1**에서 계산했다는 거야.

하지만, 다른 가중치와 편향에 대한 미분도 동일한 방법을 사용해서 구할 거야. 그러니 다음 페이지에서 우리가 W_3에 대해 사용했던 미분 공식을 다시 복습해보자.

$$\frac{d\,SSR}{d\,W_3} = \sum_{i=1}^{n} -2 \times (관측값_i - 예측값_i) \times y_{Ti}$$

3 SSR을 W_3에 대해 미분하기 위해, 먼저 SSR의 수식을 다시 살펴보자.

$$SSR = \sum_{i=1}^{n} (\ 관측값_i\ -\ 예측값_i\ )^2$$

그리고 예측값은 W_3와 연결되어 있어.

$$예측값_i\ =\ 초록색\ 곡선\ =\ (y_{Ti} \times W_3) + (y_{Bi} \times W_4)$$

파란색 곡선   주황색 곡선

즉, W_3에 대한 SSR의 미분을 구하려면 **연쇄 법칙**을 사용해야 해.

연쇄 법칙에 따르면, SSR을 W_3에 대해 미분하려면...

먼저, SSR을 예측값에 대해 미분하고...

그다음, 예측값을 W_3에 대해 미분한 값을 곱해주면 돼.

$$\frac{d\,SSR}{d\,W_3} = \frac{d\,SSR}{d\,예측값} \times \frac{d\,예측값}{d\,W_3}$$

이제, SSR과 예측값의 공식을 대입하면...

$$\frac{d\,SSR}{d\,W_3} = \frac{d}{d\,예측값} \sum_{i=1}^{n} (관측값_i - 예측값_i)^2 \times \frac{d}{d\,W_3} \left[(y_{Ti} \times W_3) + (y_{Bi} \times W_4) \right]$$

$$\frac{d\,SSR}{d\,W_3} = \sum_{i=1}^{n} -2 \times (관측값_i - 예측값_i) \times \left[y_{Ti} + 0 \right]$$

그리고 **역전파 Part 1**의 과정과 동일하게, 개별 미분을 단계별로 계산해서 W_3에 대한 SSR의 미분을 구하면 돼..

Bam!

④ 마찬가지로, 같은 방법을 사용하여 W_4에 대한 SSR의 미분을 구할 수 있어.

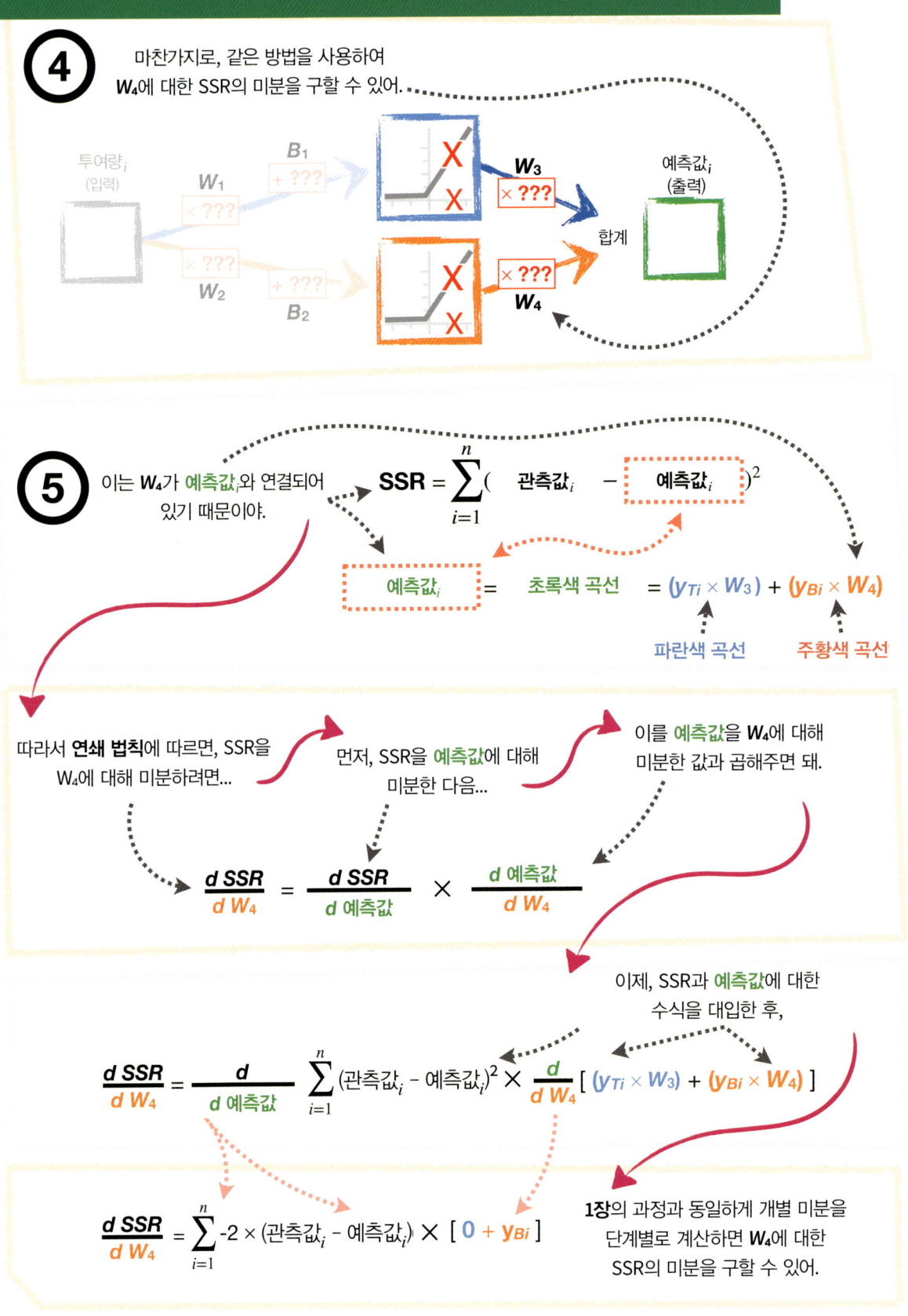

⑤ 이는 W_4가 예측값과 연결되어 있기 때문이야.

$$SSR = \sum_{i=1}^{n} (\text{관측값}_i - \boxed{\text{예측값}_i})^2$$

$$\boxed{\text{예측값}_i} = \text{초록색 곡선} = (y_{Ti} \times W_3) + (y_{Bi} \times W_4)$$

파란색 곡선 주황색 곡선

따라서 **연쇄 법칙**에 따르면, SSR을 W_4에 대해 미분하려면...

먼저, SSR을 예측값에 대해 미분한 다음...

이를 예측값을 W_4에 대해 미분한 값과 곱해주면 돼.

$$\frac{d\,SSR}{d\,W_4} = \frac{d\,SSR}{d\,\text{예측값}} \times \frac{d\,\text{예측값}}{d\,W_4}$$

이제, SSR과 예측값에 대한 수식을 대입한 후,

$$\frac{d\,SSR}{d\,W_4} = \frac{d}{d\,\text{예측값}} \sum_{i=1}^{n} (\text{관측값}_i - \text{예측값}_i)^2 \times \frac{d}{d\,W_4} [(y_{Ti} \times W_3) + (y_{Bi} \times W_4)]$$

$$\frac{d\,SSR}{d\,W_4} = \sum_{i=1}^{n} -2 \times (\text{관측값}_i - \text{예측값}_i) \times [0 + y_{Bi}]$$

1장의 과정과 동일하게 개별 미분을 단계별로 계산하면 W_4에 대한 SSR의 미분을 구할 수 있어.

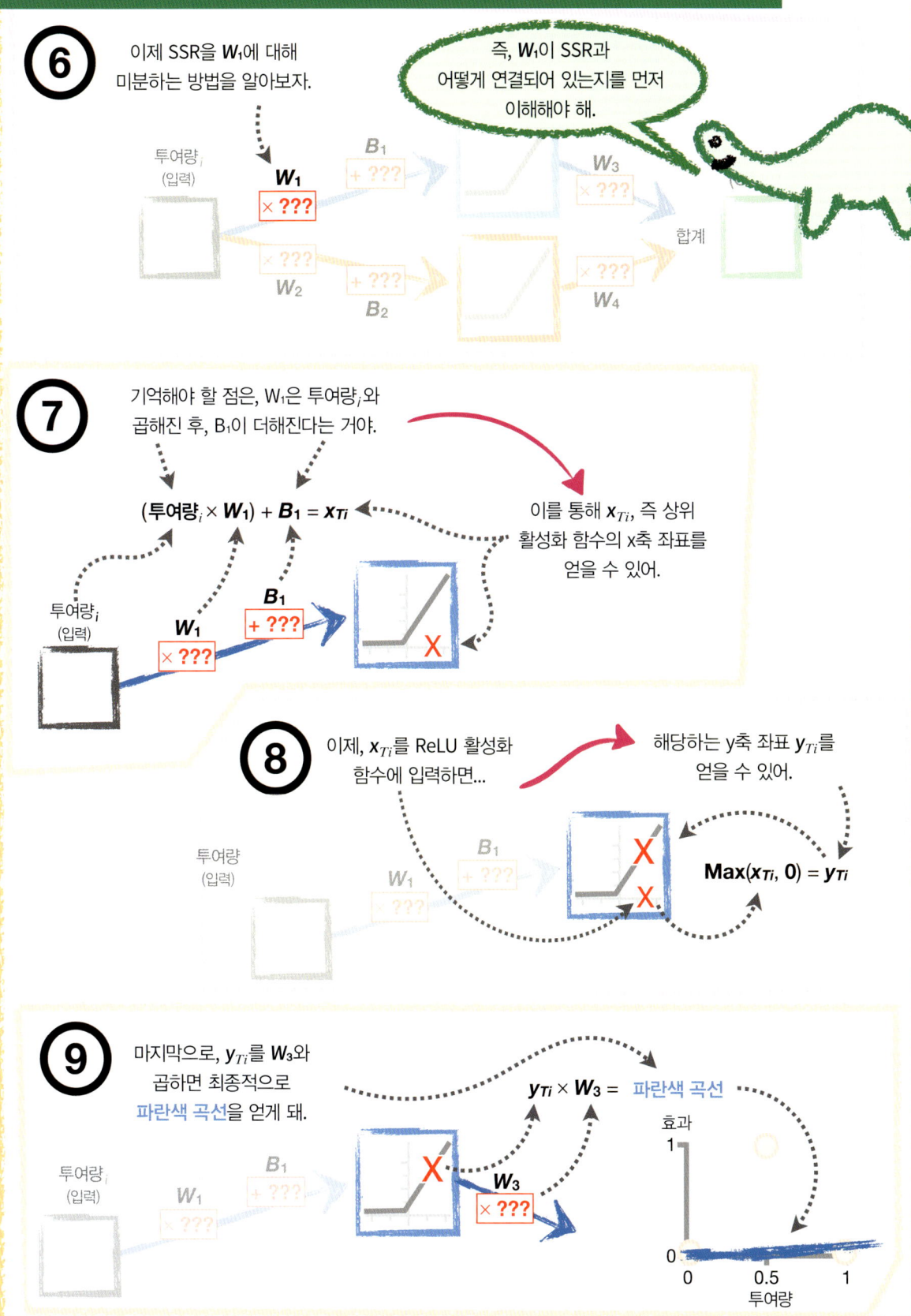

⑥ 이제 SSR을 W_1에 대해 미분하는 방법을 알아보자.

즉, W_1이 SSR과 어떻게 연결되어 있는지를 먼저 이해해야 해.

투여량$_i$ (입력)

W_1 × ???

B_1 + ???

W_3 × ???

× ??? W_2

+ ??? B_2

× ??? W_4

합계

⑦ 기억해야 할 점은, W_1은 투여량$_i$와 곱해진 후, B_1이 더해진다는 거야.

이를 통해 x_{Ti}, 즉 상위 활성화 함수의 x축 좌표를 얻을 수 있어.

$$(투여량_i × W_1) + B_1 = x_{Ti}$$

투여량$_i$ (입력)

W_1 × ???

B_1 + ???

X

⑧ 이제, x_{Ti}를 ReLU 활성화 함수에 입력하면...

해당하는 y축 좌표 y_{Ti}를 얻을 수 있어.

투여량 (입력)

W_1 × ???

B_1 + ???

X
X

$$Max(x_{Ti}, 0) = y_{Ti}$$

⑨ 마지막으로, y_{Ti}를 W_3와 곱하면 최종적으로 파란색 곡선을 얻게 돼.

$$y_{Ti} × W_3 = 파란색 곡선$$

투여량$_i$ (입력)

W_1 × ???

B_1 + ???

X

W_3 × ???

효과

1

0

0   0.5   1
투여량

모든 매개변수 최적화: 미분 계산

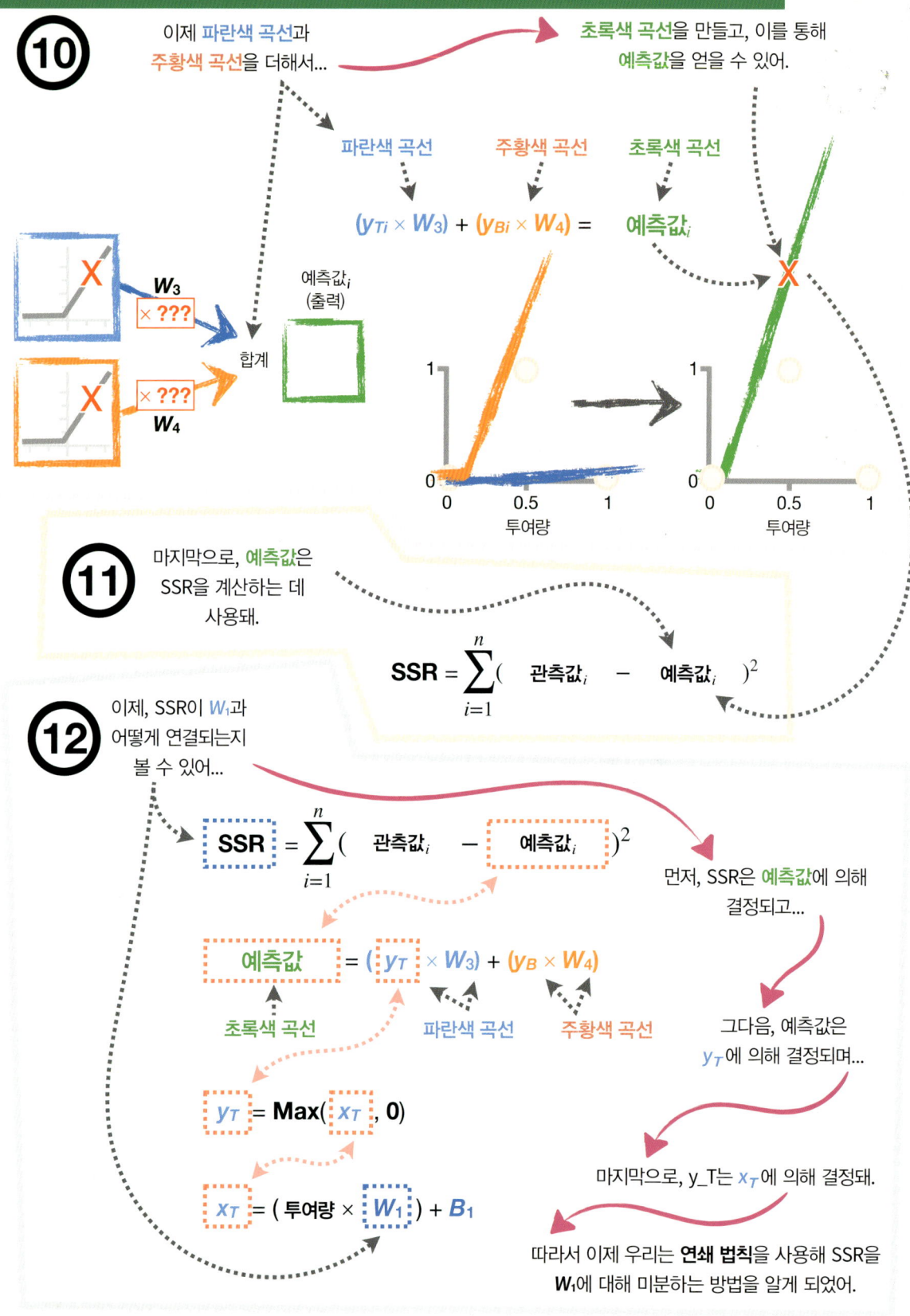

⑩ 이제 파란색 곡선과 주황색 곡선을 더해서... 초록색 곡선을 만들고, 이를 통해 예측값을 얻을 수 있어.

파란색 곡선   주황색 곡선   초록색 곡선

$$(y_{Ti} \times W_3) + (y_{Bi} \times W_4) = \text{예측값}_i$$

W_3
$\times$???

W_4
$\times$???

합계

예측값$_i$
(출력)

투여량   투여량

⑪ 마지막으로, 예측값은 SSR을 계산하는 데 사용돼.

$$SSR = \sum_{i=1}^{n} (\text{관측값}_i - \text{예측값}_i)^2$$

⑫ 이제, SSR이 W_1과 어떻게 연결되는지 볼 수 있어...

$$SSR = \sum_{i=1}^{n} (\text{관측값}_i - \text{예측값}_i)^2$$

먼저, SSR은 예측값에 의해 결정되고...

$$\text{예측값} = (y_T \times W_3) + (y_B \times W_4)$$

초록색 곡선   파란색 곡선   주황색 곡선

그다음, 예측값은 y_T에 의해 결정되며...

$$y_T = Max(x_T , 0)$$

마지막으로, y_T는 x_T에 의해 결정돼.

$$x_T = (\text{투여량} \times W_1) + B_1$$

따라서 이제 우리는 **연쇄 법칙**을 사용해 SSR을 W_1에 대해 미분하는 방법을 알게 되었어.

모든 매개변수 최적화: 미분 계산

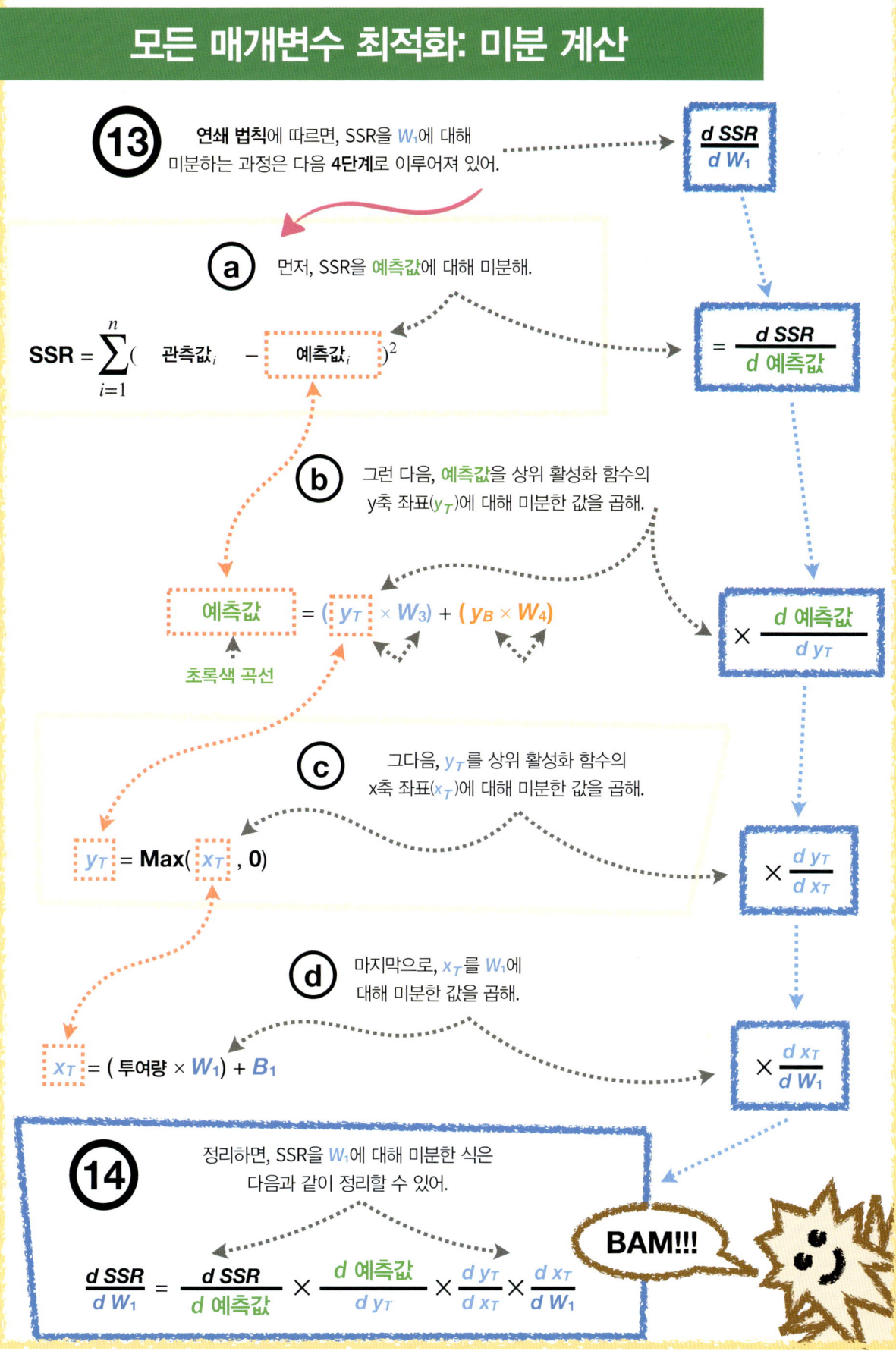

⑬ **연쇄 법칙**에 따르면, SSR을 W_1에 대해 미분하는 과정은 다음 **4단계**로 이루어져 있어.

$$\frac{d\,SSR}{d\,W_1}$$

ⓐ 먼저, SSR을 **예측값**에 대해 미분해.

$$SSR = \sum_{i=1}^{n} (\,관측값_i \; - \; 예측값_i\,)^2$$

$$= \frac{d\,SSR}{d\,예측값}$$

ⓑ 그런 다음, **예측값**을 상위 활성화 함수의 y축 좌표(y_T)에 대해 미분한 값을 곱해.

$$예측값 = (\,y_T \times W_3\,) + (\,y_B \times W_4\,)$$

초록색 곡선

$$\times \frac{d\,예측값}{d\,y_T}$$

ⓒ 그다음, y_T를 상위 활성화 함수의 x축 좌표(x_T)에 대해 미분한 값을 곱해.

$$y_T = \text{Max}(\,x_T\,,\,0\,)$$

$$\times \frac{d\,y_T}{d\,x_T}$$

ⓓ 마지막으로, x_T를 W_1에 대해 미분한 값을 곱해.

$$x_T = (\,투여량 \times W_1\,) + B_1$$

$$\times \frac{d\,x_T}{d\,W_1}$$

⑭ 정리하면, SSR을 W_1에 대해 미분한 식은 다음과 같이 정리할 수 있어.

$$\frac{d\,SSR}{d\,W_1} = \frac{d\,SSR}{d\,예측값} \times \frac{d\,예측값}{d\,y_T} \times \frac{d\,y_T}{d\,x_T} \times \frac{d\,x_T}{d\,W_1}$$

BAM!!!

(15) 이제 SSR을 W_1에 대해 미분하는 식을 **네 개의 항**으로 분해했으니...

이제 각각의 미분값을 구해야 해.

$$\frac{d\,SSR}{d\,W_1} = \frac{d\,SSR}{d\,예측값} \times \frac{d\,예측값}{d\,y_T} \times \frac{d\,y_T}{d\,x_T} \times \frac{d\,x_T}{d\,W_1}$$

(a) 좋은 소식은, 우리가 이미 **예측값**에 대한 SSR의 미분을 계산했다는 거야.

Bam!

$$SSR = (관측값_i - 예측값_i)^2 \longrightarrow \frac{d\,SSR}{d\,예측값} \quad \sum_{i=1}^{n} -2 \times (관측값_i - 예측값_i)$$

(b) 이제 **예측값**을

y_T에 대해 미분해야 해.

$(y_{Ti} \times W_3)$를 y_T에 대해 미분하면 W_3가 되고...

$(y_{Bi} \times W_4)$는 y_T를 포함하지 않으므로 미분하면 **0**이 돼.

$$예측값_i = (y_{Ti} \times W_3) + (y_{Bi} \times W_4)$$

초록색 곡선   파란색 곡선   주황색 곡선

$$\frac{d\,예측값}{d\,y_T} = W_3 + 0 = W_3$$

따라서 예측값을 y_T에 대해 미분한 값은 W_3이야.

(c) 이제 y_T를 x_T에 대해 미분해야 해.

그리고 이것은 ReLU 활성화 함수의 미분을 구하는 것과 같아. $\text{Max}(x_{Ti}, 0) = y_{Ti}$

하지만 ReLU 활성화 함수는 곡선이 아니라 꺾인 형태이기 때문에, $x_T = 0$에서 미분이 정의되지 않아.

따라서 이 문제를 해결하기 위해 보통 다음과 같이 정의해.

모든 $x_T < 0$ 값에 대한 미분값은 0으로 하고...

$$\frac{d\,y_T}{d\,x_T} \text{Max}(x_{Ti}, 0) = \begin{cases} 0, & \text{for } x_{Ti} < 0 \\ 1, & \text{for } x_{Ti} \geq 0 \end{cases}$$

모든 $x_T > 0$ 값에 대한 미분값은 1로 설정한 다음, $x_T = 0$일 때의 미분값도 1로 정의해.

(d) 마지막으로, x_T를 W_1에 대해 미분해야 해.

(**투여량** × W_1)을 미분하면 **투여량**이 되고...

B_1은 상수이므로 미분하면 0이 돼.

$$x_T = (투여량 \times W_1) + B_1 \longrightarrow \frac{d\,x_T}{d\,W_1} = 투여량 + 0 = 투여량$$

따라서 x_T를 W_1에 대해 미분하면 투여량만 남게 되는 거지.

모든 매개변수 최적화: 미분을 이용한 계산

16 이제 SSR을 W_1에 대해 미분한 도함수의 4가지 구성 요소를 다 갖췄어...

이제 해야 할 건 그걸 그냥 대입하는 거야.

$$\frac{d\ SSR}{d\ 예측값} = \sum_{i=1}^{n} -2 \times (관측값_i - 예측값_i)$$

$$\frac{d\ 예측값}{d\ y_T} = W_3$$

$$\frac{d\ y_T}{d\ x_T}\ \mathrm{Max}(x_{Ti}, 0) = \begin{cases} 0, \text{ for } x_{Ti} < 0 \\ 1, \text{ for } x_{Ti} \geq 0 \end{cases}$$

$$\frac{d\ x_T}{d\ W_1} = 투여량$$

$$\frac{d\ SSR}{d\ W_1} = \frac{d\ SSR}{d\ 예측값} \times \frac{d\ 예측값}{d\ y_T} \times \frac{d\ y_T}{d\ x_T} \times \frac{d\ x_T}{d\ W_1}$$

$$\frac{d\ SSR}{d\ W_1} = \sum_{i=1}^{n} -2 \times (관측값_i - 예측값_i) \times W_3 \times \begin{Bmatrix} 0, \text{ for } x_{Ti} < 0 \\ 1, \text{ for } x_{Ti} \geq 0 \end{Bmatrix} \times 투여량_i$$

17 드디어 W_1에 대한 SSR의 도함수를 다 구했어. 이제 이걸 경사 하강법에 써서 W_1을 최적화할 수 있어.

BAM!!!

18 이번엔 B_1에 대해 SSR을 미분해보자.

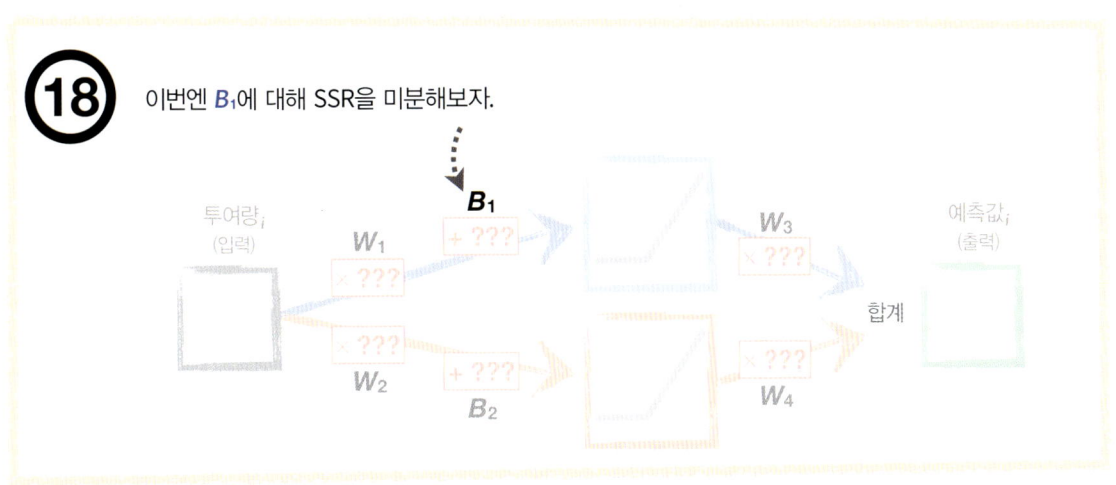

모든 매개변수 최적화: 미분을 이용한 계산

(19)

다행히도, W_1에 대해 도함수를 구하면서 했던 작업 덕분에 B_1에 대한 SSR 도함수를 구하는 건 비교적 쉬워졌어.

W_1에서처럼, SSR은 B_1과 이렇게 연결돼 있어.

$$\text{SSR} = \sum_{i=1}^{n} (\text{ 관측값}_i - \text{ 예측값}_i)^2$$

여기서 **예측값**은 이렇게 구해...

$$\text{예측값}_i = (y_{Ti} \times W_3) + (y_{Bi} \times W_4)$$

초록색 모양   파란색 모양   주황색 모양

...그리고 나서 y_T는 다음처럼 정의돼...

$$y_{Ti} = \text{Max}(x_{Ti}, 0)$$

$$x_{Ti} = (\text{ 투여량}_i \times W_1) + B_1$$

...마지막으로 x_T는...

---

(20)

W_1이랑 B_1은 SSR에 똑같은 방식으로 연결돼 있기 때문에, 도함수 계산도 거의 똑같이 진행하면 돼. W_1에 대해서는 이렇게...

$$\frac{d\,SSR}{d\,W_1} = \frac{d\,SSR}{d\,\text{예측값}} \times \frac{d\,\text{예측값}}{d\,y_T} \times \frac{d\,y_T}{d\,x_T} \times \frac{d\,x_T}{d\,W_1}$$

...B_1에 대해서는 마지막 항만 바뀌고, 나머지는 그대로야...

$$\frac{d\,SSR}{d\,B_1} = \frac{d\,SSR}{d\,\text{예측값}} \times \frac{d\,\text{예측값}}{d\,y_T} \times \frac{d\,y_T}{d\,x_T} \times \frac{d\,x_T}{d\,B_1}$$

결국 마지막 항인 $\dfrac{d\,x_T}{d\,W_1}$ 대신 $\dfrac{d\,x_T}{d\,B_1}$ 만 바꿔주면 끝이야.
그 외에는 다 이전 값을 다시 사용하면 돼.

모든 매개변수 최적화: 미분을 이용한 계산

21 자, 이제 x_T를 B_1에 대해 미분해보자.

($투여량_i \times W_1$)를 B_1에 대해 미분하면 0이 되고...

..B_1을 B_1에 대해 미분하면 1이니까...

$$x_T = (투여량_i \times W_1) + B_1 \rightarrow \frac{d\,x_T}{d\,B_1} = 0 + 1 = 1$$

결국, x_T를 B_1에 대해 미분한 값은 1이야.

22 이제 앞에서 썼던 도함수 세 개에다가, 방금 x_T를 B_1에 대해 미분한 값 하나를 더해서 전부 대입하면 돼.

$$\frac{d\,SSR}{d\,예측값} \quad \sum_{i=1}^{n} -2 \times (관측값_i - 예측값_i)$$

$$\frac{d\,예측값}{d\,y_T} = W_3$$

$$\frac{d\,y_T}{d\,x_T}\ \mathrm{Max}(x_{Ti}, 0) = \begin{cases} 0, \text{ for } x_{Ti} < 0 \\ 1, \text{ for } x_{Ti} \geq 0 \end{cases}$$

$$\frac{d\,x_T}{d\,B_1} = 1$$

$$\frac{d\,SSR}{d\,B_1} = \frac{d\,SSR}{d\,예측값} \times \frac{d\,예측값}{d\,y_T} \times \frac{d\,y_T}{d\,x_T} \times \frac{d\,x_T}{d\,B_1}$$

$$\frac{d\,SSR}{d\,B_1} = \sum_{i=1}^{n} -2 \times (관측값_i - 예측값_i) \times W_3 \times \begin{Bmatrix} 0, \text{ for } x_{Ti} < 0 \\ 1, \text{ for } x_{Ti} \geq 0 \end{Bmatrix} \times 1$$

23 좋아, 이제 B_1에 대한 SSR의 도함수까지 구했어.

DOUBLE BAM!!!

모든 매개변수 최적화: 미분을 이용한 계산

㉔ 이제 W_1이랑 B_1에 대한 SSR의 도함수를 다 구했으니까...

...마지막으로 해야 할 일은 W_2와 B_2에 대한 도함수를 구하는 거야. 이걸 해야 모든 가중치와 편향을 동시에 경사 하강법으로 최적화할 수 있어.

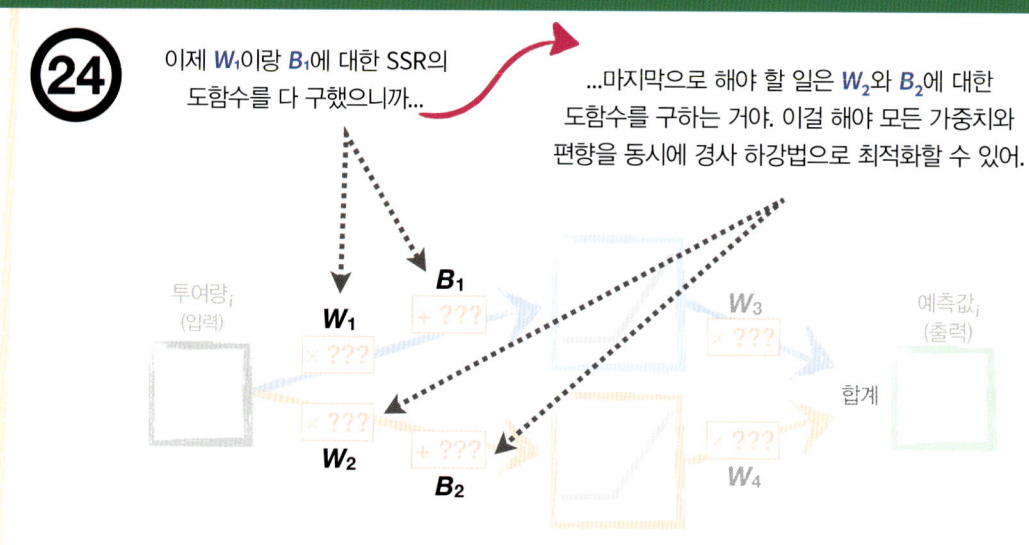

㉕ 다행히도, 이전이랑 이후 과정의 유일한 큰 차이는 이제 아래쪽에 있는 활성화 함수 기준으로 x축, y축 좌표 (x_B, y_B)에 집중하게 된다는 거야.

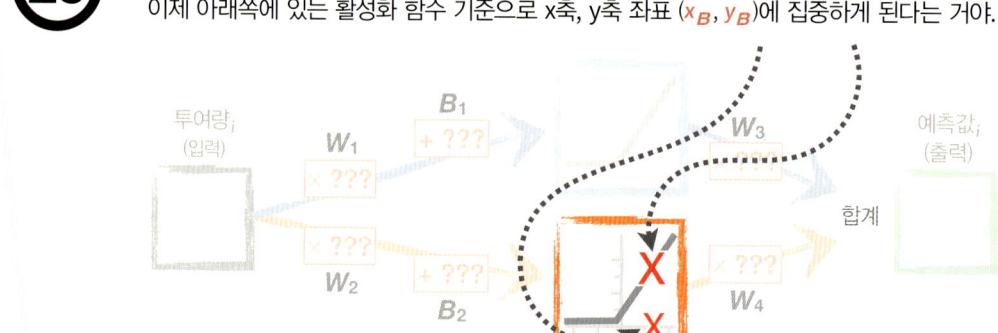

솔직히 말해서, 각 가중치와 편향에 대한 SSR의 미분을 손으로 계산하는 건 진짜 고역이야!

맞아!

다행히도, **파이토치** 같은 라이브러리를 쓰면 우리가 손으로 미분할 필요 없이 자동으로 다 계산해줘!

BAM!!! 나 대신 이 계산을 다 해준다니, 정말 대단한데!

모든 매개변수 최적화: 미분을 이용한 계산

㉖ 그래서 SSR은 W_2와 B_2에도 이렇게 연결돼 있어...

$$SSR = \sum_{i=1}^{n} (\ \text{관측값}_i\ -\ \boxed{\text{예측값}_i}\ )^2$$

먼저 **예측값**을 통해...

$$\boxed{\text{예측값}_i} = (y_{Ti} \times W_3) + (\boxed{y_{Bi}} \times W_4)$$

초록색 곡선　　파란색 곡선　　주황색 곡선

...그다음 y_B를 통하고...

$$\boxed{y_{Bi}} = \text{Max}(\ \boxed{x_{Bi}}\ ,\ 0)$$

...마지막으로 x_B를 통해..

$$\boxed{x_{Bi}} = (\text{투여량}_i \times W_2) + B_2$$

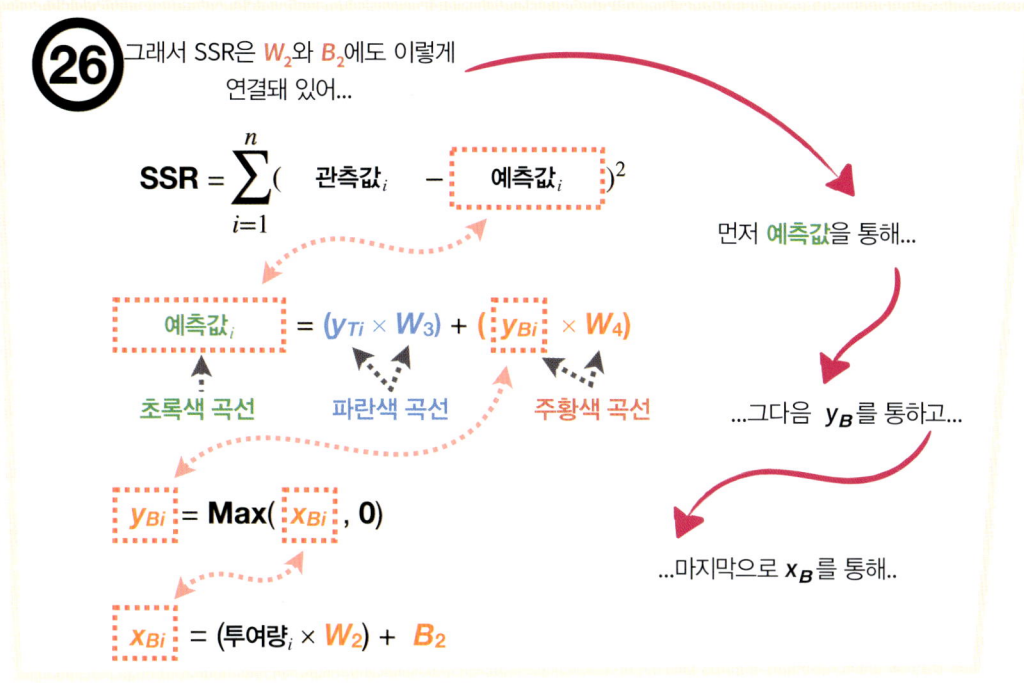

㉗ 그 결과로, SSR을 W_2와 B_2에 대해 미분한 도함수를 구할 수 있어. W_2에 대해서는...

$$\frac{d\,SSR}{d\,W_2} = \frac{d\,SSR}{d\,\text{예측값}} \times \frac{d\,\text{예측값}}{d\,y_B} \times \frac{d\,y_B}{d\,x_B} \times \frac{d\,x_B}{d\,W_2}$$

$$= \sum_{i=1}^{n} -2 \times (\ \text{관측값}_i\ -\ \text{예측값}_i\ ) \times W_4 \times \begin{cases} 0, & \text{for } x_{Bi} < 0 \\ 1, & \text{for } x_{Bi} \geq 0 \end{cases} \times \text{투여량}_i$$

...B_2에 대해서는...

$$\frac{d\,SSR}{d\,B_2} = \frac{d\,SSR}{d\,\text{예측값}} \times \frac{d\,\text{예측값}}{d\,y_B} \times \frac{d\,y_B}{d\,x_B} \times \frac{d\,x_B}{d\,B_2}$$

$$= \sum_{i=1}^{n} -2 \times (\ \text{관측값}_i\ -\ \text{예측값}_i\ ) \times W_4 \times \begin{cases} 0, & \text{for } x_{Bi} < 0 \\ 1, & \text{for } x_{Bi} \geq 0 \end{cases} \times 1$$

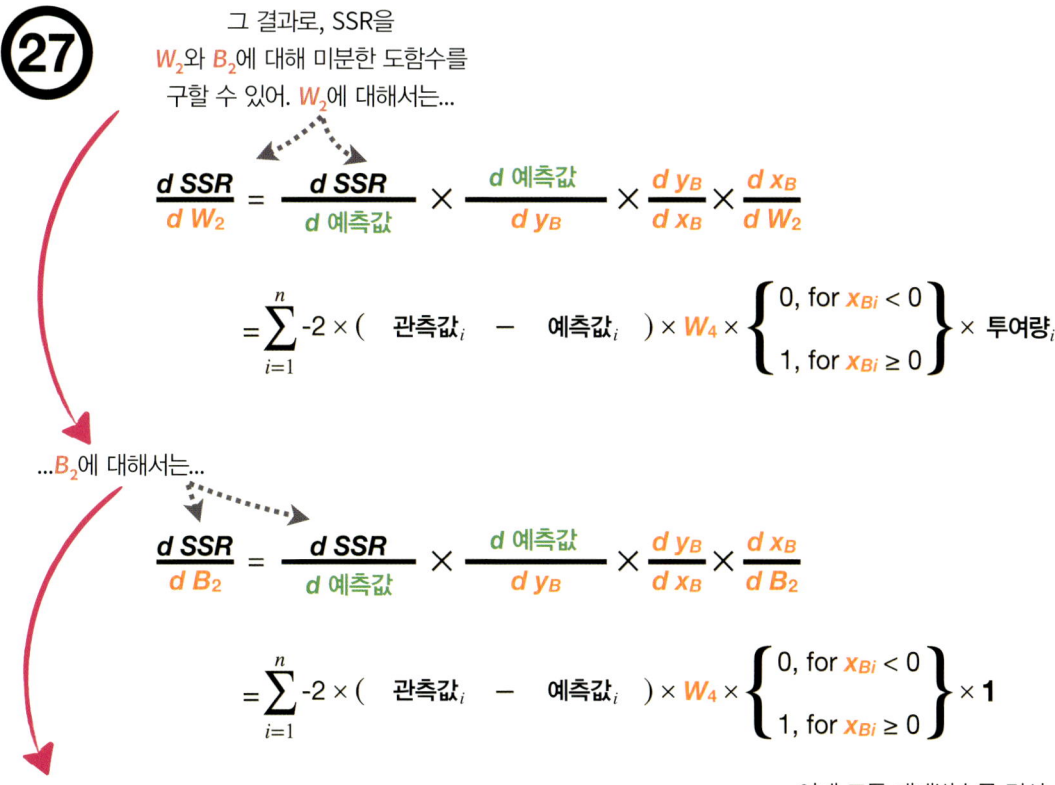

TRIPLE BAM!!!

이제 모든 매개변수를 경사 하강법으로 최적화할 수 있어!

이제 위쪽 활성화 함수에 연결된 모든 가중치와
편향에 대해 SSR의 도함수를 구했고...

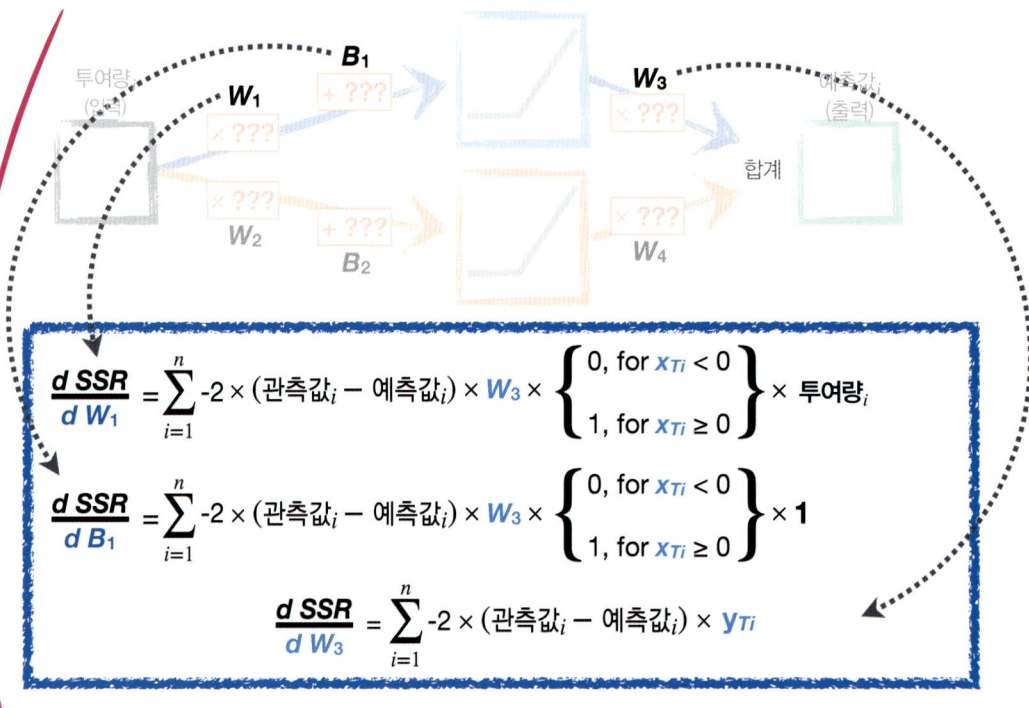

$$\frac{d\,SSR}{d\,W_1} = \sum_{i=1}^{n} -2 \times (관측값_i - 예측값_i) \times W_3 \times \left\{ \begin{array}{l} 0, \text{ for } x_{Ti} < 0 \\ 1, \text{ for } x_{Ti} \geq 0 \end{array} \right\} \times 투여량_i$$

$$\frac{d\,SSR}{d\,B_1} = \sum_{i=1}^{n} -2 \times (관측값_i - 예측값_i) \times W_3 \times \left\{ \begin{array}{l} 0, \text{ for } x_{Ti} < 0 \\ 1, \text{ for } x_{Ti} \geq 0 \end{array} \right\} \times 1$$

$$\frac{d\,SSR}{d\,W_3} = \sum_{i=1}^{n} -2 \times (관측값_i - 예측값_i) \times y_{Ti}$$

...아래쪽 활성화 함수에 연결된 모든 가중치와 편향의
SSR의 도함수를 구했으니...

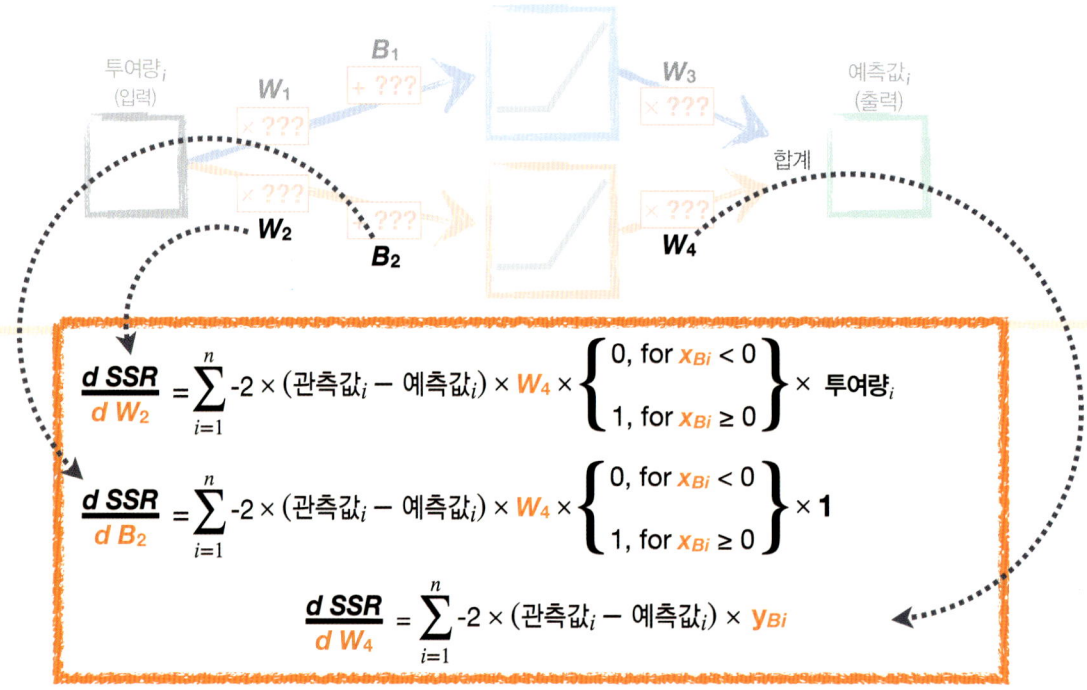

$$\frac{d\,SSR}{d\,W_2} = \sum_{i=1}^{n} -2 \times (관측값_i - 예측값_i) \times W_4 \times \left\{ \begin{array}{l} 0, \text{ for } x_{Bi} < 0 \\ 1, \text{ for } x_{Bi} \geq 0 \end{array} \right\} \times 투여량_i$$

$$\frac{d\,SSR}{d\,B_2} = \sum_{i=1}^{n} -2 \times (관측값_i - 예측값_i) \times W_4 \times \left\{ \begin{array}{l} 0, \text{ for } x_{Bi} < 0 \\ 1, \text{ for } x_{Bi} \geq 0 \end{array} \right\} \times 1$$

$$\frac{d\,SSR}{d\,W_4} = \sum_{i=1}^{n} -2 \times (관측값_i - 예측값_i) \times y_{Bi}$$

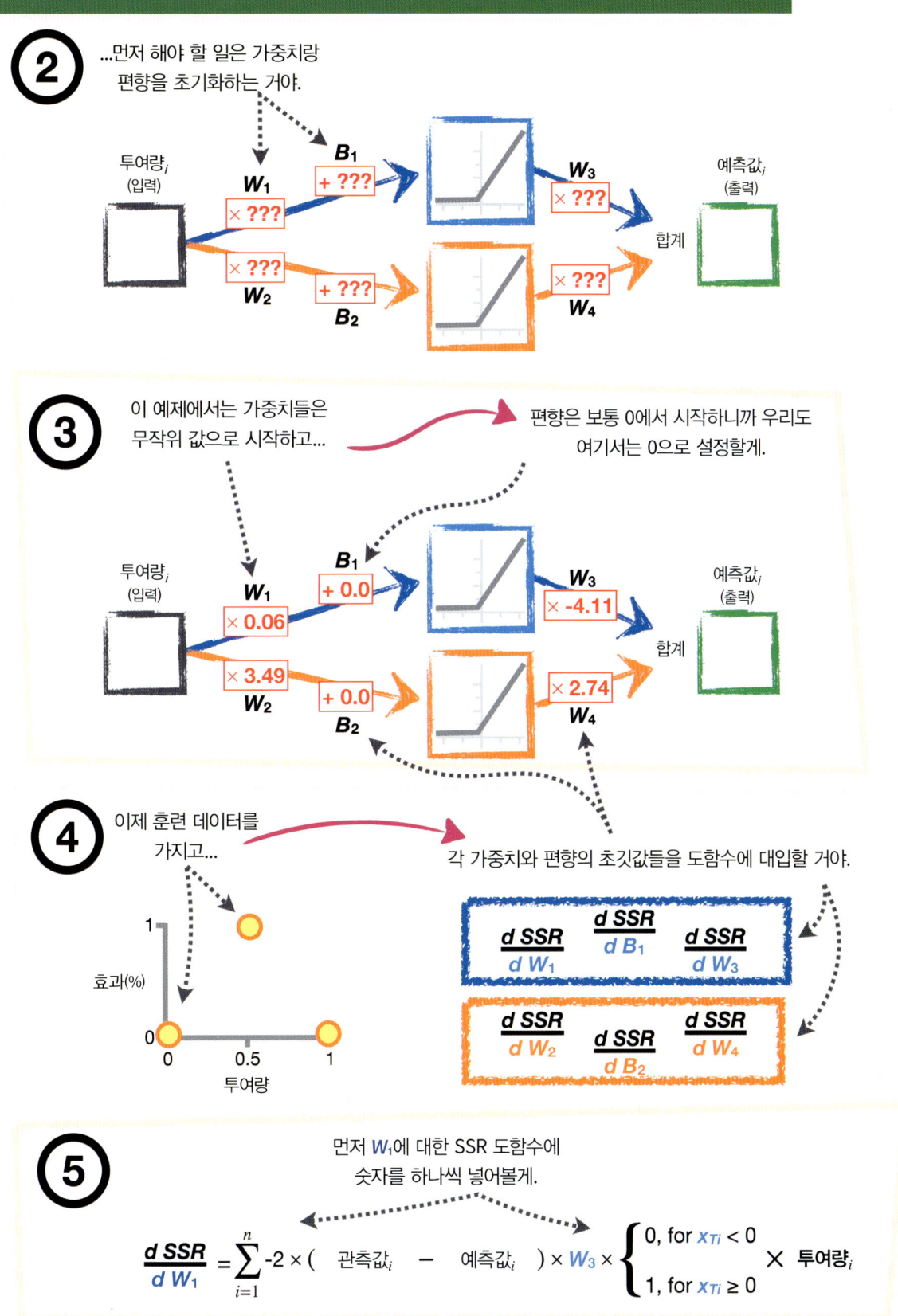

② ...먼저 해야 할 일은 가중치랑 편향을 초기화하는 거야.

투여량$_i$ (입력)

B_1 + ???
W_1 × ???
W_3 × ???

W_2 × ???
B_2 + ???
W_4 × ???

합계

예측값$_i$ (출력)

③ 이 예제에서는 가중치들은 무작위 값으로 시작하고...

편향은 보통 0에서 시작하니까 우리도 여기서는 0으로 설정할게.

투여량$_i$ (입력)

W_1 × 0.06
B_1 + 0.0
W_3 × -4.11

W_2 × 3.49
B_2 + 0.0
W_4 × 2.74

합계

예측값$_i$ (출력)

④ 이제 훈련 데이터를 가지고...

각 가중치와 편향의 초깃값들을 도함수에 대입할 거야.

효과(%)

투여량

$$\frac{d\,SSR}{d\,W_1} \qquad \frac{d\,SSR}{d\,B_1} \qquad \frac{d\,SSR}{d\,W_3}$$

$$\frac{d\,SSR}{d\,W_2} \qquad \frac{d\,SSR}{d\,B_2} \qquad \frac{d\,SSR}{d\,W_4}$$

⑤ 먼저 W_1에 대한 SSR 도함수에 숫자를 하나씩 넣어볼게.

$$\frac{d\,SSR}{d\,W_1} = \sum_{i=1}^{n} -2 \times \left(\text{관측값}_i - \text{예측값}_i \right) \times W_3 \times \begin{cases} 0, \text{ for } x_{Ti} < 0 \\ 1, \text{ for } x_{Ti} \geq 0 \end{cases} \times \text{투여량}_i$$

6 이 식에 값을 넣기 위해 합을
전개해보면 이렇게 돼.

$$\frac{d\,SSR}{d\,W_1} = \sum_{i=1}^{n} -2 \times (관측값_i - 예측값_i) \times W_3 \times \begin{cases} 0, \text{ for } x_{Ti} < 0 \\ 1, \text{ for } x_{Ti} \geq 0 \end{cases} \times 투여량_i$$

$$= -2 \times (관측값_1 - 예측값_1) \times W_3 \times \begin{cases} 0, \text{ for } x_{T1} < 0 \\ 1, \text{ for } x_{T1} \geq 0 \end{cases} \times 투여량_i$$

$$+ -2 \times (관측값_2 - 예측값_2) \times W_3 \times \begin{cases} 0, \text{ for } x_{T2} < 0 \\ 1, \text{ for } x_{T2} \geq 0 \end{cases} \times 투여량_i$$

$$+ -2 \times (관측값_3 - 예측값_3) \times W_3 \times \begin{cases} 0, \text{ for } x_{T3} < 0 \\ 1, \text{ for } x_{T3} \geq 0 \end{cases} \times 투여량_i$$

7 이제 각 투여량에 대해
관측값을 대입하면,

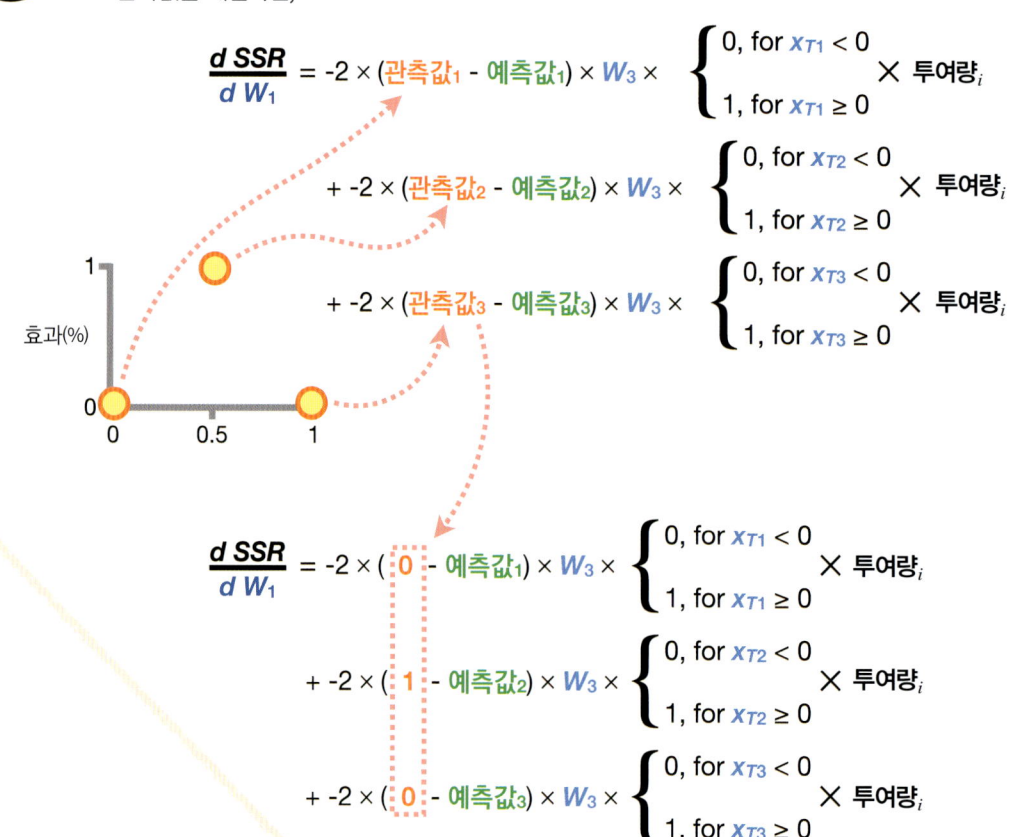

$$\frac{d\,SSR}{d\,W_1} = -2 \times (관측값_1 - 예측값_1) \times W_3 \times \begin{cases} 0, \text{ for } x_{T1} < 0 \\ 1, \text{ for } x_{T1} \geq 0 \end{cases} \times 투여량_i$$

$$+ -2 \times (관측값_2 - 예측값_2) \times W_3 \times \begin{cases} 0, \text{ for } x_{T2} < 0 \\ 1, \text{ for } x_{T2} \geq 0 \end{cases} \times 투여량_i$$

$$+ -2 \times (관측값_3 - 예측값_3) \times W_3 \times \begin{cases} 0, \text{ for } x_{T3} < 0 \\ 1, \text{ for } x_{T3} \geq 0 \end{cases} \times 투여량_i$$

효과(%)

$$\frac{d\,SSR}{d\,W_1} = -2 \times (\, 0 - 예측값_1) \times W_3 \times \begin{cases} 0, \text{ for } x_{T1} < 0 \\ 1, \text{ for } x_{T1} \geq 0 \end{cases} \times 투여량_i$$

$$+ -2 \times (\, 1 - 예측값_2) \times W_3 \times \begin{cases} 0, \text{ for } x_{T2} < 0 \\ 1, \text{ for } x_{T2} \geq 0 \end{cases} \times 투여량_i$$

$$+ -2 \times (\, 0 - 예측값_3) \times W_3 \times \begin{cases} 0, \text{ for } x_{T3} < 0 \\ 1, \text{ for } x_{T3} \geq 0 \end{cases} \times 투여량_i$$

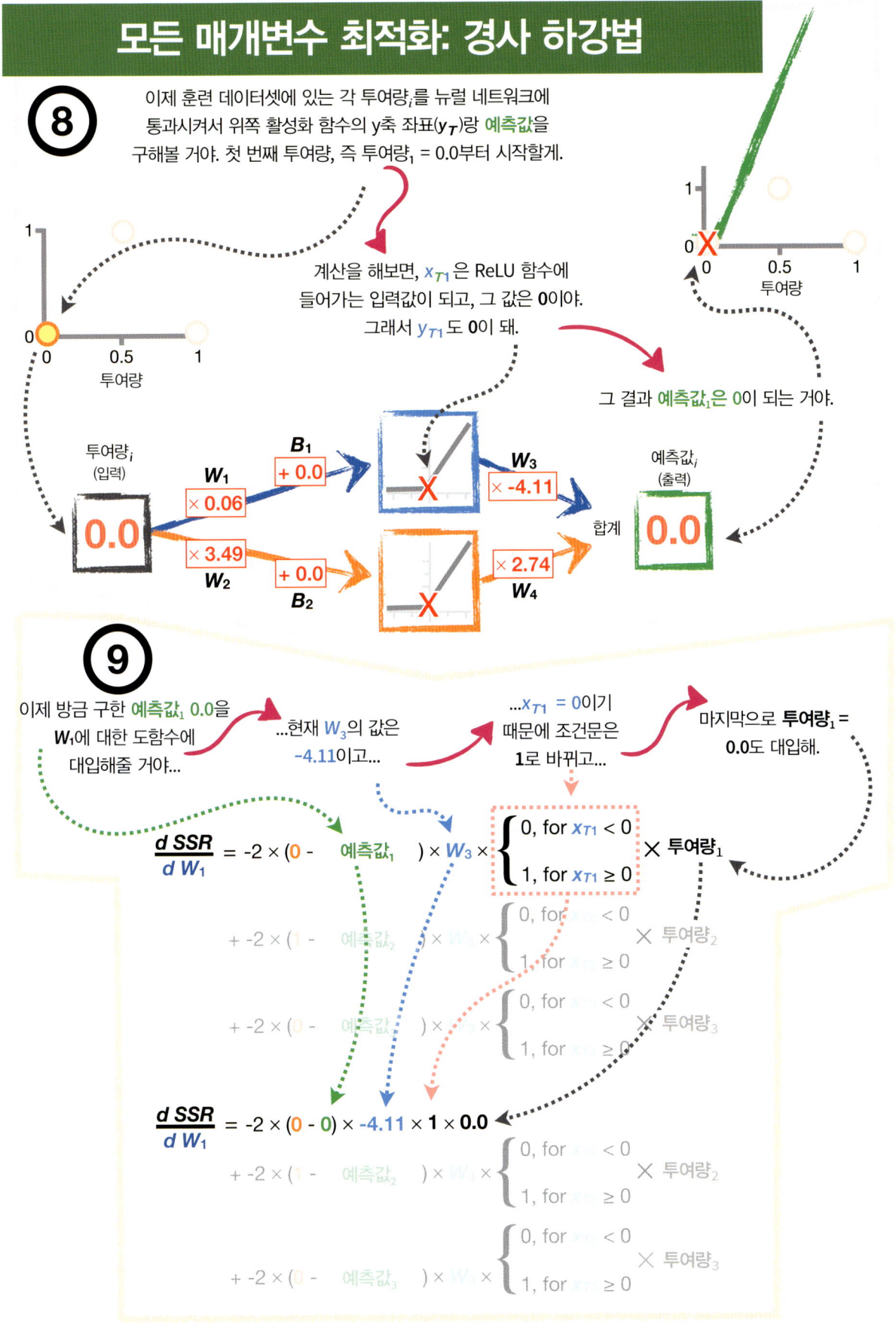

⑧ 이제 훈련 데이터셋에 있는 각 투여량$_i$를 뉴럴 네트워크에 통과시켜서 위쪽 활성화 함수의 y축 좌표(y_T)랑 **예측값**을 구해볼 거야. 첫 번째 투여량, 즉 투여량$_1$ = 0.0부터 시작할게.

계산을 해보면, x_{T1}은 ReLU 함수에 들어가는 입력값이 되고, 그 값은 0이야. 그래서 y_{T1}도 0이 돼.

그 결과 **예측값$_1$은 0**이 되는 거야.

투여량$_i$ (입력)

W_1 ×0.06 B_1 +0.0

W_3 ×-4.11

×3.49 W_2 +0.0 B_2

×2.74 W_4

0.0

합계

예측값$_i$ (출력)

0.0

⑨ 이제 방금 구한 **예측값$_1$** 0.0을 W_1에 대한 도함수에 대입해줄 거야...

...현재 W_3의 값은 -4.11이고...

...x_{T1} = 0이기 때문에 조건문은 1로 바뀌고...

마지막으로 **투여량$_1$** = 0.0도 대입해.

$$\frac{d\,SSR}{d\,W_1} = -2 \times (0 - 예측값_1) \times W_3 \times \begin{cases} 0, & \text{for } x_{T1} < 0 \\ 1, & \text{for } x_{T1} \geq 0 \end{cases} \times 투여량_1$$

$$+ \;-2 \times (1 - 예측값_2) \times W_3 \times \begin{cases} 0, & \text{for } x_{T2} < 0 \\ 1, & \text{for } x_{T2} \geq 0 \end{cases} \times 투여량_2$$

$$+ \;-2 \times (0 - 예측값_3) \times W_3 \times \begin{cases} 0, & \text{for } x_{T3} < 0 \\ 1, & \text{for } x_{T3} \geq 0 \end{cases} \times 투여량_3$$

$$\frac{d\,SSR}{d\,W_1} = -2 \times (0 - 0) \times -4.11 \times 1 \times 0.0 \begin{cases} 0, & \text{for } x_{T1} < 0 \\ 1, & \text{for } x_{T1} \geq 0 \end{cases} \times 투여량_2$$

$$+ \;-2 \times (1 - 예측값_2) \times W_3 \times \begin{cases} 0, & \text{for } x_{T2} < 0 \\ 1, & \text{for } x_{T2} \geq 0 \end{cases} \times 투여량_2$$

$$+ \;-2 \times (0 - 예측값_3) \times W_3 \times \begin{cases} 0, & \text{for } x_{T3} < 0 \\ 1, & \text{for } x_{T3} \geq 0 \end{cases} \times 투여량_3$$

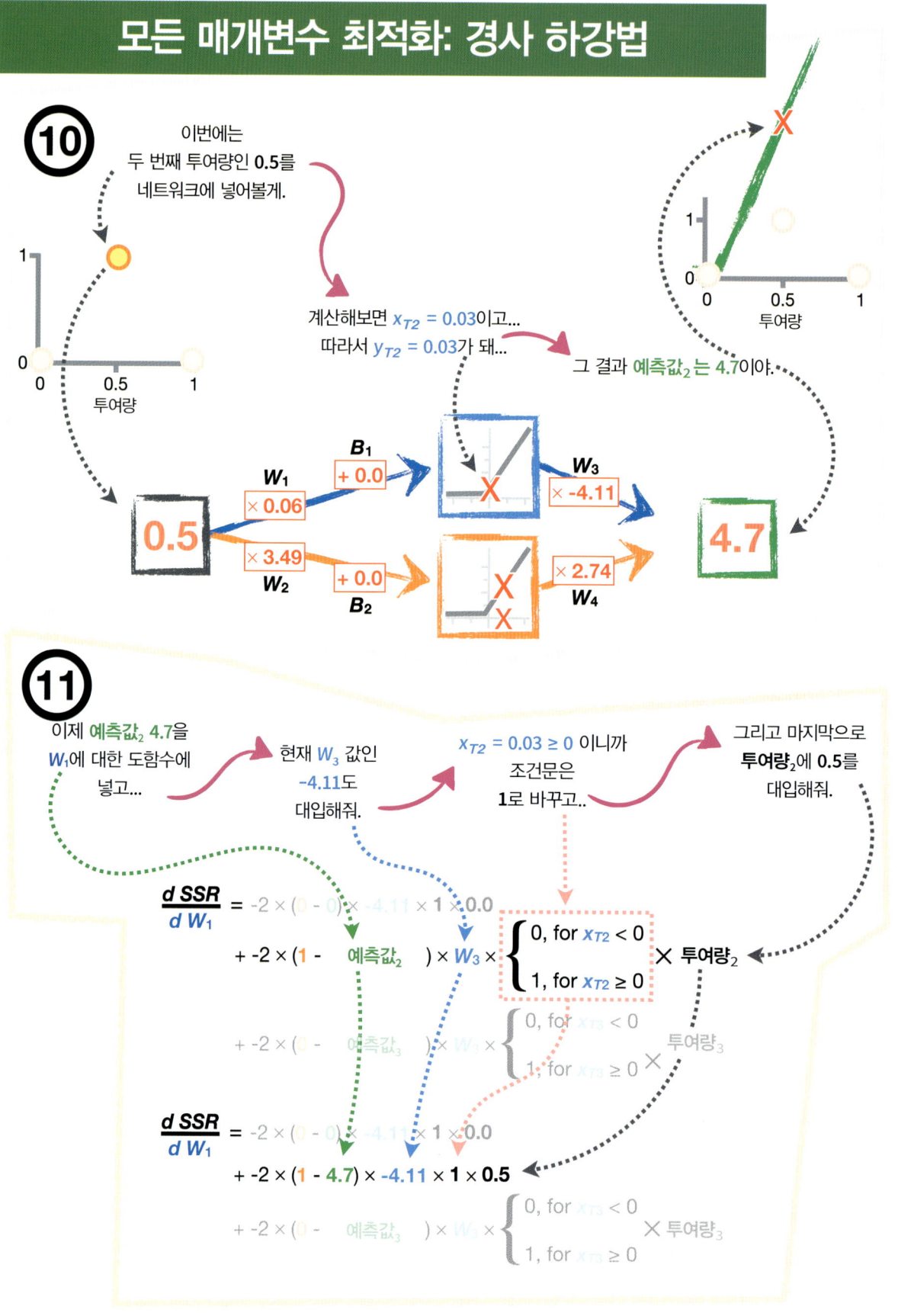

⑩ 이번에는
두 번째 투여량인 **0.5**를
네트워크에 넣어볼게.

계산해보면 $x_{T2} = 0.03$이고...
따라서 $y_{T2} = 0.03$가 돼...

그 결과 **예측값₂** 는 **4.7**이야.

B_1
+ 0.0

W_1
× 0.06

0.5

× 3.49
W_2

+ 0.0
B_2

W_3
× -4.11

× 2.74
W_4

4.7

⑪ 이제 **예측값₂ 4.7**을
W_1에 대한 도함수에
넣고...

현재 W_3 값인
-4.11도
대입해줘.

$x_{T2} = 0.03 \geq 0$ 이니까
조건문은
1로 바꾸고..

그리고 마지막으로
투여량₂에 **0.5**를
대입해줘.

$$\frac{d\ SSR}{d\ W_1} = \text{-}2 \times (0 - 0) \times \text{-}4.11 \times 1 \times 0.0$$

$$+ \text{-}2 \times (1 - \text{예측값}_2) \times W_3 \times \begin{cases} 0, \text{ for } x_{T2} < 0 \\ 1, \text{ for } x_{T2} \geq 0 \end{cases} \times \text{투여량}_2$$

$$+ \text{-}2 \times (0 - \text{예측값}_3) \times W_3 \times \begin{cases} 0, \text{ for } x_{T3} < 0 \\ 1, \text{ for } x_{T3} \geq 0 \end{cases} \times \text{투여량}_3$$

$$\frac{d\ SSR}{d\ W_1} = \text{-}2 \times (0 - 0) \times \text{-}4.11 \times 1 \times 0.0$$

$$+ \text{-}2 \times (1 - 4.7) \times \text{-}4.11 \times 1 \times 0.5$$

$$+ \text{-}2 \times (0 - \text{예측값}_3) \times W_3 \times \begin{cases} 0, \text{ for } x_{T3} < 0 \\ 1, \text{ for } x_{T3} \geq 0 \end{cases} \times \text{투여량}_3$$

모든 매개변수 최적화: 경사 하강법

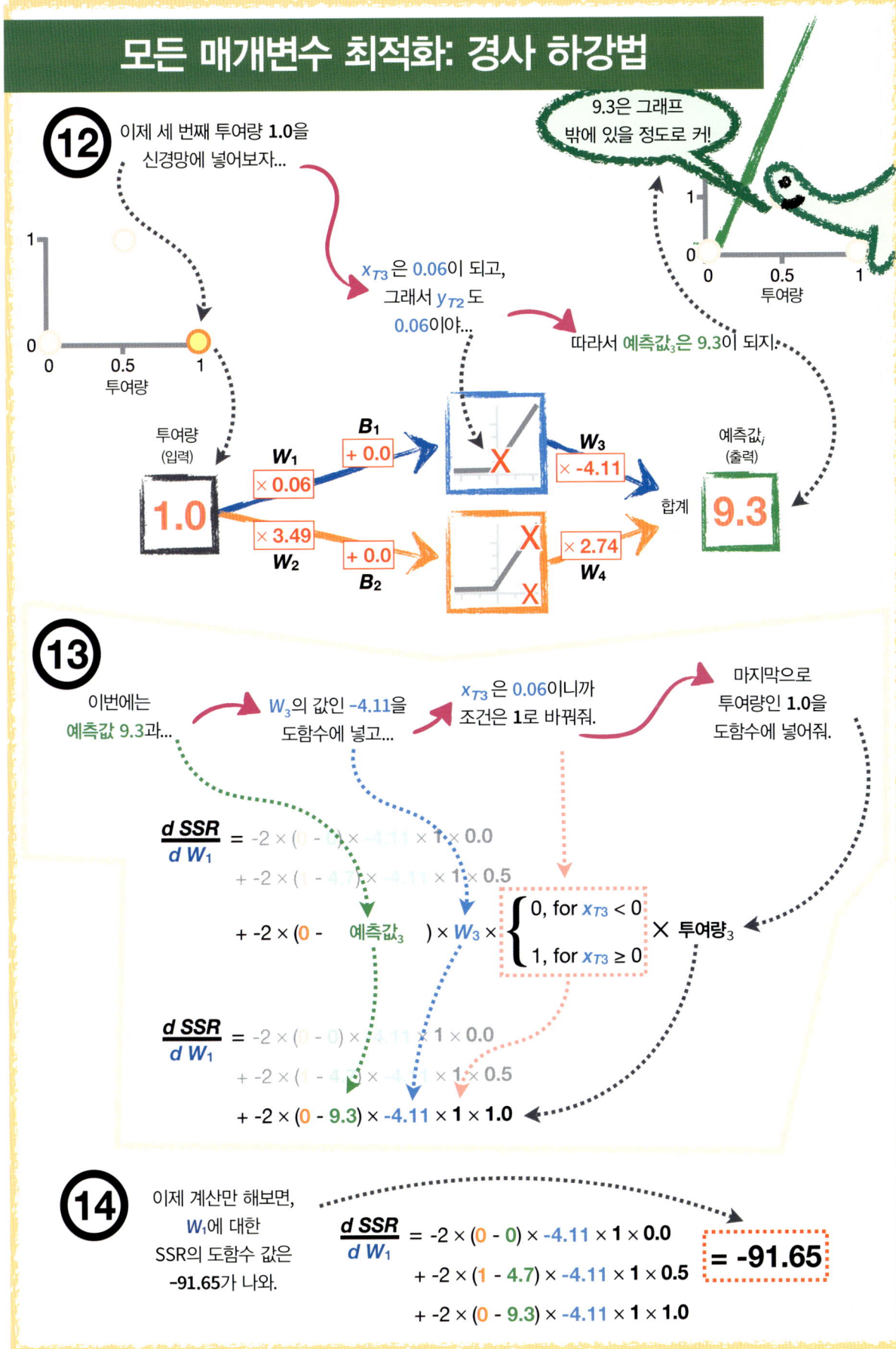

⑫ 이제 세 번째 투여량 **1.0**을 신경망에 넣어보자...

x_{T3}은 0.06이 되고, 그래서 y_{T2}도 0.06이야...

따라서 **예측값₃**은 9.3이 되지.

9.3은 그래프 밖에 있을 정도로 커!

투여량
(입력)

W₁ × 0.06
B₁ + 0.0
X
W₃ × -4.11

W₂ × 3.49
B₂ + 0.0
X X
× 2.74
W₄

1.0

합계 **9.3**

예측값ᵢ
(출력)

⑬ 이번에는 예측값 9.3과...

W_3의 값인 -4.11을 도함수에 넣고...

x_{T3}은 0.06이니까 조건은 **1**로 바꿔줘.

마지막으로 투여량인 **1.0**을 도함수에 넣어줘.

$$\frac{d\,SSR}{d\,W_1} = -2 \times (0 - 0) \times -4.11 \times 1 \times 0.0$$
$$+ -2 \times (1 - 4.7) \times -4.11 \times 1 \times 0.5$$
$$+ -2 \times (0 - \text{예측값}_3) \times W_3 \times \begin{cases} 0, & \text{for } x_{T3} < 0 \\ 1, & \text{for } x_{T3} \geq 0 \end{cases} \times \text{투여량}_3$$

$$\frac{d\,SSR}{d\,W_1} = -2 \times (0 - 0) \times -4.11 \times 1 \times 0.0$$
$$+ -2 \times (1 - 4.7) \times -4.11 \times 1 \times 0.5$$
$$+ -2 \times (0 - 9.3) \times -4.11 \times 1 \times 1.0$$

⑭ 이제 계산만 해보면, W_1에 대한 SSR의 도함수 값은 **-91.65**가 나와.

$$\frac{d\,SSR}{d\,W_1} = -2 \times (0 - 0) \times -4.11 \times 1 \times 0.0$$
$$+ -2 \times (1 - 4.7) \times -4.11 \times 1 \times 0.5$$
$$+ -2 \times (0 - 9.3) \times -4.11 \times 1 \times 1.0$$

$$= -91.65$$

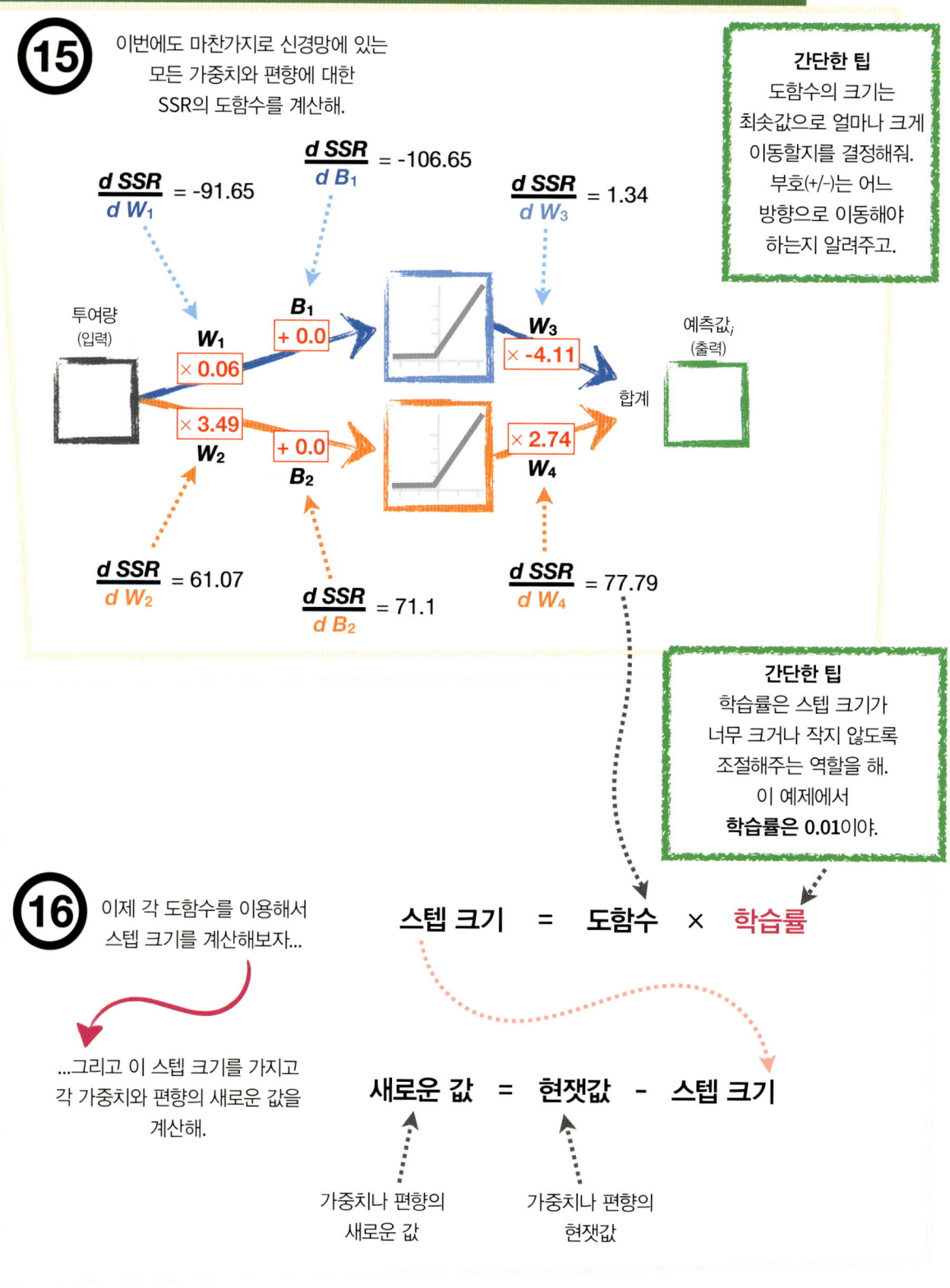

15 이번에도 마찬가지로 신경망에 있는 모든 가중치와 편향에 대한 SSR의 도함수를 계산해.

$\dfrac{d\,SSR}{d\,W_1}$ = -91.65

$\dfrac{d\,SSR}{d\,B_1}$ = -106.65

$\dfrac{d\,SSR}{d\,W_3}$ = 1.34

간단한 팁
도함수의 크기는 최솟값으로 얼마나 크게 이동할지를 결정해줘. 부호(+/-)는 어느 방향으로 이동해야 하는지 알려주고.

투여량
(입력)

B_1
+ 0.0

W_1
× 0.06

W_3
× -4.11

예측값$_i$
(출력)

합계

W_2
× 3.49

B_2
+ 0.0

× 2.74
W_4

$\dfrac{d\,SSR}{d\,W_2}$ = 61.07

$\dfrac{d\,SSR}{d\,B_2}$ = 71.1

$\dfrac{d\,SSR}{d\,W_4}$ = 77.79

간단한 팁
학습률은 스텝 크기가 너무 크거나 작지 않도록 조절해주는 역할을 해. 이 예제에서 **학습률은 0.01**이야.

16 이제 각 도함수를 이용해서 스텝 크기를 계산해보자...

...그리고 이 스텝 크기를 가지고 각 가중치와 편향의 새로운 값을 계산해.

스텝 크기 = 도함수 × 학습률

새로운 값 = 현잿값 − 스텝 크기

가중치나 편향의 새로운 값

가중치나 편향의 현잿값

⑰ 그다음엔 새로 계산한 값들로 신경망 안의 가중치와 편향을 업데이트해줘...

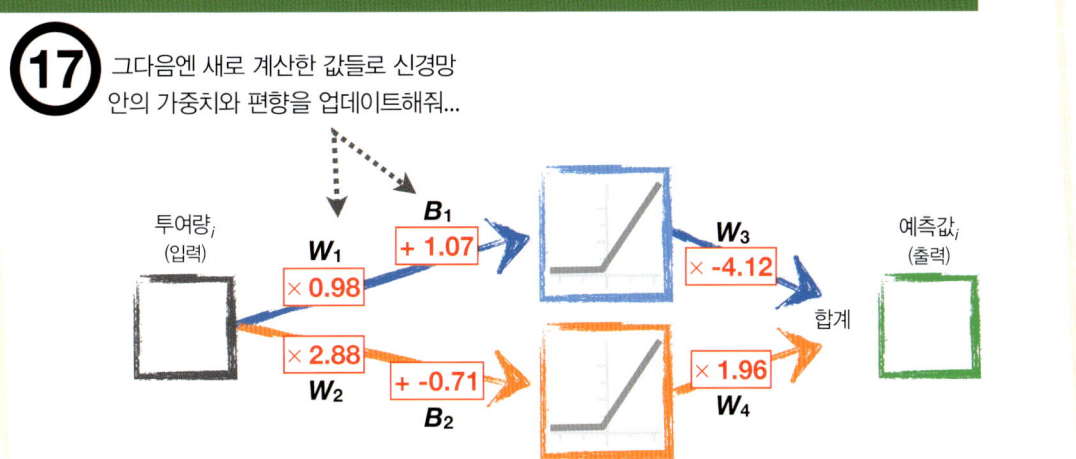

투여량$_i$
(입력)

W_1
$\times$ 0.98

B_1
+ 1.07

W_3
$\times$ -4.12

예측값$_i$
(출력)

$\times$ 2.88
W_2

+ -0.71
B_2

$\times$ 1.96
W_4

합계

⑱ ...이 과정을 반복하면서 예측값이 더 이상 크게 개선되지 않거나 정해진 반복 횟수에 도달할 때까지 계속해.

ⓐ 현잿값에서 도함수를 계산하고

ⓑ 도함수로 스텝 사이즈를 구하고

ⓒ 스텝 크기를 써서 새 값을 계산한다

내가 이 예제를 파이토치로 짰을 때는 최대 반복 횟수를 500으로 설정했어. 그 결과 다음과 같은 가중치와 편향이 나왔고...

...신경망은 훈련 데이터를 꽤 잘 **예측**하는 구부러진 형태의 그래프를 만들어냈어.

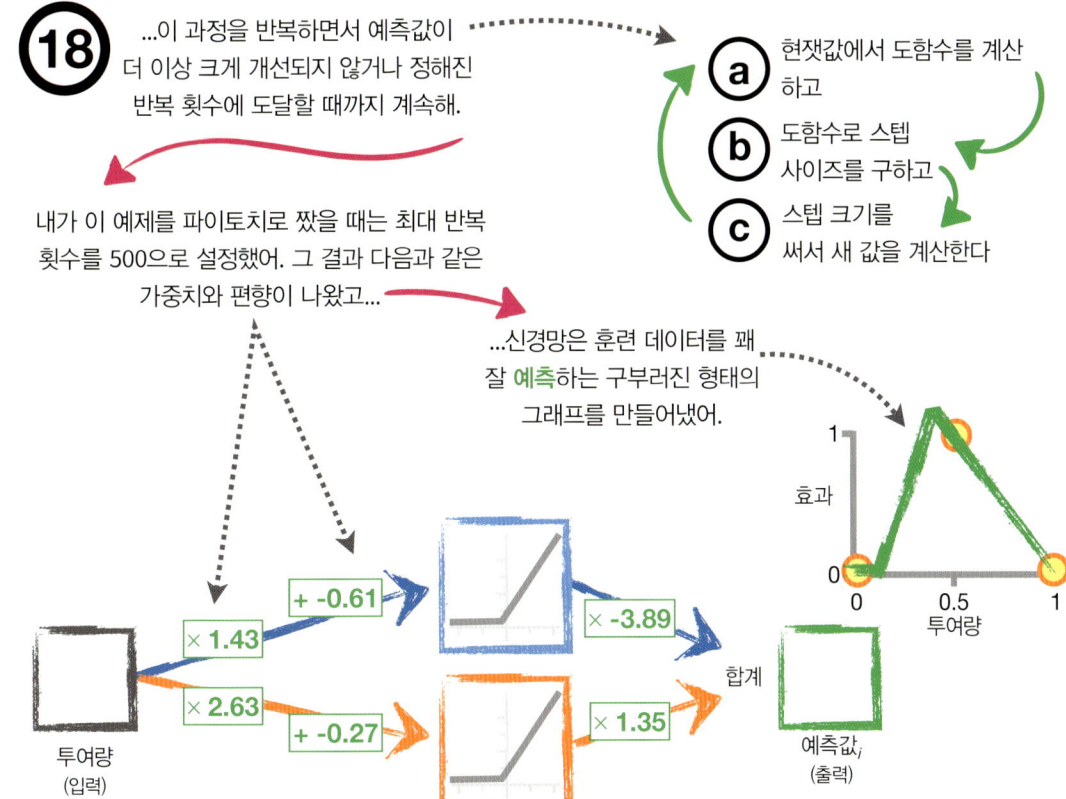

투여량
(입력)

$\times$ 1.43
+ -0.61

$\times$ 2.63
+ -0.27

$\times$ -3.89

$\times$ 1.35

합계

예측값$_i$
(출력)

효과

투여량

TRIPLE BAM!!!

와! 진짜 계산이 많았어. 머리 좀 식혀야겠는걸?

근데 좋은 소식은, **파이토치**가 이런 계산을 다 자동으로 해준다는 거야. 그러니까 바로 시작하자!

파이토치로 만들어보는 역전파

이제 역전파가 어떻게 작동하는지 이론은 알았으니까, 직접 코드로 확인해보자!

 이전 **파이토치** 예제에서는 **nn.Module**을 상속받는 클래스를 만들고, 신경망 안의 가중치와 편향을 초기화해서 데이터를 넣어봤어.

이번엔 **L.LightningModule**을 상속받는 클래스를 만들어볼 거야.

```
class myNN(L.LightningModule):

    def __init__(self):

        ## 신경망의 여러 부분을 초기화하는 곳


    def forward(self, input_values):

        ## 신경망을 통해 값을 전달하는 곳


    def configure_optimizers(self):

        ## 학습률이나 옵티마이저(예: 경사 하강법, Adam 등)를
        ## 설정하는 곳
        ## 역전파에 사용할 매개변수들을 정함


    def training_step(self, batch, batch_idx):

        ## 학습 데이터를 forward에 전달하고
        ## 출력값과 정답값의 차이를 계산하는 곳
```

...이 클래스도 이전처럼 **__init__()** 메서드로 신경망을 초기화하고...

forward() 메서드로 입력값을 신경망에 통과시키는 구조야.

추가로 **configure_optimizers()** 메서드도 들어가는데, 이건 **학습률**이나 어떤 매개변수를 최적화할지 지정하는 데 쓰여.

또 **training_step()** 메서드도 포함돼 있는데, 이건 역전파 각 반복에서 일어나는 과정을 모두 담고 있어.

② QR코드를 스캔하거나 클릭하면 이 예제에서 사용한 **L.LightningModule** 기반 신경망을 직접 구현하고 학습시키는 **파이토치** 코드를 볼 수 있어!

참고: 튜토리얼 전체는 여기에서도 확인 가능해!
https://github.com/StatQuest/signa

Chapter 03

입력과 출력이
여러 개인 신경망!!!

다중 입력과 출력: 핵심 아이디어

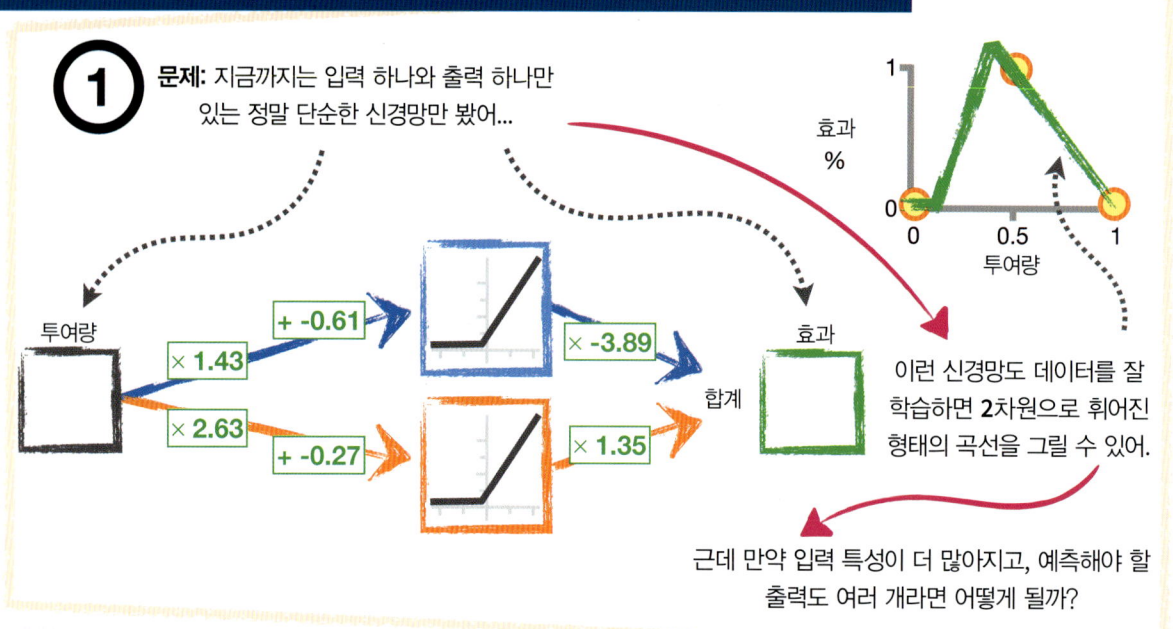

① **문제:** 지금까지는 입력 하나와 출력 하나만 있는 정말 단순한 신경망만 봤어...

투여량 ×1.43 +-0.61 ×-3.89 효과 합계

×2.63 +-0.27 ×1.35

이런 신경망도 데이터를 잘 학습하면 2차원으로 휘어진 형태의 곡선을 그릴 수 있어.

근데 만약 입력 특성이 더 많아지고, 예측해야 할 출력도 여러 개라면 어떻게 될까?

② **해결책:** 1장에서 배운 기본 블록들을 그대로 이용해서, 입력과 출력이 여러 개인 신경망도 만들 수 있어.

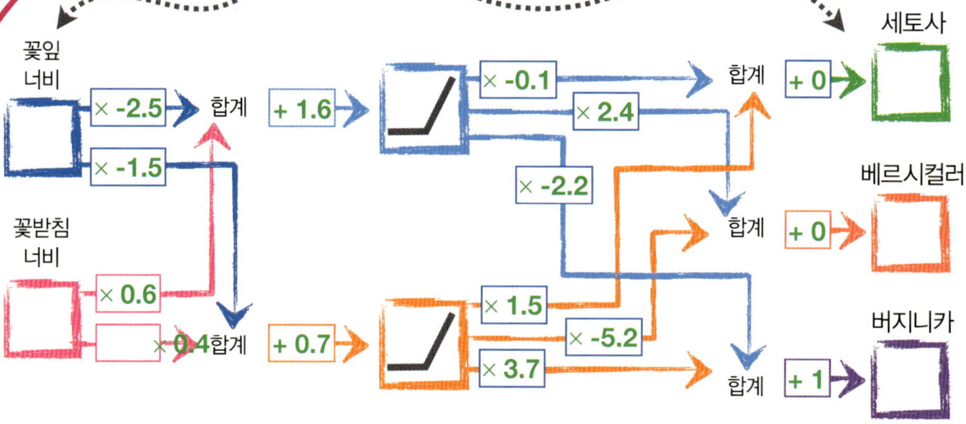

꽃잎 너비 ×-2.5 합계 +1.6 ×-0.1 합계 +0 세토사

×-1.5 ×2.4

꽃받침 너비 ×-2.2 베르시컬러 +0

×0.6 ×1.5 합계

×0.4 합계 +0.7 ×3.7 ×-5.2 버지니카 합계 +1

예를 들어 이 신경망은 입력이 2개고 출력이 3개야. 이 말은, 이 모델은 입력에 대해 3개의 독립적인 3차원 곡면을 학습한다는 뜻이야. 각 출력(세토사, 베르시컬러, 버지니카)마다 하나씩!

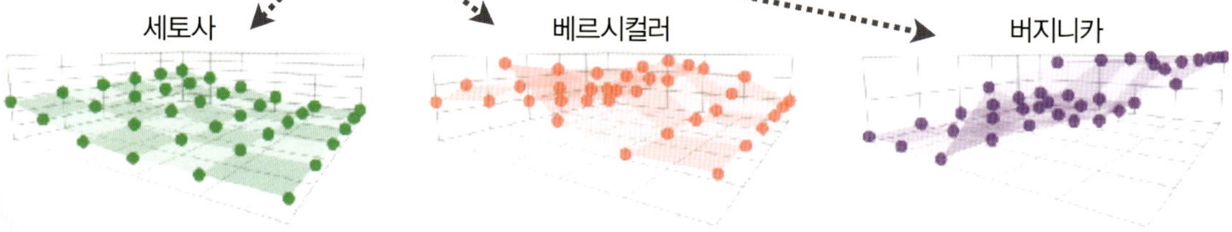

세토사   베르시컬러   버지니카

다중 입력과 출력: 작동 방식 단계별 살펴보기

1 이 신경망은 복잡해 보일 수 있지만, 사실은 우리가 지금까지 써온 구성요소들로 이루어져 있어. 차이점은 입력과 출력이 더 많아졌다는 점이야.

입력값은 붓꽃의 측정값 두 가지야. 꽃잎 너비, 꽃받침 너비.

출력값은 3개의 붓꽃 품종에 대한 예측값이야. 세토사, 베르시컬러, 버지니카.

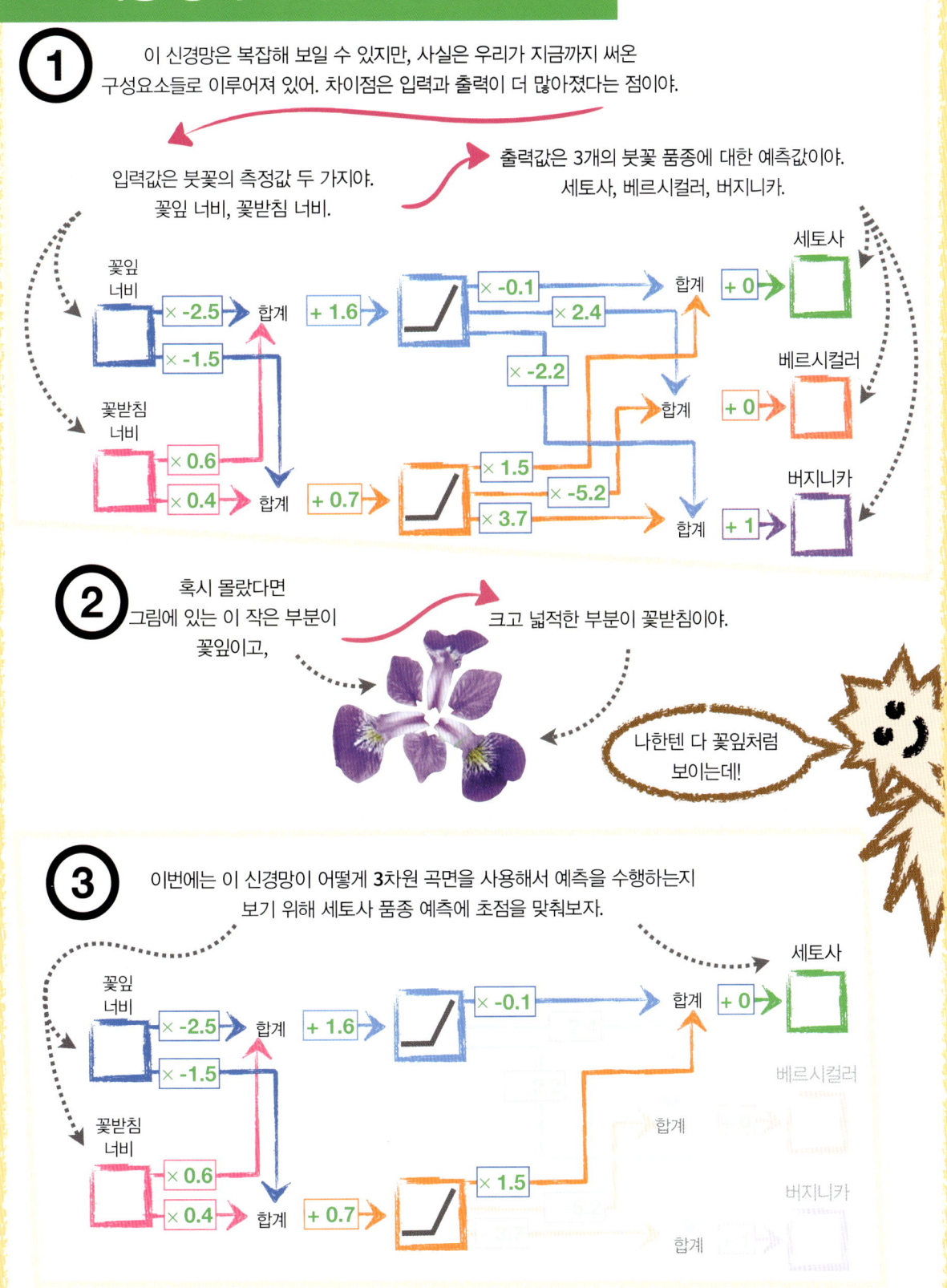

2 혹시 몰랐다면 그림에 있는 이 작은 부분이 꽃잎이고,

크고 넓적한 부분이 꽃받침이야.

나한텐 다 꽃잎처럼 보이는데!

3 이번에는 이 신경망이 어떻게 **3차원** 곡면을 사용해서 예측을 수행하는지 보기 위해 세토사 품종 예측에 초점을 맞춰보자.

④ 먼저 해야 할 일은 그래프 축을 정리해서 어떤 방향이 어떤 데이터인지 정해주는 거야.

이 축은 세토사 예측값을 표시할 축이고...

참고:
입력값은 **0**과 **1** 사이로 정규화(scale)하는 게 일반적으로 좋아. 학습 속도가 빨라지고 안정적이거든. 이 예제에서도 꽃잎 너비와 꽃받침 너비를 0과 1 사이로 정규화했어.

세토사

꽃잎 너비

꽃받침 너비

...이 축은 꽃잎 너비...

이 축은 꽃받침 너비를 나타내.

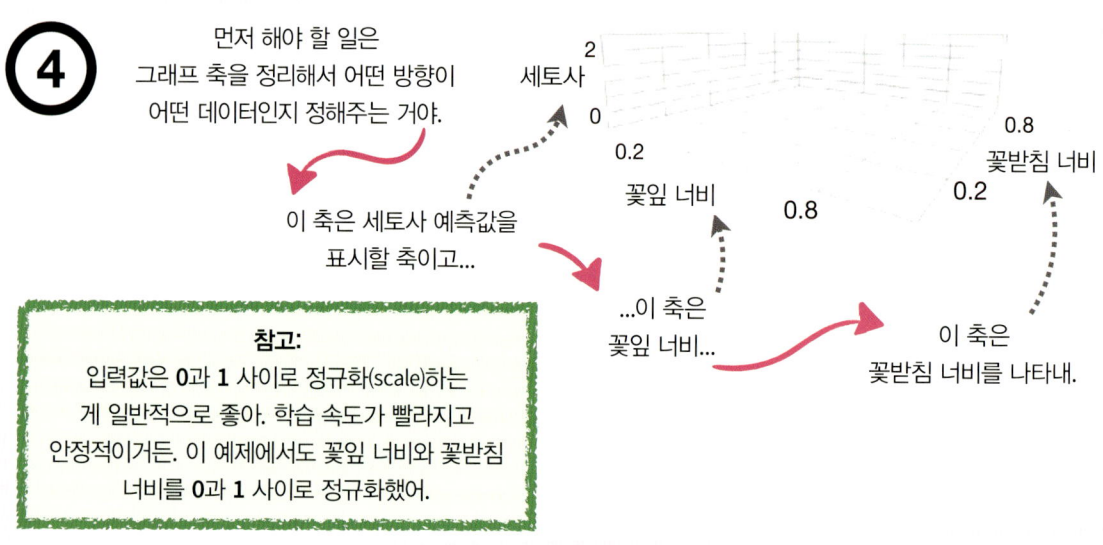

⑤ 이제 꽃잎 너비 **0.0**, 꽃받침 너비 **0.0**에서 시작하면...

위쪽 ReLU 활성화 함수에서 나오는 y축 좌표는 **1.6**이야.

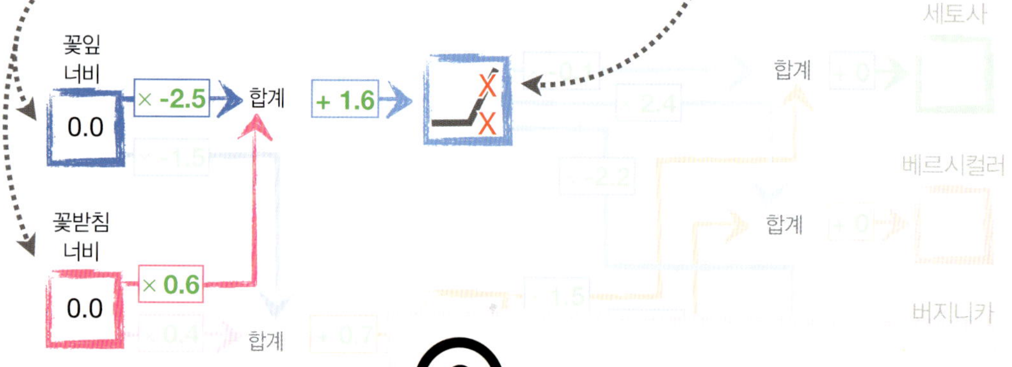

꽃잎 너비 **0.0** **× -2.5** 합계 **+ 1.6**

꽃받침 너비 **0.0** **× 0.6**

세토사

합계

베르시컬러

합계

버지니카

⑥ 앞에서 구한 y축 좌푯값 **1.6**은 꽃잎 너비와 꽃받침 너비가 모두 0일 때 그래프에 표시되는 파란색 점이야.

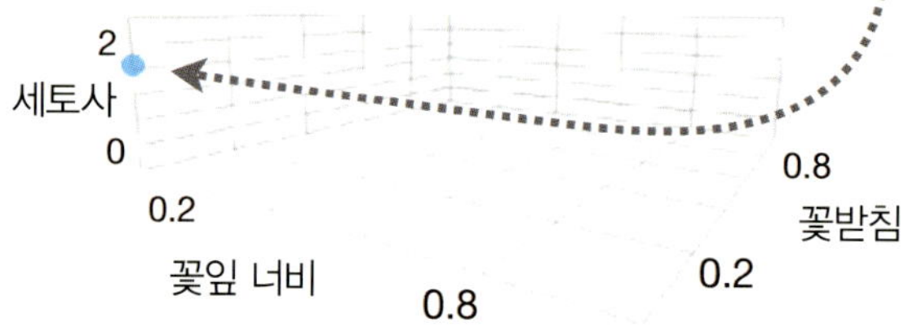

세토사

꽃잎 너비

꽃받침

다중 입력과 출력:
작동 방식 단계별 살펴보기

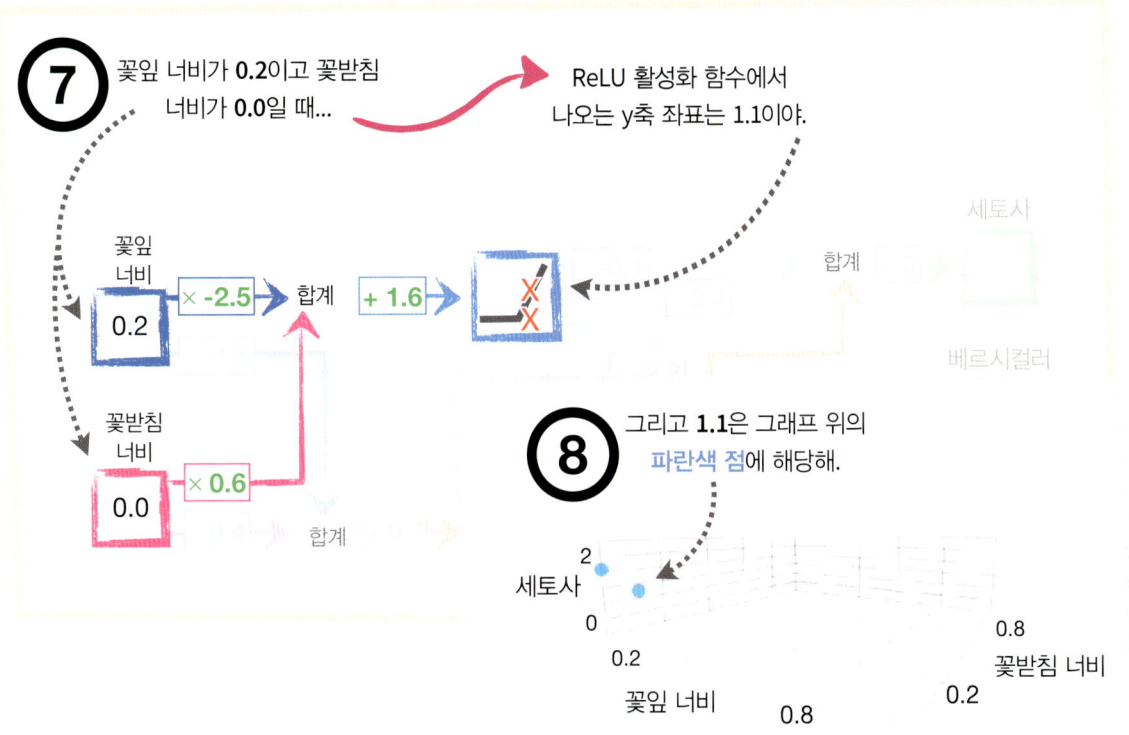

⑦ 꽃잎 너비가 **0.2**이고 꽃받침 너비가 **0.0**일 때...

ReLU 활성화 함수에서 나오는 y축 좌표는 **1.1**이야.

꽃잎 너비 0.2 × **-2.5** 합계 + **1.6**

꽃받침 너비 0.0 × **0.6**

합계

세토사

합계

베르시컬러

⑧ 그리고 **1.1**은 그래프 위의 파란색 점에 해당해.

세토사

꽃잎 너비

꽃받침 너비

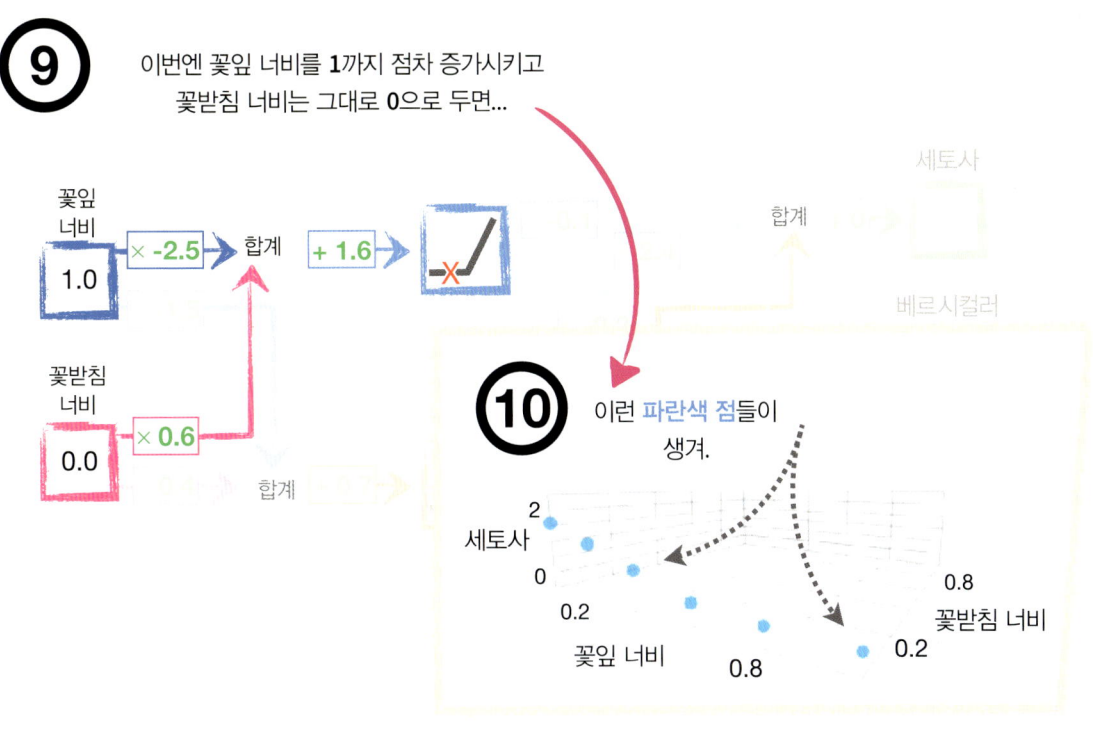

⑨ 이번엔 꽃잎 너비를 **1**까지 점차 증가시키고 꽃받침 너비는 그대로 **0**으로 두면...

꽃잎 너비 1.0 × **-2.5** 합계 + **1.6**

꽃받침 너비 0.0 × **0.6**

합계

세토사

합계

베르시컬러

⑩ 이런 파란색 점들이 생겨.

세토사

꽃잎 너비

꽃받침 너비

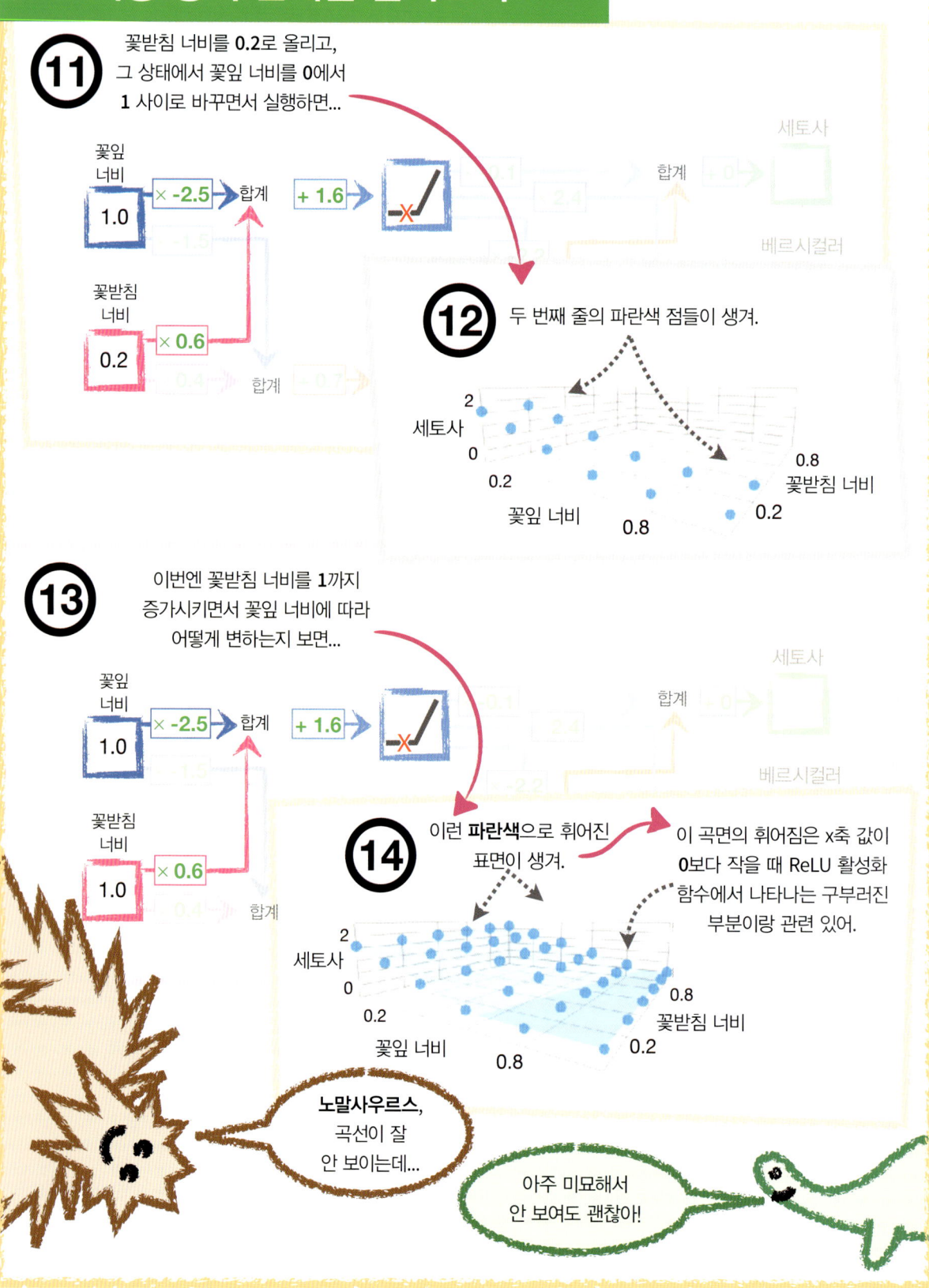

⑪ 꽃받침 너비를 0.2로 올리고, 그 상태에서 꽃잎 너비를 0에서 1 사이로 바꾸면서 실행하면...

꽃잎 너비 1.0 × -2.5 → 합계 + 1.6 →

꽃받침 너비 0.2 × 0.6

⑫ 두 번째 줄의 파란색 점들이 생겨.

세토사
2
0
0.2
꽃잎 너비
0.8
0.8
꽃받침 너비
0.2

⑬ 이번엔 꽃받침 너비를 1까지 증가시키면서 꽃잎 너비에 따라 어떻게 변하는지 보면...

꽃잎 너비 1.0 × -2.5 → 합계 + 1.6 →

꽃받침 너비 1.0 × 0.6

⑭ 이런 **파란색**으로 휘어진 표면이 생겨.

이 곡면의 휘어짐은 x축 값이 0보다 작을 때 ReLU 활성화 함수에서 나타나는 구부러진 부분이랑 관련 있어.

세토사
2
0
0.2
꽃잎 너비
0.8
0.8
꽃받침 너비
0.2

노말사우르스, 곡선이 잘 안 보이는데...

아주 미묘해서 안 보여도 괜찮아!

다중 입력과 출력:
작동 방식 단계별 살펴보기

15 이제 각 점의 y축 값을 **-0.1**배 해주면...

꽃잎 너비
× -2.5
합계
+ 1.6
× -0.1
합계
꽃받침 너비
× 0.6
세토사
베르시컬러

16 ...이렇게 휘어진 파란 표면이 만들어져.

2
세토사
0
0.2
꽃잎 너비
0.8
0.8
꽃받침 너비
0.2

17 이제 아래쪽 ReLU 활성화 함수에 연결된 계산도 꽃잎 너비와 꽃받침 너비를 **0**에서 **1**까지 넣어가며 실행해보자.

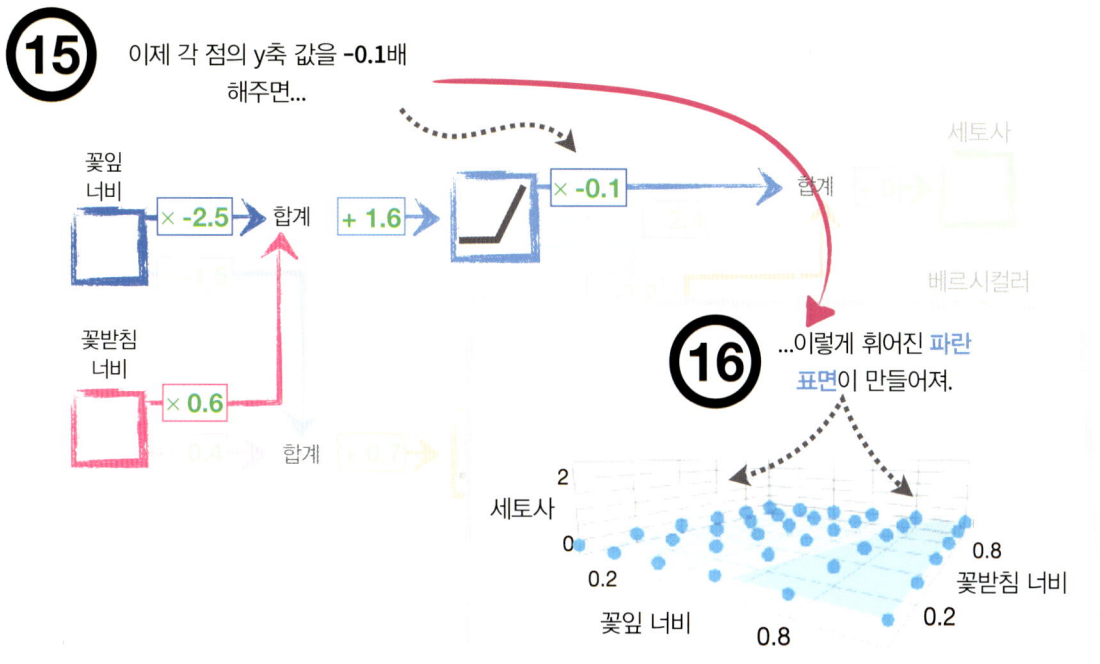

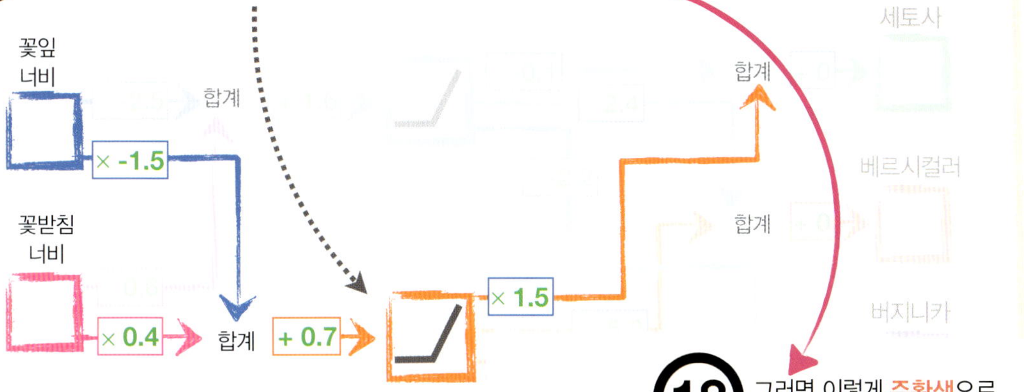

꽃잎 너비
× -1.5
꽃받침 너비
× 0.4
합계
+ 0.7
× 1.5
합계
세토사
베르시컬러
합계
버지니카

18 그러면 이렇게 주황색으로 휘어진 표면이 생겨.

2
세토사
0
0.2
꽃잎 너비
0.8
0.8
꽃받침 너비
0.2

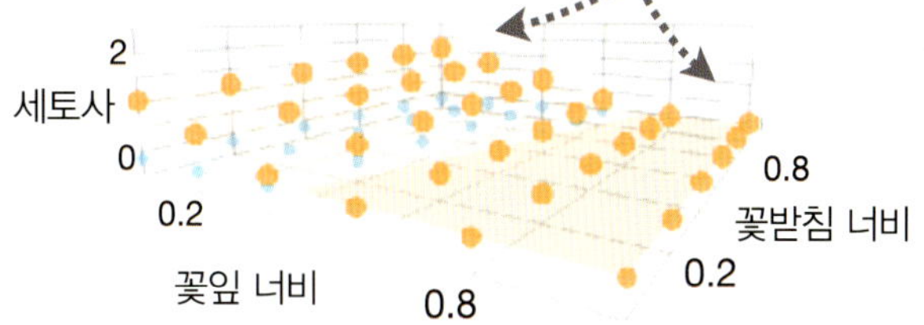

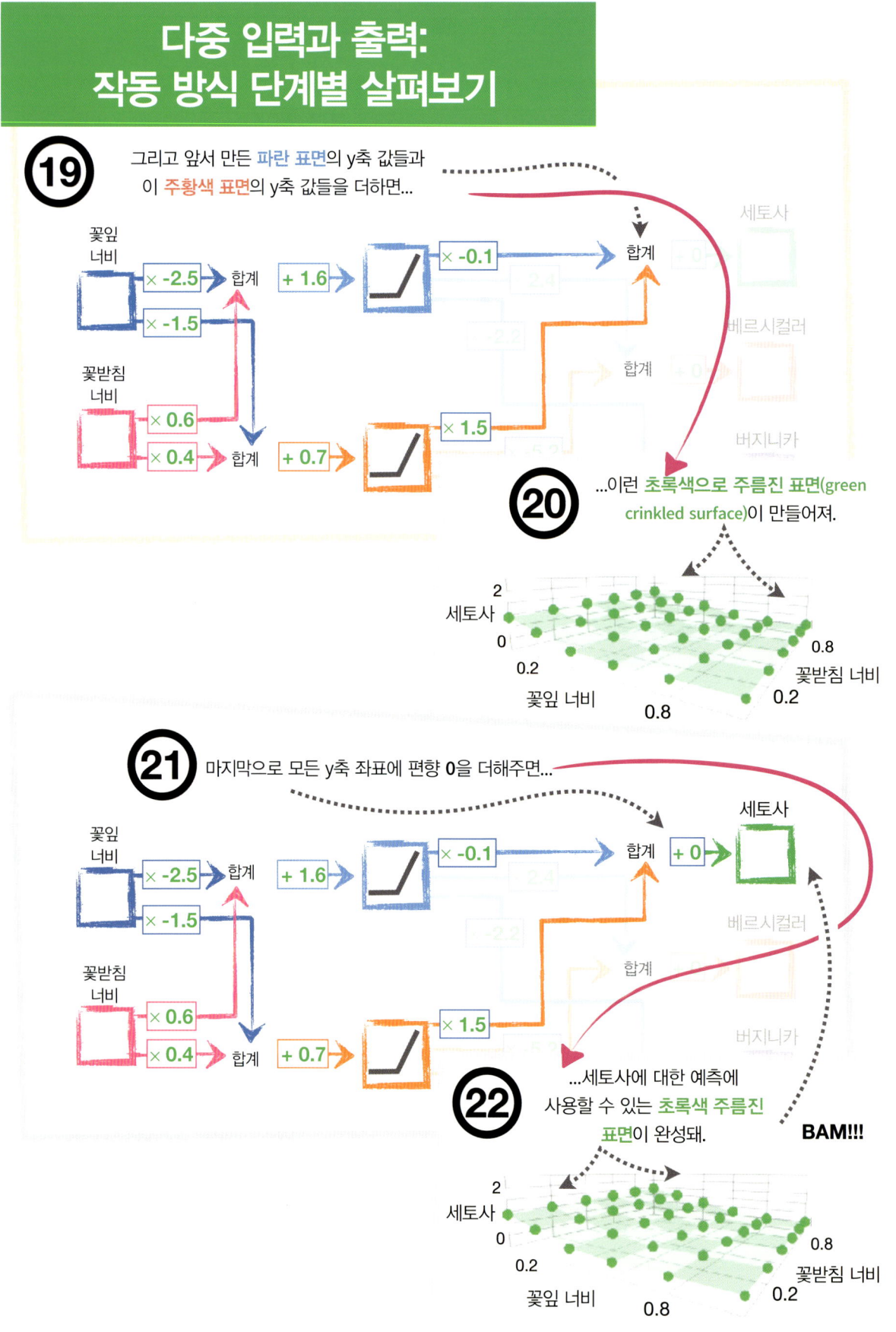

⑲ 그리고 앞서 만든 파란 표면의 y축 값들과 이 주황색 표면의 y축 값들을 더하면...

꽃잎 너비
× -2.5
× -1.5
합계
+ 1.6
× -0.1

꽃받침 너비
× 0.6
× 0.4
합계
+ 0.7
× 1.5

합계

세토사

베르시컬러

합계

버지니카

⑳ ...이런 초록색으로 주름진 표면(green crinkled surface)이 만들어져.

2
세토사
0
0.2
꽃잎 너비
0.8
0.8
꽃받침 너비
0.2

㉑ 마지막으로 모든 y축 좌표에 편향 0을 더해주면...

꽃잎 너비
× -2.5
× -1.5
합계
+ 1.6
× -0.1

꽃받침 너비
× 0.6
× 0.4
합계
+ 0.7
× 1.5

합계
+ 0
세토사

베르시컬러

합계

버지니카

㉒ ...세토사에 대한 예측에 사용할 수 있는 초록색 주름진 표면이 완성돼.

BAM!!!

2
세토사
0
0.2
꽃잎 너비
0.8
0.8
꽃받침 너비
0.2

76

다중 입력과 출력:
작동 방식 단계별 살펴보기

㉓ 이제 이 **초록색 주름진 표면**을 사용해서 어떤 꽃이 세토사인지 예측할 수 있어.

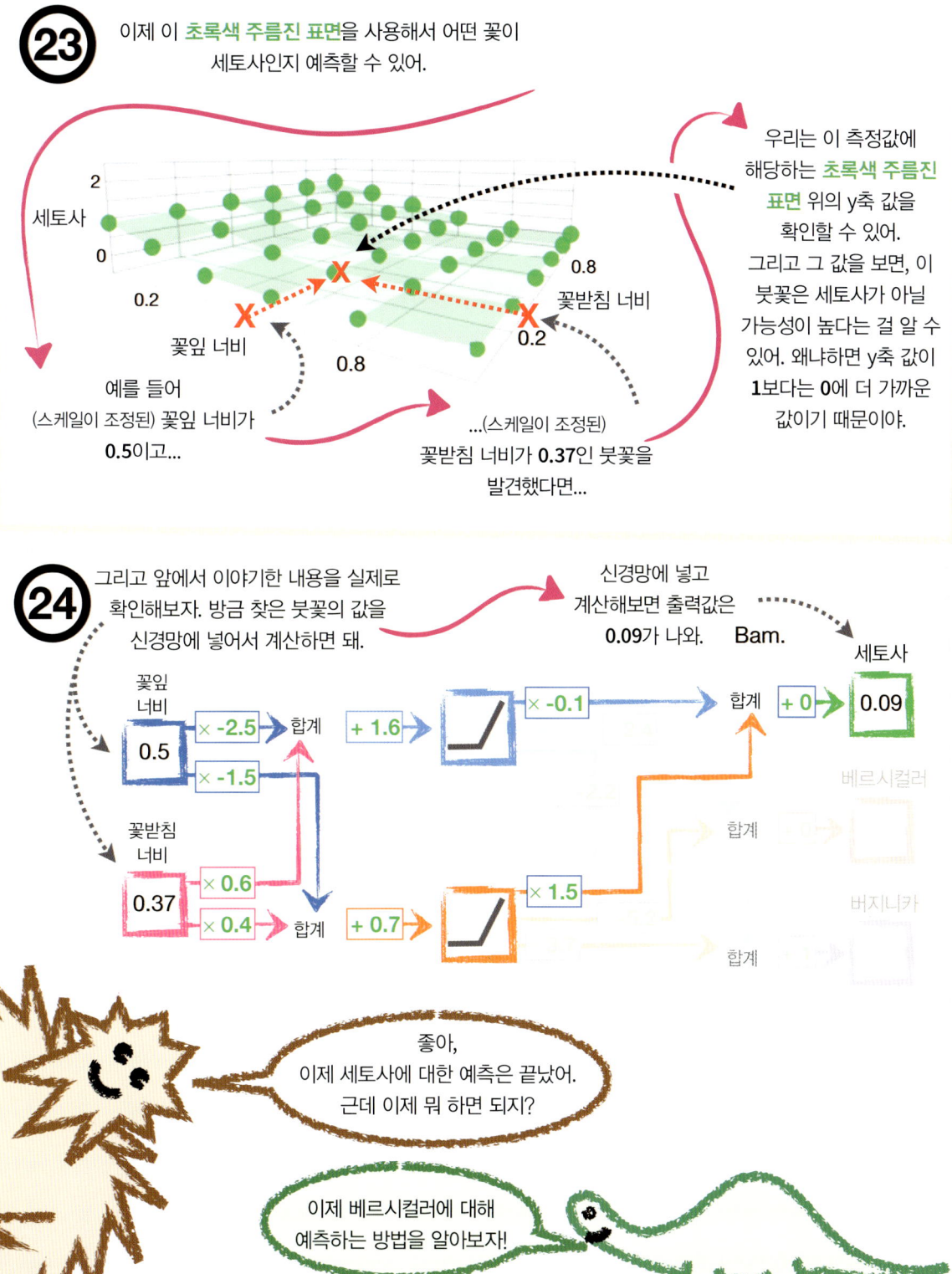

우리는 이 측정값에 해당하는 **초록색 주름진 표면** 위의 y축 값을 확인할 수 있어. 그리고 그 값을 보면, 이 붓꽃은 세토사가 아닐 가능성이 높다는 걸 알 수 있어. 왜냐하면 y축 값이 1보다는 0에 더 가까운 값이기 때문이야.

세토사

꽃잎 너비

꽃받침 너비

예를 들어 (스케일이 조정된) 꽃잎 너비가 **0.5**이고...

...(스케일이 조정된) 꽃받침 너비가 **0.37**인 붓꽃을 발견했다면...

㉔ 그리고 앞에서 이야기한 내용을 실제로 확인해보자. 방금 찾은 붓꽃의 값을 신경망에 넣어서 계산하면 돼.

신경망에 넣고 계산해보면 출력값은 **0.09**가 나와. Bam.

꽃잎 너비 **0.5** × **-2.5** 합계 + **1.6** × **-0.1** 합계 + **0** 세토사 **0.09**

× **-1.5**

베르시컬러

합계

꽃받침 너비 **0.37** × **0.6** × **0.4** 합계 + **0.7** × **1.5**

버지니카

합계

좋아, 이제 세토사에 대한 예측은 끝났어. 근데 이제 뭐 하면 되지?

이제 베르시컬러에 대해 예측하는 방법을 알아보자!

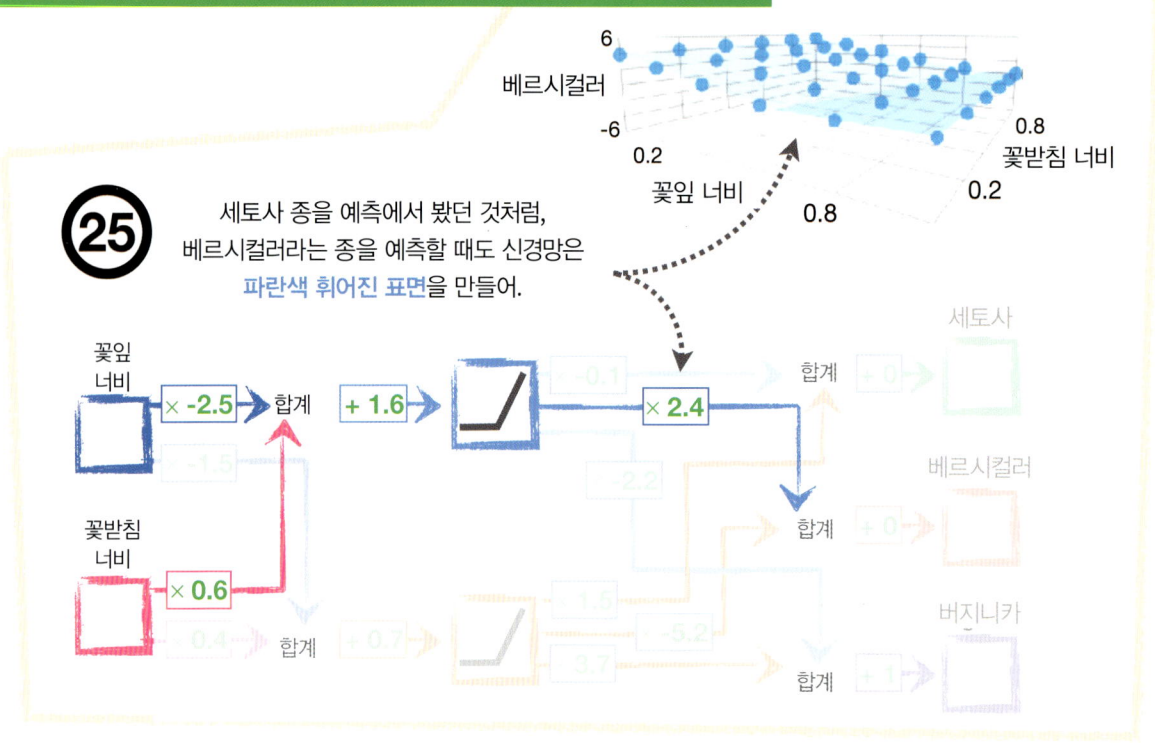

㉕ 세토사 종을 예측에서 봤던 것처럼, 베르시컬러라는 종을 예측할 때도 신경망은 **파란색 휘어진 표면**을 만들어.

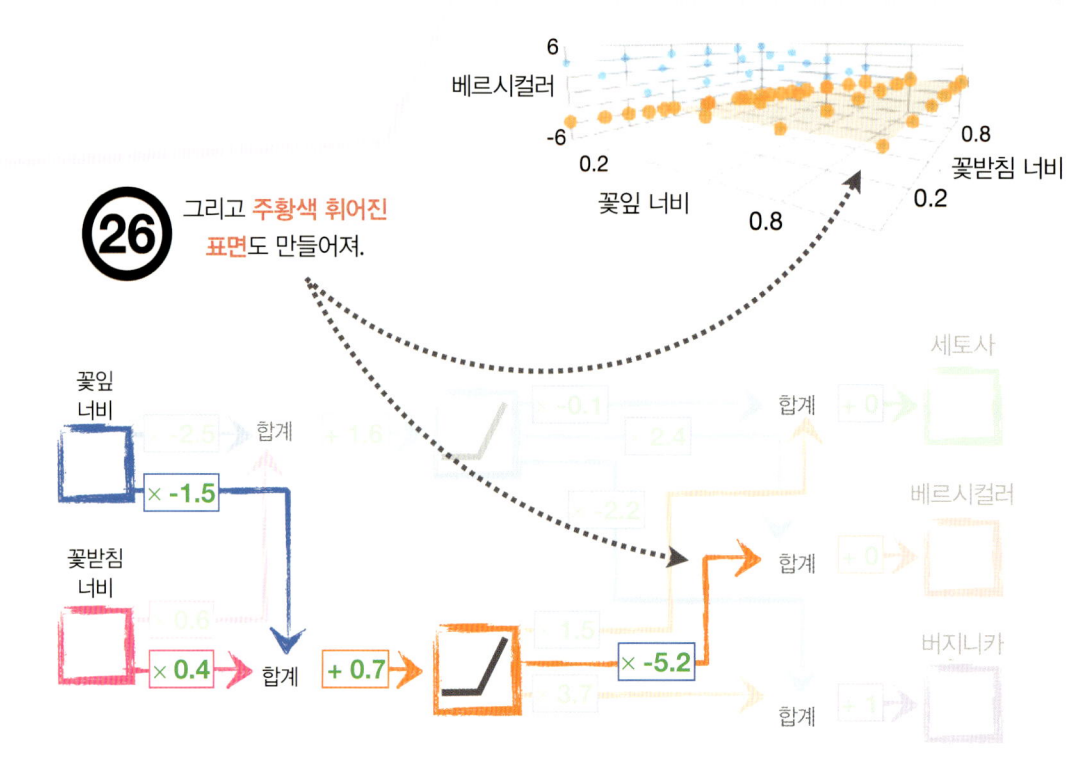

㉖ 그리고 **주황색 휘어진 표면**도 만들어져.

다중 입력과 출력: 작동 방식 단계별 살펴보기

27

이제
파란색 휘어진 표면의 y축 좌표와
주황색 휘어진 표면의 y축 좌표를
더하면, 빨간색 주름진 표면이
완성돼.

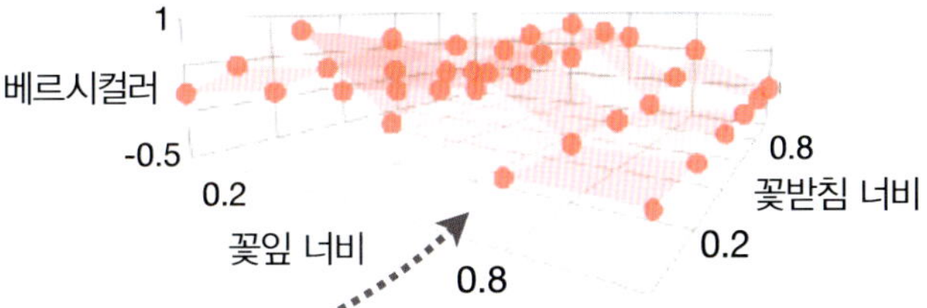

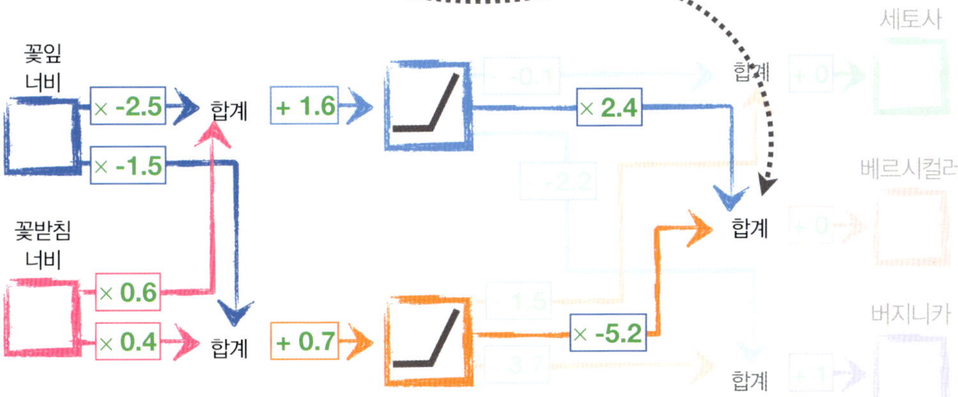

28

마지막으로
이 빨간색 주름진 표면에
편향 0을 더해주면
베르시컬러 예측에 사용할 수 있는
최종 표면이 완성돼.

DOUBLE BAM!!

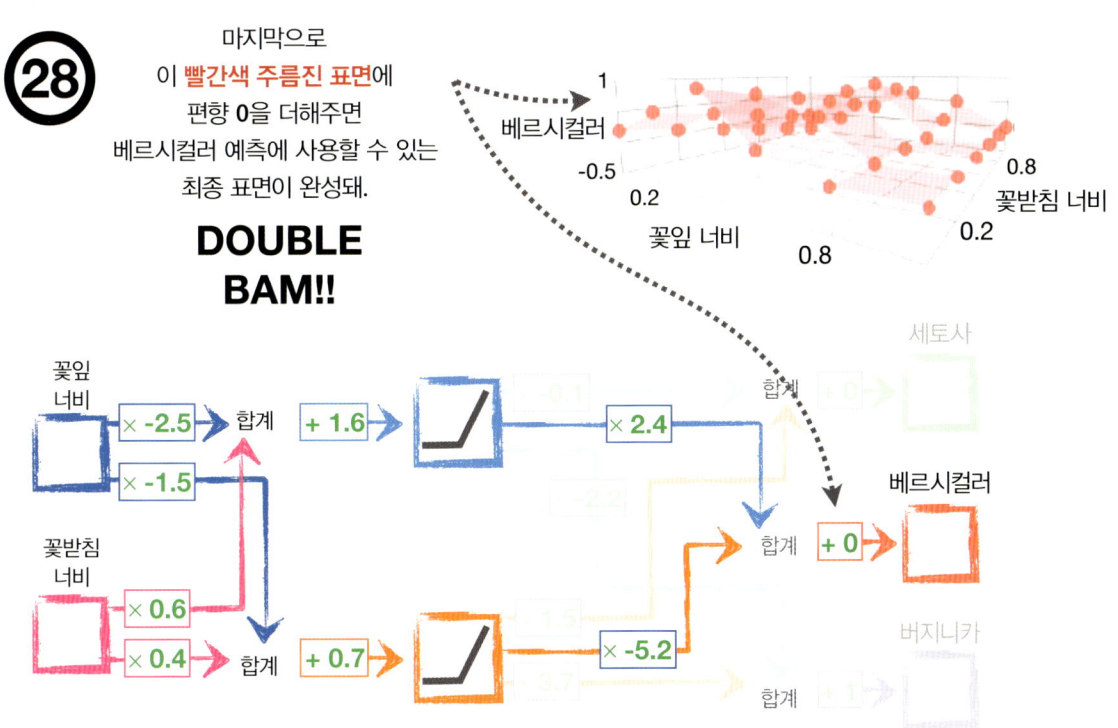

다중 입력과 출력: 작동 방식 단계별 살펴보기

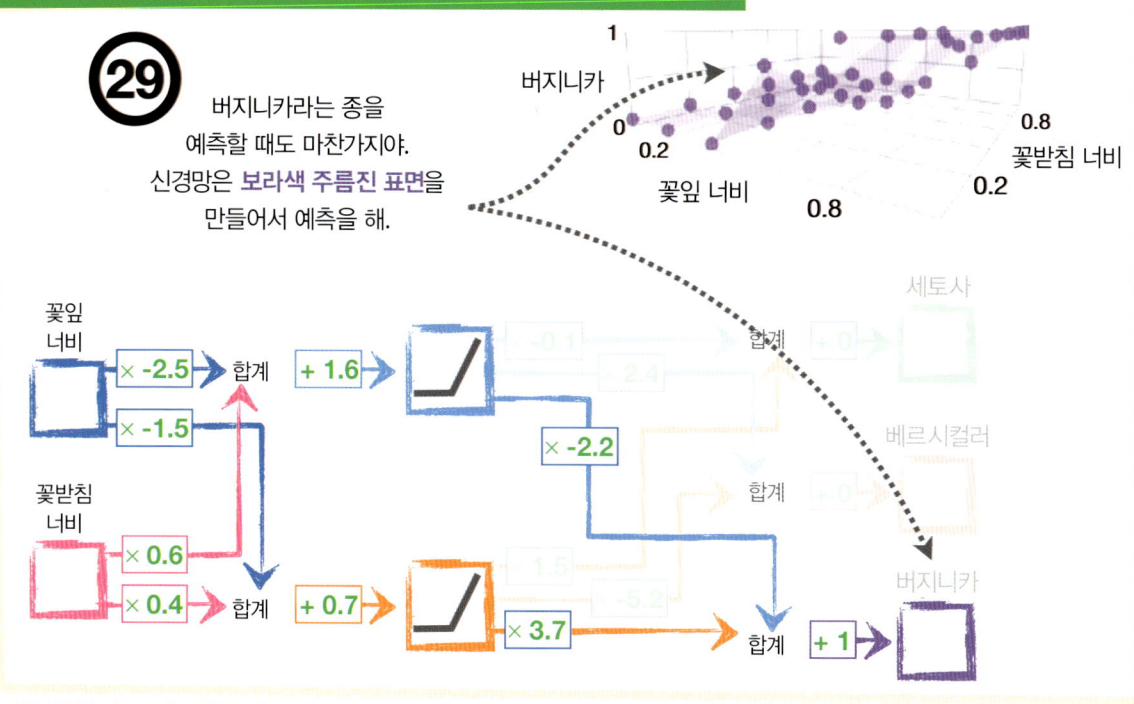

㉙ 버지니카라는 종을 예측할 때도 마찬가지야. 신경망은 보라색 주름진 표면을 만들어서 예측을 해.

㉚ 이제 우리는 세토사, 베르시컬러, 버지니카 세 품종 모두에 대해 예측할 수 있는 주름진 표면들을 가지게 됐어. **Bam!**

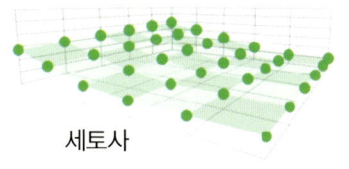
세토사

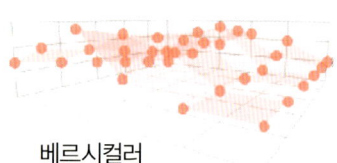
베르시컬러

버지니카

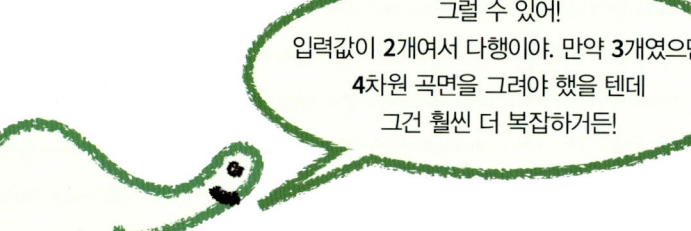

노말사우르스, 솔직히 말해서... 이 표면 안에서 어떤 게 휘어졌는지 잘 안 보이는데...

그럴 수 있어! 입력값이 **2**개여서 다행이야. 만약 **3**개였으면 **4**차원 곡면을 그려야 했을 텐데 그건 훨씬 더 복잡하거든!

다중 입력과 출력: 작동 방식 단계별 살펴보기

(31) 기억을 되살려보면, **23단계**에서 우리가 찾은 붓꽃은 꽃잎 너비 0.5, 꽃받침 너비 0.37 값을 가지고 있었어. 그때는 세토사 품종에 대한 예측만 계산할 수 있었는데, 이제는 모든 품종에 대한 출력을 계산할 수 있어!

그래서 그 값을 신경망에 다시 넣어보자. 이 값을 넣고 계산해보면 다음과 같은 출력값이 나와...

이 중에서 1에 가장 가까운 값은 베르시컬러의 **0.86**이니까, 이 붓꽃은 베르시컬러라고 예측할 수 있어.

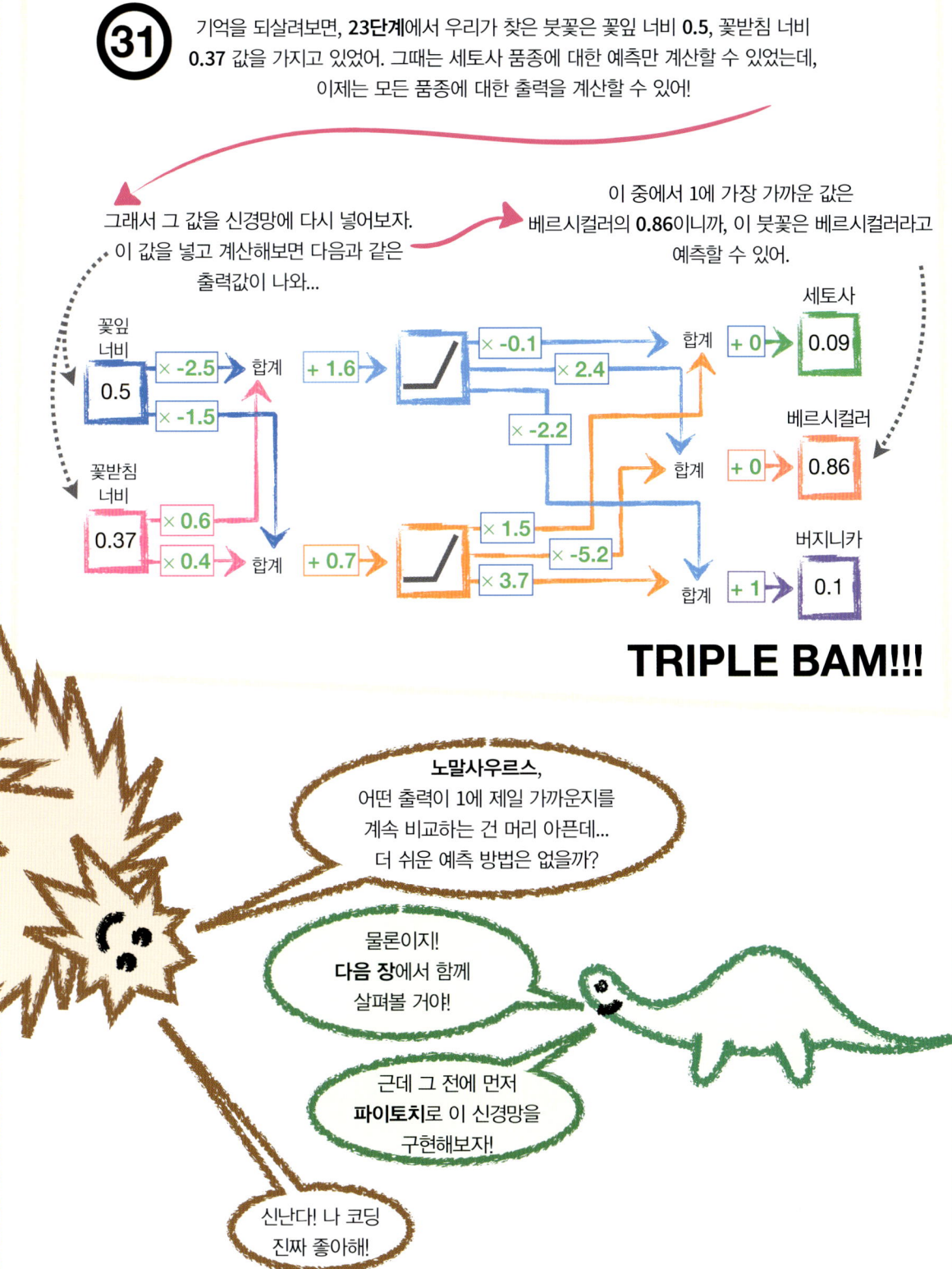

TRIPLE BAM!!!

노말사우르스,
어떤 출력이 1에 제일 가까운지를 계속 비교하는 건 머리 아픈데... 더 쉬운 예측 방법은 없을까?

물론이지! **다음 장**에서 함께 살펴볼 거야!

근데 그 전에 먼저 **파이토치**로 이 신경망을 구현해보자!

신난다! 나 코딩 진짜 좋아해!

파이토치로 구현하는 다중 입력과 출력 신경망

① 지금까지 우리는 신경망을 만들 때 가중치 하나와 편향 하나씩 따로 계산했어. 작은 네트워크에서는 괜찮지만, 매우 큰 신경망에서는 이렇게 하면 확장성이 떨어져.
(수십억, 심지어 수조 개의 매개변수가 있을 수도 있거든!)

그래서 더 쉬운 방법이 있어. 바로 **nn.Linear()** 함수를 사용하는 거야.

② 예를 들어 입력이 2개일 때 이 입력을 2개의 활성화 함수에 모두 연결하고 각 연결마다 가중치를 적용한다고 해보자.

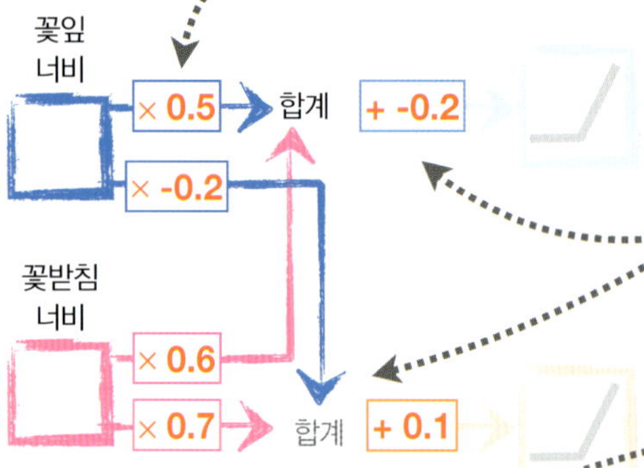

꽃잎 너비 × 0.5 × -0.2 합계 + -0.2

꽃받침 너비 × 0.6 × 0.7 합계 + 0.1

...그리고 각 활성화 함수 앞에는 합(sum)과 편향도 있어...

....그러면 우리가 해야 할 일은 단순히 **nn.Linear()**를 호출해서, 먼저 **in_features**를 입력값의 개수, 즉 **2**로 설정하고...

다음으로 **out_features**를 출력 노드(활성화 함수)의 개수, 즉 **2**로 설정하면 돼.

참고로 **bias**는 기본적으로 **True**로 설정돼 있어서 따로 적지 않아도 돼.

```
nn.Linear(in_features=2, out_features=2, bias=True)
```

③ 마찬가지로, 이번엔 활성화 함수 2개를 출력 노드 3개에 연결한다고 해보자.

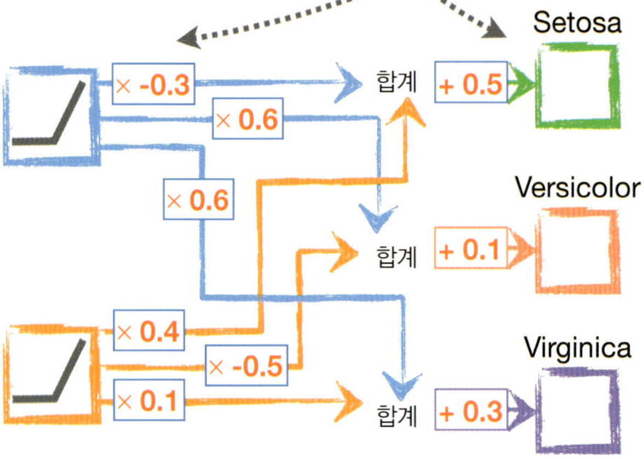

× -0.3 × 0.6 합계 + 0.5 Setosa

× 0.6 합계 + 0.1 Versicolor

× 0.4 × -0.5 × 0.1 합계 + 0.3 Virginica

그럼 우리가 해야 할 일은 **nn.Linear()** 객체를 만들어 **in_features**는 입력값의 개수, 즉 **2**로 설정하고 **out_features**는 출력값의 개수, 즉 **3**으로 설정하는 거야.

```
nn.Linear(in_features=2,
          out_features=3,
          bias=True)
```

④ 이제 QR 코드를 스캔하거나 눌러봐! 파이토치로 다중 입력과 출력 신경망을 직접 구현하고 학습시키는 코드 예제를 확인할 수 있어.

Chapter 04

ArgMax와 SoftMax로 출력값 간단하게 만들기!!!

ArgMax와 SoftMax: 핵심 아이디어

① **문제점: 3장**에서 우리는 출력이 여러 개인 단순한 신경망을 살펴봤어. 하지만 결과를 해석하기가 그리 쉽지는 않았지.

예를 들어,꽃잎 너비가 0이고 꽃받침 너비가 1일 때...

...출력값의 범위는 **−0.4**에서 **1.43**까지 다양했지...

하지만 우리는 사실 가장 큰 값에만 관심이 있어.

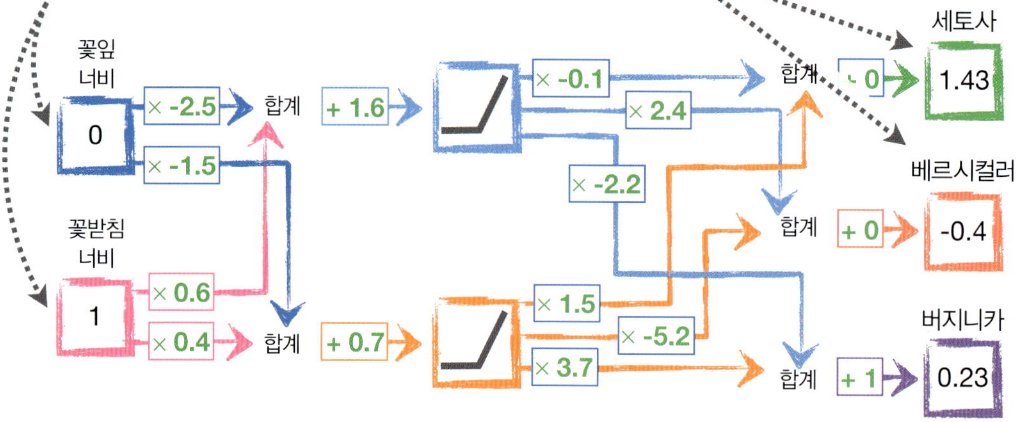

꽃잎 너비

0

× -2.5

× -1.5

합계

+ 1.6

× -0.1

× 2.4

× -2.2

합계

↳ 0

세토사

1.43

꽃받침 너비

1

× 0.6

× 0.4

합계

+ 0.7

× 1.5

× 3.7

× -5.2

합계

+ 0

베르시컬러

-0.4

합계

+ 1

버지니카

0.23

② **해결책:** 우리는 **ArgMax** 함수와 **SoftMax** 함수를 사용할 수 있어. 이 함수들을 이용하면 출력이 여러 개인 신경망의 결과를 훨씬 더 쉽게 해석할 수 있어.

ArgMax 함수는 아주 간단해. 가장 큰 값을 가진 출력에 대해 1을 반환하고, 나머지에는 0을 반환해(동점이면 해당 값들 모두 1)...

...그리고 **SoftMax** 함수는 모든 출력값을 0과 1 사이 값으로 정규화해줘. 이렇게 해서 전체 합이 항상 1이 되게 만들어. 이 과정에서 가장 큰 **SoftMax**값은 항상 1에 가장 가까운 값이 돼.

Bam!
이제 조금 더 자세히 살펴보자!

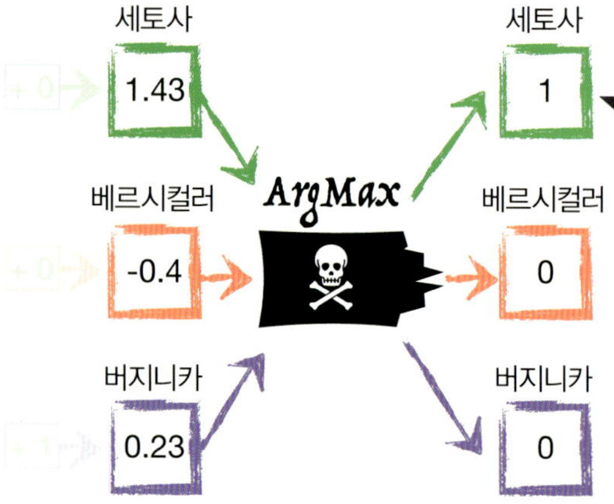

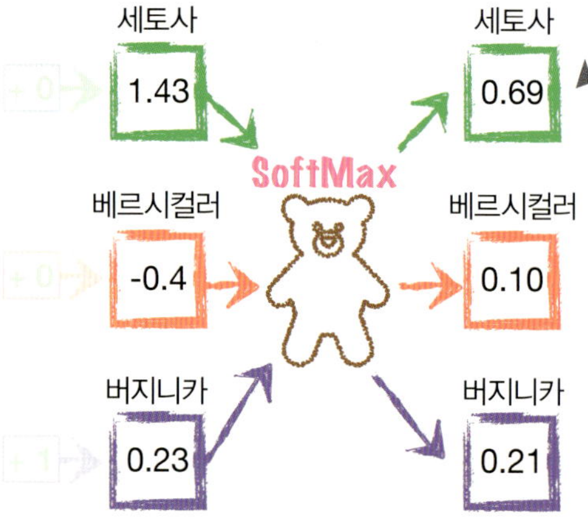

세토사

1.43

세토사

1

베르시컬러

-0.4

ArgMax

베르시컬러

0

버지니카

0.23

버지니카

0

세토사

1.43

세토사

0.69

베르시컬러

-0.4

SoftMax

베르시컬러

0.10

버지니카

0.23

버지니카

0.21

ArgMax: 자세히 살펴보기

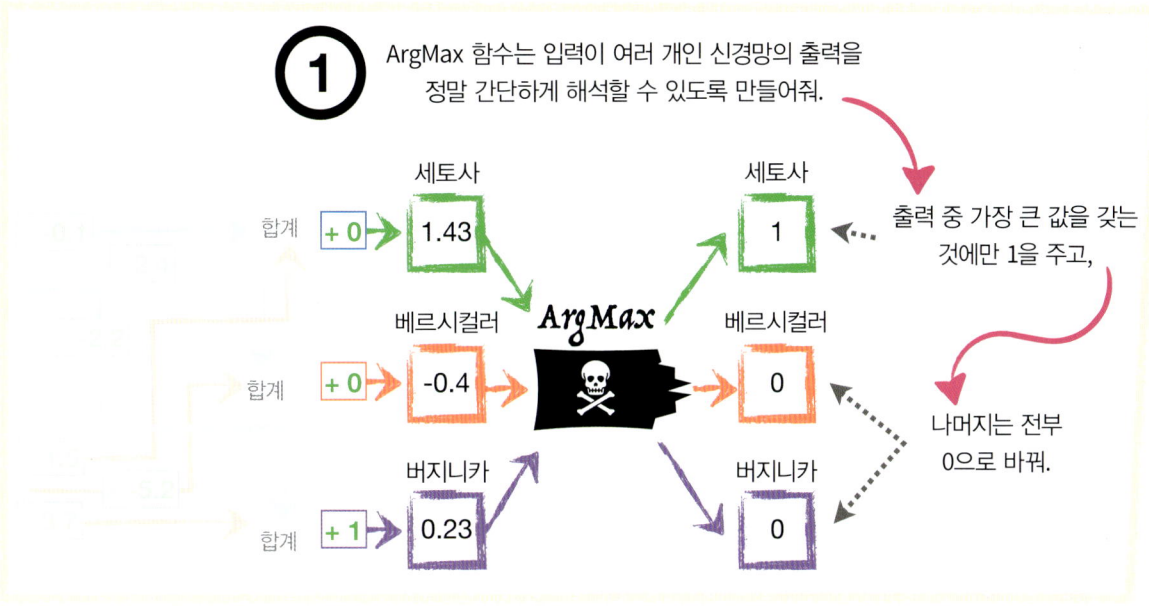

① ArgMax 함수는 입력이 여러 개인 신경망의 출력을
정말 간단하게 해석할 수 있도록 만들어줘.

출력 중 가장 큰 값을 갖는
것에만 1을 주고,

나머지는 전부
0으로 바꿔.

② 그런데 ArgMax 함수에는 중요한 제한점이 두 가지 있어.

첫째, 출력값을 순위별로 정렬할 수 있는 방법이 없어. 가장 좋은 예측부터
가장 나쁜 예측까지 순위를 매기는 게 유용할 때도 있잖아?

둘째, 학습할 때는 사용할 수 없어.
즉, 훈련이 끝난 후(추론 시)에만 사용할 수 있어.

다시 말해, ArgMax 함수는 역전파에서 작동하지 않아.

ArgMax

노말사우르스!
내가 생각할 때 ArgMax의 제일 좋은
점은 발음이 해적이 내는 소리 같다는
거야! **아르르륵맥스!!!**

그게 바로 여기 이 이상한 폰트랑
해적 깃발을 그려넣은 이유야!

ArgMax: 자세히 살펴보기

3 왜 ArgMax가 역전파에 쓸 수 없는지 이해하려면
출력값 중 두 번째로 큰 값인 **0.23**을 그래프에 그려보자.
(ArgMax에 넣기 전에!)

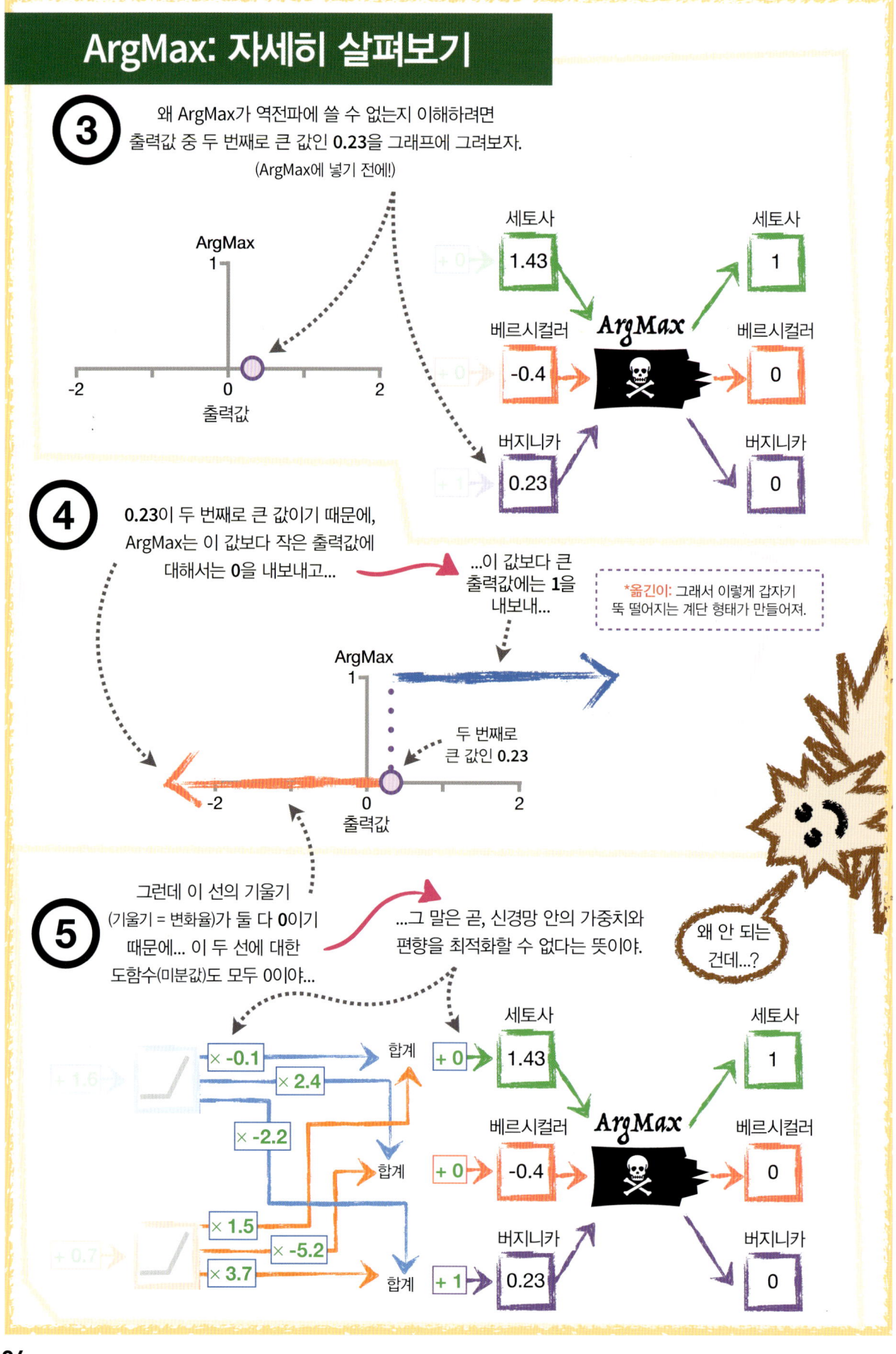

4 **0.23**이 두 번째로 큰 값이기 때문에,
ArgMax는 이 값보다 작은 출력값에
대해서는 **0**을 내보내고...

...이 값보다 큰
출력값에는 **1**을
내보내...

**옮긴이: 그래서 이렇게 갑자기
뚝 떨어지는 계단 형태가 만들어져.*

두 번째로
큰 값인 **0.23**

5 그런데 이 선의 기울기
(기울기 = 변화율)가 둘 다 **0**이기
때문에... 이 두 선에 대한
도함수(미분값)도 모두 0이야...

...그 말은 곧, 신경망 안의 가중치와
편향을 최적화할 수 없다는 뜻이야.

왜 안 되는
건데...?

86

ArgMax: 자세히 살펴보기

6

우리는 ArgMax 함수의 도함수에 대해 연쇄 법칙을 사용할 때
그 안에 0을 넣게 되기 때문에, 가중치와 편향을 최적화할 수 없어.

$$\frac{d \text{ 손실 함수}}{d \text{ 어떤 매개변수}} = \frac{d \text{ 손실 함수}}{d \text{ ArgMax}} \times \frac{d \text{ ArgMax}}{d \text{ 원래 출력값}} \times \cdots$$

$$\frac{d \text{ 손실 함수}}{d \text{ 어떤 매개변수}} = \frac{d \text{ 손실 함수}}{d \text{ ArgMax}} \times 0 \times \cdots$$

그리고 그 항들을 모두 곱하면,
전체 도함수는 0이 돼.

$$\frac{d \text{ 손실 함수}}{d \text{ 어떤 매개변수}} = 0$$

그리고 이 0을 경사 하강법(gradient descent)에 넣는다면...

스텝 크기 = 도함수 × 학습률

스텝 크기 = 0 × 학습률

스텝 크기 = 0

새로운 값 = 현잿값 − 스텝 크기

새로운 값 = 현잿값 − 0

새로운 값 = 현잿값

그러면 스텝 크기는 0이 될 거야...

그 말은, 새로운 값이 현잿값과 같아지고
최적값에 도달하기 위한 움직임이 전혀
일어나지 않게 된다는 뜻이야.
그래서 우리는 ArgMax 함수를
역전파에 사용할 수 없어.

:(

7 좋은 소식은, 이 문제와 출력값
정렬 문제를 SoftMax 함수가
해결해준다는 거야!

그러니까 이제 SoftMax 함수의 세부
내용을 알아보자!

빨리
SoftMax 함수에 대해
배우고 싶어!!!

SoftMax: 자세히 살펴보기

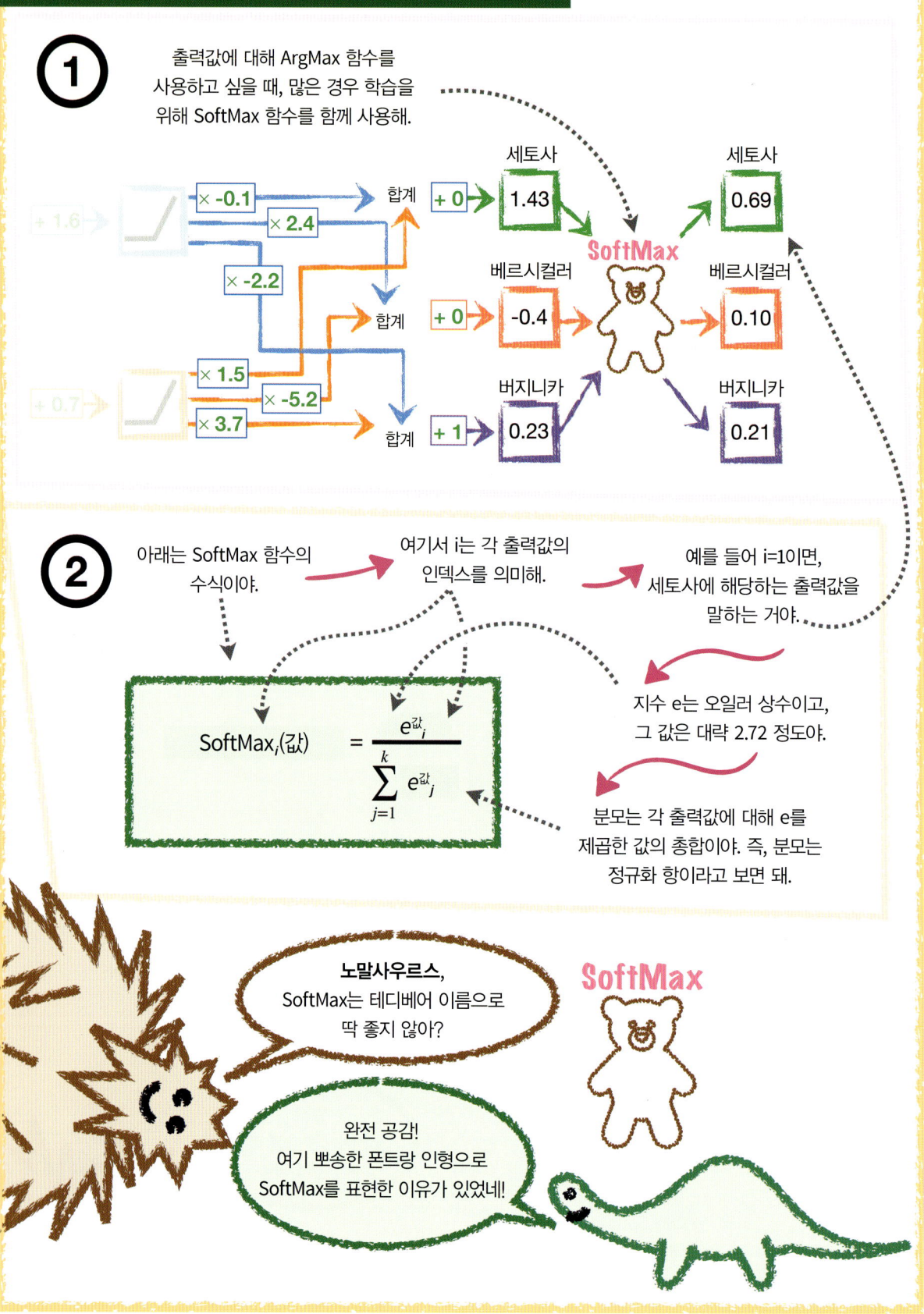

① 출력값에 대해 ArgMax 함수를 사용하고 싶을 때, 많은 경우 학습을 위해 SoftMax 함수를 함께 사용해.

합계 · 합계 · 합계

세토사 1.43
베르시컬러 -0.4
버지니카 0.23

SoftMax

세토사 0.69
베르시컬러 0.10
버지니카 0.21

② 아래는 SoftMax 함수의 수식이야.

여기서 i는 각 출력값의 인덱스를 의미해.

예를 들어 i=1이면, 세토사에 해당하는 출력값을 말하는 거야.

$$\text{SoftMax}_i(\text{값}) = \frac{e^{\text{값}_i}}{\sum_{j=1}^{k} e^{\text{값}_j}}$$

지수 e는 오일러 상수이고, 그 값은 대략 2.72 정도야.

분모는 각 출력값에 대해 e를 제곱한 값의 총합이야. 즉, 분모는 정규화 항이라고 보면 돼.

노말사우르스, SoftMax는 테디베어 이름으로 딱 좋지 않아?

SoftMax

완전 공감! 여기 뽀송한 폰트랑 인형으로 SoftMax를 표현한 이유가 있었네!

SoftMax: 자세히 살펴보기

③ 이제 실제로 SoftMax값을 계산해보자. 먼저 세토사에 대한 SoftMax값을 계산해볼 거야.

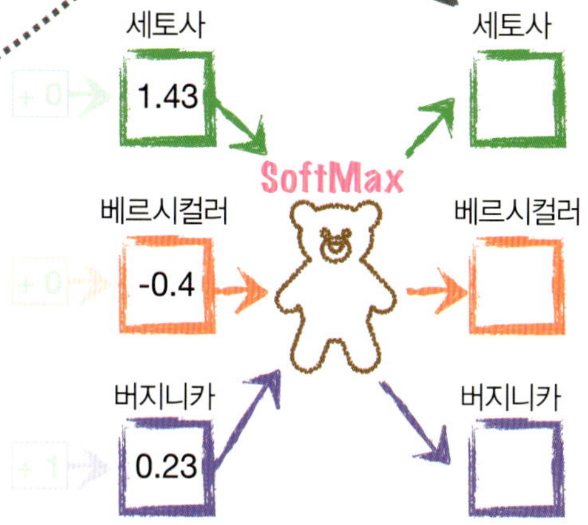

세토사 **1.43**
베르시컬러 **-0.4**
버지니카 **0.23**

SoftMax

④ 식을 쉽게 보기 위해 *i*와 '**값**$_i$'을 세토사로 바꾸자.

$$\text{SoftMax}_i(\text{값}) = \frac{e^{\text{값}_i}}{\sum\limits_{j=1}^{k} e^{\text{값}_j}}$$

그리고 분모 부분을 각 출력값에 대해 **e**를 적용한 값의 합으로 펼쳐 써볼게.

$$\text{SoftMax}_{\text{세토사}}(\text{값}) = \frac{e^{\text{세토사}}}{e^{\text{세토사}} + e^{\text{베르시컬러}} + e^{\text{버지니카}}}$$

⑤ 이제 각 출력값(SoftMax 적용 전)의 실제 숫자를 넣으면...

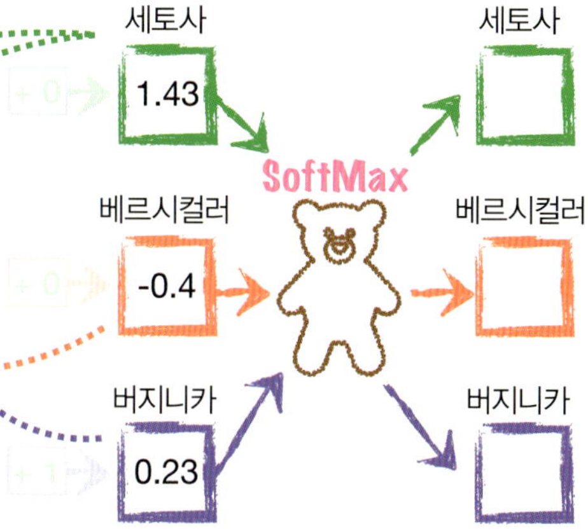

$$\text{SoftMax}_{\text{세토사}}(\text{값}) = \frac{e^{\text{세토사}}}{e^{\text{세토사}} + e^{\text{베르시컬러}} + e^{\text{버지니카}}}$$

$$\text{SoftMax}_{\text{세토사}}(\text{값}) = \frac{e^{1.43}}{e^{1.43} + e^{-0.4} + e^{0.23}} = 0.69$$

세토사 **1.43**
베르시컬러 **-0.4**
버지니카 **0.23**

SoftMax

⑥ 계산 결과, 세토사에 대한 SoftMax값은 **0.69**가 돼.

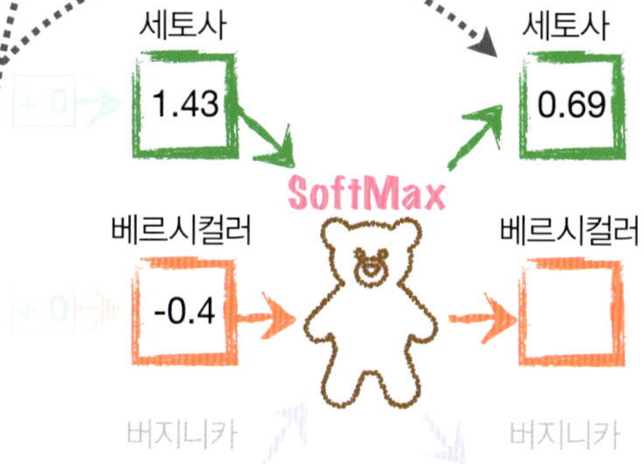

세토사 **1.43** → 세토사 **0.69**
베르시컬러 **-0.4**
버지니카

SoftMax

⑦ 마찬가지로, 베르시컬러에 대한 SoftMax값을 계산할 수 있어. 이번에는 분자에서 $e^{세토사}$ 대신 $e^{베르시컬러}$를 사용해서 결과값 0.10을 얻는 거야.

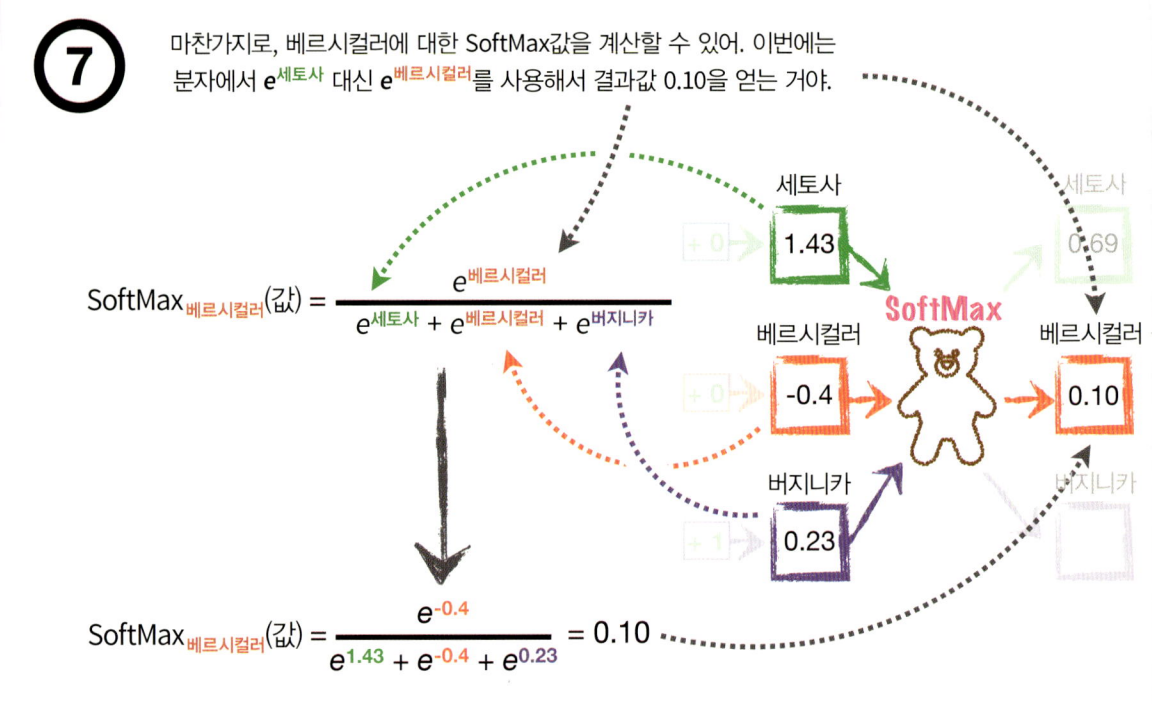

$$SoftMax_{베르시컬러}(값) = \frac{e^{베르시컬러}}{e^{세토사} + e^{베르시컬러} + e^{버지니카}}$$

$$SoftMax_{베르시컬러}(값) = \frac{e^{-0.4}}{e^{1.43} + e^{-0.4} + e^{0.23}} = 0.10$$

⑧ 그리고 분자에서 $e^{버지니카}$를 사용하면 버지니카의 SoftMax값도 계산할 수 있어. 그 값은 **0.21**이야.

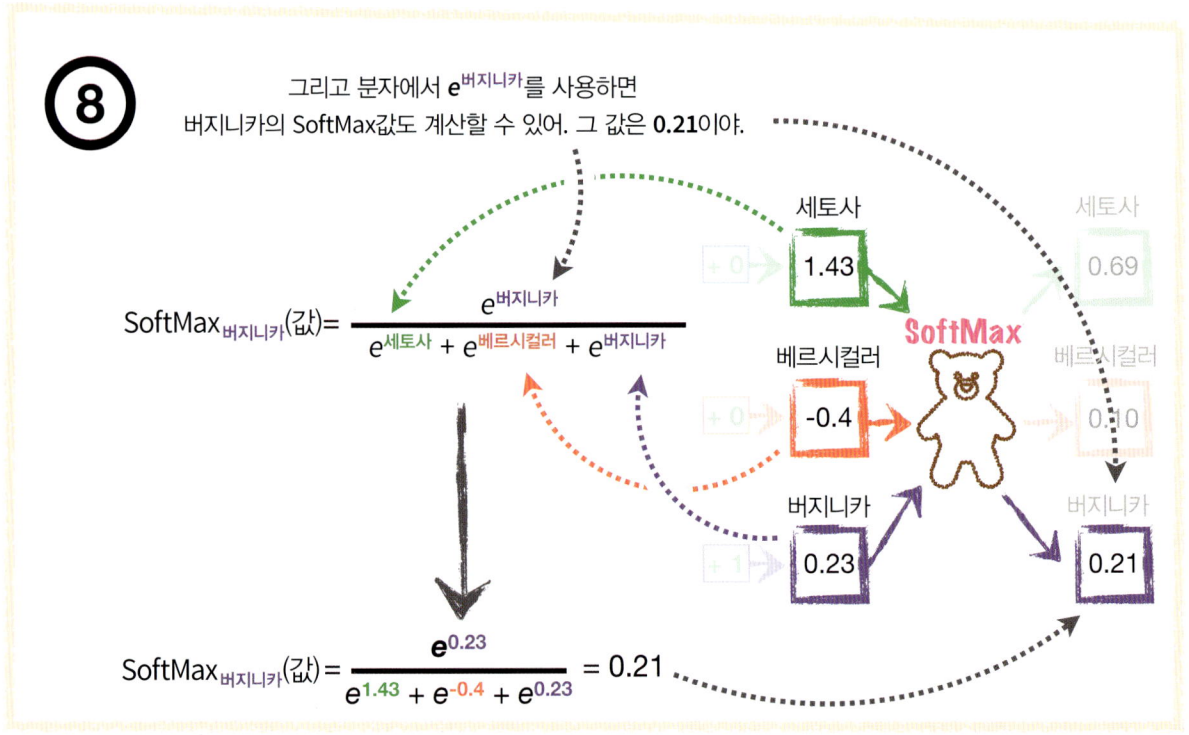

$$SoftMax_{버지니카}(값) = \frac{e^{버지니카}}{e^{세토사} + e^{베르시컬러} + e^{버지니카}}$$

$$SoftMax_{버지니카}(값) = \frac{e^{0.23}}{e^{1.43} + e^{-0.4} + e^{0.23}} = 0.21$$

BAM!

SoftMax: 자세히 살펴보기

⑨ 이제 3개의 출력값 모두에 대한 SoftMax값을 계산해봤으니, 세토사가 가장 큰 원래 출력값(pre-SoftMax)인 **1.43**을 가졌고, SoftMax값도 가장 큰 **0.69**가 됐다는 걸 알 수 있어.

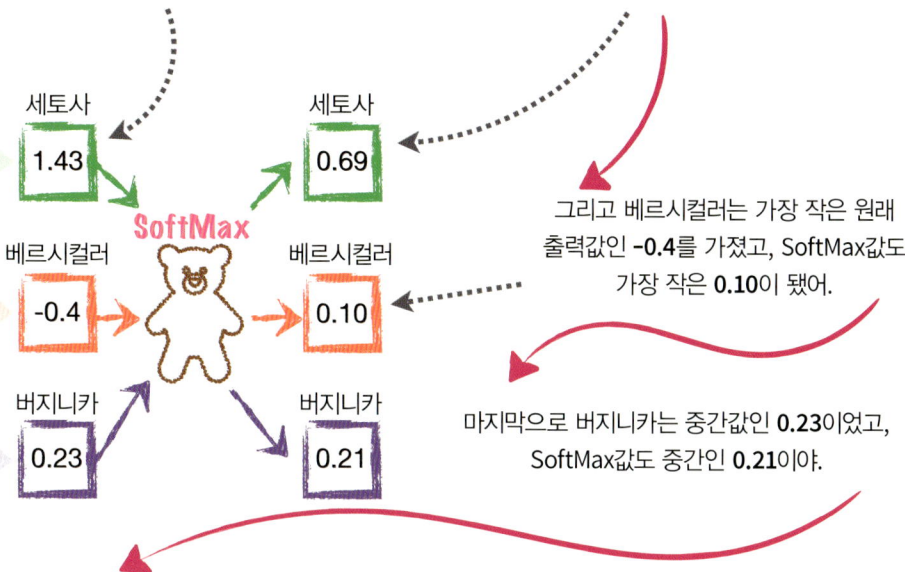

그리고 베르시컬러는 가장 작은 원래 출력값인 **-0.4**를 가졌고, SoftMax값도 가장 작은 **0.10**이 됐어.

마지막으로 버지니카는 중간값인 **0.23**이었고, SoftMax값도 중간인 **0.21**이야.

그래서 SoftMax 함수는 원래 출력값의 순서를 그대로 유지해주고, 각 SoftMax값은 항상 0과 1 사이의 값을 가지게 돼.

이건 SoftMax 함수가 기본적으로 항상 해주는 일이야. 값이 몇 개가 있든 간에, SoftMax는 원래 출력값의 순서를 보존하고 각 값을 0과 1 사이로 정규화해줘.

⑩ 또 하나 주목할 점은, SoftMax값들을 모두 더하면 항상 1이 된다는 거야.

이건 항상 그래. SoftMax값이 몇 개가 있든 그 합은 항상 1이야.

$$0.69 + 0.10 + 0.21 = 1.0$$

이 말은, 출력값들이 서로 배타적(mutually exclusive)이라면(즉, 하나의 붓꽃이 세토사이면서 동시에 베르시컬러일 수는 없다는 뜻)...

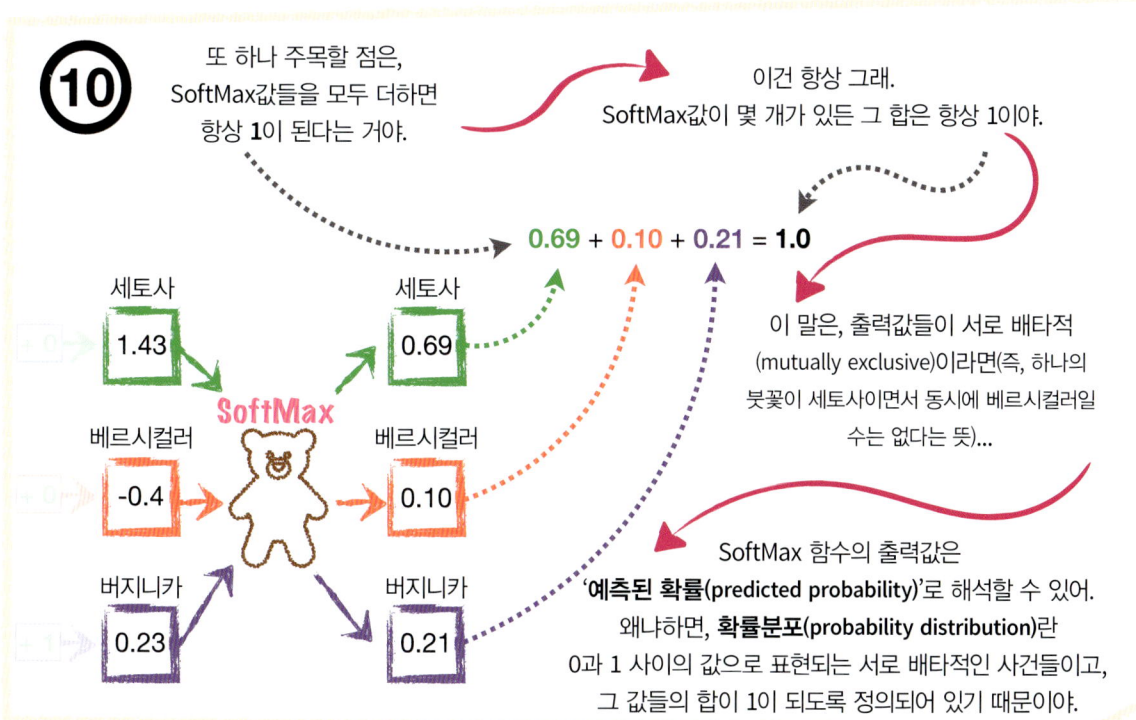

SoftMax 함수의 출력값은 '**예측된 확률**(predicted probability)'로 해석할 수 있어. 왜냐하면, **확률분포**(probability distribution)란 0과 1 사이의 값으로 표현되는 서로 배타적인 사건들이고, 그 값들의 합이 1이 되도록 정의되어 있기 때문이야.

SoftMax: 자세히 살펴보기

⑪ 여기서 "**확률(probability)**"이라는 단어를 따옴표로 쓴 이유는, 이 값들이 신경망의 가중치와 편향에 따라 결정되기 때문이야. 그 가중치와 편향은 또 무작위로 초기화되거든.

즉, 확률처럼 보이긴 해도 사실은 무작위 초깃값에 영향을 받은 값이라는 뜻이지.

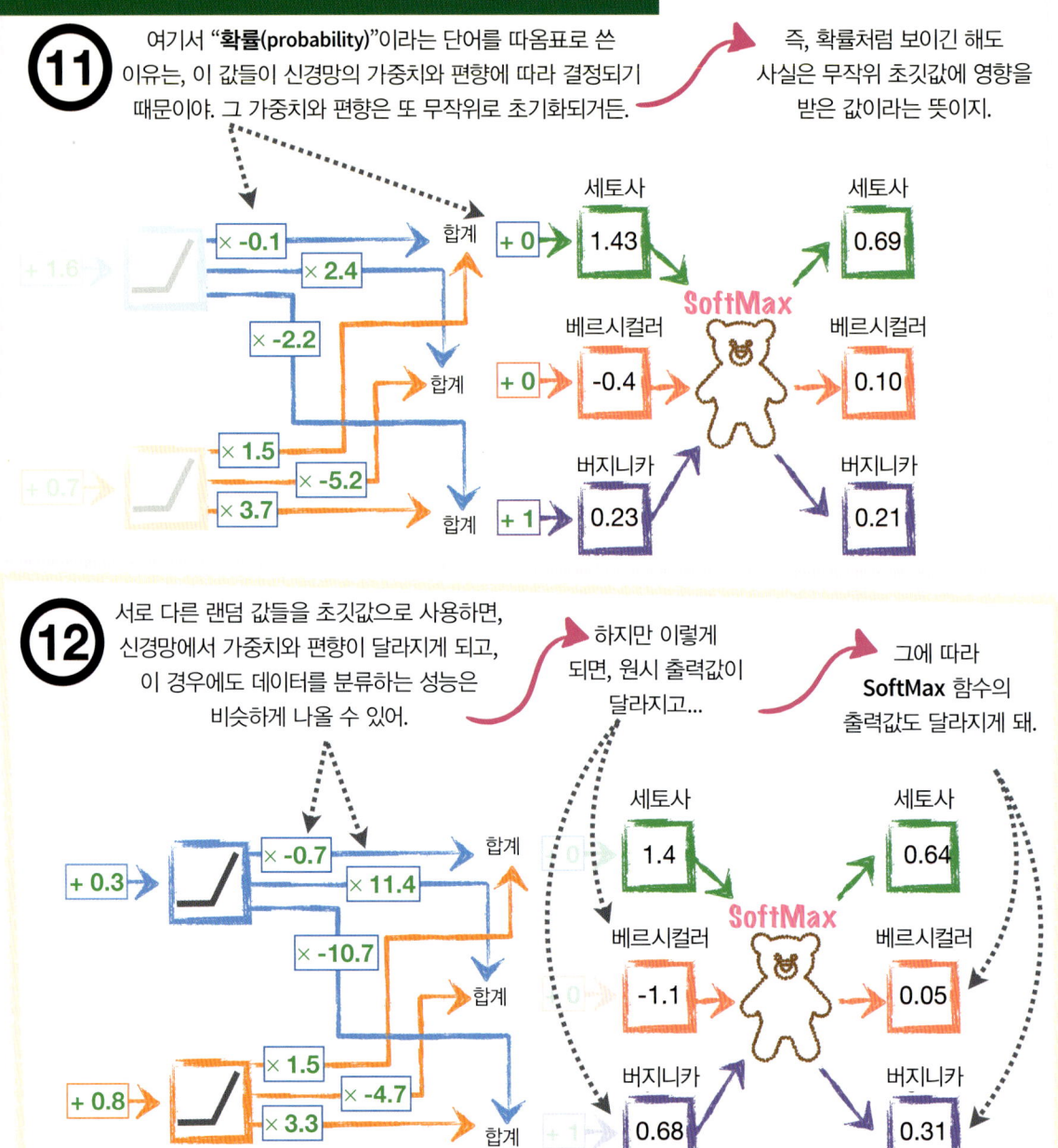

⑫ 서로 다른 랜덤 값들을 초깃값으로 사용하면, 신경망에서 가중치와 편향이 달라지게 되고, 이 경우에도 데이터를 분류하는 성능은 비슷하게 나올 수 있어.

하지만 이렇게 되면, 원시 출력값이 달라지고...

그에 따라 **SoftMax** 함수의 출력값도 달라지게 돼.

⑬ 요약하면, 서로 다른 랜덤 초깃값으로 인해 가중치와 편향이 달라지면, SoftMax 함수가 내놓는 예측된 "확률"도 달라질 수 있다는 거야.

그러니까 이런 예측된 "확률"의 정확도(accuracy)를 너무 신뢰하지 않는 게 좋아.

작은 bam.

SoftMax: 자세히 살펴보기

(14) 마지막으로, ArgMax 함수 절을 끝낼 때, 결과를 해석하기는 쉬웠지만, 출력값이 **0** 또는 **1**이라 순위를 매기거나 정렬할 수 없었다는 점을 확인했었지.

...그리고 도함수가 0이거나 정의되지 않았기 때문에, 훈련 중에는 ArgMax 함수를 사용할 수 없었어.

세토사
1.43

세토사
1

ArgMax

베르시컬러
-0.4

베르시컬러
0

버지니카
0.23

버지니카
0

ArgMax
1

0
출력값

-2   0   2

(15) 이에 비해, SoftMax 함수는 해석도 쉽고 출력값을 가장 낮은 "확률"부터 가장 높은 값까지 정렬해줘.

세토사
1.43

세토사
0.69

SoftMax

베르시컬러
-0.4

베르시컬러
0.10

버지니카
0.23

버지니카
0.21

(16) 그리고 SoftMax 함수는 0이 아닌 미분값(기울기)을 갖기 때문에, 훈련 중에도 사용할 수 있어.

참고: 이 도함수들이 어떻게 나오는지 궁금하다면 부록 D를 참고해봐. 궁금하지 않다면 굳이 볼 필요는 없어!

예를 들어 세토사에 대한 SoftMax 함수가 있다고 해보자...

$$\text{SoftMax}_{\text{세토사}} = \frac{e^{\text{세토사}}}{e^{\text{세토사}} + e^{\text{베르시컬러}} + e^{\text{버지니카}}}$$

그러면 세토사의 원래 출력값에 대한 예측된 "확률"의 도함수는 **0.21**이야.

$$\frac{d \text{ 세토사의 확률}}{d \text{ 원래 세토사 값}} = "p_{\text{세토사}}" \times (1 - "p_{\text{세토사}}") = -0.69 \times (1 - 0.69) = 0.21$$

그리고 세토사에 대해, 베르시컬러 및 버지니카에 대한 예측된 "확률"의 도함수는 각각 **-0.07**, **-0.15**야.

$$\frac{d \text{ 세토사의 확률}}{d \text{ 원래 베르시컬러 값}} = -"p_{\text{세토사}}" \times "p_{\text{베르시컬러}}" = -0.69 \times 0.10 = -0.07$$

$$\frac{d \text{ 세토사의 확률}}{d \text{ 원래 베르시컬러 값}} = -"p_{\text{세토사}}" \times "p_{\text{버지니카}}" = -0.69 \times 0.21 = -0.15$$

그래서 ArgMax 함수는 도함수가 항상 0이거나 정의되지 않는 반면, SoftMax 함수는 도함수가 항상 0이 되는 것은 아니야. 덕분에 우리는 경사 하강법에 SoftMax를 사용할 수 있어. 하지만 여전히 답해야 할 작은 질문이 하나 남아 있어.

SoftMax: 자세히 살펴보기

(17) 이제 SoftMax 함수를 경사 하강법과 짝지을 수 있다는 것을 알았으니, 문제는 '어떻게?'야.

만약 입력값이 세토사 붓꽃에서 나왔다는 걸 안다면, SoftMax값 **0.69**를 이상적인 값 **1.0**에서 빼서 잔차를 계산할 수 있어.

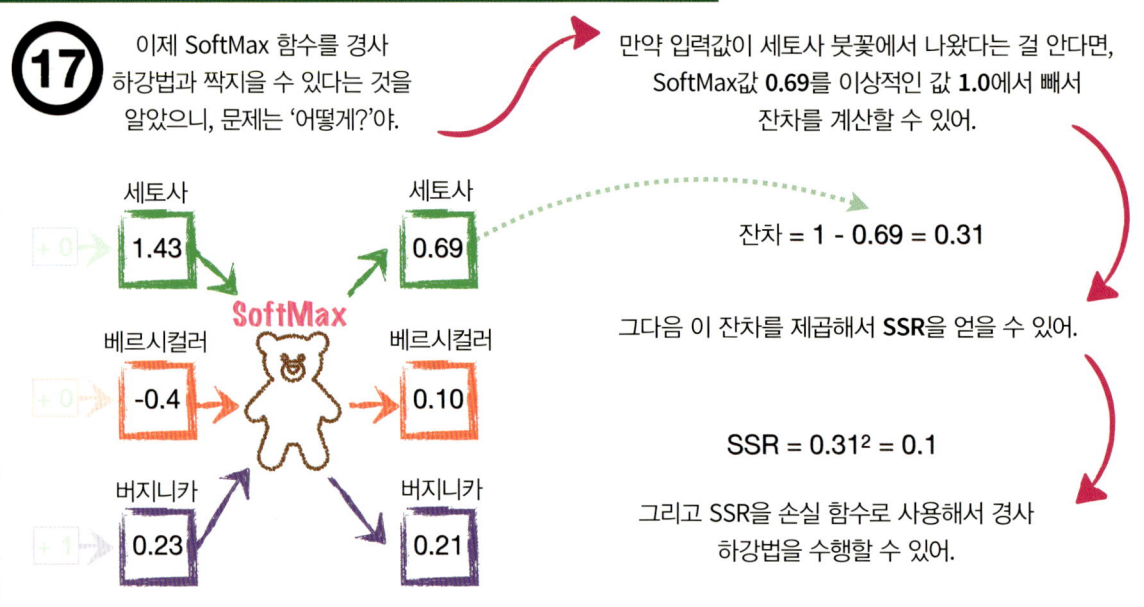

세토사
1.43

세토사
0.69

SoftMax

베르시컬러
-0.4

베르시컬러
0.10

버지니카
0.23

버지니카
0.21

잔차 = 1 - 0.69 = 0.31

그다음 이 잔차를 제곱해서 **SSR**을 얻을 수 있어.

$$SSR = 0.31^2 = 0.1$$

그리고 SSR을 손실 함수로 사용해서 경사 하강법을 수행할 수 있어.

(18) 하지만 만약 y축에 SSR을 그리고,

x축에 세토사의 모든 가능한 SoftMax값을 놓는다면...

1은 알려진 값 1을 완벽하게 예측한 것이고, 0은 최악의 예측이야.

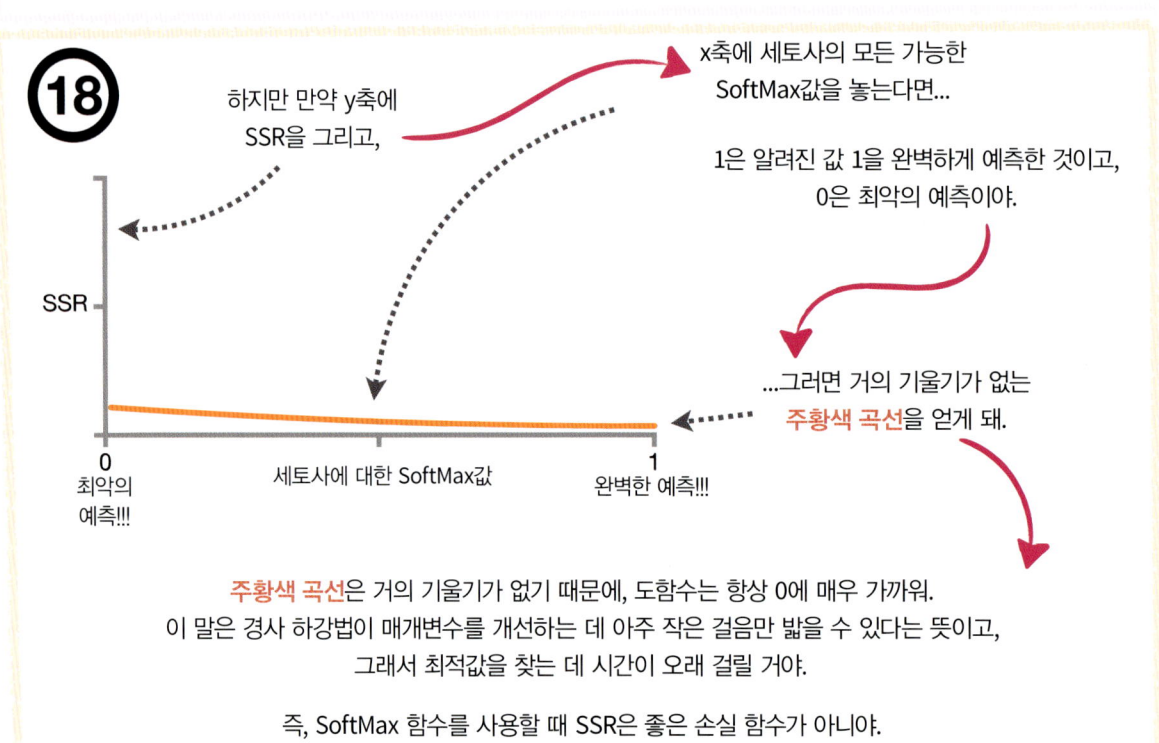

SSR

0
최악의
예측!!!

세토사에 대한 SoftMax값

1
완벽한 예측!!!

...그러면 거의 기울기가 없는 **주황색 곡선**을 얻게 돼.

주황색 곡선은 거의 기울기가 없기 때문에, 도함수는 항상 0에 매우 가까워. 이 말은 경사 하강법이 매개변수를 개선하는 데 아주 작은 걸음만 밟을 수 있다는 뜻이고, 그래서 최적값을 찾는 데 시간이 오래 걸릴 거야.

즉, SoftMax 함수를 사용할 때 SSR은 좋은 손실 함수가 아니야.

(19) 좋은 소식은, SoftMax 함수와 함께 사용할 수 있는 다른 손실 함수인 **크로스 엔트로피**가 있다는 거야. 이걸 이용하면 최적의 매개변숫값을 더 빠르게 찾을 수 있어.

그리고 다음 장에서 자세히 다룰 거야!

BAM!!!

그럼 이제 **파이토치**를 사용해 어떻게 모델에 ArgMax 함수와 SoftMax 함수를 추가할 수 있는지 배워보자!

파이토치로 만들어보는 ArgMax와 SoftMax

① 이전 장 마지막에 만든 다중 출력을 가진 모델의 성능을 향상시키기 위해 출력값을 SoftMax 함수와 크로스 엔트로피 손실 함수에 통과시켜 훈련 중에 사용할 수 있어.

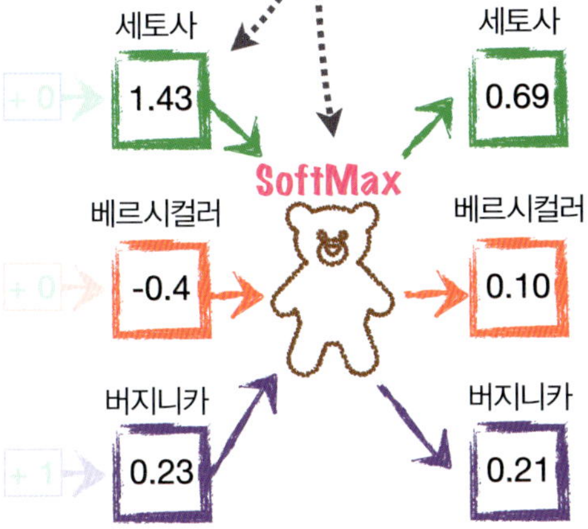

> **참고:** 크로스 엔트로피 손실 함수에 대한 자세한 내용은 다음 장에서 배울 거야.

세토사 `1.43` → **SoftMax** → 세토사 `0.69`

베르시컬러 `-0.4` → → 베르시컬러 `0.10`

버지니카 `0.23` → → 버지니카 `0.21`

`+ 0` / `+ 0` / `+ 1`

② 추론할 때는 출력을 ArgMax 함수 `torch.argmax()`를 통해 변환하면 해석하기가 더 쉬워져.

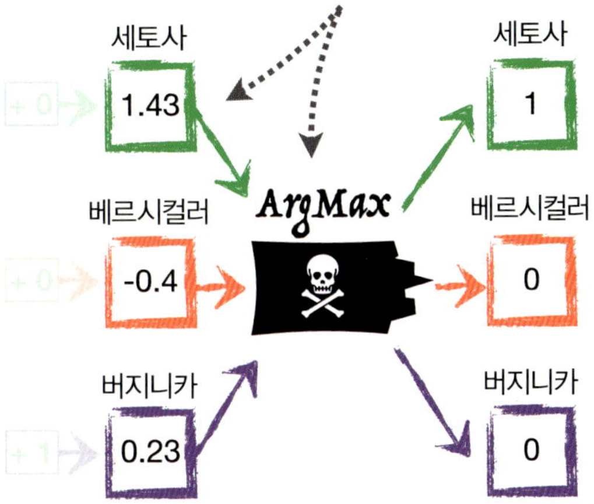

세토사 `1.43` → *ArgMax* → 세토사 `1`

베르시컬러 `-0.4` → → 베르시컬러 `0`

버지니카 `0.23` → → 버지니카 `0`

`+ 0` / `+ 0` / `+ 1`

③ SoftMax 함수와 크로스 엔트로피 손실 함수를 신경망에 추가하려면, `__init__()` 메서드 안에서 **nn.CrossEntropyLoss()** 객체를 생성하고...

...예측된 출력과 알려진 값 레이블을 손실 함수에 전달해.

```python
class myNN(L.LightningModule):

    def __init__(self):

        ## 신경망의 다양한 부분을 초기화하는 곳
        self.loss = nn.CrossEntropyLoss()


    def training_step(self, batch, batch_idx):

        ## 훈련 데이터를 forward()에 전달하고
        ## 출력과 알려진 값 간의 차이를 계산하는 곳
        inputs, labels = batch
        outputs = self.forward(inputs)
        loss = self.loss(outputs, labels)
```

④ QR 코드를 스캔하거나 클릭해서, 다중 입력과 출력을 갖는 신경망을 만들고 학습시키는 **파이토치** 코드를 확인할 수 있어. 이 코드는 훈련할 때 SoftMax 함수를, 추론할 때 ArgMax 함수를 사용해!

Chapter 05

크로스 엔트로피로
훈련 속도 높이기!!!

크로스 엔트로피: 핵심 아이디어

① 문제: SoftMax 함수는 신경망의 출력값을 0과 1 사이로 제한해.

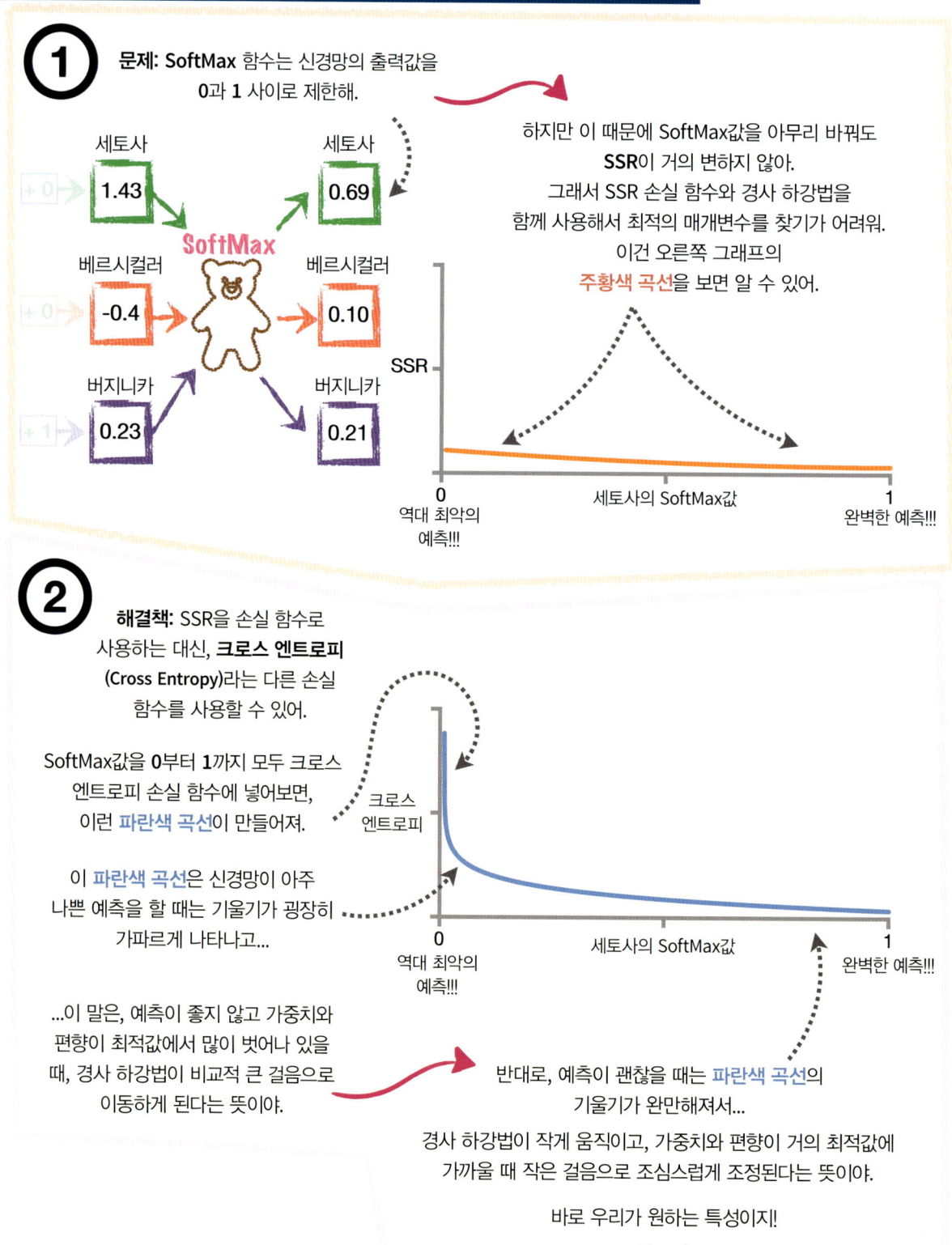

세토사
1.43

세토사
0.69

베르시컬러
-0.4

베르시컬러
0.10

버지니카
0.23

버지니카
0.21

SoftMax

+ 0

+ 0

+ 1

하지만 이 때문에 SoftMax값을 아무리 바꿔도 SSR이 거의 변하지 않아.
그래서 SSR 손실 함수와 경사 하강법을 함께 사용해서 최적의 매개변수를 찾기가 어려워.
이건 오른쪽 그래프의 주황색 곡선을 보면 알 수 있어.

SSR

0
역대 최악의
예측!!!

세토사의 SoftMax값

완벽한 예측!!!

② 해결책: SSR을 손실 함수로 사용하는 대신, 크로스 엔트로피 (Cross Entropy)라는 다른 손실 함수를 사용할 수 있어.

SoftMax값을 0부터 1까지 모두 크로스 엔트로피 손실 함수에 넣어보면, 이런 파란색 곡선이 만들어져.

이 파란색 곡선은 신경망이 아주 나쁜 예측을 할 때는 기울기가 굉장히 가파르게 나타나고...

...이 말은, 예측이 좋지 않고 가중치와 편향이 최적값에서 많이 벗어나 있을 때, 경사 하강법이 비교적 큰 걸음으로 이동하게 된다는 뜻이야.

크로스
엔트로피

0
역대 최악의
예측!!!

세토사의 SoftMax값

완벽한 예측!!!

반대로, 예측이 괜찮을 때는 파란색 곡선의 기울기가 완만해져서...

경사 하강법이 작게 움직이고, 가중치와 편향이 거의 최적값에 가까울 때 작은 걸음으로 조심스럽게 조정된다는 뜻이야.

바로 우리가 원하는 특성이지!

Bam!

이제 크로스 엔트로피 손실 함수에 대해 자세히 살펴보자!

① **크로스 엔트로피**는 굉장히 복잡하게 들릴 수 있지만, 신경망에 적용할 때는 사실 아주 간단해.

예를 들어 꽃잎 너비와 꽃받침 너비가 있는 아주 간단한 **데이터셋**이 있다고 해봐...

그 데이터셋에서 실제로 관측된 붓꽃 품종이 주어진다면, 각 행에 대해 크로스 엔트로피를 계산하는 건 꽤 쉬워.

참고: 이 데이터셋의 붓꽃 품종 순서는 각 꽃이 측정된 순서이기 때문에 신경망에서 출력되는 순서와는 다를 수 있어.

꽃잎 너비	꽃받침 너비	품종
0.04	0.42	세토사
1	0.54	버지니카
0.50	0.37	베르시컬러

세토사에 대한 크로스 엔트로피 값(CE$_{세토사}$)을 계산하려면, 꽃잎 너비와 꽃받침 너비를 이 신경망에 넣고...

그리고 세토사에 해당하는 SoftMax값의 로그를 음수로 취해. 이 예시에서는 세토사의 SoftMax값이 **0.57**이니까, **CE$_{세토사}$ = −log(0.57) = 0.56**이야.

잊지 마! 'e'는 **오일러 상수**이고, 대략 **2.72**야.

CE $_{세토사}$ **= -log(0.57) = 0.56.**

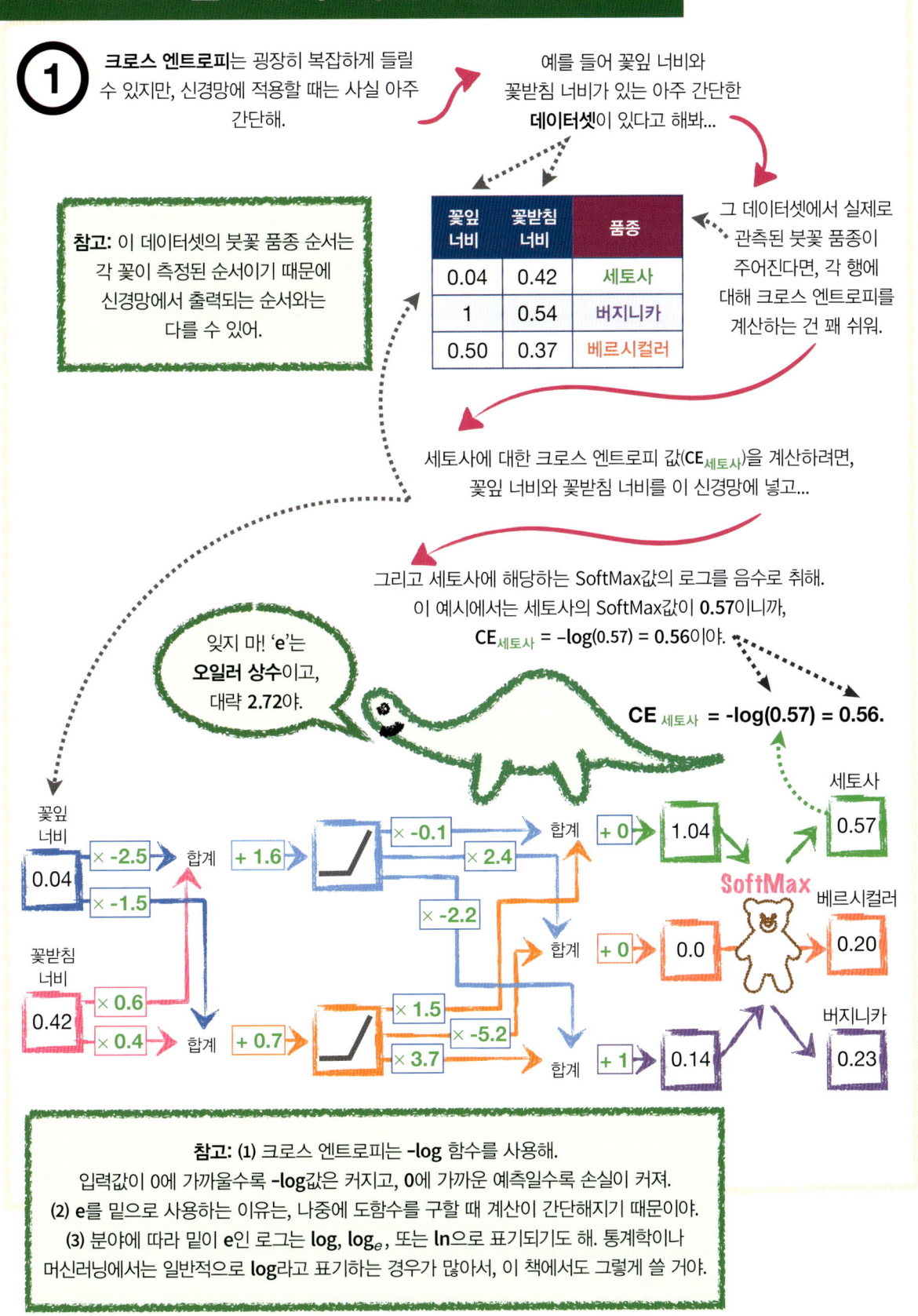

참고: (1) 크로스 엔트로피는 **−log** 함수를 사용해. 입력값이 0에 가까울수록 **−log**값은 커지고, 0에 가까운 예측일수록 손실이 커져.
(2) e를 밑으로 사용하는 이유는, 나중에 도함수를 구할 때 계산이 간단해지기 때문이야.
(3) 분야에 따라 밑이 **e**인 로그는 **log**, **log$_e$**, 또는 **ln**으로 표기되기도 해. 통계학이나 머신러닝에서는 일반적으로 **log**라고 표기하는 경우가 많아서, 이 책에서도 그렇게 쓸 거야.

크로스 엔트로피: 자세히 살펴보기

② 마찬가지로, 버지니카에 대한 크로스 엔트로피 값인 $CE_{버지니카}$를 계산할 수 있어. 이를 위해 **버지니카**의 꽃잎 너비와 꽃받침 너비 값을 신경망에 넣고...

그다음 **버지니카**의 SoftMax값에 밑이 e인 음의 로그를 취하면 돼. 이 경우, **버지니카**의 SoftMax값이 0.58이니까...

$$CE_{Virginica} = -log(0.58) = 0.54$$

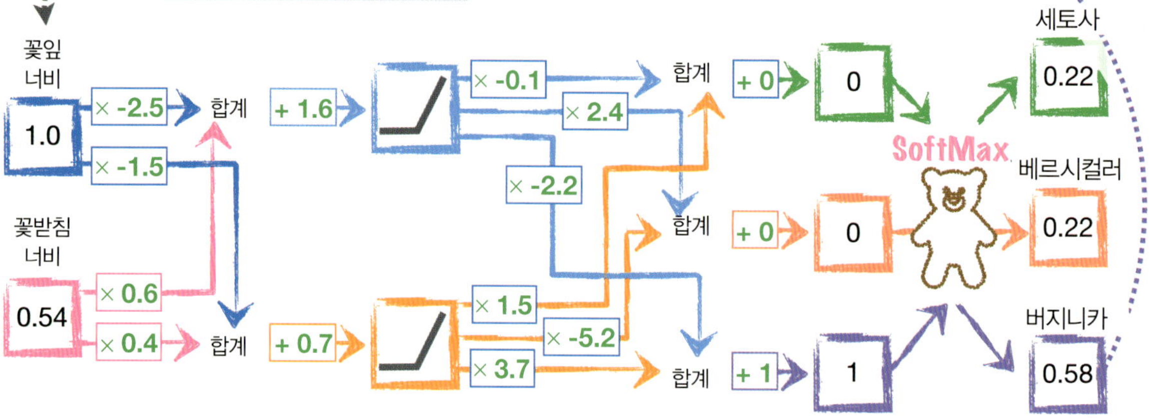

꽃잎	꽃받침	품종
0.04	0.42	세토사
1	0.54	버지니카
0.50	0.37	베르시컬러

③ 마지막으로, 베르시컬러에 대한 크로스 엔트로피 값인 $CE_{베르시컬러}$를 계산해보자. 베르시컬러의 꽃잎 너비와 꽃받침 너비를 신경망에 넣고...

그다음 베르시컬러의 SoftMax값 0.52에 대해 $-log$를 취하면 $CE_{베르시컬러} = 0.65$를 얻어

$$CE_{베르시컬러} = -log(0.52) = 0.65$$

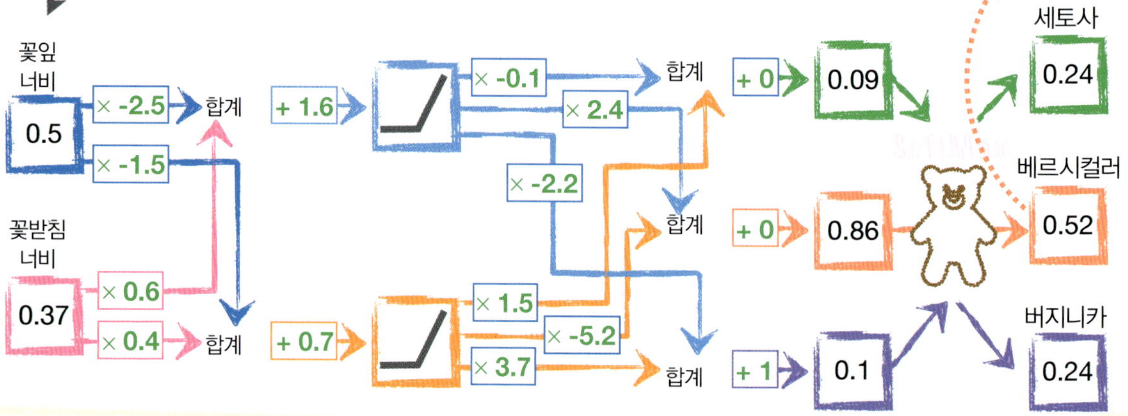

꽃잎	꽃받침	품종
0.04	0.42	세토사
1	0.54	버지니카
0.50	0.37	베르시컬러

크로스 엔트로피: 자세히 살펴보기

 이제 전체 데이터셋에 대해 신경망의 총 손실(total loss)을 계산하려면, 크로스 엔트로피 값들을 더해주기만 하면 돼.

이 경우, 총 손실은 1.75야...

$$0.56 + 0.54 + 0.65 = 1.75$$

꽃잎	꽃받침	품종		SoftMax	크로스 엔트로피
0.04	0.42	세토사	▶	0.57	$-\log(0.57) = 0.56$
1	0.54	버지니카	▶	0.58	$-\log(0.58) = 0.54$
0.50	0.37	베르시컬러	▶	0.52	$-\log(0.52) = 0.65$

...그리고 이 손실을 줄이기 위해 역전파를 사용해서 가중치와 편향을 조정할 수 있어.

BAM!

 요약하면, 우리는 SoftMax 함수를 사용하는 신경망에 역전파를 적용하고 싶을 때 **크로스 엔트로피**를 사용해.

그리고 우리가 예측하고 싶은 어떤 것에 대한 크로스 엔트로피는...

...그 예측하고 싶은 것의 SoftMax값, 즉 예측된 "확률"의 −로그값(−log)이야.

*옮긴이: 여기서 '예측하고 싶은 것의 확률'이란 실제 정답 클래스에 대해 모델이 예측한 확률값을 뜻한다.

예측하고 싶은 것의 크로스 엔트로피 = −log(예측하고 싶은 것의 "확률")*

노말사우르스, 이게 크로스 엔트로피의 전부야?

핵심 아이디어만 알고 싶은 사람에겐 이 정도면 충분해. 그런 경우엔 다음 장으로 바로 넘어가도 좋아!

하지만 역전파에서 크로스 엔트로피가 어떻게 작동하는지 알고 싶은 사람은 이 장의 나머지 부분에서 수학 내용을 보면 돼.

뭔가 되게 하드코어한 느낌인데?

그렇지! 다음 장 넘겨봐!

이 나머지 부분까지
다 읽는다면,
넌 진짜 하드코어야!!!

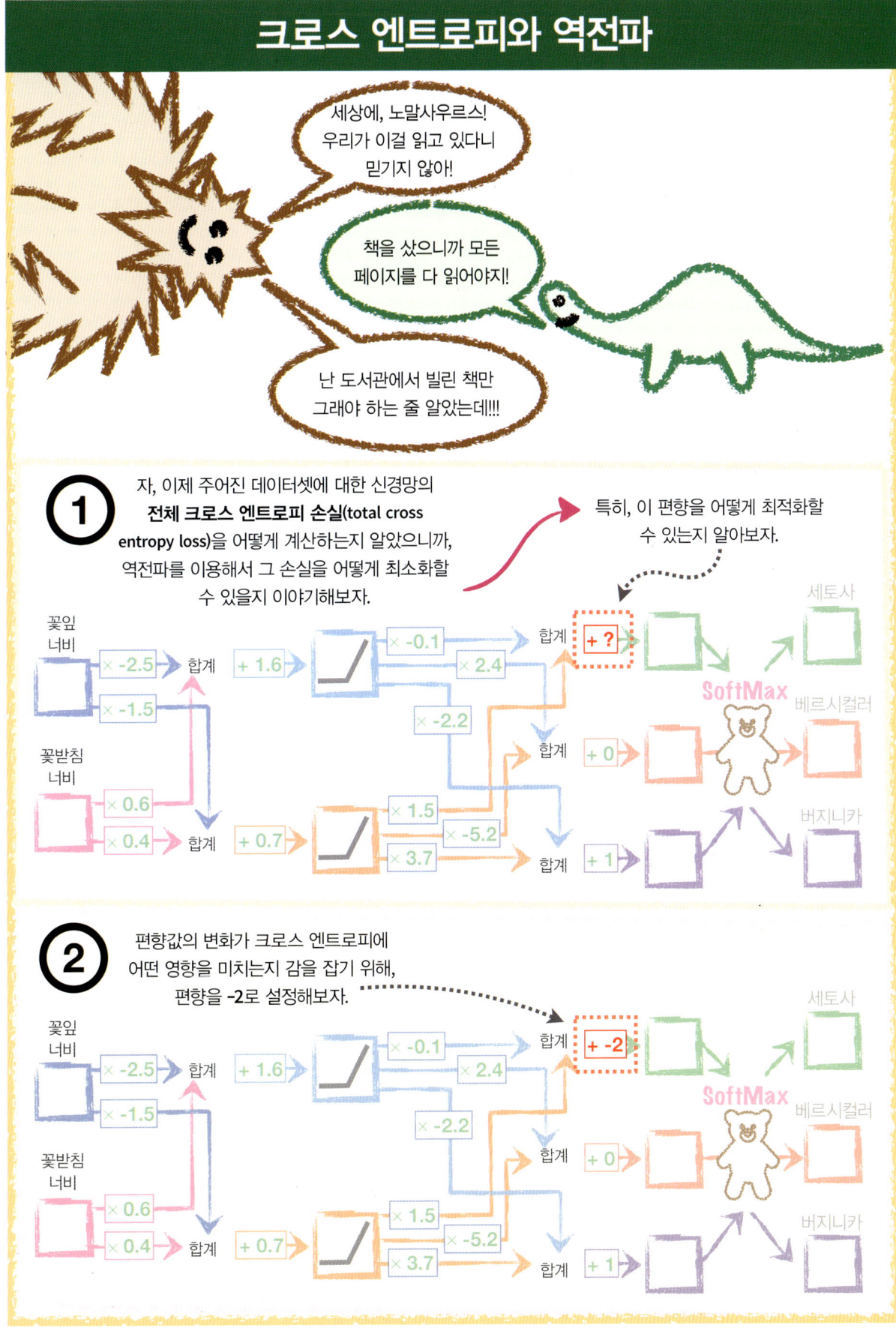

세상에, 노말사우르스! 우리가 이걸 읽고 있다니 믿기지 않아!

책을 샀으니까 모든 페이지를 다 읽어야지!

난 도서관에서 빌린 책만 그래야 하는 줄 알았는데!!!

① 자, 이제 주어진 데이터셋에 대한 신경망의 **전체 크로스 엔트로피 손실(total cross entropy loss)**을 어떻게 계산하는지 알았으니까, 역전파를 이용해서 그 손실을 어떻게 최소화할 수 있을지 이야기해보자.

특히, 이 편향을 어떻게 최적화할 수 있는지 알아보자.

② 편향값의 변화가 크로스 엔트로피에 어떤 영향을 미치는지 감을 잡기 위해, 편향을 **-2**로 설정해보자.

크로스 엔트로피와 역전파

③ 그럼 꽃잎과 꽃받침 값을 신경망에 넣어보자...

...그리고 SoftMax로 예측된 "확률", "**p**"를 사용해서 크로스 엔트로피를 계산하는 거지...

...편향이 **–2**일 때 전체 크로스 엔트로피는 1.89 + 0.35 + 0.43 = 2.67이야.

1.89 + 0.35 + 0.43 = 2.67

꽃잎	꽃받침	품종
0.04	0.42	세토사
1	0.54	버지니카
0.50	0.37	베르시컬러

"p"	크로스 엔트로피
0.15	-log("p") = 1.89
0.71	-log("p") = 0.35
0.65	-log("p") = 0.43

꽃잎 너비

0.50

× -2.5 합계

× -1.5

+ 1.6

× -0.1 합계

× 2.4

+ -2

-1.9

세토사

0.04

SoftMax

× -2.2

합계 + 0

0.86

베르시컬러

0.65

꽃받침 너비

0.37

× 0.6 합계

× 0.4

+ 0.7

× 1.5

× -5.2

× 3.7

합계 + 1

0.1

버지니카

0.31

④ 이 전체 크로스 엔트로피 값, **2.67**을 그래프에 표시할 수 있어. x축은 편향값, y축은 전체 크로스 엔트로피로 표시할거야.

전체 크로스 엔트로피

3

-2 -1 0 1
편향값

⑤ 그리고 편향에 여러 값을 넣어서, 전체 크로스 엔트로피를 계산하고, 그 결과를 그래프에 그려보면...

전체 크로스 엔트로피

3

-2 -1 0 1
편향값

...결국 이런 **분홍색 곡선** 모양이 될 텐데, 이건 편향값의 변화가 전체 크로스 엔트로피에 어떻게 변화를 주는지 보여줘.

전체 크로스 엔트로피

3

-2 -1 0 1
편향값

그리고 목표는 역전파를 사용해서 곡선 위의 가장 낮은 점에 해당하는 편향값을 찾는 거야.

크로스 엔트로피와 역전파

⑥ 역전파의 첫 단계는 전체 크로스 엔트로피
(**전체 CE**)를 편향에 대해 미분하는 거야.

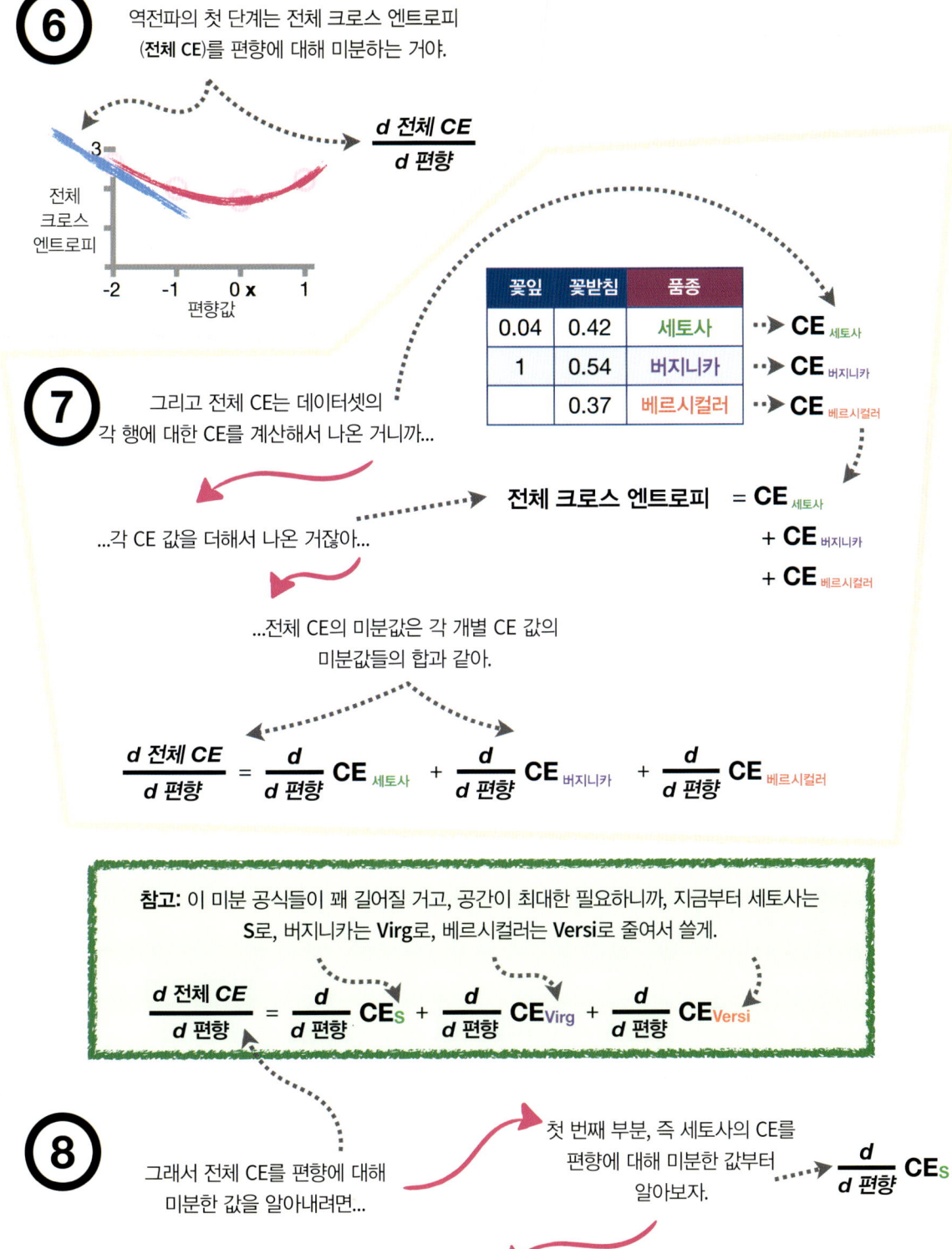

$$\frac{d\ \text{전체}\ CE}{d\ \text{편향}}$$

전체
크로스
엔트로피

꽃잎	꽃받침	품종
0.04	0.42	세토사
1	0.54	버지니카
	0.37	베르시컬러

$CE_{\text{세토사}}$
$CE_{\text{버지니카}}$
$CE_{\text{베르시컬러}}$

⑦ 그리고 전체 CE는 데이터셋의
각 행에 대한 CE를 계산해서 나온 거니까...

전체 크로스 엔트로피 $= CE_{\text{세토사}}$
$+ CE_{\text{버지니카}}$
$+ CE_{\text{베르시컬러}}$

...각 CE 값을 더해서 나온 거잖아...

...전체 CE의 미분값은 각 개별 CE 값의
미분값들의 합과 같아.

$$\frac{d\ \text{전체}\ CE}{d\ \text{편향}} = \frac{d}{d\ \text{편향}} CE_{\text{세토사}} + \frac{d}{d\ \text{편향}} CE_{\text{버지니카}} + \frac{d}{d\ \text{편향}} CE_{\text{베르시컬러}}$$

참고: 이 미분 공식들이 꽤 길어질 거고, 공간이 최대한 필요하니까, 지금부터 세토사는
S로, 버지니카는 **Virg**로, 베르시컬러는 **Versi**로 줄여서 쓸게.

$$\frac{d\ \text{전체}\ CE}{d\ \text{편향}} = \frac{d}{d\ \text{편향}} CE_{S} + \frac{d}{d\ \text{편향}} CE_{Virg} + \frac{d}{d\ \text{편향}} CE_{Versi}$$

⑧ 그래서 전체 CE를 편향에 대해
미분한 값을 알아내려면...

첫 번째 부분, 즉 세토사의 CE를
편향에 대해 미분한 값부터
알아보자.

$$\frac{d}{d\ \text{편향}} CE_{S}$$

이건 편향이 세토사의 CE와 어떻게 연결되어 있는지
알아내야 한다는 뜻이야.

⑨ 세토사의 CE는 예측된 세토사 "확률"의 자연로그(-log base **e**) 값으로 정의돼...

*옮긴이: 여기서 '원시 출력값(raw output, 이하 원시)'이란, 신경망의 마지막 단계인 SoftMax 함수를 통과하기 바로 직전의 값을 의미해. 각 항목(여기서는 꽃 종류)에 대한 신경망의 계산 결과인데, 아직 0~1 사이의 확률 값으로 변환되기 전의, 말 그대로 가공되지 않은 '날것'의 수치인 셈이지. 이 값들은 각 항목에 대한 신경망의 상대적인 '확신도' 정도로 생각할 수 있어. 전문 용어로는 '로짓(logit)'이라고도 불러.

$$CE_s = -\log(\text{"}p_s\text{"})$$

...그리고 예측된 세토사 "확률"은 신경망의 원시(Raw) 출력값*을 사용해서 세토사의 SoftMax값을 계산해서 나온 거야.

$$\text{"}p_s\text{"} = \text{SoftMax}_s(\text{원시 } s, \text{ 원시 Versi}, \text{ 원시 Virg}) = \frac{e^s}{e^s + e^{Versi} + e^{Virg}}$$

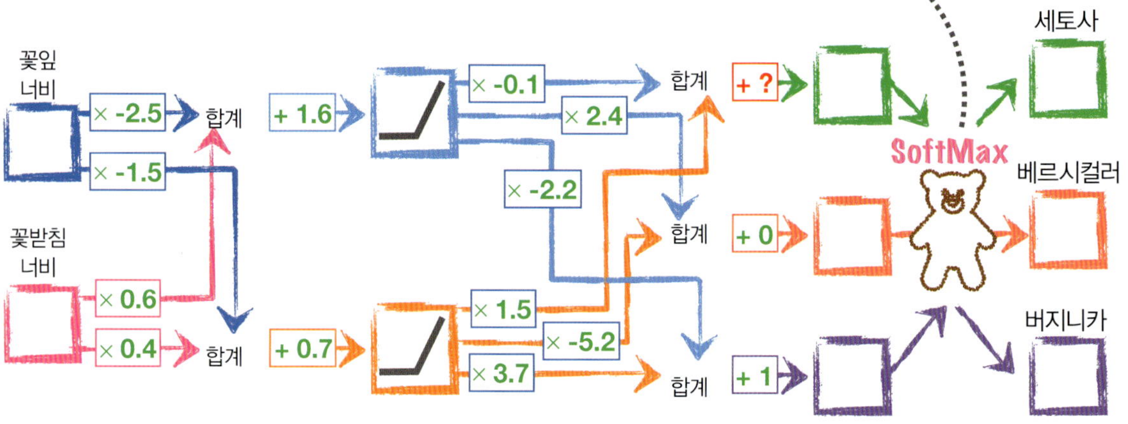

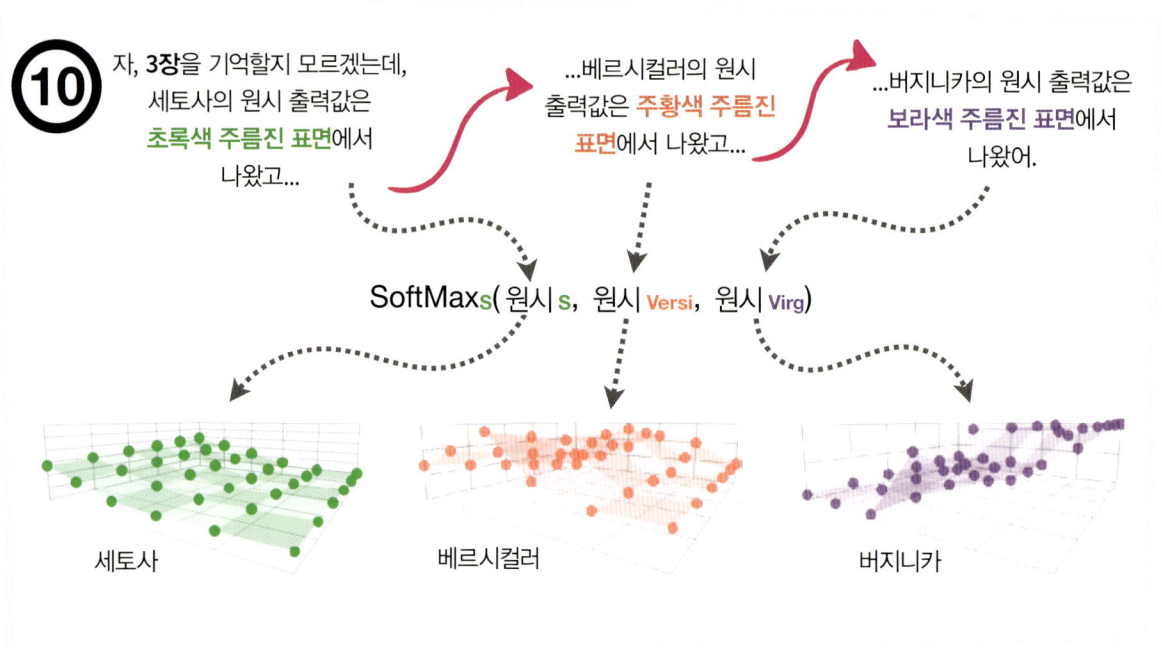

⑩ 자, **3장**을 기억할지 모르겠는데, 세토사의 원시 출력값은 초록색 주름진 표면에서 나왔고...

...베르시컬러의 원시 출력값은 주황색 주름진 표면에서 나왔고...

...버지니카의 원시 출력값은 보라색 주름진 표면에서 나왔어.

$$\text{SoftMax}_s(\text{원시 } s, \text{ 원시 Versi}, \text{ 원시 Virg})$$

세토사

베르시컬러

버지니카

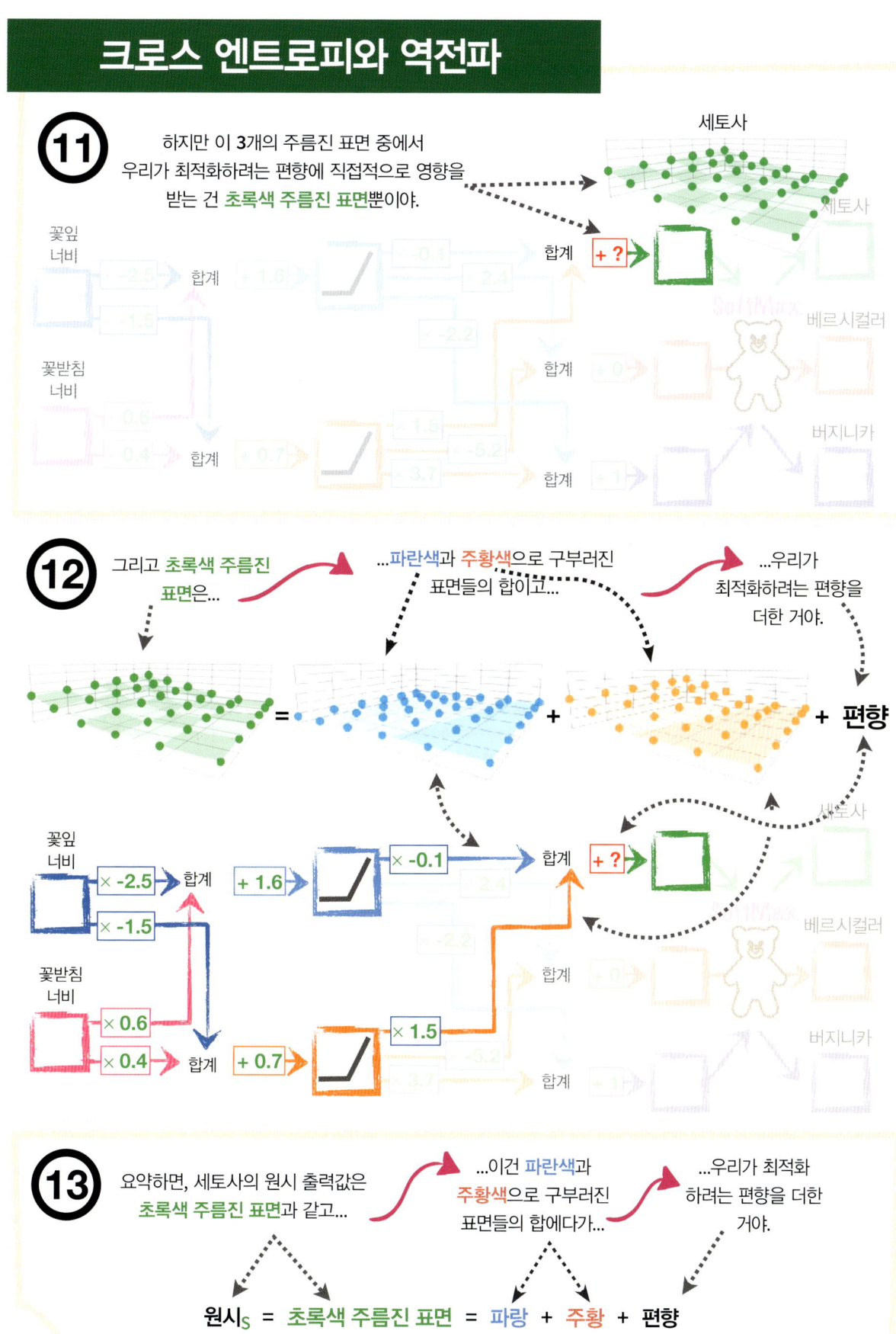

⑪ 하지만 이 **3**개의 주름진 표면 중에서 우리가 최적화하려는 편향에 직접적으로 영향을 받는 건 **초록색 주름진 표면**뿐이야.

세토사

꽃잎 너비

-2.5 → 합계 + 1.6 ╱ -0.1 2.4

-1.5 -2.2

꽃받침 너비

0.6 1.5

0.4 → 합계 + 0.7 ╱ -5.2 × 3.7

합계 **+ ?** → 🟩

베르시컬러

버지니카

⑫ 그리고 **초록색 주름진 표면**은... ...**파란색**과 **주황색**으로 구부러진 표면들의 합이고... ...우리가 최적화하려는 편향을 더한 거야.

= 🔵 + 🟠 **+ 편향**

꽃잎 너비

× -2.5 → 합계 + 1.6 ╱ × -0.1 → 합계 **+ ?** → 🟩

× -1.5

꽃받침 너비

× 0.6

× 0.4 → 합계 + 0.7 ╱ × 1.5

⑬ 요약하면, 세토사의 원시 출력값은 **초록색 주름진 표면**과 같고... ...이건 **파란색**과 **주황색**으로 구부러진 표면들의 합에다가... ...우리가 최적화 하려는 편향을 더한 거야.

$$원시_S = 초록색\ 주름진\ 표면 = 파랑 + 주황 + 편향$$

크로스 엔트로피와 역전파

⑭ 이 모든 건 세토사의 CE가 우리가 최적화하려는 편향과 연결되어 있다는 뜻이야...

$$CE_s = -\log(\text{"}p_s\text{"})$$

...먼저 세토사의 예측 "확률"인 "p_s"를 통해서...

$$\text{"}p_s\text{"} = \text{SoftMax}_s(\text{원시}_s, \text{원시}_{Versi}, \text{원시}_{Virg})$$

...그다음엔 세토사의 원시 출력값을 통해서 말야.

$$\text{원시}_s = \text{초록색 주름진 표면} = \text{파랑} + \text{주황} + \text{편향}$$

⑮ 따라서 **연쇄 법칙**에 따르면 우리가 최적화하려는 편향에 대한 세토사 CE의 미분값은 3개의 요소로 구성돼.

$$\frac{d}{d\,\text{편향}} CE_s$$

ⓐ 세토사의 예측 "확률"에 대한 세토사 CE의 미분값

$$CE_s = -\log(\text{"}p_s\text{"})$$

$$= \frac{d\,CE_s}{d\,\text{"}p_s\text{"}}$$

ⓑ 곱하기 세토사의 원시 출력값에 대한 세토사 예측 "확률"의 미분값

$$\text{"}p_s\text{"} = \text{SoftMax}_s(\text{원시}_s, \text{원시}_{Versi}, \text{원시}_{Virg})$$

$$\times \frac{d\,\text{"}p_s\text{"}}{d\,\text{원시}_s}$$

ⓒ 곱하기 우리가 최적화하려는 편향에 대한 세토사 원시 출력값의 미분값

$$\text{원시}_s = \text{초록색 주름진 표면} = \text{파랑} + \text{주황} + \text{편향}$$

$$\times \frac{d\,\text{원시}_s}{d\,\text{편향}}$$

⑯ 요약하면, 편향에 대한 세토사 CE의 미분값은 이렇게 쓸 수 있어.

$$\frac{d}{d\,\text{편향}} CE_s = \frac{d\,CE_s}{d\,\text{"}p_s\text{"}} \times \frac{d\,\text{"}p_s\text{"}}{d\,\text{원시}_s} \times \frac{d\,\text{원시}_s}{d\,\text{편향}}$$

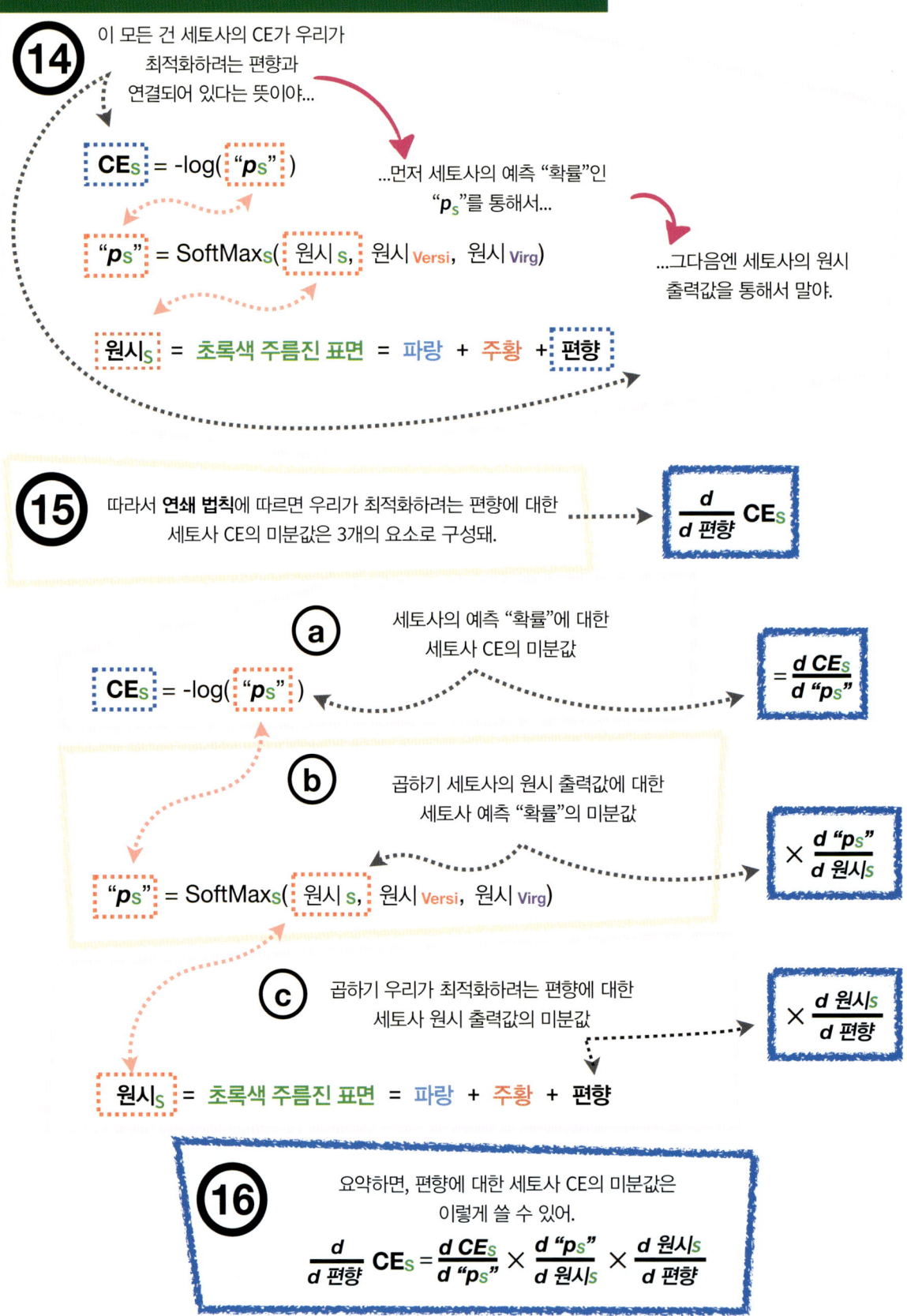

(17) 자, 이제 편향에 대한 세토사 CE의 미분값을 3개 요소의 곱으로 나눴으니...

...이 3개 요소의 미분값을 찾아야 해.

$$\frac{d}{d\ 편향}\ CE_s = \frac{d\ CE_s}{d\ "p_s"} \times \frac{d\ "p_s"}{d\ 원시_s} \times \frac{d\ 원시_s}{d\ 편향}$$

(18) 세토사 예측 "확률"에 대한 CE의 미분값은 p_s를 크로스 엔트로피 공식에 넣어서 풀 수 있어...

...그리고, 자연로그 x의 미분은 그냥 1 나누기 x이니까...

$$\frac{d\ CE_s}{d\ "p_s"} = \frac{d}{d\ "p_s"} -\log("p_s")$$

$$= -1 \times \frac{1}{"p_s"} = \frac{-1}{"p_s"}$$

$$\frac{d}{d\ x}\log(x) = \frac{1}{x}$$

...결국 -1 곱하기 자연로그의 미분값이 돼.

(19) 세토사의 원시 출력값에 대한 예측 "확률"의 미분값을 구하려면, 예측 "확률"에 대한 SoftMax 공식을 대입해...

...그리고 4장 또는 더 뒤에 나오는 부록 D를 기억한다면, SoftMax 함수의 미분은 이거야.

$$\frac{d\ "p_s"}{d\ 원시_s} = \frac{d}{d\ 원시_s} \quad \frac{e^s}{e^s + e^{Versi} + e^{Virg}} = "p_s" \times (1 - "p_s")$$

(20) 마지막으로, 편향에 대한 세토사 원시 출력값의 미분값을 구하려면, 세토사 원시 출력값 공식을 대입해...

...그리고 파란색과 주황색 구부러진 표면은 우리가 편향에 도달하기 전에 만들어졌고, 따라서 편향의 함수가 아니므로, 그것들의 미분값은 0이야...

$$\frac{d\ 원시_s}{d\ 편향} = \frac{d}{d\ 편향}\ 초록색\ 주름진\ 표면 = \frac{d}{d\ 편향}\ 파랑 + 주황 + 편향 = 0 + 0 + 1 = 1$$

3개 미분값 찾는 거 별로 안 어렵네!

...그리고 편향을 편향으로 미분하면 1이니까, 결국 편향에 대한 세토사 원시 출력값의 미분값은 그냥 1이 되는 거지.

Bam!

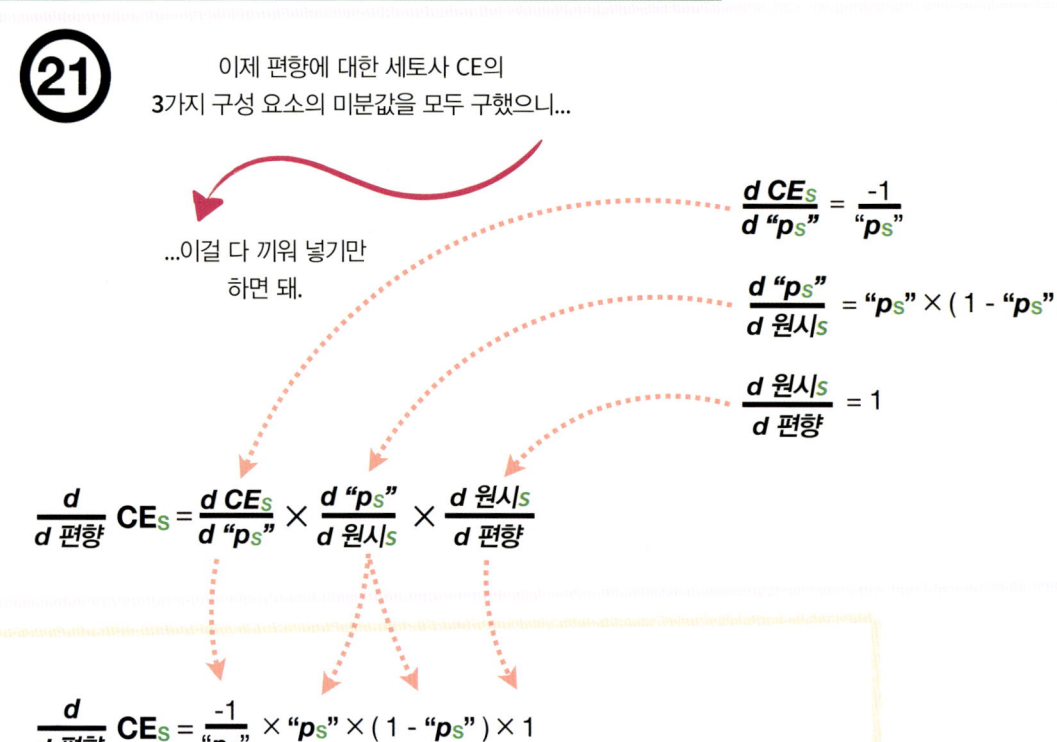

㉑ 이제 편향에 대한 세토사 CE의
3가지 구성 요소의 미분값을 모두 구했으니...

...이걸 다 끼워 넣기만
하면 돼.

$$\frac{d\,CE_s}{d\,"p_s"} = \frac{-1}{"p_s"}$$

$$\frac{d\,"p_s"}{d\,원시_s} = "p_s" \times (1 - "p_s")$$

$$\frac{d\,원시_s}{d\,편향} = 1$$

$$\frac{d}{d\,편향}CE_s = \frac{d\,CE_s}{d\,"p_s"} \times \frac{d\,"p_s"}{d\,원시_s} \times \frac{d\,원시_s}{d\,편향}$$

$$\frac{d}{d\,편향}CE_s = \frac{-1}{"p_s"} \times "p_s" \times (1 - "p_s") \times 1$$

㉒ 그리고 이제 편향에 대한
세토사 CE의 미분값을 구했어.

BAM!!!

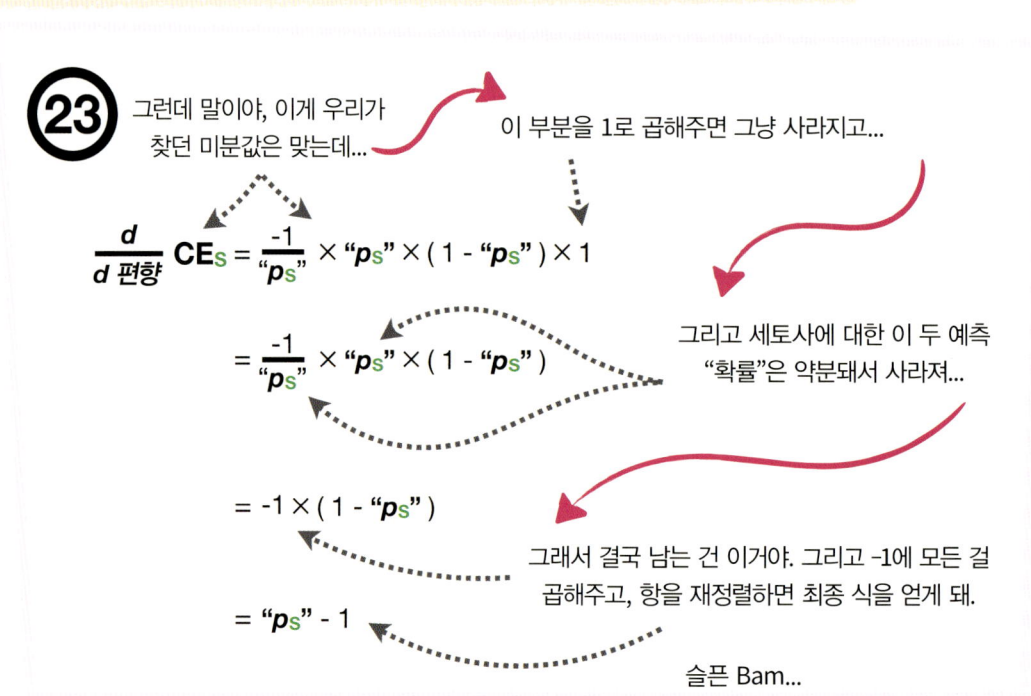

㉓ 그런데 말이야, 이게 우리가
찾던 미분값은 맞는데...

이 부분을 1로 곱해주면 그냥 사라지고...

$$\frac{d}{d\,편향}CE_s = \frac{-1}{"p_s"} \times "p_s" \times (1 - "p_s") \times 1$$

그리고 세토사에 대한 이 두 예측
"확률"은 약분돼서 사라져...

$$= \frac{-1}{"p_s"} \times "p_s" \times (1 - "p_s")$$

$$= -1 \times (1 - "p_s")$$

그래서 결국 남는 건 이거야. 그리고 −1에 모든 걸
곱해주고, 항을 재정렬하면 최종 식을 얻게 돼.

$$= "p_s" - 1$$

슬픈 Bam...

크로스 엔트로피와 역전파

24 요약하면, 관측된 품종이 세토사일 때... ...크로스 엔트로피를 사용해서 손실을 계산하고...

꽃잎	꽃받침	품종
0.04	0.42	세토사
1	0.54	버지니카
0.50	0.37	베르시컬러

"p"	크로스 엔트로피
0.15	-log("p") = 1.89
0.71	-log("p") = 0.35
0.65	-log("p") = 0.43

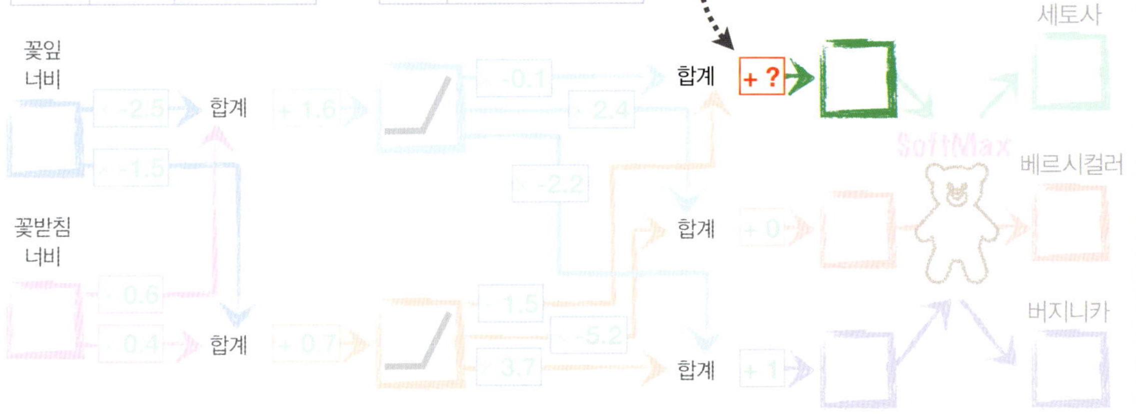

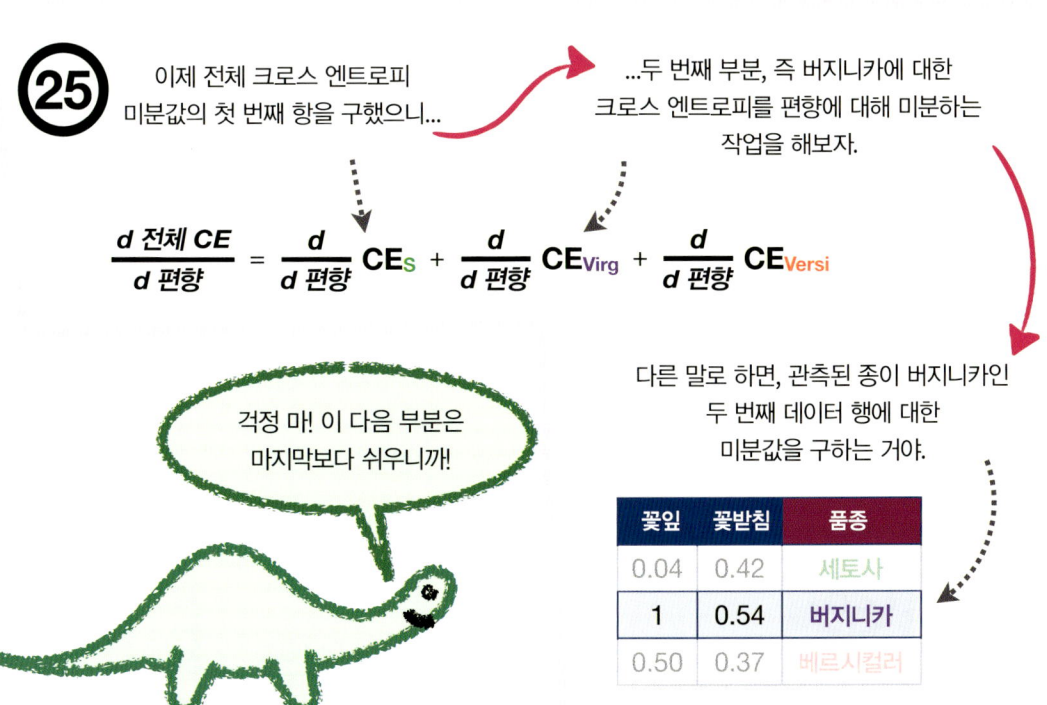

$$\frac{d}{d\ \text{편향}} CE_S = \text{“}p_S\text{”} - 1$$

...그러면 편향에 대한 이 CE의 미분값은 우리가 최적화하려는 편향과 관련해서 이렇게 돼.

꽃잎
너비
꽃받침
너비
-2.5
-1.5
0.6
0.4
합계
+1.6
+0.7
-0.1
2.4
-2.2
1.5
-5.2
3.7
합계
+ ?
합계
+0
합계
+1
SoftMax
세토사
베르시컬러
버지니카

25 이제 전체 크로스 엔트로피 미분값의 첫 번째 항을 구했으니... ...두 번째 부분, 즉 버지니카에 대한 크로스 엔트로피를 편향에 대해 미분하는 작업을 해보자.

$$\frac{d\ \text{전체 CE}}{d\ \text{편향}} = \frac{d}{d\ \text{편향}} CE_S + \frac{d}{d\ \text{편향}} CE_{Virg} + \frac{d}{d\ \text{편향}} CE_{Versi}$$

다른 말로 하면, 관측된 종이 버지니카인 두 번째 데이터 행에 대한 미분값을 구하는 거야.

꽃잎	꽃받침	품종
0.04	0.42	세토사
1	0.54	버지니카
0.50	0.37	베르시컬러

걱정 마! 이 다음 부분은
마지막보다 쉬우니까!

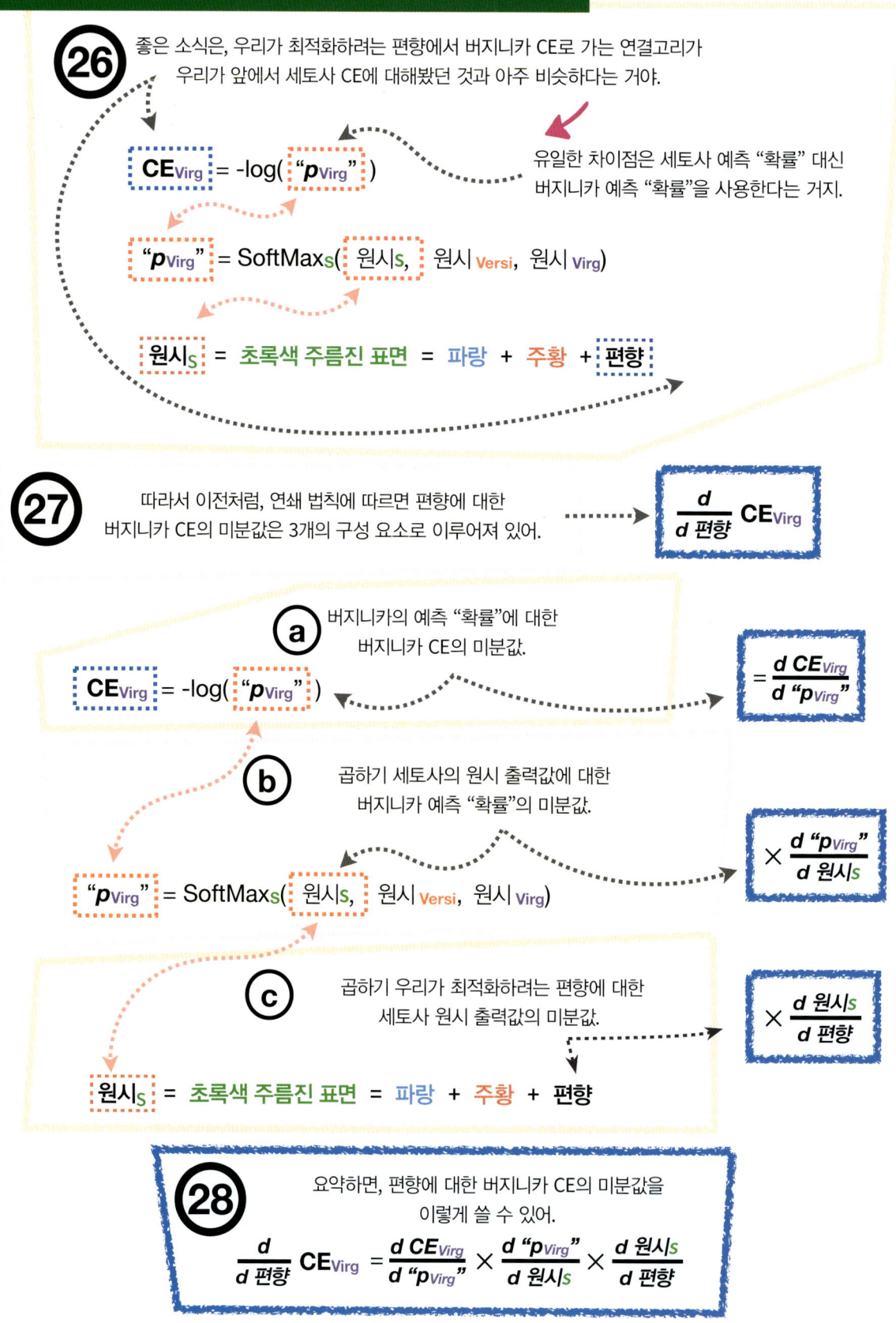

26 좋은 소식은, 우리가 최적화하려는 편향에서 버지니카 CE로 가는 연결고리가
우리가 앞에서 세토사 CE에 대해봤던 것과 아주 비슷하다는 거야.

유일한 차이점은 세토사 예측 "확률" 대신
버지니카 예측 "확률"을 사용한다는 거지.

$$CE_{Virg} = -\log(\text{"}p_{Virg}\text{"})$$

$$\text{"}p_{Virg}\text{"} = SoftMax_S(\text{원시}_S, \text{원시 }Versi, \text{원시 }Virg)$$

$$\text{원시}_S = \text{초록색 주름진 표면} = \text{파랑} + \text{주황} + \text{편향}$$

27 따라서 이전처럼, 연쇄 법칙에 따르면 편향에 대한
버지니카 CE의 미분값은 3개의 구성 요소로 이루어져 있어.

$$\frac{d}{d\,\text{편향}}CE_{Virg}$$

a 버지니카의 예측 "확률"에 대한
버지니카 CE의 미분값.

$$CE_{Virg} = -\log(\text{"}p_{Virg}\text{"})$$

$$= \frac{d\,CE_{Virg}}{d\,\text{"}p_{Virg}\text{"}}$$

b 곱하기 세토사의 원시 출력값에 대한
버지니카 예측 "확률"의 미분값.

$$\text{"}p_{Virg}\text{"} = SoftMax_S(\text{원시}_S, \text{원시 }Versi, \text{원시 }Virg)$$

$$\times \frac{d\,\text{"}p_{Virg}\text{"}}{d\,\text{원시}_S}$$

c 곱하기 우리가 최적화하려는 편향에 대한
세토사 원시 출력값의 미분값.

$$\times \frac{d\,\text{원시}_S}{d\,\text{편향}}$$

$$\text{원시}_S = \text{초록색 주름진 표면} = \text{파랑} + \text{주황} + \text{편향}$$

28 요약하면, 편향에 대한 버지니카 CE의 미분값을
이렇게 쓸 수 있어.

$$\frac{d}{d\,\text{편향}}CE_{Virg} = \frac{d\,CE_{Virg}}{d\,\text{"}p_{Virg}\text{"}} \times \frac{d\,\text{"}p_{Virg}\text{"}}{d\,\text{원시}_S} \times \frac{d\,\text{원시}_S}{d\,\text{편향}}$$

크로스 엔트로피와 역전파

 이제 편향에 대한 버지니카 CE의 미분값을 3개 요소의 곱으로 나눴으니, 각 요소의 미분값을 찾아야 해.

다행히도, 대부분은 세토사 때 했던 것과 똑같아.

$$\frac{d}{d\ \text{편향}}\ CE_{Virg} = \frac{d\ CE_{Virg}}{d\ \text{"}p_{Virg}\text{"}} \times \frac{d\ \text{"}p_{Virg}\text{"}}{d\ \text{원시}s} \times \frac{d\ \text{원시}s}{d\ Bias}$$

 버지니카의 예측 "확률"에 대한 CE의 미분값을 구하려면, 앞에서 했던 것처럼...

자연로그 x의 미분은 1 나누기 x이니까...

$$\frac{d\ CE_{Virg}}{d\ \text{"}p_{Virg}\text{"}} = \frac{d}{d\ \text{"}p_{Virg}\text{"}}\ -\log(\text{"}p_{Virg}\text{"}) = \frac{-1}{\text{"}p_{Virg}\text{"}}$$

$$\frac{d}{d\,x}\log(x) = \frac{1}{x}$$

31 그리고 세토사의 원시 출력값에 대한 버지니카 예측 "확률"의 미분값을 찾으려면...

...4장에서 했던 미분값을 그냥 쓰거나, **부록 D**를 보면 돼.

$$\frac{d\ \text{"}p_{Virg}\text{"}}{d\ \text{원시}s} = \frac{d}{d\ \text{원시}s}\ \frac{e^{Virg}}{e^{S} + e^{Versi} + e^{Virg}} = -\text{"}p_{S}\text{"} \times \text{"}p_{Virg}\text{"}$$

32 마지막으로, 편향에 대한 세토사 원시 출력값의 미분값은 앞에서 계산했던 것과 정확히 같아.

$$\frac{d\ \text{원시}s}{d\ \text{편향}} = \frac{d}{d\ \text{편향}}\ \text{초록색 주름진 표면} = \frac{d}{d\ \text{편향}}\ \text{파랑} + \text{주황} + \text{편향} = 0 + 0 + 1 = 1$$

노말사우르스, 이거 정말 장난 아니게 어렵네.

맞아!

113

㉝ 이제 편향에 대한 버지니카 CE 미분값의 3가지 구성 요소를 모두 끼워 넣으면 돼.

$$\frac{d\ CE_{Virg}}{d\ "p_{Virg}"} = \frac{-1}{"p_{Virg}"}$$

$$\frac{d\ "p_{Virg}"}{d\ 원시s} = -"p_s" \times "p_{Virg}"$$

$$\frac{d\ 원시s}{d\ 편향} = 1$$

$$\frac{d}{d\ 편향}\ CE_{Virg} = \frac{d\ CE_{Virg}}{d\ "p_{Virg}"} \times \frac{d\ "p_{Virg}"}{d\ 원시s} \times \frac{d\ 원시s}{d\ 편향}$$

$$\frac{d}{d\ 편향}\ CE_{Virg} = \frac{-1}{"p_{Virg}"} \times -"p_s" \times "p_{Virg}" \times 1$$

㉞ 그리고 이 미분값은 정확히 이렇게 되지만...

...1을 곱하는 건 그냥 사라지고...

$$\frac{d}{d\ 편향}\ CE_{Virg} = \frac{-1}{"p_{Virg}"} \times -"p_s" \times "p_{Virg}" \times 1$$

...버지니카에 대한 이 두 예측 "확률"은 약분되어 사라져서 간단해져...

$$= \frac{-1}{"p_{Virg}"} \times -"p_s" \times "p_{Virg}"$$

...그리고 최종 식을 얻기 위해 **-1**을 곱해주면... 결국 세토사에 대한 예측 "확률"만 남게 돼.

$$= -1 \times -"p_s"$$

$$= "p_s"$$

㉟ 이제 전체 크로스 엔트로피 미분값의 첫 두 항을 구했으니...

...마지막 항, 즉 관측된 품종이 베르시컬러일 때의 미분값을 알아낼 차례야.

$$\frac{d\ 전체\ CE}{d\ 편향} = \frac{d}{d\ 편향}\ CE_s + \frac{d}{d\ 편향}\ CE_{Virg} + \frac{d}{d\ 편향}\ CE_{Versi}$$

꽃잎	꽃받침	품종
0.04	0.42	세토사
1	0.54	버지니카
0.50	0.37	베르시컬러

㊱ 다행히도, 베르시컬러의 미분값을 얻기 위해 버지니카값을 얻을때와 똑같은 단계를 따를 수 있고, 결과는 세토사에 대한 예측 "확률"과 완전히 똑같아.

$$\frac{d}{d\ 편향}\ CE_{Versi} = "p_s"$$

37 이제 데이터셋의 각 행에 대한 미분값을 신경망에 넣었으니...

...편향을 초기화할 수 있어. 이 경우에는 **-2**를 사용할 거야...

...그리고 이제 경사 하강법을 사용해서 편향을 최적화할 수 있지.

꽃잎	꽃받침	품종
0.04	0.42	세토사
1	0.54	버지니카
0.50	0.37	베르시컬러

$$\frac{d}{d\,\text{편향}}\,CE_S = \text{“}p_S\text{”} - 1$$

$$\frac{d}{d\,\text{편향}}\,CE_{Virg} = \text{“}p_S\text{”}$$

$$\frac{d}{d\,\text{편향}}\,CE_{Versi} = \text{“}p_S\text{”}$$

38 먼저, 꽃잎과 꽃받침 너비 값을 신경망에 넣고...

세토사의 SoftMax값을 계산해서, 편향에 대한 세토사 크로스 엔트로피 미분값을 계산해. 여기서는 **0.15**를 대입해서 **-0.85**가 나와.

꽃잎	꽃받침	품종
0.04	0.42	세토사
1	0.54	버지니카
0.50	0.37	베르시컬러

$$\frac{d}{d\,\text{편향}}\,CE_S = \text{“}p_S\text{”} - 1 = 0.15 - 1 = \boxed{-0.85}$$

$$\frac{d}{d\,\text{편향}}\,CE_{Virg} = \text{“}p_S\text{”}$$

$$\frac{d}{d\,\text{편향}}\,CE_{Versi} = \text{“}p_S\text{”}$$

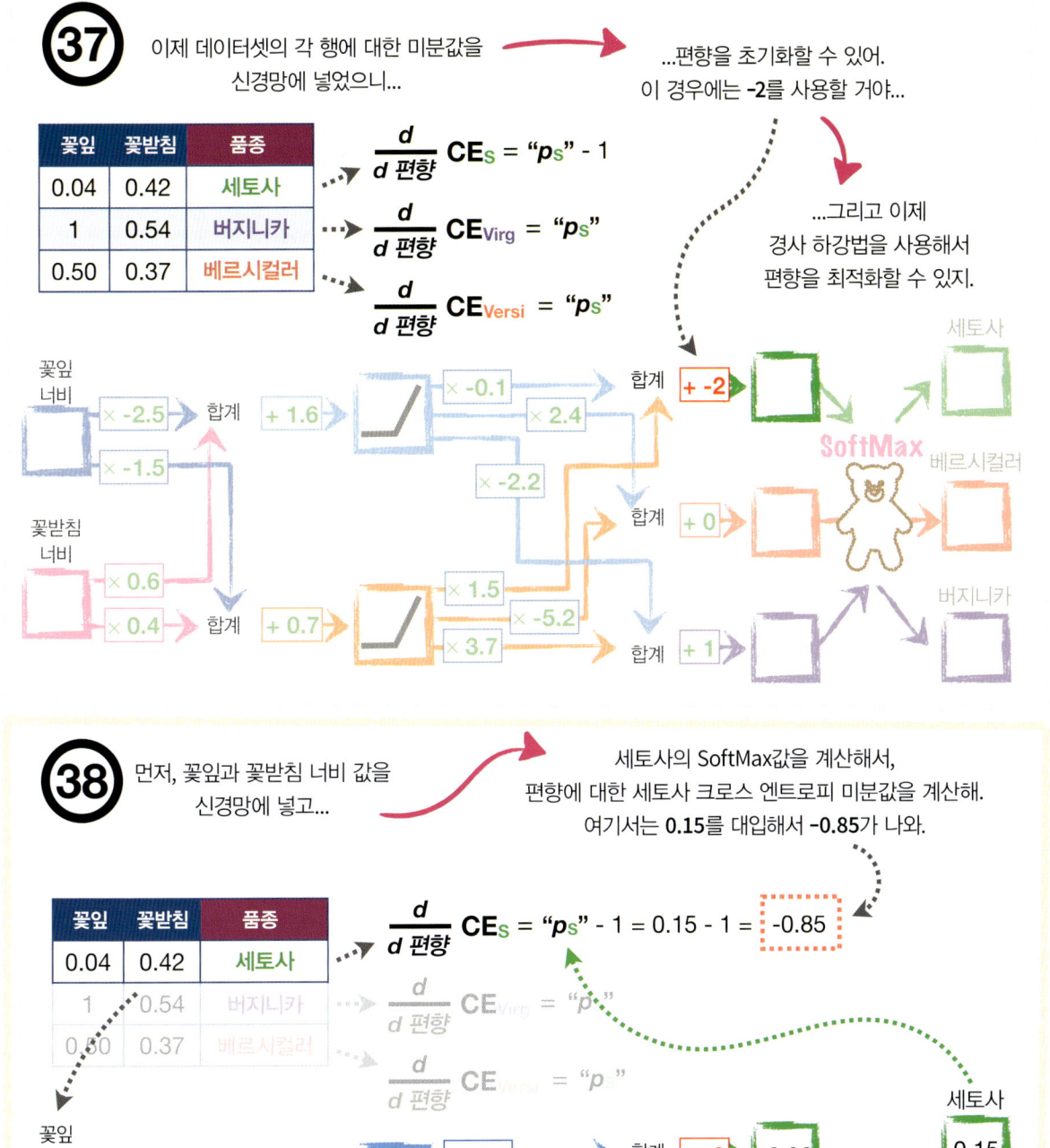

㉚ 그다음, 버지니카에 대한
꽃잎과 꽃받침 너비 값을
신경망에 넣고...

...세토사의 SoftMax값을 계산해서,
편향에 대한 버지니카 크로스 엔트로피 미분값을
계산해. 여기서는 **0.04**가 나와.

꽃잎	꽃받침	품종
0.04	0.42	세토사
1	0.54	버지니카
0.50	0.37	베르시컬러

$$\frac{d}{d\ \text{편향}}\ CE_s = \text{"}p_s\text{"} - 1 = 0.15 - 1 = -0.85$$

$$\frac{d}{d\ \text{편향}}\ CE_{Virg} = \text{"}p_s\text{"} = 0.04$$

$$\frac{d}{d\ \text{편향}}\ CE_{Versi} = \text{"}p_s\text{"}$$

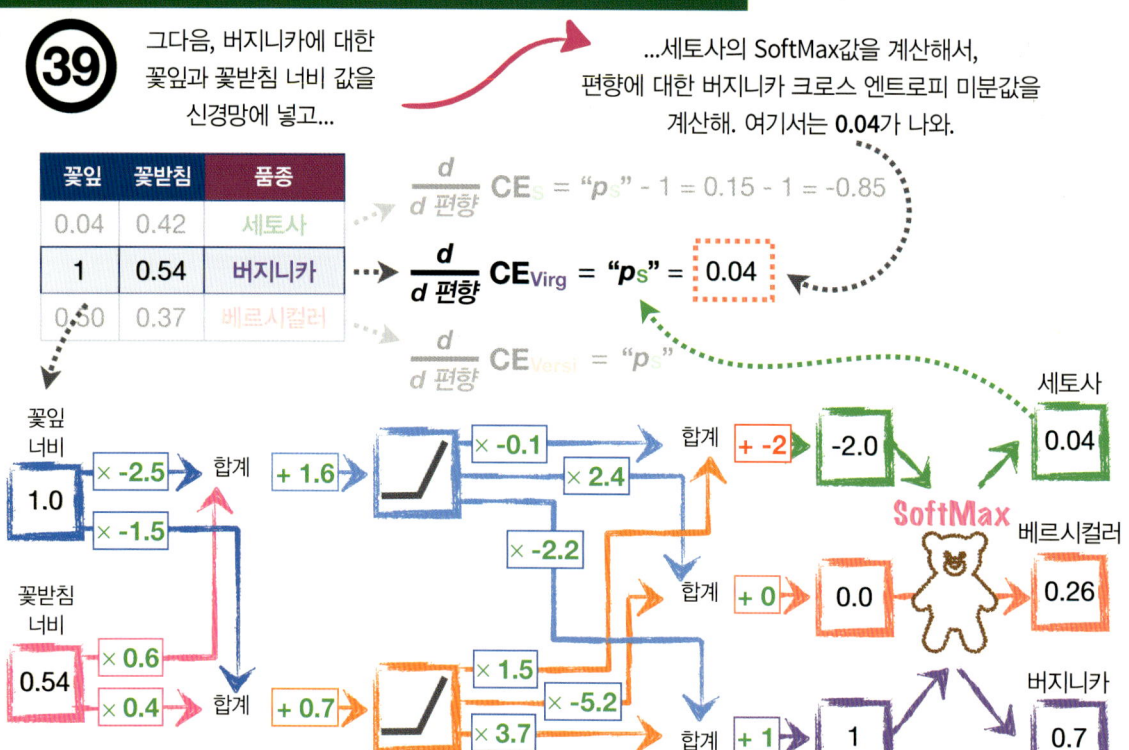

꽃잎
너비
1.0
× -2.5
× -1.5
합계
+ 1.6
× -0.1
× 2.4
× -2.2
합계
+ -2
-2.0
세토사
0.04
SoftMax
베르시컬러
0.26
꽃받침
너비
0.54
× 0.6
× 0.4
합계
+ 0.7
× 1.5
× 3.7
× -5.2
합계
+ 0
0.0
+ 1
1
버지니카
0.7

㉛ 마지막으로, 베르시컬러에
대한 꽃잎과 꽃받침 너비 값을
신경망에 넣고...

...세토사의 SoftMax값을 계산해서,
편향에 대한 베르시컬러 크로스 엔트로피 미분값을
계산해. 여기서는 **0.04**가 나와.

꽃잎	꽃받침	품종
0.04	0.42	세토사
1	0.54	버지니카
0.50	0.37	베르시컬러

$$\frac{d}{d\ \text{편향}}\ CE_s = \text{"}p_s\text{"} - 1 = 0.15 - 1 = -0.85$$

$$\frac{d}{d\ \text{편향}}\ CE_{Virg} = \text{"}p_s\text{"} = 0.04$$

$$\frac{d}{d\ \text{편향}}\ CE_{Versi} = \text{"}p_s\text{"} = 0.04$$

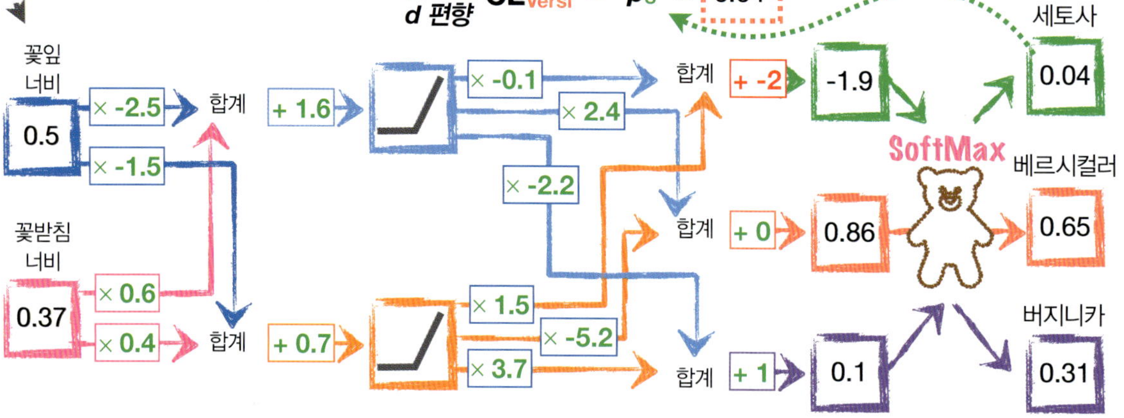

꽃잎
너비
0.5
× -2.5
× -1.5
합계
+ 1.6
× -0.1
× 2.4
× -2.2
합계
+ -2
-1.9
세토사
0.04
SoftMax
베르시컬러
0.65
꽃받침
너비
0.37
× 0.6
× 0.4
합계
+ 0.7
× 1.5
× 3.7
× -5.2
합계
+ 0
0.86
+ 1
0.1
버지니카
0.31

㊶ 이제, 전체 크로스 엔트로피의 미분값은 각 개별 미분값들의 합이므로...

...이 각각의 값들을 더해주면 돼...

$$\frac{d \text{ 전체 } CE}{d \text{ 편향}} = \frac{d}{d \text{ 편향}} CE_S + \frac{d}{d \text{ 편향}} CE_{Virg} + \frac{d}{d \text{ 편향}} CE_{Versi}$$

꽃잎	꽃받침	품종
0.04	0.42	세토사
1	0.54	버지니카
0.50	0.37	베르시컬러

$$\frac{d}{d \text{ 편향}} CE_S = \text{"}p_S\text{"} - 1 = -0.85$$

$$\frac{d}{d \text{ 편향}} CE_{Virg} = \text{"}p_S\text{"} = 0.04$$

$$\frac{d}{d \text{ 편향}} CE_{Versi} = \text{"}p_S\text{"} = 0.04$$

...전체 합은 **-0.77**이야.

$$\frac{d \text{ 전체 } CE}{d \text{ 편향}} = -0.85 + 0.04 + 0.04 = \boxed{-0.77}$$

...그리고 그건 전체 크로스 엔트로피 그래프의 기울기가 편향이 **-2**일 때 **-0.77**이라는 걸 의미해.

전체 크로스 엔트로피

3

-2   -1   0   1

편향값

...그리고 그건 경사 하강법이 편향값을 가장 낮은 전체 크로스 엔트로피 쪽으로 더 가깝게 이동시켜야 한다는 걸 알려줘.

㊷ 이제 기울기 값 **-0.77**을 스텝 크기 공식에 넣고...

이 예제에서는 **학습률**을 1로 설정할게...

스텝 크기 = 기울기 × 학습률

스텝 크기 = 0.77 × 1 = 0.77

새 편향 = 기존 편향 − 스텝 크기

새 편향 = −2 − −0.77 = −1.23

...그러면 스텝 크기는 **−0.77**이 돼. 그리고 이건 편향을 **−1.23**으로 업데이트해야 한다는 걸 의미해. 기존 편향값 **−2**에서 스텝 크기를 빼서 새로운 편향값을 얻는 거지.

크로스 엔트로피와 역전파

(43) 이제 편향이 −1.23으로 설정되었으니...

꽃잎	꽃받침	품종
0.04	0.42	세토사
1	0.54	버지니카
0.50	0.37	베르시컬러

$$\frac{d}{d\text{ 편향}}\text{CE}_{\text{S}} = \text{“}p_{\text{S}}\text{”} - 1$$

$$\frac{d}{d\text{ 편향}}\text{CE}_{\text{Virg}} = \text{“}p_{\text{S}}\text{”}$$

$$\frac{d}{d\text{ 편향}}\text{CE}_{\text{Versi}} = \text{“}p_{\text{S}}\text{”}$$

...데이터를 다시 신경망에 넣고 미분값들을 다시 계산해.

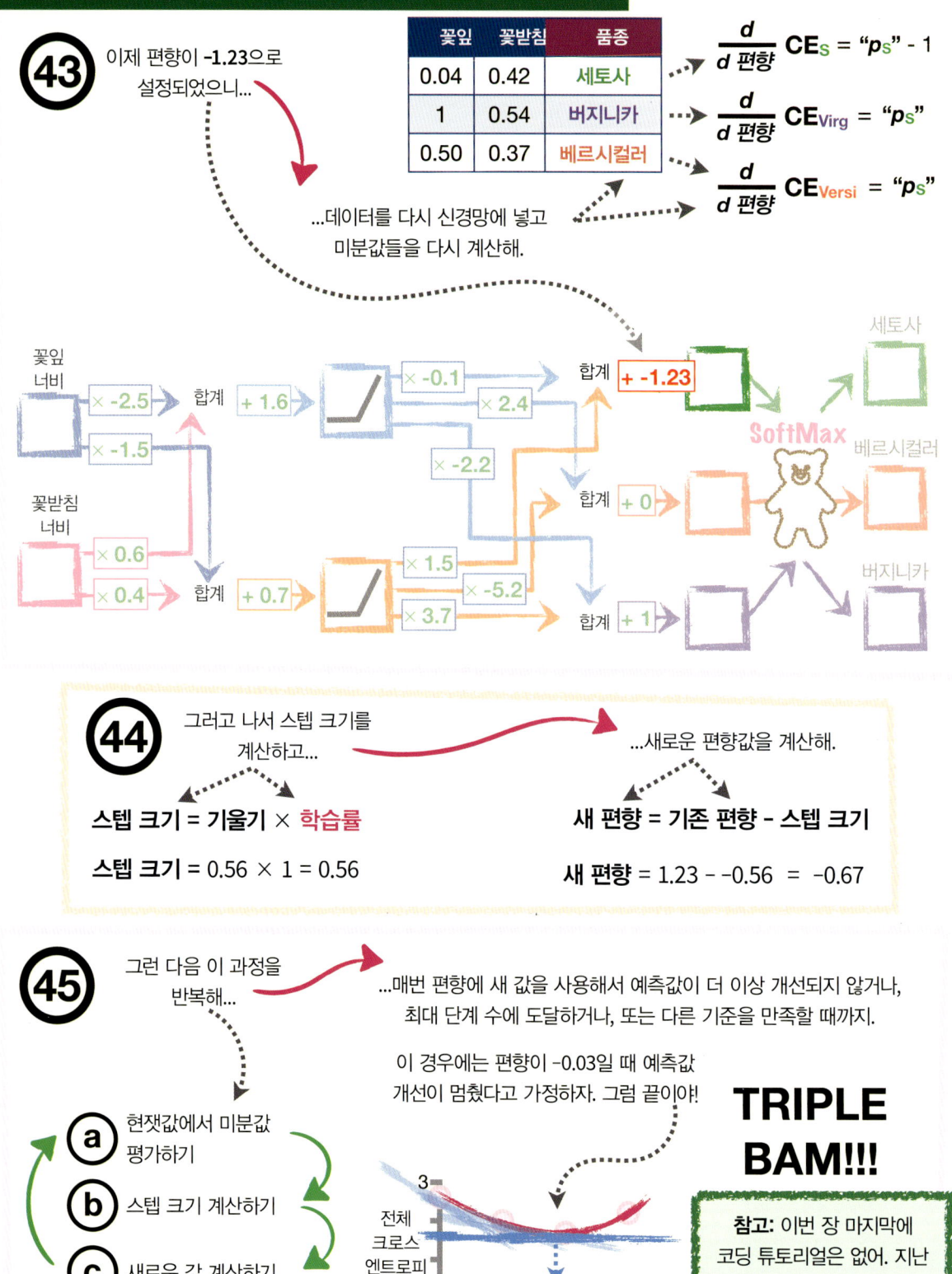

꽃잎 너비
× −2.5
× −1.5
합계 + 1.6
× −0.1
× 2.4
× −2.2
합계 + −1.23
세토사
SoftMax
베르시컬러
버지니카

꽃받침 너비
× 0.6
× 0.4
합계 + 0.7
× 1.5
× −5.2
× 3.7
합계 + 0
합계 + 1

(44) 그러고 나서 스텝 크기를 계산하고...

...새로운 편향값을 계산해.

스텝 크기 = 기울기 × 학습률

스텝 크기 = 0.56 × 1 = 0.56

새 편향 = 기존 편향 − 스텝 크기

새 편향 = 1.23 − −0.56 = −0.67

(45) 그런 다음 이 과정을 반복해...

...매번 편향에 새 값을 사용해서 예측값이 더 이상 개선되지 않거나, 최대 단계 수에 도달하거나, 또는 다른 기준을 만족할 때까지.

이 경우에는 편향이 −0.03일 때 예측값 개선이 멈췄다고 가정하자. 그럼 끝이야!

ⓐ 현잿값에서 미분값 평가하기

ⓑ 스텝 크기 계산하기

ⓒ 새로운 값 계산하기

전체 크로스 엔트로피

3

−2　−1　0　1
편향값

TRIPLE BAM!!!

참고: 이번 장 마지막에 코딩 튜토리얼은 없어. 지난번에 크로스 엔트로피를 이미 다뤘으니까.

Chapter 06

합성곱 신경망으로
이미지 분류하기!!!

합성곱 신경망: 핵심 아이디어

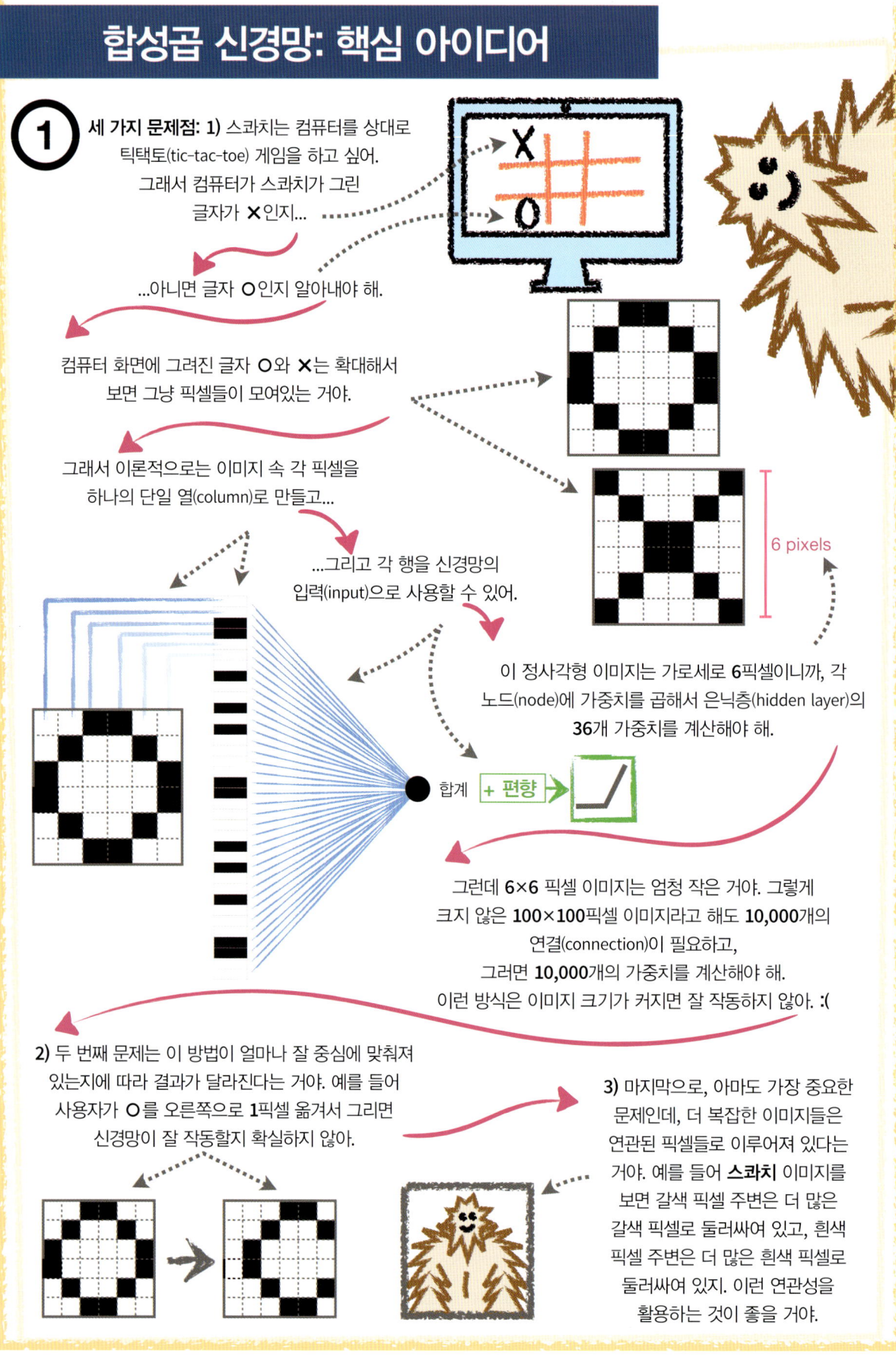

① **세 가지 문제점: 1)** 스카치는 컴퓨터를 상대로 틱택토(tic-tac-toe) 게임을 하고 싶어. 그래서 컴퓨터가 스카치가 그린 글자가 ✕인지...

...아니면 글자 ○인지 알아내야 해.

컴퓨터 화면에 그려진 글자 ○와 ✕는 확대해서 보면 그냥 픽셀들이 모여있는 거야.

그래서 이론적으로는 이미지 속 각 픽셀을 하나의 단일 열(column)로 만들고...

...그리고 각 행을 신경망의 입력(input)으로 사용할 수 있어.

6 pixels

이 정사각형 이미지는 가로세로 **6**픽셀이니까, 각 노드(node)에 가중치를 곱해서 은닉층(hidden layer)의 **36**개 가중치를 계산해야 해.

합계   + 편향

그런데 6×6 픽셀 이미지는 엄청 작은 거야. 그렇게 크지 않은 100×100픽셀 이미지라고 해도 **10,000**개의 연결(connection)이 필요하고, 그러면 **10,000**개의 가중치를 계산해야 해. 이런 방식은 이미지 크기가 커지면 잘 작동하지 않아. :(

2) 두 번째 문제는 이 방법이 얼마나 잘 중심에 맞춰져 있는지에 따라 결과가 달라진다는 거야. 예를 들어 사용자가 ○를 오른쪽으로 1픽셀 옮겨서 그리면 신경망이 잘 작동할지 확실하지 않아.

3) 마지막으로, 아마도 가장 중요한 문제인데, 더 복잡한 이미지들은 연관된 픽셀들로 이루어져 있다는 거야. 예를 들어 **스카치** 이미지를 보면 갈색 픽셀 주변은 더 많은 갈색 픽셀로 둘러싸여 있고, 흰색 픽셀 주변은 더 많은 흰색 픽셀로 둘러싸여 있지. 이런 연관성을 활용하는 것이 좋을 거야.

합성곱 신경망: 핵심 아이디어

②

해결책: 컴퓨터는 **스콰치**가 **✕**를 그렸는지 **〇**를 그렸는지 알아낼 수 있어. 바로 합성곱 신경망을 사용해서지!!!

합성곱 신경망(CNN)은 마치 원-핫 인코딩(one hot encoding)과 비슷하지만, 그렇게 복잡하진 않고 한 번에 한 영역씩 살펴봐. CNN이 이미지 분류 문제를 잘 다루게 하는 세 가지 주요 아이디어가 있어.

1) CNN은 이미지 속 입력 노드 수를 줄여줘.

2) CNN은 이미지 내 픽셀 위치가 약간 바뀌어도 잘 처리해(작은 이동에 둔감함).

3) CNN은 복잡한 이미지에서 관찰되는 상관관계를 활용해.

이제 **합성곱 신경망**이 이 **세 가지**를 어떻게 하는지 하나씩 자세히 알아보자!

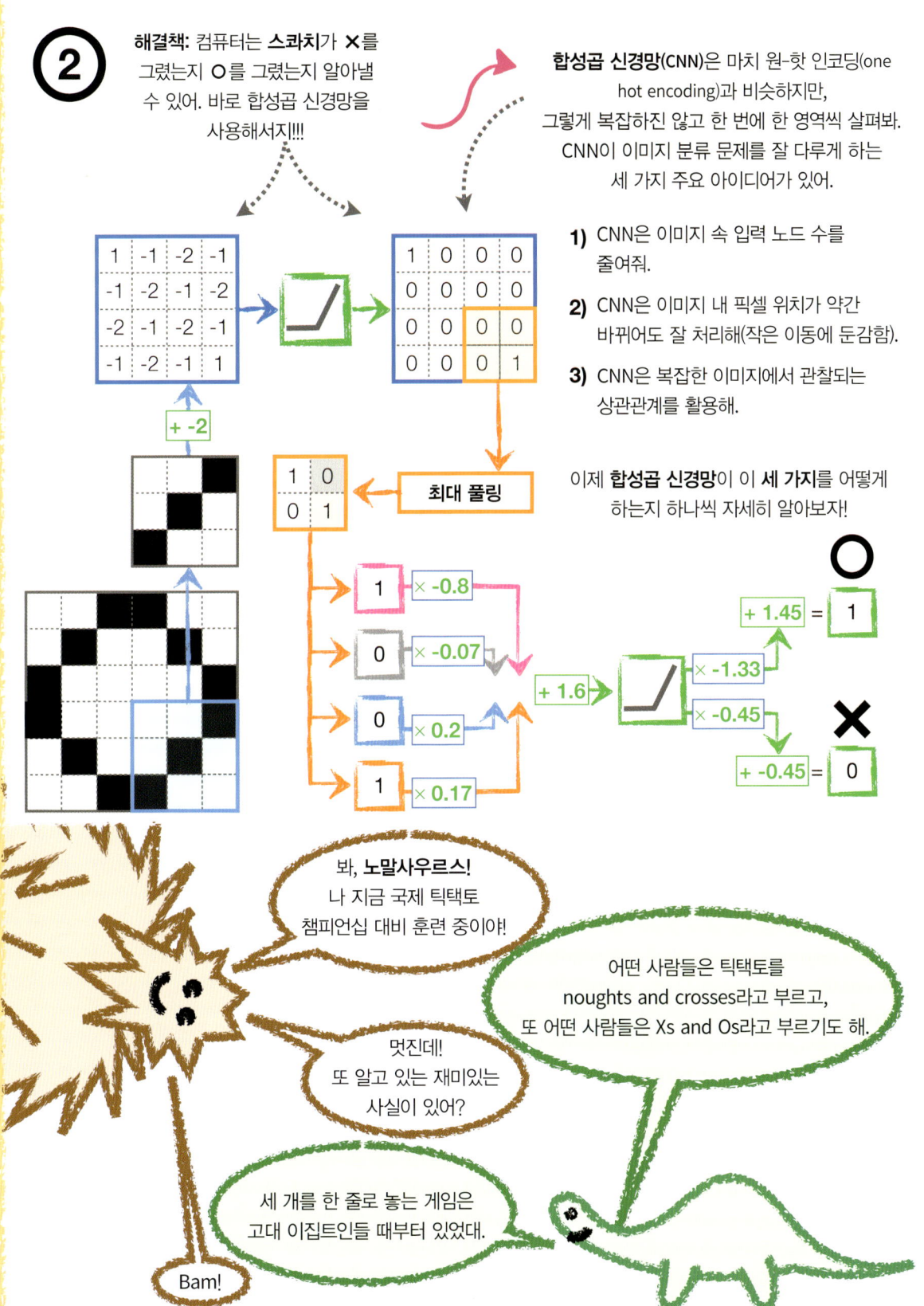

봐, **노말사우르스!** 나 지금 국제 틱택토 챔피언십 대비 훈련 중이야!

어떤 사람들은 틱택토를 noughts and crosses라고 부르고, 또 어떤 사람들은 Xs and Os라고 부르기도 해.

멋진데! 또 알고 있는 재미있는 사실이 있어?

세 개를 한 줄로 놓는 게임은 고대 이집트인들 때부터 있었대.

Bam!

CNN: 단계별로 살펴보기

① 신경망은 수치형(numeric) 입력만 받기 때문에, 흰색 픽셀은 **0**으로 정의하고…

…검은색 픽셀은 **1**로 정의해야 해.

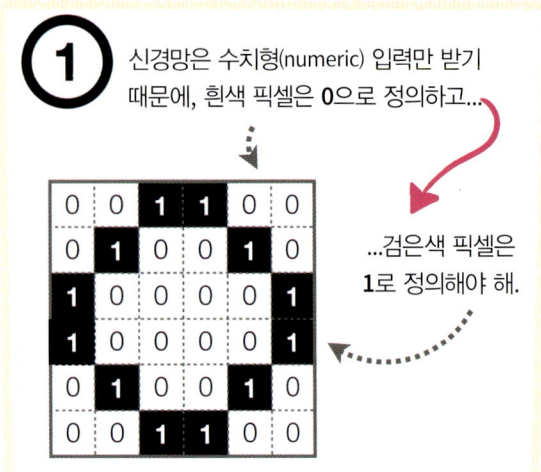

② 이제, CNN이 하는 첫 번째 일은 입력 이미지에 필터(filter)를 적용하는 거야.

CNN에서 커널(kernel)이라고도 알려진 필터는 작은 정사각형인데, 보통 3×3 픽셀 크기이고, 이 필터 안의 픽셀 강도(intensity)는 역전파를 통해 결정돼.

3 pixels

3 pixels

③ 다른 말로 하면, CNN을 훈련시키기 전에, **필터**는 무작위 값을 가지지만…

유용한 **필터**를 얻기 위해 역전파로 픽셀 값을 최적화해.

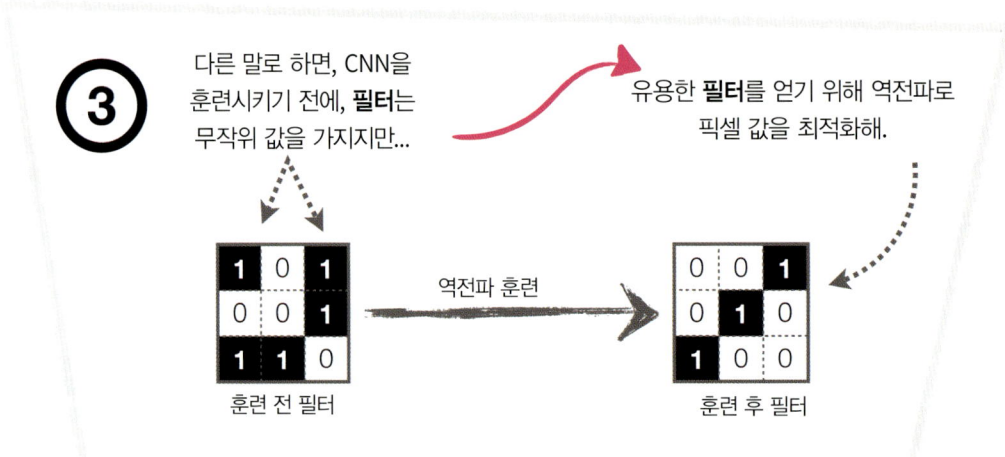

역전파 훈련

훈련 전 필터

훈련 후 필터

④ 필터를 입력 이미지에 적용하기 위해, 필터를 이미지 위에 겹쳐놓고…

입력 이미지

필터

그리고 겹치는 각 픽셀을 곱해서…

…최종 값을 얻기 위해 모두 더해. 이 경우에는 3이 나와.

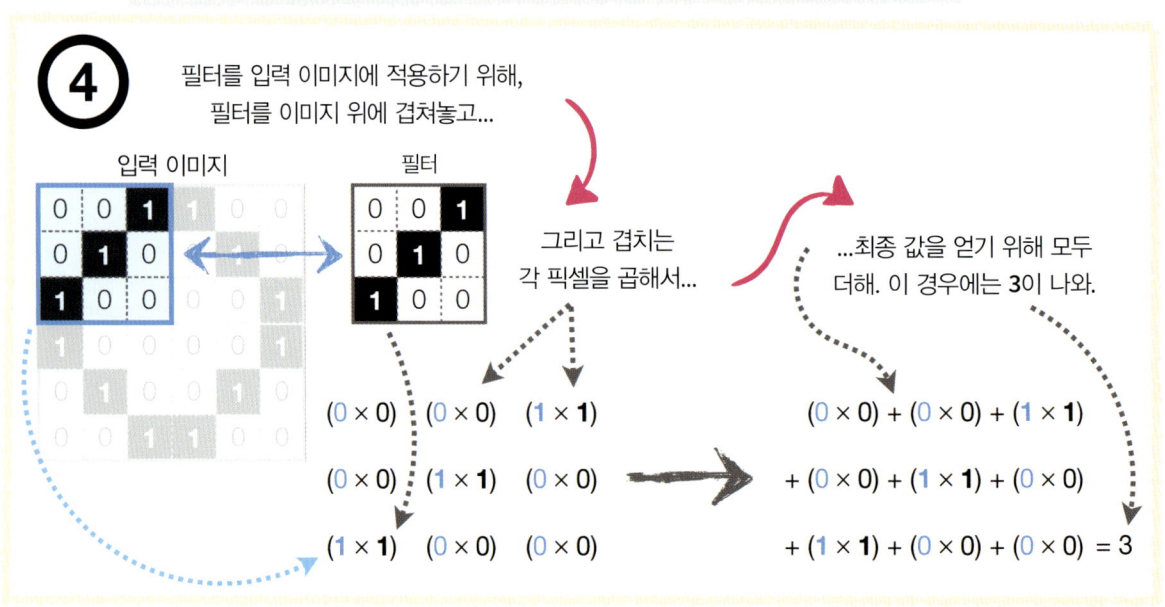

(0×0) (0×0) (1×1)

(0×0) (1×1) (0×0)

(1×1) (0×0) (0×0)

$(0 \times 0) + (0 \times 0) + (1 \times 1)$

$+ (0 \times 0) + (1 \times 1) + (0 \times 0)$

$+ (1 \times 1) + (0 \times 0) + (0 \times 0) = 3$

CNN: 단계별로 살펴보기

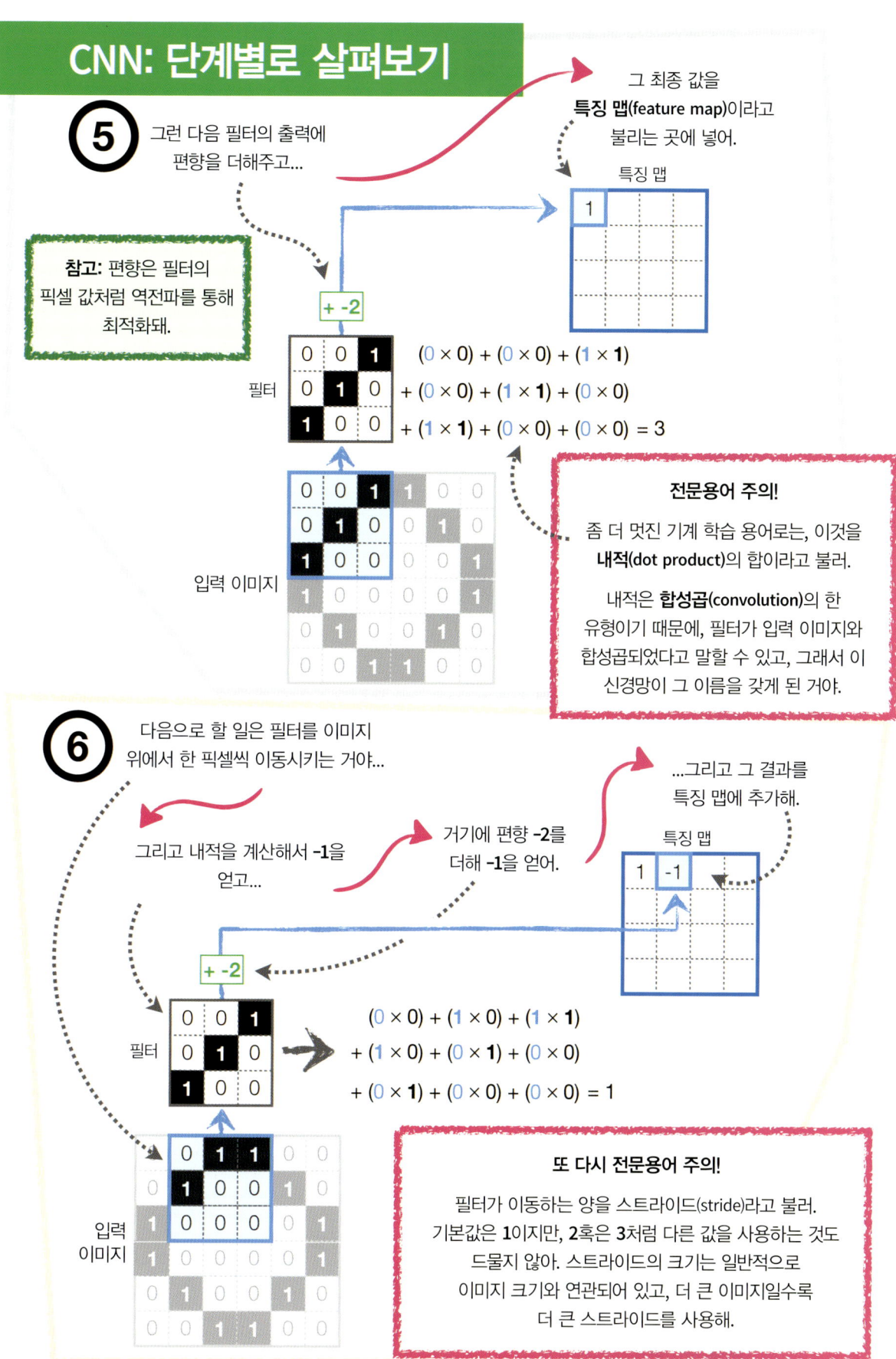

⑤ 그런 다음 필터의 출력에
편향을 더해주고...

그 최종 값을
특징 맵(feature map)이라고
불리는 곳에 넣어.

특징 맵

1		

참고: 편향은 필터의
픽셀 값처럼 역전파를 통해
최적화돼.

+ -2

필터

0	0	1
0	1	0
1	0	0

$(0 \times 0) + (0 \times 0) + (1 \times 1)$
$+ (0 \times 0) + (1 \times 1) + (0 \times 0)$
$+ (1 \times 1) + (0 \times 0) + (0 \times 0) = 3$

입력 이미지

전문용어 주의!

좀 더 멋진 기계 학습 용어로는, 이것을
내적(dot product)의 합이라고 불러.

내적은 **합성곱(convolution)**의 한
유형이기 때문에, 필터가 입력 이미지와
합성곱되었다고 말할 수 있고, 그래서 이
신경망이 그 이름을 갖게 된 거야.

⑥ 다음으로 할 일은 필터를 이미지
위에서 한 픽셀씩 이동시키는 거야...

...그리고 그 결과를
특징 맵에 추가해.

그리고 내적을 계산해서 **-1**을
얻고...

거기에 편향 **-2**를
더해 **-1**을 얻어.

특징 맵

1	-1	

+ -2

필터

0	0	1
0	1	0
1	0	0

$(0 \times 0) + (1 \times 0) + (1 \times 1)$
$+ (1 \times 0) + (0 \times 1) + (0 \times 0)$
$+ (0 \times 1) + (0 \times 0) + (0 \times 0) = 1$

입력
이미지

또 다시 전문용어 주의!

필터가 이동하는 양을 스트라이드(stride)라고 불러.
기본값은 **1**이지만, **2**혹은 **3**처럼 다른 값을 사용하는 것도
드물지 않아. 스트라이드의 크기는 일반적으로
이미지 크기와 연관되어 있고, 더 큰 이미지일수록
더 큰 스트라이드를 사용해.

123

CNN: 단계별로 살펴보기

⑦ 그런 다음 필터를 이미지 위에서 다시 이동시키고...

...특징 맵의 각 행을 채울 때까지 반복해.

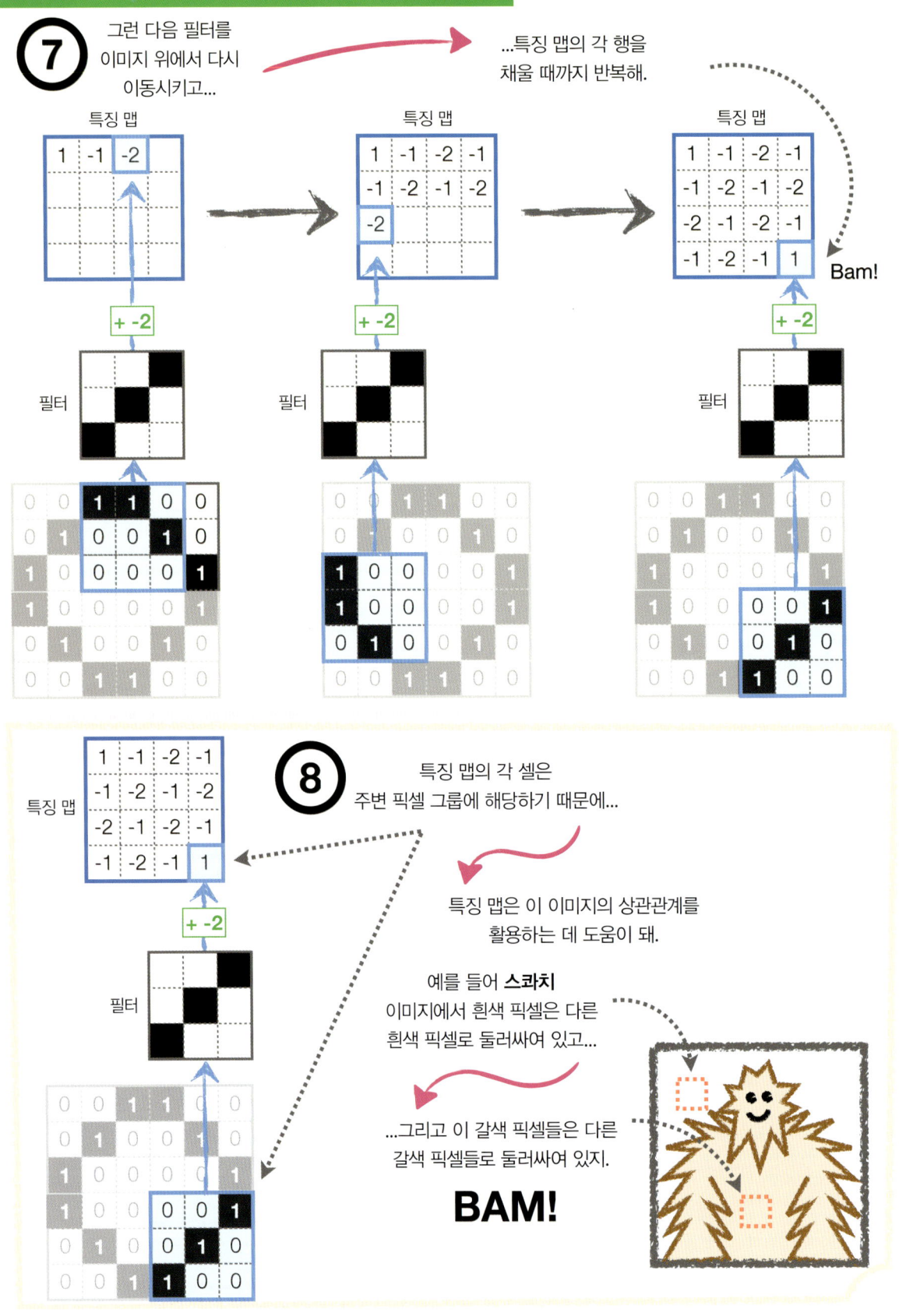

특징 맵

1	-1	-2

+ -2

필터

특징 맵

1	-1	-2	-1
-1	-2	-1	-2
-2			

+ -2

필터

특징 맵

1	-1	-2	-1
-1	-2	-1	-2
-2	-1	-2	-1
-1	-2	-1	1

Bam!

+ -2

필터

⑧ 특징 맵의 각 셀은 주변 픽셀 그룹에 해당하기 때문에...

특징 맵

1	-1	-2	-1
-1	-2	-1	-2
-2	-1	-2	-1
-1	-2	-1	1

+ -2

필터

특징 맵은 이 이미지의 상관관계를 활용하는 데 도움이 돼.

예를 들어 **스콰치** 이미지에서 흰색 픽셀은 다른 흰색 픽셀로 둘러싸여 있고...

...그리고 이 갈색 픽셀들은 다른 갈색 픽셀들로 둘러싸여 있지.

BAM!

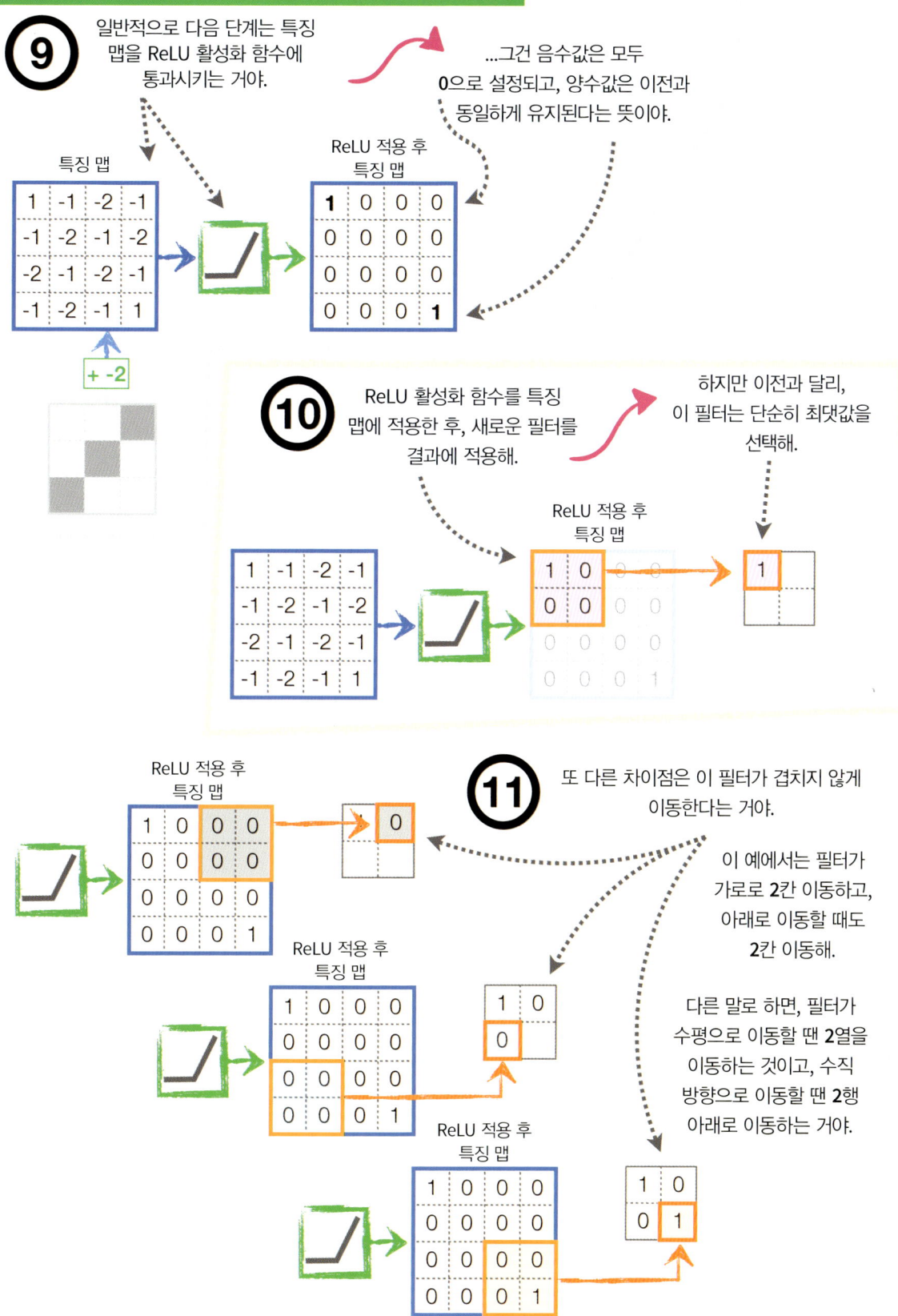

⑨ 일반적으로 다음 단계는 특징 맵을 ReLU 활성화 함수에 통과시키는 거야.

...그건 음수값은 모두 **0**으로 설정되고, 양수값은 이전과 동일하게 유지된다는 뜻이야.

특징 맵

1	-1	-2	-1
-1	-2	-1	-2
-2	-1	-2	-1
-1	-2	-1	1

+ -2

ReLU 적용 후 특징 맵

1	0	0	0
0	0	0	0
0	0	0	0
0	0	0	**1**

⑩ ReLU 활성화 함수를 특징 맵에 적용한 후, 새로운 필터를 결과에 적용해.

하지만 이전과 달리, 이 필터는 단순히 최댓값을 선택해.

1	-1	-2	-1
-1	-2	-1	-2
-2	-1	-2	-1
-1	-2	-1	1

ReLU 적용 후 특징 맵

1	0	0	0
0	0	0	0
0	0	0	0
0	0	0	1

| 1 | |
| | |

⑪ 또 다른 차이점은 이 필터가 겹치지 않게 이동한다는 거야.

이 예에서는 필터가 가로로 **2칸** 이동하고, 아래로 이동할 때도 **2칸** 이동해.

다른 말로 하면, 필터가 수평으로 이동할 땐 **2열**을 이동하는 것이고, 수직 방향으로 이동할 땐 **2행** 아래로 이동하는 거야.

ReLU 적용 후 특징 맵

1	0	0	0
0	0	0	0
0	0	0	0
0	0	0	1

| 0 | |
| | |

ReLU 적용 후 특징 맵

1	0	0	0
0	0	0	0
0	0	0	0
0	0	0	1

| 1 | 0 |
| 0 | |

ReLU 적용 후 특징 맵

1	0	0	0
0	0	0	0
0	0	0	0
0	0	0	1

| 1 | 0 |
| 0 | 1 |

CNN: 단계별로 살펴보기

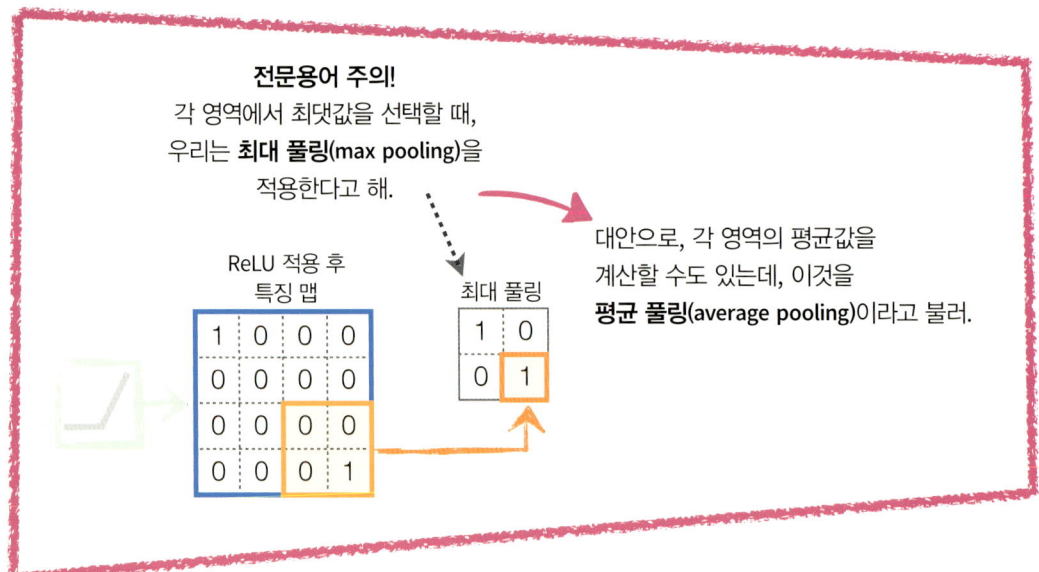

전문용어 주의!
각 영역에서 최댓값을 선택할 때,
우리는 **최대 풀링(max pooling)**을
적용한다고 해.

ReLU 적용 후
특징 맵

1	0	0	0
0	0	0	0
0	0	0	0
0	0	0	1

최대 풀링

| 1 | 0 |
| 0 | 1 |

대안으로, 각 영역의 평균값을
계산할 수도 있는데, 이것을
평균 풀링(average pooling)이라고 불러.

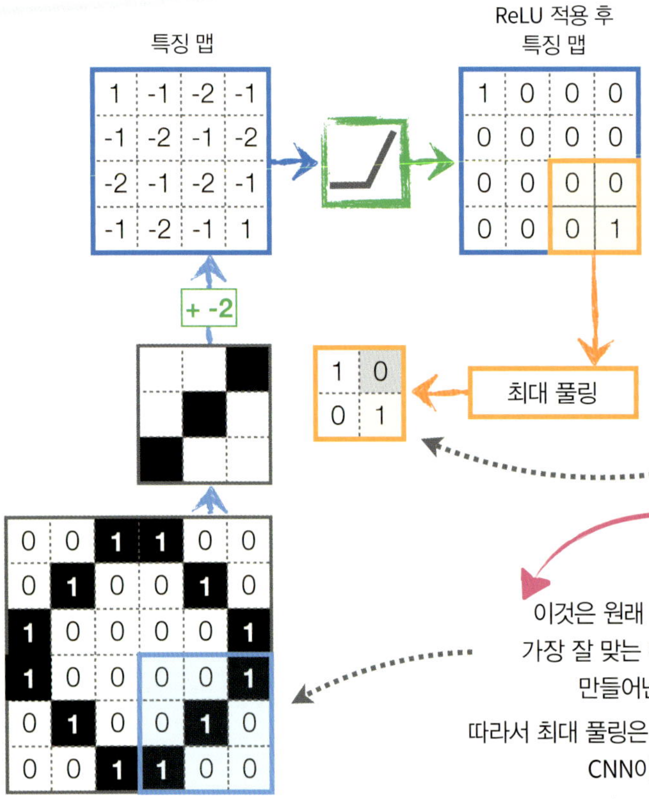

특징 맵

1	-1	-2	-1
-1	-2	-1	-2
-2	-1	-2	-1
-1	-2	-1	1

+ -2

ReLU 적용 후
특징 맵

1	0	0	0
0	0	0	0
0	0	0	0
0	0	0	1

⑫ 최대 풀링이 ReLU 활성화
함수 이후의 특징 맵에 어떤
영향을 미치는지 보려면, 이것을
고려해보자...

최대 풀링

| 1 | 0 |
| 0 | 1 |

최대 풀링 후에는 단일 값 **1**에
해당해...

0	0	1	1	0	0
0	1	0	0	1	0
1	0	0	0	0	1
1	0	0	0	0	1
0	1	0	0	1	0
0	0	1	1	0	0

이것은 원래 필터가 입력 이미지와
가장 잘 맞는 위치, 즉 최상의 일치를
만들어낸 영역에 해당해.

따라서 최대 풀링은 원래 필터가 가장 잘 맞는 위치에
CNN이 집중하도록 도와줘.

Bam.

친절한 알림:
CNN은 합성곱 신경망
(convolutional neural network)
의 약자야.

126

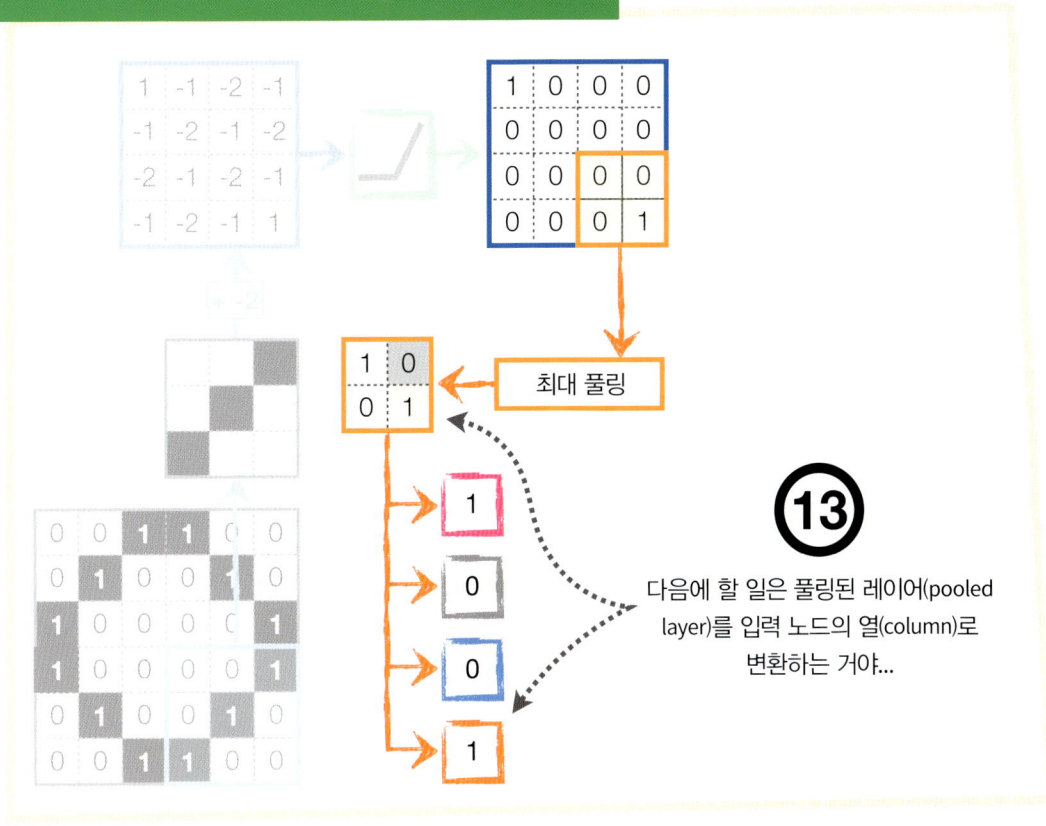

⑬

다음에 할 일은 풀링된 레이어(pooled layer)를 입력 노드의 열(column)로 변환하는 거야...

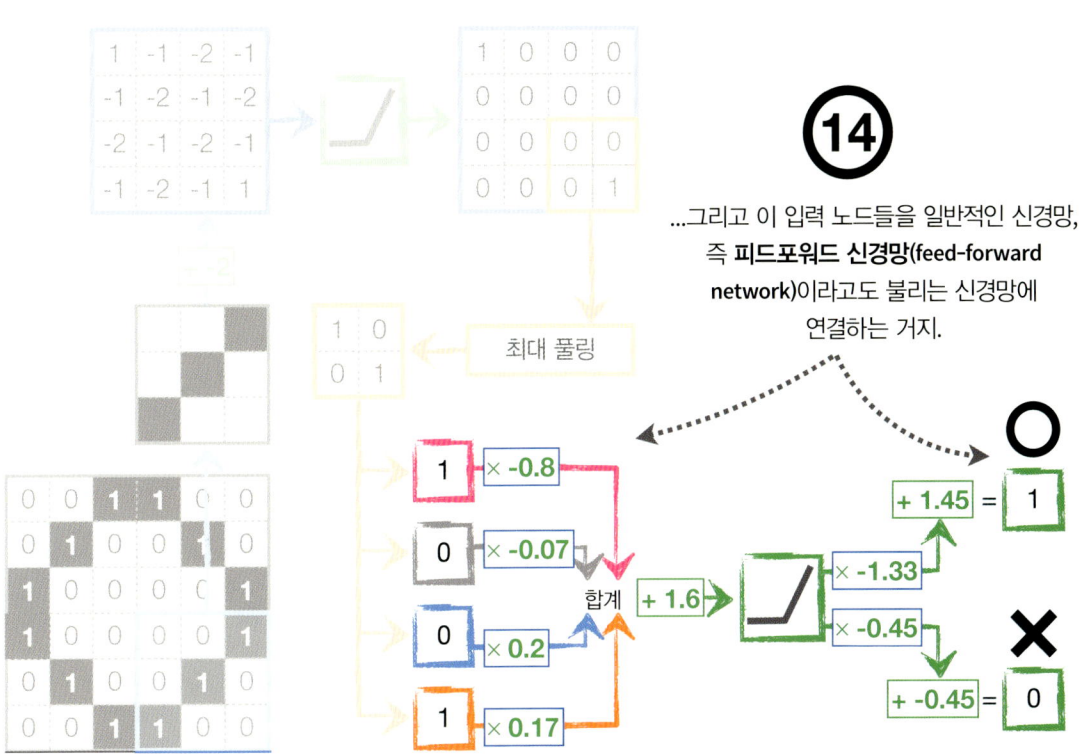

⑭

...그리고 이 입력 노드들을 일반적인 신경망, 즉 **피드포워드 신경망**(feed-forward network)이라고도 불리는 신경망에 연결하는 거지.

CNN: 단계별로 살펴보기

15 궁극적으로, 입력 이미지가 글자 O의 그림이라고 가정해보면...

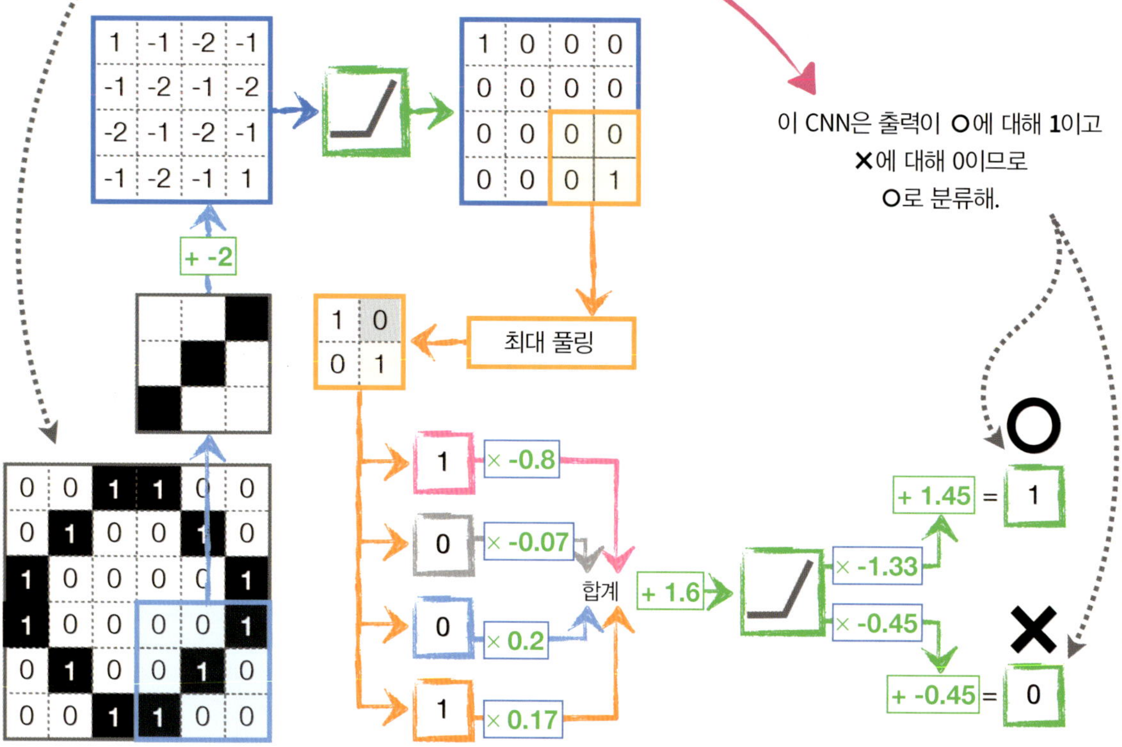

1 -1 -2 -1
-1 -2 -1 -2
-2 -1 -2 -1
-1 -2 -1 1
+ -2
1 0 0 0
0 0 0 0
0 0 0 0
0 0 0 1
최대 풀링
1 0
0 1
0 0 1 1 0 0
0 1 0 0 1 0
1 0 0 0 0 1
1 0 0 0 0 1
0 1 0 0 1 0
0 0 1 1 0 0
1 × -0.8
0 × -0.07
0 × 0.2
1 × 0.17
합계
+ 1.6
× -1.33
× -0.45
+ 1.45 = 1
+ -0.45 = 0
O
×

이 CNN은 출력이 O에 대해 1이고
×에 대해 0이므로
O로 분류해.

BAM!!!

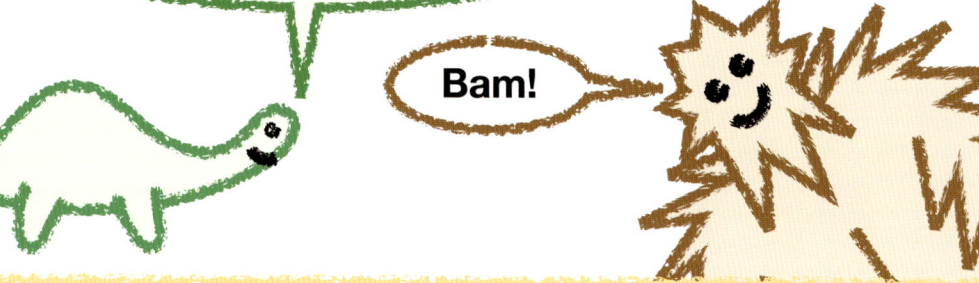

최초의 신경망은 **1950년대**에 만들어졌는데,
손글씨 숫자와 문자를 인식하도록 설계된 **퍼셉트론**이었어.
하지만 이 초기 CNN 설계는 데이터셋이 너무 작았고 컴퓨터가 너무 느려서
1990년대까지는 실제로 잘 작동하지 않았지. 그러나 운 좋게도 **GPU(그래픽 처리 장치)**를
연구하던 사람들이 CNN을 훨씬 빠르게 실행할 수 있다는 것을 알아냈어.
GPU는 CNN 속도를 높였고, CNN은 이미지 분류를 잘하게 되었고,
우리가 **현재** 경험하고 있는 AI 혁명을 시작하게 된 거야.

Bam!

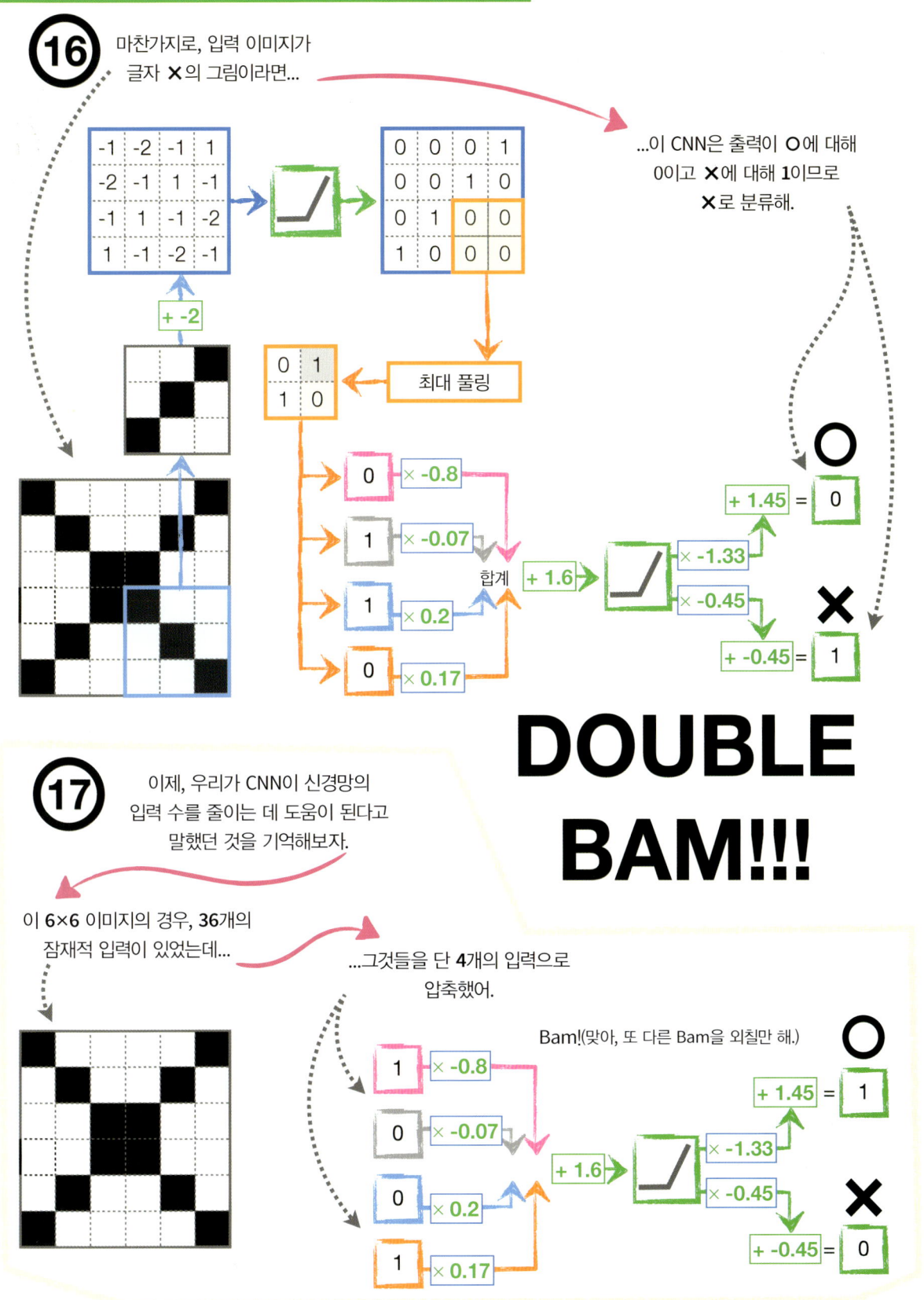

⑯ 마찬가지로, 입력 이미지가 글자 ✗의 그림이라면...

...이 CNN은 출력이 ○에 대해 0이고 ✗에 대해 1이므로 ✗로 분류해.

+ -2

최대 풀링

0 × -0.8
1 × -0.07
1 × 0.2
0 × 0.17

합계

+ 1.6

× -1.33
+ 1.45 = 0 ○

× -0.45
+ -0.45 = 1 ✗

DOUBLE BAM!!!

⑰ 이제, 우리가 CNN이 신경망의 입력 수를 줄이는 데 도움이 된다고 말했던 것을 기억해보자.

이 6×6 이미지의 경우, 36개의 잠재적 입력이 있었는데...

...그것들을 단 4개의 입력으로 압축했어.

Bam!(맞아, 또 다른 Bam을 외칠만 해.)

1 × -0.8
0 × -0.07
0 × 0.2
1 × 0.17

+ 1.6

× -1.33
+ 1.45 = 1 ○

× -0.45
+ -0.45 = 0 ✗

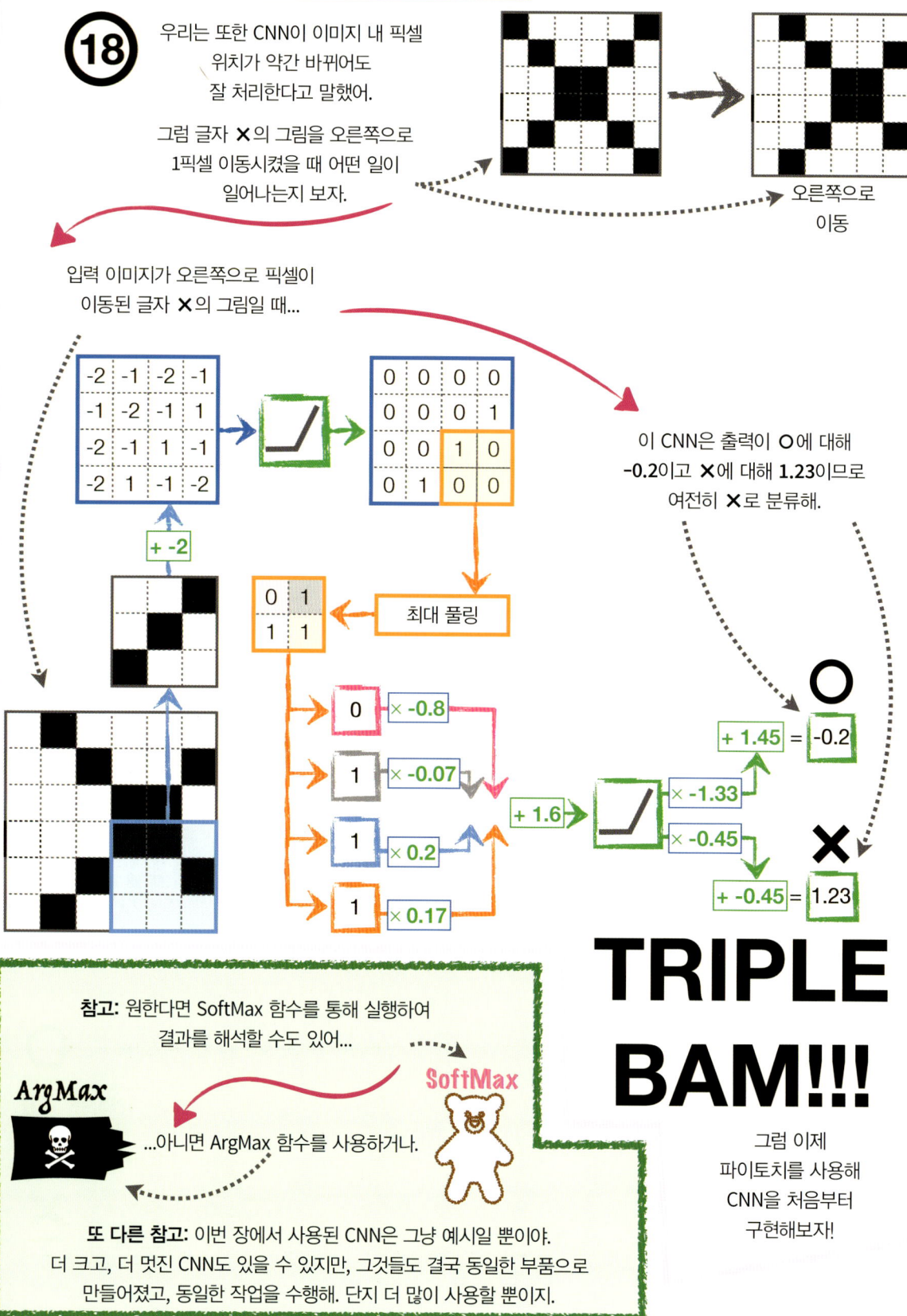

⑱ 우리는 또한 CNN이 이미지 내 픽셀 위치가 약간 바뀌어도 잘 처리한다고 말했어.

그럼 글자 ✕의 그림을 오른쪽으로 1픽셀 이동시켰을 때 어떤 일이 일어나는지 보자.

오른쪽으로 이동

입력 이미지가 오른쪽으로 픽셀이 이동된 글자 ✕의 그림일 때...

-2	-1	-2	-1
-1	-2	-1	1
-2	-1	1	-1
-2	1	-1	-2

0	0	0	0
0	0	0	1
0	0	1	0
0	1	0	0

이 CNN은 출력이 ○에 대해 -0.2이고 ✕에 대해 1.23이므로 여전히 ✕로 분류해.

+ -2

| 0 | 1 |
| 1 | 1 |

최대 풀링

0 × -0.8

1 × -0.07

1 × 0.2

1 × 0.17

+ 1.6

× -1.33

× -0.45

+ 1.45 = -2 → ○

+ -0.45 = 1.23 → ✕

TRIPLE BAM!!!

그럼 이제 파이토치를 사용해 CNN을 처음부터 구현해보자!

참고: 원한다면 SoftMax 함수를 통해 실행하여 결과를 해석할 수도 있어...

ArgMax

SoftMax

...아니면 ArgMax 함수를 사용하거나.

또 다른 참고: 이번 장에서 사용된 CNN은 그냥 예시일 뿐이야. 더 크고, 더 멋진 CNN도 있을 수 있지만, 그것들도 결국 동일한 부품으로 만들어졌고, 동일한 작업을 수행해. 단지 더 많이 사용할 뿐이지.

파이토치로 만드는 CNN

① 파이토치로 간단한 CNN을 만드는 건 아주 쉬워. 필터링(filtering)을 처리하기 위해 **nn.Conv2d()**를 사용할 수 있고...

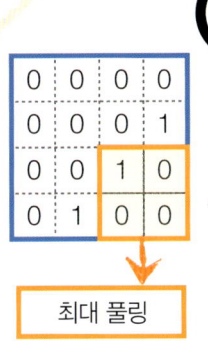

최대 풀링

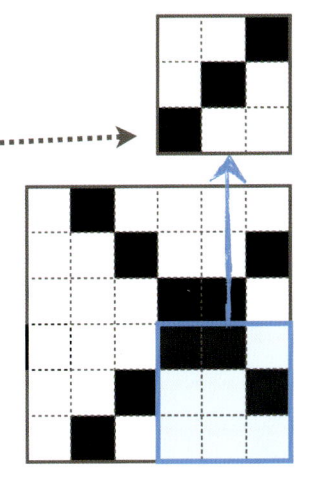

그리고 최대 풀링을 위해서는 **nn.MaxPool2d()**를 사용할 수 있어.

다른 모든 것들은 **nn.Linear()**나 우리가 이미 배운 다른 기본 함수들로 처리할 수 있지.

② nn.Conv2d()에는 우리가 설정할 수 있는 매개변수가 많지만, 우리 예제에서는 **in_channels, out_channels, kernel_size**만 설정하면 돼(각 매개변수에 대한 설명은 원하는 순서대로 읽어봐!).

in_channels는 입력 이미지(input image)가 가진 채널(channel) 수를 지정해. 우리 흑백 이미지에서는 채널이 하나만 필요해. 하지만 컬러 이미지는 보통 3개의 채널, 즉 **빨강** 하나, **초록** 하나, **파랑** 하나를 가질 수 있어.

```
self.conv = nn.Conv2d(in_channels=1,
              out_channels=1,
              kernel_size=3)
```

out_channels는 우리가 출력(output)으로 원하는 채널 수를 지정해. 예를 들어 3개의 입력 채널을 가진 컬러 이미지가 있다면, 모든 것을 분리하기 위해 **out_channels**를 3으로 설정하거나, 채널들을 결합하기 위해 더 작은 수로 설정할 수도 있어.

kernel_size는 필터(커널이라고도 함)의 크기를 지정해. 이 경우, 우리는 3×3 필터를 원하니까 3으로 설정했어. 만약 (2, 3)과 같은 튜플(tuple)을 사용하면, 정사각형이 아닌 모양도 지정할 수 있어.

③ 최대 풀링을 위해서는 **nn.MaxPool2d()**를 사용하고 **kernel_size**와 **스트라이드(stride)**를 설정할 수 있어.

kernel_size는 **최대 풀링(max pooling)**을 수행하는 필터(커널이라고도 함)의 크기를 지정해. 이 예제에서는 2×2 그리드(grid)에 대해 2로 설정했어.

```
self.pool = nn.MaxPool2d(kernel_size=2,
               stride=2)
```

스트라이드(stride)는 각 단계에서 필터를 얼마나 이동시킬지 지정해. 이 예제에서는 2만큼 이동시키고 있어. 따라서 우리 2×2 필터는 가로(또는 세로)로 2 유닛(unit) 이동한 후에야 최대 풀링을 수행해. 결과적으로, 우리 최대 풀링 필터는 절대 스스로 겹치지 않아.

④ 이 QR 코드를 스캔하거나, 클릭하거나, 탭해서 **nn.Conv2d()**를 사용해 필터를 적용하고 **nn.MaxPool2d()**를 사용해 최대 풀링을 수행하는 CNN을 만들고 훈련시키는 **파이토치** 코드에 접근해봐!!!

Chapter 07

순환 신경망으로
주가 예측하기!!!

순환 신경망: 핵심 아이디어

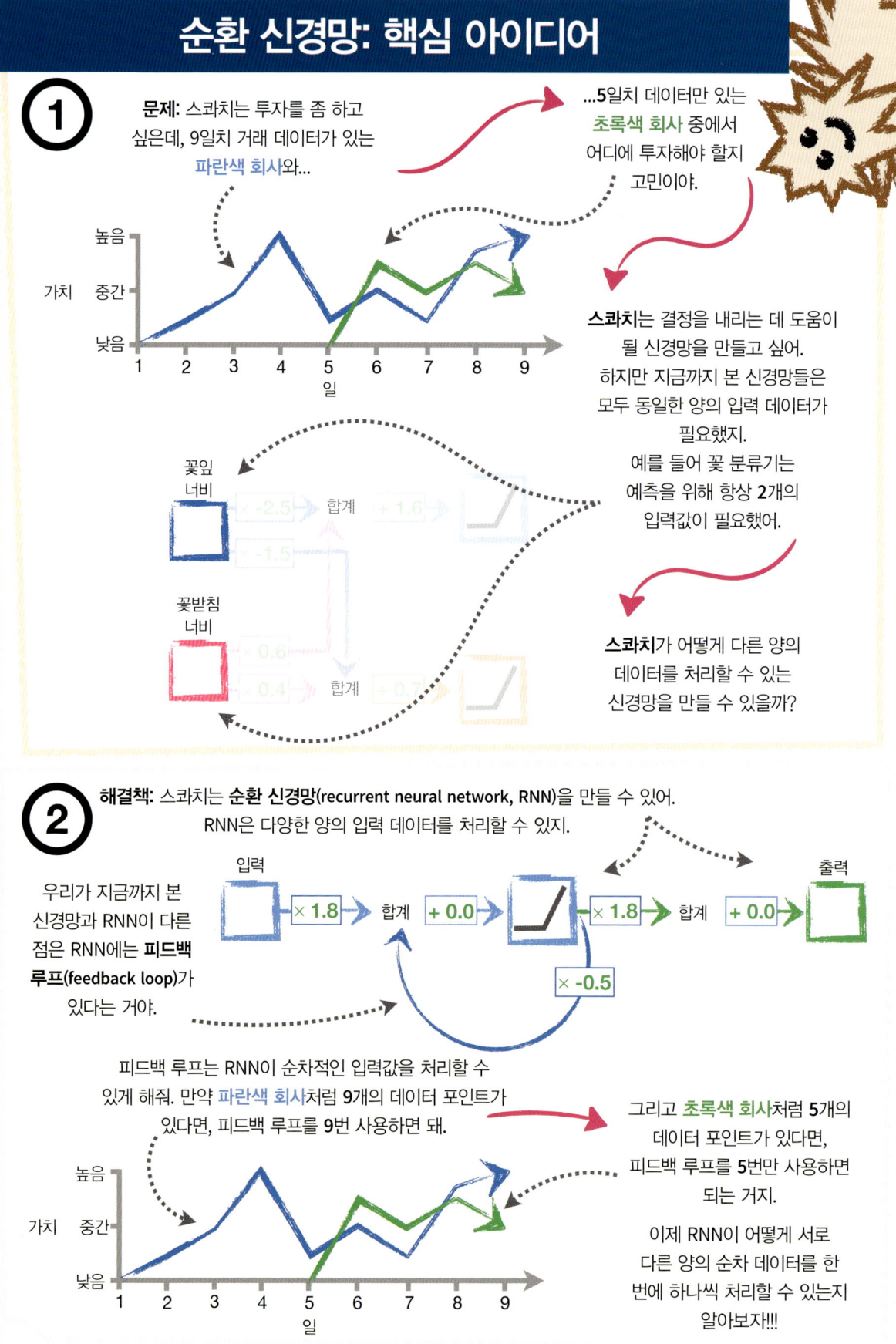

①

문제: 스콰치는 투자를 좀 하고 싶은데, 9일치 거래 데이터가 있는 파란색 회사와...

...5일치 데이터만 있는 초록색 회사 중에서 어디에 투자해야 할지 고민이야.

스콰치는 결정을 내리는 데 도움이 될 신경망을 만들고 싶어. 하지만 지금까지 본 신경망들은 모두 동일한 양의 입력 데이터가 필요했지. 예를 들어 꽃 분류기는 예측을 위해 항상 **2**개의 입력값이 필요했어.

스콰치가 어떻게 다른 양의 데이터를 처리할 수 있는 신경망을 만들 수 있을까?

가치 / 높음 / 중간 / 낮음
일 / 1 2 3 4 5 6 7 8 9

꽃잎 너비
× -2.5 합계 + 1.6
× -1.5
꽃받침 너비
× 0.6
× 0.4 합계 + 0.7

②

해결책: 스콰치는 **순환 신경망**(recurrent neural network, RNN)을 만들 수 있어. RNN은 다양한 양의 입력 데이터를 처리할 수 있지.

우리가 지금까지 본 신경망과 RNN이 다른 점은 RNN에는 **피드백 루프(feedback loop)**가 있다는 거야.

입력
× 1.8 → 합계 → + 0.0 → × 1.8 → 합계 → + 0.0 → 출력
× -0.5

피드백 루프는 RNN이 순차적인 입력값을 처리할 수 있게 해줘. 만약 **파란색 회사**처럼 9개의 데이터 포인트가 있다면, 피드백 루프를 9번 사용하면 돼.

그리고 **초록색 회사**처럼 **5**개의 데이터 포인트가 있다면, 피드백 루프를 **5**번만 사용하면 되는 거지.

이제 RNN이 어떻게 서로 다른 양의 순차 데이터를 한 번에 하나씩 처리할 수 있는지 알아보자!!!

가치 / 높음 / 중간 / 낮음
일 / 1 2 3 4 5 6 7 8 9

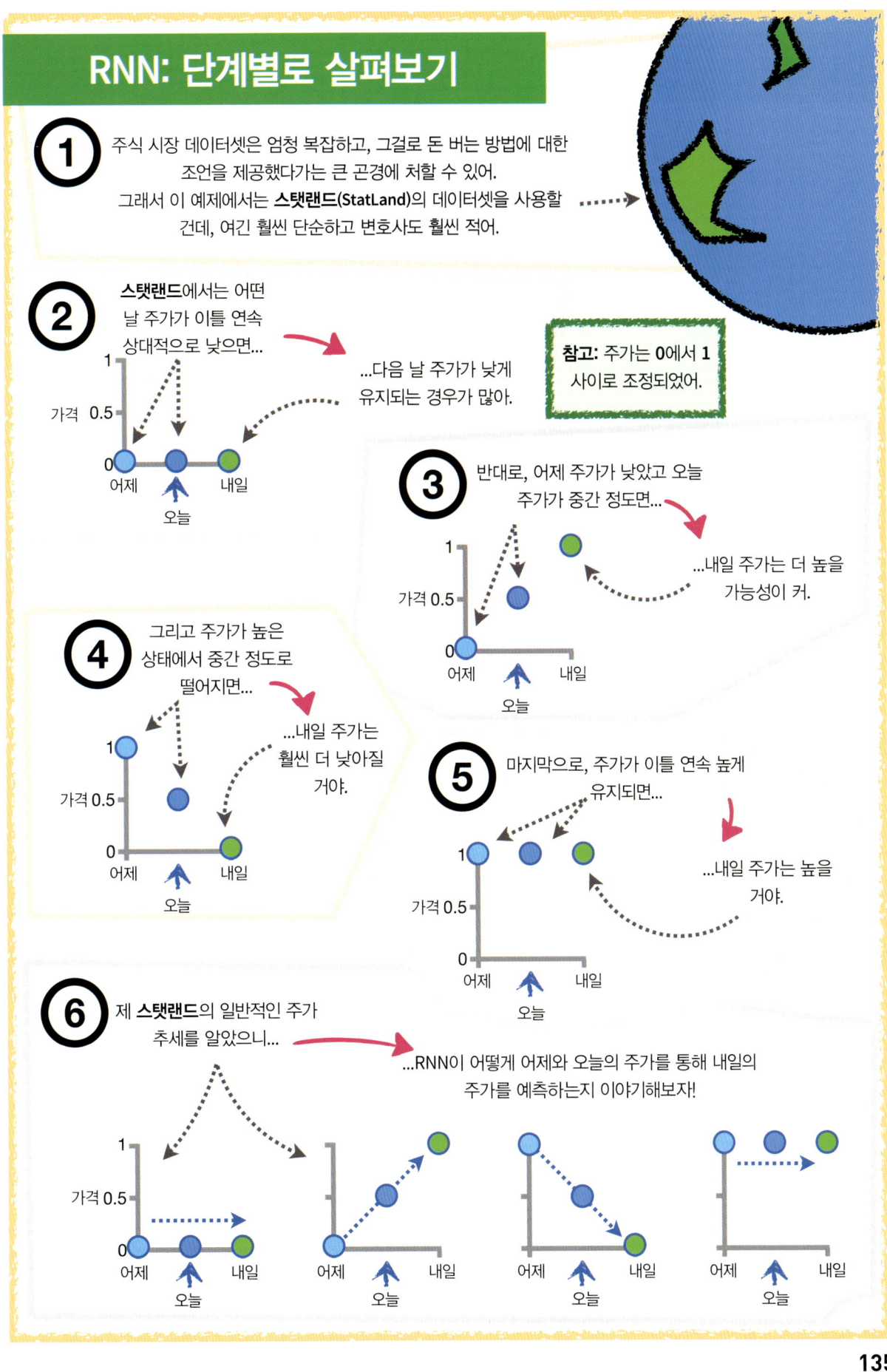

RNN: 단계별로 살펴보기

① 주식 시장 데이터셋은 엄청 복잡하고, 그걸로 돈 버는 방법에 대한 조언을 제공했다가는 큰 곤경에 처할 수 있어. 그래서 이 예제에서는 **스탯랜드(StatLand)**의 데이터셋을 사용할 건데, 여긴 훨씬 단순하고 변호사도 훨씬 적어.

② **스탯랜드**에서는 어떤 날 주가가 이틀 연속 상대적으로 낮으면...

...다음 날 주가가 낮게 유지되는 경우가 많아.

가격

어제 오늘 내일

참고: 주가는 0에서 1 사이로 조정되었어.

③ 반대로, 어제 주가가 낮았고 오늘 주가가 중간 정도면...

...내일 주가는 더 높을 가능성이 커.

가격

어제 오늘 내일

④ 그리고 주가가 높은 상태에서 중간 정도로 떨어지면...

...내일 주가는 훨씬 더 낮아질 거야.

가격

어제 오늘 내일

⑤ 마지막으로, 주가가 이틀 연속 높게 유지되면...

...내일 주가는 높을 거야.

가격

어제 오늘 내일

⑥ 제 **스탯랜드**의 일반적인 주가 추세를 알았으니...

...RNN이 어떻게 어제와 오늘의 주가를 통해 내일의 주가를 예측하는지 이야기해보자!

가격

어제 오늘 내일   어제 오늘 내일   어제 오늘 내일   어제 오늘 내일

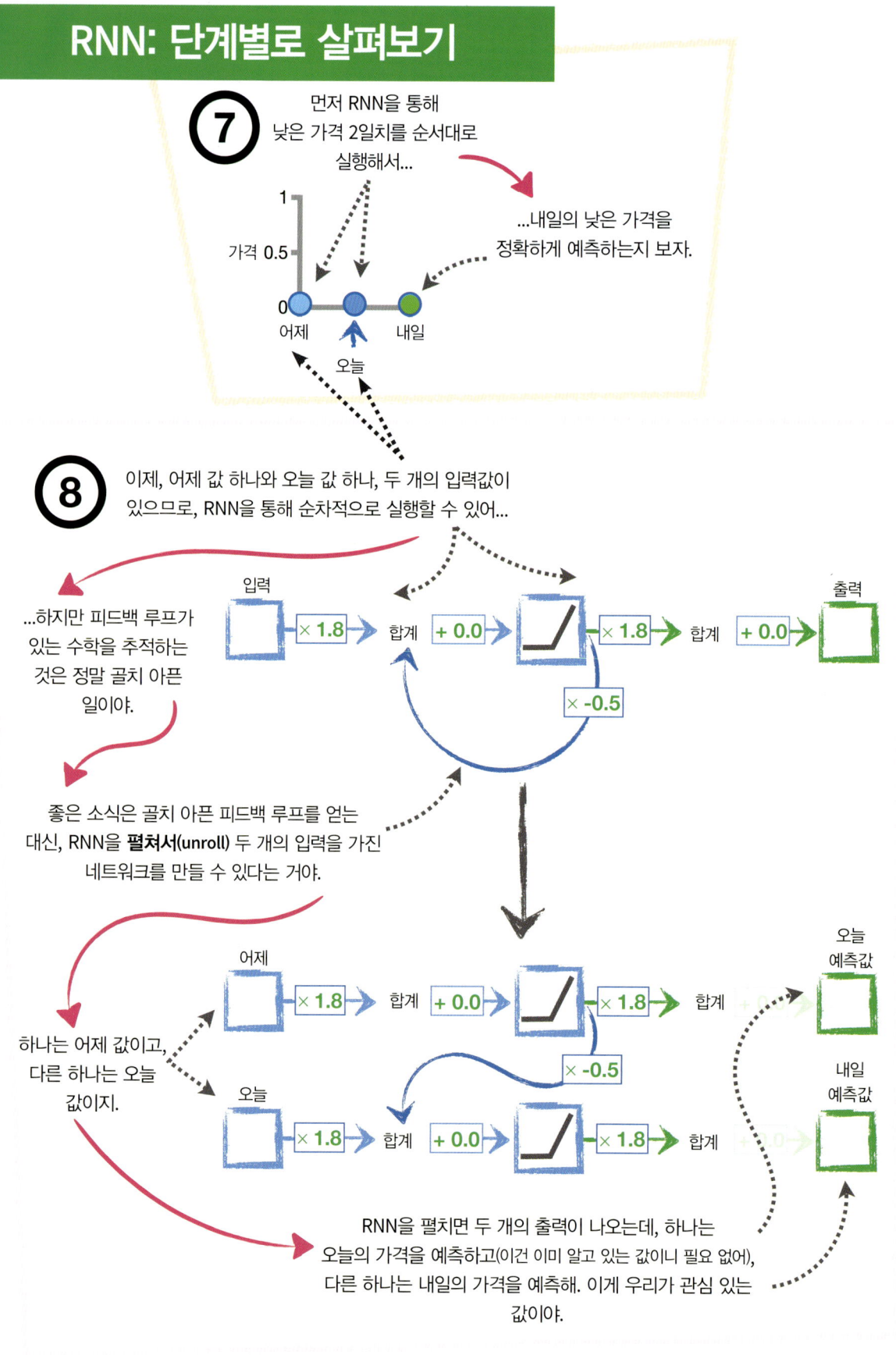

⑦ 먼저 RNN을 통해 낮은 가격 2일치를 순서대로 실행해서...

...내일의 낮은 가격을 정확하게 예측하는지 보자.

1
가격 0.5
0
어제   오늘   내일

⑧ 이제, 어제 값 하나와 오늘 값 하나, 두 개의 입력값이 있으므로, RNN을 통해 순차적으로 실행할 수 있어...

...하지만 피드백 루프가 있는 수학을 추적하는 것은 정말 골치 아픈 일이야.

입력   × 1.8   합계   + 0.0   × 1.8   합계   + 0.0   출력
× -0.5

좋은 소식은 골치 아픈 피드백 루프를 얻는 대신, RNN을 **펼쳐서(unroll)** 두 개의 입력을 가진 네트워크를 만들 수 있다는 거야.

하나는 어제 값이고, 다른 하나는 오늘 값이지.

어제   × 1.8   합계   + 0.0   × 1.8   합계   + 0.0   오늘 예측값
× -0.5

오늘   × 1.8   합계   + 0.0   × 1.8   합계   + 0.0   내일 예측값

RNN을 펼치면 두 개의 출력이 나오는데, 하나는 오늘의 가격을 예측하고(이건 이미 알고 있는 값이니 필요 없어), 다른 하나는 내일의 가격을 예측해. 이게 우리가 관심 있는 값이야.

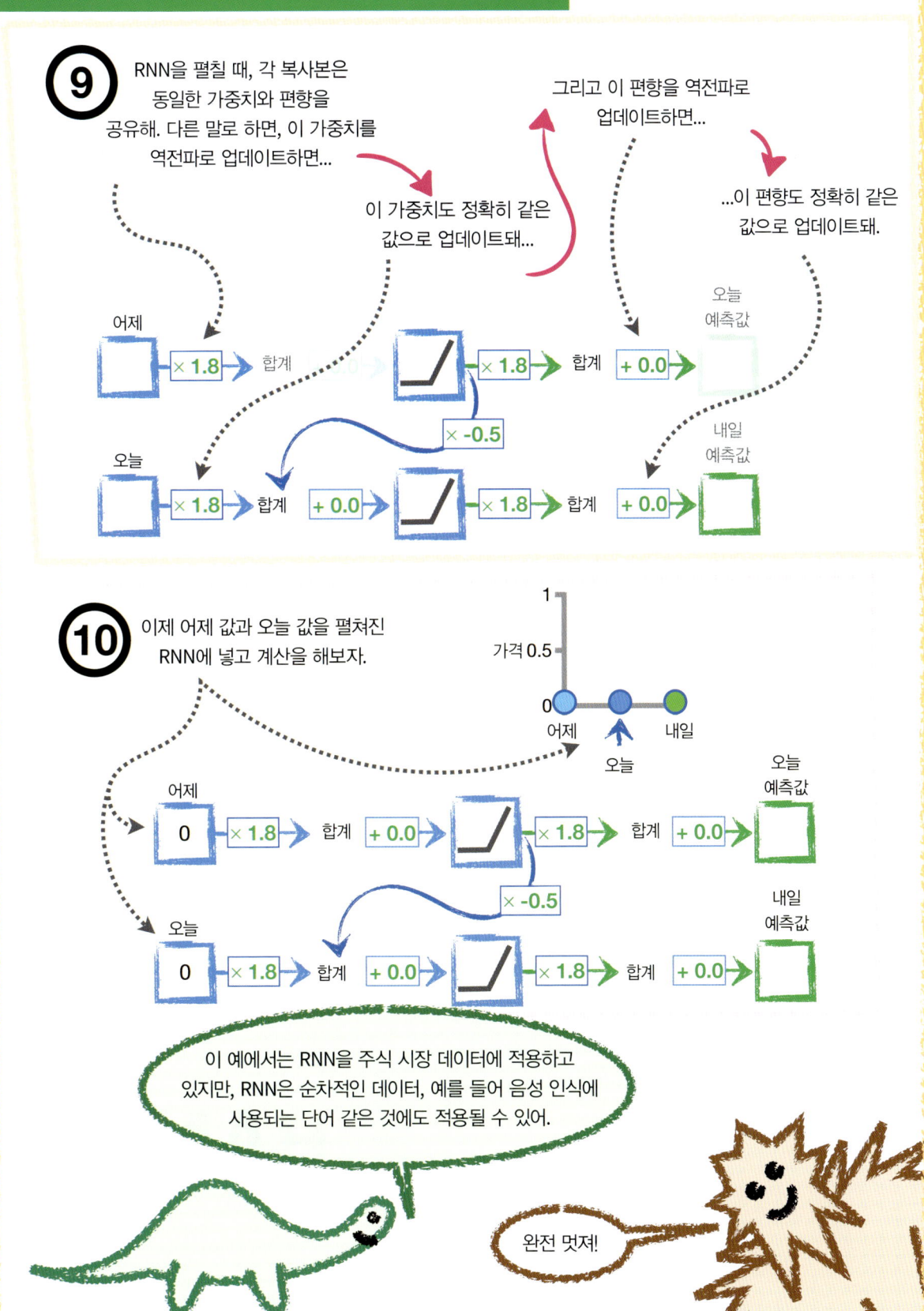

⑨ RNN을 펼칠 때, 각 복사본은 동일한 가중치와 편향을 공유해. 다른 말로 하면, 이 가중치를 역전파로 업데이트하면...

이 가중치도 정확히 같은 값으로 업데이트돼...

그리고 이 편향을 역전파로 업데이트하면...

...이 편향도 정확히 같은 값으로 업데이트돼.

⑩ 이제 어제 값과 오늘 값을 펼쳐진 RNN에 넣고 계산을 해보자.

이 예에서는 RNN을 주식 시장 데이터에 적용하고 있지만, RNN은 순차적인 데이터, 예를 들어 음성 인식에 사용되는 단어 같은 것에도 적용될 수 있어.

완전 멋져!

RNN: 단계별로 살펴보기

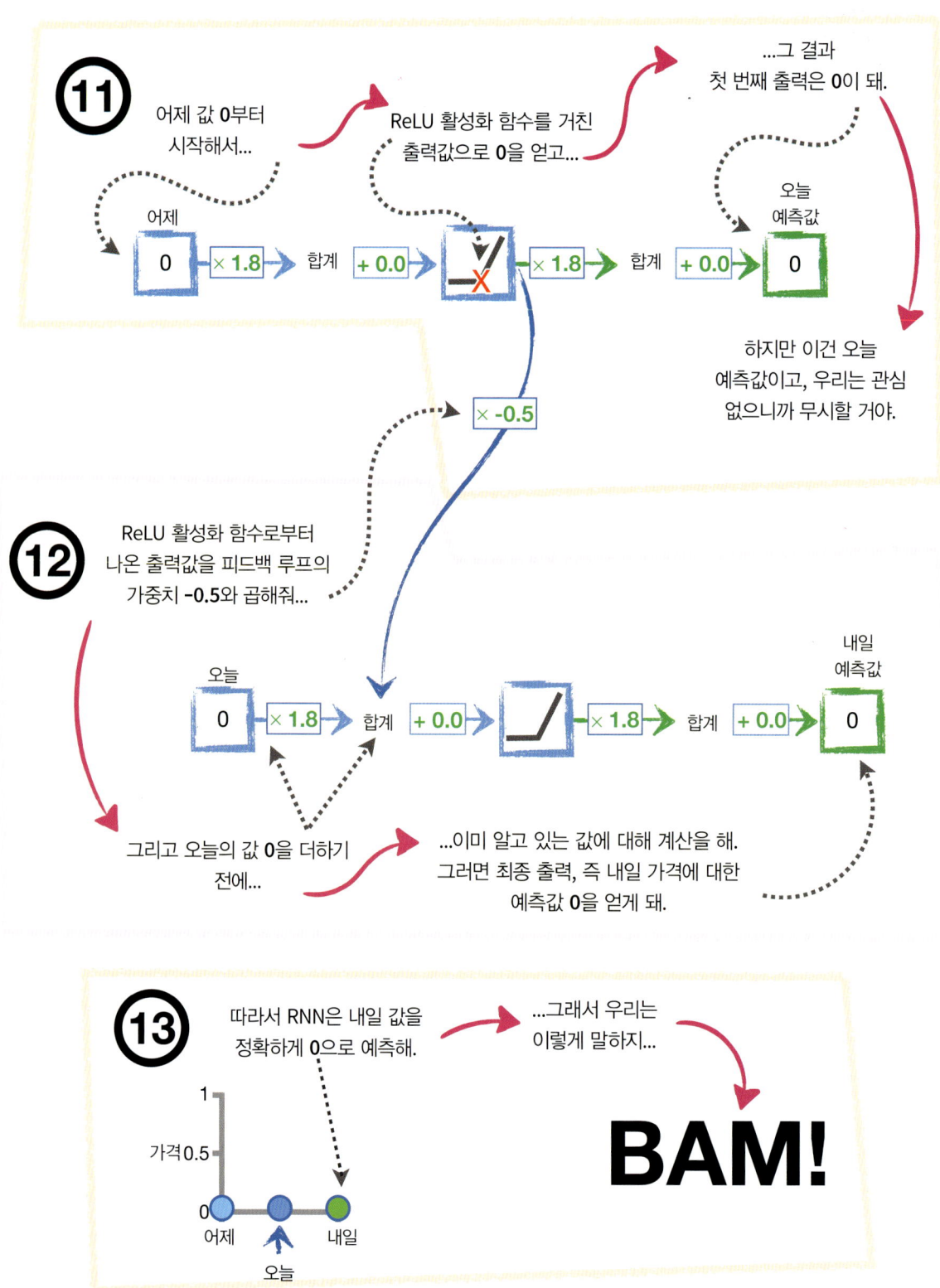

⑪ 어제 값 **0**부터 시작해서…

ReLU 활성화 함수를 거친 출력값으로 **0**을 얻고…

…그 결과 첫 번째 출력은 **0**이 돼.

오늘 예측값

하지만 이건 오늘 예측값이고, 우리는 관심 없으니까 무시할 거야.

⑫ ReLU 활성화 함수로부터 나온 출력값을 피드백 루프의 가중치 **−0.5**와 곱해줘…

그리고 오늘의 값 **0**을 더하기 전에…

…이미 알고 있는 값에 대해 계산을 해. 그러면 최종 출력, 즉 내일 가격에 대한 예측값 **0**을 얻게 돼.

내일 예측값

⑬ 따라서 RNN은 내일 값을 정확하게 **0**으로 예측해.

…그래서 우리는 이렇게 말하지…

BAM!

어제 오늘 내일

138

(14) 마찬가지로, 다른 시나리오에 대해
어제와 오늘 값을 RNN을 통해 실행하면,
내일에 대한 정확한 값을 얻게 돼.

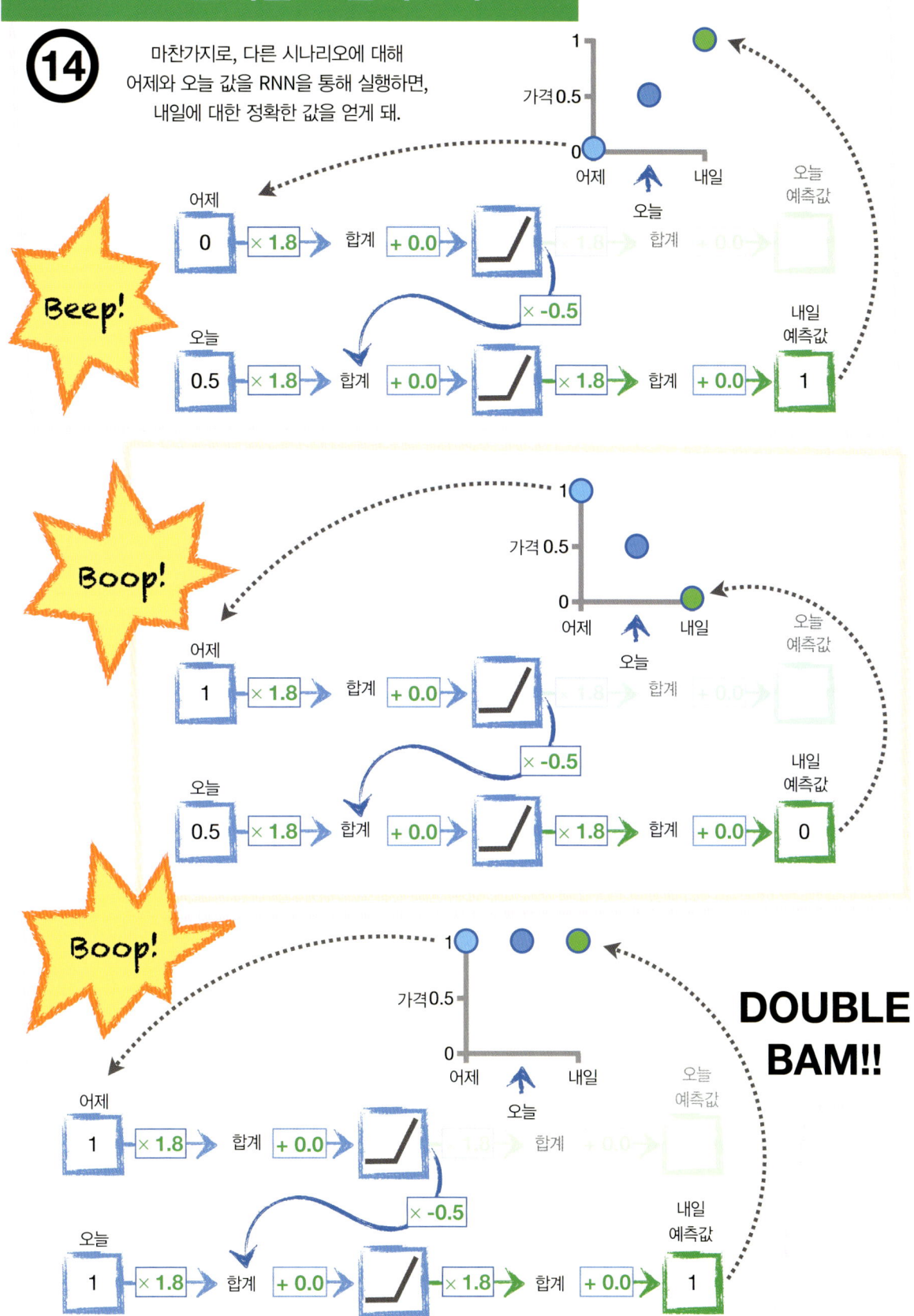

Beep!

Boop!

Boop!

DOUBLE BAM!!

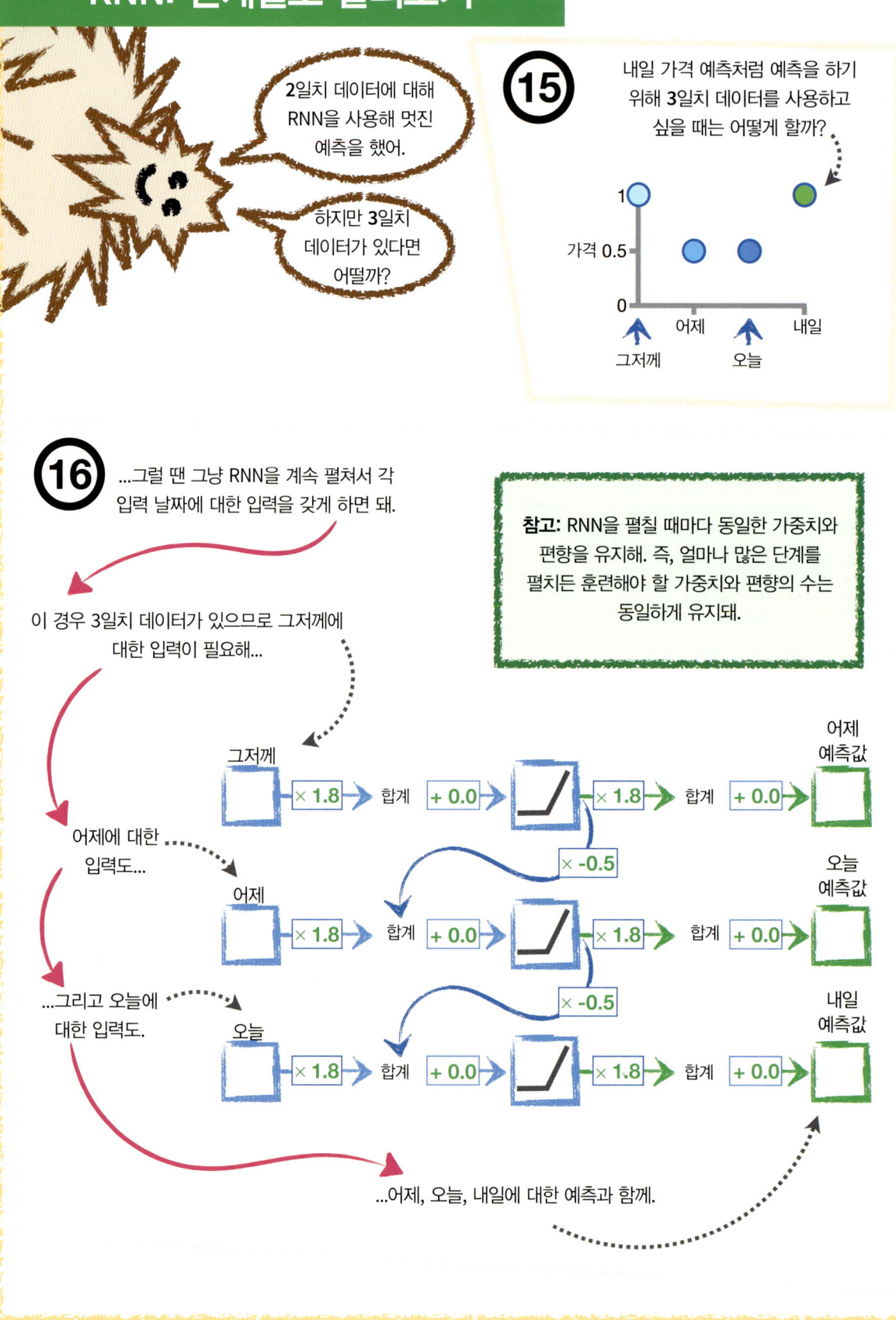

2일치 데이터에 대해 RNN을 사용해 멋진 예측을 했어.

하지만 **3일치** 데이터가 있다면 어떨까?

⑮ 내일 가격 예측처럼 예측을 하기 위해 **3일치** 데이터를 사용하고 싶을 때는 어떻게 할까?

⑯ ...그럴 땐 그냥 RNN을 계속 펼쳐서 각 입력 날짜에 대한 입력을 갖게 하면 돼.

참고: RNN을 펼칠 때마다 동일한 가중치와 편향을 유지해. 즉, 얼마나 많은 단계를 펼치든 훈련해야 할 가중치와 편향의 수는 동일하게 유지돼.

이 경우 3일치 데이터가 있으므로 그저께에 대한 입력이 필요해...

어제에 대한 입력도...

...그리고 오늘에 대한 입력도.

...어제, 오늘, 내일에 대한 예측과 함께.

⑰ 이제 가장 오래된 것부터 최신 것 순서로 입력값을 그냥 넣어주면 돼.

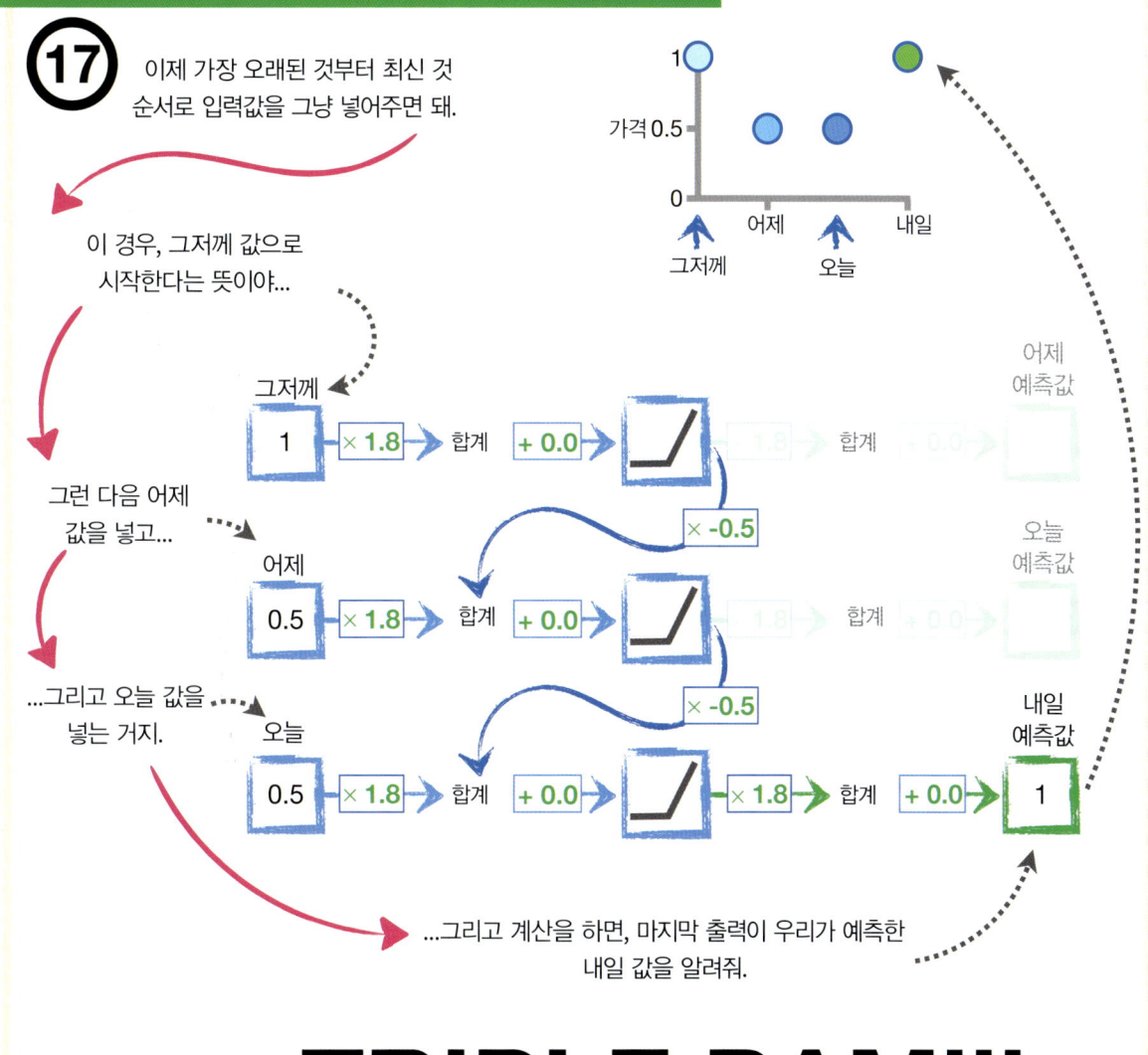

이 경우, 그저께 값으로 시작한다는 뜻이야...

그런 다음 어제 값을 넣고...

...그리고 오늘 값을 넣는 거지.

...그리고 계산을 하면, 마지막 출력이 우리가 예측한 내일 값을 알려줘.

TRIPLE BAM!!!

⑱ 요약하면, 기본적인 RNN은 펼치기를 통해 확장할 수 있어서 멋지고, 훈련해야 할 가중치와 편향의 수를 늘리지 않고도 어떤 크기의 데이터셋이든 처리할 수 있어.

이제 RNN에 역전파를 적용하는 방법과 이것이 기본 버전에 대해 만들어내는 문제점에 대해 이야기해보자.

RNN: 역전파

① RNN에 역전파를 적용하는 방법을 설명하기 위해, 우리가 본 가장 간단한 RNN부터 시작해보자. 이 RNN은 가중치 W_1과 W_2 딱 2개만 가지고 있어.

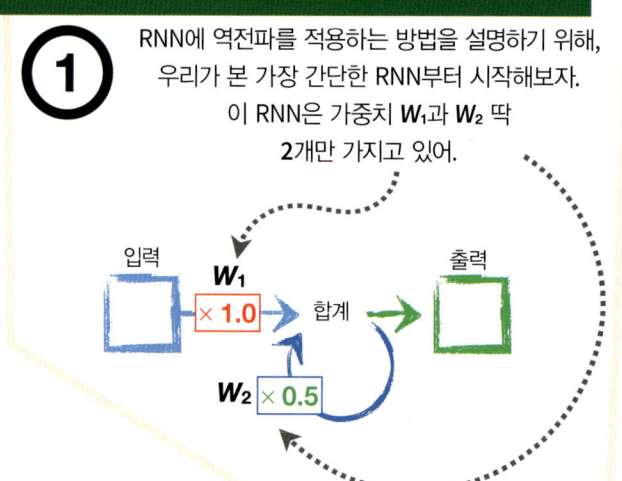

② 그리고 **2장**에서 했던 것처럼, 관측값과 예측값의 차이를 SSR로 정량화할 거야.

$$SSR = \sum_{i=1}^{n}(관측값_i - 예측값_i)^2$$

③ 또한, 처음에는 매우 간단하게 유지하기 위해, 오늘의 값만 사용해서 내일의 값을 예측하는 것부터 시작해보자...

그 말은 지금 당장은 피드백 루프는 무시해도 된다는 뜻이야. 단일 입력값, 즉 오늘의 값만 있으니까...

...그러면 훨씬 간단한 네트워크만 남게 되는데, 이 네트워크는 오늘의 값에 W_1을 곱해서 예측값을 계산해.

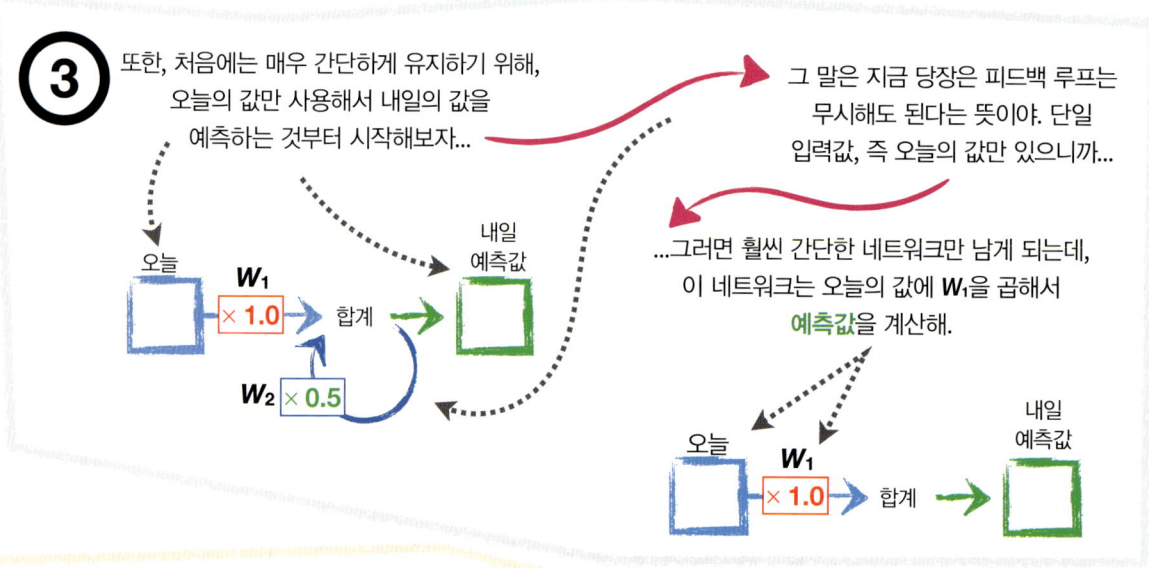

④ 그 말은 SSR이 예측값을 통해 W_1과 연결되어 있다는 뜻이고...

$$SSR = \sum_{i=1}^{n}(관측값_i - 예측값_i)^2$$

예측값 = 오늘의 값 × W_1

우리가 W_1을 최적화하고 싶을 때, 연쇄 법칙은 W_1에 대한 SSR의 미분값이...

$$\frac{d\,SSR}{d\,W_1} = \frac{d\,SSR}{d\,예측값} \times \frac{d\,예측값}{d\,W_1}$$

예측값에 대한 SSR의 미분값과 같고...

...W_1에 대한 예측값의 미분값을 곱한 것과 같다고 알려줘.

⑤ **2장**에서 예측값에 대한 SSR의 **미분값**을 이미 유도했기 때문에, 그냥 가져다 쓰면 돼.

$$\frac{d\,SSR}{d\,예측값} = \sum_{i=1}^{n} -2 \times (관측값_i - 예측값_i)$$

$$\frac{d\,SSR}{d\,W_1} = \frac{d\,SSR}{d\,예측값} \times \frac{d\,예측값}{d\,W_1}$$

$$\frac{d\,SSR}{d\,W_1} = \sum_{i=1}^{n} -2 \times (관측값_i - 예측값_i) \times \frac{d\,예측값}{d\,W_1}$$

⑥ 그리고 **예측값**은 **오늘**의 값에 W_1을 곱해서 나오기 때문에...

...W_1에 대한 미분값은...

...그냥 **오늘의 값**이야.

오늘의 값 $\times\ W_1 =$ 예측값

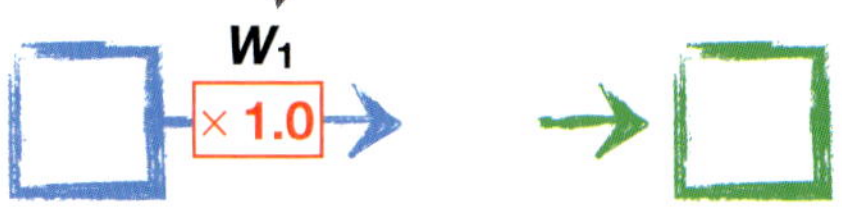

W_1

$\times\,1.0$

$$\frac{d\,예측값}{d\,W_1} = \frac{d}{d\,W_1} 오늘의\ 값 \times W_1 = 오늘의\ 값$$

⑦ 이제, **오늘**의 값을 W_1에 대한 SSR **미분값**에 대입해서...

$$\frac{d\,SSR}{d\,W_1} = \sum_{i=1}^{n} -2 \times (관측값_i - 예측값_i) \times \frac{d\,예측값}{d\,W_1}$$

...W_1에 대한 SSR의 **미분값**을 얻을 수 있어. Bam.

$$\frac{d\,SSR}{d\,W_1} = \sum_{i=1}^{n} -2 \times (관측값_i - 예측값_i) \times 오늘의\ 값$$

⑧ 자, 이제 RNN에서 **오늘**의 값만 사용해서 **내일**의 값을 예측할 때 W_1에 대한 SSR의 미분값을 계산하는 방법을 살펴봤으니, 이번에는 **어제**와 **오늘**의 값을 모두 사용해서 **내일**의 값을 예측할 때 W_1에 대한 SSR의 미분값을 계산하는 방법을 알아보자.

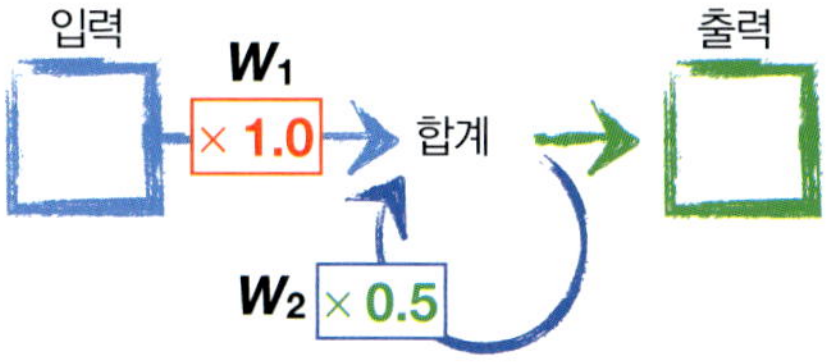

입력

W_1

$\times\,1.0$

합계

출력

W_2 $\times\,0.5$

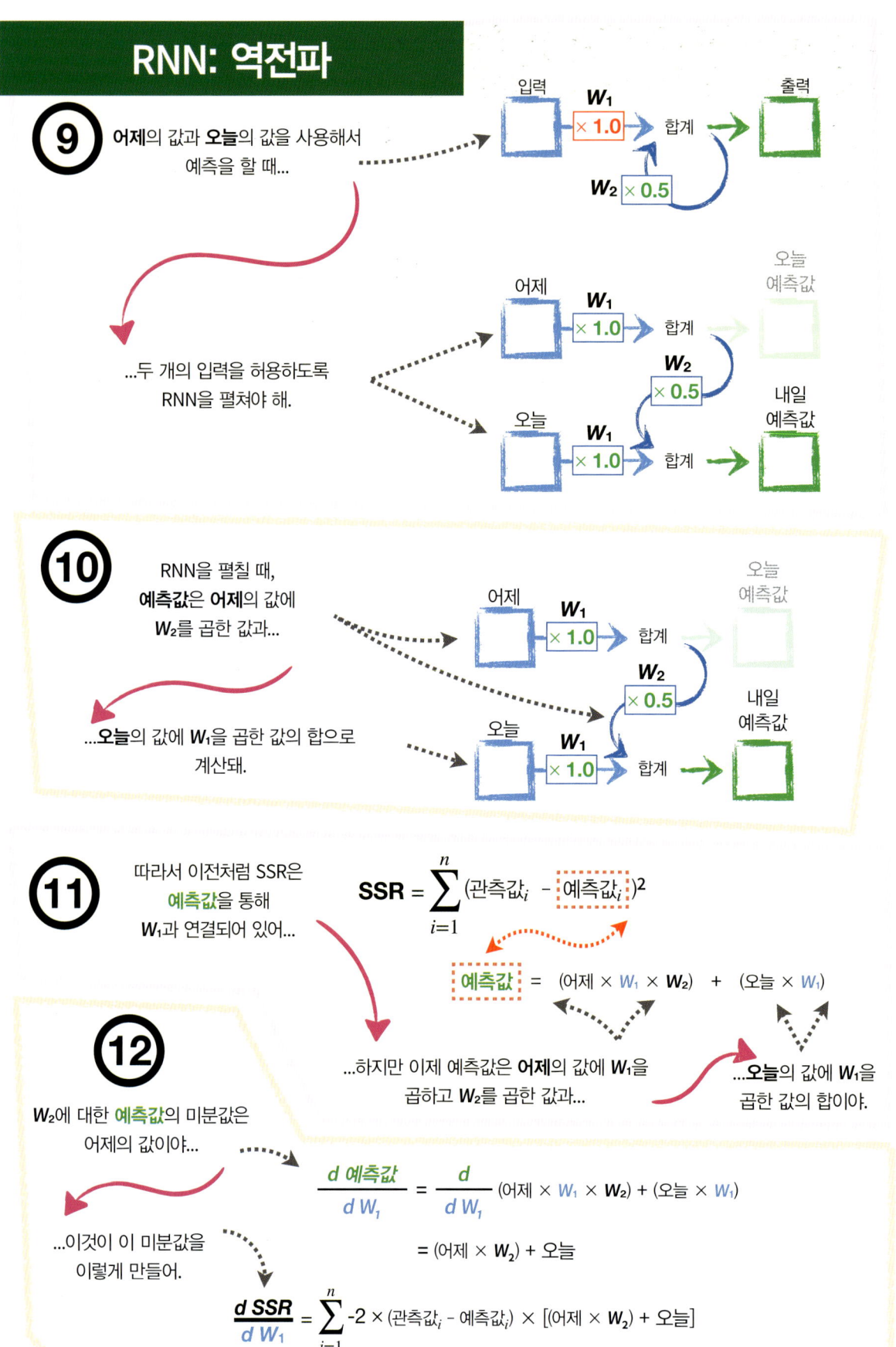

⑨ **어제**의 값과 **오늘**의 값을 사용해서 예측을 할 때...

입력 W_1 $\times$ 1.0 합계 출력

W_2 $\times$ 0.5

...두 개의 입력을 허용하도록 RNN을 펼쳐야 해.

어제 W_1 $\times$ 1.0 합계 오늘 예측값

W_2 $\times$ 0.5

오늘 W_1 $\times$ 1.0 합계 내일 예측값

⑩ RNN을 펼칠 때, **예측값**은 **어제**의 값에 W_2를 곱한 값과...

...**오늘**의 값에 W_1을 곱한 값의 합으로 계산돼.

어제 W_1 $\times$ 1.0 합계 오늘 예측값

W_2 $\times$ 0.5

오늘 W_1 $\times$ 1.0 합계 내일 예측값

⑪ 따라서 이전처럼 SSR은 **예측값**을 통해 W_1과 연결되어 있어...

$$SSR = \sum_{i=1}^{n} (관측값_i - 예측값_i)^2$$

$$예측값 = (어제 \times W_1 \times W_2) + (오늘 \times W_1)$$

...하지만 이제 예측값은 **어제**의 값에 W_1을 곱하고 W_2를 곱한 값과...

...**오늘**의 값에 W_1을 곱한 값의 합이야.

⑫ W_2에 대한 **예측값**의 미분값은 어제의 값이야...

...이것이 이 미분값을 이렇게 만들어.

$$\frac{d\,예측값}{d\,W_1} = \frac{d}{d\,W_1}(어제 \times W_1 \times W_2) + (오늘 \times W_1)$$

$$= (어제 \times W_2) + 오늘$$

$$\frac{d\,SSR}{d\,W_1} = \sum_{i=1}^{n} -2 \times (관측값_i - 예측값_i) \times [(어제 \times W_2) + 오늘]$$

⑬ **그저께, 어제, 오늘**의 값을
사용해서 이 RNN으로
예측을 할 때...

입력 W_1 합계   출력
× 1.0
W_2 × 0.5

...**3개**의 입력을 허용하도록
RNN을 펼쳐야 해.

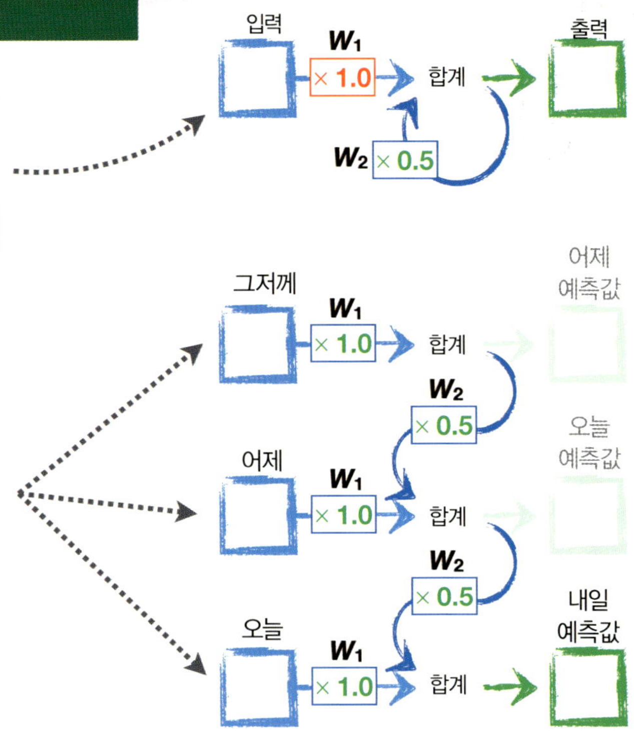

그저께 W_1 합계   어제 예측값
× 1.0
W_2 × 0.5

어제 W_1 합계   오늘 예측값
× 1.0
W_2 × 0.5

오늘 W_1 합계   내일 예측값
× 1.0

⑭ 이제 **그저께**의 값에 W_1을
곱하고, 그 결과에 W_2를 곱해...

그저께 W_1 합계   어제 예측값
× 1.0
W_2 × 0.5

그런 다음 그 결과에 **어제**의
값 곱하기 W_1을 더하고...

어제 W_1 합계   오늘 예측값
× 1.0

그리고 다시 그 합계에
W_2를 곱하고...

W_2 × 0.5

마지막으로 그 결과에 **오늘**의
값 곱하기 W_1을 더해서...

오늘 W_1 합계   내일 예측값
× 1.0

...**예측값**을 계산해.

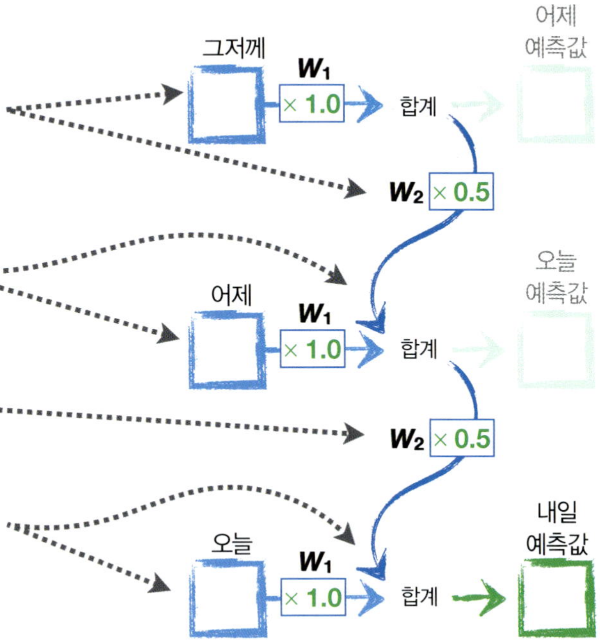

예측값 = {[(그저께 × W_1 × W_2) + (어제 × W_1)] × W_2} + (오늘 × W_1)

RNN: 역전파

⑮ 좋아, 방금 이 펼쳐진 RNN을 봤고...

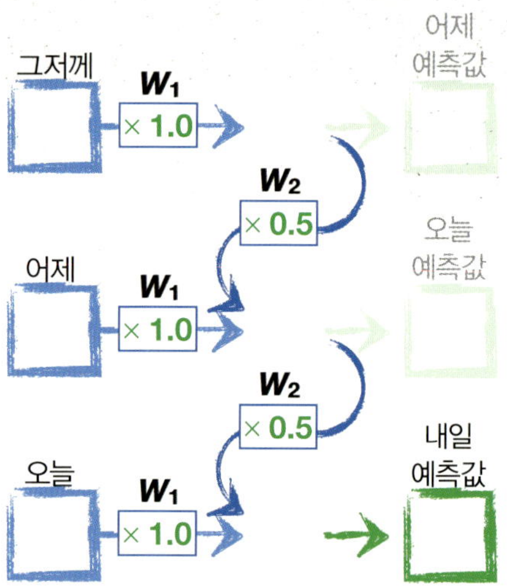

그저께 W_1 $\times 1.0$ →   어제 예측값

W_2 $\times 0.5$ 오늘 예측값

어제 W_1 $\times 1.0$ →

W_2 $\times 0.5$ 내일 예측값

오늘 W_1 $\times 1.0$ →

이 수식에서 **예측값**에 대한 결과를 봤지.

예측값 $= [((\text{그저께} \times W_1) * W_2) + (\text{어제} \times W_1)] * W_2 + (\text{오늘} \times W_1)$

...이제 대괄호 안의 것들을...

..W_2로 곱해주면...

이걸 얻게 돼!

예측값 $= (\text{그저께} \times W_1 \times W_2^2) + (\text{어제} \times W_1 \times W_2) + (\text{오늘} \times W_1)$

---

⑯

그리고 이제 W_2에 대한 **예측값**의 미분값을 결정하고...

$$\frac{d\ \text{예측값}}{d\ W_1} = \frac{d}{d\ W_1} = (\text{그저께} \times W_1 \times W_2^2) + (\text{어제} \times W_1 \times W_2) + (\text{오늘} \times W_1)$$

$$= (\text{그저께} \times W_2^2) + (\text{어제} \times W_2) + \text{오늘}$$

...그 미분값을 W_2에 대한 SSR의 미분값에 대입해.

$$\frac{d\ SSR}{d\ W_1} = \frac{d\ SSR}{d\ \text{예측값}} \times \frac{d\ \text{예측값}}{d\ W_1}$$

$$= \sum_{i=1}^{n} -2 \times (\text{관측값}_i - \text{예측값}_i)$$
$$\times [(\text{그저께} \times W_2^2) + (\text{어제} \times W_2) + \text{오늘}]$$

(17) 이제 RNN의 미분값을 결정하는 방법을 알았으니, W_1에 대한 SSR 미분값에서 이 부분을 지적하고 싶어...

우리가 각 입력값을 곱하는 W_2의 횟수(또는 W_2의 거듭제곱)는...

...그 값을 포함하기 위해 RNN을 펼쳐야 했던 횟수에 해당한다는 거야.

$$\frac{d\,SSR}{d\,W_1} = \sum_{i=1}^{n} -2 \times (관측값_i - 예측값_i)$$

$$\times \ [\ (그저께 \times W_2^2) \ + \ (어제 \times W_2) \ + \ 오늘\ ]$$

(18) 예를 들어 **그저께 값**을 포함하기 위해 RNN을 두 번 펼쳤고, 미분값에서 **그저께 값**은 W_2의 제곱으로 곱해졌어.

그리고 이 곱셈이 의미하는 바는, 펼쳐진 RNN을 보면, **그저께 값**이 **예측값**으로 가는 경로에서 W_2와 두 번 곱해졌다는 것을 알 수 있다는 거야.

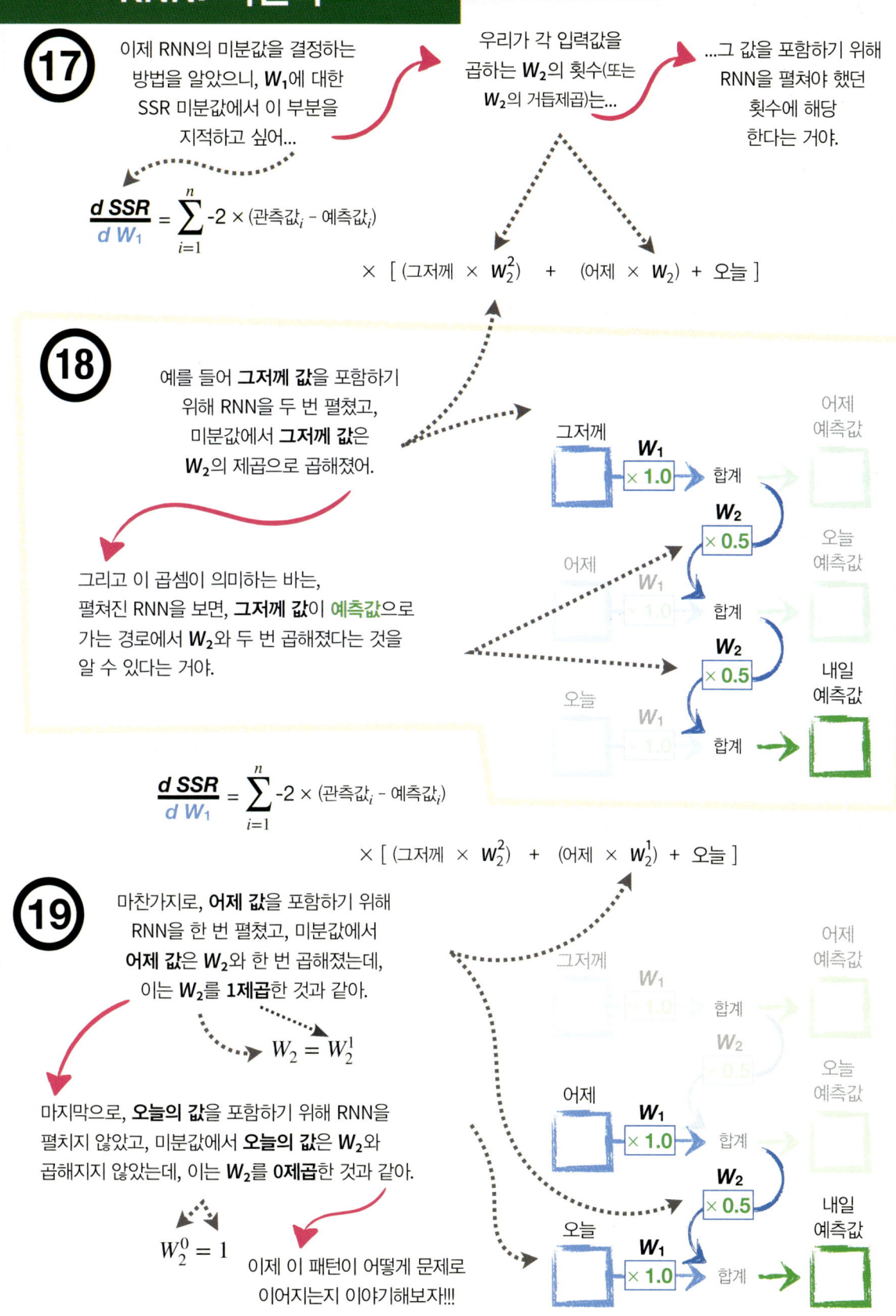

$$\frac{d\,SSR}{d\,W_1} = \sum_{i=1}^{n} -2 \times (관측값_i - 예측값_i)$$

$$\times \ [\ (그저께 \times W_2^2) \ + \ (어제 \times W_2^1) \ + \ 오늘\ ]$$

(19) 마찬가지로, **어제 값**을 포함하기 위해 RNN을 한 번 펼쳤고, 미분값에서 **어제 값**은 W_2와 한 번 곱해졌는데, 이는 W_2를 **1제곱**한 것과 같아.

$$W_2 = W_2^1$$

마지막으로, **오늘의 값**을 포함하기 위해 RNN을 펼치지 않았고, 미분값에서 **오늘의 값**은 W_2와 곱해지지 않았는데, 이는 W_2를 **0제곱**한 것과 같아.

$$W_2^0 = 1$$

이제 이 패턴이 어떻게 문제로 이어지는지 이야기해보자!!!

그레이디언트 소실/폭주 문제

① 입력 가중치가 여러 번 곱해질 수 있기 때문에, 이번 장에서 논의한 것과 같은 기본적인(basic) RNN은 훈련에 문제가 있을 수 있어.

> **참고:** 이 맥락에서, '그레이디언트(gradient)'라는 용어는 우리가 경사 하강법을 위해 계산하는 미분값을 의미해.

주요 아이디어는 기본적인 RNN이 얼마나 많은 시간 단계를 펼치는지에 제한이 없어서, 오래된 데이터 포인트가 훈련에 너무 적거나 너무 많은 영향을 미치기 시작한다는 거야.

이 문제들을 **그레이디언트 소실/폭주 문제** (vanishing/exploding gradient problems)라고 불러... 이건 또한...

이봐, 기다려! 그레이디언트는 어디 갔지?

KABOOM!!!

문제라고도 알려져 있지...

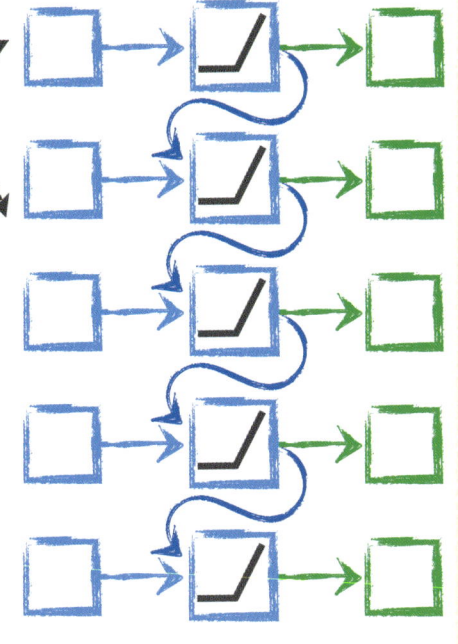

② **그레이디언트 소실/폭주** 문제는 이 구불구불한 선을 따라 있는 가중치와 관련이 있어...

다음 몇 페이지에서 보게 되겠지만, 가중치가 **-1**과 **1** 사이에 있으면, 경사 하강법에 사용하는 미분값, 즉 그레이디언트의 일부가 소실되거나...

그리고 만약 가중치가 **-1**보다 작거나 **1**보다 크면, 경사 하강법에 사용하는 그레이디언트의 일부가 폭주할 거야.

먼저 그레이디언트의 일부가 어떻게 소실되는지 보면서 시작해보자.

Poof!!!

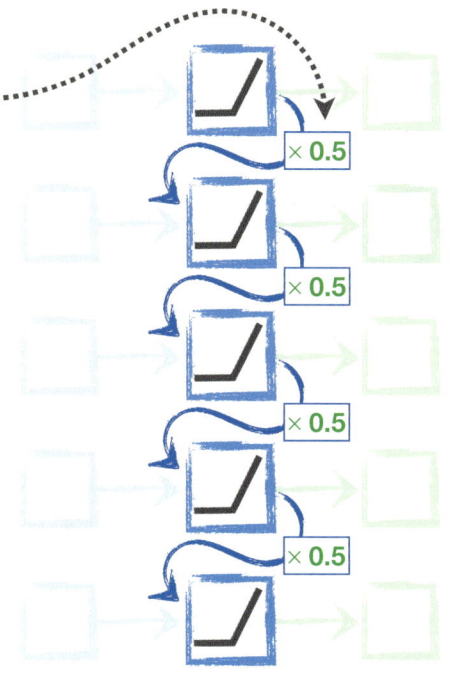

그레이디언트 소실/폭주 문제

3 W_2의 거듭제곱을 값을 포함하기 위해 RNN을 펼쳐야 했던 횟수만큼 곱하는 패턴을 고려해, D_0, D_{-1}, D_{-2}, D_{-3}로 표시된 4일치 데이터를 포함시키고 싶다면...

W_1에 대한 SSR의 미분값은 D_{-3}가 W_2의 세제곱으로 곱해진 항을 포함할 거야. 왜냐하면 D_{-3}를 포함하기 위해 RNN을 3번 펼쳐야 했기 때문이지.

$$\frac{d\,SSR}{d\,W_1} = \sum_{i=1}^{n} -2 \times (\text{관측값}_i - \text{예측값}_i)$$

$$\times [(D_{-3} \times W_2^3) + (D_{-2} \times W_2^2) + (D_{-1} \times W_2) + D_0]$$

4 이제, W_1에 대한 SSR의 미분값은 우리가 W_1을 최적화하기 위해 경사 하강법에서 사용하는 것이고...

$$\frac{d\,SSR}{d\,W_1} = \sum_{i=1}^{n} -2 \times (\text{관측값}_i - \text{예측값}_i)$$

...그리고 W_2는 각 입력값 D_{-0}, D_{-1}, D_{-2}, D_{-3}을 스케일링한다는 것을 기억하자...

$$\times [(D_{-3} \times W_2^3) + (D_{-2} \times W_2^2) + (D_{-1} \times W_2) + D_0]$$

...현잿값 W_2에 **0.5**를 대입해서 각 입력값이 W_1의 최적화에 얼마나 기여하는지 볼 수 있어...

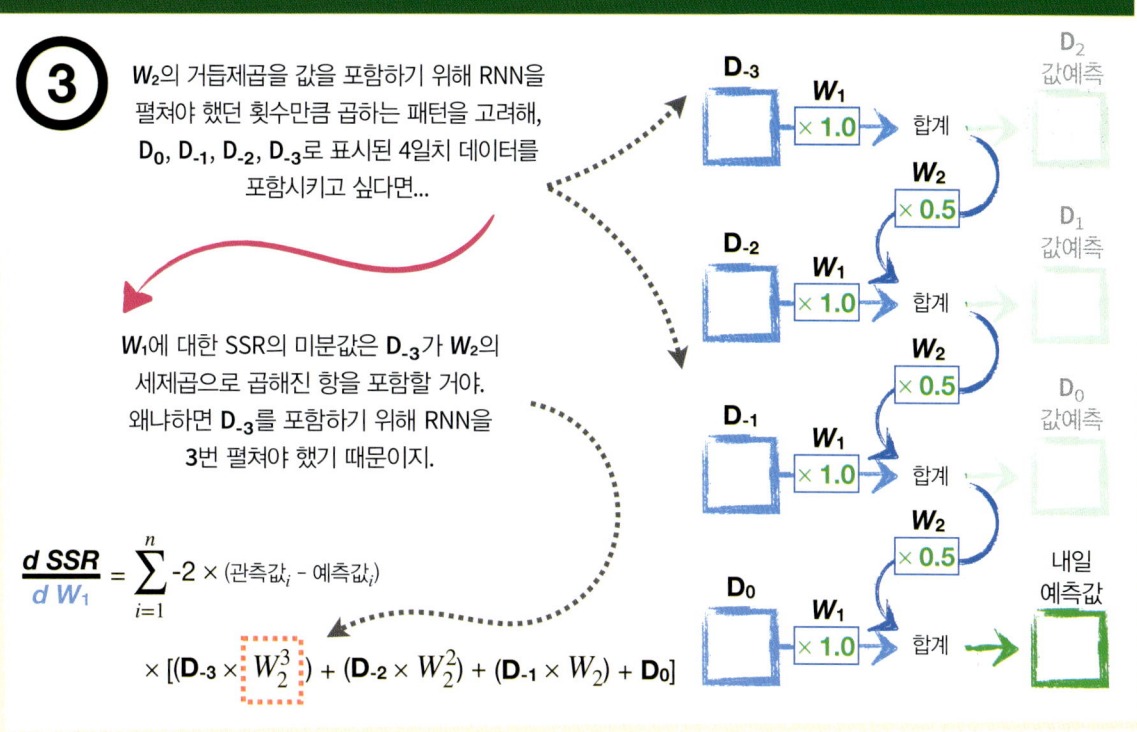

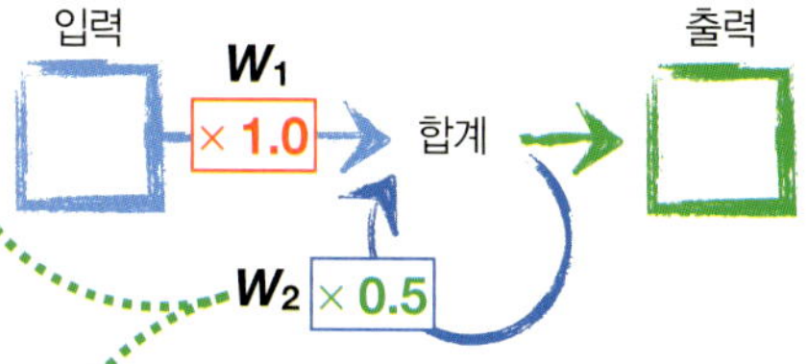

$$\frac{d\,SSR}{d\,W_1} = \sum_{i=1}^{n} -2 \times (\text{관측값}_i - \text{예측값}_i)$$

$$\times [(D_{-3} \times 0.5^3) + (D_{-2} \times 0.5^2) + (D_{-1} \times 0.5^1) + D_0]$$

그리고 이제 D_{-3}의 값은 **0.125**만큼 곱해질 것이고, 따라서 전혀 줄어들지 않는 D_0의 값보다 미분값에 훨씬 적게 기여할 것이라는 것을 알 수 있어.

$$\frac{d\,SSR}{d\,W_1} = \sum_{i=1}^{n} -2 \times (\text{관측값}_i - \text{예측값}_i)$$

$$\times [(D_{-3} \times 0.125) + (D_{-2} \times 0.25) + (D_{-1} \times 0.5) + D_0]$$

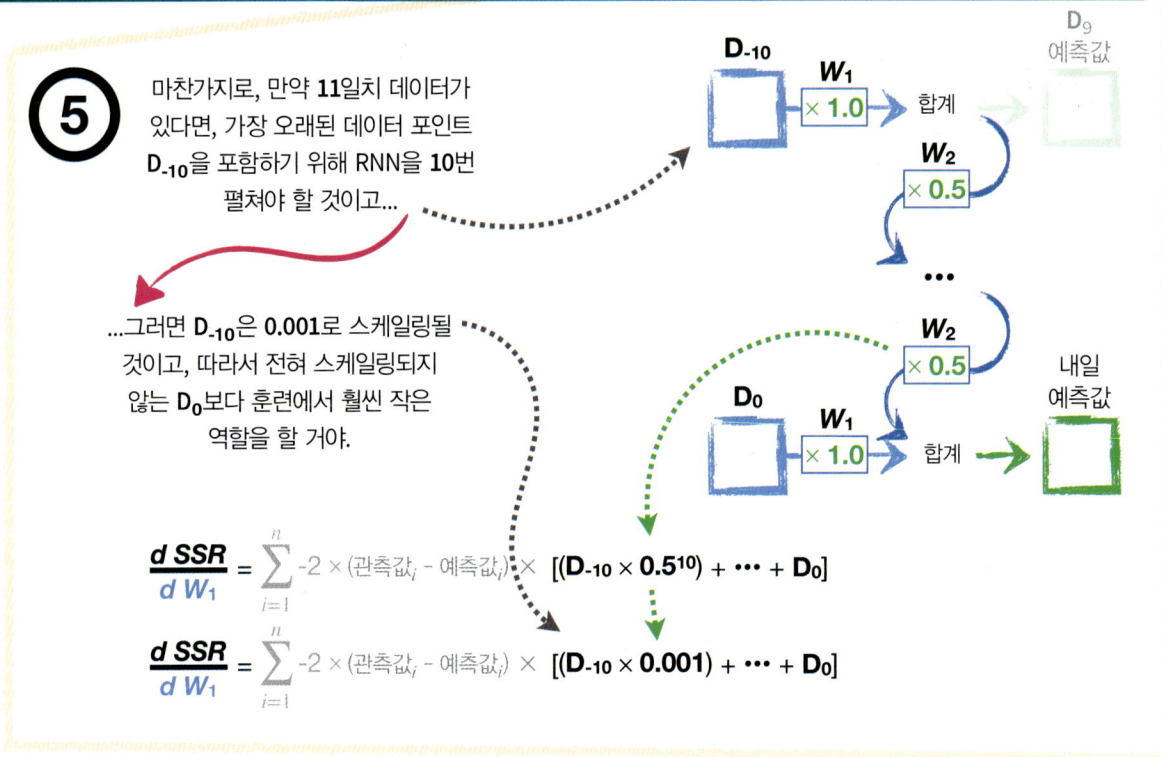

⑤ 마찬가지로, 만약 **11일치 데이터가** 있다면, 가장 오래된 데이터 포인트 **D₋₁₀**을 포함하기 위해 RNN을 **10번** 펼쳐야 할 것이고...

...그러면 **D₋₁₀**은 **0.001**로 스케일링될 것이고, 따라서 전혀 스케일링되지 않는 **D₀**보다 훈련에서 훨씬 작은 역할을 할 거야.

$$\frac{d\,SSR}{d\,W_1} = \sum_{i=1}^{n} -2 \times (\text{관측값}_i - \text{예측값}_i) \times [(D_{-10} \times 0.5^{10}) + \cdots + D_0]$$

$$\frac{d\,SSR}{d\,W_1} = \sum_{i=1}^{n} -2 \times (\text{관측값}_i - \text{예측값}_i) \times [(D_{-10} \times 0.001) + \cdots + D_0]$$

⑥ 마지막으로, 만약 **21일치 데이터가** 있다면(그렇게 많은 데이터도 아니지만), 가장 오래된 데이터 포인트 **D₋₂₀**을 포함하기 위해 RNN을 **20번** 펼쳐야 할 것이고...

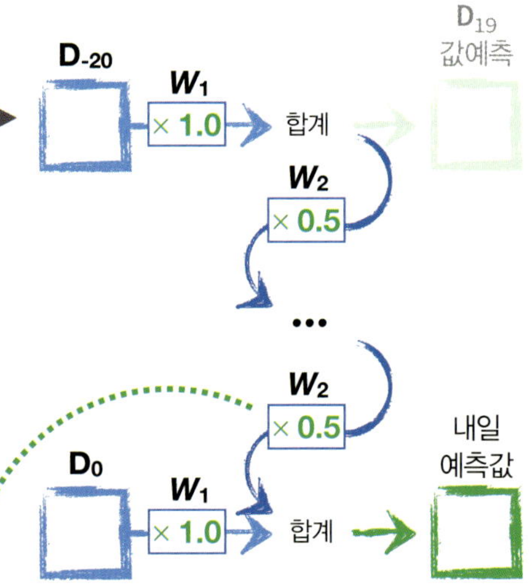

그러면 **D₋₂₀**은 **0.0000001**로 스케일링될 것이고 기본적으로 0으로 줄어들어서 훈련에서 아무런 중요한 역할을 하지 못할 거야.

다른 말로 하면, **D₋₂₀**에 대한 그레이디언트의 일부가 소실되는 거지.

$$\frac{d\,SSR}{d\,W_1} = \sum_{i=1}^{n} -2 \times (\text{관측값}_i - \text{예측값}_i) \times [(D_{-20} \times 0.5^{20}) + \cdots + D_0]$$

$$\frac{d\,SSR}{d\,W_1} = \sum_{i=1}^{n} -2 \times (\text{관측값}_i - \text{예측값}_i) \times [(D_{-20} \times 0.000000001) + \cdots + D_0]$$

Poof!!!

그레이디언트 소실/폭주 문제

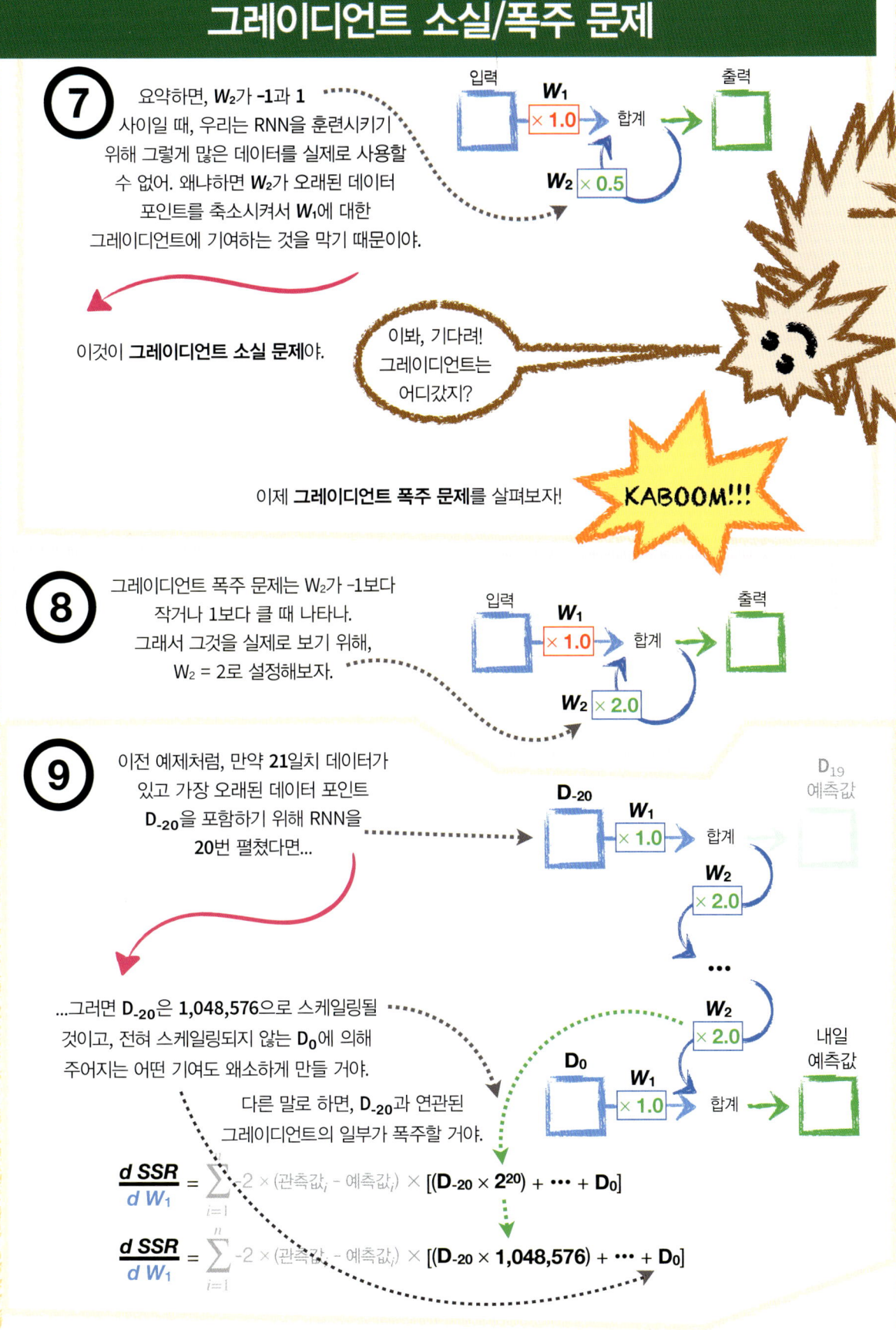

(7) 요약하면, W_2가 –1과 1 사이일 때, 우리는 RNN을 훈련시키기 위해 그렇게 많은 데이터를 실제로 사용할 수 없어. 왜냐하면 W_2가 오래된 데이터 포인트를 축소시켜서 W_1에 대한 그레이디언트에 기여하는 것을 막기 때문이야.

입력 W_1 ×1.0 → 합계 → 출력
W_2 ×0.5

이것이 **그레이디언트 소실 문제**야.

이봐, 기다려! 그레이디언트는 어디갔지?

이제 **그레이디언트 폭주 문제**를 살펴보자!

KABOOM!!!

(8) 그레이디언트 폭주 문제는 W_2가 –1보다 작거나 1보다 클 때 나타나. 그래서 그것을 실제로 보기 위해, $W_2 = 2$로 설정해보자.

입력 W_1 ×1.0 → 합계 → 출력
W_2 ×2.0

(9) 이전 예제처럼, 만약 **21**일치 데이터가 있고 가장 오래된 데이터 포인트 D_{-20}을 포함하기 위해 RNN을 **20**번 펼쳤다면...

D_{-20} W_1 ×1.0 → 합계
W_2 ×2.0

D_{19} 예측값

...

...그러면 D_{-20}은 **1,048,576**으로 스케일링될 것이고, 전혀 스케일링되지 않는 D_0에 의해 주어지는 어떤 기여도 왜소하게 만들 거야.

다른 말로 하면, D_{-20}과 연관된 그레이디언트의 일부가 폭주할 거야.

W_2 ×2.0

D_0 W_1 ×1.0 → 합계 → 내일 예측값

$$\frac{d\,SSR}{d\,W_1} = \sum_{i=1}^{n} -2 \times (관측값_i - 예측값_i) \times [(D_{-20} \times 2^{20}) + \cdots + D_0]$$

$$\frac{d\,SSR}{d\,W_1} = \sum_{i=1}^{n} -2 \times (관측값_i - 예측값_i) \times [(D_{-20} \times 1{,}048{,}576) + \cdots + D_0]$$

그레이디언트 소실/폭주 문제

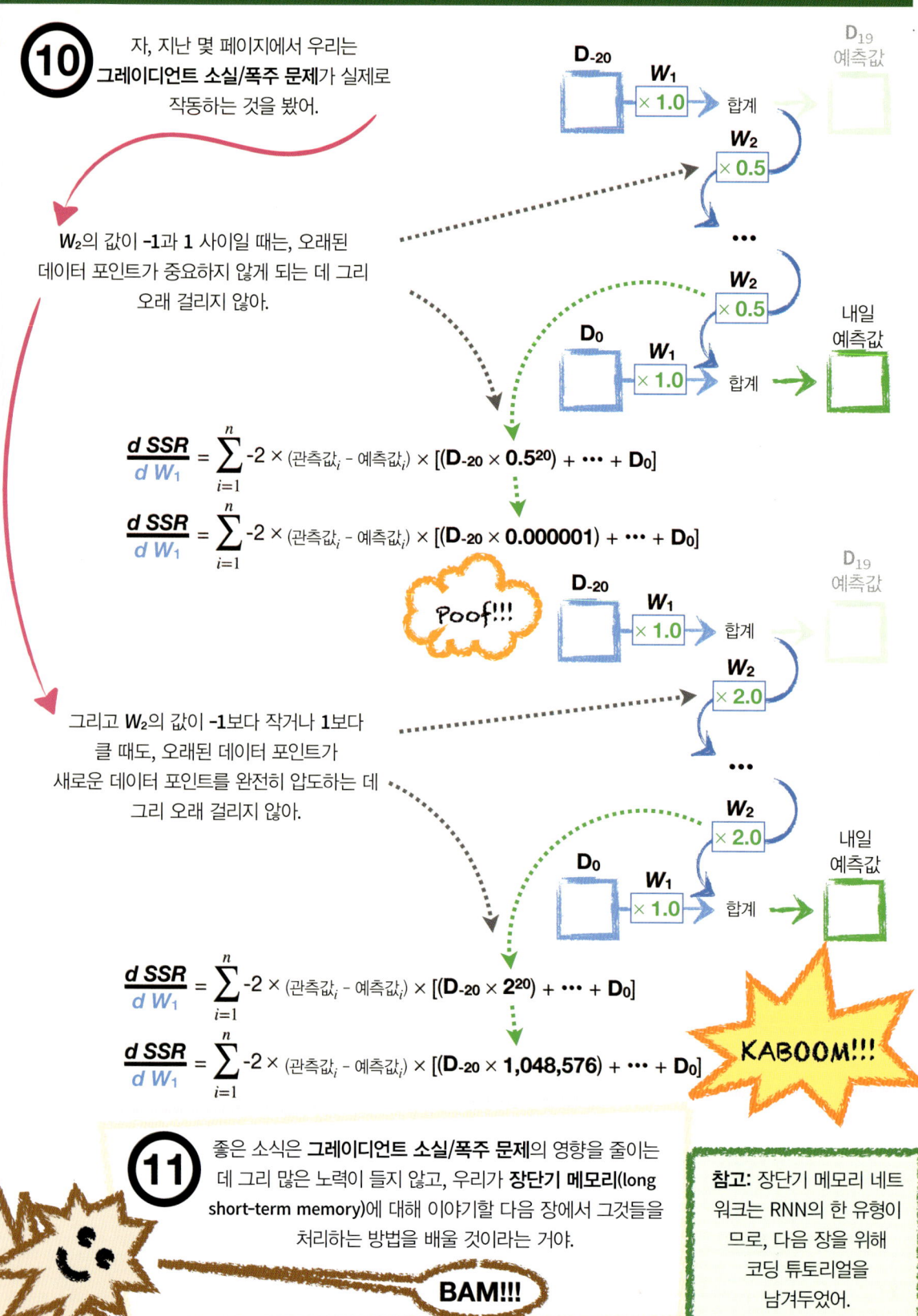

⑩ 자, 지난 몇 페이지에서 우리는 **그레이디언트 소실/폭주 문제**가 실제로 작동하는 것을 봤어.

W_2의 값이 **–1**과 **1** 사이일 때는, 오래된 데이터 포인트가 중요하지 않게 되는 데 그리 오래 걸리지 않아.

D_{-20} W_1 $\times$ **1.0** $\rightarrow$ 합계 $\rightarrow$ D_{19} 예측값

W_2 $\times$ **0.5**

···

W_2 $\times$ **0.5**

D_0 W_1 $\times$ **1.0** $\rightarrow$ 합계 $\rightarrow$ 내일 예측값

$$\frac{d\,SSR}{d\,W_1} = \sum_{i=1}^{n} -2 \times (관측값_i - 예측값_i) \times [(D_{-20} \times 0.5^{20}) + \cdots + D_0]$$

$$\frac{d\,SSR}{d\,W_1} = \sum_{i=1}^{n} -2 \times (관측값_i - 예측값_i) \times [(D_{-20} \times 0.000001) + \cdots + D_0]$$

Poof!!!

D_{-20} W_1 $\times$ **1.0** $\rightarrow$ 합계 $\rightarrow$ D_{19} 예측값

그리고 W_2의 값이 **–1**보다 작거나 **1**보다 클 때도, 오래된 데이터 포인트가 새로운 데이터 포인트를 완전히 압도하는 데 그리 오래 걸리지 않아.

W_2 $\times$ **2.0**

···

W_2 $\times$ **2.0**

D_0 W_1 $\times$ **1.0** $\rightarrow$ 합계 $\rightarrow$ 내일 예측값

$$\frac{d\,SSR}{d\,W_1} = \sum_{i=1}^{n} -2 \times (관측값_i - 예측값_i) \times [(D_{-20} \times 2^{20}) + \cdots + D_0]$$

$$\frac{d\,SSR}{d\,W_1} = \sum_{i=1}^{n} -2 \times (관측값_i - 예측값_i) \times [(D_{-20} \times 1,048,576) + \cdots + D_0]$$

KABOOM!!!

⑪ 좋은 소식은 **그레이디언트 소실/폭주 문제**의 영향을 줄이는 데 그리 많은 노력이 들지 않고, 우리가 **장단기 메모리(long short-term memory)**에 대해 이야기할 다음 장에서 그것들을 처리하는 방법을 배울 것이라는 거야.

BAM!!!

참고: 장단기 메모리 네트워크는 RNN의 한 유형이므로, 다음 장을 위해 코딩 튜토리얼을 남겨두었어.

Chapter 08

장단기 메모리로
더 나은 주가 예측하기!!!

LSTM: 핵심 아이디어

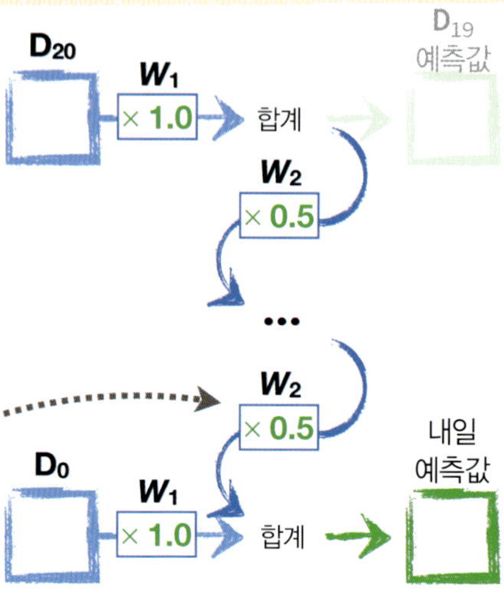

① 문제점: RNN은 펼치기를 통해 확장할 수 있고, 훈련해야 할 가중치와 편향의 수를 늘리지 않고도 어떤 크기의 데이터셋이든 처리할 수 있어 멋진 알고리즘이지만, **그레이디언트 소실/폭주 문제**가 있어.

각 펼쳐진 신경망의 사본을 연결하는 가중치가 -1과 1 사이일 때, RNN은 실제로 그렇게 많은 데이터를 훈련에 사용할 수 없어. 왜냐하면 이 가중치가 오래된 데이터 포인트를 너무 많이 축소시켜서 그레이디언트에 기여하는 것을 본질적으로 막기 때문이야.

Poof!!!

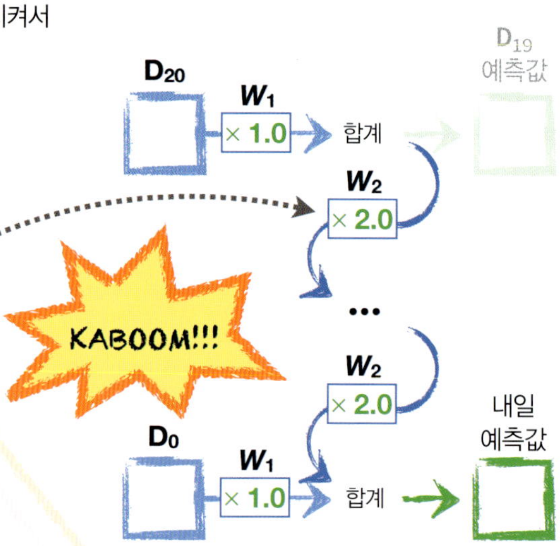

그리고 각 펼쳐진 사본을 연결하는 가중치가 -1보다 작거나 1보다 클 때는, 오래된 데이터 포인트가 그레이디언트를 완전히 압도하는 데 그리 오래 걸리지 않아.

KABOOM!!!

② 해결책: 장단기 메모리(long short-term memory, LSTM) 네트워크는 기본 RNN을 간단한 방식으로 확장해 이 문제를 줄이고 있어.

본질적으로, 모든 데이터를 하나의 예측으로 결합하기 위해 단일 연결을 사용하는 대신, **LSTM**은 두 개의 분리된 경로를 사용해.

하나는 **단기 기억**을 위한 것이고...

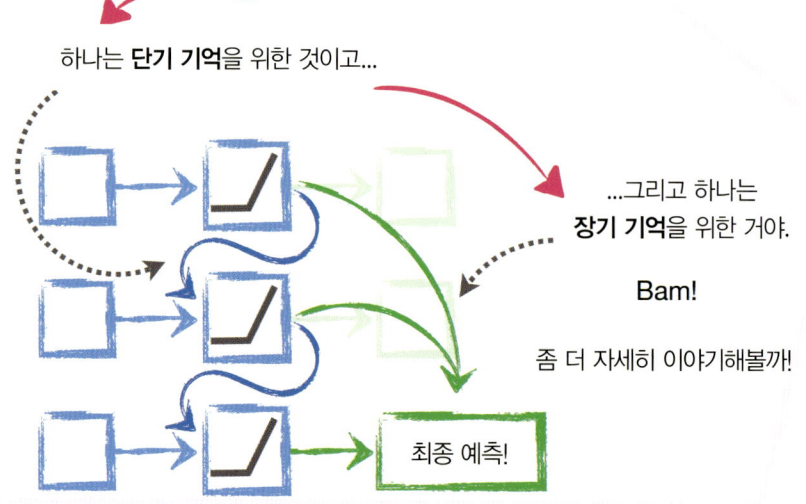

...그리고 하나는 **장기 기억**을 위한 거야.

Bam!

좀 더 자세히 이야기해볼까!

최종 예측!

LSTM: 자세히 살펴보기

입력　출력

합계

1 기본 RNN과 비교했을 때…

LSTM은 꽤 복잡해 보여…

하지만, 모든 신경망처럼 LSTM도 상대적으로 간단한 요소들로 만들어졌어.

합계

+ 1.62　+ 0.62　+ -0.32　+ 0.59

합계　합계　합계　합계

× 2.70　× 2.00　× 1.41　× 4.38

× 1.63　× 1.65　× 0.94　× -0.19

입력

2 특히, LSTM은 우리가 전에 본 적 있는 두 개의 활성화 함수를 사용해: **시그모이드**와…

그리고 줄여서 **tanh**라고 부르는 **하이퍼볼릭 탄젠트**(hyperbolic tangent).

3 시그모이드 함수의 방정식은 좀 멋져 보이지만, 하는 일은 x축 좌표를 0과 1 사이의 y축 좌표로 변환하는 것뿐이야.

$$f(x) = \frac{e^x}{e^x + 1}$$

1

예를 들어 x축 좌표 5를 시그모이드 활성화 함수 방정식에 넣으면…

참고: 'e'는 오일러 상수이고, 대략 **2.72**야.

$$f(5) = \frac{e^5}{e^5 + 1} = 0.99$$

…y축 좌표로 **0.99**를 얻게 돼.

음, 그런 걸로 하자, **노말사우르스!**

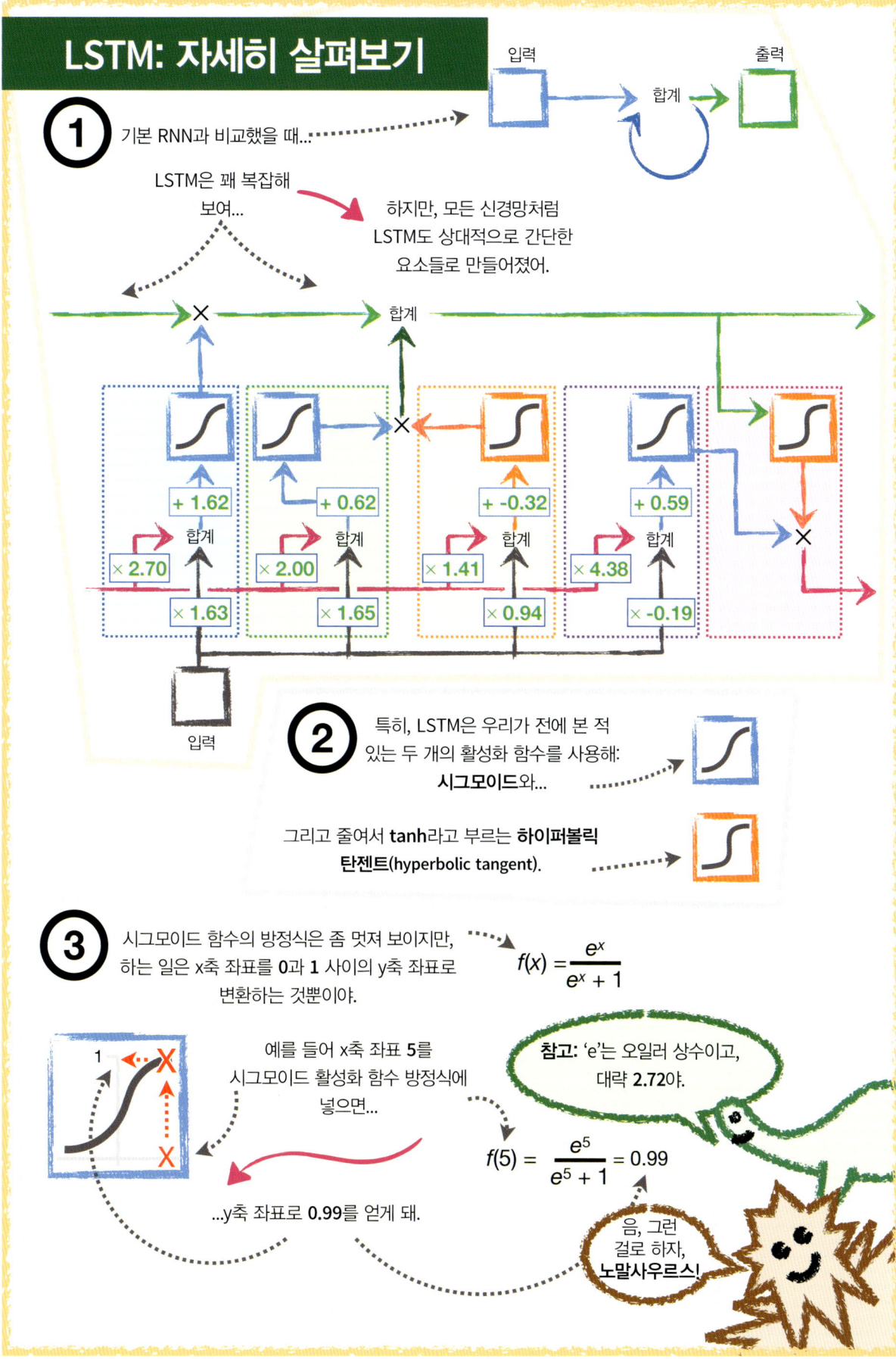

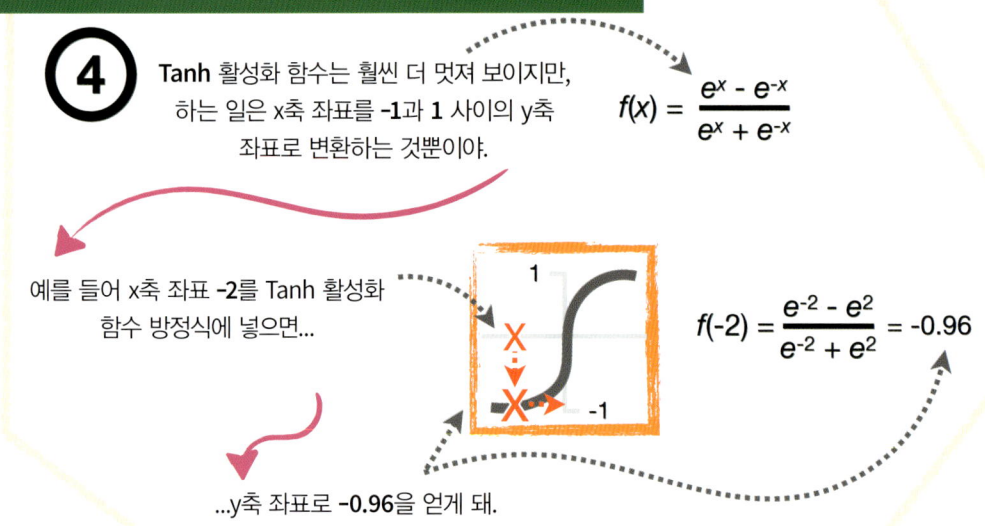

LSTM: 자세히 살펴보기

4 **Tanh** 활성화 함수는 훨씬 더 멋져 보이지만, 하는 일은 x축 좌표를 **-1**과 **1** 사이의 y축 좌표로 변환하는 것뿐이야.

$$f(x) = \frac{e^x - e^{-x}}{e^x + e^{-x}}$$

예를 들어 x축 좌표 **-2**를 Tanh 활성화 함수 방정식에 넣으면...

1
-1

$$f(-2) = \frac{e^{-2} - e^{2}}{e^{-2} + e^{2}} = -0.96$$

...y축 좌표로 **-0.96**을 얻게 돼.

5 자, 이제 우리는 시그모이드 활성화 함수가 어떤 입력이든 **0**과 **1** 사이의 숫자로 변환한다는 것을 알고...

1

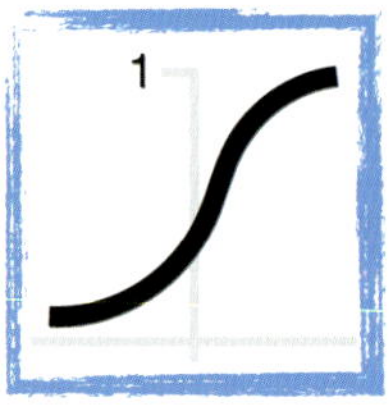

그리고 Tanh 활성화 함수는 어떤 입력이든 **-1**과 **1** 사이의 숫자로 변환한다는 것을 알아.

1
-1

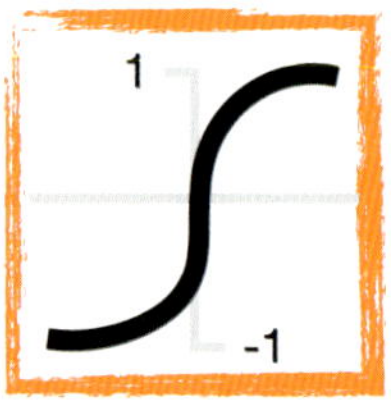

...이제 **장단기 메모리** 네트워크의 단일 유닛(unit)이 어떻게 작동하는지에 대해 이야기해보자!

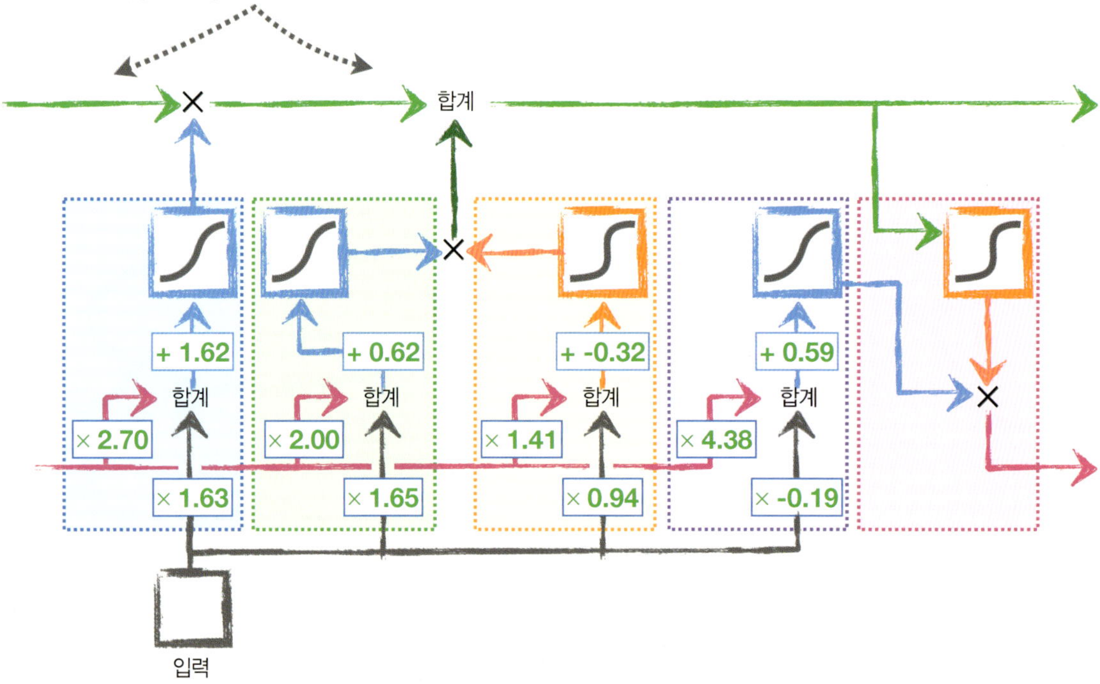

합계
+ 1.62
+ 0.62
+ -0.32
+ 0.59
합계
합계
합계
합계
× 2.70
× 2.00
× 1.41
× 4.38
× 1.63
× 1.65
× 0.94
× -0.19
입력

LSTM: 자세히 살펴보기

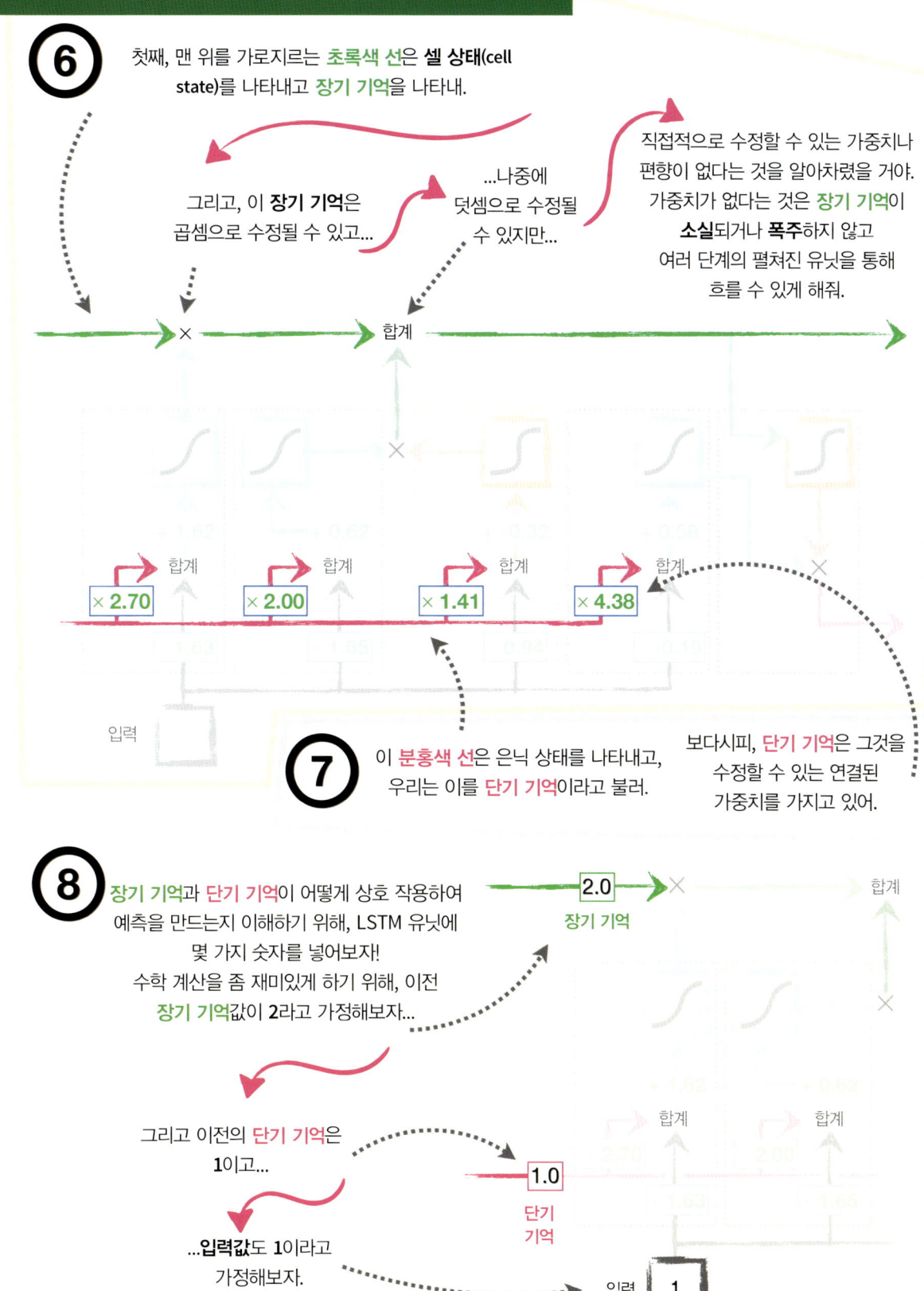

⑥ 첫째, 맨 위를 가로지르는 초록색 선은 셀 상태(cell state)를 나타내고 장기 기억을 나타내.

그리고, 이 장기 기억은 곱셈으로 수정될 수 있고...

...나중에 덧셈으로 수정될 수 있지만...

직접적으로 수정할 수 있는 가중치나 편향이 없다는 것을 알아차렸을 거야. 가중치가 없다는 것은 장기 기억이 소실되거나 폭주하지 않고 여러 단계의 펼쳐진 유닛을 통해 흐를 수 있게 해줘.

×

합계

× 2.70   합계
× 2.00   합계
× 1.41   합계
× 4.38   합계

입력

⑦ 이 분홍색 선은 은닉 상태를 나타내고, 우리는 이를 단기 기억이라고 불러.

보다시피, 단기 기억은 그것을 수정할 수 있는 연결된 가중치를 가지고 있어.

⑧ 장기 기억과 단기 기억이 어떻게 상호 작용하여 예측을 만드는지 이해하기 위해, LSTM 유닛에 몇 가지 숫자를 넣어보자! 수학 계산을 좀 재미있게 하기 위해, 이전 장기 기억값이 2라고 가정해보자...

2.0
장기 기억

×

합계

그리고 이전의 단기 기억은 1이고...

1.0
단기 기억

합계   합계

...입력값도 1이라고 가정해보자.

입력   1

LSTM: 자세히 살펴보기

⑨ 단기 기억 값 1과 **입력값** 1을 대입하면, 시그모이드 활성화 함수로 들어가는 x축 좌표로 **5.95**를 얻게 돼...

...그리고 시그모이드 활성화 함수는 이에 해당하는 y축 좌표인 **0.997**을 출력해줘.

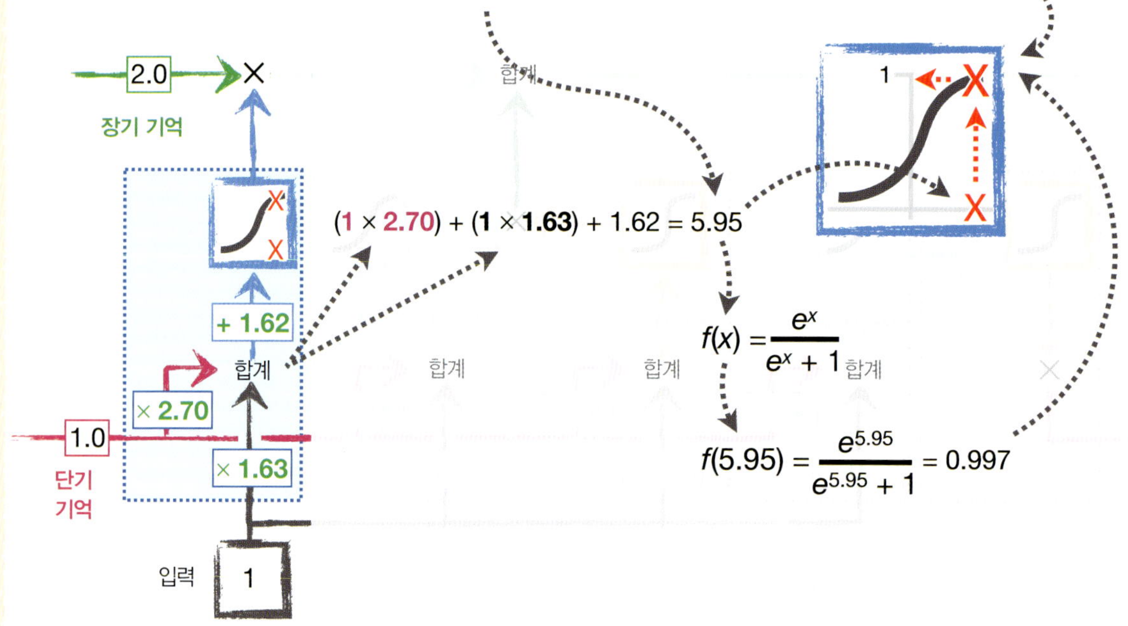

2.0 ✕

장기 기억

$(1 \times 2.70) + (1 \times 1.63) + 1.62 = 5.95$

1

+ 1.62

합계

$$f(x) = \frac{e^x}{e^x + 1}$$ 합계

1.0 합계

합계

✕ 2.70

단기 기억

✕ 1.63

합계

$$f(5.95) = \frac{e^{5.95}}{e^{5.95} + 1} = 0.997$$

입력 **1**

---

⑩ 그런 다음, 이 시그모이드 활성화 함수의 출력값 **0.997**을 사용해서 기존 **장기 기억** 값 **-2.0**을 스케일링(축소 또는 확대)하여 **-1.99**를 얻어.

이렇게 LSTM 유닛의 첫 단계는 **장기 기억**값을 약간 줄였어.

일반적으로 시그모이드 활성화 함수는 입력을 0과 1 사이의 값으로 변환하기 때문에, 그 출력값은 기존 **장기 기억** 중 몇 퍼센트를 '기억'할지 결정하는 역할을 해.

2.0 ✕   **1.99** 합계

장기 기억   스케일링된 장기 기억

0.997

이 경우에는 **99.7%**를 기억해서, 그 결과가 **-1.99**가 된 거지.

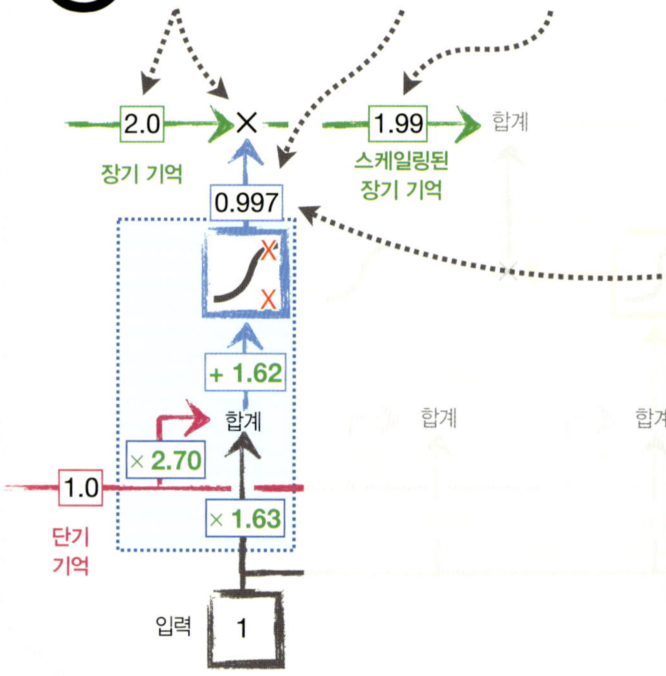

+ 1.62

합계   합계   합계

✕ 2.70

1.0

단기 기억

✕ 1.63

> **참고:** LSTM의 이 첫 번째 부분이 **장기 기억**의 몇 퍼센트를 기억할지 결정하기 때문에, 이것을 일반적으로 **망각 게이트(forget gate)**라고 불러.
>
> 작은 bam.

입력 **1**

LSTM: 자세히 살펴보기

11 요약하면, 다음 두 블록은 새로운 잠재적(potential) 장기 기억을 생성하고, 스케일된 장기 기억에 추가할 잠재적 장기 기억의 비율(percentage)을 결정해.

오른쪽 블록은 **입력**값과 단기 기억을 사용해서 x축 좌표를 생성하고, Tanh 함수는 잠재적 장기 기억 값인 **-1**과 **1** 사이의 출력 y축 좌표를 생성해.

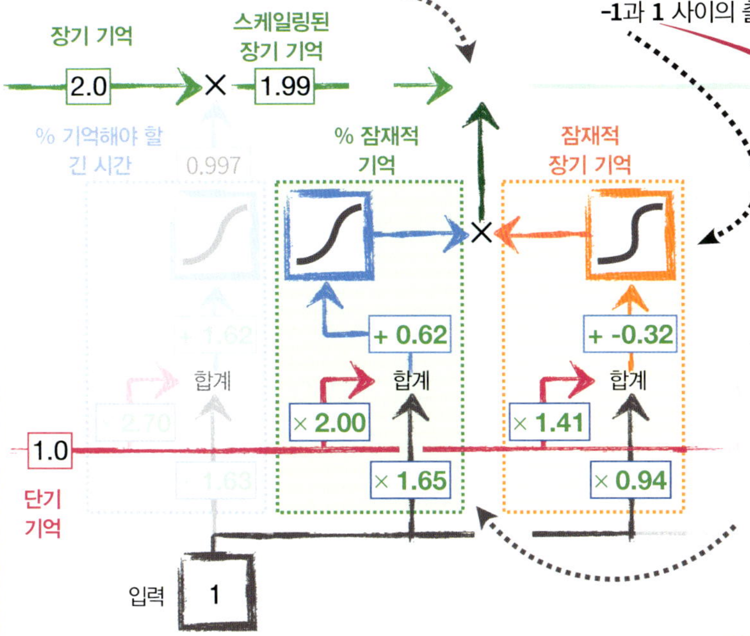

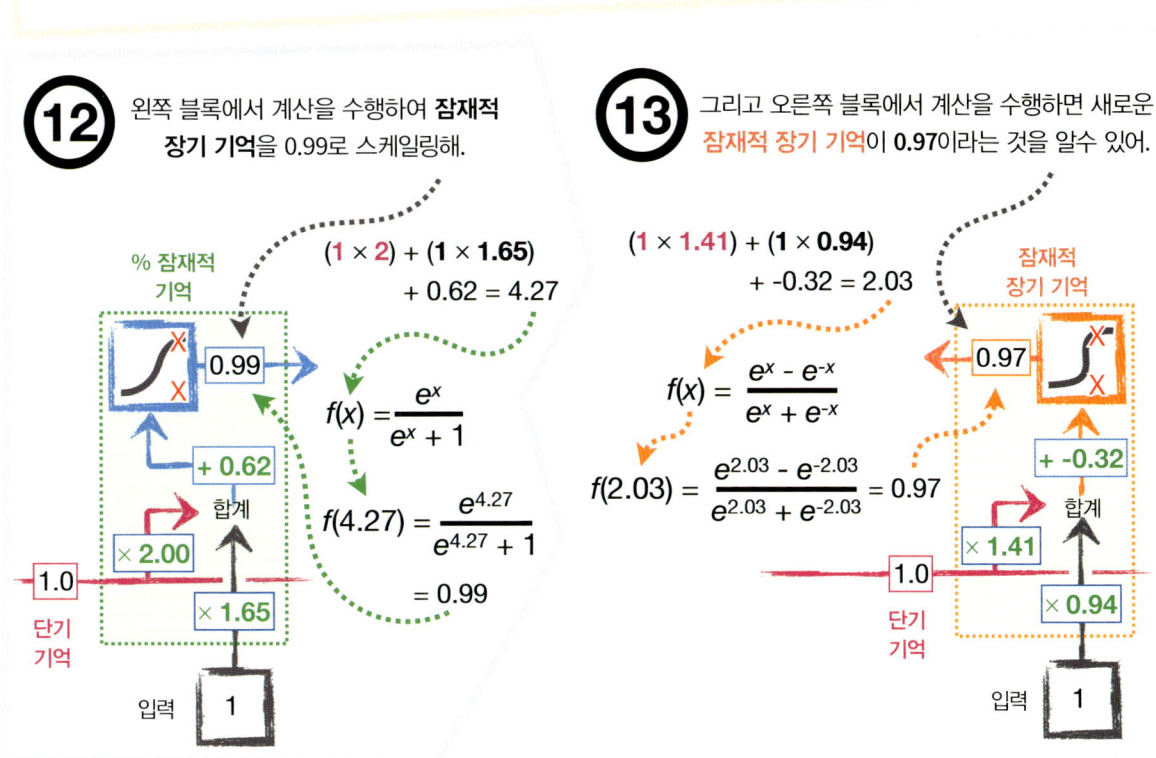

...그리고 왼쪽 블록은 잠재적 장기 기억을 스케일링하는 0과 1 사이의 값을 계산해. 이것은 우리가 첫 번째 블록에서 사용했던 것과 동일한 방법을 사용해.

12 왼쪽 블록에서 계산을 수행하여 **잠재적 장기 기억**을 0.99로 스케일링해.

$$(1 \times 2) + (1 \times 1.65) + 0.62 = 4.27$$

$$f(x) = \frac{e^x}{e^x + 1}$$

$$f(4.27) = \frac{e^{4.27}}{e^{4.27} + 1} = 0.99$$

13 그리고 오른쪽 블록에서 계산을 수행하면 새로운 잠재적 장기 기억이 **0.97**이라는 것을 알수 있어.

$$(1 \times 1.41) + (1 \times 0.94) + -0.32 = 2.03$$

$$f(x) = \frac{e^x - e^{-x}}{e^x + e^{-x}}$$

$$f(2.03) = \frac{e^{2.03} - e^{-2.03}}{e^{2.03} + e^{-2.03}} = 0.97$$

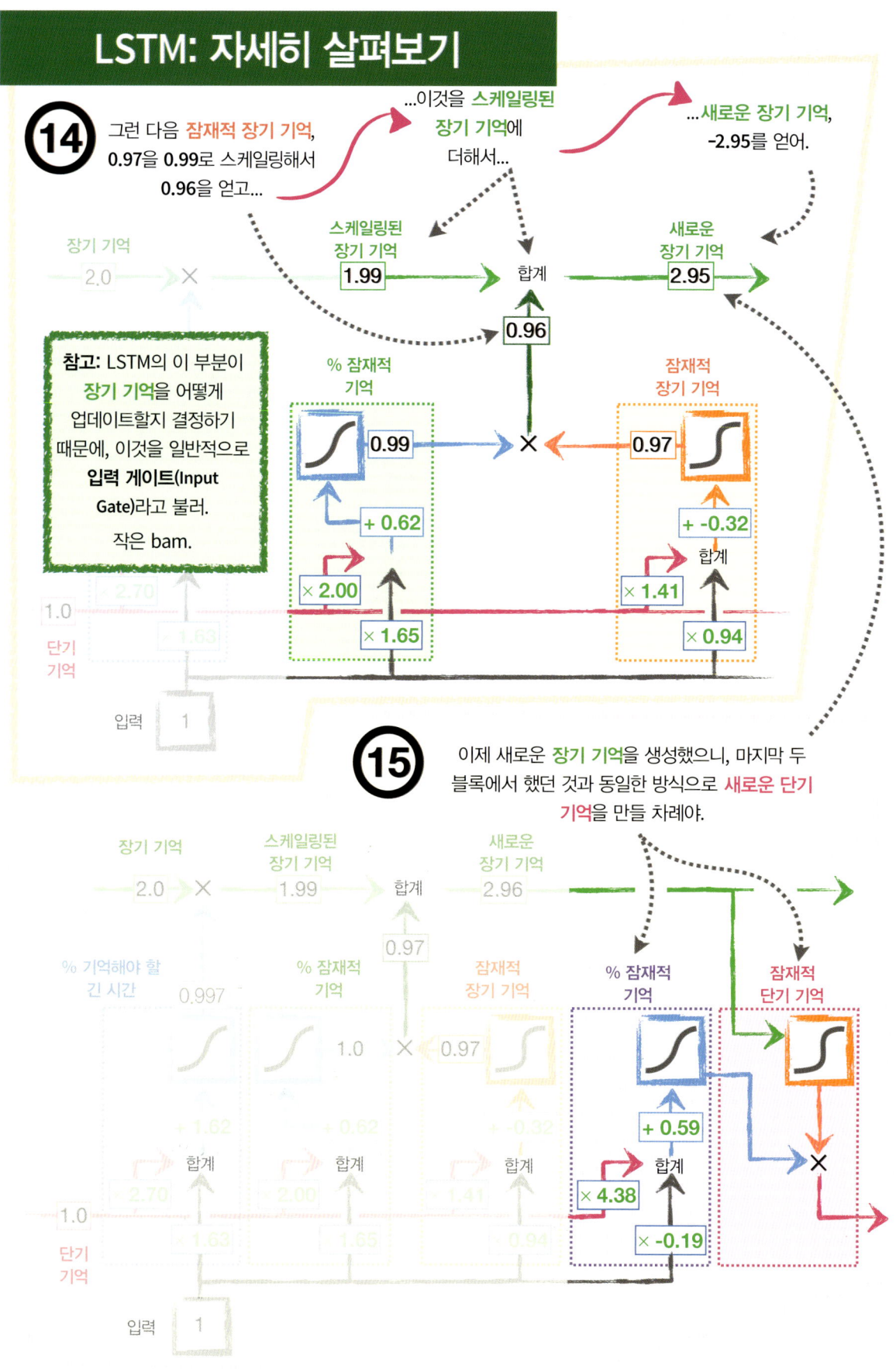

14 그런 다음 **잠재적 장기 기억**, 0.97을 0.99로 스케일링해서 0.96을 얻고...

...이것을 **스케일링된 장기 기억**에 더해서...

...**새로운 장기 기억**, −2.95를 얻어.

장기 기억
2.0

스케일링된 장기 기억
1.99

합계

새로운 장기 기억
2.95

0.96

참고: LSTM의 이 부분이 **장기 기억**을 어떻게 업데이트할지 결정하기 때문에, 이것을 일반적으로 **입력 게이트(Input Gate)**라고 불러.

작은 bam.

% 잠재적 기억
0.99

잠재적 장기 기억
0.97

+ 0.62

+ −0.32

합계

× 2.00

× 1.41

× 1.65

× 0.94

1.0

2.70

1.63

단기 기억

입력 1

15 이제 새로운 **장기 기억**을 생성했으니, 마지막 두 블록에서 했던 것과 동일한 방식으로 **새로운 단기 기억**을 만들 차례야.

장기 기억
2.0

스케일링된 장기 기억
1.99

합계

새로운 장기 기억
2.96

0.97

% 기억해야 할 긴 시간
0.997

% 잠재적 기억

1.0

잠재적 장기 기억
0.97

% 잠재적 기억

잠재적 단기 기억

+ 1.62

+ 0.62

+ −0.32

+ 0.59

합계

합계

합계

합계

2.70

2.00

1.41

× 4.38

1.63

1.65

0.94

× −0.19

1.0

단기 기억

입력 1

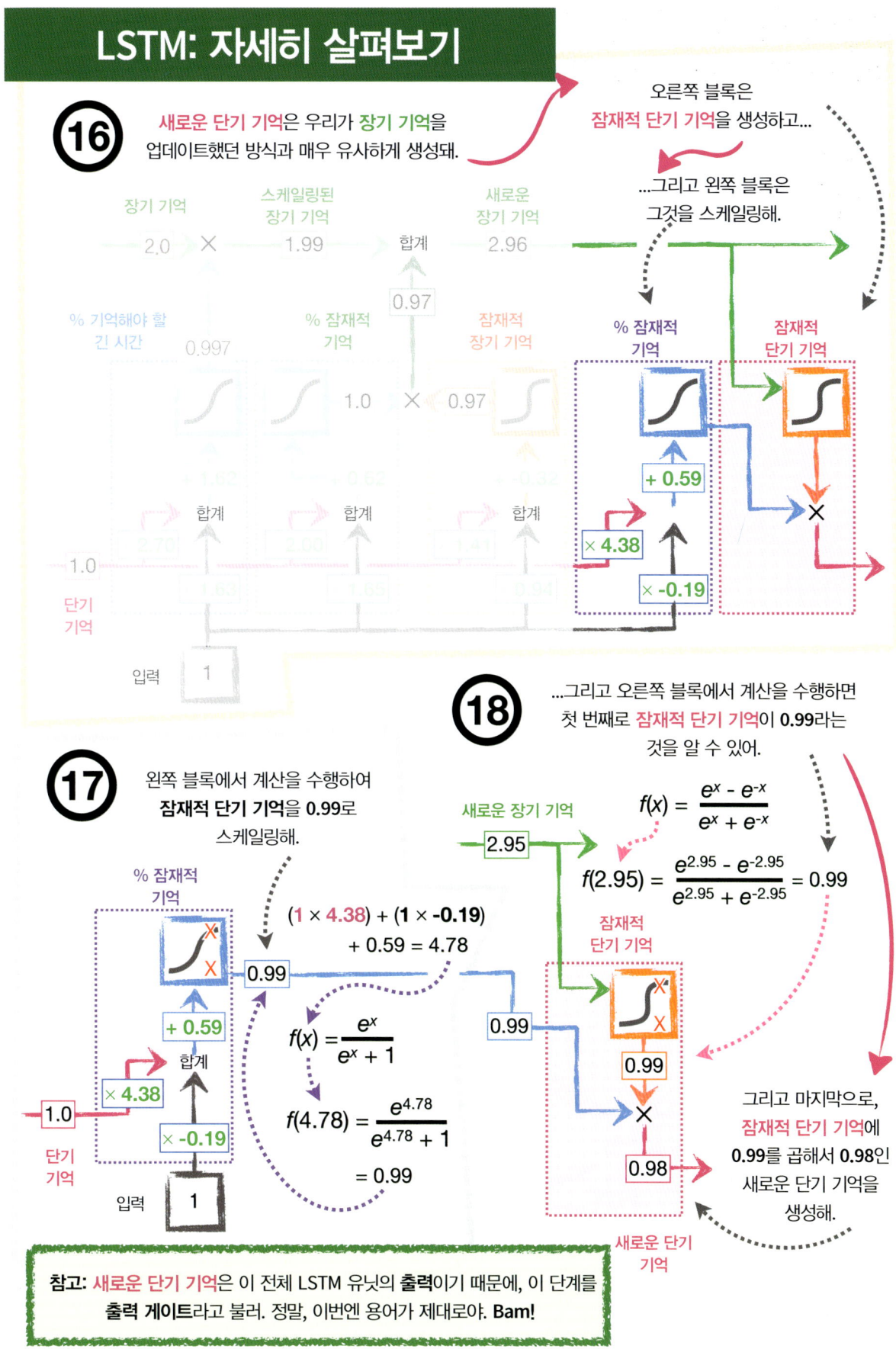

(16) 새로운 **단기 기억**은 우리가 **장기 기억**을 업데이트했던 방식과 매우 유사하게 생성돼.

오른쪽 블록은 **잠재적 단기 기억**을 생성하고...

...그리고 왼쪽 블록은 그것을 스케일링해.

장기 기억 2.0 × 스케일링된 장기 기억 1.99 → 합계 새로운 장기 기억 2.96

0.97

% 기억해야 할 긴 시간 0.997

% 잠재적 기억 1.0 × 잠재적 장기 기억 0.97

% 잠재적 기억

잠재적 단기 기억

+ 0.59

× 4.38

× -0.19

합계 2.70 1.83

합계 2.00 1.55

합계 1.41 0.94

1.0

단기 기억

입력 1

(17) 왼쪽 블록에서 계산을 수행하여 **잠재적 단기 기억**을 0.99로 스케일링해.

% 잠재적 기억

$(1 \times 4.38) + (1 \times -0.19)$
$+ 0.59 = 4.78$

0.99

+ 0.59

합계

× 4.38

1.0

× -0.19

단기 기억

입력 1

$f(x) = \dfrac{e^x}{e^x + 1}$

$f(4.78) = \dfrac{e^{4.78}}{e^{4.78} + 1}$

$= 0.99$

(18) ...그리고 오른쪽 블록에서 계산을 수행하면 첫 번째로 **잠재적 단기 기억**이 **0.99**라는 것을 알 수 있어.

새로운 장기 기억 2.95

$f(x) = \dfrac{e^x - e^{-x}}{e^x + e^{-x}}$

$f(2.95) = \dfrac{e^{2.95} - e^{-2.95}}{e^{2.95} + e^{-2.95}} = 0.99$

잠재적 단기 기억

0.99

0.99

0.99

× 0.98

새로운 단기 기억

그리고 마지막으로, **잠재적 단기 기억**에 **0.99**를 곱해서 **0.98**인 새로운 단기 기억을 생성해.

참고: 새로운 단기 기억은 이 전체 LSTM 유닛의 **출력**이기 때문에, 이 단계를 **출력 게이트**라고 불러. 정말, 이번엔 용어가 제대로야. **Bam!**

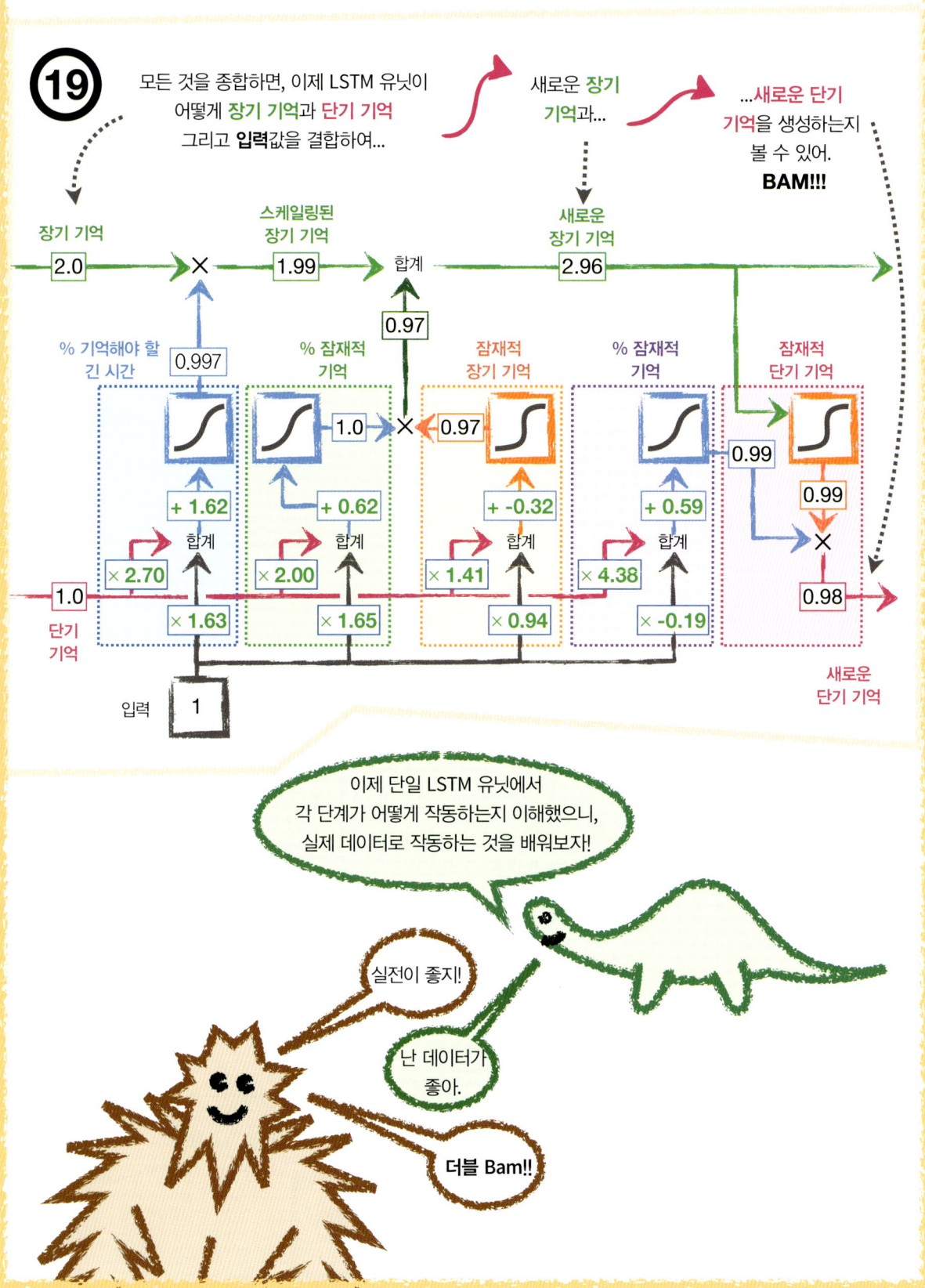

⑲ 모든 것을 종합하면, 이제 LSTM 유닛이 어떻게 **장기 기억**과 **단기 기억** 그리고 **입력**값을 결합하여...

새로운 **장기** 기억과...

...**새로운 단기** 기억을 생성하는지 볼 수 있어. **BAM!!!**

이제 단일 LSTM 유닛에서 각 단계가 어떻게 작동하는지 이해했으니, 실제 데이터로 작동하는 것을 배워보자!

실전이 좋지!

난 데이터가 좋아.

더블 Bam!!

LSTM: 단계별 설명

① LSTM이 어떻게 작동하는지 설명하기 위해,
두 개의 다른 회사, A 회사와 B 회사의 주가를 적용해볼 거야.

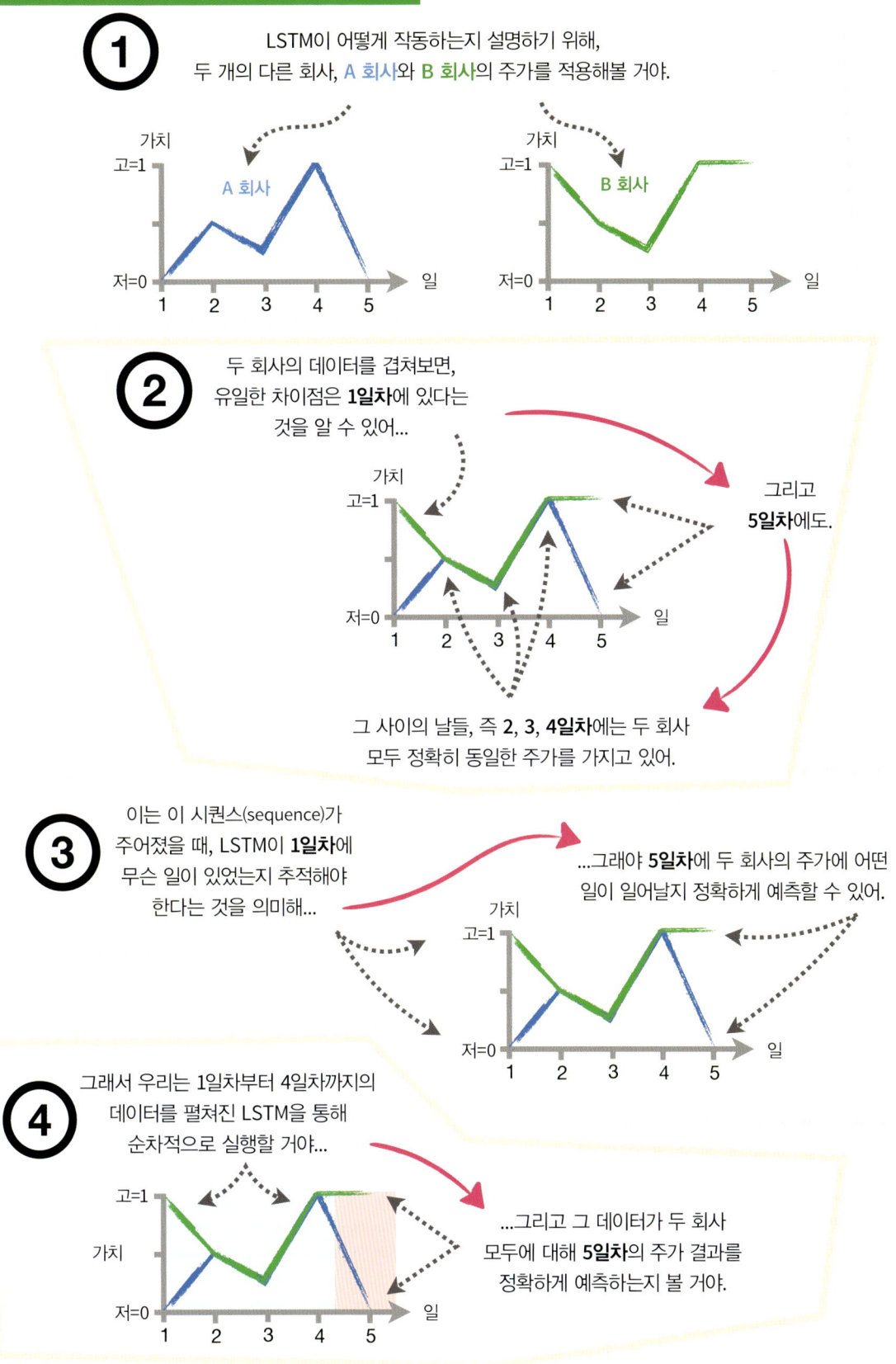

② 두 회사의 데이터를 겹쳐보면,
유일한 차이점은 **1일차**에 있다는
것을 알 수 있어...

그리고
5일차에도.

그 사이의 날들, 즉 **2, 3, 4일차**에는 두 회사
모두 정확히 동일한 주가를 가지고 있어.

③ 이는 이 시퀀스(sequence)가
주어졌을 때, LSTM이 **1일차**에
무슨 일이 있었는지 추적해야
한다는 것을 의미해...

...그래야 **5일차**에 두 회사의 주가에 어떤
일이 일어날지 정확하게 예측할 수 있어.

④ 그래서 우리는 1일차부터 4일차까지의
데이터를 펼쳐진 LSTM을 통해
순차적으로 실행할 거야...

...그리고 그 데이터가 두 회사
모두에 대해 **5일차**의 주가 결과를
정확하게 예측하는지 볼 거야.

⑤ 자, 이제 **A 회사**의 데이터를 **1일차**부터 **4일차**까지 순차적으로 실행할 건데, 장기 기억과 단기 기억을 0.0으로 초기화하면서 시작할 거야.

가치
고=1
A 회사
저=0
1 2 3 4 5 **일**

우리는 5일차의 값을 예측하려고 해.

참고: 장기 기억과 단기 기억은 이전 LSTM 유닛이 이러한 기억을 계산했고 그 결과가 0이었다는 것을 의미하지 않는 한 0에서 시작해. 즉, 이전 데이터가 없다면 **0**으로 시작해. 이 경우에는 이전 데이터가 없으므로 **0**으로 설정했어.

...그리고 **1일차**의 값 **0.0**을 **입력**으로 넣어...

계산을 해보면, 새로운, 업데이트된 장기 기억은 **−0.20**이고...

...새로운 단기 기억은 −0.13인 것을 알 수 있어.

장기 기억
0.0
×
스케일링된 장기 기억
0.0
합계
−0.20
새로운 장기 기억
−0.20

% 기억해야 할 긴 시간
0.03
∫
+ 1.62
합계
× 2.70
× 1.63

% 잠재적 기억
0.65
∫
+ 0.62
합계
× 2.00
× 1.65

× 잠재적 장기 기억
−.31
∫
+ −0.32
합계
× 1.41
× 0.94

% 잠재적 기억
∫
+ 0.59
합계
× 4.38
× −0.19

잠재적 단기 기억
∫
0.64
−0.20
×
−0.13

0.0
단기 기억

입력 0.0

새로운 단기 기억

⑥ LSTM 다이어그램은 약간 복잡하기 때문에 이 단순화된 복사본을 사용해 각 입력 단계에 대해 펼쳐진 유닛을 나타낼 거야.

참고: 시장 가치는 가장 가까운 소수점 첫째 자리까지 반올림되었어.

초기 장기 기억
0.0 × + −.2
∫ ∫ ∫ ∫ ∫
0.0 −.1
초기 단기 기억
0.0 **1일차**

LSTM: 단계별 설명

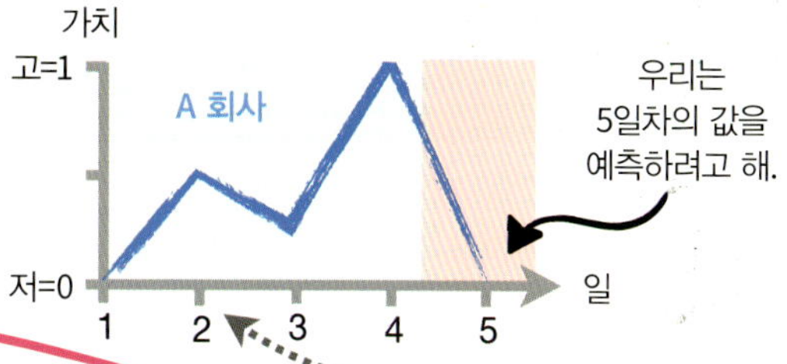

7 이제 업데이트된 기억들을 사용해서 LSTM을 다시 펼치고...

가치
고=1 A 회사
저=0

1 2 3 4 5 일

우리는 5일차의 값을 예측하려고 해.

초기 장기 기억 **0.0** × + 업데이트된 장기 기억 **-.2** × +

초기 단기 기억 **0.0** **0.0** 1일차 업데이트된 단기 기억 **-.1** **0.5** 2일차

2일차의 값 **0.5**를 입력으로 넣어...

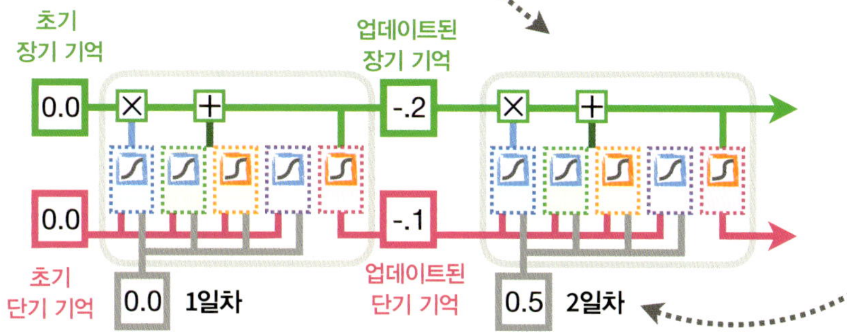

초기 장기 기억 0.0 × +

업데이트된 장기 기억 **-.2** × + **-.2**

초기 단기 기억 0.0 **-.1** **-.1**

0.0 1일차 **0.5** 2일차 업데이트된 단기 기억

...그리고 계산을 해서 **장기 기억**과 **단기 기억**을 업데이트해.

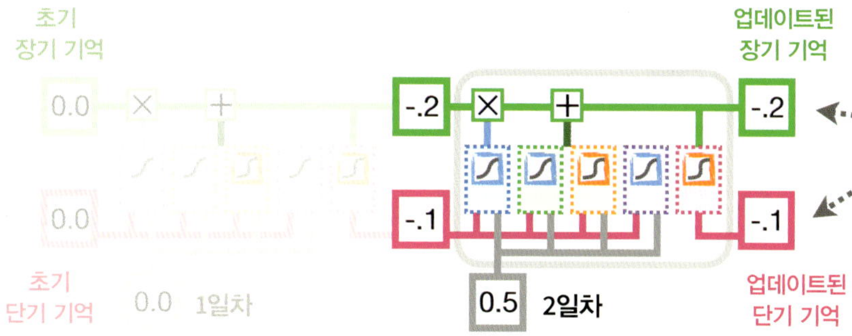

8 그런 다음 LSTM을 다시 펼치고, **3일차**의 값 0.25를 입력으로 넣어 계산을 수행하여 업데이트된 **장기 기억**과 **단기 기억**을 얻어.

가치
고=1 A 회사
저=0

1 2 3 4 5 일

우리는 5일차의 값을 예측하려고 해.

초기 장기 기억 0.0 × + -.2 × +

업데이트된 장기 기억 **-.2** × + **-.3**

초기 단기 기억 0.0 -.1 **-.1** **-.2**

0.0 1일차 0.5 2일차 **0.25** 3일차 업데이트된 단기 기억

기억해: 매번 RNN을 펼칠 때마다 – 그리고 LSTM은 RNN의 한 유형이야 – 우리는 정확히 동일한 가중치와 편향을 사용해.

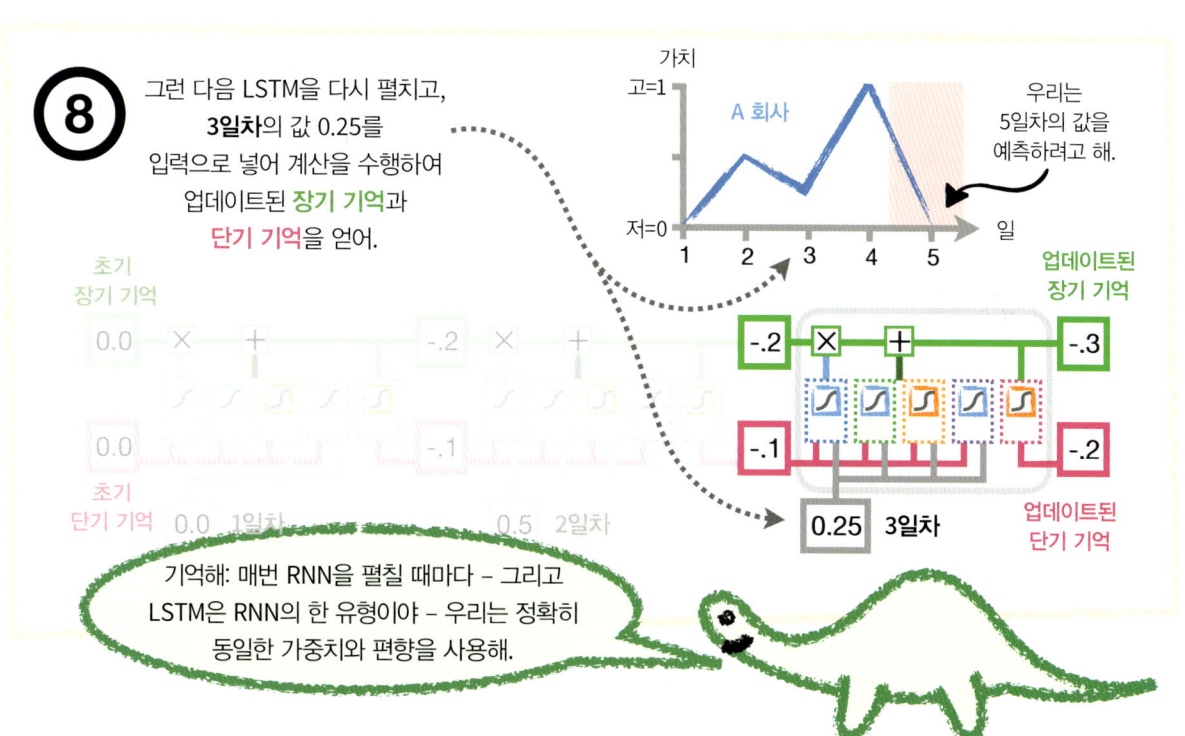

LSTM: 단계별 설명

⑨ 그런 다음 마지막으로 LSTM을 한 번 더 펼치고, **4일차**의 값 1.0을 입력으로 넣어 계산을 수행하여 최종 장기 기억과 단기 기억을 얻어.

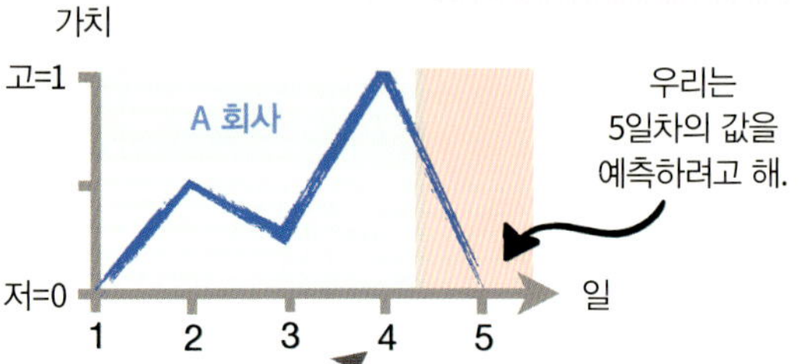

가치

고=1

A 회사

저=0

1 2 3 4 5   일

우리는 5일차의 값을 예측하려고 해.

0.0 × + × + × + -.3 × + 0.0 **최종 장기 기억**

0.0 -.2 0.0 **최종 단기 기억**

0.0 1일차 0.5 2일차 0.25 3일차 1.0 **4일차**

⑩ 최종 단기 기억, 0.0은 펼쳐진 LSTM의 **출력**이야.

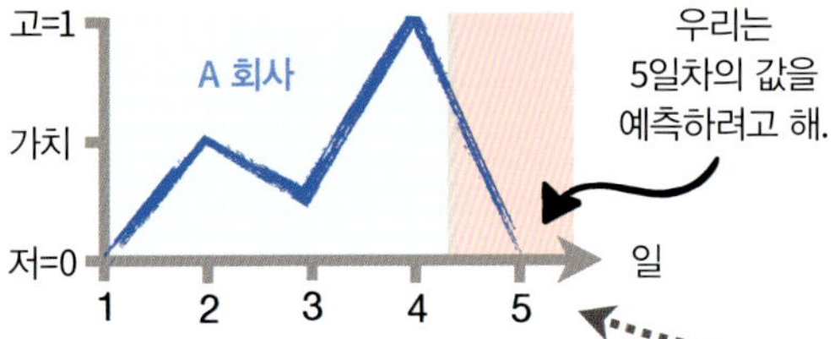

고=1

A 회사

가치

저=0

1 2 3 4 5   일

우리는 5일차의 값을 예측하려고 해.

그 말은 LSTM이 A 회사의 **5일차** 주가를 정확하게 예측했다는 뜻이지.

참고: 이 예제를 가능한 한 간단하게 유지하기 위해, LSTM이 **5일차**의 값을 예측하도록 훈련시켰고 다른 날들의 값은 예측하지 않도록 했어.

BAM!!!

⑪ 이제 LSTM이 A 회사에 대해 정확하게 예측할 수 있다는 것을 알았으니, LSTM이 B 회사에 대해 정확히 동일한 가중치와 편향을 사용하여 어떻게 정확하게 예측하는지 보자.

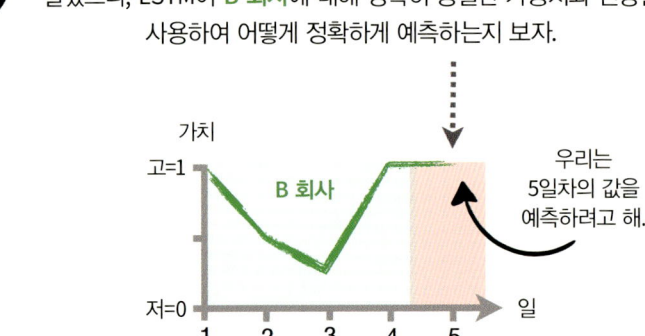

가치

고=1

B 회사

저=0

1 2 3 4 5   일

우리는 5일차의 값을 예측하려고 해.

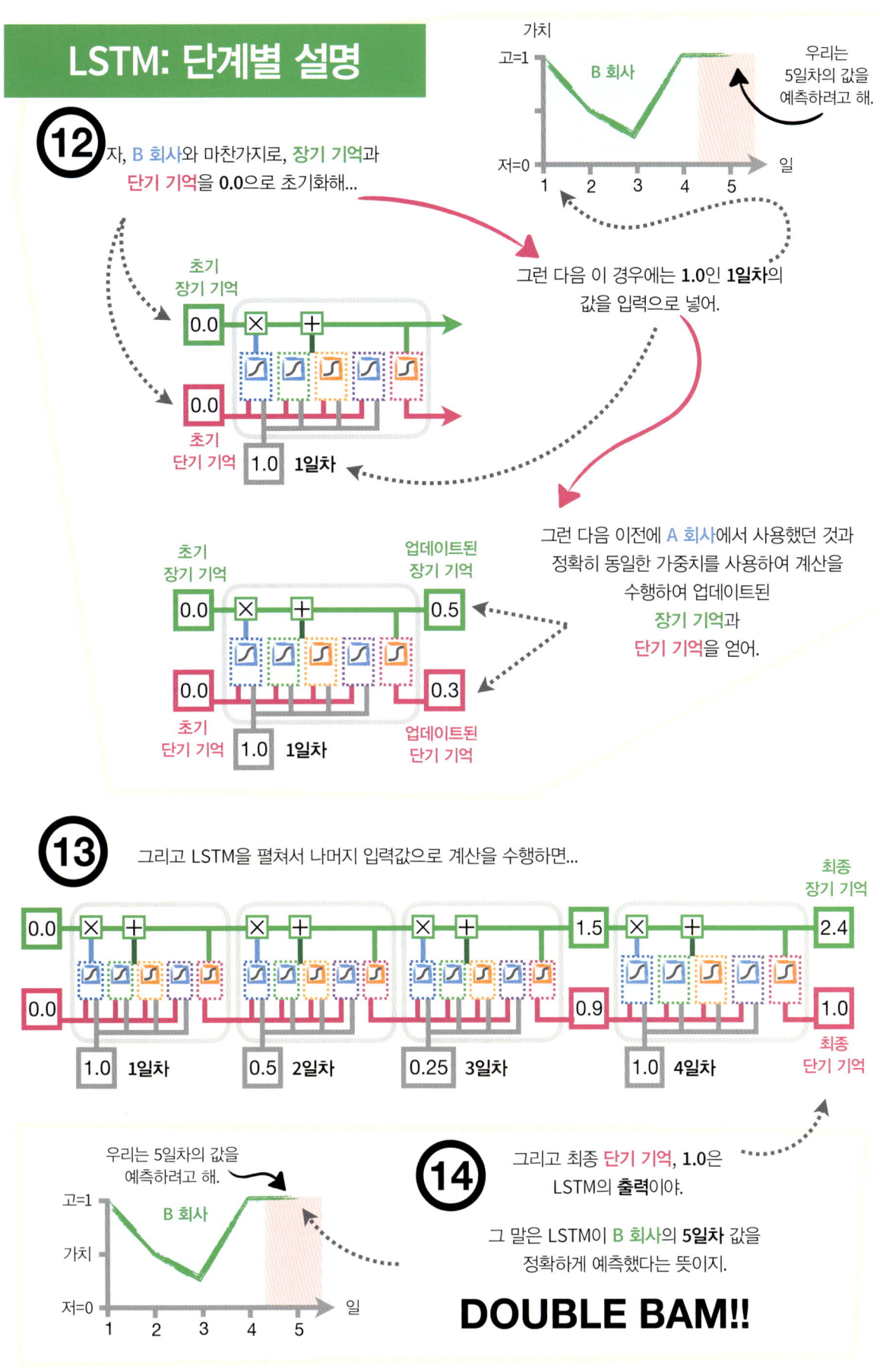

LSTM: 단계별 설명

가치
고=1
B 회사
저=0
일
1 2 3 4 5

우리는
5일차의 값을
예측하려고 해.

⑫ 자, B 회사와 마찬가지로, 장기 기억과
단기 기억을 0.0으로 초기화해...

그런 다음 이 경우에는 1.0인 1일차의
값을 입력으로 넣어.

초기
장기 기억
0.0

초기
단기 기억
0.0

1.0 1일차

그런 다음 이전에 A 회사에서 사용했던 것과
정확히 동일한 가중치를 사용하여 계산을
수행하여 업데이트된
장기 기억과
단기 기억을 얻어.

초기
장기 기억
0.0

업데이트된
장기 기억
0.5

초기
단기 기억
0.0

1.0 1일차

업데이트된
단기 기억
0.3

⑬ 그리고 LSTM을 펼쳐서 나머지 입력값으로 계산을 수행하면...

최종
장기 기억

0.0

0.0

1.0 1일차

0.5 2일차

0.25 3일차

1.5

0.9

1.0 4일차

2.4

1.0

최종
단기 기억

우리는 5일차의 값을
예측하려고 해.

고=1
B 회사
가치
저=0
일
1 2 3 4 5

⑭ 그리고 최종 단기 기억, 1.0은
LSTM의 출력이야.

그 말은 LSTM이 B 회사의 5일차 값을
정확하게 예측했다는 뜻이지.

DOUBLE BAM!!

LSTM: 단계별 설명

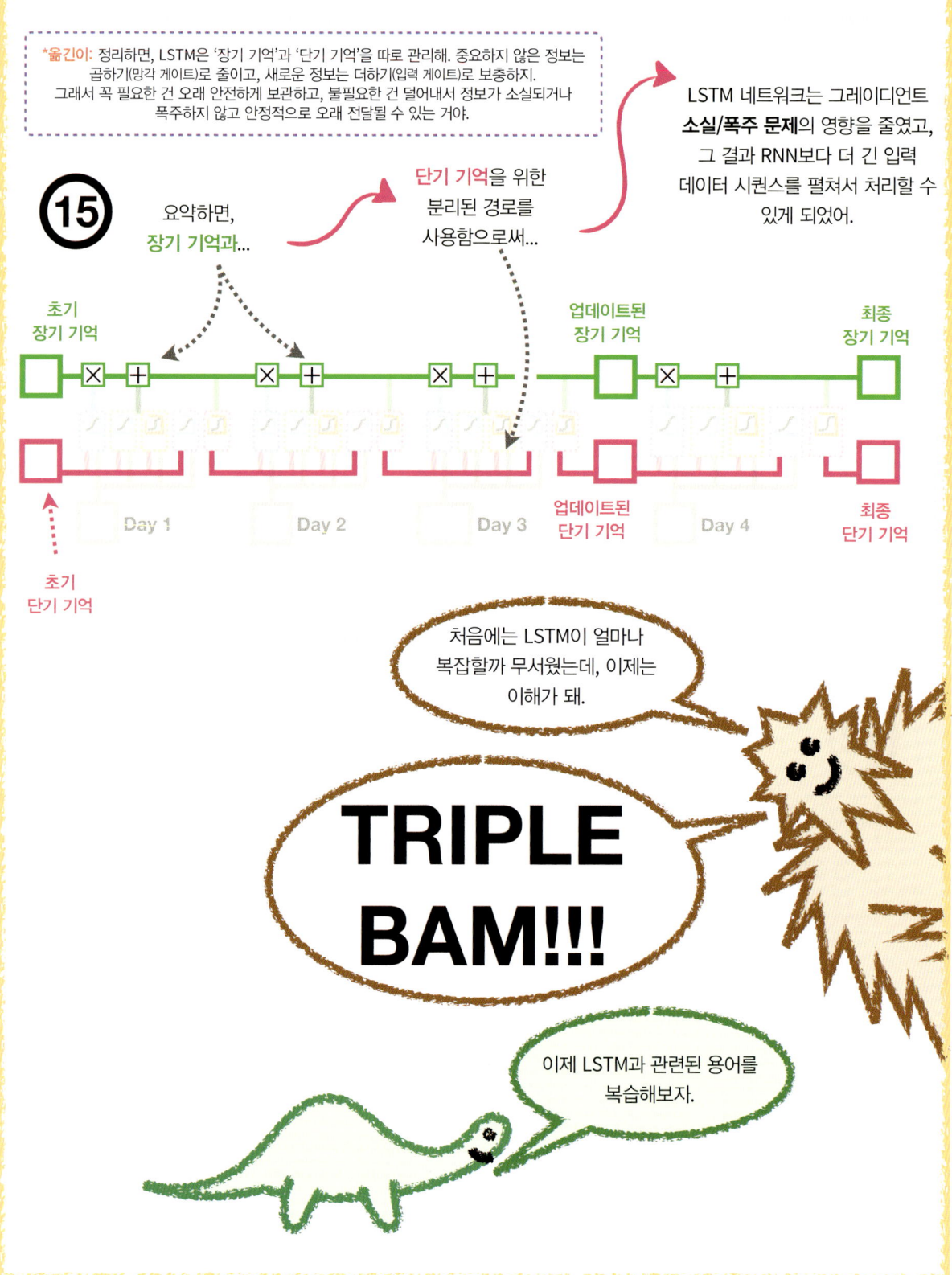

*옮긴이: 정리하면, LSTM은 '장기 기억'과 '단기 기억'을 따로 관리해. 중요하지 않은 정보는 곱하기(망각 게이트)로 줄이고, 새로운 정보는 더하기(입력 게이트)로 보충하지.
그래서 꼭 필요한 건 오래 안전하게 보관하고, 불필요한 건 덜어내서 정보가 소실되거나 폭주하지 않고 안정적으로 오래 전달될 수 있는 거야.

LSTM 네트워크는 그레이디언트 **소실/폭주 문제**의 영향을 줄였고, 그 결과 RNN보다 더 긴 입력 데이터 시퀀스를 펼쳐서 처리할 수 있게 되었어.

⑮

요약하면, 장기 기억과…

단기 기억을 위한 분리된 경로를 사용함으로써…

초기 장기 기억

업데이트된 장기 기억

최종 장기 기억

Day 1

Day 2

Day 3

업데이트된 단기 기억

Day 4

최종 단기 기억

초기 단기 기억

처음에는 LSTM이 얼마나 복잡할까 무서웠는데, 이제는 이해가 돼.

TRIPLE BAM!!!

이제 LSTM과 관련된 용어를 복습해보자.

전문용어 알림!! LSTM 부품

1 LSTM과 관련된 용어가 많기 때문에, 모든 것을 한 곳에 모아 놓고 다이어그램을 만들어 봤어.

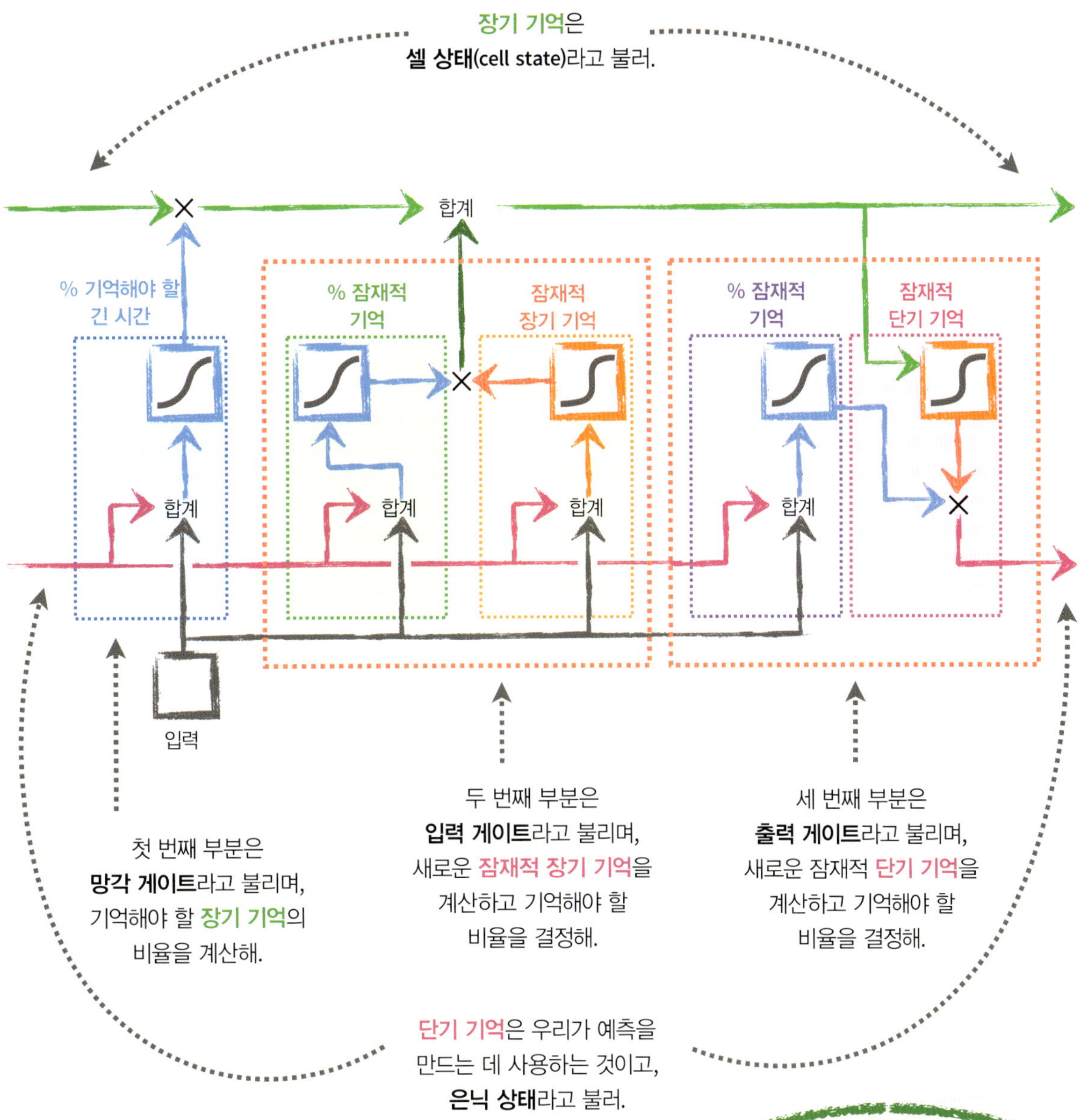

장기 기억은
셀 상태(cell state)라고 불러.
합계
% 기억해야 할 긴 시간
% 잠재적 기억
잠재적 장기 기억
% 잠재적 기억
잠재적 단기 기억
합계
합계
합계
합계
입력
첫 번째 부분은 망각 게이트라고 불리며, 기억해야 할 장기 기억의 비율을 계산해.
두 번째 부분은 입력 게이트라고 불리며, 새로운 잠재적 장기 기억을 계산하고 기억해야 할 비율을 결정해.
세 번째 부분은 출력 게이트라고 불리며, 새로운 잠재적 단기 기억을 계산하고 기억해야 할 비율을 결정해.
단기 기억은 우리가 예측을 만드는 데 사용하는 것이고,
은닉 상태라고 불러.

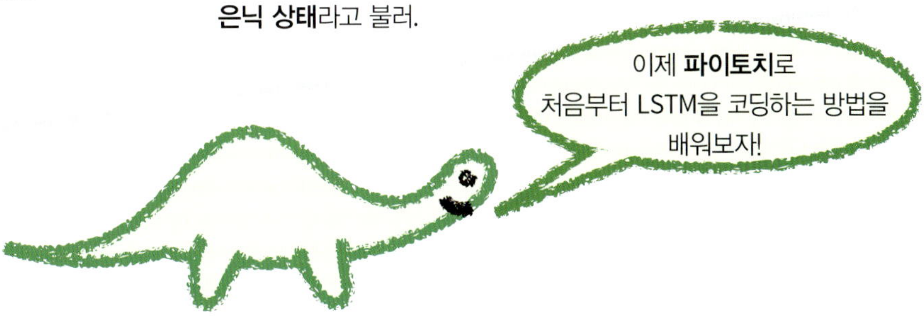

이제 파이토치로 처음부터 LSTM을 코딩하는 방법을 배워보자!

파이토치의 LSTM

 우리가 이미 배운 **파이토치** 도구들과 **torch.sigmoid()** 그리고...

활성화 함수를 위한 **torch.tanh()**를 사용하면, 처음부터 LSTM 모듈을 코딩할 수 있어.

② 그냥 **nn.LSTM()**을 사용하고 **input_size**와 **hidden_size**를 지정해서 LSTM을 만들 수도 있어.

input_size는 LSTM이 가져야 할 입력의 수야. 이 장의 예제에서는 각 시점(time point)에서 주가라는 한 가지만 측정했기 때문에 입력이 하나만 필요했어.

```
self.lstm = nn.LSTM(input_size=1,
                    hidden_size=1)
```

참고: 기본적으로, **nn.LSTM()**은 장기 기억과 단기 기억을 0으로 초기화해. 하지만, 시간 0에서 **은닉 상태**를 의미하는 **h_0**과 시간 0에서 **셀 상태**, 즉 장기 기억을 의미하는 **c_0** 값을 전달할 수도 있어.

hidden_size는 LSTM이 가져야 할 출력의 수를 나타내. 이 장의 예제에서는 예측된 주가라는 하나의 출력만 필요했어. 하지만 LSTM의 출력을 **10**개의 입력을 가진 일반 신경망에 넣고 싶을 수도 있고, 그 경우에는 LSTM이 **10**개의 출력을 갖도록 해야 할 거야. 우리가 **Seq2Seq** 및 **인코더-디코더(encoder-decoder)** 모델에 대해 이야기할 **10장**에서 출력 수가 어떻게 증가하는지에 대해 더 자세히 이야기할 거야.

③ 마지막으로, 훈련 중에 **LightningModule()**의 **log()** 메서드를 사용해 손실값을 기록함으로써 우리 모델이 얼마나 잘 수행되고 있는지 추적할 수 있어.

손실 값을 그래프로 나타내고 그 값들이 변하지 않기 시작하는 것처럼 보이면, 훈련을 멈출 수 있어.

반대로, 손실이 계속 개선될 것처럼 보이면, 훈련에 더 많은 에포크를 추가할 수 있어.

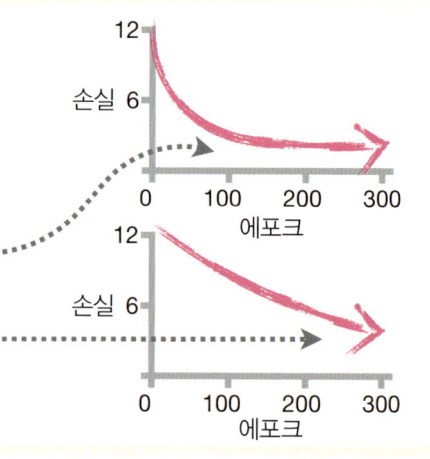

④ 이 QR 코드를 스캔하거나, 클릭하거나, 탭해서 처음부터 LSTM을 만들고 훈련시키고 **nn.LSTM()**을 사용하는 **파이토치** 코드에 접근해봐. 또한 **PyTorch Lightning의 log()** 메서드를 사용하여 훈련이 완료되었는지 여부와 완전히 처음부터 시작하지 않고 더 많은 에포크를 추가하는 방법을 결정하는 방법도 배울 수 있을 거야!!!

Chapter 09

워드 임베딩으로 단어를 숫자로 변환하기!!!

워드 임베딩: 핵심 아이디어

문제점: 단어는 훌륭하고, 온갖 종류의 멋진 아이디어를 전달하는 데 사용할 수 있지만, 신경망은 숫자가 아닌 단어로는 작동하지 않아.

그래서 단어를 신경망에 넣고 싶다면, 그것들을 숫자로 바꿀 방법이 필요해.

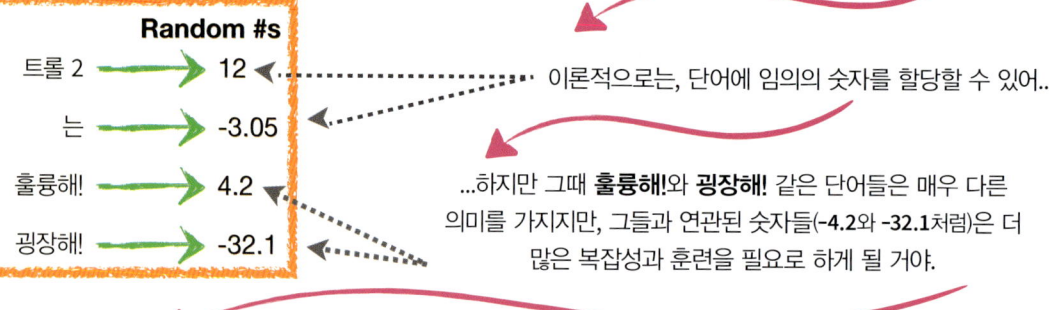

이론적으로는, 단어에 임의의 숫자를 할당할 수 있어...

...하지만 그때 **훌륭해!**와 **굉장해!** 같은 단어들은 매우 다른 의미를 가지지만, 그들과 연관된 숫자들은(**-4.2**와 **-32.1**처럼) 더 많은 복잡성과 훈련을 필요로 하게 될 거야.

그리고 그것은 신경망이 단어 **훌륭해!**를 올바르게 사용하는 방법을 배우기 위해 필요한 많은 훈련이 단어 **굉장해!**를 올바르게 사용하는 데 도움이 되지 않을 수도 있다는 것을 의미해.

만약 비슷한 단어들이 비슷한 숫자를 갖게 된다면 좋을 거야. 그러면 한 단어를 사용하는 방법을 배우는 것이 신경망이 동시에 다른 단어를 사용하는 방법을 배우는 데 도움이 될 테니까.

그리고 같은 단어가 다른 맥락에서 사용되거나, 복수형이거나 또는 다른 형태일 수 있기 때문에, 각 단어에 단 하나의 숫자를 할당하는 대신 여러 숫자를 갖는 것이 좋을 거야. 그러면 신경망이 다른 맥락에 더 쉽게 적응할 수 있게 돼.

해결책: 놀랍게도, 간단한 신경망은 단어에 유사한 숫자를 할당할 수 있고, 우리는 이러한 숫자들을 **워드 임베딩(word embedding)**이라고 불러. 이 임베딩들은 한 단어가 사용된 맥락을 처리하기 위해 여러 복잡한 방법을 사용할 수도 있어.

예를 들어 단어 **훌륭해!**와 **굉장해!**는 비슷한 의미를 가지고 종종 비슷한 맥락에서 사용돼... 그것들은 긍정적인 방식으로 사용될 수 있고...

...그리고 그것들은 비꼬는, 부정적인 방식으로도 사용될 수 있어...

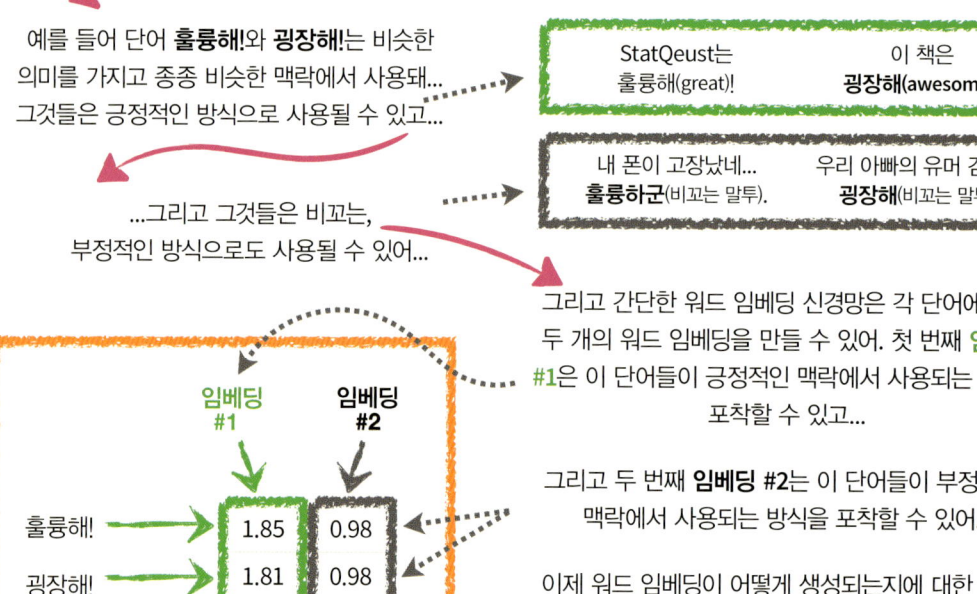

그리고 간단한 워드 임베딩 신경망은 각 단어에 대해 두 개의 워드 임베딩을 만들 수 있어. 첫 번째 **임베딩 #1**은 이 단어들이 긍정적인 맥락에서 사용되는 방식을 포착할 수 있고...

그리고 두 번째 **임베딩 #2**는 이 단어들이 부정적인 맥락에서 사용되는 방식을 포착할 수 있어.

이제 워드 임베딩이 어떻게 생성되는지에 대한 세부 사항으로 들어가 보자.

172

워드 임베딩: 자세히 살펴보기

① 매우 간단한 워드 임베딩 네트워크가 어떻게 다른 단어들에 어떤 숫자를 부여해야 할지 알아내는지 보여주기 위해, 두 개의 구문이 포함된 간단한 훈련 데이터셋을 상상해보자.

> **훈련 데이터**
> **트롤 2**는 훌륭해!
> **짐카타**는 훌륭해!

두 구문 모두 비슷한 맥락에서 **트롤 2**와 **짐카타***라는 두 단어를 가지고 있어. 왜냐하면 누군가(누군지는 말 안 할게!)가 역대 최악의 영화로 꾸준히 뽑혀 온 이 두 영화가 굉장하다고(great!) 생각하기 때문이지!

*옮긴이: 트롤 2와 짐카타는 실제로 혹평받는 영화로 유명하며, 마지막 문장은 반어적인 유머이다.

② 각 단어와 연관시킬 임베딩을 알아내기 위해 신경망을 만들려면, 먼저 각 고유 단어에 대한 입력을 생성해야 해.

이 경우, 훈련 데이터에 4개의 고유 단어가 있기 때문에 **4개**의 입력을 갖게 돼.

> **참고:** 이 예제에서는 '트롤 2'를 하나의 단어로 취급할 거야.

③ 그런 다음 각 입력을 최소 1개의 활성화 함수에 연결해.

활성화 함수의 수는 우리가 각 단어와 연관시키고 싶은 임베딩이 얼마나 많은지에 해당해.

이 예제에서는 각 단어에 2개의 숫자를 연관시키고 싶어. 즉, 2개의 활성화 함수를 사용할 거야.

> **참고:** 이 활성화 함수들은 **항등 함수(identity function)**를 사용하고, 따라서 입력값을 출력값과 동일하게 만들어. 즉, 이 활성화 함수들은 아무것도 하지 않지만, 요약을 위한 위치를 제공해줘.

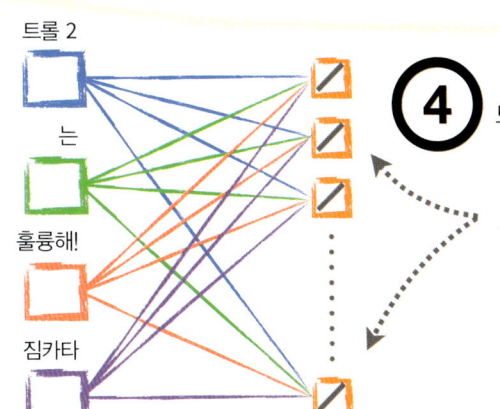

④ 또한, 우리의 예제는 오직 **2개**의 활성화 함수만 사용하기 때문에 인풋 단어당 **2개**의 워드 임베딩값만 사용하지만, 실제로 대부분의 활성화 함수는 각 단어에 대해 수백 개의 워드 임베딩값을 생성해.

워드 임베딩: 자세히 살펴보기

⑤ 첫 번째 워드 임베딩 세트가 될 상단 활성화 함수에 대한 연결 가중치는 우리가 각 단어와 연관시키는 값들이야.

그리고 하단 활성화 함수에 대한 연결 가중치는 우리가 각 단어와 연관시키는 두 번째 워드 임베딩 세트가 될 거야.

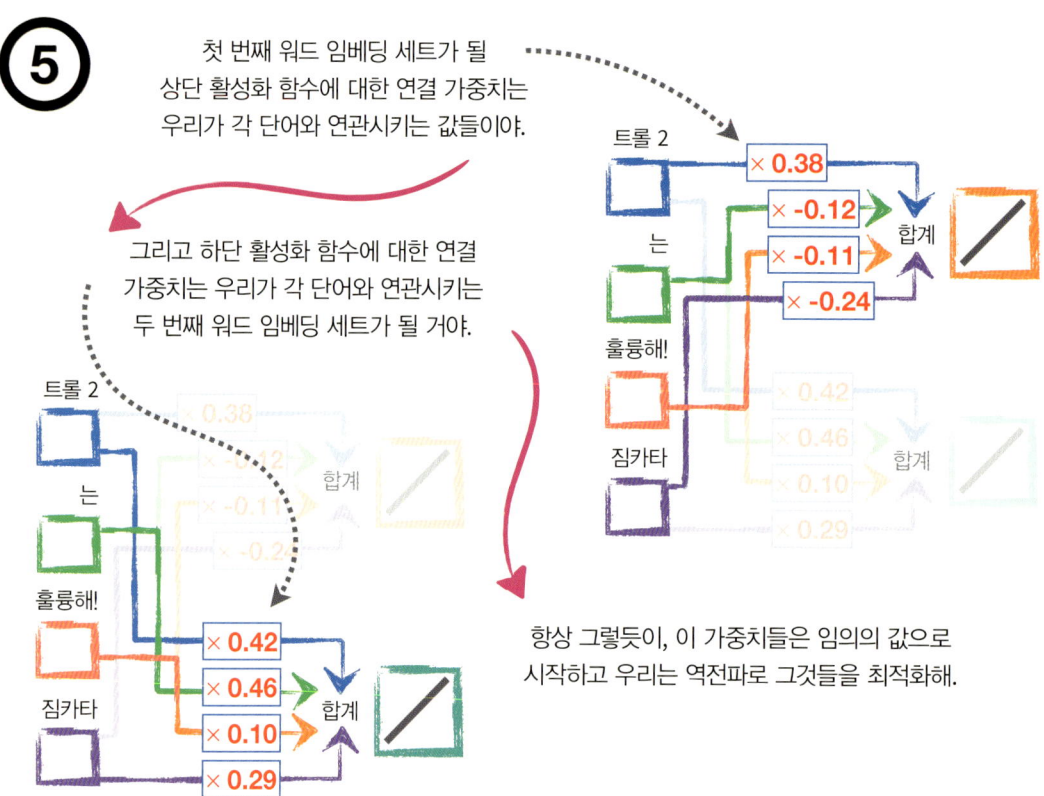

항상 그렇듯이, 이 가중치들은 임의의 값으로 시작하고 우리는 역전파로 그것들을 최적화해.

⑥ 그리고 역전파를 수행하기 위해, 예측을 해야 하고, 그래서 이 예제에서는 각 입력 단어에 대해...

...구문에서 다음 단어를 예측할 거야.

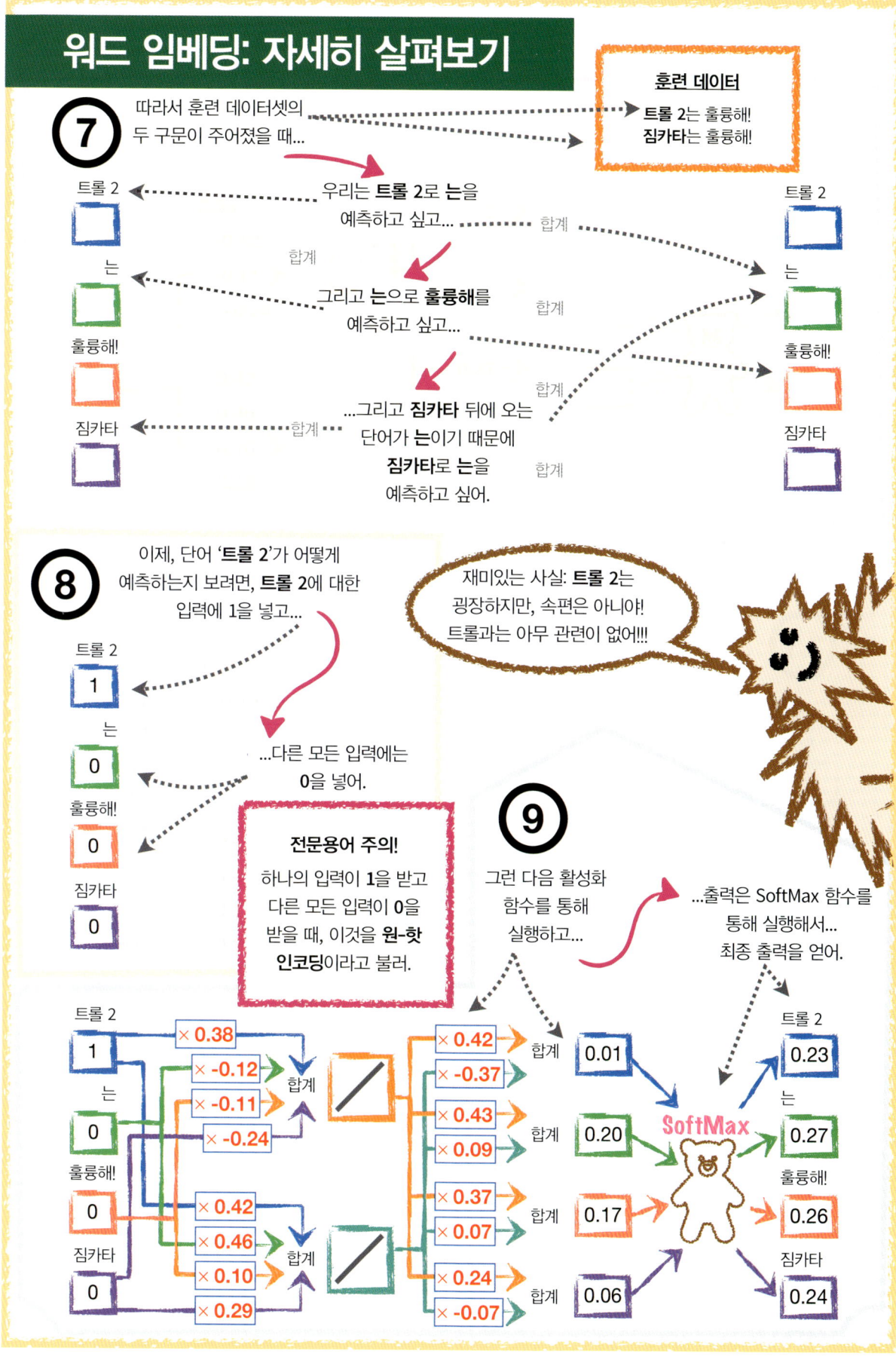

워드 임베딩: 자세히 살펴보기

훈련 데이터
트롤 2는 훌륭해!
짐카타는 훌륭해!

⑦ 따라서 훈련 데이터셋의 두 구문이 주어졌을 때...

우리는 **트롤 2**로 **는**을 예측하고 싶고...

그리고 **는**으로 **훌륭해**를 예측하고 싶고...

...그리고 **짐카타** 뒤에 오는 단어가 **는**이기 때문에 **짐카타**로 **는**을 예측하고 싶어.

트롤 2
는
훌륭해!
짐카타

합계
합계
합계
합계

트롤 2
는
훌륭해!
짐카타

⑧ 이제, 단어 '**트롤 2**'가 어떻게 예측하는지 보려면, **트롤 2**에 대한 입력에 1을 넣고...

재미있는 사실: **트롤 2**는 굉장하지만, 속편은 아니야! 트롤과는 아무 관련이 없어!!!

트롤 2 **1**
는 **0**
훌륭해! **0**
짐카타 **0**

...다른 모든 입력에는 0을 넣어.

전문용어 주의!
하나의 입력이 **1**을 받고 다른 모든 입력이 **0**을 받을 때, 이것을 **원-핫 인코딩**이라고 불러.

⑨ 그런 다음 활성화 함수를 통해 실행하고...

...출력은 SoftMax 함수를 통해 실행해서... 최종 출력을 얻어.

트롤 2 **1** × 0.38
× -0.12
× -0.11
× -0.24
는 **0**
훌륭해! **0** × 0.42
× 0.46
× 0.10
× 0.29
짐카타 **0**

합계
합계

× 0.42
× -0.37
× 0.43
× 0.09
합계
합계

× 0.37
× 0.07
× 0.24
× -0.07
합계
합계

0.01
0.20
0.17
0.06

SoftMax

트롤 2 0.23
는 0.27
훌륭해! 0.26
짐카타 0.24

워드 임베딩: 자세히 살펴보기

훈련 데이터

트롤 2는 훌륭해!
짐카타는 훌륭해!

10 따라서 훈련되지 않은 가중치를 사용해서, 입력으로 **트롤 2**와 다른 모든 입력에 **0**을 넣으면...

...**는** 대신 다음 단어로 **훌륭해!**를 예측하는데, 왜냐하면 SoftMax값 **0.27**이 가장 크기 때문이야.

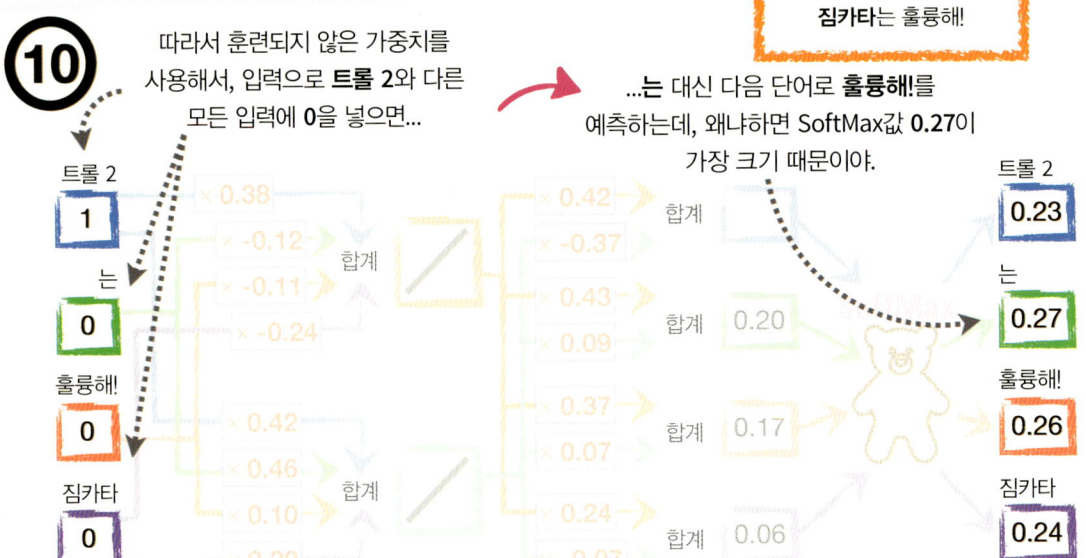

11 **는**이 무엇을 예측하는지 보려면, **는**에 대한 입력에 **1**을 넣고 다른 모든 입력에는 **0**을 넣어...

...그러면 훈련되지 않은 가중치는 정확한 단어 **훌륭해!** 대신 다음 단어로 **는**을 잘못 예측해.

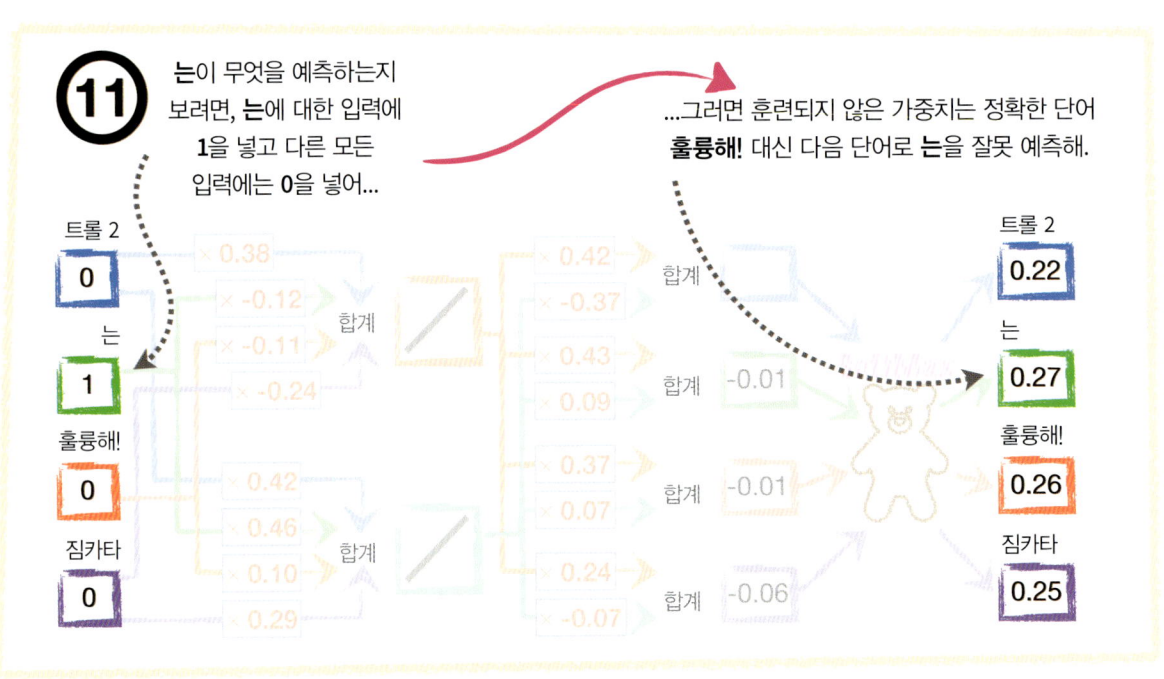

12 자, 예상대로 우리는 이 신경망의 가중치를 훈련시켜야 할 거야.

하지만 그렇게 하기 전에, 워드 임베딩값을 사용해서 멋진 그래프를 그려보자.

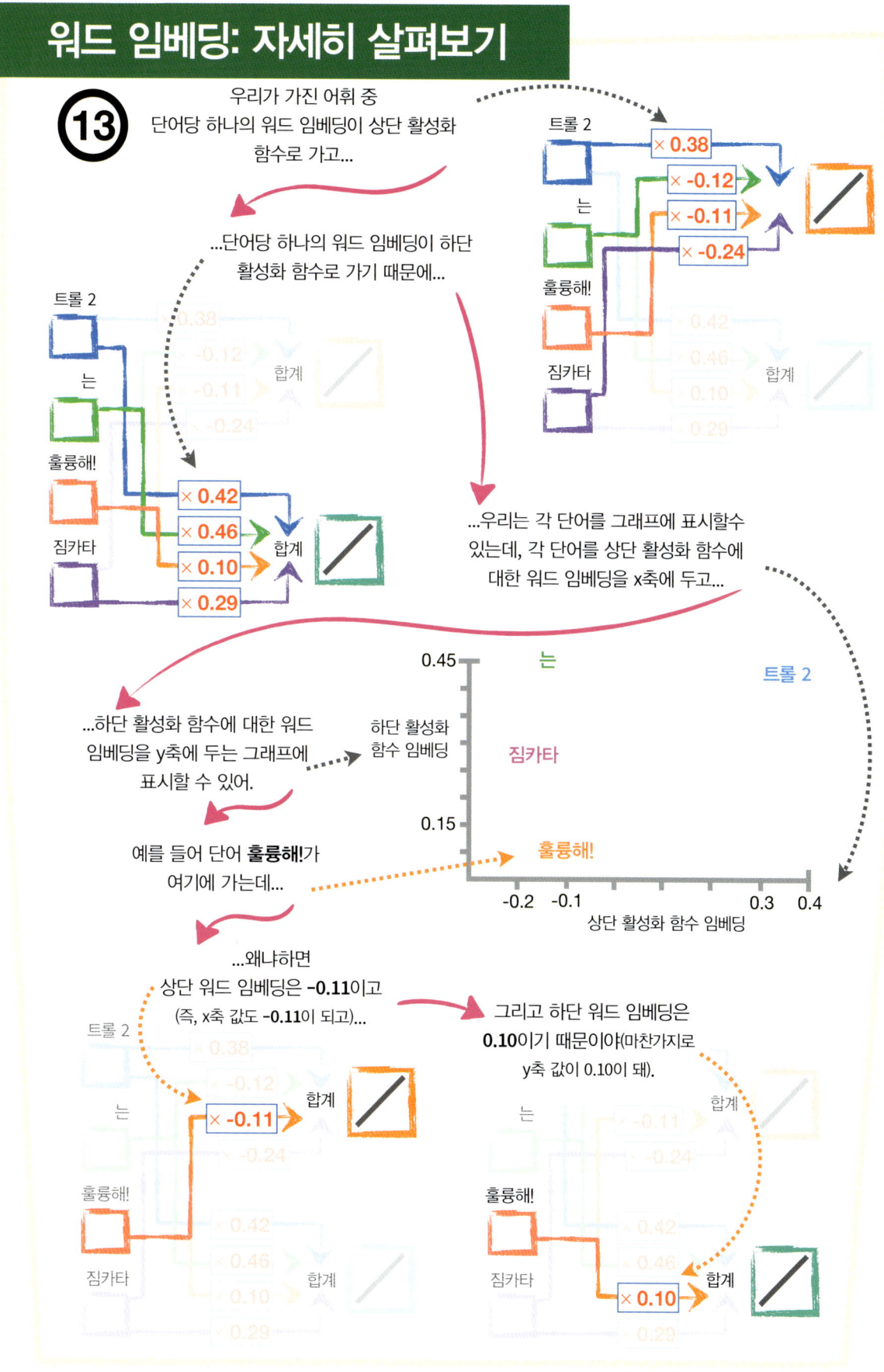

⑬ 우리가 가진 어휘 중 단어당 하나의 워드 임베딩이 상단 활성화 함수로 가고...

...단어당 하나의 워드 임베딩이 하단 활성화 함수로 가기 때문에...

트롤 2 × 0.38
는 × -0.12
× -0.11
훌륭해! × -0.24
짐카타
합계

트롤 2
는
훌륭해! × 0.42
× 0.46
짐카타 × 0.10
× 0.29
합계

...우리는 각 단어를 그래프에 표시할수 있는데, 각 단어를 상단 활성화 함수에 대한 워드 임베딩을 x축에 두고...

...하단 활성화 함수에 대한 워드 임베딩을 y축에 두는 그래프에 표시할 수 있어.

하단 활성화 함수 임베딩

는
짐카타
훌륭해!
트롤 2

0.45
0.15
-0.2 -0.1 0.3 0.4
상단 활성화 함수 임베딩

예를 들어 단어 **훌륭해!**가 여기에 가는데...

...왜냐하면 상단 워드 임베딩은 **-0.11**이고 (즉, x축 값도 **-0.11**이 되고)...

그리고 하단 워드 임베딩은 **0.10**이기 때문이야(마찬가지로 y축 값이 0.10이 돼).

트롤 2
는 × -0.11 합계
훌륭해!
짐카타

는
훌륭해!
짐카타 × 0.10 합계

워드 임베딩: 자세히 살펴보기

훈련 데이터

트롤 2는 훌륭해!
짐카타는 훌륭해!

⑭ 이제, 훈련되지 않은 워드 임베딩을 기반으로 한 이 그래프를 통해, 단어 **트롤 2**와 **짐카타**가...

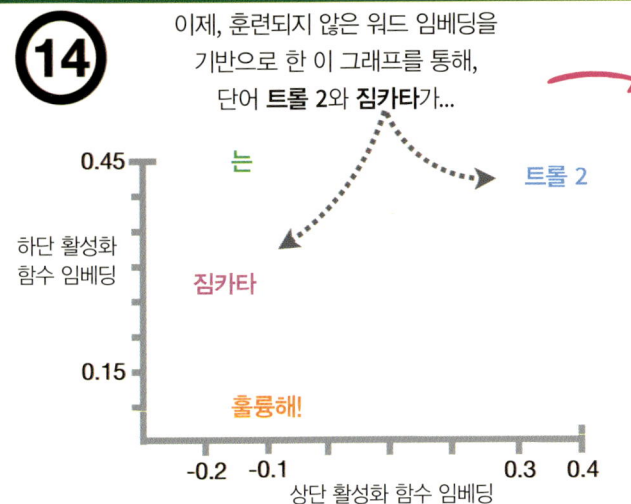

...우리 어휘의 다른 단어들만큼 서로 비슷하지 않다는 것을 알 수 있어.

하지만 두 단어 모두 훈련 데이터에서 동일한 맥락에 나타나기 때문에..

...역전파로 워드 임베딩을 최적화하면 그 가중치가 더 비슷해질 거야.

⑮ 이제 훈련 데이터를 사용해서 다음 단어를 예측하고, 그 예측을 크로스 엔트로피 손실 함수와 결합해 역전파를 수행하면, 이러한 새로운 가중치로 끝나게 돼.

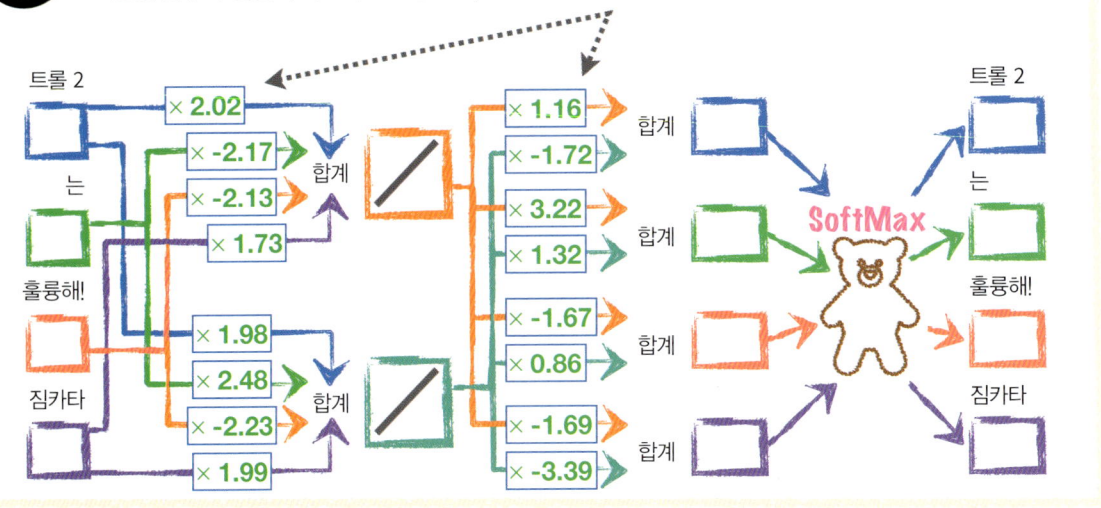

⑯ 입력에서 활성화 함수로 가는 연결부의 새로운 가중치는 새로운 워드 임베딩이야.

그리고 워드 임베딩을 사용할 때, 우리는 이제 단어 **트롤 2**와 **짐카타**가 우리 어휘의 다른 단어들보다 서로 상대적으로 더 가깝다는 것을 알 수 있어

BAM!

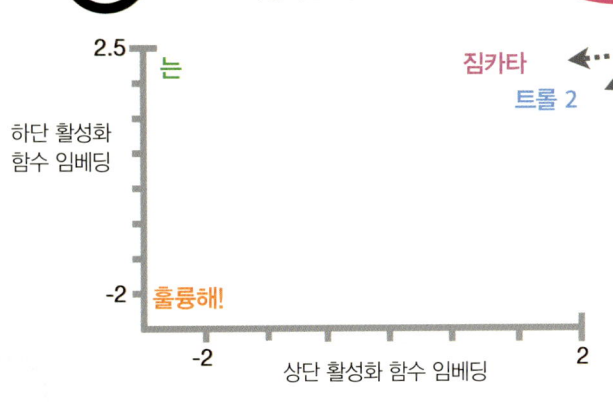

참고: 신경망이 훈련된 후에는 워드 임베딩 자체에만 관심이 있었어. 즉, 흥미로운 것은 가중치 자체야!

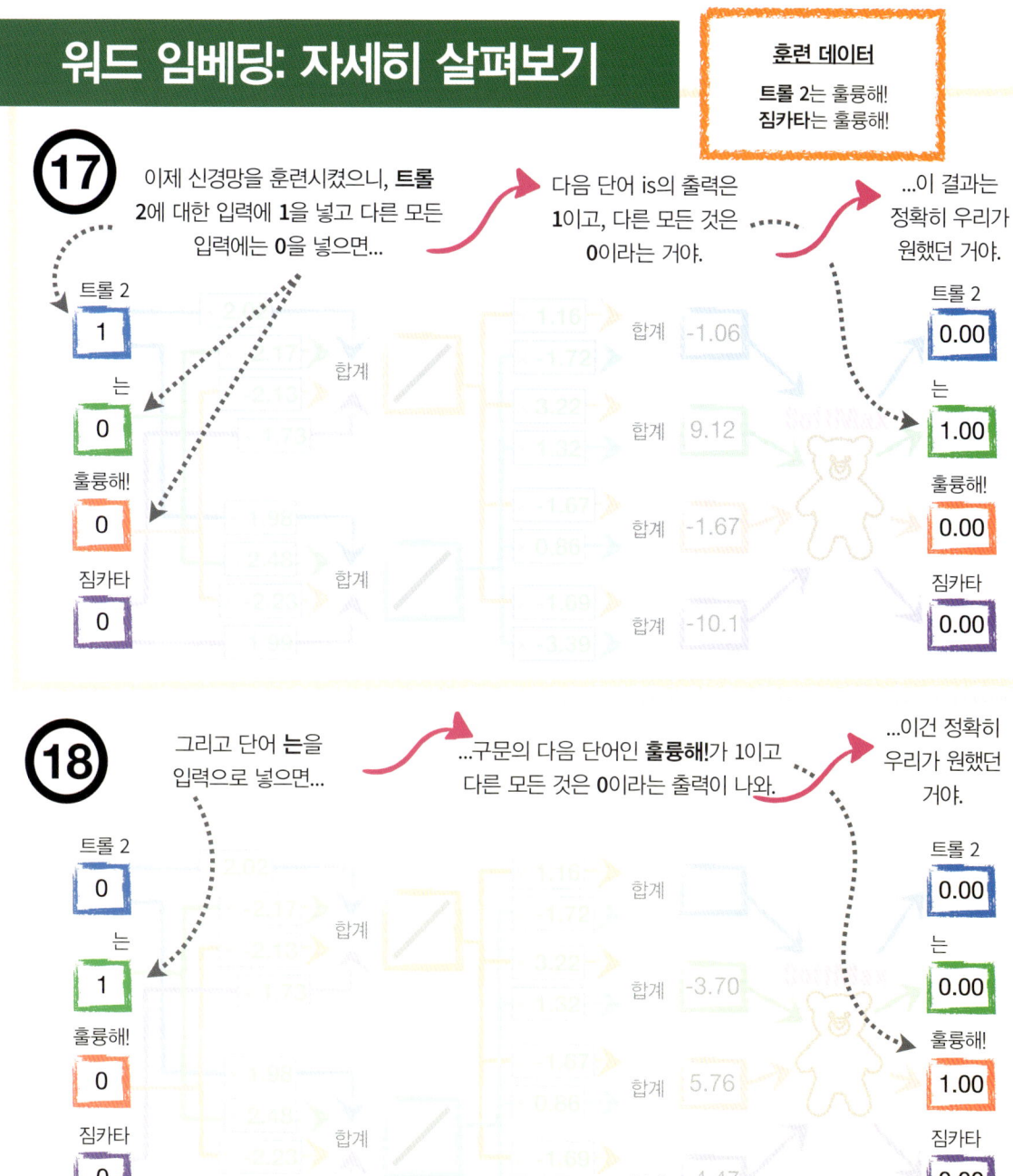

⑰ 이제 신경망을 훈련시켰으니, **트롤 2**에 대한 입력에 **1**을 넣고 다른 모든 입력에는 **0**을 넣으면...

다음 단어 is의 출력은 1이고, 다른 모든 것은 0이라는 거야.

...이 결과는 정확히 우리가 원했던 거야.

트롤 2
1
는
0
훌륭해!
0
짐카타
0

합계 -1.06
합계 9.12
합계 -1.67
합계 -10.1

트롤 2
0.00
는
1.00
훌륭해!
0.00
짐카타
0.00

⑱ 그리고 단어 **는**을 입력으로 넣으면...

...구문의 다음 단어인 **훌륭해!**가 1이고 다른 모든 것은 0이라는 출력이 나와.

...이건 정확히 우리가 원했던 거야.

트롤 2
0
는
1
훌륭해!
0
짐카타
0

합계 -3.70
합계 5.76
합계 -4.47

트롤 2
0.00
는
0.00
훌륭해!
1.00
짐카타
0.00

DOUBLE
BAM!!!

워드 임베딩: 자세히 살펴보기

(19) 자, 지금까지 우리는 훈련 데이터의 각 구문에서 다음 단어를 예측하도록 신경망을 훈련시킬 수 있다는 것을 보여줬지만, 다음 단어를 예측하는 것만으로는 신경망이 서로를 이해하는 데 필요한 많은 맥락을 제공하지는 않아.

word2vec이라는 상대적으로 인기 있는 워드 임베딩 네트워크는 맥락을 더 많이 만들기 위해 두 가지 방법을 사용해. 첫 번째는 **연속 단어 가방**(continuous bag of words)이라고 불리며, 주변 단어를 사용하여 중간에 어떤 일이 발생하는지 예측해.

훈련 데이터

트롤 2는 훌륭해!
짐카타는 훌륭해!

예를 들어 **연속 단어 가방** 방법은 단어 **트롤 2**와 **훌륭해!**를 사용해서...

...그들 사이에 발생하는 단어 **는**을 예측할 거야.

트롤 2: 1
는: 0
훌륭해!: 1
짐카타: 0

트롤 2: 0.00
는: 1.00
훌륭해!: 0.00
짐카타: 0.00

(20) 두 번째 방법인 **스킵-그램**(skip gram)은 중간에 있는 단어를 사용하여 주변 단어를 예측함으로써 맥락을 증가시켜.

훈련 데이터

트롤 2는 훌륭해!
짐카타는 훌륭해!

예를 들어 **스킵-그램** 방법은 단어 **는**을 사용해서...

...주변 단어인 **트롤 2**와 **훌륭해!**, 그리고 **짐카타**를 예측할 거야.

트롤 2: 0
는: 1
훌륭해!: 0
짐카타: 0

트롤 2: 0.33
는: 0.00
훌륭해!: 0.33
짐카타: 0.33

워드 임베딩: 자세히 살펴보기

㉑ 마지막으로, 워드 임베딩 네트워크를 구축하기 위해 단 두 문장만 있는 작은 훈련 데이터셋을 사용하는 대신, 전체 위키백과 같은 큰 것을 사용하여 워드 임베딩 네트워크를 구축하는 것이 상대적으로 일반적이야. 이 네트워크는 수백 개의 활성화 함수를 가지고 있어서 10,000개 이상의 단어가 있는 어휘의 각 단어에 대해 수백 개의 워드 임베딩값을 생성해.

전체 위키백과!!!

돼지고기를 먹는다...
파인애플은 맛있다...
스탯퀘스트는 멋지다
⋮
...협력한다

그리고 이렇게 큰 네트워크는 훈련하는 데 오랜 시간이 걸릴 수 있어.

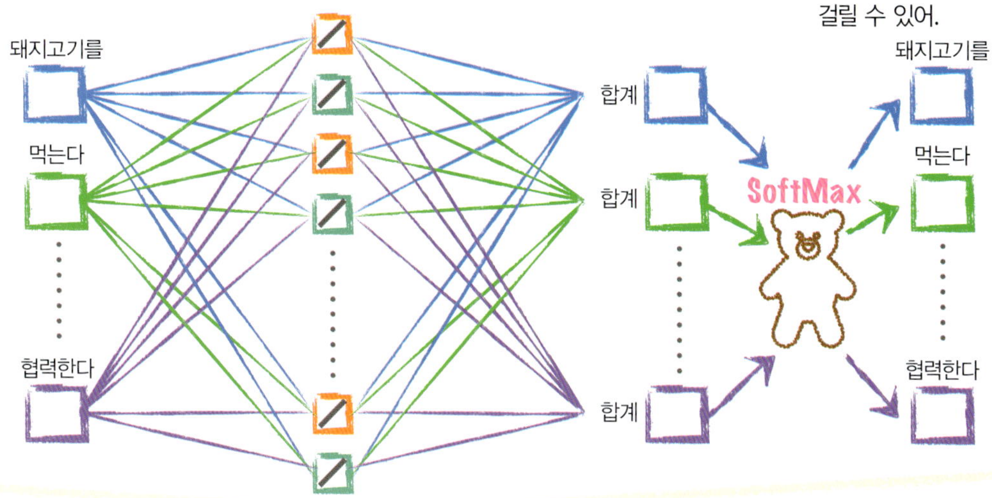

㉒ 좋은 소식은 **word2vec**이 대규모 워드 임베딩 네트워크 훈련 속도를 높일 수 있는 **네거티브 샘플링(negative sampling)**이라는 것을 도입했다는 거야.

네거티브 샘플링은 모든 출력값에 집중하는 대신 출력값의 부분 집합(subset)을 선택하여 작동하며, 이는 각 역전파 단계에서 조정해야 하는 가중치의 수를 줄여줘.

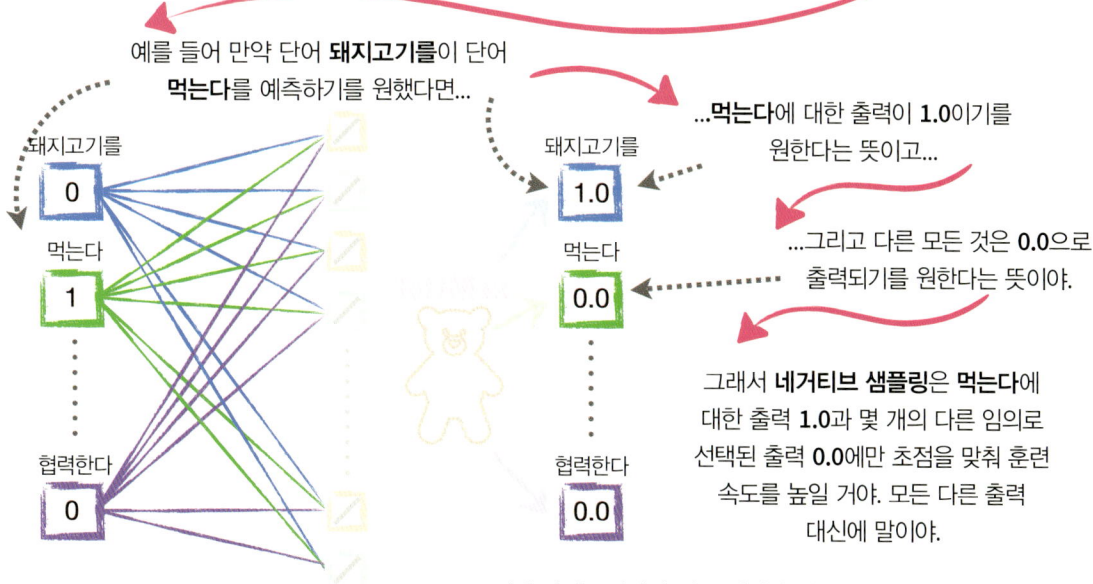

예를 들어 만약 단어 **돼지고기를**이 단어 **먹는다**를 예측하기를 원했다면...

...**먹는다**에 대한 출력이 **1.0**이기를 원한다는 뜻이고...

...그리고 다른 모든 것은 **0.0**으로 출력되기를 원한다는 뜻이야.

그래서 **네거티브 샘플링**은 **먹는다**에 대한 출력 **1.0**과 몇 개의 다른 임의로 선택된 출력 **0.0**에만 초점을 맞춰 훈련 속도를 높일 거야. 모든 다른 출력 대신에 말이야.

이제 **파이토치**에서 워드 임베딩 네트워크를 코딩해보자!

181

파이토치로 만들어보는 워드 임베딩

 지금까지 배운 것을 사용하여,
우리는 처음부터 간단한 워드 임베딩
모델을 코딩할 수 있어.

그러나 스케일링이 더 잘 되기 때문에,
워드 임베딩 모델을 구축하기 위해
nn.Linear()를 사용하는 것이 더 일반적이야.

```python
class myNN(L.LightningModule):

    def __init__(self, vocab_size, num_embeds):

        super().__init__()
        self.input_to_hidden = nn.Linear(in_features=vocab_size,
                                         out_features=num_embeds,
                                         bias=False)
        self.hidden_to_output = nn.Linear(in_features=num_embeds,
                                          out_features=vocab_size,
                                          bias=False)

        self.loss = nn.CrossEntropyLoss()

    def forward(self, input):

        hidden = self.input_to_hidden(input)
        output_values = self.hidden_to_output(hidden)
        return(output_values)

    def configure_optimizers(self):

        return Adam(self.parameters(), lr=0.1)

    def training_step(self, batch, batch_idx):

        input_i, label_i = batch
        output_i = self.forward(input_i)
        loss = self.loss(output_i, label_i)
        return loss
```

 미리 훈련된 **워드 임베딩**값을 그냥 다운로드할 수도 있기 때문에, 또 다른 옵션은
nn.Embedding.from_pretrained()를 사용하여 미리 훈련된 임베딩에 접근하는 거야.

```python
word_embedings = nn.Embedding.from_pretrained( A MATRIX OF WEIGHTS )
```

 이 QR 코드를 스캔하거나, 클릭하거나, 탭해서 처음부터 워드 임베딩
네트워크를 구축하고 훈련시키고 **nn.Linear()**를 사용하는 **파이토치**
코드에 접근해봐. 또한 미리 **훈련된 임베딩**값을 워드 임베딩 룩업
테이블(lookup table)로 불러오는 방법도 배울 거야!!!

Chapter 10

Seq2seq와
인코더-디코더 모델로
언어 번역하기!!!

인코더-디코더 모델: 핵심 아이디어

① **문제:** 이번 장의 도입부에서는 **스콰치**와 **노말사우르스** 둘 다 고민이 있는것 같네!!

참고: 한 시퀀스를 다른 시퀀스로 번역해야 하는 문제를 시퀀스-투-시퀀스(sequence-to-sequence, 줄여서 seq2seq) 문제라고 불러.

> 스페인에 있는 친구에게 편지를 쓰고 싶은데... "**Let's go!**"라고 말하고 싶지만 스페인어를 몰라.

> ...나는 아미노산 서열을 알파 나선과 같은 **3-D** 구조로 번역하고 싶어.

이론적으로는, **노말사우르스**가 스페인어를 아니까 **스콰치**가 그냥 번역을 물어볼 수도 있겠지만...

...**스콰치**가 **노말사우르스**에게 도움을 줄 방법은 전혀 없어. 그러니 우리는 무엇을 할 수 있을까???

② **해결책:** **스콰치**와 노말사우르스 둘 다 한 유형의 **시퀀스**를 다른 유형의 시퀀스로 번역해야 하기 때문에, 우리는 **인코더-디코더**(encoder-decoder) 모델로 두 문제를 모두 해결할 수 있어!!

BAM! **BAM!**

최초의 **인코더-디코더** 모델은 **LSTM**을 사용했고(Sutskever et al. 2018), 입력 및 출력 시퀀스의 길이에 유연성을 허용하도록 펼쳐질 수 있었어...

...그리고 숫자가 아닌 입력과 출력을 사용하여 쉽게 훈련할 수 있도록 허용하는 **워드 임베딩** 네트워크도 사용했지.

Let's	to	go	<EOS>
1	0	0	0

시퀀스-투-시퀀스 문제를 해결하기 위해 **인코더-디코더** 모델을 사용하는 방법을 설명할게. 그럼 같이 영어 구문을 스페인어 구문으로 번역하는 모델을 만들어보자.

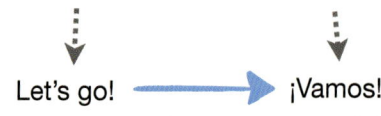

Let's go! ➡ ¡Vamos!

인코더-디코더: 더 자세히 살펴보기

□ 워드 임베딩 값

① 우리는 지금 영어 구문을 스페인어로 번역하는 **인코더-디코더** 모델을 만들고 있으니, 우리 모델의 입력은 간단한 영어 구문 **Let's go**가 될 거야. 그런데 단어를 신경망에 그냥 밀어 넣을 수는 없으므로, 인코더-디코더 모델은 단어를 숫자로 변환하기 위해 워드 임베딩 네트워크를 사용해.

이 아주 간단한 예제에서, 우리 인코더-디코더 모델의 인코더 파트(encoder part)를 위한 영어 어휘는 **Let's, to, go** 단 세 개뿐이야. 이 세 단어를 사용해서 우리는 **Let's go**와 **to go**라는 구문을 모델의 입력으로 사용할 수 있어.

합계
× -0.51   × 2.66 × -0.03   × 0.23

Let's   to   go   <EOS>

어휘에는 또한 **문장 끝(end of sentence)** 또는 **시퀀스 끝(end of sequence)**을 나타내는 **<EOS>** 기호도 포함돼.

이 예제에서는, 단어 또는 기호당 1개의 임베딩값을 만들고 있어. 하지만 실제로 사람들은 종종 단어 또는 기호당 수백 또는 수천 개의 임베딩값을 만들어.

참고: 지금까지 워드 임베딩의 모든 예제에서, 우리는 구두점이나 대문자 사용을 나타내는 토큰을 생략했어. 하지만 실제로는 그 토큰들이 보통 포함되고 여기서 설명된 것과 같은 방식으로 사용돼.

② 이제 입력 어휘에 대한 임베딩 레이어가 있으므로, 그 출력인 워드 임베딩값을 LSTM의 입력으로 넣을 수 있어.

장기 기억 → × → 합계 → 새로운 장기 기억

% 기억해야 할 긴 시간
% 잠재적 기억
잠재적 장기 기억
% 잠재적 기억
잠재적 단기 기억

+ 3.62   + 3.05   + -0.89   + 6.19

× 0.55   합계   × 1.44   합계   × 3.34   합계   × -0.09   합계

단기 기억

× 1.27   × 0.33   × 1.71   × 0.89

워드 임베딩값

새로운 단기 기억

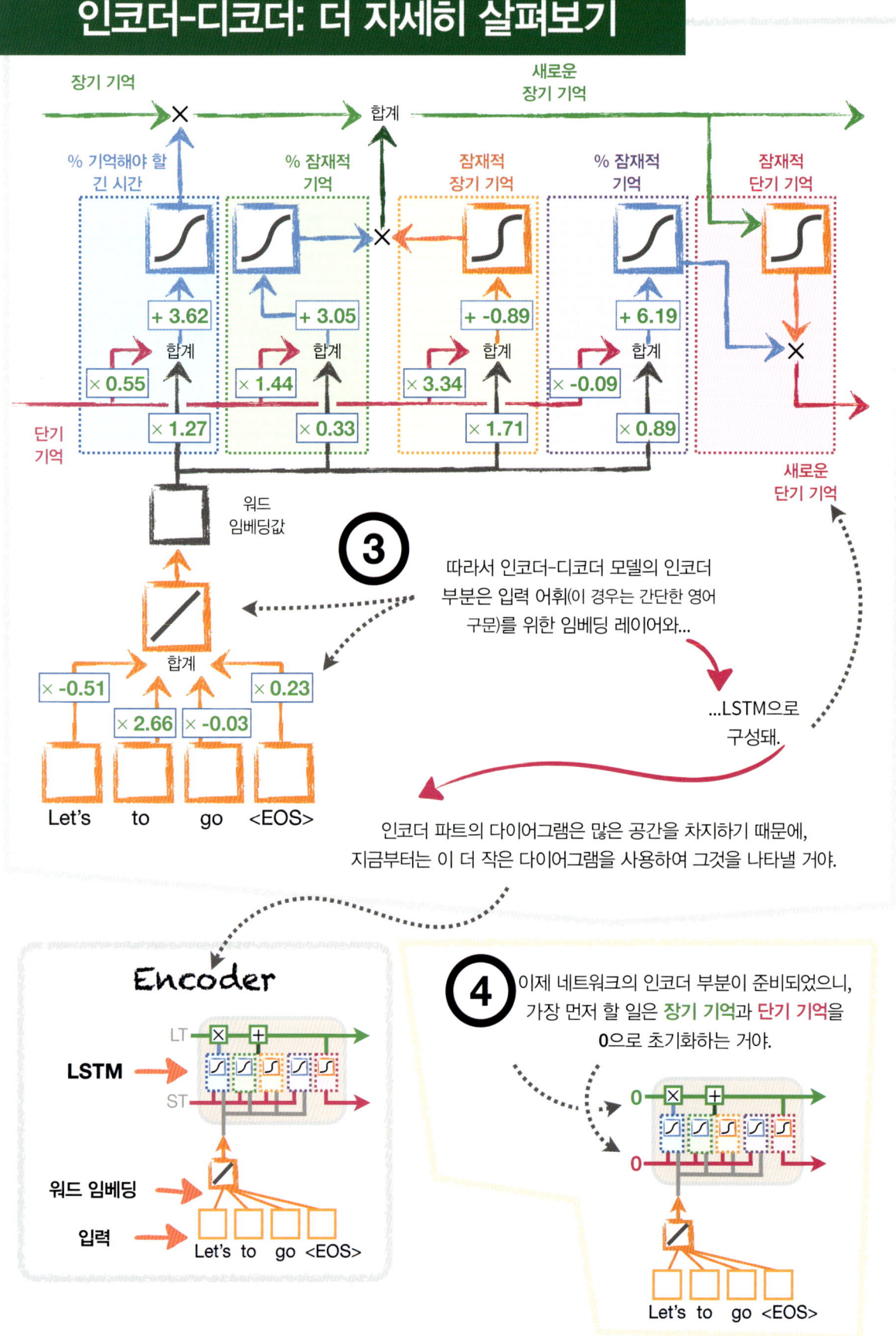

장기 기억

새로운 장기 기억

% 기억해야 할 긴 시간

% 잠재적 기억

잠재적 장기 기억

% 잠재적 기억

잠재적 단기 기억

합계

+ 3.62

+ 3.05

+ -0.89

+ 6.19

× 0.55

합계

× 1.44

합계

× 3.34

합계

× -0.09

합계

× 1.27

× 0.33

× 1.71

× 0.89

단기 기억

워드 임베딩값

새로운 단기 기억

③

× -0.51

× 2.66

× -0.03

× 0.23

합계

Let's   to   go   <EOS>

따라서 인코더-디코더 모델의 인코더 부분은 입력 어휘(이 경우는 간단한 영어 구문)를 위한 임베딩 레이어와...

...LSTM으로 구성돼.

인코더 파트의 다이어그램은 많은 공간을 차지하기 때문에, 지금부터는 이 더 작은 다이어그램을 사용하여 그것을 나타낼 거야.

Encoder

LT

LSTM

ST

워드 임베딩

입력

Let's to   go <EOS>

④ 이제 네트워크의 인코더 부분이 준비되었으니, 가장 먼저 할 일은 **장기 기억**과 **단기 기억**을 **0**으로 초기화하는 거야.

0

0

Let's to   go <EOS>

Encoder

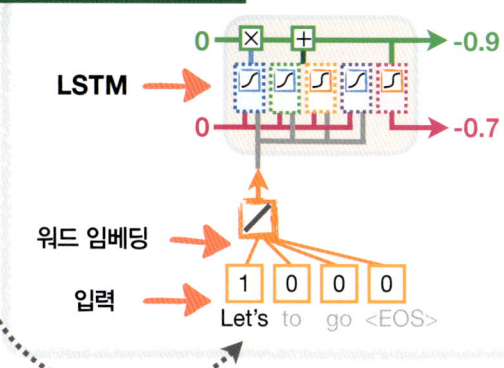

⑤ 그런 다음, 다음으로 할 일은 입력 구문 Let's go의 첫 번째 단어인 Let's에 대해 1을 넣고 다른 모든 것에는 0을 넣는 거야...

LSTM →

워드 임베딩 →

입력 →

| 1 | 0 | 0 | 0 |
Let's to go <EOS>

...그리고 LSTM과 임베딩 레이어를 펼쳐서 **go**에 대해 **1**을 넣고 다른 모든 것에는 **0**을 넣어.

Encoder

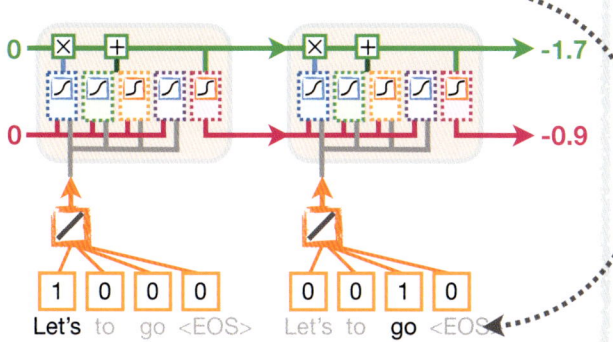

| 1 | 0 | 0 | 0 |
Let's to go <EOS>

| 0 | 0 | 1 | 0 |
Let's to **go** <EOS>

> **참고:** 명확히 하자면, LSTM과 임베딩 레이어를 펼칠 때, 우리는 각 펼쳐진 단계마다 동일한 가중치와 편향을 사용해.
>
> 다른 말로 하면, 가중치와 편향 그리고 임베딩 레이어는 우리가 펼치는 횟수와 상관없이 **Let's**에 대해 동일한 가중치와 편향을 사용하고, **go**에 대해 사용하는 가중치와 편향도 동일해.

> 그냥 상기시켜 주자면, **장기 기억**은 **셀 상태**라고도 불리고, **단기 기억**은 **은닉 상태**라고도 불러.

⑥ 이 예제에서, 인코더는 입력 구문 **Let's go**를 **장기 기억 -1.7**과 **단기 기억 -0.9**로 각각 인코딩해.

BAM!

Encoder

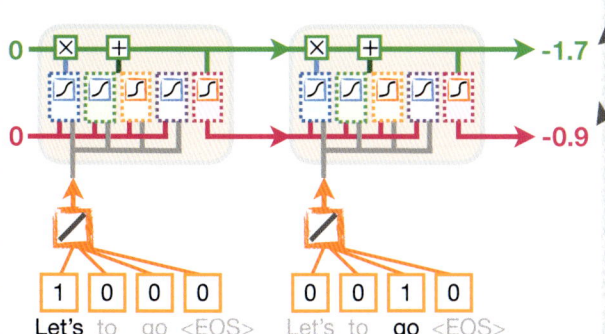

| 1 | 0 | 0 | 0 |
Let's to go <EOS>

| 0 | 0 | 1 | 0 |
Let's to **go** <EOS>

> **전문용어 주의!**
>
> 인코더의 LSTM으로부터 나온 최종 **단기 기억**과 **장기 기억**은(각각 은닉 상태와 셀 상태)는 **콘텍스트 벡터**(context vector)라고 해.

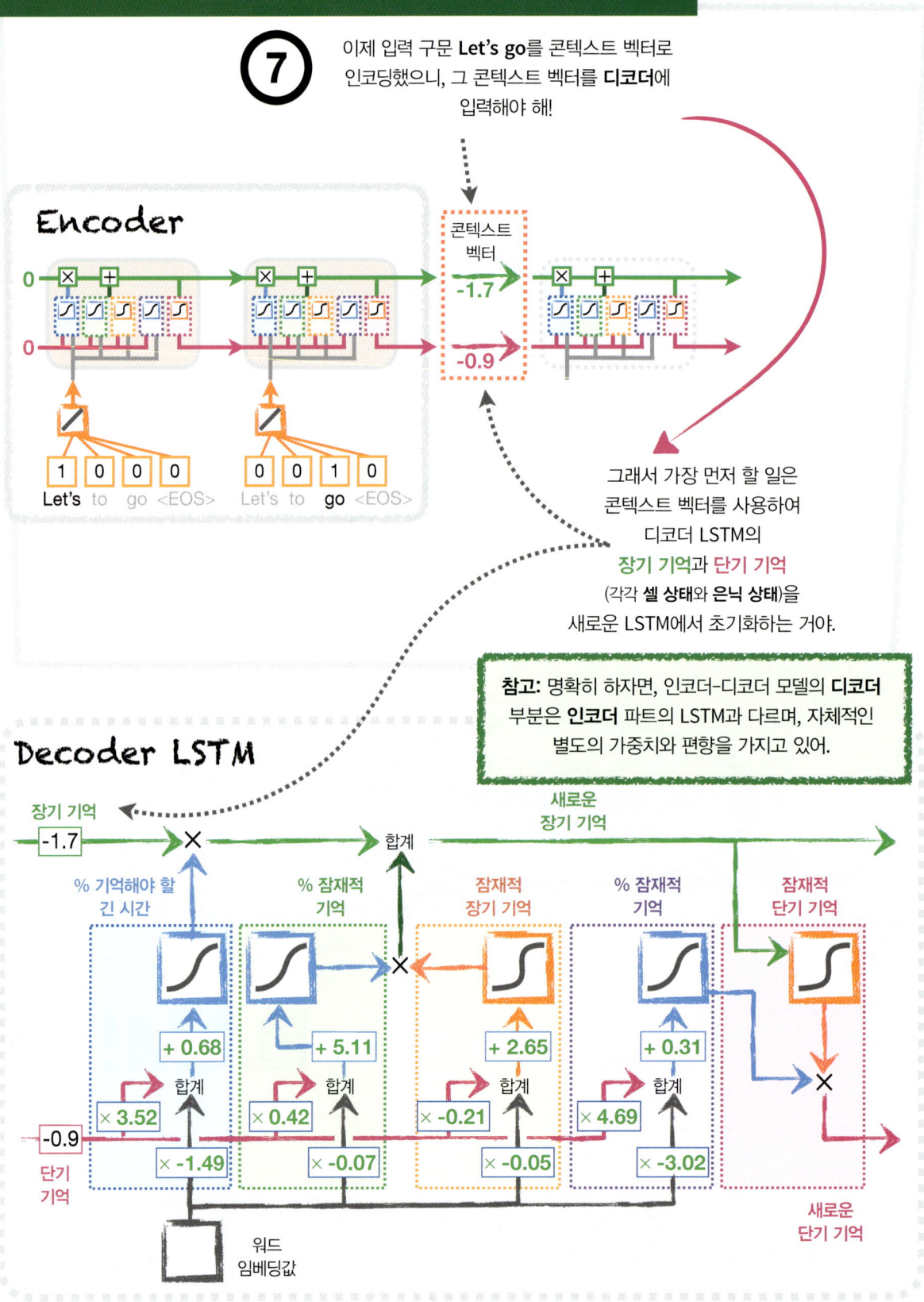

⑦ 이제 입력 구문 **Let's go**를 콘텍스트 벡터로 인코딩했으니, 그 콘텍스트 벡터를 **디코더**에 입력해야 해!

Encoder

콘텍스트 벡터
-1.7
-0.9

Let's to go <EOS>

Let's to **go** <EOS>

그래서 가장 먼저 할 일은 콘텍스트 벡터를 사용하여 디코더 LSTM의
장기 기억과 **단기 기억**
(각각 **셀 상태**와 **은닉 상태**)을 새로운 LSTM에서 초기화하는 거야.

참고: 명확히 하자면, 인코더-디코더 모델의 **디코더** 부분은 **인코더** 파트의 LSTM과 다르며, 자체적인 별도의 가중치와 편향을 가지고 있어.

Decoder LSTM

장기 기억
-1.7

새로운 장기 기억

% 기억해야 할 긴 시간

% 잠재적 기억

잠재적 장기 기억

% 잠재적 기억

잠재적 단기 기억

합계

+ 0.68   + 5.11   + 2.65   + 0.31

합계   합계   합계   합계

× 3.52   × 0.42   × -0.21   × 4.69

-0.9

× -1.49   × -0.07   × -0.05   × -3.02

단기 기억

워드 임베딩값

새로운 단기 기억

188

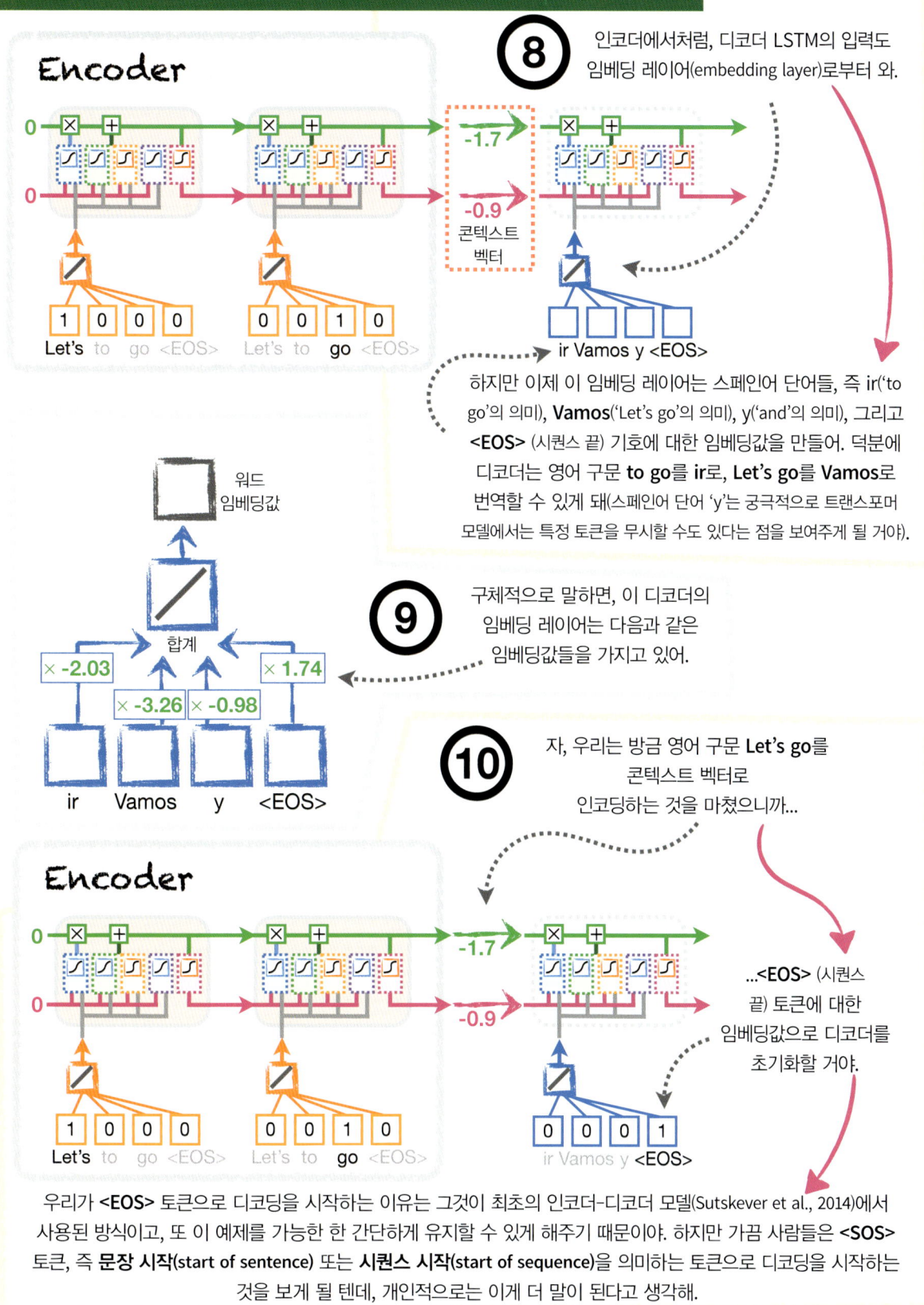

⑧ 인코더에서처럼, 디코더 LSTM의 입력도 임베딩 레이어(embedding layer)로부터 와.

하지만 이제 이 임베딩 레이어는 스페인어 단어들, 즉 ir('to go'의 의미), Vamos('Let's go'의 의미), y('and'의 의미), 그리고 <EOS> (시퀀스 끝) 기호에 대한 임베딩값을 만들어. 덕분에 디코더는 영어 구문 to go를 ir로, Let's go를 Vamos로 번역할 수 있게 돼(스페인어 단어 'y'는 궁극적으로 트랜스포머 모델에서는 특정 토큰을 무시할 수도 있다는 점을 보여주게 될 거야).

⑨ 구체적으로 말하면, 이 디코더의 임베딩 레이어는 다음과 같은 임베딩값들을 가지고 있어.

⑩ 자, 우리는 방금 영어 구문 Let's go를 콘텍스트 벡터로 인코딩하는 것을 마쳤으니까...

...<EOS> (시퀀스 끝) 토큰에 대한 임베딩값으로 디코더를 초기화할 거야.

우리가 <EOS> 토큰으로 디코딩을 시작하는 이유는 그것이 최초의 인코더-디코더 모델(Sutskever et al., 2014)에서 사용된 방식이고, 또 이 예제를 가능한 한 간단하게 유지할 수 있게 해주기 때문이야. 하지만 가끔 사람들은 <SOS> 토큰, 즉 **문장 시작(start of sentence)** 또는 **시퀀스 시작(start of sequence)**을 의미하는 토큰으로 디코딩을 시작하는 것을 보게 될 텐데, 개인적으로는 이게 더 말이 된다고 생각해.

⑪ 아무튼 디코더는 장기 기억과 단기 기억을 계산하기 위해 수학 연산을 수행하고...

그리고 단기 기억은 **완전 연결 레이어**라고 불리는 추가적인 가중치와 편향에 의해 변환돼.

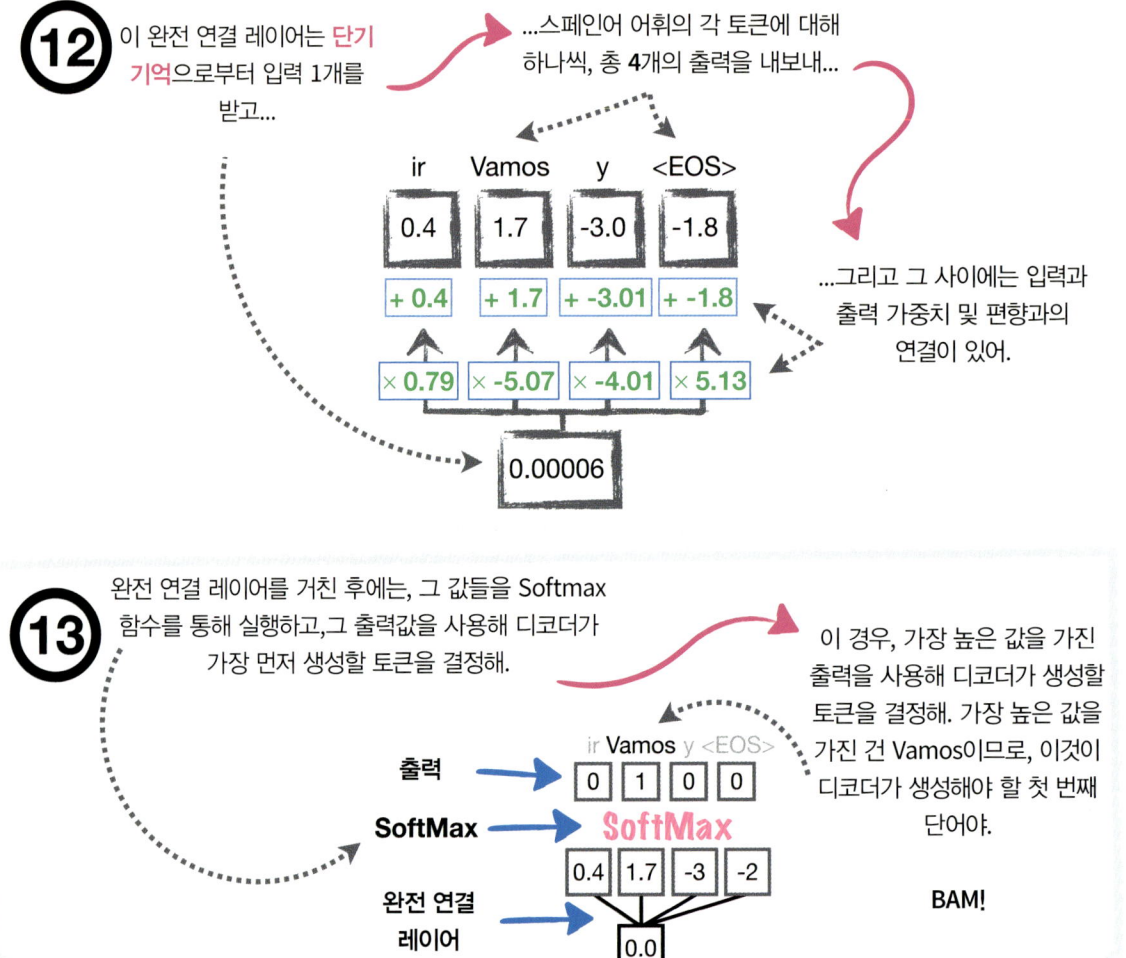

-1.7 → 0.97

인코더에서 온 콘텍스트 벡터

-0.9 → 0.00006

| ir | Vamos | y | \<EOS\> |

0 0 0 1
ir Vamos y \<EOS\>

전문용어 주의!
완전 연결 레이어는 은닉층이 없는 기본적인 신경망을 부르는 또 다른 이름일 뿐이야.

⑫ 이 완전 연결 레이어는 단기 기억으로부터 입력 1개를 받고...

...스페인어 어휘의 각 토큰에 대해 하나씩, 총 **4개**의 출력을 내보내...

...그리고 그 사이에는 입력과 출력 가중치 및 편향과의 연결이 있어.

ir   Vamos   y   \<EOS\>

0.4   1.7   -3.0   -1.8

+ 0.4   + 1.7   + -3.01   + -1.8

× 0.79   × -5.07   × -4.01   × 5.13

0.00006

⑬ 완전 연결 레이어를 거친 후에는, 그 값들을 Softmax 함수를 통해 실행하고, 그 출력값을 사용해 디코더가 가장 먼저 생성할 토큰을 결정해.

이 경우, 가장 높은 값을 가진 출력을 사용해 디코더가 생성할 토큰을 결정해. 가장 높은 값을 가진 건 Vamos이므로, 이것이 디코더가 생성해야 할 첫 번째 단어야.

BAM!

출력   ir Vamos y \<EOS\>
0 1 0 0

SoftMax   SoftMax

완전 연결 레이어   0.4 1.7 -3 -2
0.0

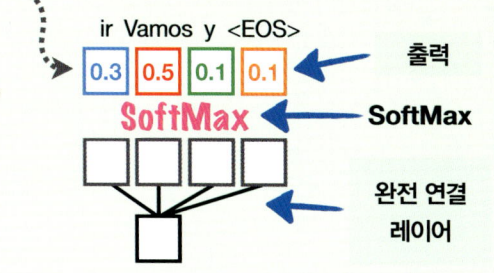

참고: 지금 우리가 살펴보고 있는 이 예제에서는, 가장 높은 값을 가진 출력을 사용하여 디코더가 어떤 토큰을 생성해야 할지 결정하고 있어. 그리고 Softmax 함수의 출력이 **Vamos**에 대해 1을 주고 다른 모든 것에 대해 0을 줄 때, 가장 높은 출력값을 가진 토큰을 선택하는 것이 합리적이야.

하지만, 이렇게 단일 토큰만 1을 받고 다른 모든 토큰이 0이 아닌 값을 갖는 출력을 얻는 것도 마찬가지로 쉬워. 이 경우, 매번 가장 큰 출력값을 가진 토큰을 단순히 생성하는 대신, Softmax 함수의 속성, 즉 상호 배타적인 출력값들이 항상 0과 1 사이에 있고(경곗값 포함) 항상 합계가 1이 된다는 점을 활용하여 출력값을 마치 **확률 분포(probability distribution)** *처럼 취급할 수 있어.

이것이 의미하는 바는, 우리가 출력값들을 쌓아서 각 토큰에 대해 0과 1 사이의 구간을 만들 수 있다는 거야...

...그리고 나서 0과 1 사이의 난수를 생성하는 난수 생성기를 사용하여 다음 토큰이 무엇이어야 할지 결정할 수 있어. 예를 들어 난수 생성기가 0과 1 사이의 숫자를 제공한다면, 우리는 **0.42**를 얻을 수도 있고...

...**0.42**가 **Vamos**에 할당된 값의 범위 내에 있기 때문에, 네트워크는 **Vamos**를 생성해. 대안적으로, 난수 생성기는 우리에게 **0.17**을 줄 수도 있고... 그리고 그 경우에 네트워크는 **ir**을 생성해.

토큰을 생성하기 위해 모든 "확률"을 사용하는 것은 각 토큰이 그 출력값에 비례하는 방식으로 생성된다는 것을 의미해. 다른 말로 하면, 상대적으로 큰 출력값을 가진 토큰이 상대적으로 작은 출력값을 가진 토큰보다 더 자주 선택될 거야.

이 방법을 사용한다는 것은 우리가 동일한 입력이 주어졌을 때 항상 동일한 토큰을 생성하지는 않을 것이라는 의미이며, 이는 디코더가 생성한 응답을 더 인간적이고 흥미롭게 보이게 만들어.

---

*기술적으로, Softmax 함수의 출력은 **확률 분포**라기보다는 4장에서 본 것처럼 **확률**이 정의되는 방식이기 때문에 확률 분포와 똑같지는 않아. 이 "확률"들은 우리가 시작하는 임의의 초깃값에 따라 달라지며, 매번 매개변수를 최적화할 때마다 달라질 수 있어. 따라서 나는 그것들을 진정한 확률보다는 기본적인 원리를 강조하기 위해 단어 주위에 따옴표를 붙여 생각하는 경향이 있어.

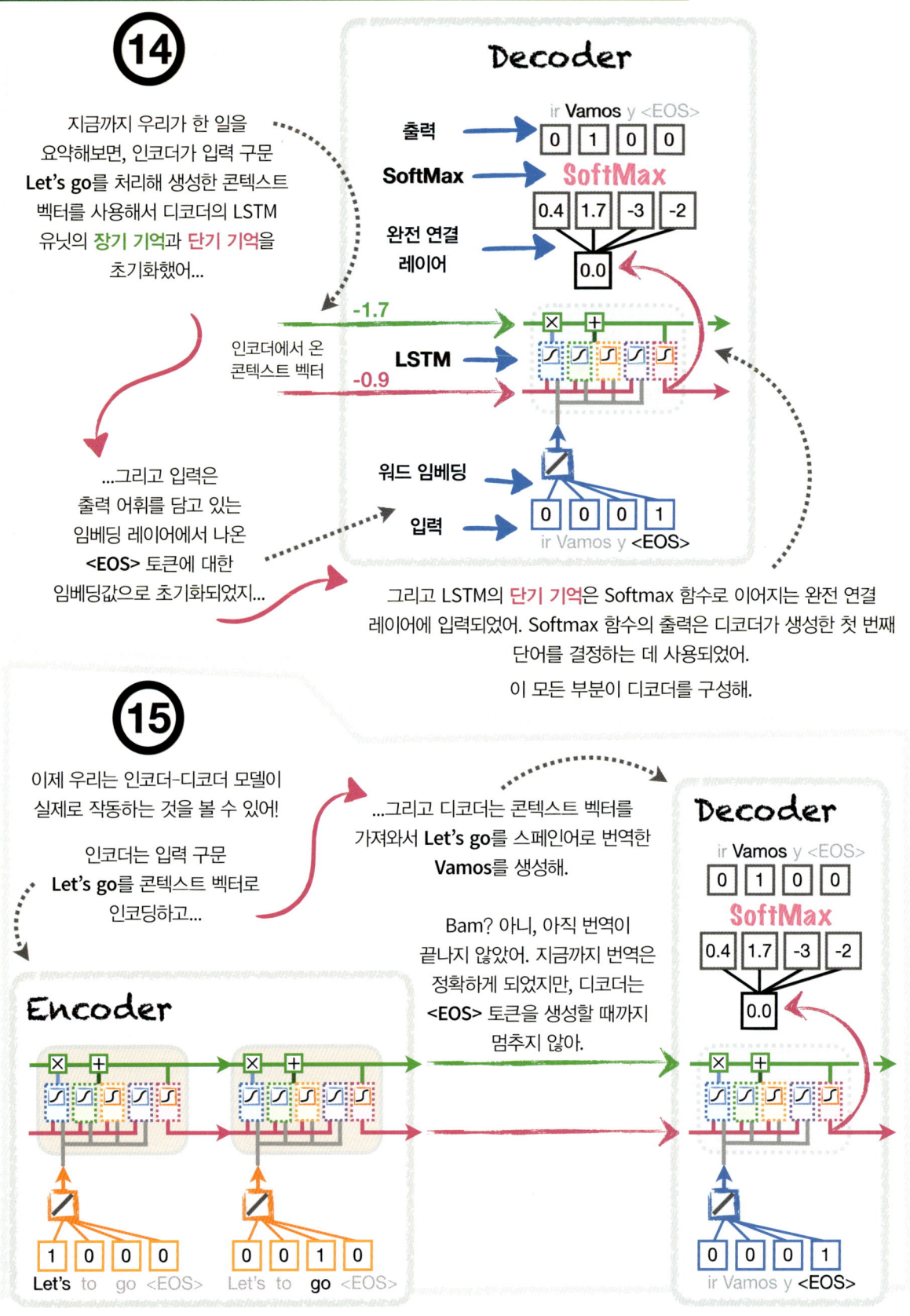

⑭

지금까지 우리가 한 일을 요약해보면, 인코더가 입력 구문 **Let's go**를 처리해 생성한 콘텍스트 벡터를 사용해서 디코더의 LSTM 유닛의 장기 기억과 단기 기억을 초기화했어...

인코더에서 온 콘텍스트 벡터

...그리고 입력은 출력 어휘를 담고 있는 임베딩 레이어에서 나온 **<EOS>** 토큰에 대한 임베딩값으로 초기화되었지...

Decoder

출력

SoftMax

완전 연결 레이어

LSTM

워드 임베딩

입력

그리고 LSTM의 단기 기억은 Softmax 함수로 이어지는 완전 연결 레이어에 입력되었어. Softmax 함수의 출력은 디코더가 생성한 첫 번째 단어를 결정하는 데 사용되었어.

이 모든 부분이 디코더를 구성해.

⑮

이제 우리는 인코더-디코더 모델이 실제로 작동하는 것을 볼 수 있어!

인코더는 입력 구문 **Let's go**를 콘텍스트 벡터로 인코딩하고...

...그리고 디코더는 콘텍스트 벡터를 가져와서 **Let's go**를 스페인어로 번역한 **Vamos**를 생성해.

Bam? 아니, 아직 번역이 끝나지 않았어. 지금까지 번역은 정확하게 되었지만, 디코더는 **<EOS>** 토큰을 생성할 때까지 멈추지 않아.

Encoder

Decoder

인코더-디코더: 더 자세히 살펴보기

16 디코더가 아직 **<EOS>** 토큰을 생성하지 않았기 때문에, 다음으로 할 일은 디코더를 펼치는 거야...

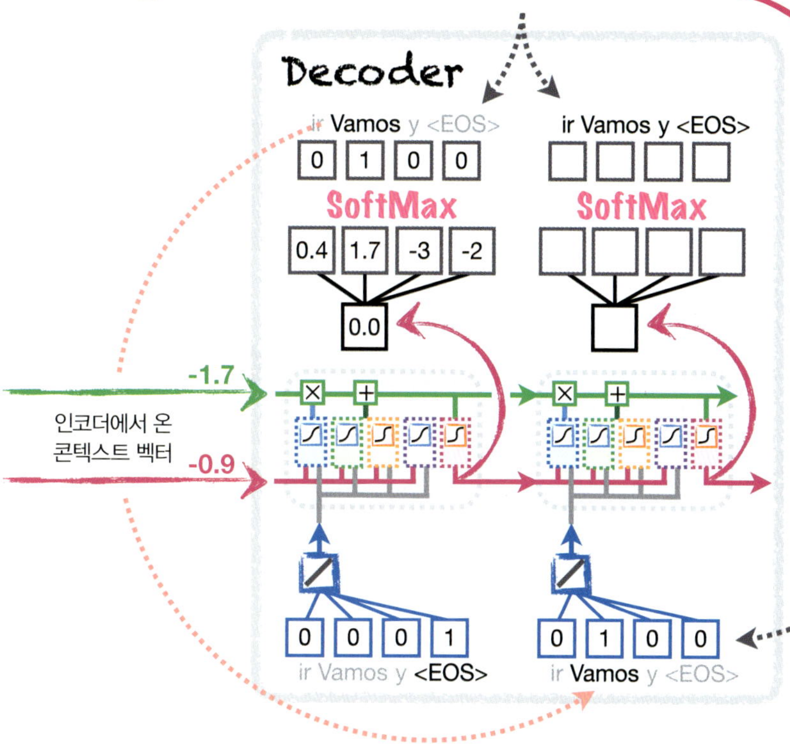

Decoder
ir Vamos y <EOS>
0 1 0 0
SoftMax
0.4 1.7 -3 -2
0.0
ir Vamos y <EOS>
SoftMax
-1.7
인코더에서 온 콘텍스트 벡터
-0.9
0 0 0 1
ir Vamos y <EOS>
0 1 0 0
ir Vamos y <EOS>

...그리고 디코더가 마지막으로 생성한 단어 **Vamos**를 인코더의 펼쳐진 임베딩 레이어에 입력으로 넣어.

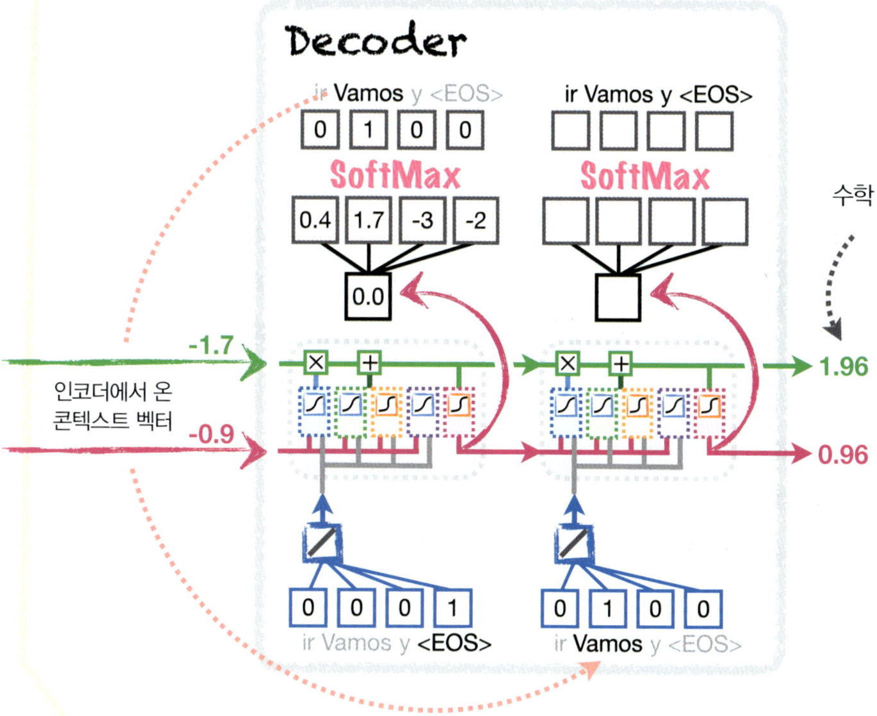

Decoder
ir Vamos y <EOS>
0 1 0 0
SoftMax
0.4 1.7 -3 -2
0.0
ir Vamos y <EOS>
SoftMax
-1.7
인코더에서 온 콘텍스트 벡터
-0.9
1.96
0.96
0 0 0 1
ir Vamos y <EOS>
0 1 0 0
ir Vamos y <EOS>

17 그런 다음 LSTM에서 수학 연산을 수행해 **장기 기억**과 **단기 기억**을 계산해.

⑱ 그런 다음 **단기 기억**을
완전 연결 레이어와 Softmax 함수를 통해 실행하여 두 번째 토큰을
생성하는데, 결과는 **<EOS>**가 돼.

그리고 이것은 우리가
영어 문장인 **Let's go**를
정확한 스페인어 문장으로
번역했음을 의미해.

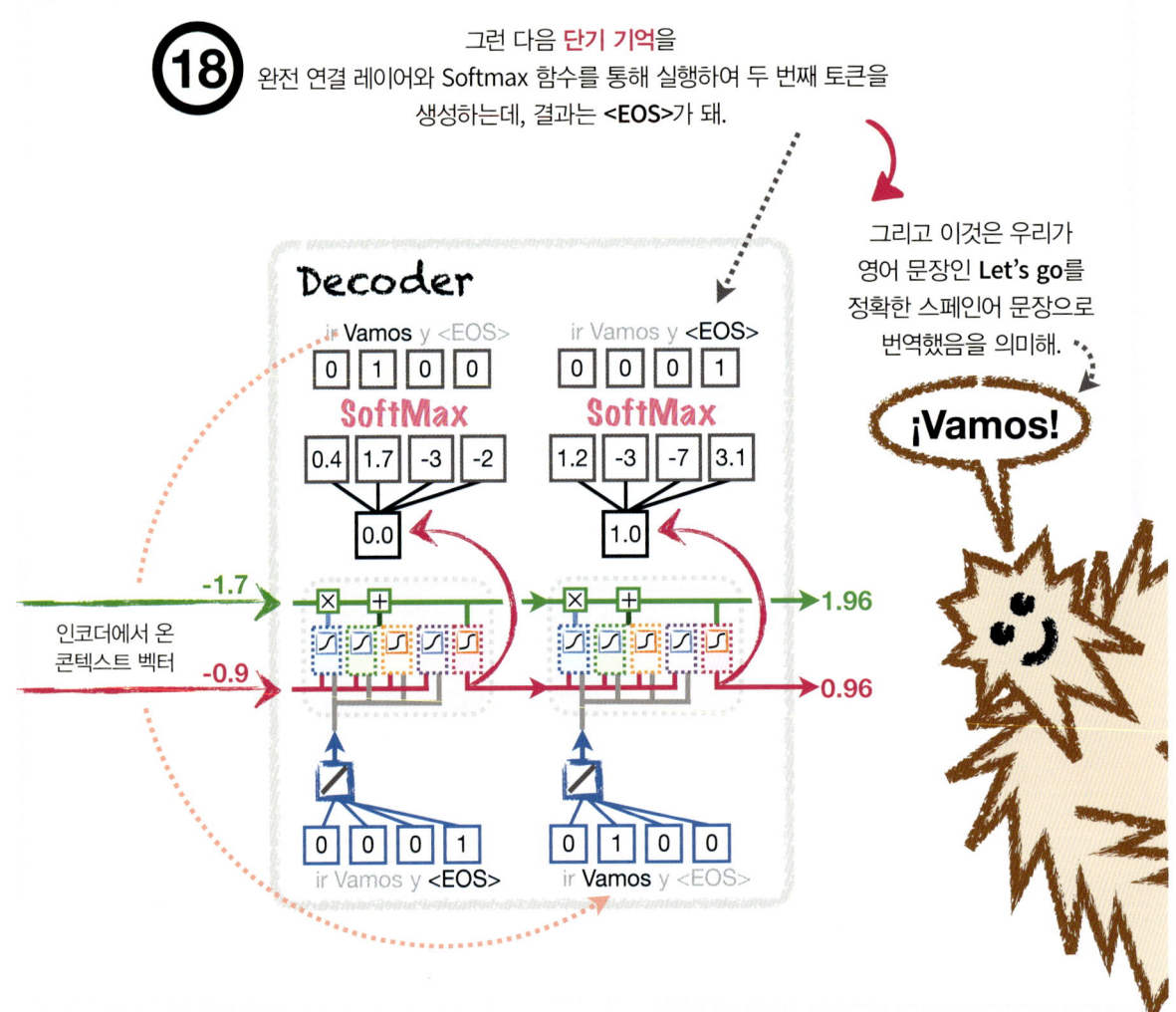

DOUBLE
BAM!!!

인코더-디코더: 더 자세히 살펴보기

19 이제 우리가 어떻게 인코더에 하나의 LSTM과 디코더에 하나의 LSTM을 가진 아주 간단한 인코더-디코더 모델을 만들 수 있는지 봤으니, 더 멋진 인코더-디코더 모델을 어떻게 만들 수 있는지 이야기해보자.

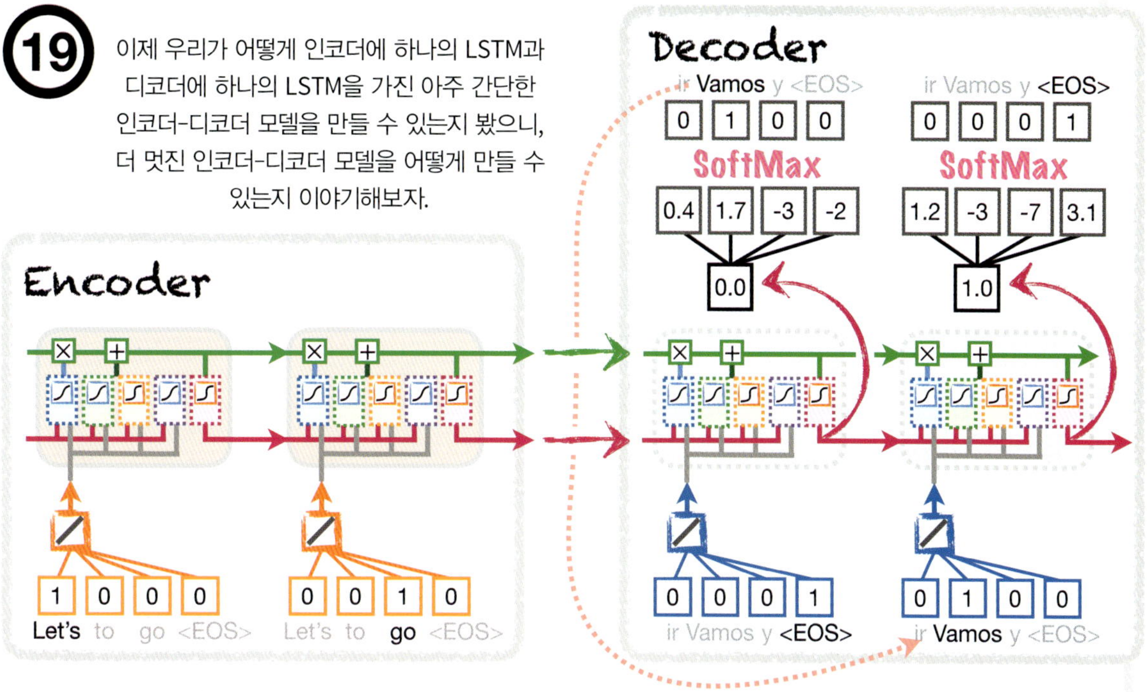

Encoder
1 0 0 0
Let's to go <EOS>
0 0 1 0
Let's to go <EOS>
Decoder
ir Vamos y <EOS>
0 1 0 0
SoftMax
0.4 1.7 -3 -2
0.0
ir Vamos y <EOS>
0 0 0 1
SoftMax
1.2 -3 -7 3.1
1.0
0 0 0 1
ir Vamos y <EOS>
0 1 0 0
ir Vamos y <EOS>

20 첫째, 토큰당 하나의 임베딩값 대신에, 더 많은 값을 생성할 수 있어. 예를 들어 이러한 임베딩 레이어는 토큰당 2개의 값을 생성해. 하지만 실제로 사용되는 모델은 종종 토큰당 1,000개 또는 그 이상의 임베딩값을 가지고 있어!

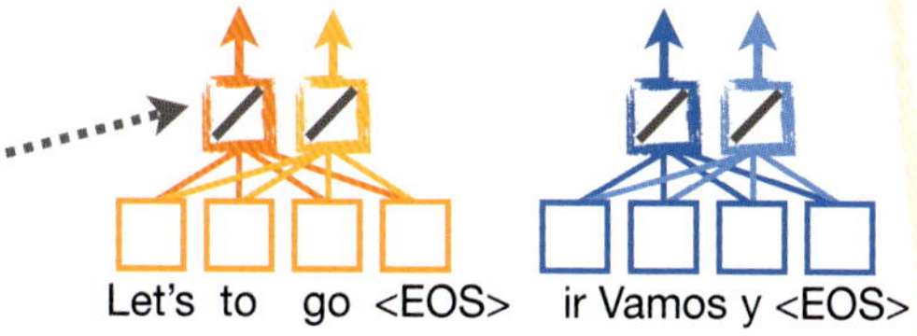

Let's to go <EOS>
ir Vamos y <EOS>

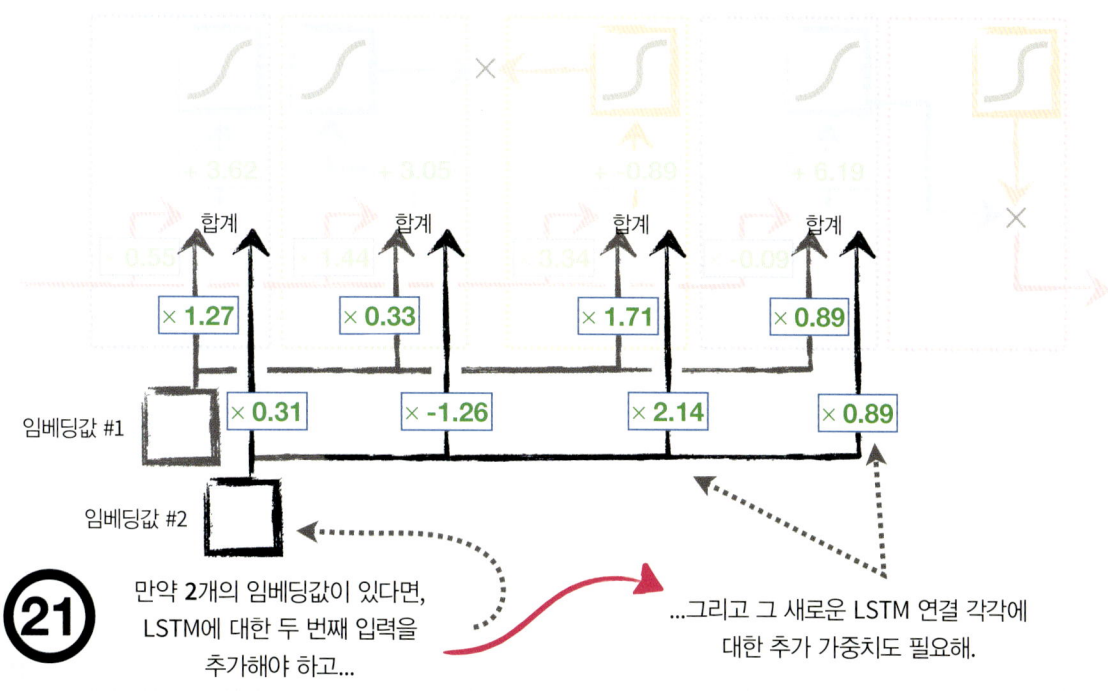

합계
합계
합계
합계
× 1.27
× 0.33
× 1.71
× 0.89
임베딩값 #1
× 0.31
× -1.26
× 2.14
× 0.89
임베딩값 #2

21 만약 2개의 임베딩값이 있다면, LSTM에 대한 두 번째 입력을 추가해야 하고...

...그리고 그 새로운 LSTM 연결 각각에 대한 추가 가중치도 필요해.

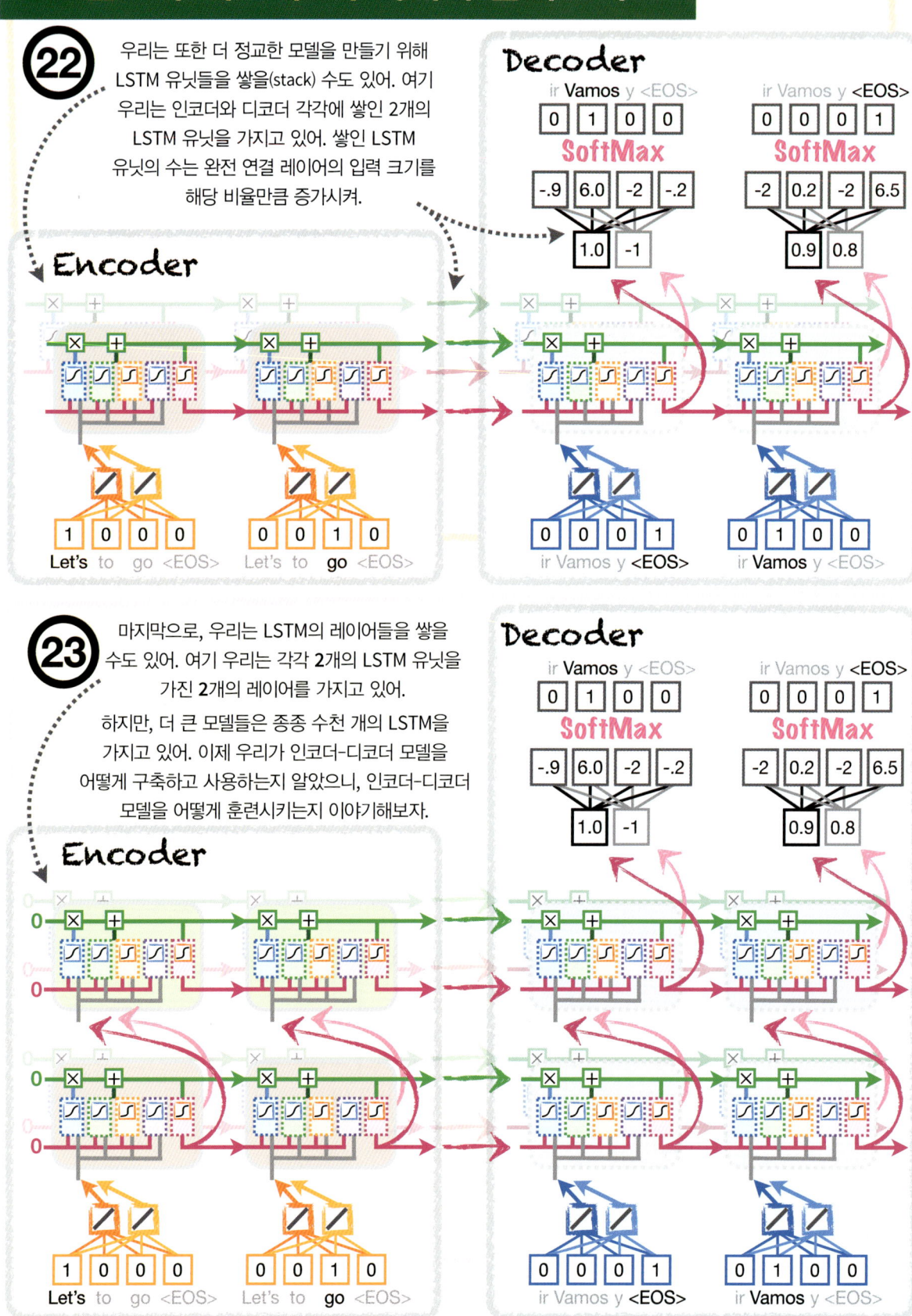

㉒ 우리는 또한 더 정교한 모델을 만들기 위해 LSTM 유닛들을 쌓을(stack) 수도 있어. 여기 우리는 인코더와 디코더 각각에 쌓인 2개의 LSTM 유닛을 가지고 있어. 쌓인 LSTM 유닛의 수는 완전 연결 레이어의 입력 크기를 해당 비율만큼 증가시켜.

㉓ 마지막으로, 우리는 LSTM의 레이어들을 쌓을 수도 있어. 여기 우리는 각각 2개의 LSTM 유닛을 가진 2개의 레이어를 가지고 있어.

하지만, 더 큰 모델들은 종종 수천 개의 LSTM을 가지고 있어. 이제 우리가 인코더-디코더 모델을 어떻게 구축하고 사용하는지 알았으니, 인코더-디코더 모델을 어떻게 훈련시키는지 이야기해보자.

인코더-디코더: 더 자세히 살펴보기

24 앞서, 우리가 **Let's go**를 번역했을 때, 디코더가 생성한 토큰 **Vamos**를 다음 펼쳐진 임베딩 레이어의 입력으로 사용했어.

대조적으로, 인코더-디코더를 훈련시킬 때는, 생성된 토큰을 입력으로 사용하는 대신, 알려진 정확한 토큰을 사용해.

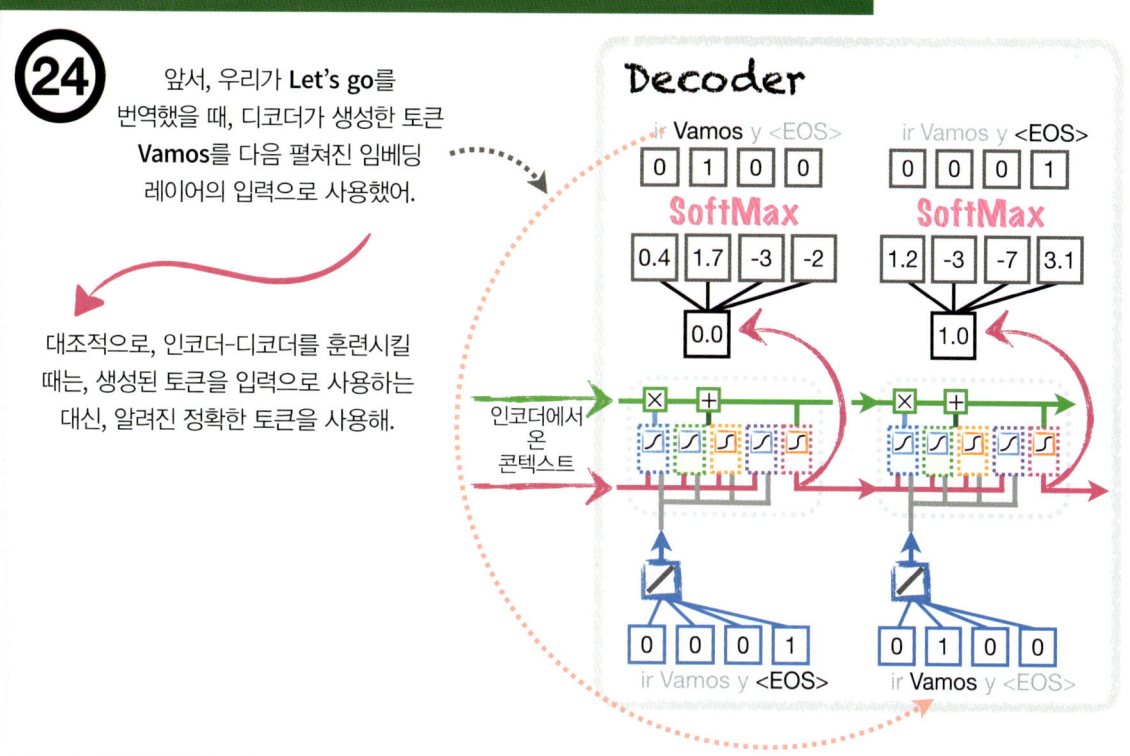

25 다른 말로 하면, 만약 첫 번째 생성된 토큰이 이론적으로 디코딩을 멈춰야 한다는 것을 의미하는 **<EOS>**였다면...

...훈련 중에는, 다음 펼쳐진 디코더의 입력으로 정확한 스페인어 단어인 **Vamos**를 계속해서 사용할 거야.

26 또한, 훈련 중에는, 디코더가 **<EOS>** 토큰을 예측할 때까지 단순히 토큰을 예측하는 대신, 알려진 구문이 끝나는 지점에서 예측을 중단할 거야.

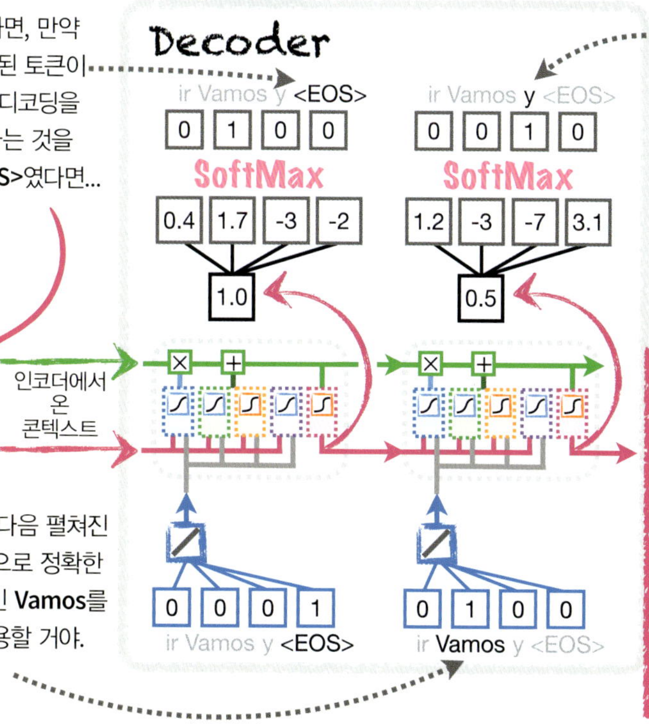

다른 말로 하면, 만약 두 번째 예측된 토큰이 **<EOS>** 대신 스페인어 단어 **y**였다면, 우리는 알려진 구문 길이가 끝났기 때문에 여전히 추가 토큰 생성을 멈출 거야. **BAM!**

이제 **파이토치**에서 인코더-디코더 모델을 코딩해보자!

전문용어 주의!

모든 것에 대해 생성된 토큰을 사용하는 대신에, 알려진 단어를 연결하고 알려진 구문 길이에서 멈추는 것을 **티처 포싱(teacher forcing)**이라고 부르는데, 이는 학교에서 내가 경험했던 것과 조금 비슷해!

파이토치로 인코더-디코더 모델 만들기

① 이제 인코더-디코더 모델의 세부 사항을 알았으니, 각각 **2개**의 LSTM을 가진 **2개**의 레이어를 코딩해보자.

② **4개**의 토큰 각각에 대해 **2개**의 워드 임베딩값을 생성하는 일은 **nn.Embedding()**으로 할 수 있어.

```
nn.Embedding(num_embeddings=4,
             embedding_dim=2)
```

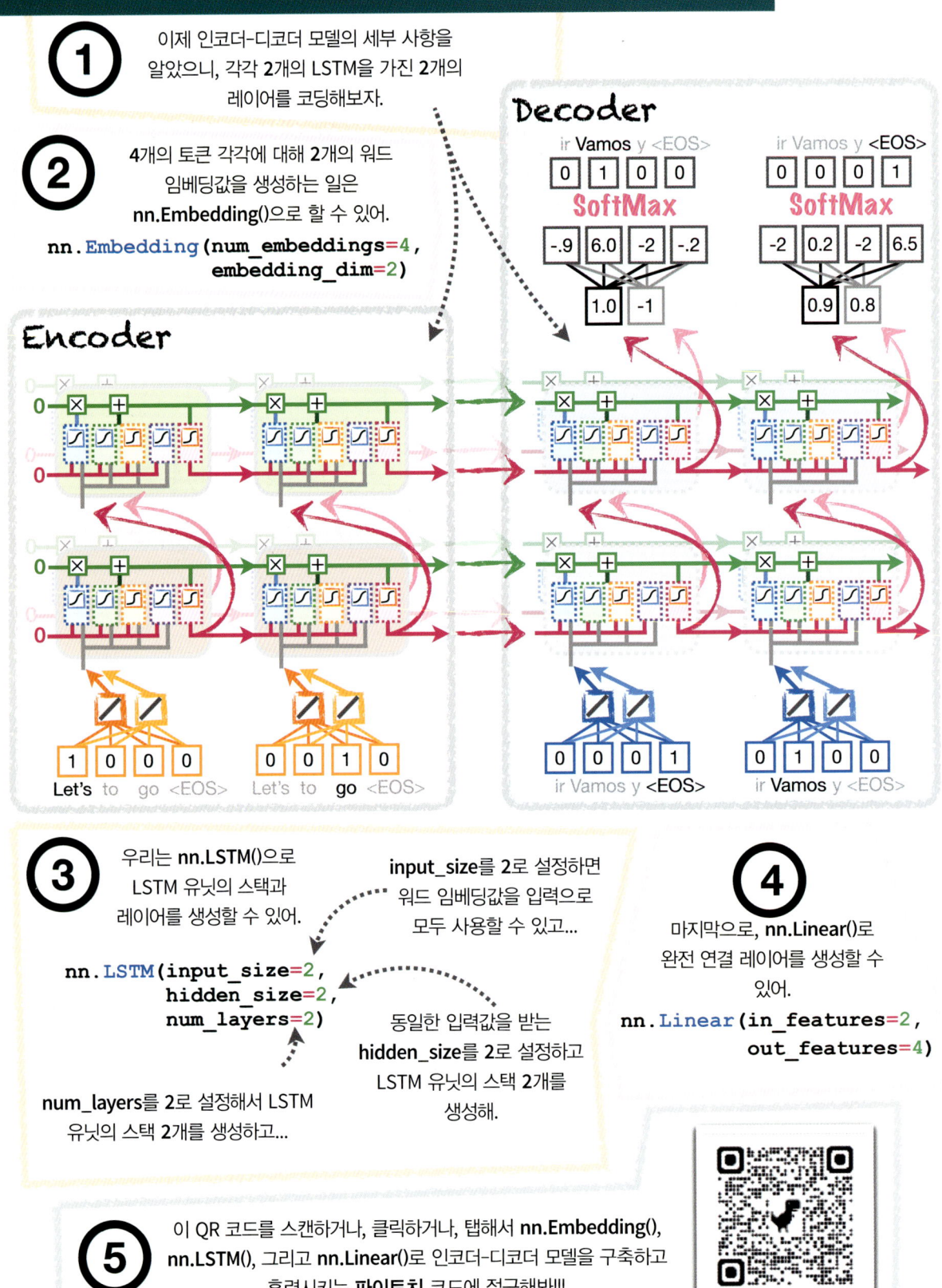

③ 우리는 **nn.LSTM()**으로 LSTM 유닛의 스택과 레이어를 생성할 수 있어.

input_size를 **2**로 설정하면 워드 임베딩값을 입력으로 모두 사용할 수 있고...

```
nn.LSTM(input_size=2,
        hidden_size=2,
        num_layers=2)
```

동일한 입력값을 받는 **hidden_size**를 **2**로 설정하고 LSTM 유닛의 스택 2개를 생성해.

num_layers를 **2**로 설정해서 LSTM 유닛의 스택 **2개**를 생성하고...

④ 마지막으로, **nn.Linear()**로 완전 연결 레이어를 생성할 수 있어.

```
nn.Linear(in_features=2,
          out_features=4)
```

⑤ 이 QR 코드를 스캔하거나, 클릭하거나, 탭해서 **nn.Embedding()**, **nn.LSTM()**, 그리고 **nn.Linear()**로 인코더-디코더 모델을 구축하고 훈련시키는 **파이토치** 코드에 접근해봐!!!

198

Chapter 11

어텐션으로 더 나은 언어 번역하기!!!

어텐션: 핵심 아이디어

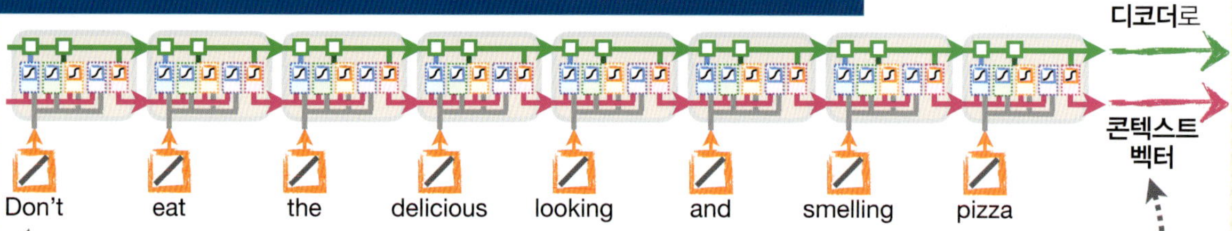

디코더로

콘텍스트 벡터

Don't eat the delicious looking and smelling pizza

① **문제점:** 기본적인 **인코더-디코더** 모델은 "Let's go!" 같은 짧은 문장을 번역하는 데는 잘 작동하지만, **Don't eat the delicious-looking and -smelling pizza.**(맛있어 보이고 냄새도 좋은 피자는 먹지 마세요.) 같은 더 긴 구문을 처리하는 데는 문제가 있어.

이 문제는 더 기본적인 인코더-디코더 모델이 긴 구문을 처리하기 위해 더 많이 펼쳐져야 하고, 그 모든 정보를 디코더가 디코딩하는 콘텍스트 벡터에 욱여넣어야 한다는 사실 때문에 발생해.

그 결과, **Don't...** 같은 번역 시작 부분의 단어들은 번역에서 길을 잃을 수 있어.

이 경우, 만약 모델이 **Don't, eat, the delicious-looking and -smelling pizza** 사이의 연결 고리를 놓친다면, 그것은 정반대인 맛있는 피자를 먹으라는 의미로 번역할 수도 있어! 따라서 모델이 모든 단어를 추적하는 것이 중요해.

② **해결책:** 기본적인 RNN이 **장기 기억**과 **단기 기억**을 단일 경로를 통해 모두 실행했기 때문에 문제가 있었고...

...LSTM 네트워크의 주요 아이디어는 **장기 기억**을 위한 분리된 경로를 제공함으로써 그 문제를 해결한다는 것을 기억하고 있겠지?

음, **어텐션**의 주요 아이디어는 디코더에 인코더로부터 온 한 뭉치의 새로운 경로를 추가하는 것인데, 디코더의 각 단계가 입력값을 직접 참조해 모든 단어를 추적하기 쉽게 만드는 거야.

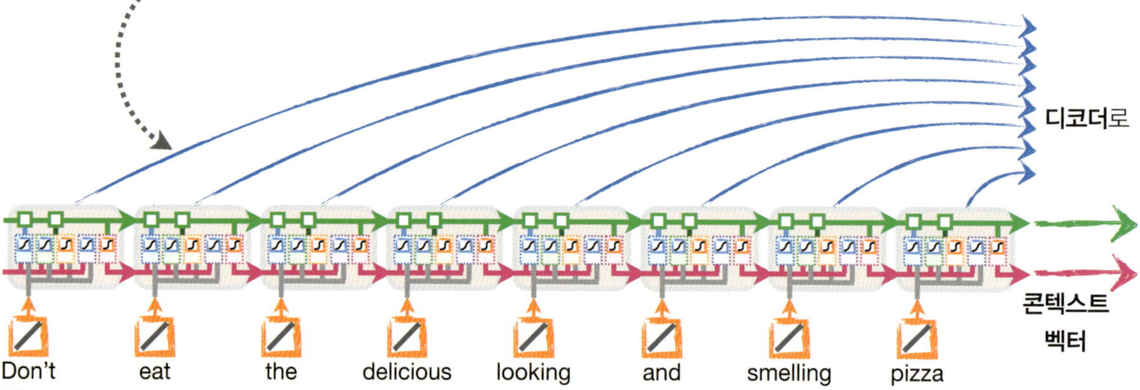

디코더로

콘텍스트 벡터

Don't eat the delicious looking and smelling pizza

① 상황을 간단하게 유지하기 위해, 이전 장에서 스페인어 구문 Vamos 로 번역된 영어 구문 Let's go를 사용할 때 사용했던 인코더-디코더 모델에 어텐션을 추가해보자.

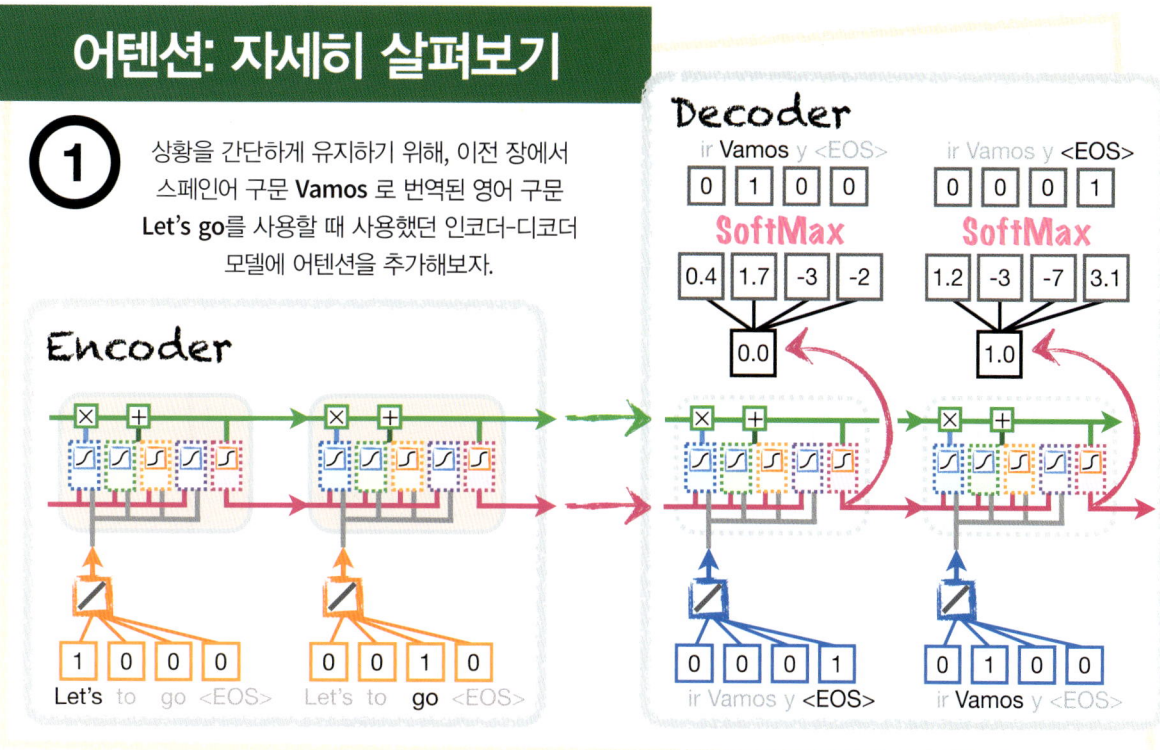

참고: 비록 조건들이 있지만, 지금 당장은 어떻게 어텐션이 인코더-디코더 모델에 추가될 수 있는지에 대한 정해진 규칙은 없어. 따라서 다음에 나오는 것은 어텐션이 인코더-디코더 모델에 추가될 수 있는 방식의 한 가지 예일 뿐이야. 하지만 어텐션의 주요 세부 사항(각 디코더 단계에서 모든 인코더 출력값에 대한 추가 경로를 추가하는 것)은 모든 어텐션 모델에서 일관돼.

② 어텐션이 하는 첫 번째 일은 각 단계에서 나온 인코더의 **단기 기억**들이... ...디코더 LSTM의 첫 번째 출력과 얼마나 유사한지 결정하는 거야.

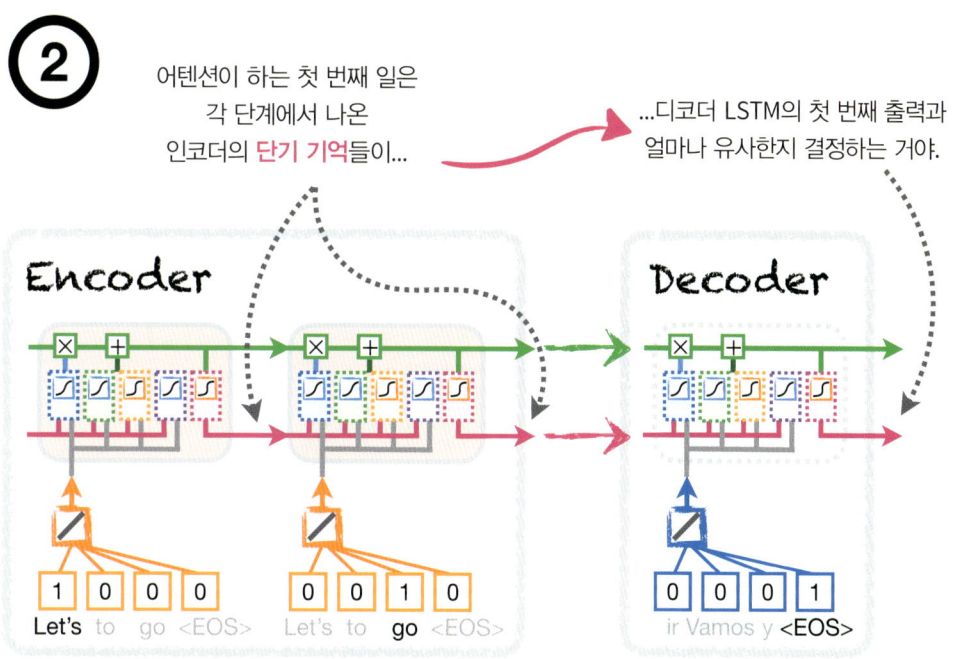

어텐션: 자세히 살펴보기

3 다른 말로 하면, 우리는 첫 번째 단계에서 나온 LSTM 출력(단기 기억 또는 은닉 상태)과 **Let's**라는 단어의 인코딩을 나타내는 (인코더의) 첫 번째 단계 출력 사이의 **유사도 점수**를 계산하고...

...LSTM 출력과 **<EOS>** 토큰의 인코딩을 나타내는 (인코더의) 마지막 단계 출력 사이의 유사도 점수를 계산해.

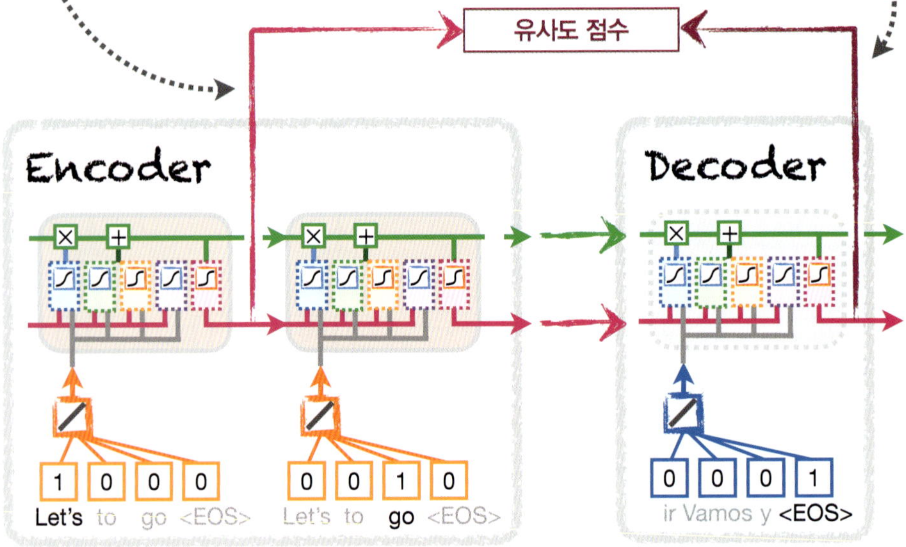

4 그리고 우리는 LSTM 출력과, 단어 **go**의 인코딩을 나타내는 인코더의 두 번째 단계에서 나온 LSTM 출력 사이의 유사도 점수를 계산하고 싶고...

...그리고 디코더 내 **<EOS>** 토큰의 인코딩과의 유사도 점수도 계산하고 싶어.

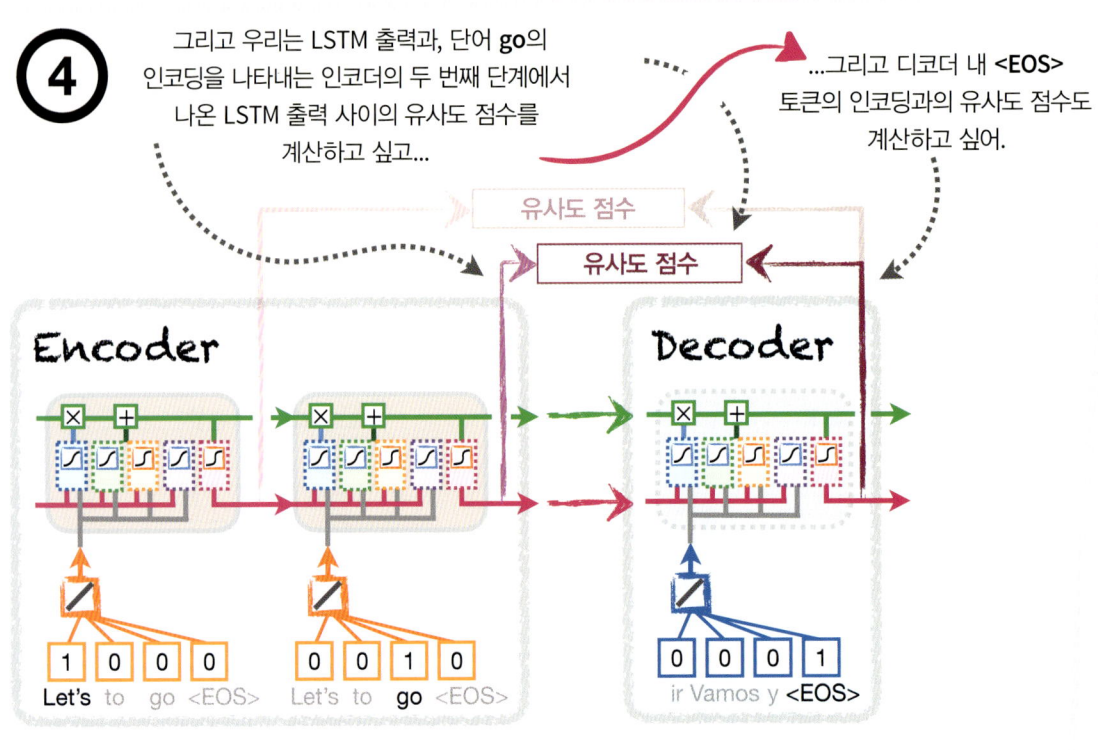

어텐션: 자세히 살펴보기

⑤ 단어들이 얼마나 유사한지, 또는 더 정확하게는 단어들을 나타내는 숫자들의 시퀀스가 얼마나 유사한지 정량화하는 여러 가지 방법이 있어. 예를 들어 **부록 E**는 그러한 측정 방법 중 하나인 **코사인 유사도**를 설명해. 하지만 숫자가 단 두 개뿐일 때는, 유사도를 단순히 두 숫자를 함께 곱하는 것만으로도 쉽게 계산할 수 있어.

참고: 단어를 표현하는 데 하나 이상의 숫자가 있을 때는 여기서 사용한 단순 곱셈을 내적으로 일반화할 수 있어. 이 내용은 다음 장에서 다룰 거야.

예를 들어 두 숫자가 모두 양수이거나 모두 음수처럼 같은 부호를 가질 때, 그 결과는 양수이고...

$$2 \times 5 = 10$$
$$-2 \times -5 = 10$$

...이는 숫자 2와 5, 그리고 –2와 –5가 상대적으로 유사하다는 것을 알려줘.

반대로, 하나는 양수이고 다른 하나는 음수처럼 두 숫자가 서로 다른 부호를 가질 때...

$$-2 \times 5 = -10$$
$$2 \times -5 = -10$$

...그 결과는 음수이고, 이는 숫자 2와 –5, 그리고 –2와 5가 상대적으로 유사하지 않다는 것을 알려줘.

⑥ 따라서 첫 번째 단어 **Let's**의 인코딩이 주어졌을 때, 이는 인코더에서 나온 LSTM 출력 **–0.73**이고...

...디코더의 <EOS> 토큰 인코딩 **–0.99**가 주어졌을 때...

...그들의 인코딩에 대한 유사도 점수는 **0.72**야.

유사도 = –0.73 × –0.99 = 0.72

유사도 점수

참고: 이 모델의 특성 가중치(featured weights)는 우리가 8장에서 사용한 모델과 다르기 때문에, LSTM 출력을 손으로 계산하려고 하지 마. 그냥 코딩할 때 값을 출력해봐.

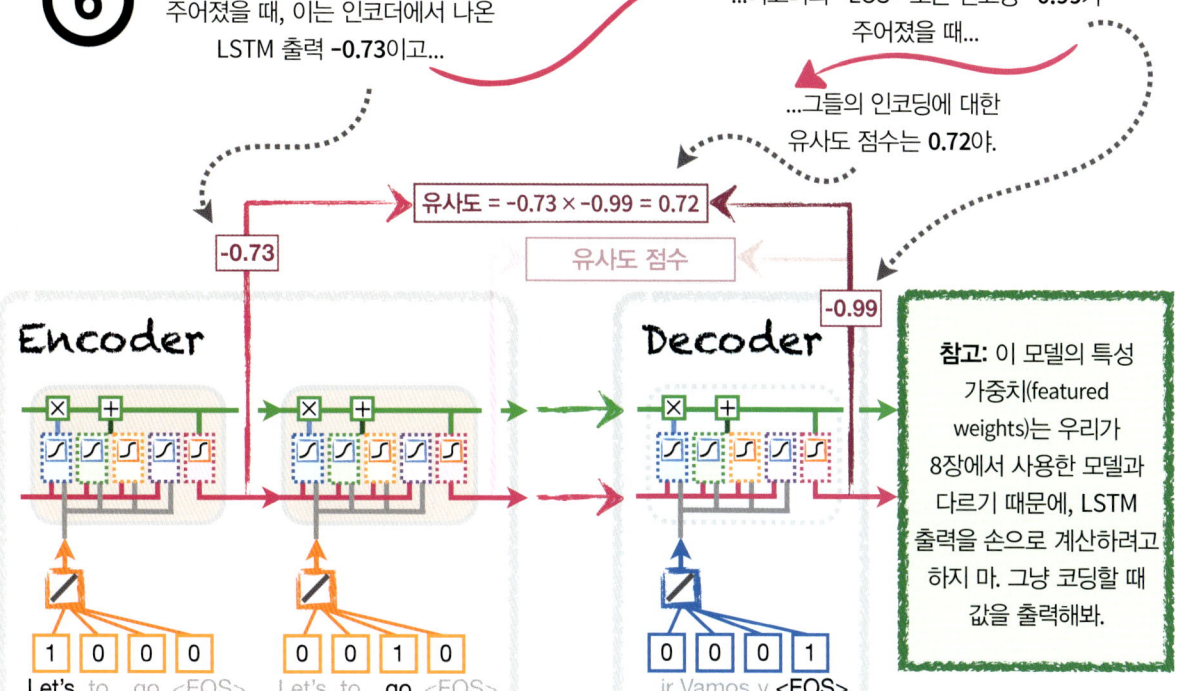

203

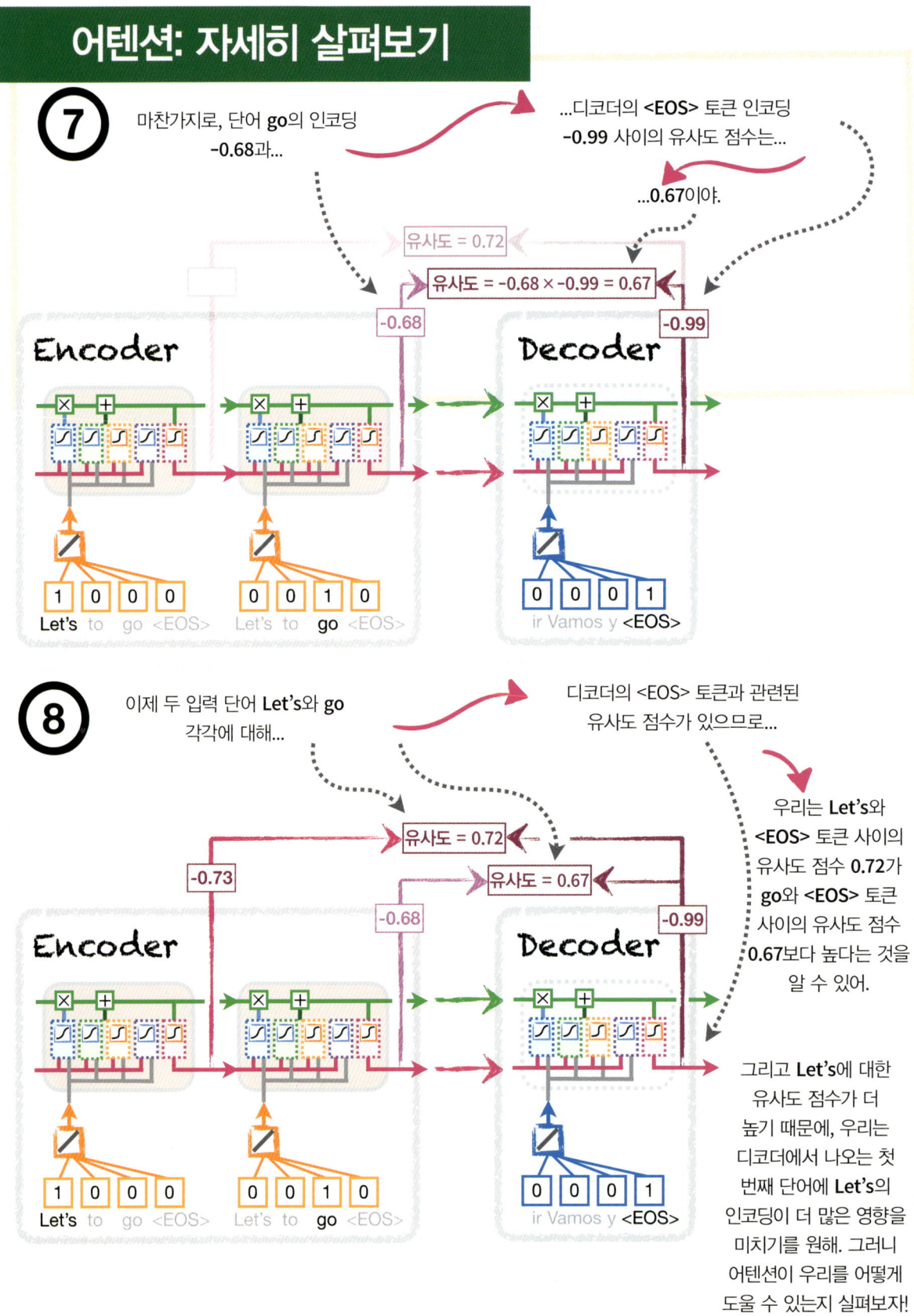

⑦ 마찬가지로, 단어 **go**의 인코딩 −0.68과...

...디코더의 **<EOS>** 토큰 인코딩 −0.99 사이의 유사도 점수는...

...0.67이야.

유사도 = 0.72

유사도 = −0.68 × −0.99 = 0.67

-0.68   -0.99

Encoder   Decoder

1 0 0 0   0 0 1 0   0 0 0 1
Let's to go <EOS> Let's to go <EOS> ir Vamos y <EOS>

⑧ 이제 두 입력 단어 **Let's**와 **go** 각각에 대해...

디코더의 **<EOS>** 토큰과 관련된 유사도 점수가 있으므로...

우리는 **Let's**와 **<EOS>** 토큰 사이의 유사도 점수 **0.72**가 **go**와 **<EOS>** 토큰 사이의 유사도 점수 **0.67**보다 높다는 것을 알 수 있어.

유사도 = 0.72

-0.73   유사도 = 0.67

-0.68   -0.99

Encoder   Decoder

그리고 **Let's**에 대한 유사도 점수가 더 높기 때문에, 우리는 디코더에서 나오는 첫 번째 단어에 **Let's**의 인코딩이 더 많은 영향을 미치기를 원해. 그러니 어텐션이 우리를 어떻게 도울 수 있는지 실펴보자!

1 0 0 0   0 0 1 0   0 0 0 1
Let's to go <EOS> Let's to go <EOS> ir Vamos y <EOS>

⑨ 다음에 어텐션이 하는 일은 Softmax 함수를 통해 유사도 점수를 실행하는 거야.

기억해, Softmax 함수는 우리에게 0과 1 사이의 숫자를 주고 합계가 1이 되도록 만들어줘. 그래서 우리는 Softmax 출력을 디코딩할 때 각 인코딩된 입력 단어가 얼마나 중요한지를 결정하는 방법으로 사용할 수 있어.

⑩ 이 경우, Softmax의 출력은 디코더가 첫 번째 인코딩된 단어 **Let's**를 51% 사용해야 한다고 알려줘...

...그리고 생성할 토큰을 결정할 때 두 번째 인코딩된 단어 **go**를 49% 사용해야 한다고 알려줘.

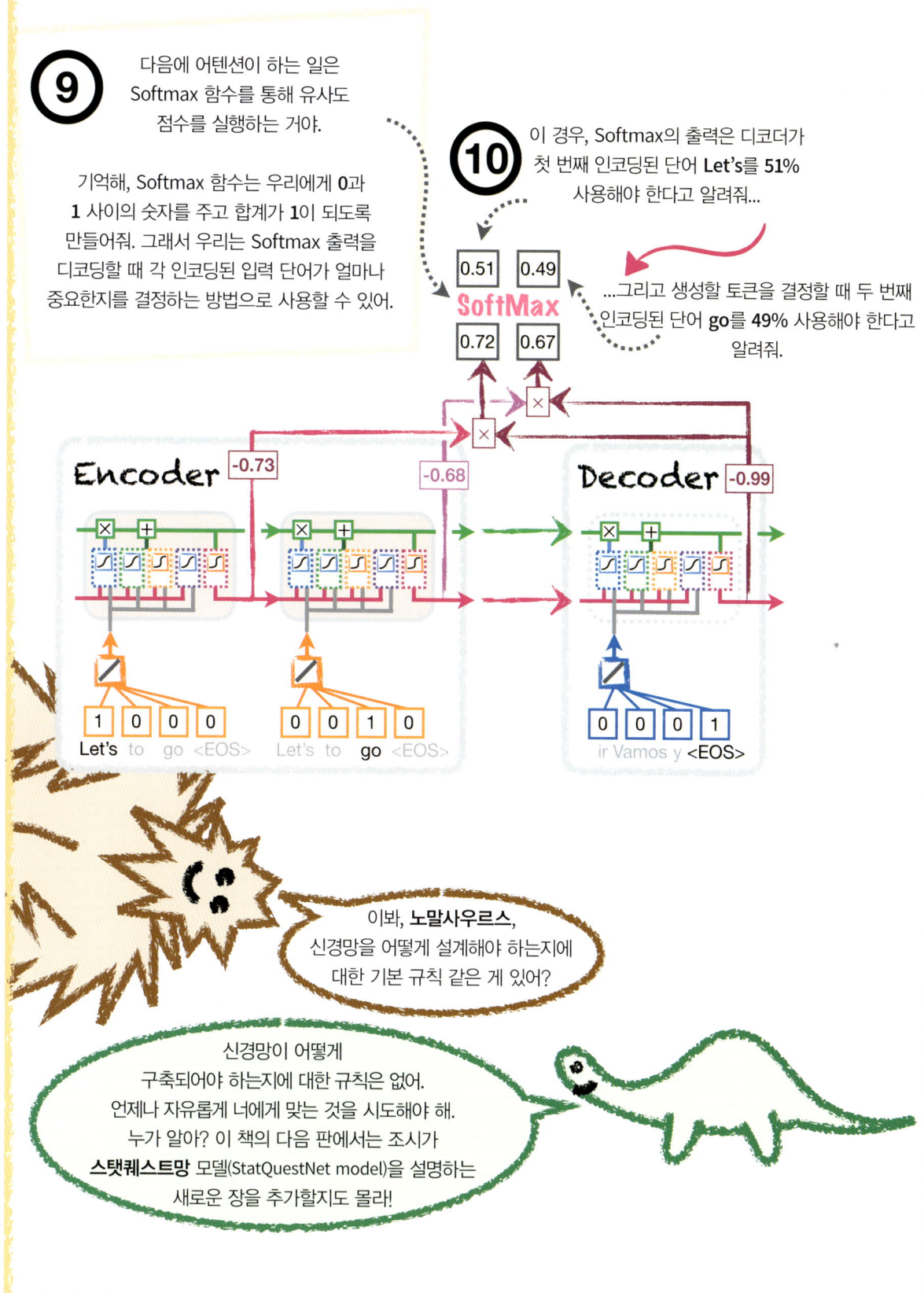

이봐, **노말사우르스**, 신경망을 어떻게 설계해야 하는지에 대한 기본 규칙 같은 게 있어?

신경망이 어떻게 구축되어야 하는지에 대한 규칙은 없어. 언제나 자유롭게 너에게 맞는 것을 시도해야 해. 누가 알아? 이 책의 다음 판에서는 조시가 **스탯퀘스트망** 모델(StatQuestNet model)을 설명하는 새로운 장을 추가할지도 몰라!

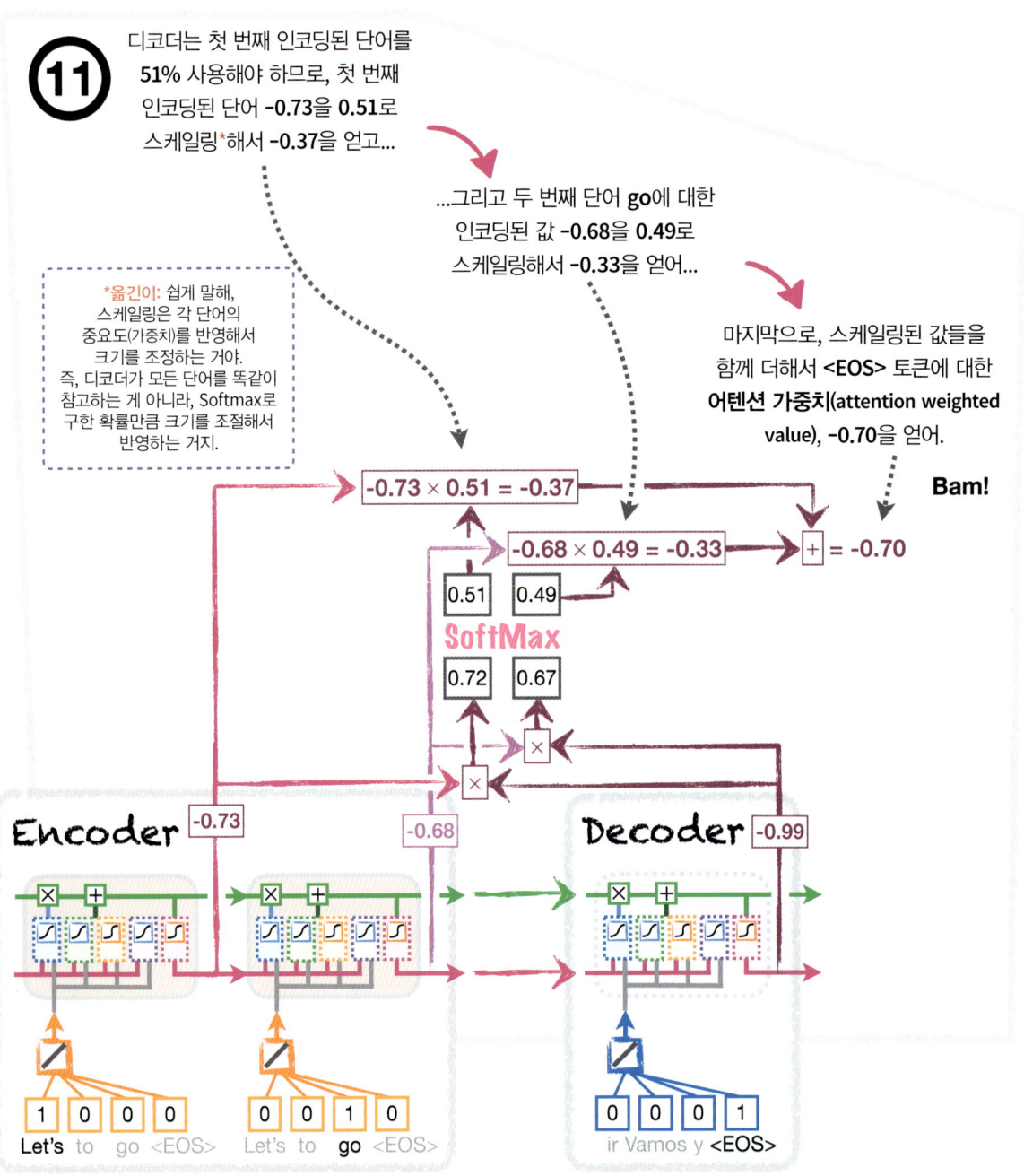

⑪ 디코더는 첫 번째 인코딩된 단어를 51% 사용해야 하므로, 첫 번째 인코딩된 단어 **-0.73**을 **0.51**로 스케일링*해서 **-0.37**을 얻고...

...그리고 두 번째 단어 **go**에 대한 인코딩된 값 **-0.68**을 **0.49**로 스케일링해서 **-0.33**을 얻어...

*옮긴이: 쉽게 말해, 스케일링은 각 단어의 중요도(가중치)를 반영해서 크기를 조정하는 거야. 즉, 디코더가 모든 단어를 똑같이 참고하는 게 아니라, Softmax로 구한 확률만큼 크기를 조절해서 반영하는 거지.

마지막으로, 스케일링된 값들을 함께 더해서 **\<EOS\>** 토큰에 대한 **어텐션 가중치**(attention weighted value), **-0.70**을 얻어.

Bam!

-0.73 × 0.51 = -0.37

-0.68 × 0.49 = -0.33

+ = -0.70

0.51   0.49

SoftMax

0.72   0.67

Encoder -0.73   -0.68   **Decoder** -0.99

1 0 0 0   0 0 1 0   0 0 0 1
Let's to go \<EOS\>   Let's to **go** \<EOS\>   ir Vamos y \<EOS\>

⑫ 이제 **<EOS>** 토큰에 대한 어텐션값(attention value) **-0.70**과 **<EOS>** 토큰에 대한 인코딩된 값 **-0.99**를 얻었으므로, 이 값들을 **완전 연결 레이어**에 입력으로 사용하고, 이어서 Softmax 함수를 통해 첫 번째 출력 단어 **Vamos**를 생성해.

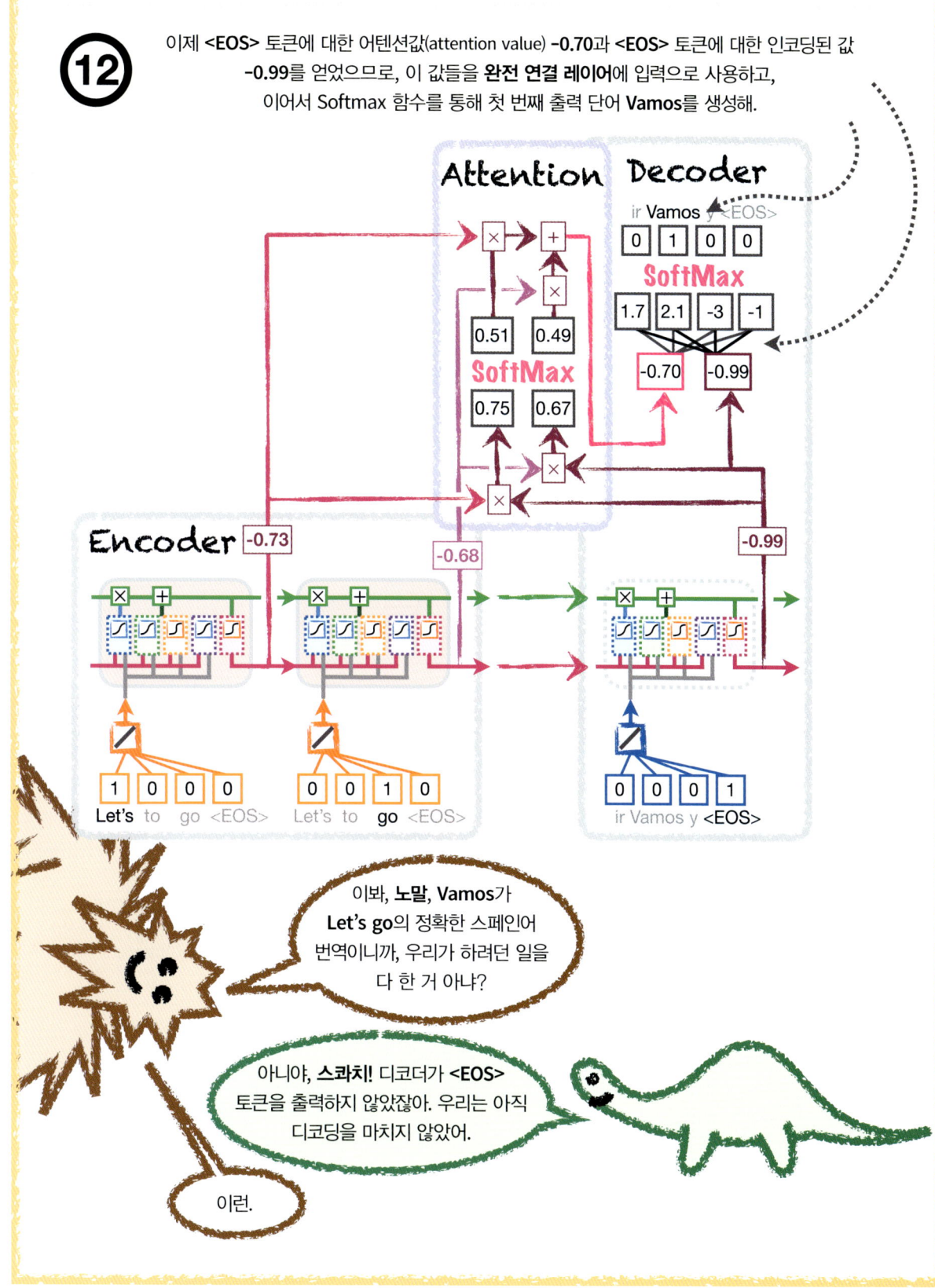

이봐, **노말**, **Vamos**가 **Let's go**의 정확한 스페인어 번역이니까, 우리가 하려던 일을 다 한 거 아냐?

아니야, **스콰치!** 디코더가 **<EOS>** 토큰을 출력하지 않았잖아. 우리는 아직 디코딩을 마치지 않았어.

이런.

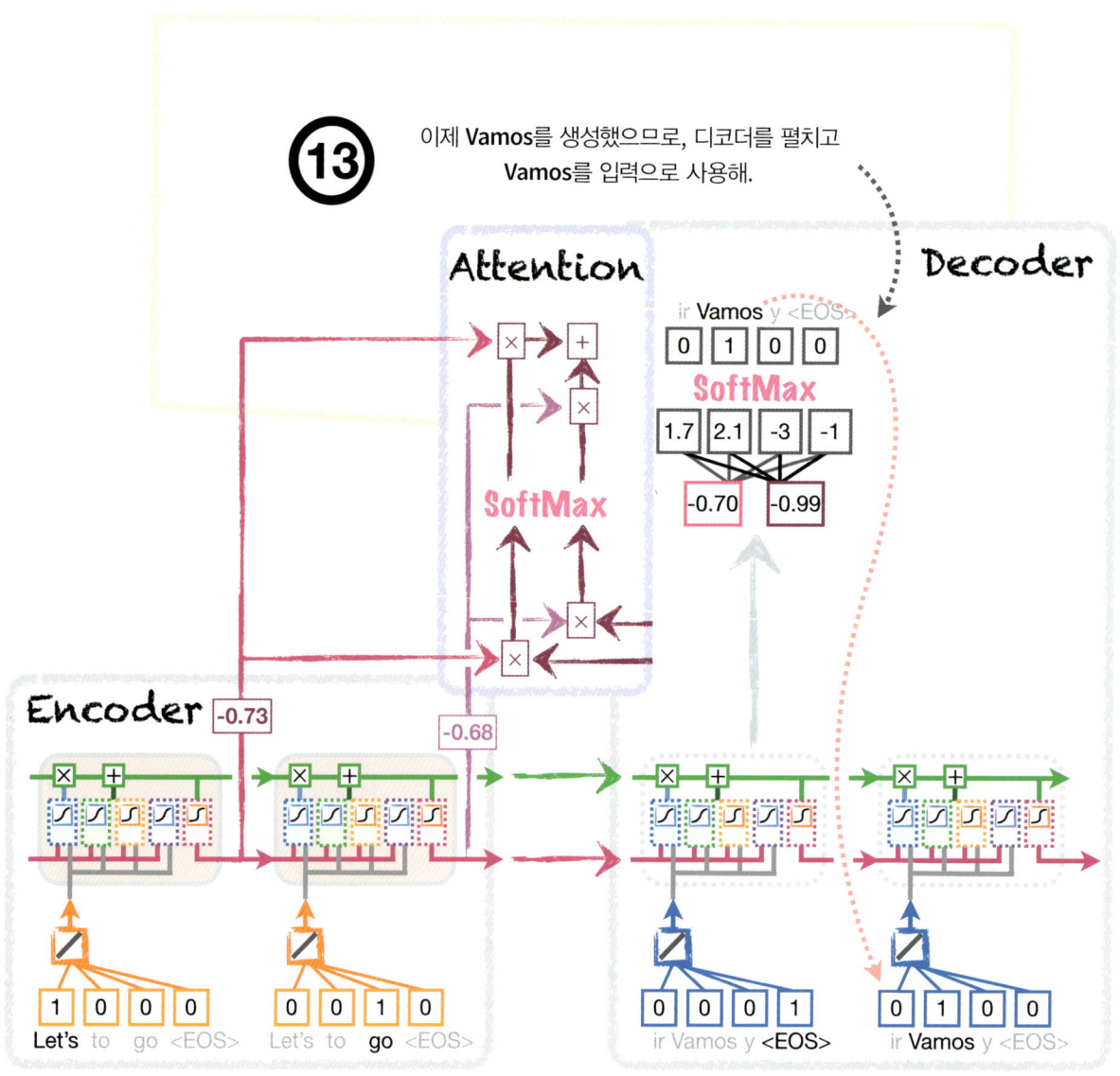

이제 **Vamos**를 생성했으므로, 디코더를 펼치고
Vamos를 입력으로 사용해.

(14) 그런 다음 방금 했던 것과 동일한 수학 연산을 사용해. 단, 이번에는 **Vamos**에 대한 인코딩된 값을 사용하고, 이는 어텐션값을 계산하기 위해 디코더의 펼쳐진 LSTM에서 나와...

...그리고 디코더는 <EOS> 토큰을 생성하고, 그 말은 우리가 디코딩을 마쳤다는 뜻이야.

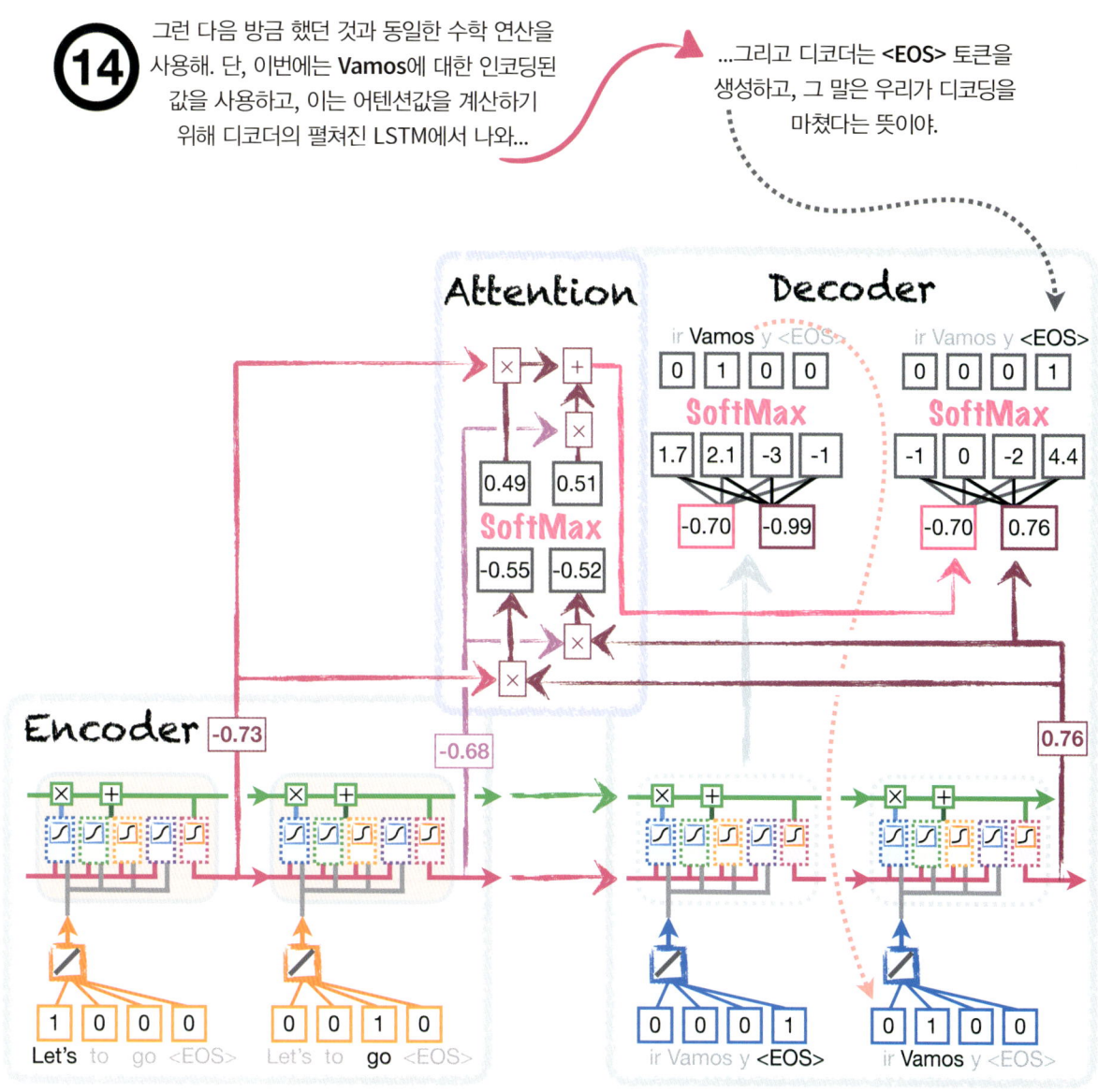

TRIPLE BAM!!!

⑮ 요약하면, 어텐션을 기본 인코더-디코더 모델에
추가할 때, 상황은 거의 동일하게 유지돼...

...하지만 이제, 디코더가 토큰을 처리할 때마다, 각 입력
단어에 대한 개별 인코딩에 접근할 수 있어...

...그리고 유사도 점수와 Softmax 함수를
사용하여 각 인코딩된 입력 단어가
다음 출력 단어를 예측하는 데
사용되어야 하는 비율을 설계해.

이제 **파이토치**로 어텐션 기능이
있는 인코더-디코더 모델을
코딩해보자!

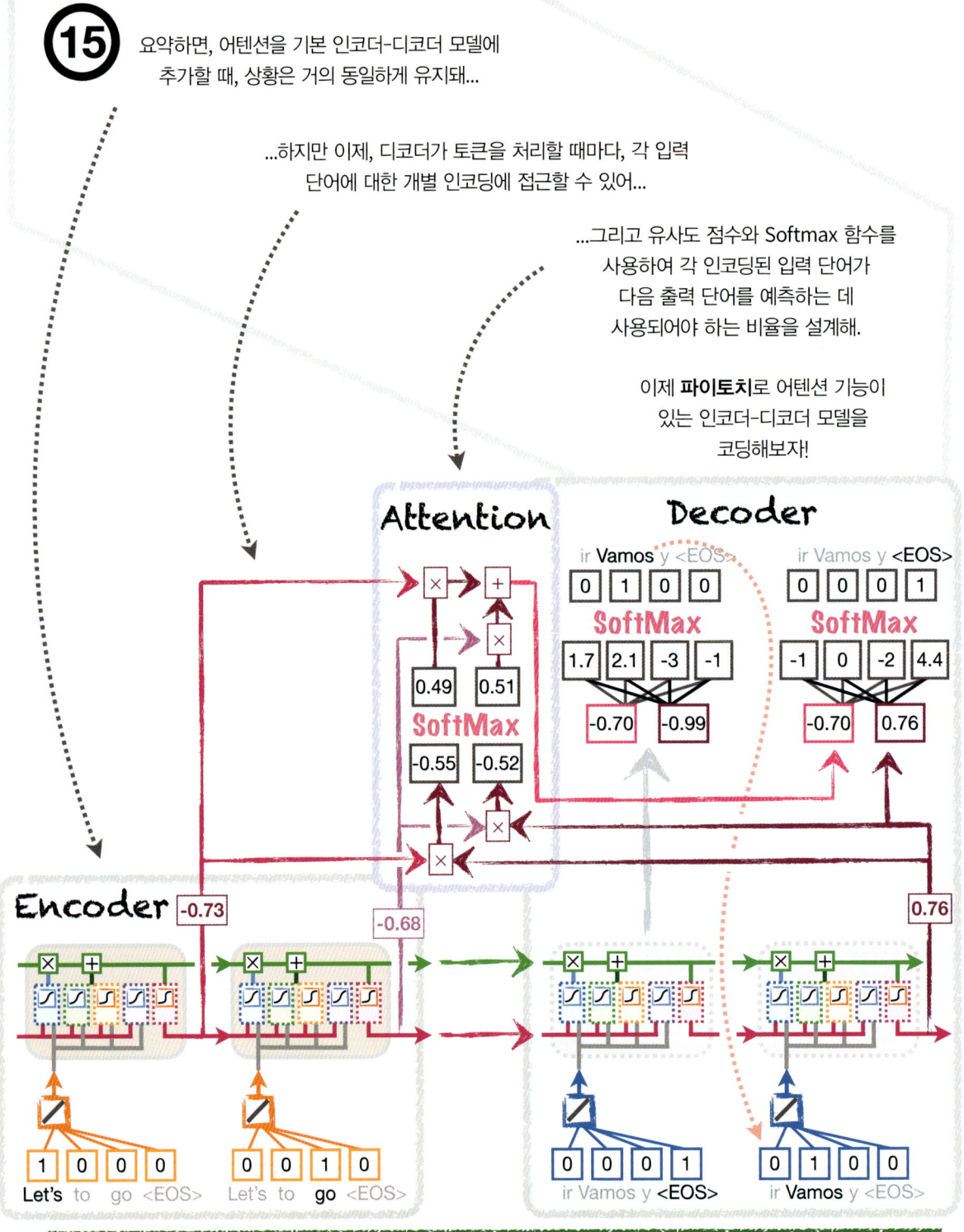

파이토치로 구현하는 어텐션

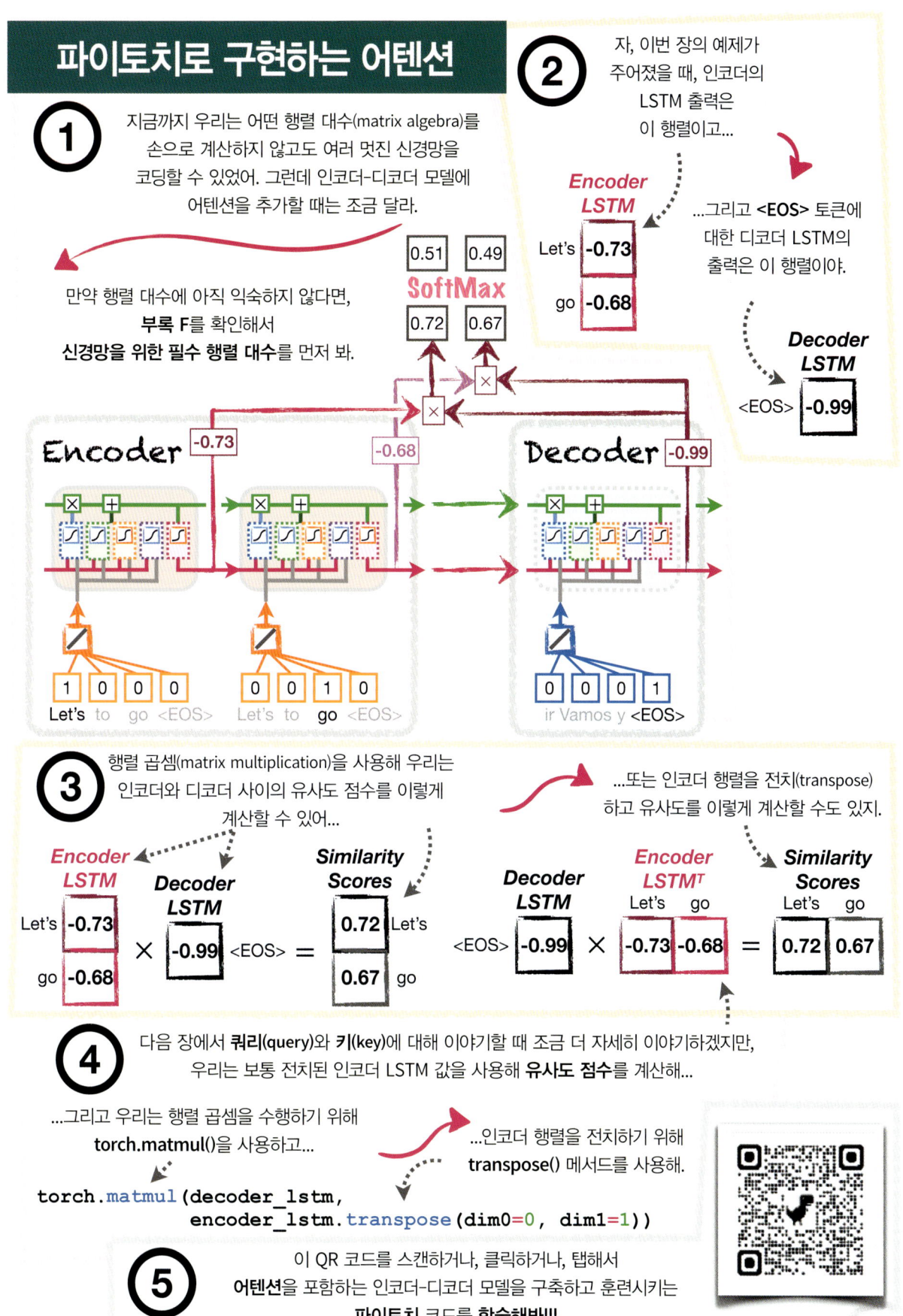

① 지금까지 우리는 어떤 행렬 대수(matrix algebra)를 손으로 계산하지 않고도 여러 멋진 신경망을 코딩할 수 있었어. 그런데 인코더-디코더 모델에 어텐션을 추가할 때는 조금 달라.

만약 행렬 대수에 아직 익숙하지 않다면, **부록 F**를 확인해서 **신경망을 위한 필수 행렬 대수**를 먼저 봐.

② 자, 이번 장의 예제가 주어졌을 때, 인코더의 LSTM 출력은 이 행렬이고...

...그리고 **<EOS>** 토큰에 대한 디코더 LSTM의 출력은 이 행렬이야.

Encoder LSTM

Let's	**-0.73**
go	**-0.68**

Decoder LSTM

<EOS>	**-0.99**

SoftMax

0.51	0.49
0.72	0.67

Encoder `-0.73` `-0.68`

Decoder `-0.99`

1	0	0	0

Let's to go <EOS>

0	0	1	0

Let's to **go** <EOS>

0	0	0	1

ir Vamos y <EOS>

③ 행렬 곱셈(matrix multiplication)을 사용해 우리는 인코더와 디코더 사이의 유사도 점수를 이렇게 계산할 수 있어...

...또는 인코더 행렬을 전치(transpose) 하고 유사도를 이렇게 계산할 수도 있지.

Encoder LSTM

Let's	**-0.73**
go	**-0.68**

×

Decoder LSTM

| **-0.99** | <EOS> |

=

Similarity Scores

| **0.72** | Let's |
| **0.67** | go |

Decoder LSTM

| <EOS> | **-0.99** |

×

Encoder LSTM^T

Let's	go
-0.73	**-0.68**

=

Similarity Scores

Let's	go
0.72	**0.67**

④ 다음 장에서 **쿼리(query)**와 **키(key)**에 대해 이야기할 때 조금 더 자세히 이야기하겠지만, 우리는 보통 전치된 인코더 LSTM 값을 사용해 **유사도 점수**를 계산해...

...그리고 우리는 행렬 곱셈을 수행하기 위해 **torch.matmul()**을 사용하고...

...인코더 행렬을 전치하기 위해 **transpose()** 메서드를 사용해.

```
torch.matmul(decoder_lstm,
        encoder_lstm.transpose(dim0=0, dim1=1))
```

⑤ 이 QR 코드를 스캔하거나, 클릭하거나, 탭해서 **어텐션을 포함하는 인코더-디코더 모델**을 구축하고 훈련시키는 **파이토치** 코드를 학습해봐!!!

Chapter 12

트랜스포머로 더욱
강력한 언어 번역하기!!!

트랜스포머: 핵심 아이디어

① **문제점:** 어텐션 기능이 추가된 LSTM 기반의 인코더-디코더 모델은 잘 작동하지만, 입력값을 처리하고 출력을 순차적으로, 한 번에 토큰을 하나씩 생성해야 한다는 단점이 있어.

예를 들어 **장기 기억**과 **단기 기억**을 계산하기 위해 첫 번째 토큰을 인코딩해야만 두 번째 토큰 인코딩을 시작할 수 있고...

...두 번째 토큰을 인코딩하기 전까지는 세 번째 토큰 인코딩을 시작할 수 없어...

...이는 수백만 개의 토큰을 가진 대규모 데이터셋, 예를 들어 전체 위키백과 같은 것을 훈련시키는 것이 영원히 걸릴 수도 있다는 것을 의미해. 이 속도를 높이기 위해 우리가 뭘 할 수 있을까?

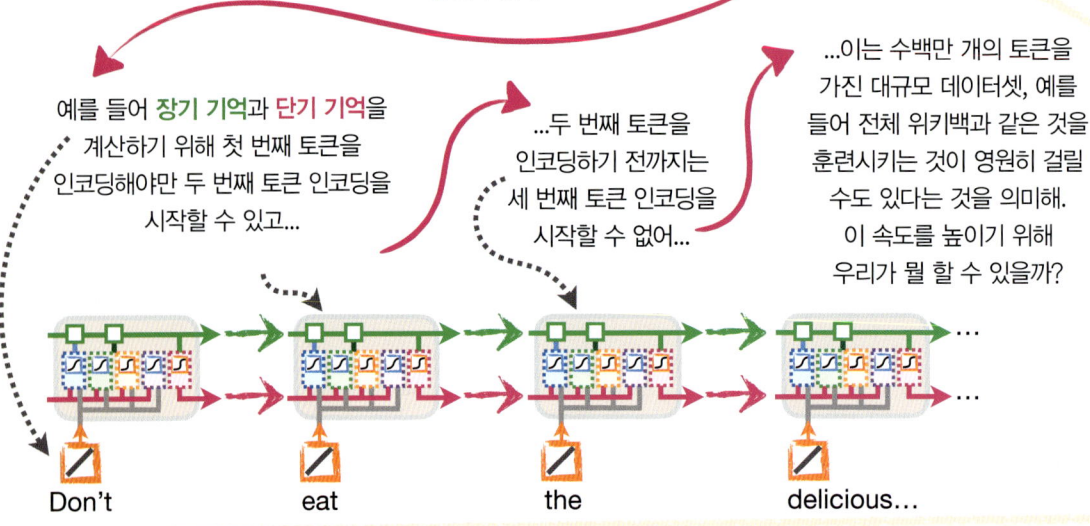

Don't   eat   the   delicious...

② **해결책:** 트랜스포머는 LSTM을 **위치 인코딩**(positional encoding)이라고 불리는 것과 더 정교한 **어텐션** 활용법으로 대체하는데, 이는 훈련에 필요한 모든 수학 연산을 순차적이 아니라 병렬로 수행할 수 있게 해줘. 결과적으로 모델을 훨씬 빠르게, 훨씬 더 큰 데이터셋에서 훈련시킬 수 있게 돼.

결과적으로, **트랜스포머 기반 모델**은 이제 신경망 및 AI 분야를 지배하고 있으며, 언어를 다른 언어로 번역하는 것부터 컴퓨터 프로그램 작성, 심지어 시 몇 편을 쓰는 것에 이르기까지 모든 것에 사용되고 있어.

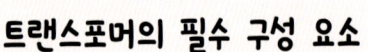

트랜스포머의 필수 구성 요소

더 정교한 어텐션

위치 인코딩

워드 임베딩

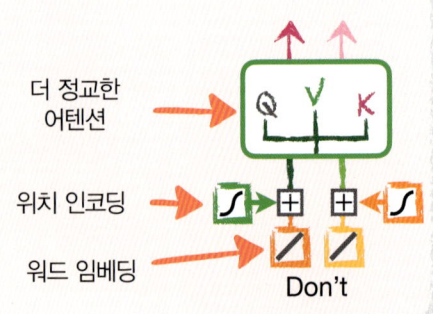

Don't

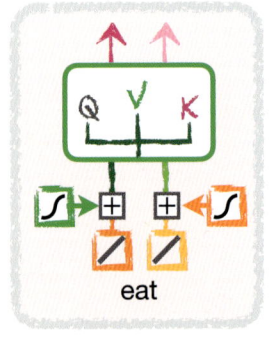

eat

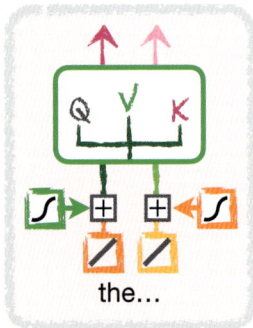

the...

LSTM이 필요 없을 것 같아!

맞아. 우리에게 필요한 건 **어텐션**, **위치 인코딩**, 그리고 **워드 임베딩**뿐이야.

214

트랜스포머: 인코딩 자세히 살펴보기

① 쉽고 간단한 설명을 위해, 지난 두 장에서 사용했던 것과 동일한 예제를 계속 사용할 거야. 우리는 영어 구문 **Let's go**를 스페인어 단어 **Vamos**로 번역할 거야.

Let's go!

¡Vamos!

참고: 비록 우리가 간단한 예를 사용하고 있지만, 트랜스포머는 **대형 언어 모델(large language model, LLM)**의 기반이야. LLM은 수십억 개, 아니 수조 개의 토큰 입력과 출력, 그리고 수백만 또는 수십억 개의 가중치와 편향을 가지고 있으며, AI 분야에서 현재의 붐을 일으키고 있어.

또 다른 참고: 어떤 사람들은 그냥 수학을 살펴보는 것이 트랜스포머가 어떻게 작동하는지 이해하는 데 더 쉽다고 생각해. 만약 당신이 그런 사람이라면 **부록 G**를 확인해봐!

② 우리가 전에 이야기했던 인코더-디코더 모델과 마찬가지로, 트랜스포머는 워드 임베딩으로 시작해.

하지만 이 예제에서는 수학을 좀 더 재미있게 만들기 위해, 토큰당 단 1개가 아닌 2개의 임베딩값을 생성할 거야.

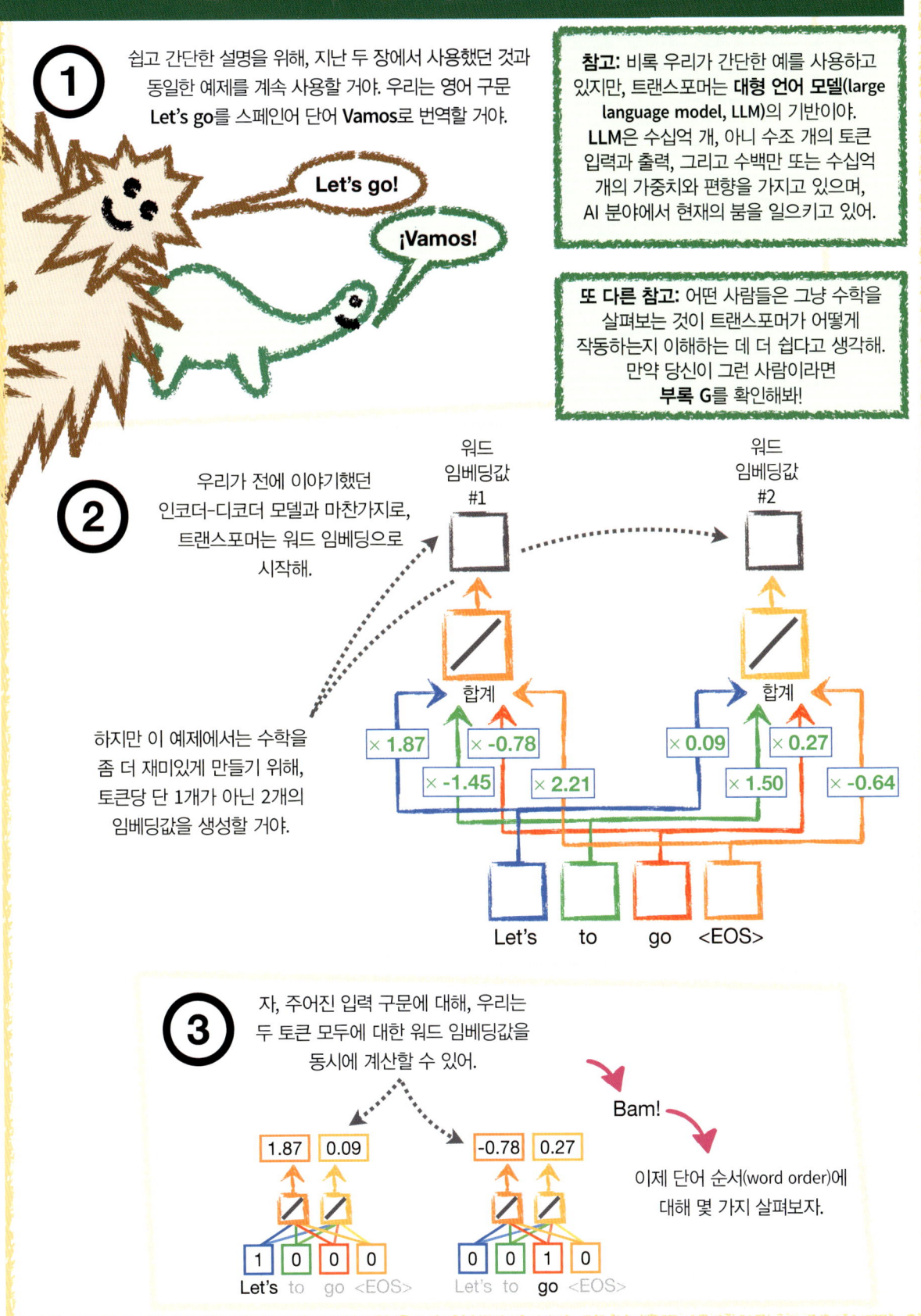

워드 임베딩값 #1

워드 임베딩값 #2

합계

× 1.87 × -0.78
× -1.45 × 2.21

× 0.09 × 0.27
× 1.50 × -0.64

Let's   to   go   <EOS>

③ 자, 주어진 입력 구문에 대해, 우리는 두 토큰 모두에 대한 워드 임베딩값을 동시에 계산할 수 있어.

Bam!

| 1.87 | 0.09 |

| -0.78 | 0.27 |

이제 단어 순서(word order)에 대해 몇 가지 살펴보자.

| 1 | 0 | 0 | 0 |
Let's to go <EOS>

| 0 | 0 | 1 | 0 |
Let's to go <EOS>

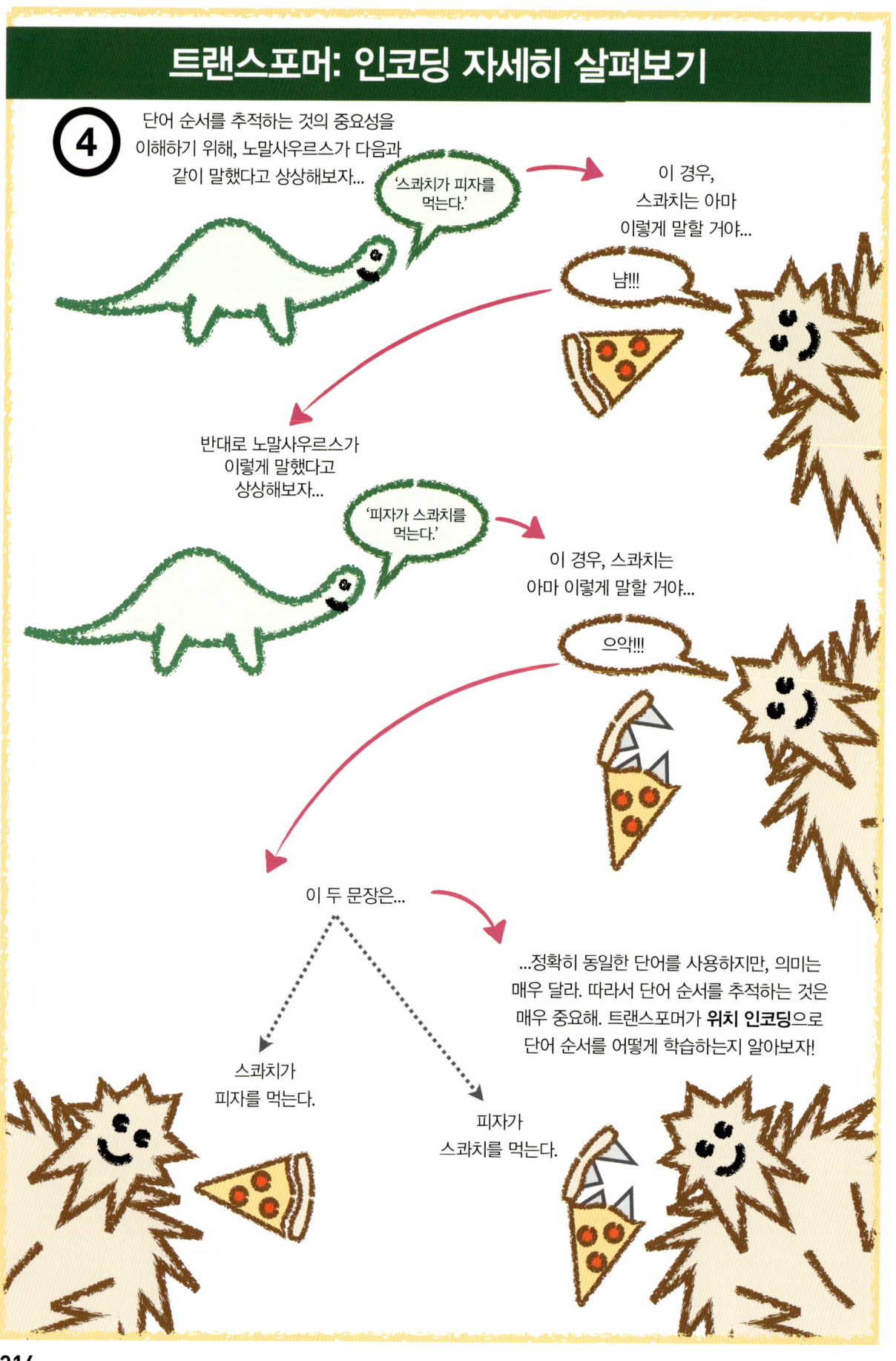

4 단어 순서를 추적하는 것의 중요성을 이해하기 위해, 노말사우르스가 다음과 같이 말했다고 상상해보자...

'스콰치가 피자를 먹는다.'

이 경우, 스콰치는 아마 이렇게 말할 거야...

냠!!!

반대로 노말사우르스가 이렇게 말했다고 상상해보자...

'피자가 스콰치를 먹는다.'

이 경우, 스콰치는 아마 이렇게 말할 거야...

으악!!!

이 두 문장은...

...정확히 동일한 단어를 사용하지만, 의미는 매우 달라. 따라서 단어 순서를 추적하는 것은 매우 중요해. 트랜스포머가 **위치 인코딩**으로 단어 순서를 어떻게 학습하는지 알아보자!

스콰치가 피자를 먹는다.

피자가 스콰치를 먹는다.

(5) **위치 인코딩**을 사용하여 단어 순서를 추적하는 방법은 여러 가지가 있지만, 가장 일반적으로 사용되는 방법 중 하나는 **사인(sine)**과 **코사인(cosine)의 구불구불한 선을** 교대로 사용하는 시퀀스를 이용하는 거야.

각 구불구불한 선은 각 단어의 임베딩 차원(embedding dimension)에 대한 특정 위칫값을 제공해.

첫 번째 토큰(이 경우는 **Let's**)은 x축 좌표가 **초록색 구불구불한 선** 좌측 끝까지 이어지고...

...첫 번째 임베딩 차원에 대한 위칫값은 y축 좌표 **0.0**이야.

*옮긴이: 위치 인코딩은 '단어 순서에 색깔 입히기'라고 생각하면 돼. 초록색 선은 첫 번째 차원에서의 위칫값, 주황색 선은 두 번째 차원에서의 위칫값을 나타내. 이 둘을 합치면 각 단어가 문장에서 몇 번째에 있는지를 고유한 패턴으로 표시할 수 있는 거지.

참고: 위치를 나타내기 위해 **1, 2, 3, 4** 등과 같은 정수 시퀀스 대신 사인과 코사인 구불구불한 선을 사용하는 한 가지 이유는, 이 구불구불한 선들이 값의 크기에 제한을 두기 때문이야. 이 값들은 항상 **−1**과 **1** 사이에 있게 돼.

(6) 두 번째 임베딩 차원에 대한 위칫값은 **주황색 구불구불한 선**에서 오고...

이 **주황색 구불구불한 선**의 y축 좌푯값은 첫 번째 단어(위치 0)에 대해 **1.0**이야.

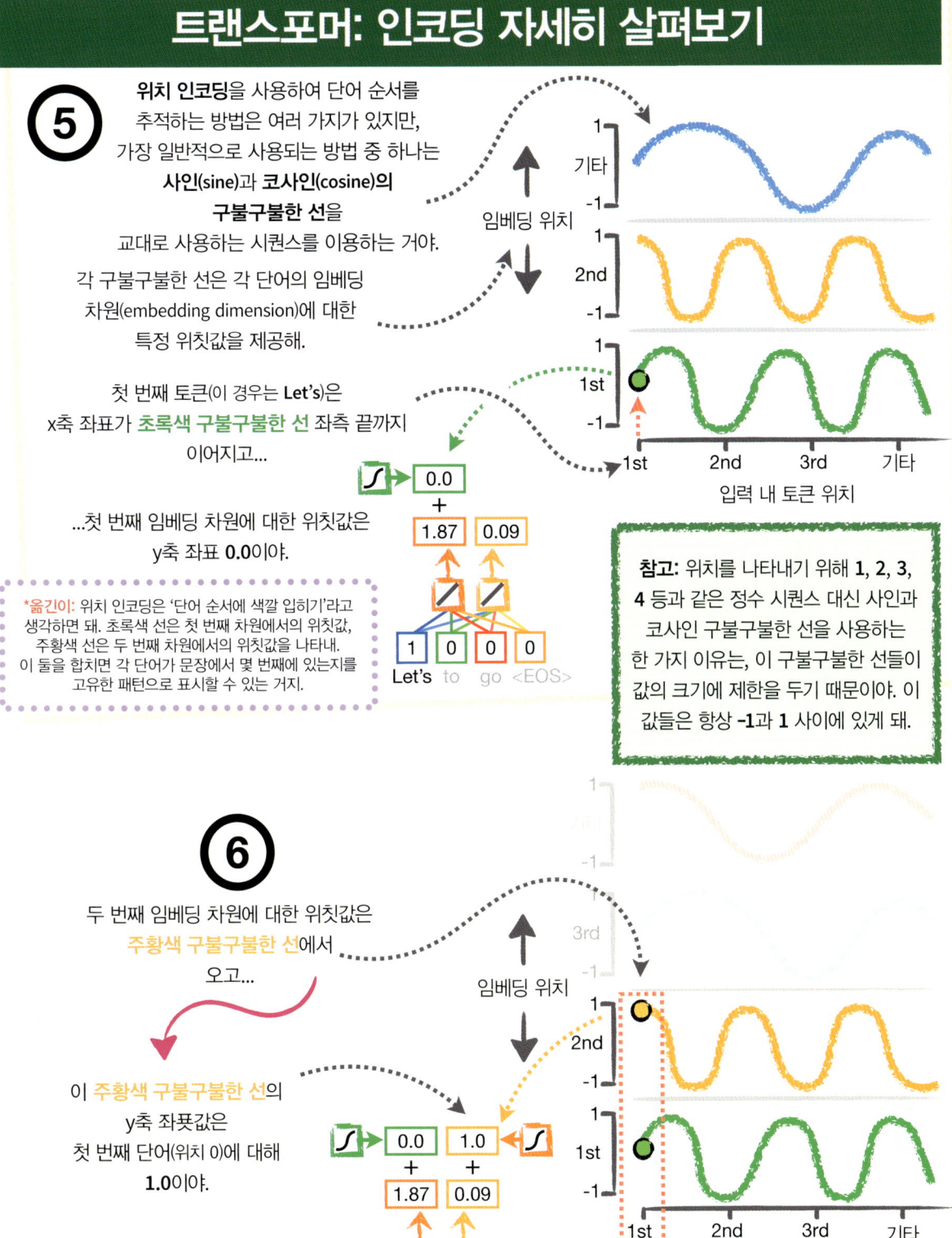

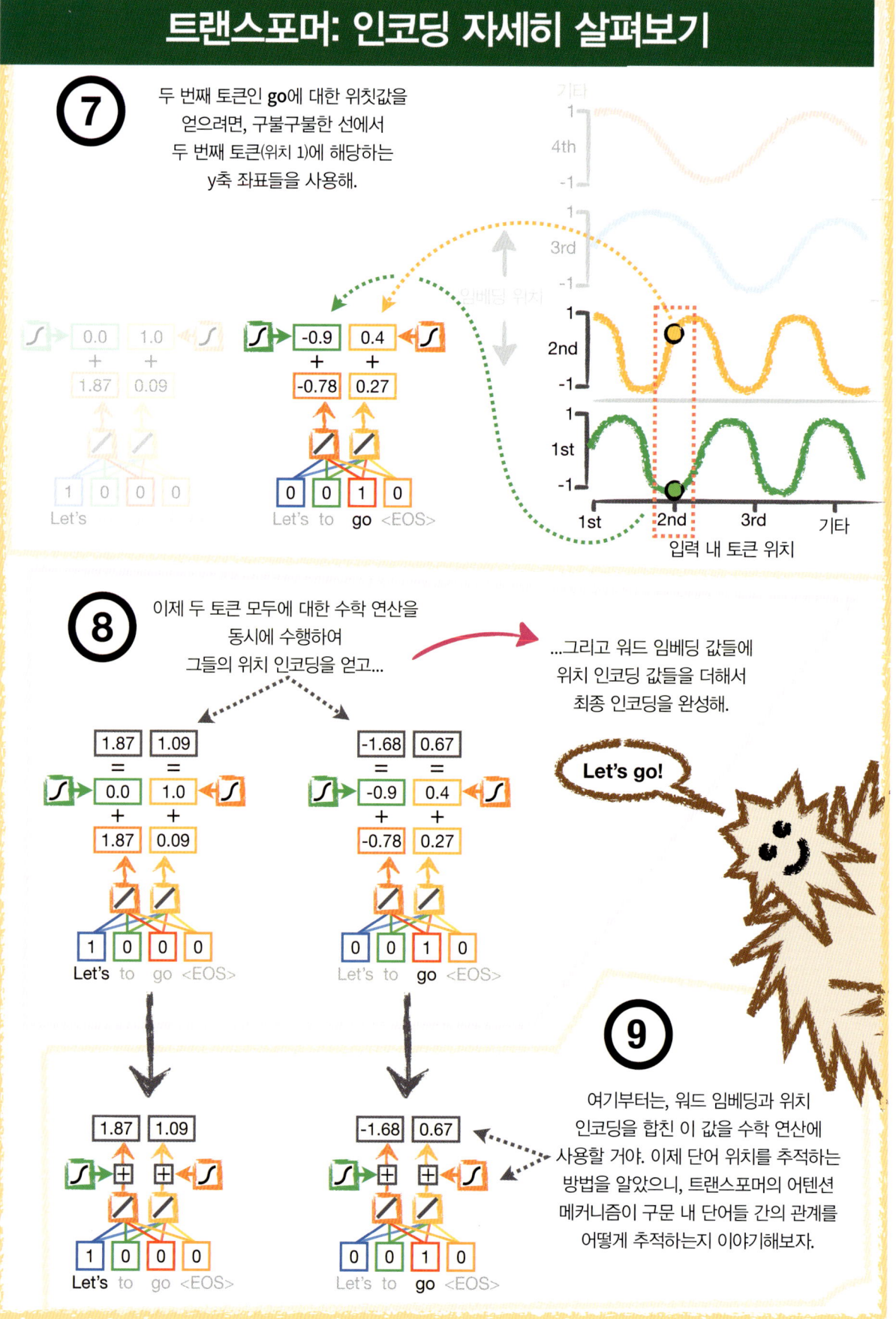

⑦ 두 번째 토큰인 go에 대한 위칫값을
얻으려면, 구불구불한 선에서
두 번째 토큰(위치 1)에 해당하는
y축 좌표들을 사용해.

⑧ 이제 두 토큰 모두에 대한 수학 연산을
동시에 수행하여
그들의 위치 인코딩을 얻고...

...그리고 워드 임베딩 값들에
위치 인코딩 값들을 더해서
최종 인코딩을 완성해.

Let's go!

⑨ 여기부터는, 워드 임베딩과 위치
인코딩을 합친 이 값을 수학 연산에
사용할 거야. 이제 단어 위치를 추적하는
방법을 알았으니, 트랜스포머의 어텐션
메커니즘이 구문 내 단어들 간의 관계를
어떻게 추적하는지 이야기해보자.

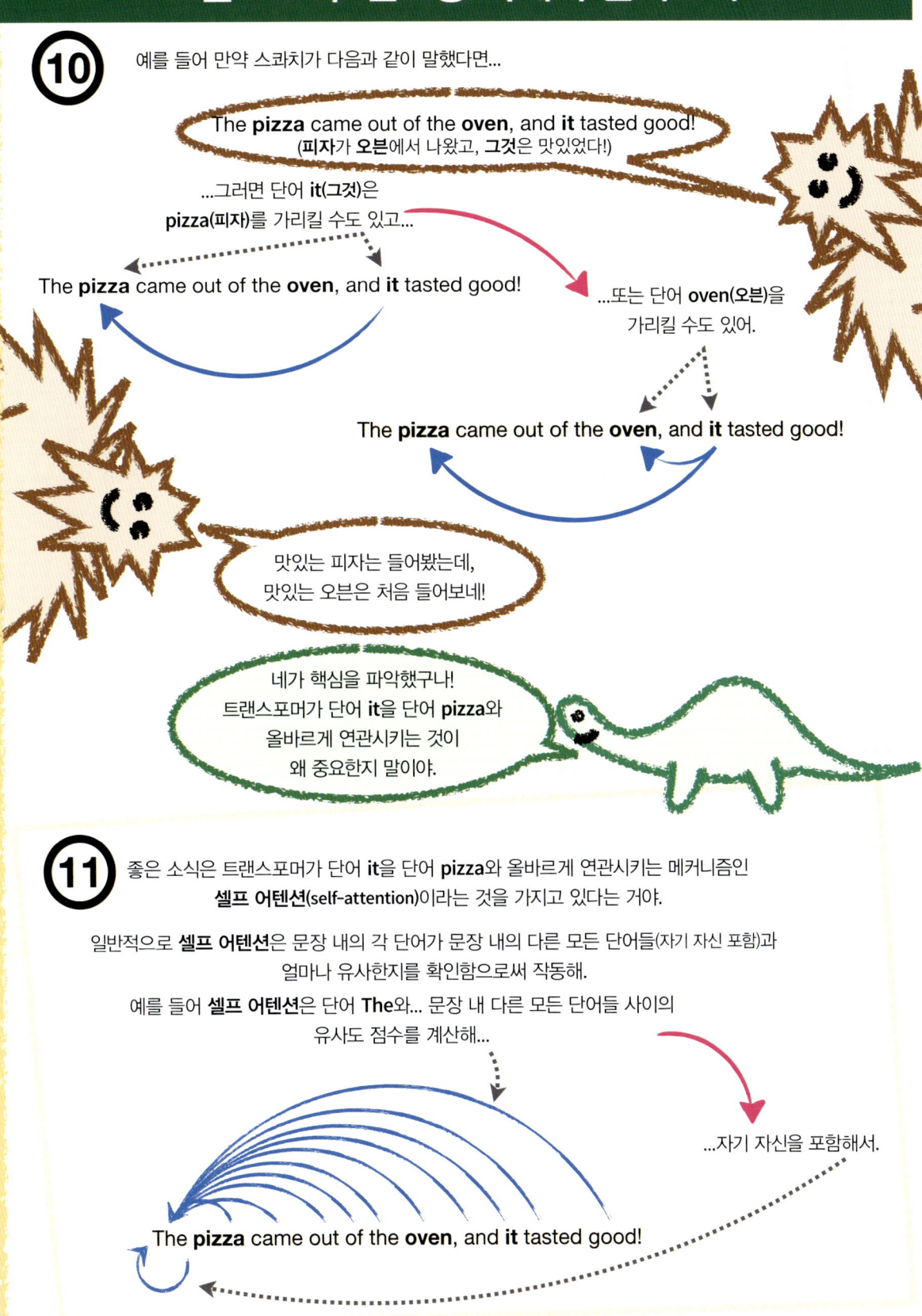

⑩ 예를 들어 만약 스콰치가 다음과 같이 말했다면...

The **pizza** came out of the **oven**, and **it** tasted good!
(피자가 **오븐**에서 나왔고, **그것**은 맛있었다!)

...그러면 단어 **it**(그것)은
pizza(피자)를 가리킬 수도 있고...

The **pizza** came out of the **oven**, and **it** tasted good!

...또는 단어 **oven**(오븐)을
가리킬 수도 있어.

The **pizza** came out of the **oven**, and **it** tasted good!

맛있는 피자는 들어봤는데,
맛있는 오븐은 처음 들어보네!

네가 핵심을 파악했구나!
트랜스포머가 단어 **it**을 단어 **pizza**와
올바르게 연관시키는 것이
왜 중요한지 말이야.

⑪ 좋은 소식은 트랜스포머가 단어 **it**을 단어 **pizza**와 올바르게 연관시키는 메커니즘인
셀프 어텐션(self-attention)이라는 것을 가지고 있다는 거야.

일반적으로 **셀프 어텐션**은 문장 내의 각 단어가 문장 내의 다른 모든 단어들(자기 자신 포함)과
얼마나 유사한지를 확인함으로써 작동해.

예를 들어 **셀프 어텐션**은 단어 **The**와... 문장 내 다른 모든 단어들 사이의
유사도 점수를 계산해...

...자기 자신을 포함해서.

The **pizza** came out of the **oven**, and **it** tasted good!

12 마찬가지로, 셀프 어텐션은 단어 **pizza**와 문장 내 다른 모든 단어들 사이의 유사도 점수를 계산할 거야, 자기 자신을 포함해서...

그리고, 궁극적으로, 셀프 어텐션은 단어 **good**과... 문장 내 다른 모든 단어들 사이의 유사도 점수를 계산할 거야, 자기 자신을 포함해서.

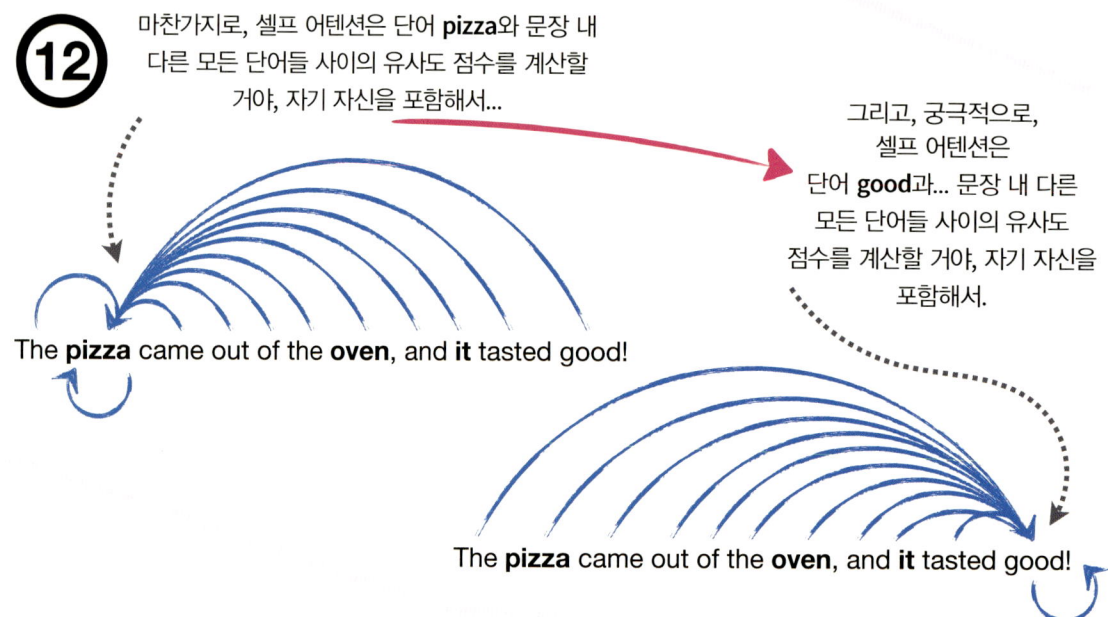

The **pizza** came out of the **oven**, and **it** tasted good!

The **pizza** came out of the **oven**, and **it** tasted good!

13 일단 유사도 점수가 계산되면, 그 점수들은 트랜스포머가 각 단어를 인코딩하는 방식을 결정하는 데 사용되는데, 이는 우리가 **11장**에서 본 방식과 매우 유사해.

다른 말로 하면, 만약 우리의 모델이 **pizza**에 대한 많은 문장으로 훈련되었고, 단어 **it**이 **oven**보다 **pizza**와 더 자주 연관되었다면, 그때 **pizza**에 대한 유사도 점수는 트랜스포머가 단어 **it**을 인코딩하는 방식에 더 큰 영향을 미치게 될 거야.

The **pizza** came out of the **oven**, and **it** tasted good!

14 **11장**에서는 워드 임베딩과 위치 인코딩의 합계로부터 직접 유사도 점수를 계산했었지.

반대로 트랜스포머는 약간 다른 방식을 사용해. 자세한 내용을 함께 살펴보자!

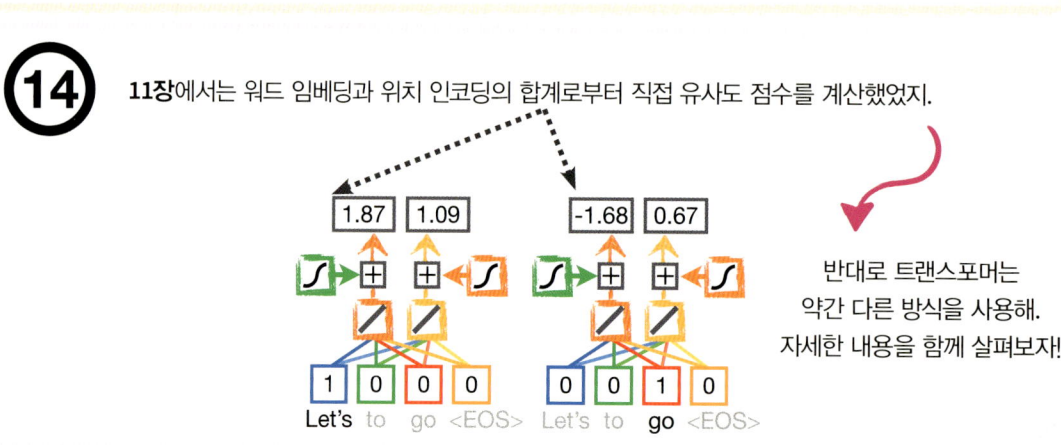

| 1.87 | 1.09 | | -1.68 | 0.67 |

| 1 | 0 | 0 | 0 | | 0 | 0 | 1 | 0 |

Let's to go \<EOS\>   Let's to **go** \<EOS\>

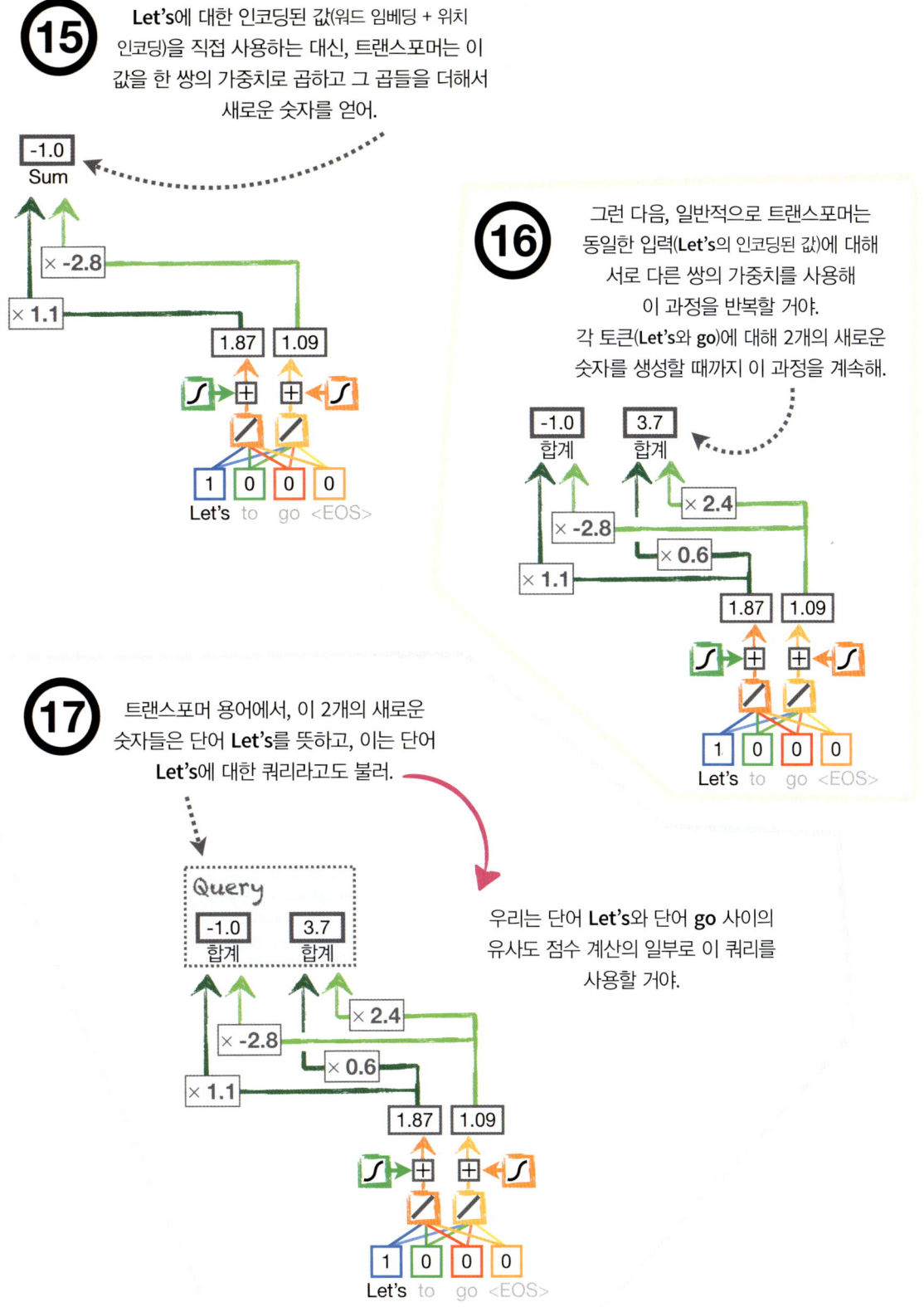

⑮ **Let's**에 대한 인코딩된 값(워드 임베딩 + 위치 인코딩)을 직접 사용하는 대신, 트랜스포머는 이 값을 한 쌍의 가중치로 곱하고 그 곱들을 더해서 새로운 숫자를 얻어.

⑯ 그런 다음, 일반적으로 트랜스포머는 동일한 입력(**Let's**의 인코딩된 값)에 대해 서로 다른 쌍의 가중치를 사용해 이 과정을 반복할 거야. 각 토큰(**Let's**와 **go**)에 대해 2개의 새로운 숫자를 생성할 때까지 이 과정을 계속해.

⑰ 트랜스포머 용어에서, 이 2개의 새로운 숫자들은 단어 **Let's**를 뜻하고, 이는 단어 **Let's**에 대한 쿼리라고도 불러.

우리는 단어 **Let's**와 단어 **go** 사이의 유사도 점수 계산의 일부로 이 쿼리를 사용할 거야.

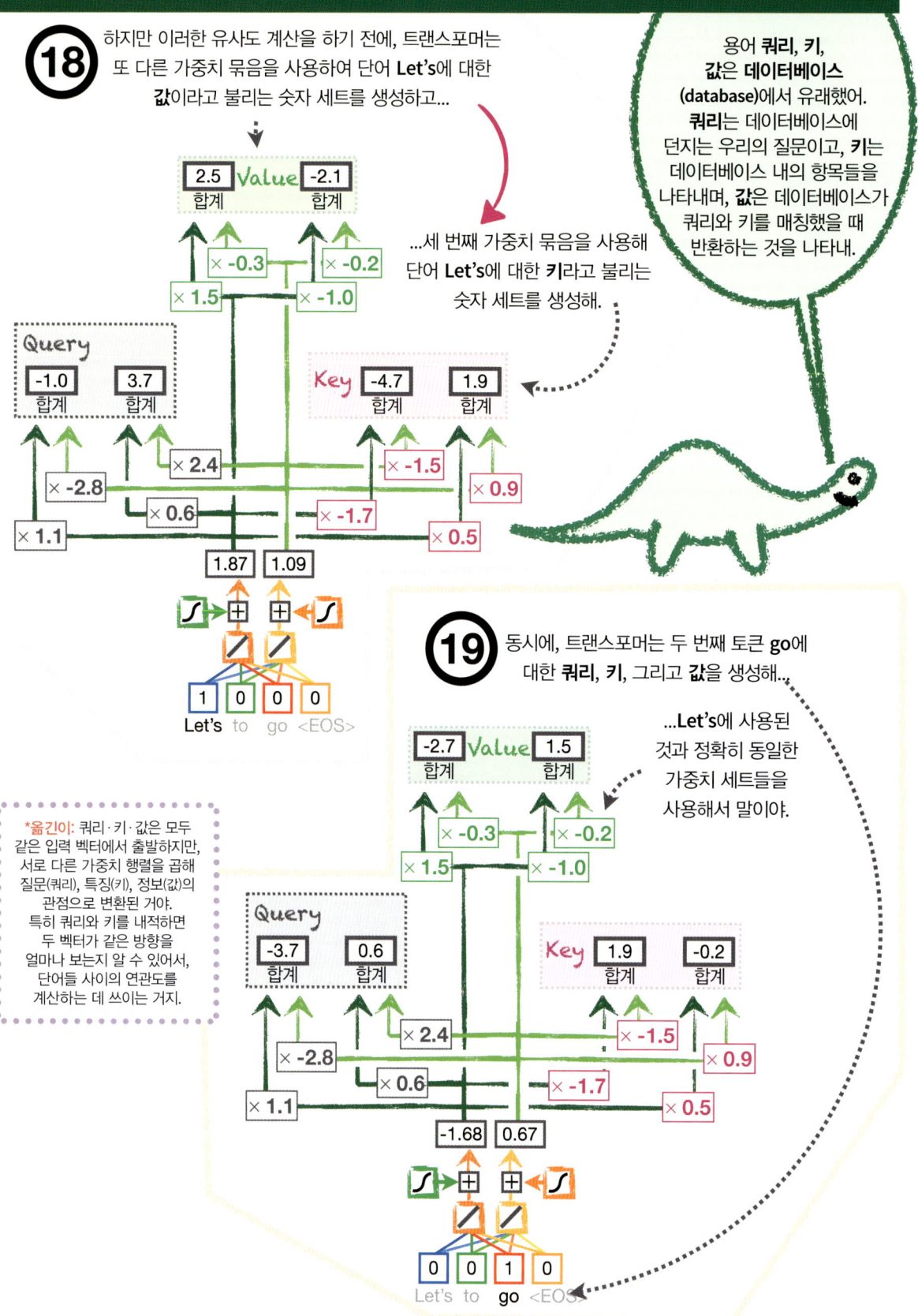

⑱ 하지만 이러한 유사도 계산을 하기 전에, 트랜스포머는 또 다른 가중치 묶음을 사용하여 단어 **Let's**에 대한 **값**이라고 불리는 숫자 세트를 생성하고...

용어 **쿼리, 키, 값**은 **데이터베이스 (database)**에서 유래했어. **쿼리**는 데이터베이스에 던지는 우리의 질문이고, **키**는 데이터베이스 내의 항목들을 나타내며, **값**은 데이터베이스가 쿼리와 키를 매칭했을 때 반환하는 것을 나타내.

...세 번째 가중치 묶음을 사용해 단어 **Let's**에 대한 **키**라고 불리는 숫자 세트를 생성해.

⑲ 동시에, 트랜스포머는 두 번째 토큰 **go**에 대한 **쿼리, 키,** 그리고 **값**을 생성해...

...**Let's**에 사용된 것과 정확히 동일한 가중치 세트들을 사용해서 말이야.

*옮긴이: 쿼리·키·값은 모두 같은 입력 벡터에서 출발하지만, 서로 다른 가중치 행렬을 곱해 질문(쿼리), 특징(키), 정보(값)의 관점으로 변환된 거야. 특히 쿼리와 키를 내적하면 두 벡터가 같은 방향을 얼마나 보는지 알 수 있어서, 단어들 사이의 연관도를 계산하는 데 쓰이는 거지.

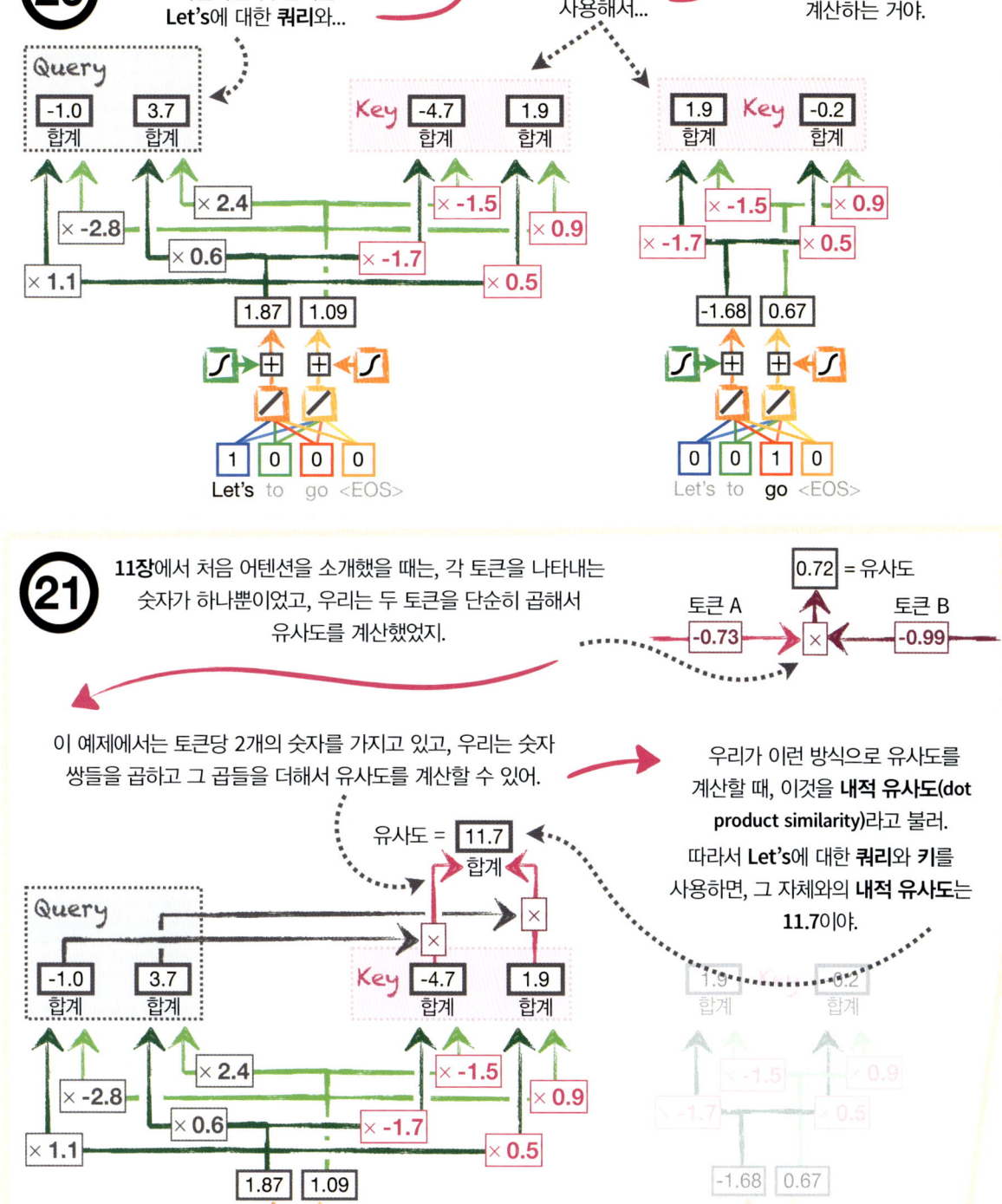

⑳ 이제, **Let's**에 대한 어텐션값을 계산하는 첫 단계는 **Let's**에 대한 **쿼리**와...

Let's와 **go**에 대한 키를 사용해서...

...유사도를 계산하는 거야.

Query
-1.0 합계 · 3.7 합계

Key -4.7 합계 · 1.9 합계

1.9 합계 · Key -0.2 합계

× 2.4 · × -1.5 · × 0.9
× -2.8 · × -1.7 · × 0.5 · × -1.5 · × 0.9
× 0.6 · × -1.5 · × 0.9 · × -1.7 · × 0.5
× 1.1

1.87 · 1.09 · -1.68 · 0.67

1 0 0 0
Let's to go <EOS>

0 0 1 0
Let's to go <EOS>

㉑ 11장에서 처음 어텐션을 소개했을 때는, 각 토큰을 나타내는 숫자가 하나뿐이었고, 우리는 두 토큰을 단순히 곱해서 유사도를 계산했었지.

0.72 = 유사도

토큰 A -0.73 → × ← 토큰 B -0.99

이 예제에서는 토큰당 2개의 숫자를 가지고 있고, 우리는 숫자 쌍들을 곱하고 그 곱들을 더해서 유사도를 계산할 수 있어.

우리가 이런 방식으로 유사도를 계산할 때, 이것을 **내적 유사도(dot product similarity)**라고 불러.

따라서 **Let's**에 대한 **쿼리**와 키를 사용하면, 그 자체와의 **내적 유사도**는 **11.7**이야.

유사도 = 11.7 합계

Query
-1.0 합계 · 3.7 합계

Key -4.7 합계 · 1.9 합계

× 2.4 · × -1.5
× -2.8 · × -1.7 · × 0.9
× 0.6 · × -1.7 · × 0.5
× 1.1

1.87 · 1.09

1 0 0 0
Let's to go <EOS>

0 0 1 0
go

223

마찬가지로, **go**에 대한 **쿼리**와 **키**를 사용하면, 내적 유사도는 **-2.6**이야.

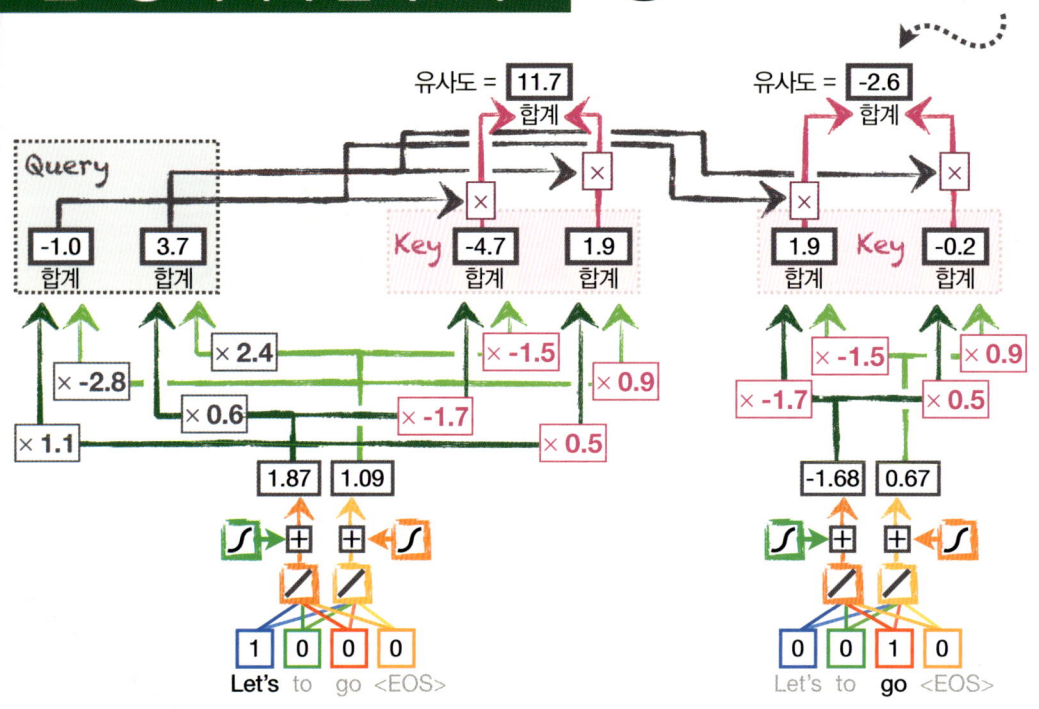

Let's에 대한 쿼리를 사용하여 Let's와 관련된 유사도들을 계산할 때, 우리는 Let's가 단어 **go**와의 유사도(-2.6)보다 자기 자신과의 유사도(11.7)가 훨씬 더 높다는 것을 알 수 있어. 그리고 그것은 우리가 단어 **go**보다 단어 Let's가 자신의 인코딩에 더 많은 영향을 미치기를 원한다는 것을 의미해.

그리고 우리가 11장에서 살펴본 것처럼, 각 입력 단어가 단어를 인코딩하는 데 얼마나 많은 영향을 미쳐야 하는지 결정하기 위해 Softmax 함수의 출력을 사용할 수 있어.

기억해. Softmax 함수의 출력은 단어 **Let's**를 인코딩하기 위해 각 입력 단어의 정보를 몇 퍼센트 사용해야 하는지를 결정하는 방법으로도 생각할 수 있어.

이 경우, **Let's**는 자신과 훨씬 더 유사하므로(11.7), 우리는 단어 Let's를 인코딩하기 위해 Let's에서 온 정보의 **100%**를 사용하고...

...단어 **go**에서 온 정보는 0%를 사용할 거야.

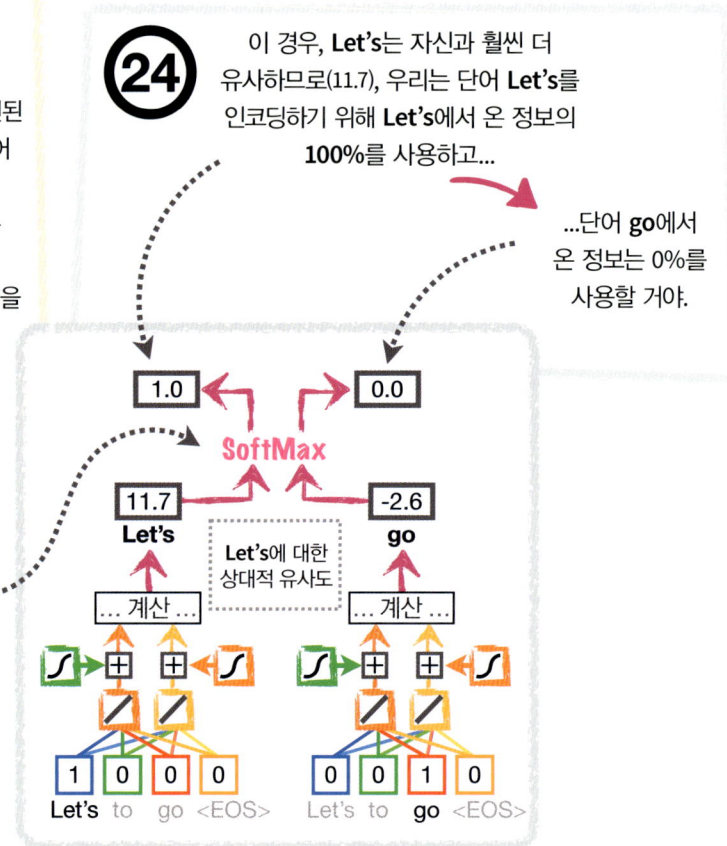

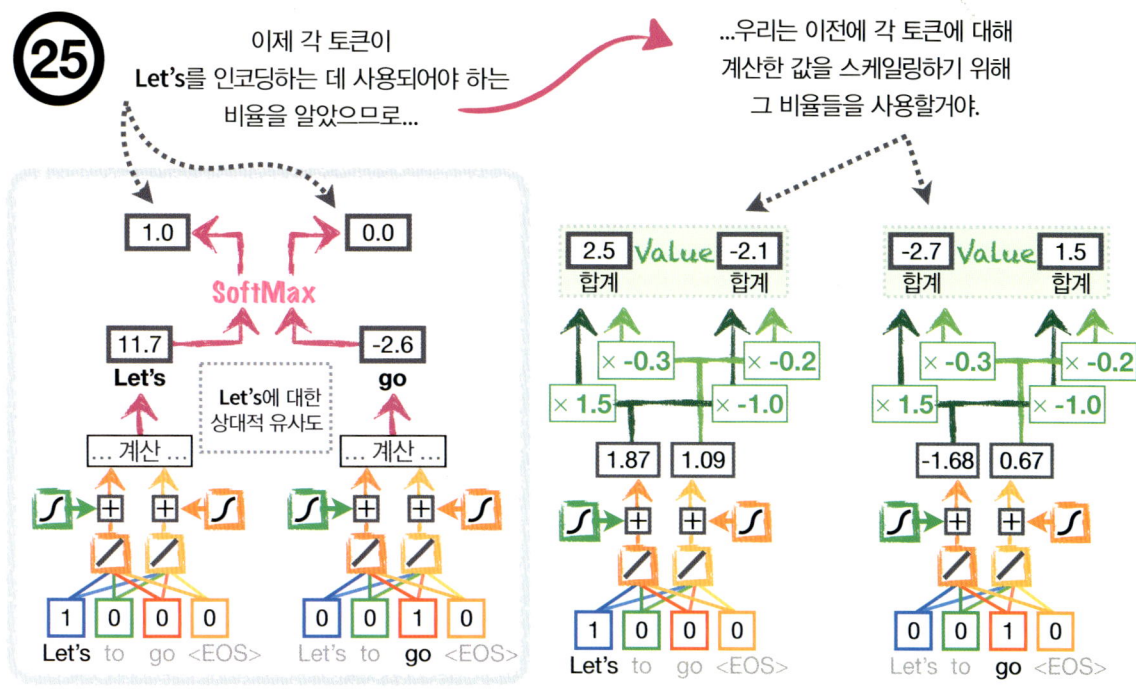

㉕ 이제 각 토큰이 **Let's**를 인코딩하는 데 사용되어야 하는 비율을 알았으므로...

...우리는 이전에 각 토큰에 대해 계산한 값을 스케일링하기 위해 그 비율들을 사용할거야.

㉖ 그래서 우리는 **Let's**에 대한 **값**을 **1.0**으로 스케일링하고...

...**go**에 대한 **값**을 **0.0**으로 스케일링해.

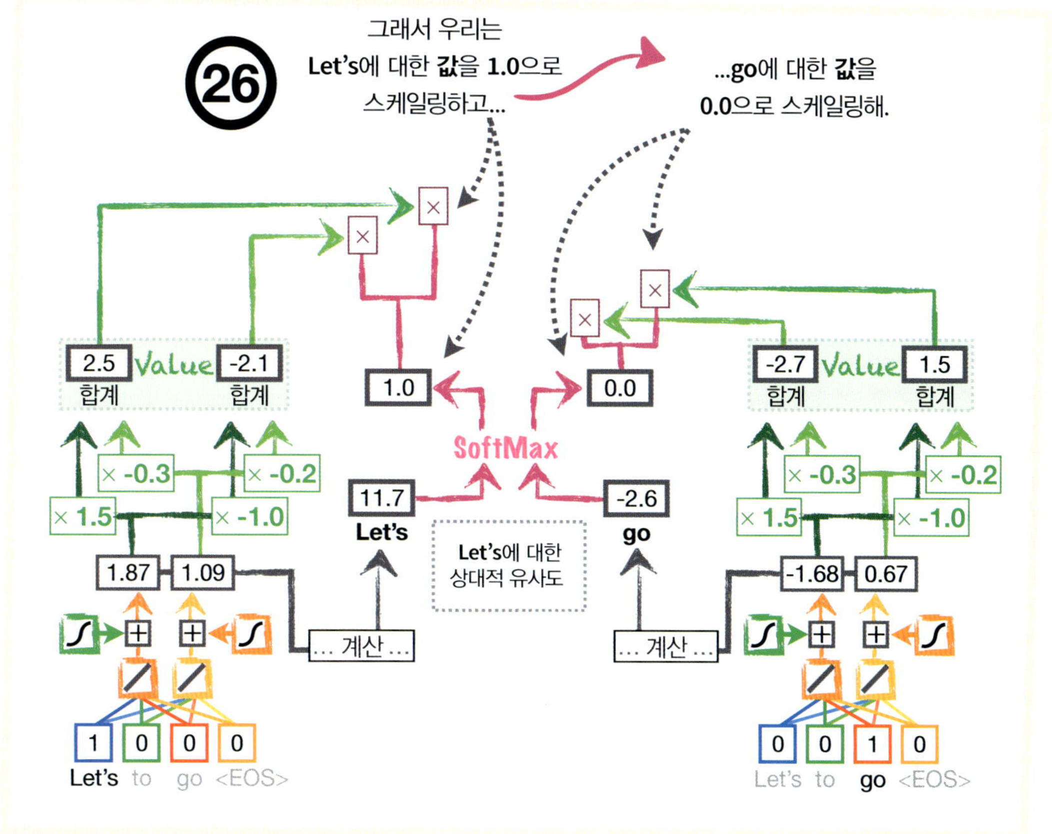

㉗ 마지막으로, **스케일링된 값들을** 함께 더해...

...이 합계는...

두 입력 단어 **Let's**와 **go**에 대한 분리된 인코딩을 결합하는데, 이는 **Let's**와 관련된 개별적인 **셀프 어텐션**값이야.

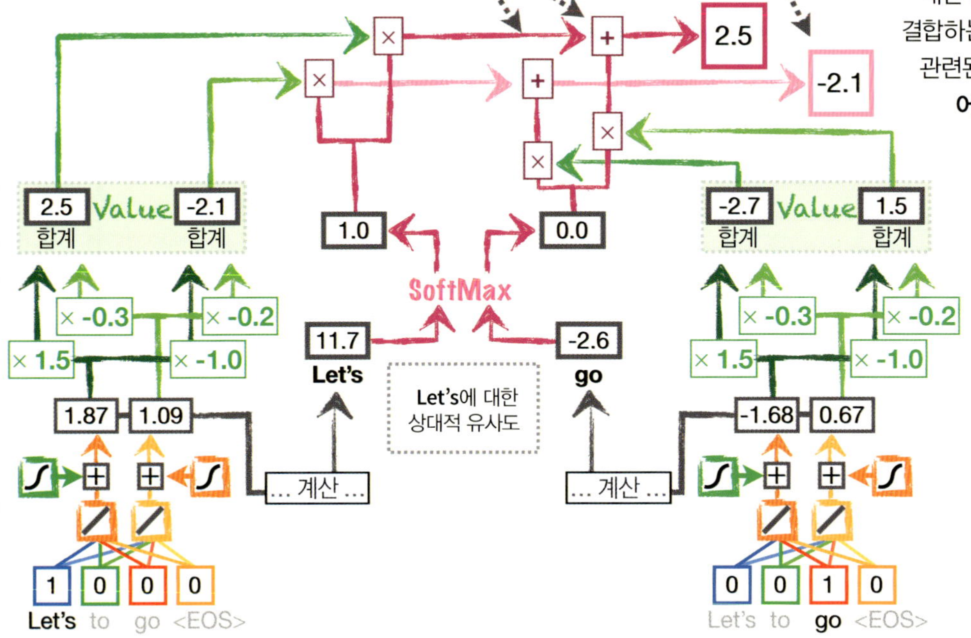

× + 2.5

× + -2.1

×

2.5 **Value** -2.1
합계   합계

1.0   0.0

-2.7 **Value** 1.5
합계   합계

Bam!

SoftMax

× -0.3   × -0.2
× 1.5   × -1.0

11.7   -2.6
Let's   **go**

Let's에 대한 상대적 유사도

1.87 1.09

∫ ⊞ ⊞ ∫

... 계산 ...   ... 계산 ...

× -0.3   × -0.2
× 1.5   × -1.0

-1.68 0.67

∫ ⊞ ⊞ ∫

1 0 0 0
Let's to go <EOS>

0 0 1 0
Let's to **go** <EOS>

㉘ 자, **go**에 대한 개별 셀프 어텐션값을 계산하기 위해, 우리는 **go**에 대한 **쿼리**와 **Let's**와 **go**에 대한 **키**를 사용해 유사도를 계산해.

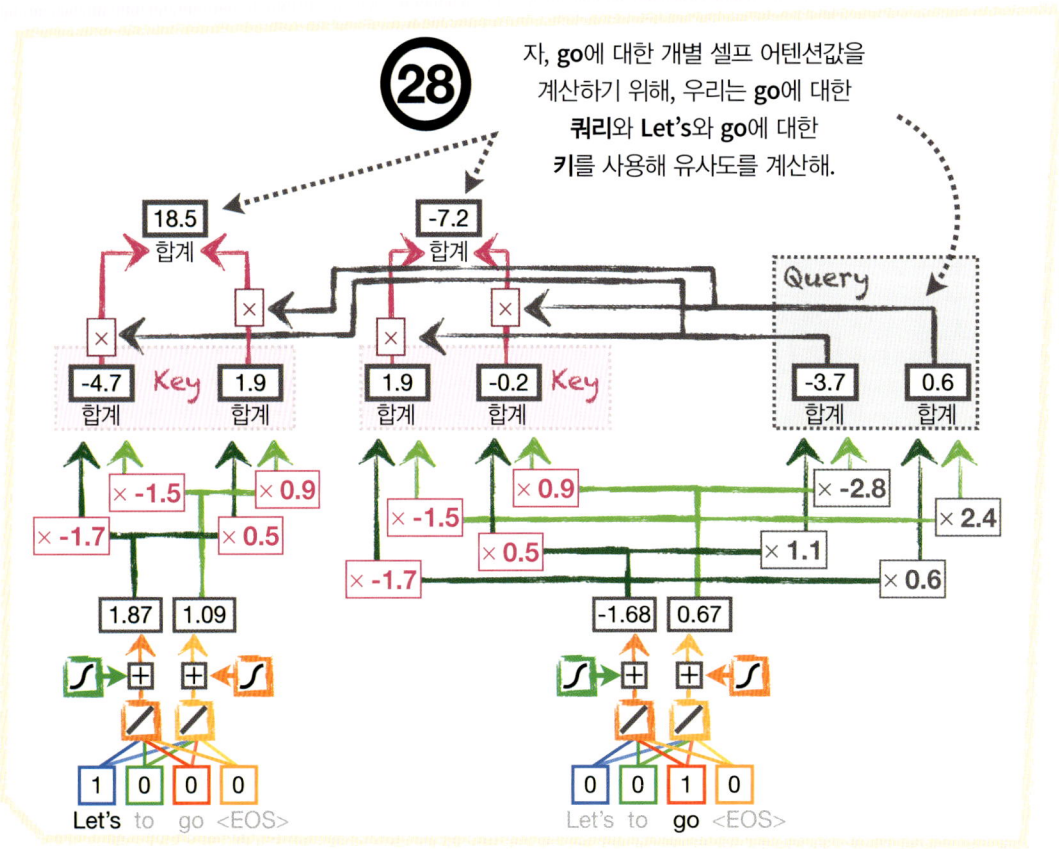

18.5
합계

-7.2
합계

Query

×   ×

-4.7 **Key** 1.9
합계   합계

×   ×

1.9   -0.2 **Key**
합계   합계

-3.7   0.6
합계   합계

× -1.5   × 0.9
× -1.7   × 0.5

× -1.5   × 0.9
× -1.7   × 0.5

× -2.8
× 1.1
× 0.6

× 2.4

1.87 1.09

∫ ⊞ ⊞ ∫

-1.68 0.67

∫ ⊞ ⊞ ∫

1 0 0 0
Let's to go <EOS>

0 0 1 0
Let's to **go** <EOS>

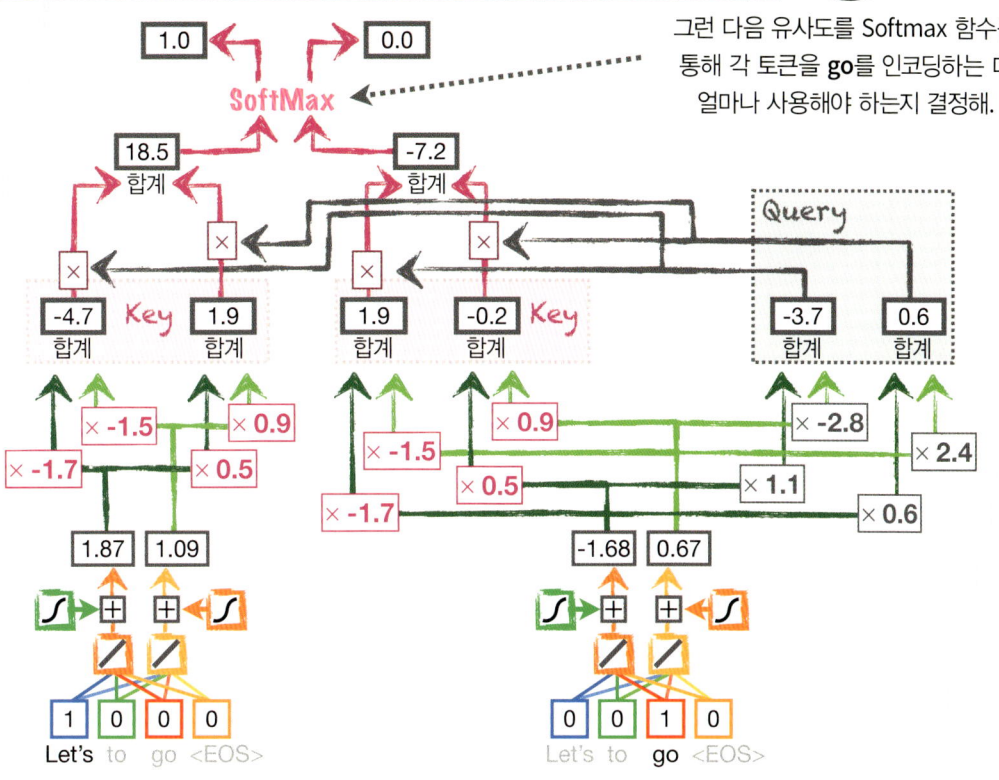

그런 다음 유사도를 Softmax 함수를 통해 각 토큰을 **go**를 인코딩하는 데 얼마나 사용해야 하는지 결정해.

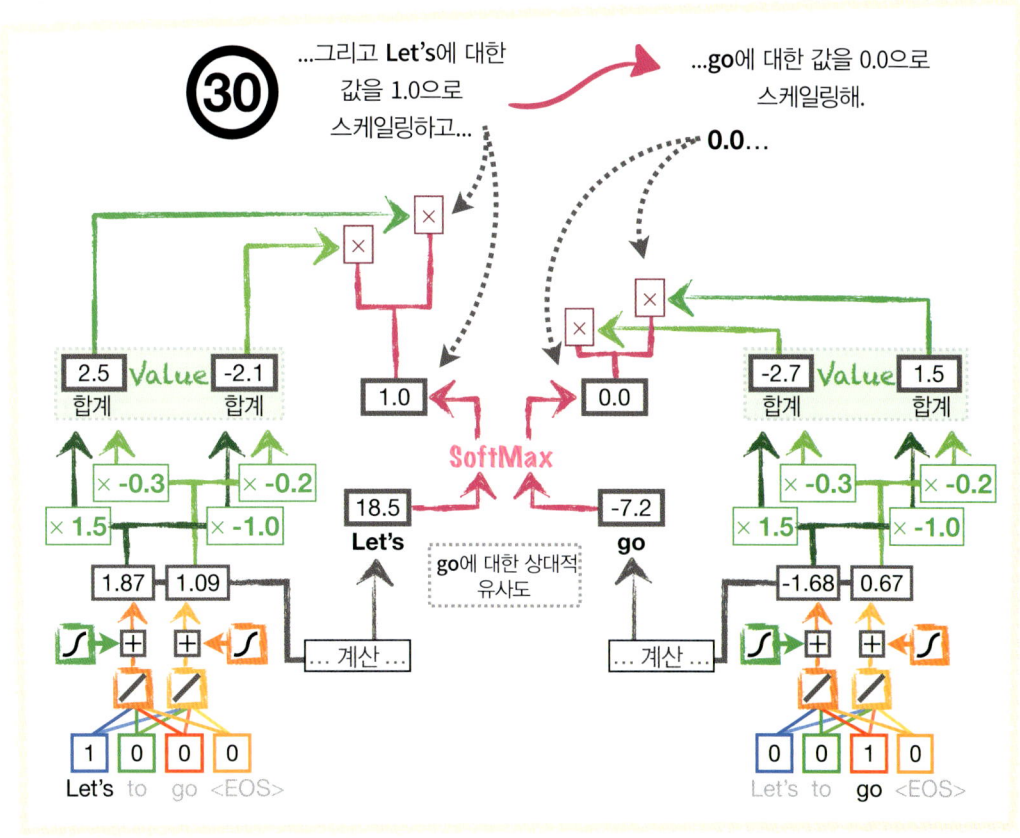

...그리고 **Let's**에 대한 값을 1.0으로 스케일링하고...

...**go**에 대한 값을 0.0으로 스케일링해.

0.0...

go에 대한 상대적 유사도

㉛ ...그런 다음 스케일링된 값들을 함께 더해서...

...go에 대한 개별 셀프 어텐션값을 얻어.

Double Bam!!

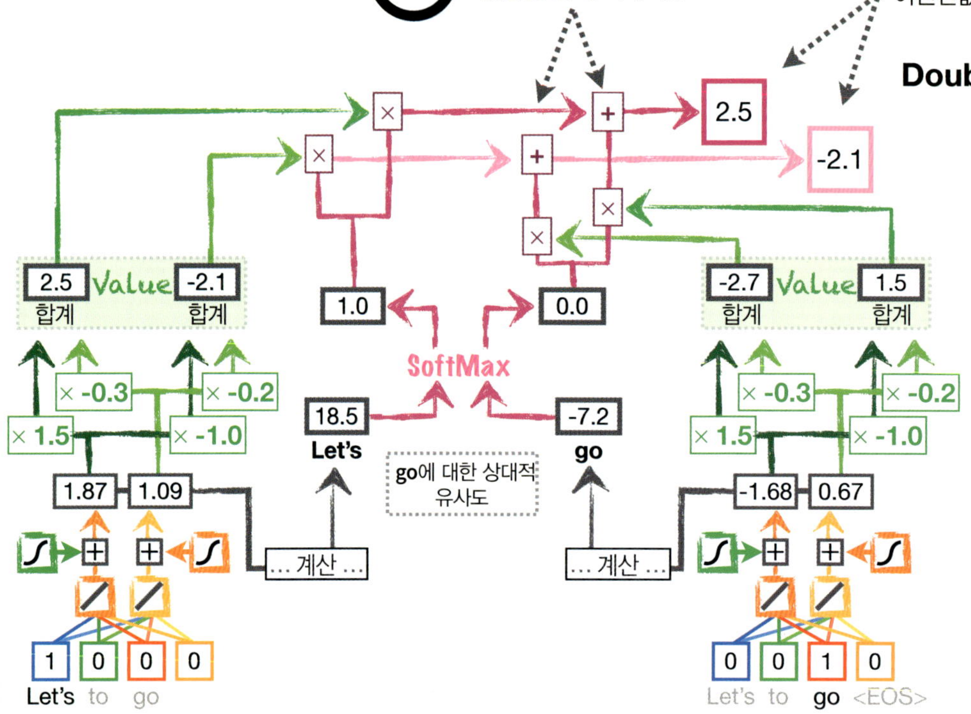

× 2.5

× + -2.1

×

2.5 Value -2.1
합계   합계

-2.7 Value 1.5
합계   합계

1.0   0.0

SoftMax

18.5   -7.2
Let's   **go**

go에 대한 상대적 유사도

× -0.3   × -0.2
× 1.5   × -1.0

1.87   1.09

... 계산 ...

× -0.3   × -0.2
× 1.5   × -1.0

-1.68   0.67

... 계산 ...

1   0   0   0
Let's   to   go

0   0   1   0
Let's   to   **go**   <EOS>

㉜ 요약하면, 트랜스포머는 각 토큰에 대해 **쿼리, 키, 값**을 생성해 **셀프 어텐션**을 계산해.

언제든 요약을 다 읽고 나면, 나는 잠시 쉬면서 간식을 먹는 것을 좋아해! 왜냐하면 정보를 소화하는 데 도움을 주거든!

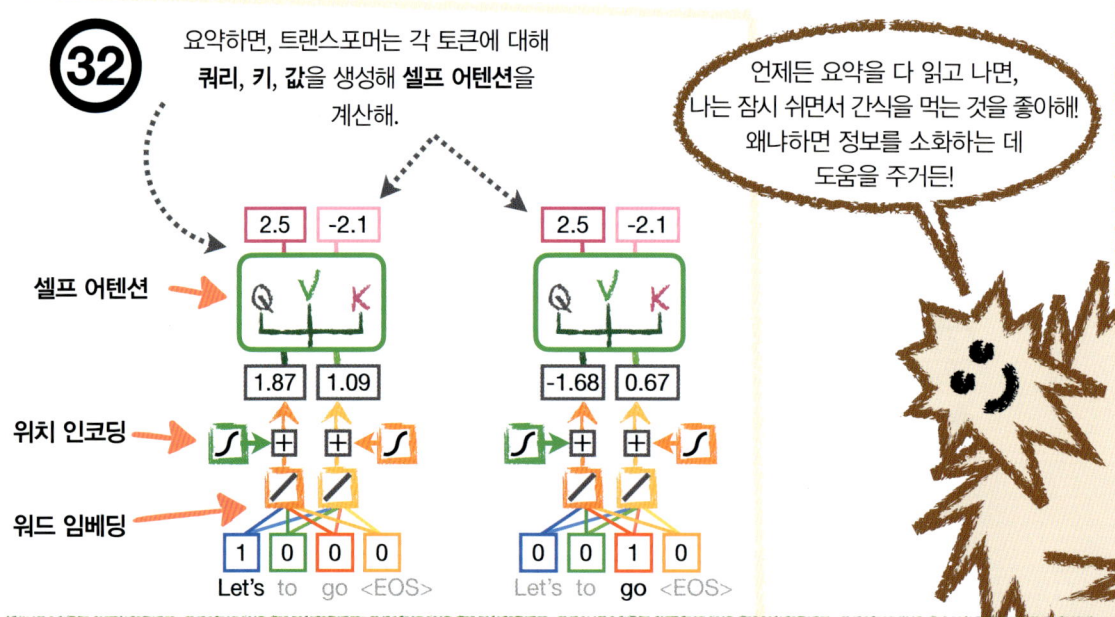

2.5   -2.1

셀프 어텐션 → Q V K

1.87   1.09

2.5   -2.1

Q V K

-1.68   0.67

위치 인코딩 →

워드 임베딩 →

1   0   0   0
Let's   to   go   <EOS>

0   0   1   0
Let's   to   **go**   <EOS>

참고: 두 토큰 모두에 대한 개별 셀프 어텐션값이 동일하다는 것을 알아차렸을 수도 있어. 하지만 이건 오타가 아니야. 그냥 너무 작은 데이터셋에서 훈련된 트랜스포머로 수학 연산을 수행했기 때문이야. 만약 우리가 더 많은 토큰과 더 많은 데이터를 가지고 있다면, 각 토큰에 대해 더 다양한 셀프 어텐션값을 얻게 될 거야.

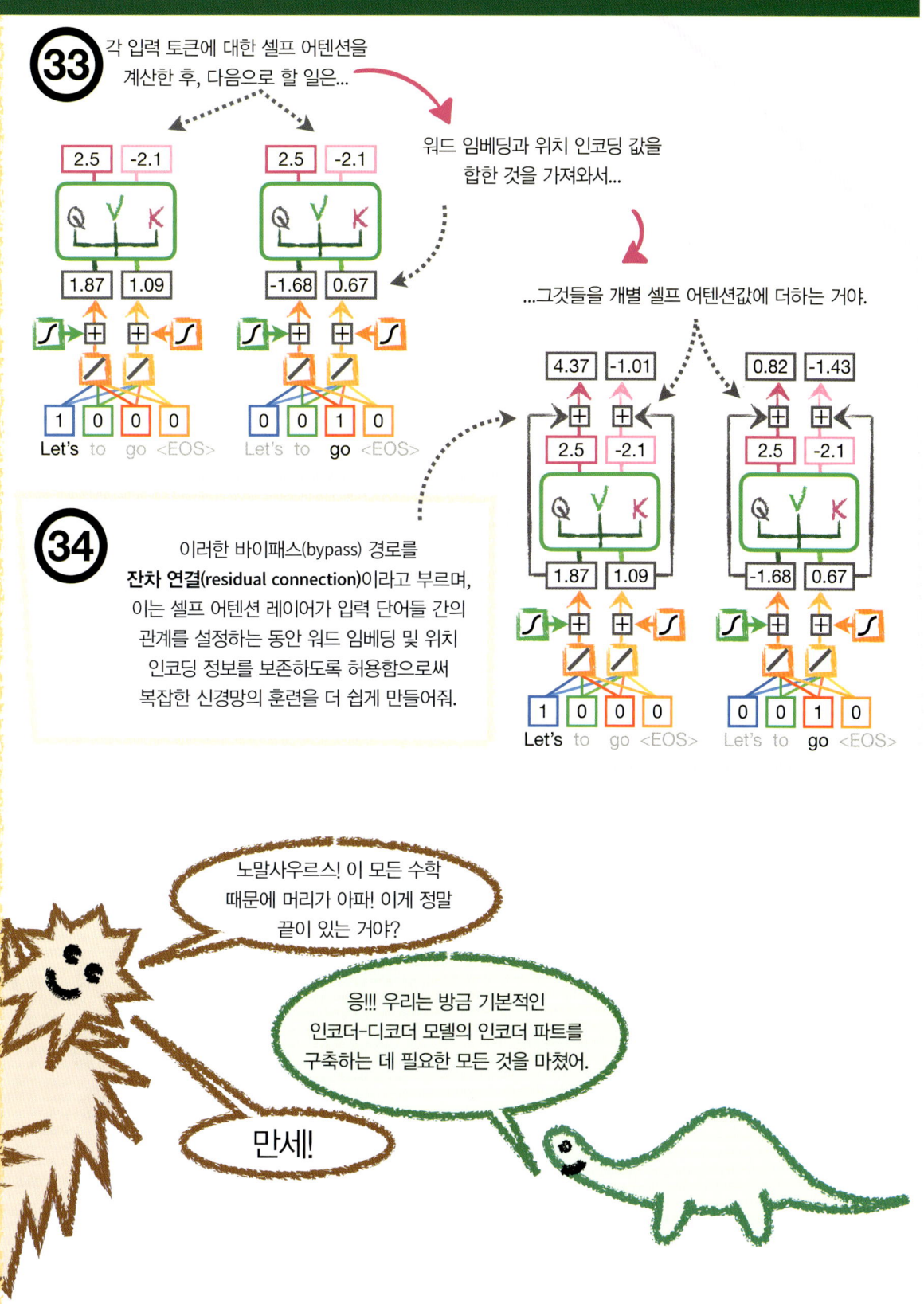

33 각 입력 토큰에 대한 셀프 어텐션을 계산한 후, 다음으로 할 일은...

워드 임베딩과 위치 인코딩 값을 합한 것을 가져와서...

...그것들을 개별 셀프 어텐션값에 더하는 거야.

34 이러한 바이패스(bypass) 경로를 **잔차 연결(residual connection)**이라고 부르며, 이는 셀프 어텐션 레이어가 입력 단어들 간의 관계를 설정하는 동안 워드 임베딩 및 위치 인코딩 정보를 보존하도록 허용함으로써 복잡한 신경망의 훈련을 더 쉽게 만들어줘.

노말사우르스! 이 모든 수학 때문에 머리가 아파! 이게 정말 끝이 있는 거야?

응!!! 우리는 방금 기본적인 인코더-디코더 모델의 인코더 파트를 구축하는 데 필요한 모든 것을 마쳤어.

만세!

노말사우르스! 인코더를 마쳐서
기쁘긴 한데, 벌써 주요 개념들을
잊어버렸어.

걱정 마, 스콰치.
다시 한번 요약해줄게.

 자, 이제 우리가 트랜스포머의 인코더 파트를
구축하기 위해 취했던 주요 단계들을 요약해보자.

워드 임베딩은 토큰을 숫자로 바꾸고, 위치 인코딩은 토큰들 간의 순서를 추적하며, 셀프
어텐션은 토큰들 간의 관계를 더해주고, 잔차 연결은 훈련을 상대적으로 쉽게 만들어. 마지막으로
중요한 것은, 각 단계는 병렬로 수행될 수 있다는 점이야.

BAM!

이제 디코더가 어떻게
작동하는지 배워보자!

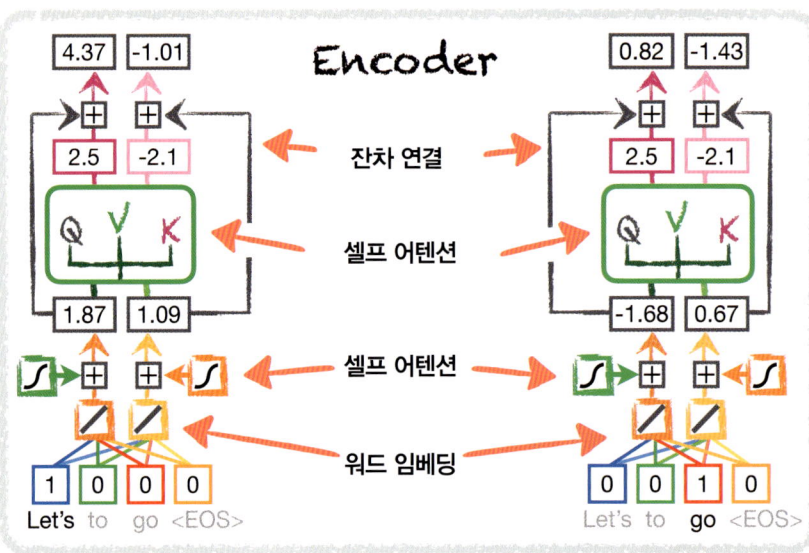

또 간식
먹을 시간!

참고: 트랜스포머에 추가할 수 있는 여러 가지 부가적인
요소들이 있고, 이번 장의 마지막 부분에서 그것들에
대해 이야기할 거야. 하지만 지금은 트랜스포머의
디코더 파트에 대해 이야기할 거야.

트랜스포머: 디코딩 자세히 살펴보기

① **10장 인코더-디코더** 모델과
11장 어텐션에서 살펴본 것처럼,
디코더는 워드 임베딩으로
시작해.

그리고 이전 장들에서처럼, 이 임베딩
레이어는 스페인어 토큰들을 가지고 있고,
우리는 디코더를 초기화하기 위해
<EOS> 토큰* 으로 시작할 거야.

* 혹은 어떤 토큰이든
디코더를 초기화하는 것으로
정의할 수 있어.

② 그런 다음 트랜스포머의 인코더 파트에서
했던 것과 마찬가지로 위치 인코딩을
추가해.

<EOS> 는 디코더에서 처리 중인 첫 번째
토큰이기 때문에 첫 번째 위치로부터
2개의 임베딩값을 얻게 돼.

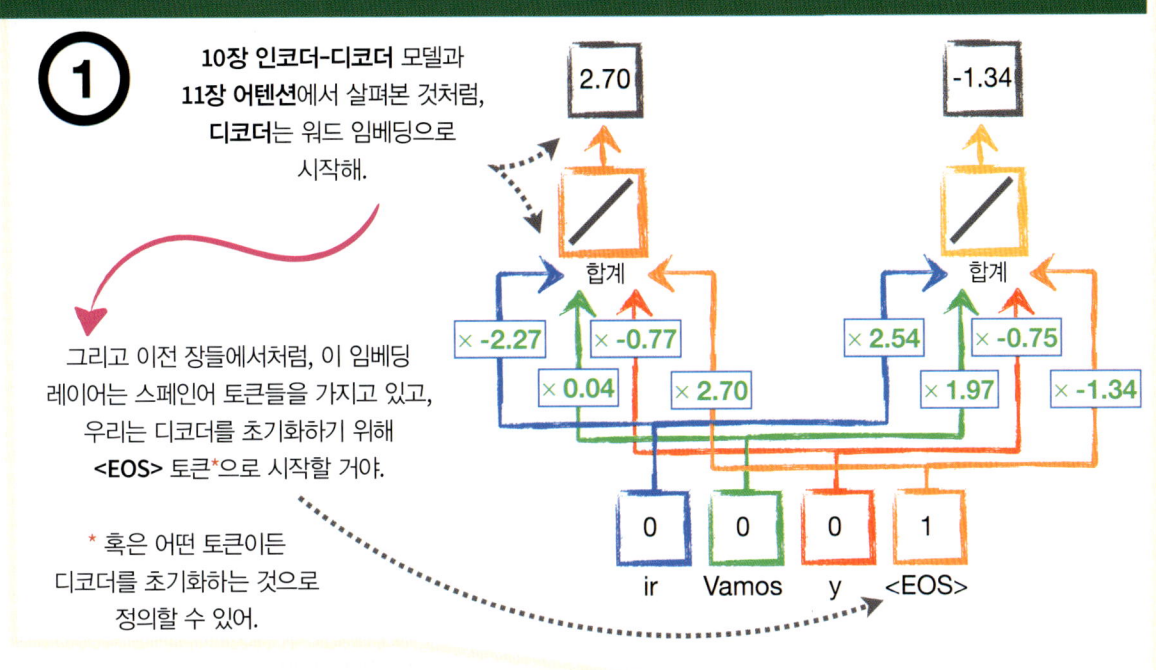

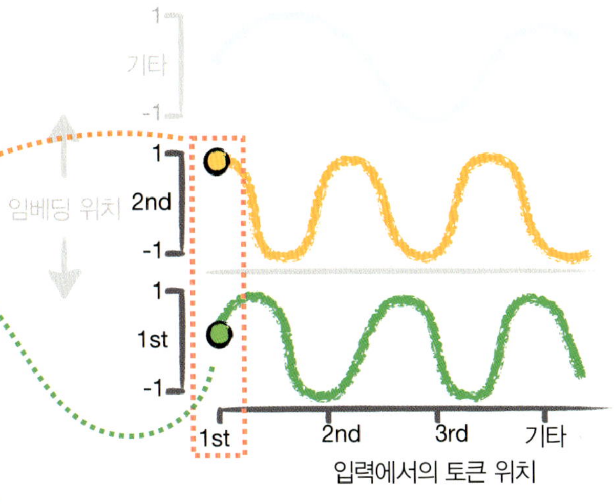

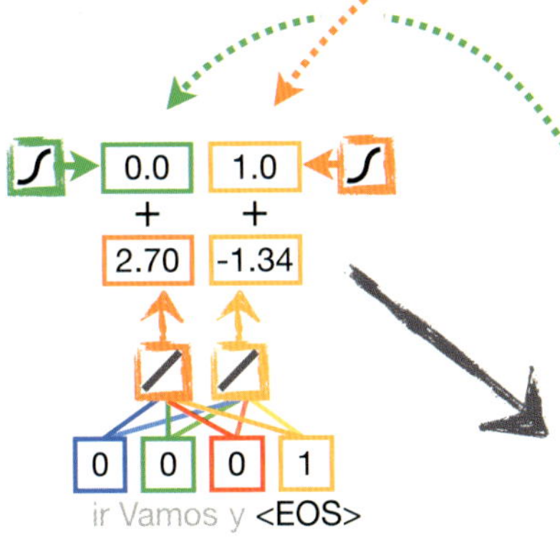

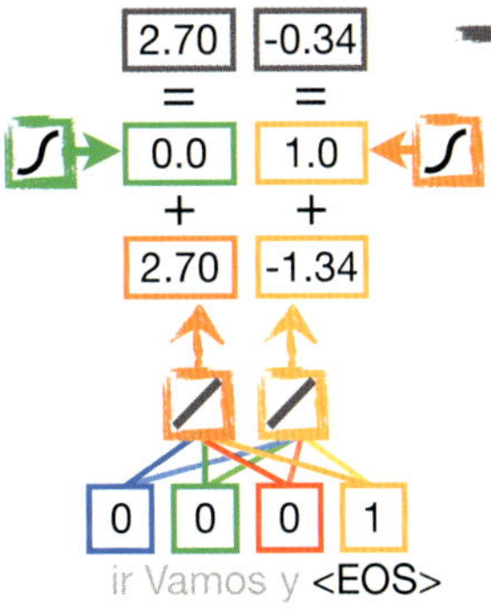

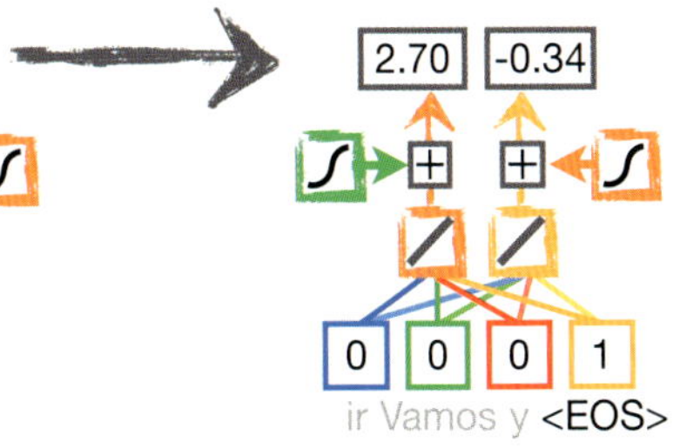

231

③ 그리고 트랜스포머의 인코더 파트에서 했던 것과 마찬가지로, 개별 셀프 어텐션값을 계산해.

지금은 디코더에 단 하나의 토큰만 있을 때, 셀프 어텐션값을 계산하는 것이 약간 어리석어 보일 수 있어. 왜냐하면 많은 추가 수학 연산을 수행해 숫자 **값**의 **100%**를 사용하기 때문이야. 하지만, 더 많은 토큰을 생성함에 따라, 셀프 어텐션을 계산하는 것이 더 흥미로워질 것이고, 이는 첫 번째 토큰에 대한 특별한 케이스를 코딩할 필요가 없다는 것을 의미해.

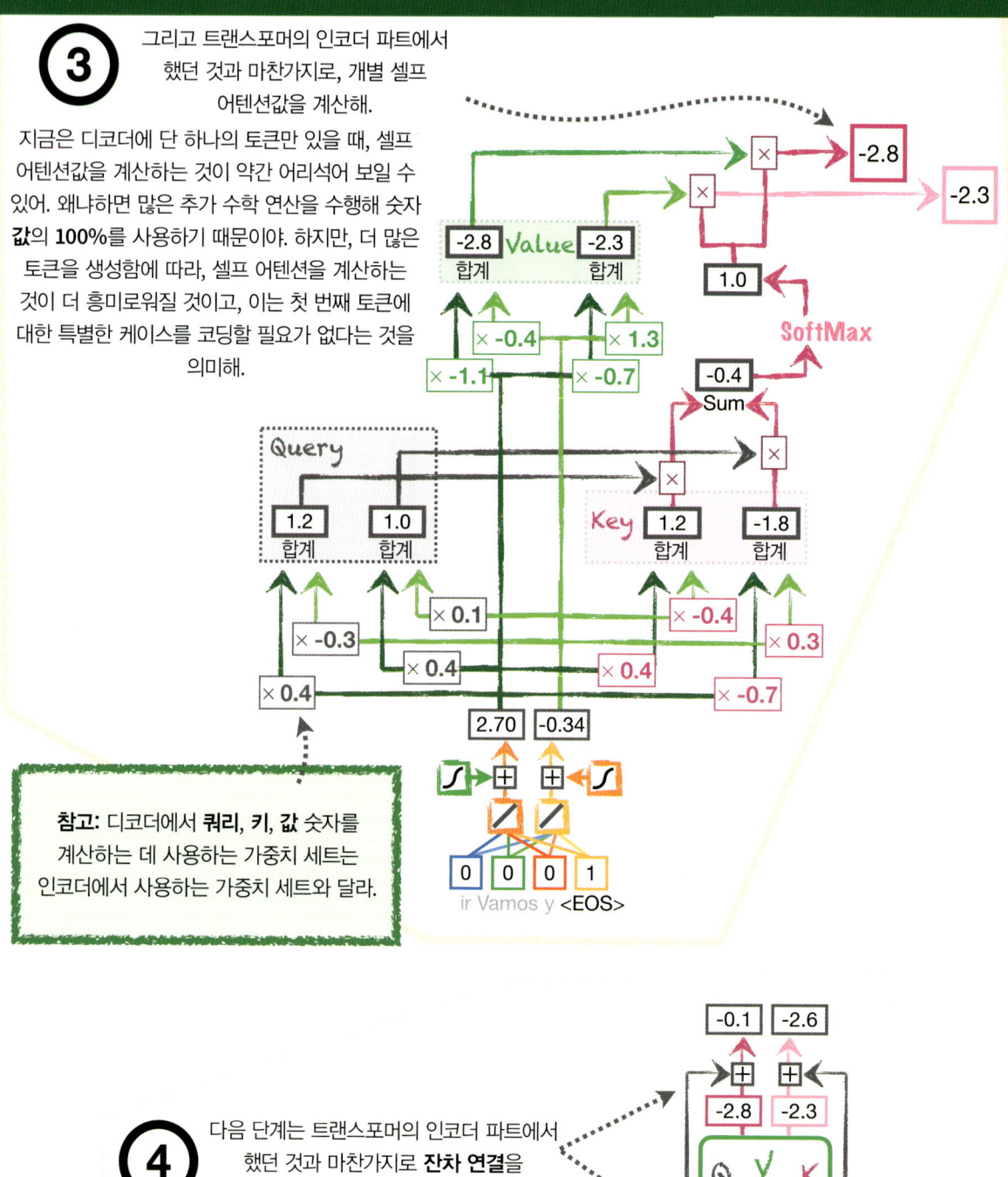

참고: 디코더에서 **쿼리, 키, 값** 숫자를 계산하는 데 사용하는 가중치 세트는 인코더에서 사용하는 가중치 세트와 달라.

④ 다음 단계는 트랜스포머의 인코더 파트에서 했던 것과 마찬가지로 **잔차 연결**을 추가하는 거야.

⑤ 자, **11장**에서 살펴봤듯이, 디코더가 번역을 잘 하려면
입력에 있는 모든 단어들을 계속 추적해야 해.

만약 입력이 다음과 같이 정말 긴 문장이라면 어떨까...

"Don't eat the delicious-looking and -smelling pizza."
(맛있어 보이고 냄새 좋은 피자 먹지 마.)

...이런 경우, 디코더가 맨 처음 단어인 **Don't**를 놓치지 않는 것이
굉장히 중요해.

만약 놓치게 되면, **Don't eat the delicious-looking and -smelling pizza**가 **Eat the delicious-looking and -smelling pizza(맛있어 보이고 냄새 좋은 피자 먹어)**로 바뀌어 정반대의 의미가 되어버리지! 따라서 모든 입력 단어들을 추적하기 위해, 디코더는 우리가 11장에서 봤던 것과 유사한 방식의 **인코더-디코더 어텐션(encoder-decoder attention)**을 사용해.

⑥ 셀프 어텐션 때와 마찬가지로, 이번에는 인코더-디코더
어텐션만을 위한 별도의 가중치 세트를 사용해 디코더의 **<EOS>**
토큰에 대한 **쿼리**를 나타내는 새로운 값 **2개**를 생성해.

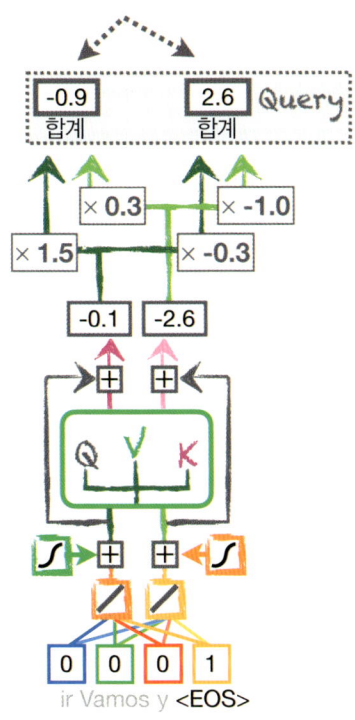

⑦ 그리고 또한 인코더-디코더 어텐션에 특화된
가중치 세트를 사용해 **Let's**와 **go**, 즉 인코더
토큰들에 대한 새로운 **키**를 생성하는데,
이때는 우리가 인코더에서 최종적으로
계산했던 값들을 사용해.

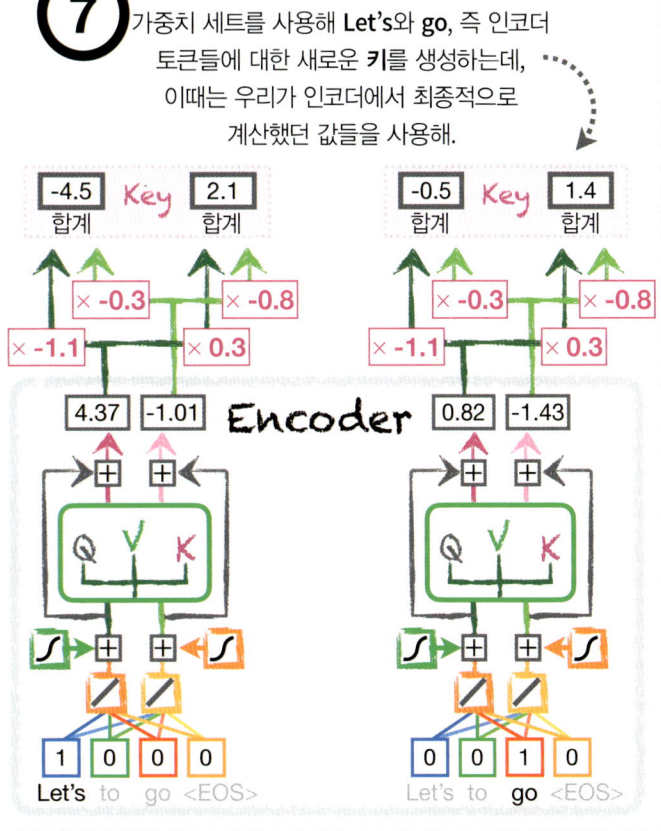

233

⑧ 그런 다음 디코더의 **<EOS>** 토큰에 대한 **쿼리**와 인코더의 각 토큰에 대한 **키** 사이의 유사도를 이전처럼 내적으로 계산해.

이 계산된 유사도들을 Softmax 함수로 처리하면, 디코더가 첫 번째 번역 단어를 결정할 때 첫 번째 입력 단어(**Let's**)로부터 온 정보는 **100%** 사용하고 두 번째 단어(**go**)로부터 온 정보는 **0%** 사용해야 한다는 결과를 얻게 돼.

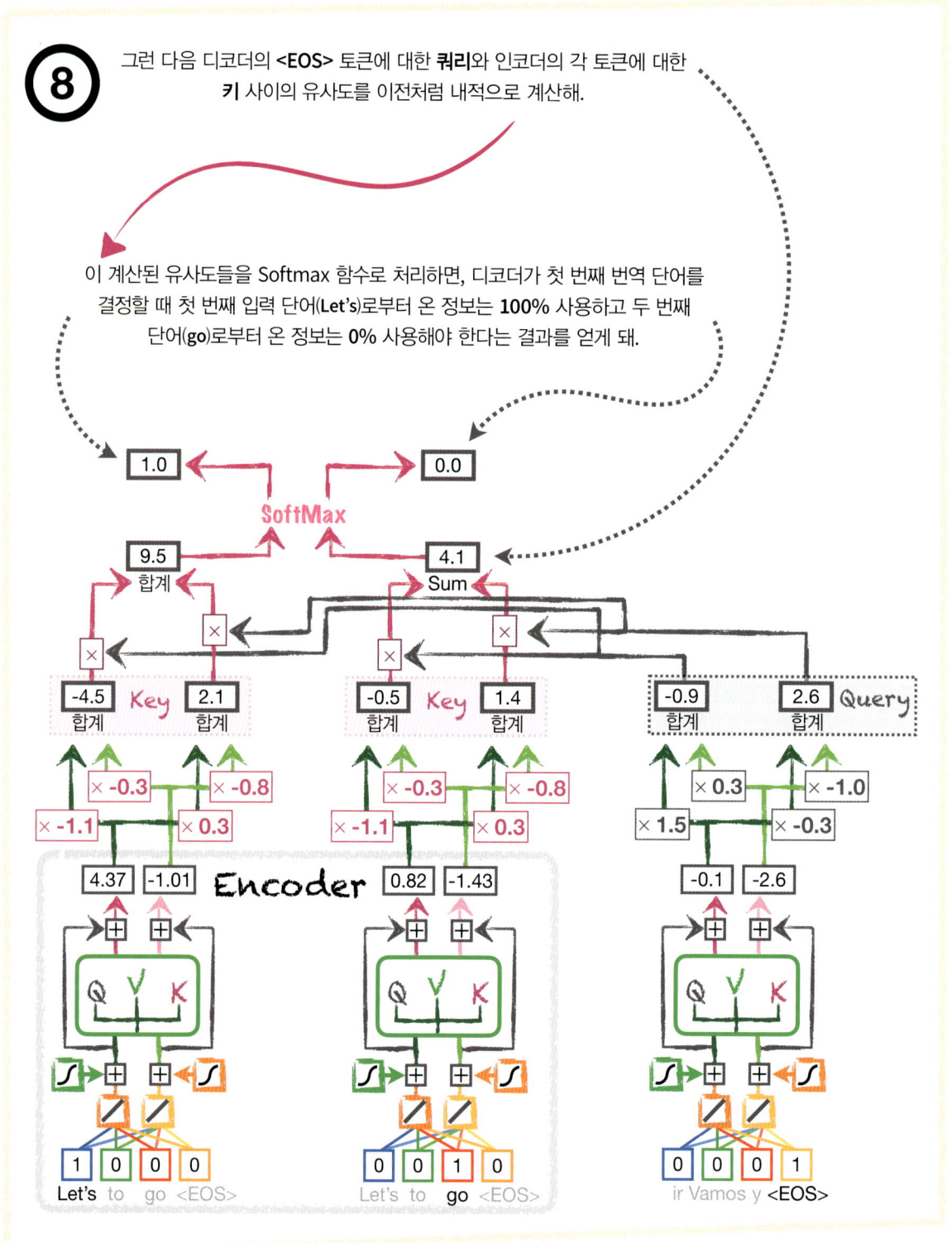

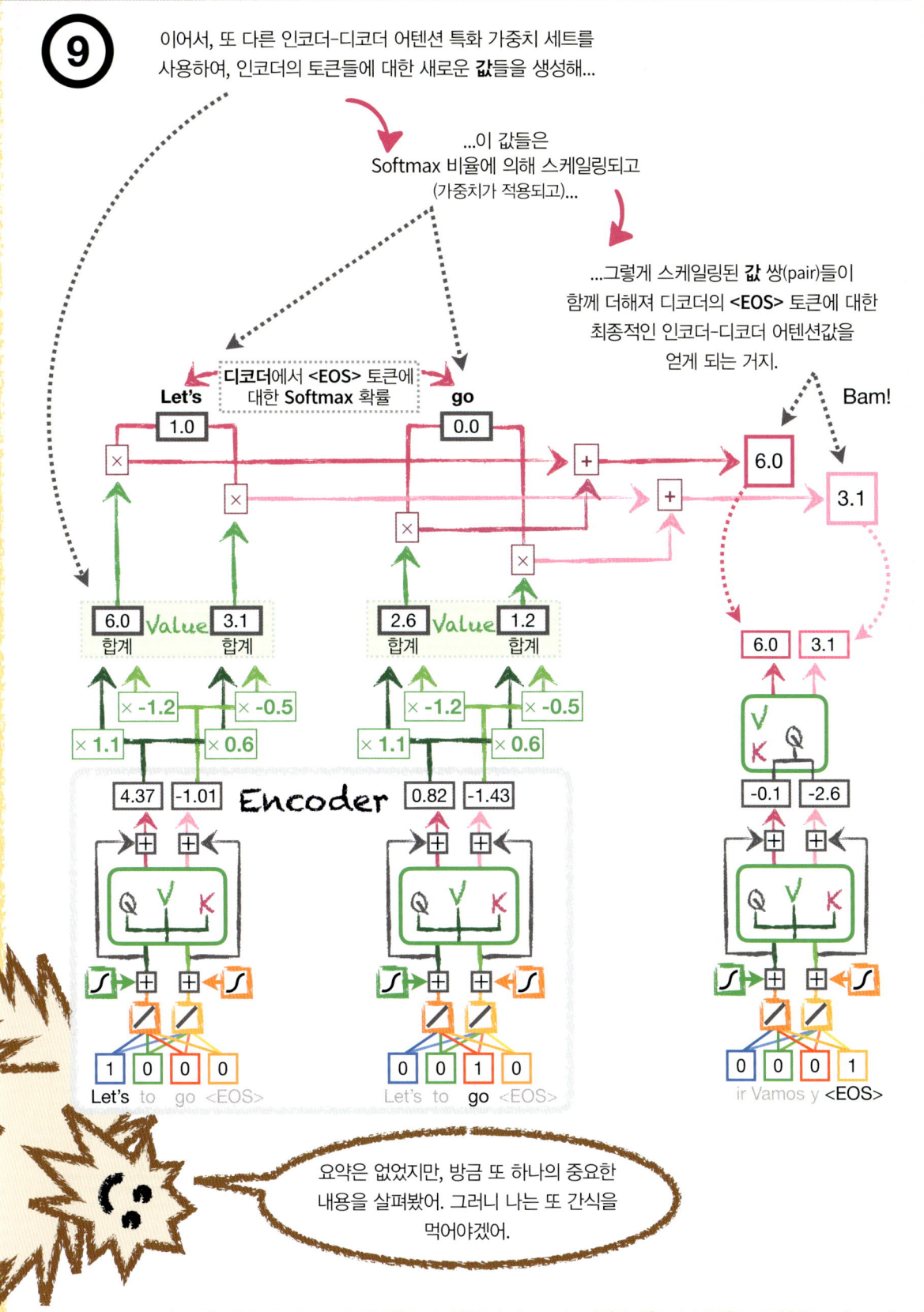

⑩ 이제 **<EOS>** 토큰에 대한 인코더-디코더 어텐션값을 계산했으니...

...잔차 연결을 추가해줘...

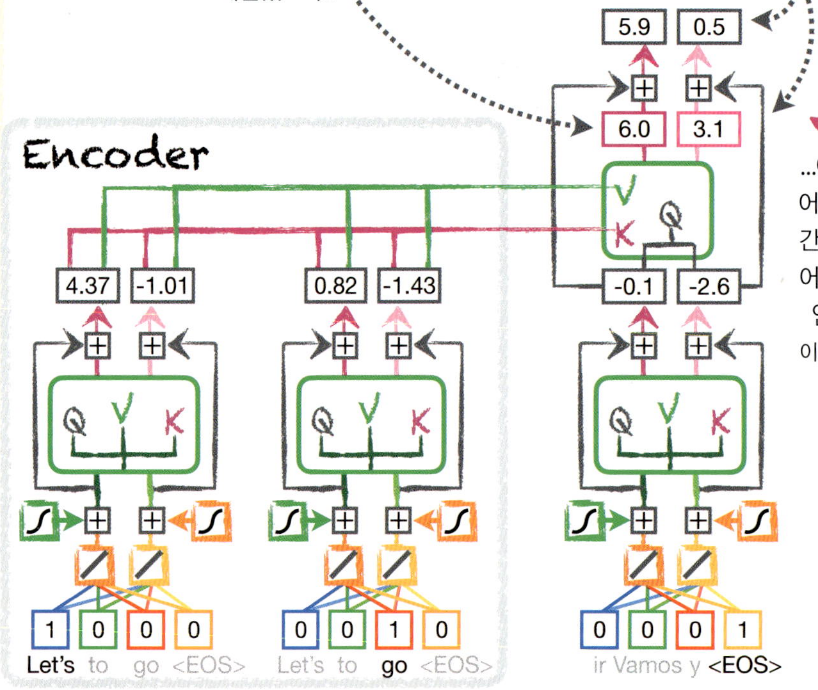

...이 연결 덕분에 인코더-디코더 어텐션은 출력 단어와 입력 단어 간의 관계에 집중하면서도, 셀프 어텐션이나 워드 임베딩 및 위치 인코딩 단계에서 파악했던 (더 이전의) 관계 정보들을 보존할 수 있게 돼.

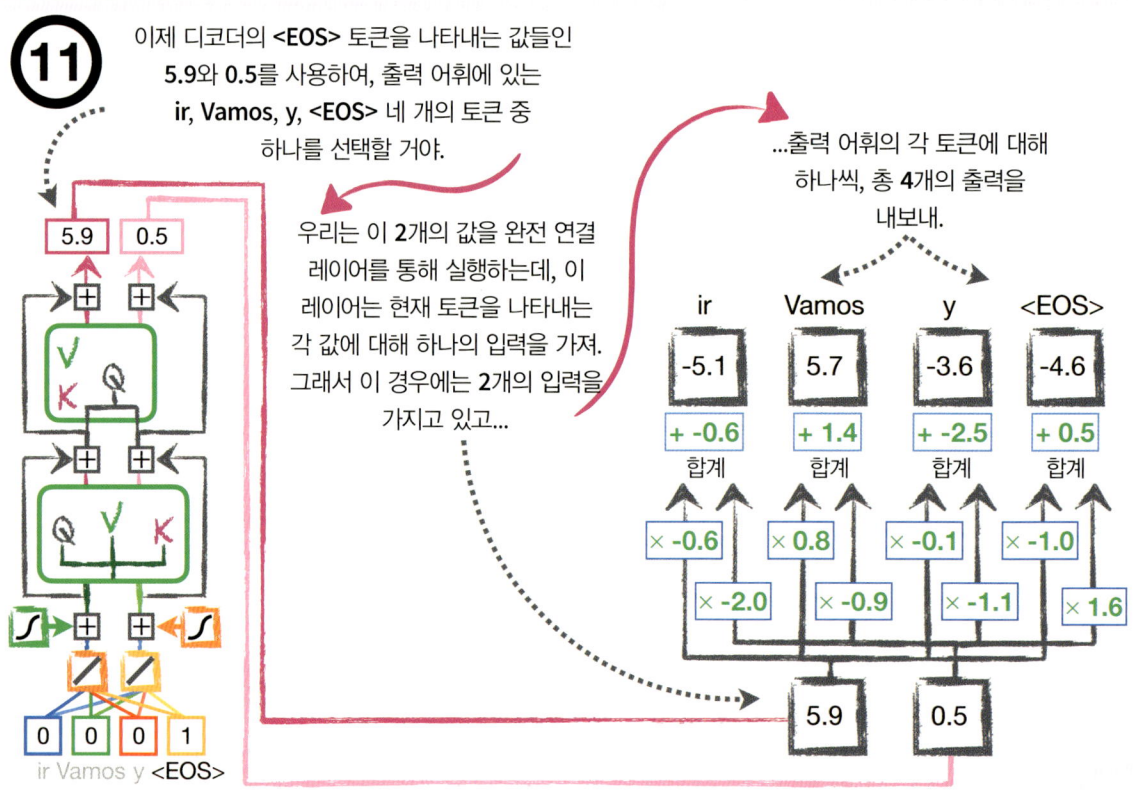

5.9　0.5

6.0　3.1

Encoder

4.37　-1.01　　0.82　-1.43　　-0.1　-2.6

1　0　0　0　　0　0　1　0　　0　0　0　1
Let's to go <EOS>　Let's to **go** <EOS>　ir Vamos y **<EOS>**

⑪ 이제 디코더의 **<EOS>** 토큰을 나타내는 값들인 **5.9**와 **0.5**를 사용하여, 출력 어휘에 있는 **ir, Vamos, y, <EOS>** 네 개의 토큰 중 하나를 선택할 거야.

우리는 이 **2개**의 값을 완전 연결 레이어를 통해 실행하는데, 이 레이어는 현재 토큰을 나타내는 각 값에 대해 하나의 입력을 가져. 그래서 이 경우에는 **2개**의 입력을 가지고 있고...

...출력 어휘의 각 토큰에 대해 하나씩, 총 **4개**의 출력을 내보내.

5.9　0.5

0　0　0　1
ir Vamos y <EOS>

ir	Vamos	y	<EOS>
-5.1	5.7	-3.6	-4.6
+ -0.6	+ 1.4	+ -2.5	+ 0.5
합계	합계	합계	합계

× -0.6　× 0.8　× -0.1　× -1.0
× -2.0　× -0.9　× -1.1　× 1.6

5.9　0.5

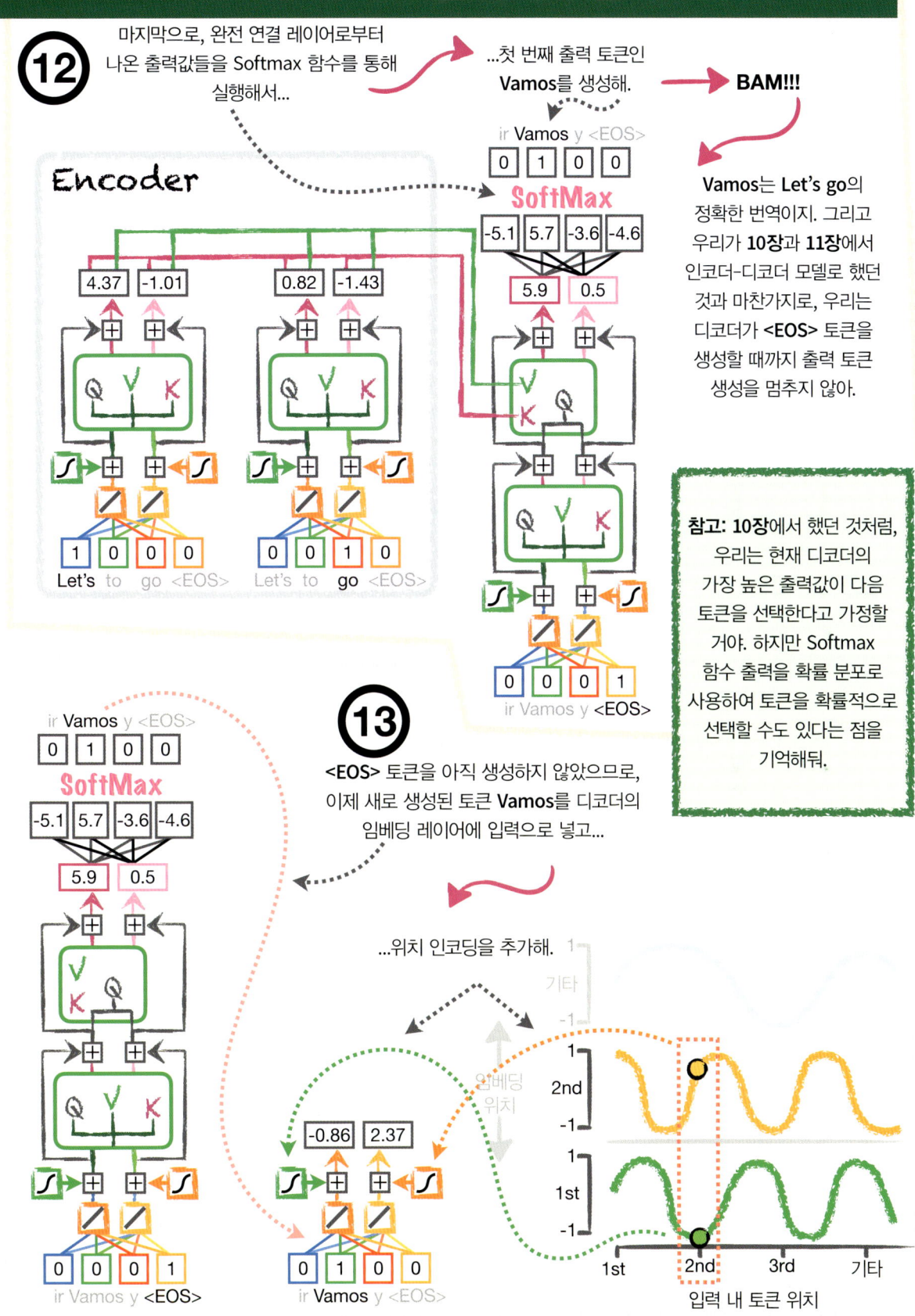

⑫ 마지막으로, 완전 연결 레이어로부터 나온 출력값들을 Softmax 함수를 통해 실행해서...

...첫 번째 출력 토큰인 **Vamos**를 생성해.

BAM!!!

Vamos는 **Let's go**의 정확한 번역이지. 그리고 우리가 **10장**과 **11장**에서 인코더-디코더 모델로 했던 것과 마찬가지로, 우리는 디코더가 **<EOS>** 토큰을 생성할 때까지 출력 토큰 생성을 멈추지 않아.

참고: 10장에서 했던 것처럼, 우리는 현재 디코더의 가장 높은 출력값이 다음 토큰을 선택한다고 가정할 거야. 하지만 Softmax 함수 출력을 확률 분포로 사용하여 토큰을 확률적으로 선택할 수도 있다는 점을 기억해둬.

Encoder

ir Vamos y <EOS>

SoftMax

⑬ **<EOS>** 토큰을 아직 생성하지 않았으므로, 이제 새로 생성된 토큰 **Vamos**를 디코더의 임베딩 레이어에 입력으로 넣고...

...위치 인코딩을 추가해.

기타

임베딩 위치

2nd

1st

1st   2nd   3rd   기타

입력 내 토큰 위치

237

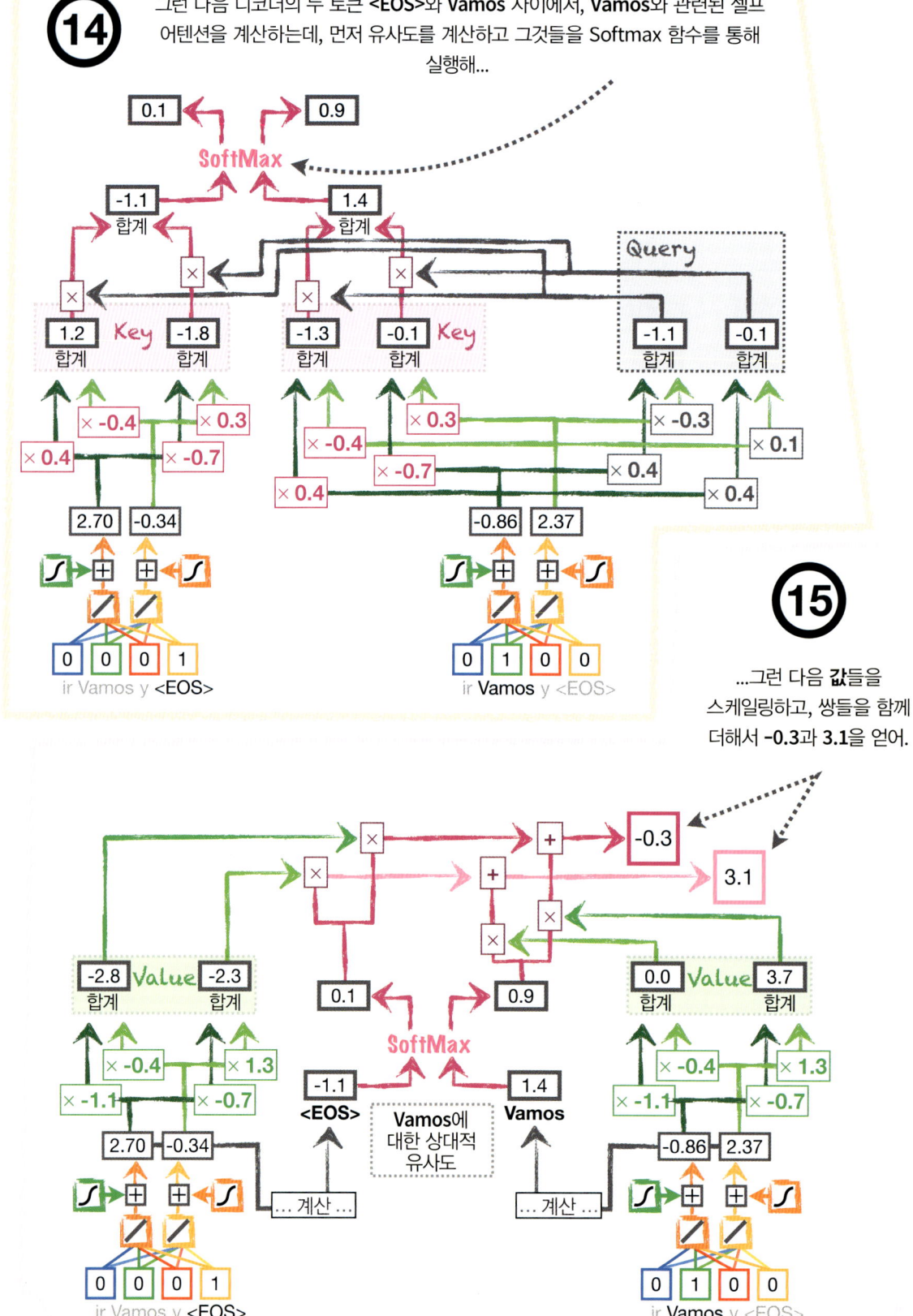

⑭ 그런 다음 디코더의 두 토큰 **\<EOS\>**와 **Vamos** 사이에서, **Vamos**와 관련된 셀프 어텐션을 계산하는데, 먼저 유사도를 계산하고 그것들을 Softmax 함수를 통해 실행해...

⑮ ...그런 다음 **값**들을 스케일링하고, 쌍들을 함께 더해서 **-0.3**과 **3.1**을 얻어.

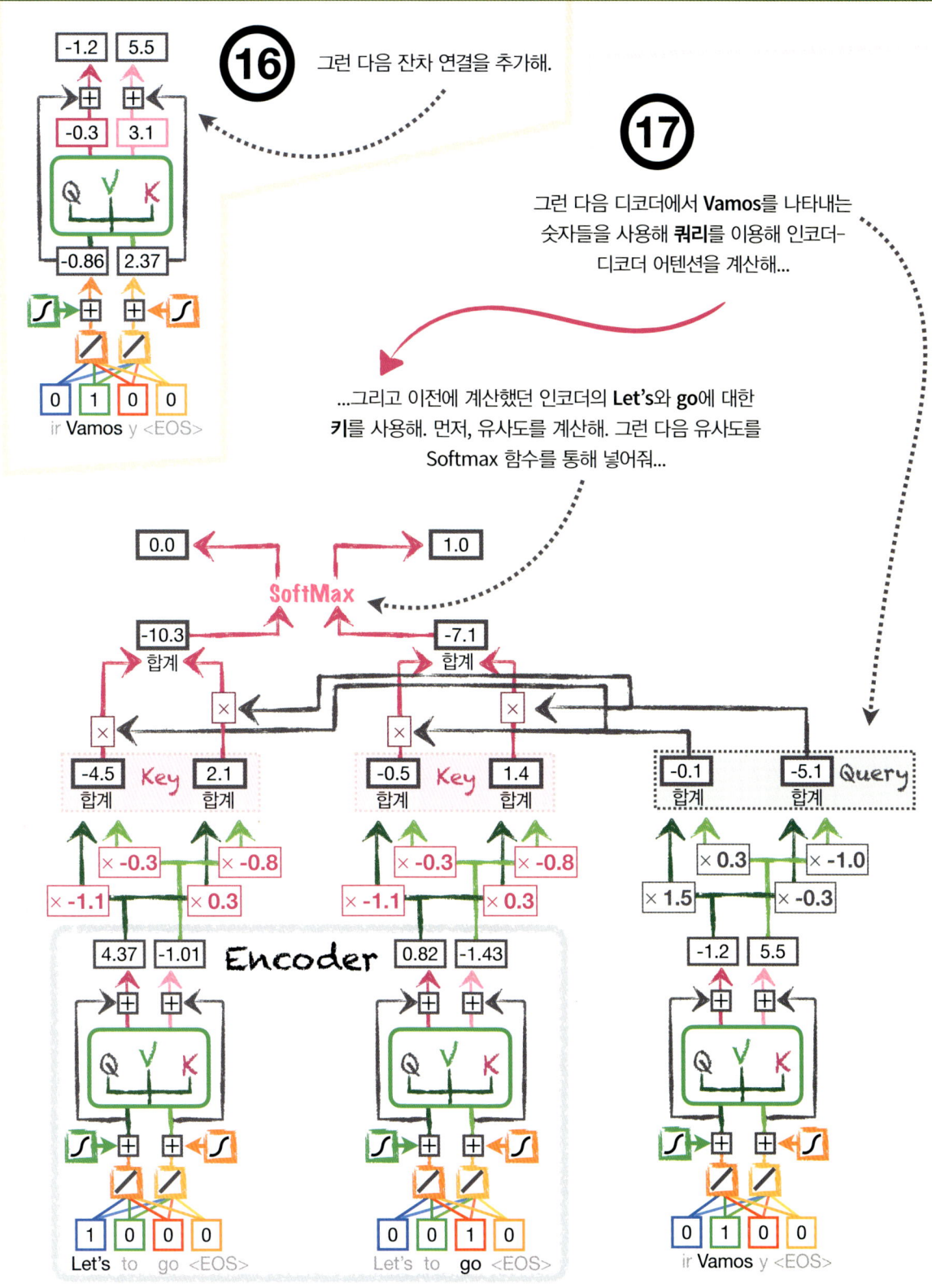

⑯ 그런 다음 잔차 연결을 추가해.

⑰ 그런 다음 디코더에서 **Vamos**를 나타내는 숫자들을 사용해 **쿼리**를 이용해 인코더-디코더 어텐션을 계산해...

...그리고 이전에 계산했던 인코더의 **Let's**와 **go**에 대한 **키**를 사용해. 먼저, 유사도를 계산해. 그런 다음 유사도를 Softmax 함수를 통해 넣어줘...

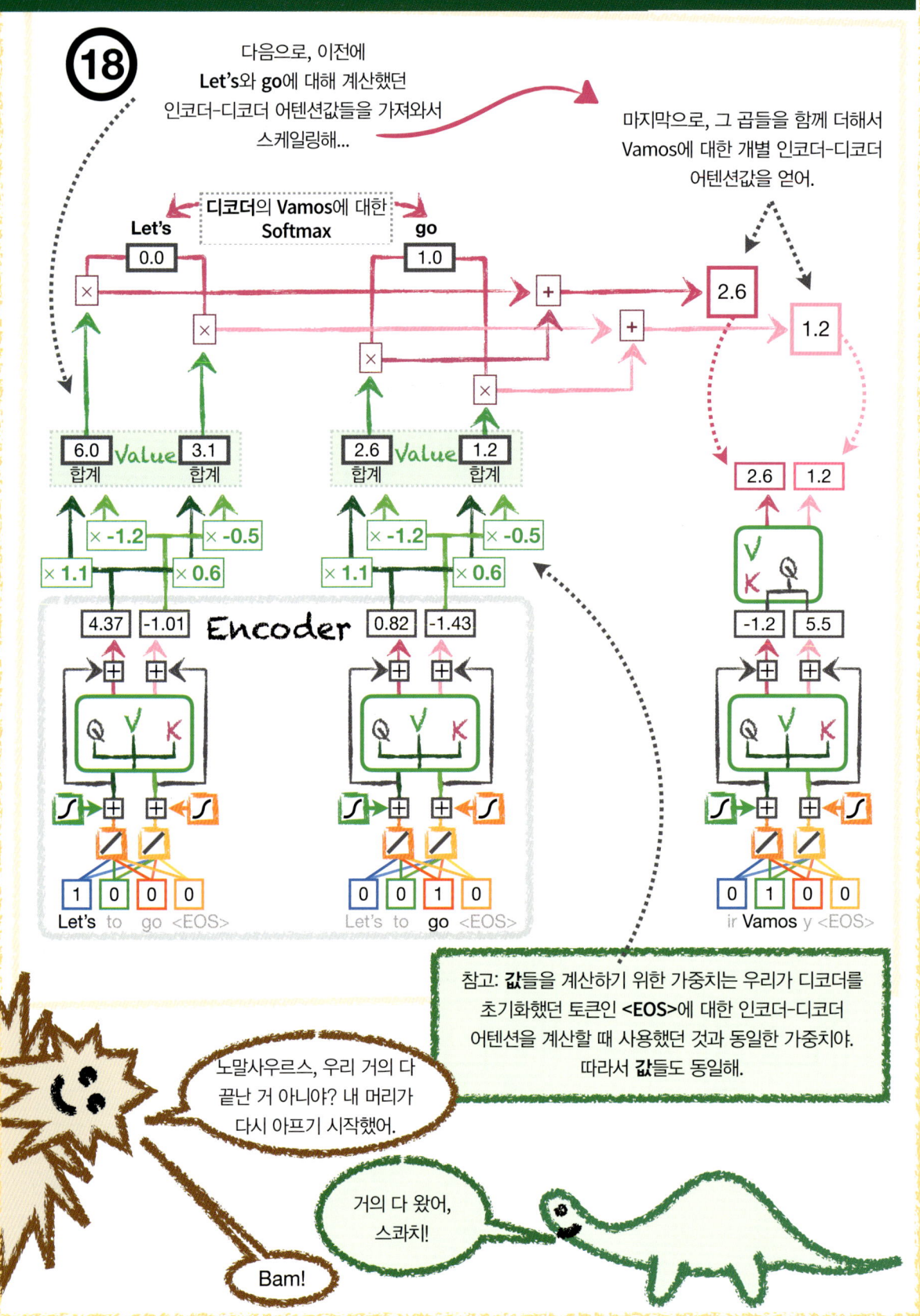

⑱ 다음으로, 이전에 **Let's**와 **go**에 대해 계산했던 인코더-디코더 어텐션값들을 가져와서 스케일링해...

마지막으로, 그 곱들을 함께 더해서 Vamos에 대한 개별 인코더-디코더 어텐션값을 얻어.

디코더의 **Vamos**에 대한 Softmax

참고: **값**들을 계산하기 위한 가중치는 우리가 디코더를 초기화했던 토큰인 **<EOS>**에 대한 인코더-디코더 어텐션을 계산할 때 사용했던 것과 동일한 가중치야. 따라서 **값**들도 동일해.

노말사우르스, 우리 거의 다 끝난 거 아니야? 내 머리가 다시 아프기 시작했어.

Bam!

거의 다 왔어, 스카치!

트랜스포머: 디코딩 자세히 살펴보기

19

이제 잔차 연결을
추가해...

ir Vamos y <EOS>
0 1 0 0
SoftMax
-5.1 5.7 -3.6 -4.6
5.9 0.5
1.4 6.7
2.6 1.2
Encoder
4.37 -1.01
0.82 -1.43
-1.2 5.5
1 0 0 0
Let's to go <EOS>
0 0 1 0
Let's to go <EOS>
0 0 0 1
ir Vamos y <EOS>
0 1 0 0
ir Vamos y <EOS>

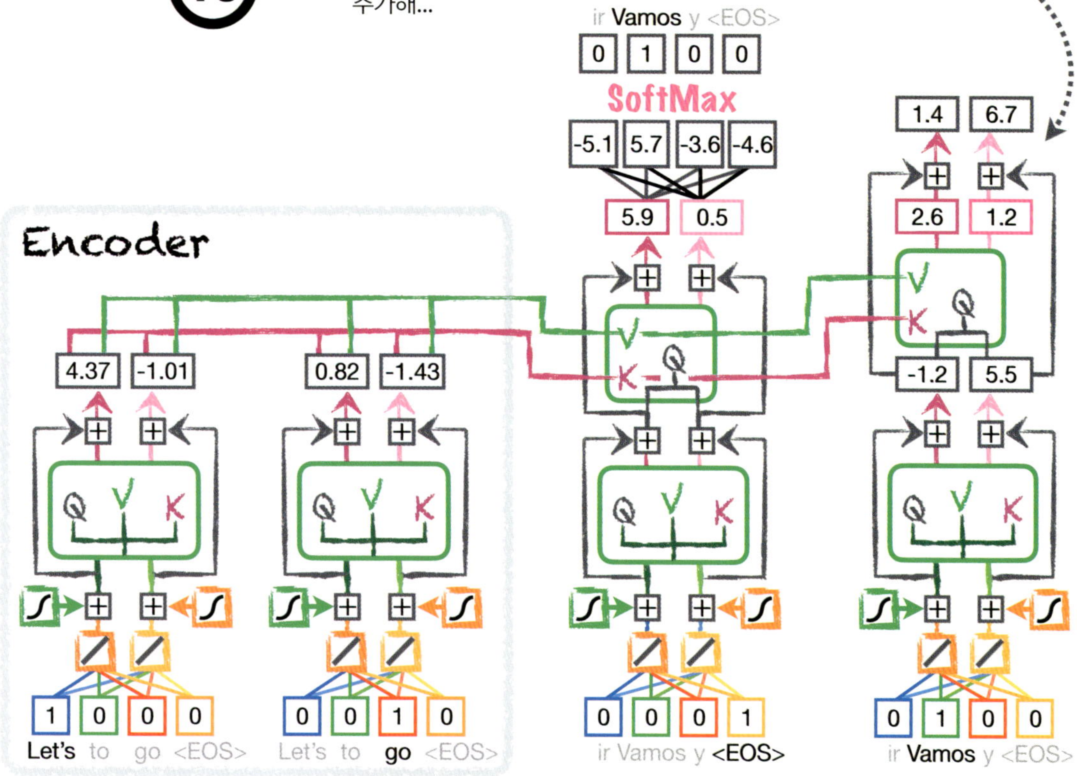

20

...그리고 그 합계들을 완전 연결
레이어를 통과시켜...

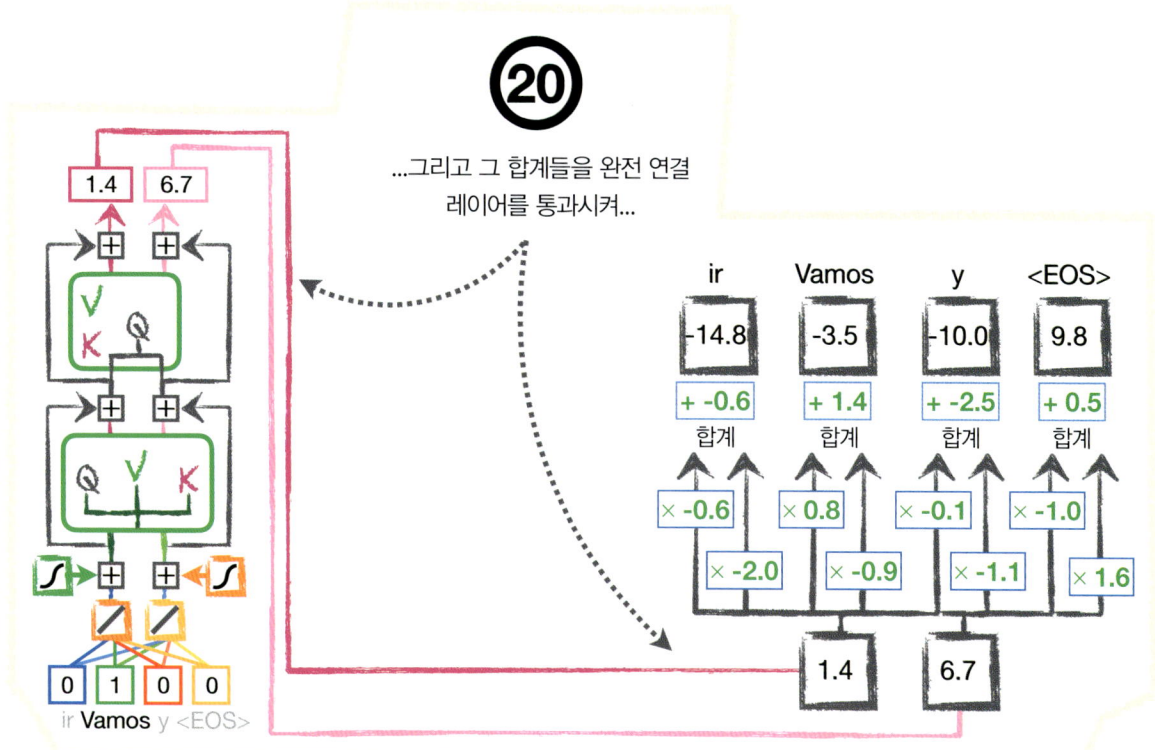

1.4 6.7
0 1 0 0
ir Vamos y <EOS>
ir Vamos y <EOS>
-14.8 -3.5 -10.0 9.8
+ -0.6 + 1.4 + -2.5 + 0.5
합계 합계 합계 합계
× -0.6 × 0.8 × -0.1 × -1.0
× -2.0 × -0.9 × -1.1 × 1.6
1.4 6.7

21 마지막으로, 완전 연결 레이어로부터 나온 출력값들을 Softmax 함수를 통해 실행해 다음 토큰을 생성해...

그러면 **<EOS>** 토큰을 얻게 되는데, 이는 우리가 토큰 생성을 마쳤고 디코딩이 완료되었음을 의미해.

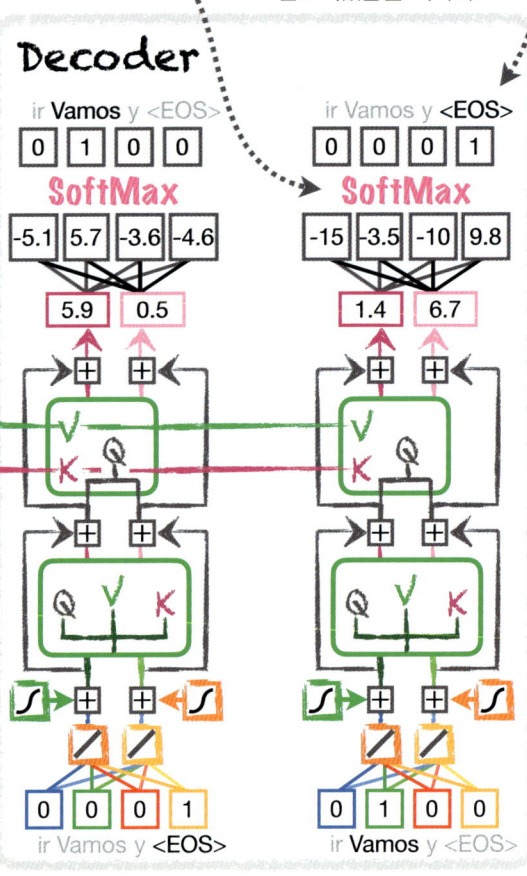

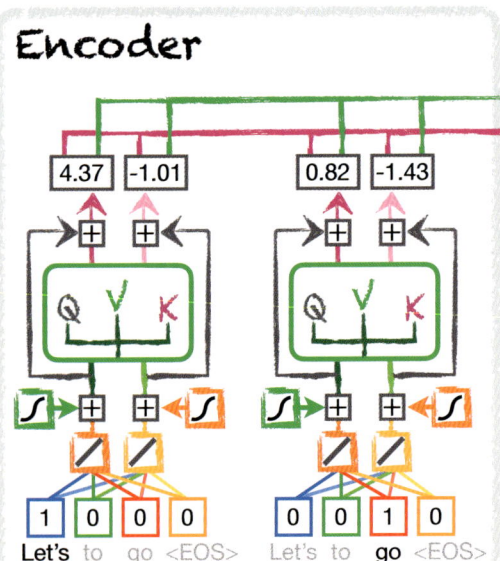

TRIPLE BAM!!!

이제 인코더-디코더 트랜스포머의 주요 원리를 이해했으니, 여기에 추가할 수 있는 몇 가지 요소를 살펴보자.

좋아! 하지만 먼저 간식 좀 먹으러 갈 거야.

참고: 이번 장에서 언급된 모든 추가적인 것들은 트랜스포머에 추가될 수도 있고, **13장**과 **14장**에서 설명된 디코더 전용(decoder-only) 및 인코더 전용(encoder-only) 트랜스포머에도 추가될 수 있어.

트랜스포머: 레이어 정규화

① 여기서 우리는 설명을 위해 아주 간단한 예시를 사용했어.

하지만 최초의 트랜스포머는 37,000개의 토큰과 더 긴 입력 및 출력 구문을 가졌어(Vaswani et al., 2017). 그래서 모델이 작동하도록 하려면, 매 단계 이후에 값을 정규화해야 했어.

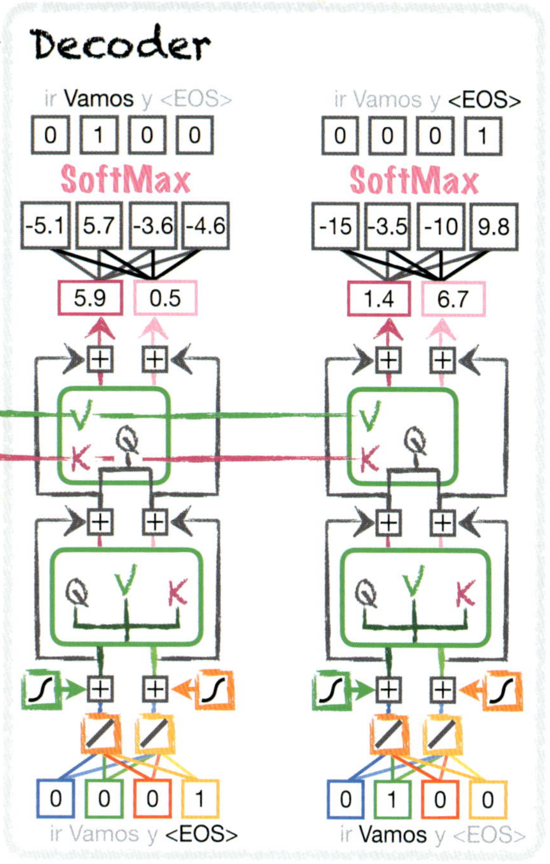

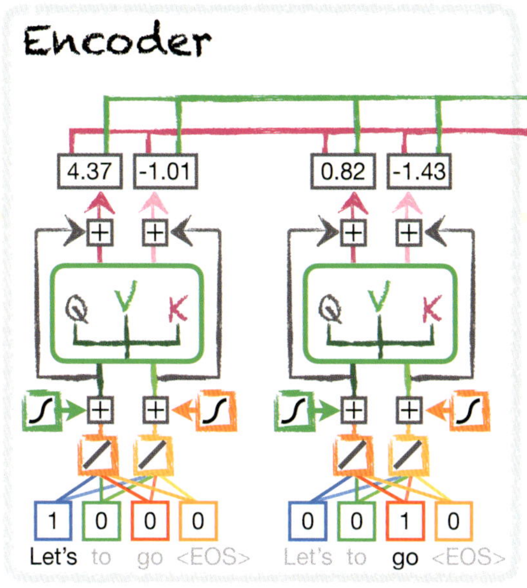

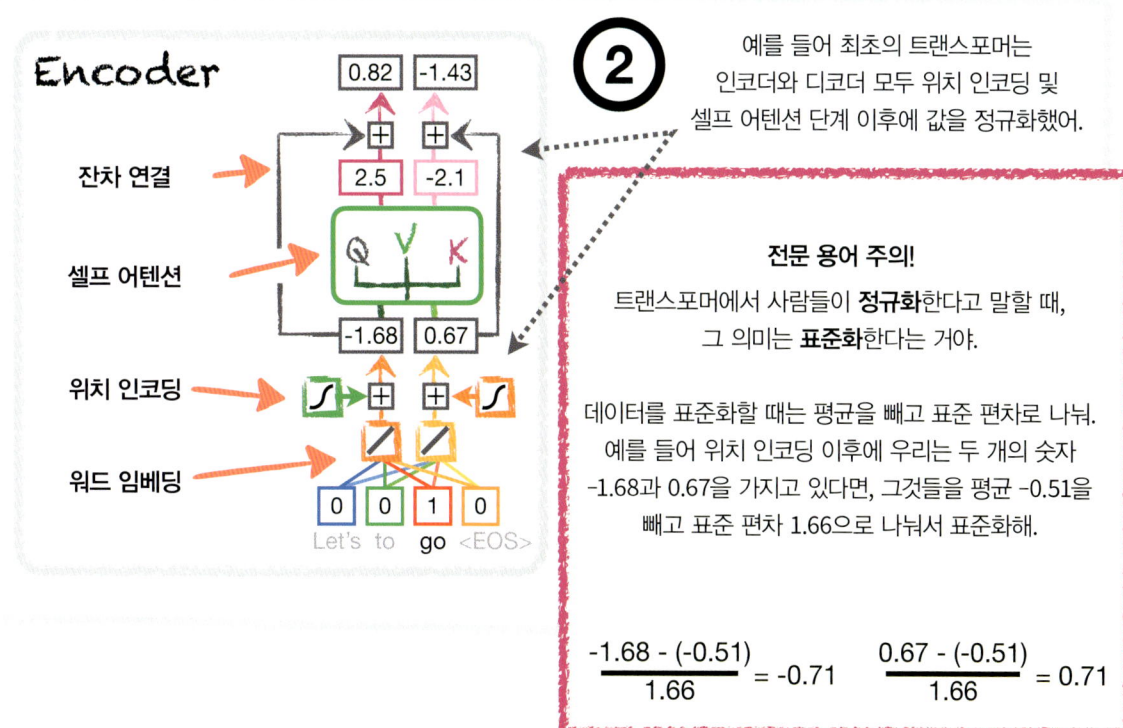

Decoder

ir **Vamos** y <EOS>

| 0 | 1 | 0 | 0 |

SoftMax

| -5.1 | 5.7 | -3.6 | -4.6 |

| 5.9 | 0.5 |

ir Vamos y **<EOS>**

| 0 | 0 | 0 | 1 |

SoftMax

| -15 | -3.5 | -10 | 9.8 |

| 1.4 | 6.7 |

Encoder

| 4.37 | -1.01 | | 0.82 | -1.43 |

| 1 | 0 | 0 | 0 |
Let's to go <EOS>

| 0 | 0 | 1 | 0 |
Let's to **go** <EOS>

| 0 | 0 | 0 | 1 |
ir Vamos y **<EOS>**

| 0 | 1 | 0 | 0 |
ir **Vamos** y <EOS>

Encoder

| 0.82 | -1.43 |

② 예를 들어 최초의 트랜스포머는 인코더와 디코더 모두 위치 인코딩 및 셀프 어텐션 단계 이후에 값을 정규화했어.

잔차 연결 →

| 2.5 | -2.1 |

셀프 어텐션 →

| -1.68 | 0.67 |

위치 인코딩 →

워드 임베딩 →

| 0 | 0 | 1 | 0 |
Let's to **go** <EOS>

전문 용어 주의!

트랜스포머에서 사람들이 **정규화**한다고 말할 때, 그 의미는 **표준화**한다는 거야.

데이터를 표준화할 때는 평균을 빼고 표준 편차로 나눠. 예를 들어 위치 인코딩 이후에 우리는 두 개의 숫자 -1.68과 0.67을 가지고 있다면, 그것들을 평균 -0.51을 빼고 표준 편차 1.66으로 나눠서 표준화해.

$$\frac{-1.68 - (-0.51)}{1.66} = -0.71 \qquad \frac{0.67 - (-0.51)}{1.66} = 0.71$$

① 이제 유사도 측정 지표를 변경하는
방법에 대해 이야기해보자.

② 어텐션값을 계산할 때, 우리는 유사도를 계산하기 위해 내적을 사용했어. 내적을 계산하기
위해, 우리는 단순히 숫자들의 해당 쌍들을 곱하고 나서 그 곱들을 더했지.

예를 들어 여기 우리는 **쿼리**를 나타내는
2개의 숫자를 가지고 있고...

그리고 **키**를 나타내는 2개의 숫자가
있으므로, 내적은...

$(Q_1 \times K_1) + (Q_2 \times K_2)$
이야.

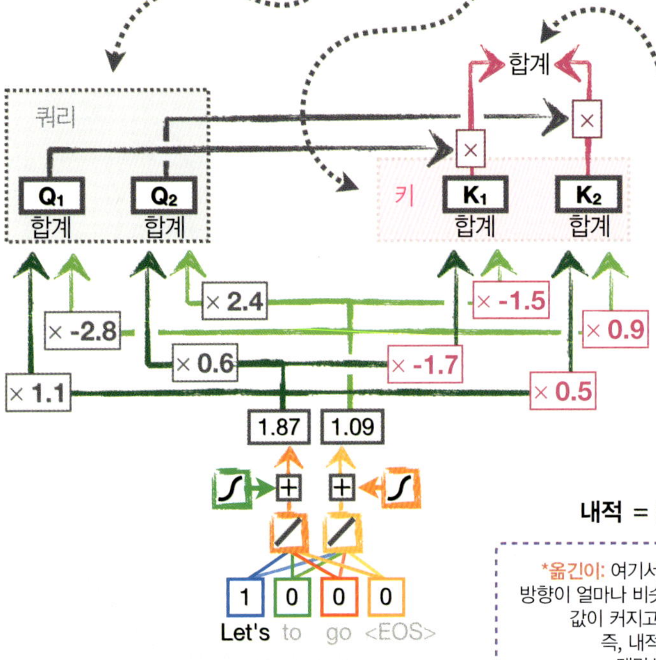

합계

쿼리

Q_1 합계 Q_2 합계

키 K_1 합계 K_2 합계

× -2.8

× 2.4

× -1.5

× 0.9

× 1.1

× 0.6

× -1.7

× 0.5

1.87 1.09

1 0 0 0

Let's to go <EOS>

그리고 일반적으로 만약 n개의
숫자 쌍이 있다면, 내적은...

$$내적 = (Q_1 \times K_1) + (Q_2 \times K_2) + \cdots + (Q_n \times K_n)$$

*옮긴이: 여기서 말하는 내적 유사도는 단순히 두 벡터(쿼리와 키)의
방향이 얼마나 비슷한지를 수치로 나타낸 거야. 벡터 방향이 비슷할수록
값이 커지고, 반대 방향일수록 값이 작아지거나 음수가 돼.
즉, 내적 유사도가 크다는 건 '이 단어와 저 단어가
맥락상 서로 잘 맞는다'는 뜻으로 이해하면 돼.

③ 하지만, 원한다면 어떤 유사도
함수든 사용할 수 있어.

최초의 트랜스포머 논문(Vaswani et al., 2017)에서, 저자들은
내적을 '토큰당 임베딩값의 수'의 제곱근으로 나눈 값으로
유사도를 계산했어.*

$$유사도 = \frac{내적}{\sqrt{\#임베딩값}}$$

저자들이 내적을 스케일링하기로 결정한 이유는 내적이 매우 커질 수 있다고 생각했기 때문이야.
그리고 그들은 큰 숫자들이 Softmax 함수를 통한 훈련을 어렵게 만들 것이라고 생각했지.

*기술적으로, 우리는 토큰당 키 값의 수로 나누지만,
실제로 이것은 거의 항상 토큰당 임베딩값의 수와 동일해.

트랜스포머: 멀티-헤드 어텐션

① 우리가 이전에 봤듯이, 각 단어에 대한 어텐션값은 다른 모든 단어로부터 입력을 포함할 수 있고, 이 특징은 각 단어에 맥락을 제공해줘.

그리고 우리는 이 예를 살펴봤지...

the pizza came out of the oven, and it tasted good!

...그리고 어텐션이 트랜스포머가 **it**과 **oven** 대신 **it**과 **pizza** 사이의 관계를 설정하는 데 도움이 될 수 있다는 아이디어였지.

그런데 지금까지 본 예시는 되게 단순했어. 실제로는 문단 전체를 입력으로 넣을 수도 있고, 여러 문장에 걸쳐 다양한 관계를 추적해야 해.

그래서 트랜스포머는 **쿼리, 키, 값**을 계산하는 가중치 집합을 **어텐션 헤드**(attention head)라고 부르고, 이걸 여러 개 동시에 써.

...그러면 복잡한 문장과 단락에서 단어들이 어떻게 관련되어 있는지 올바르게 파악하기 위해 각 헤드는 자체적인 가중치 세트를 가지며, 워드 임베딩과 위치 인코딩의 합계에 적용되어 단어들 간의 다른 관계를 포착해.

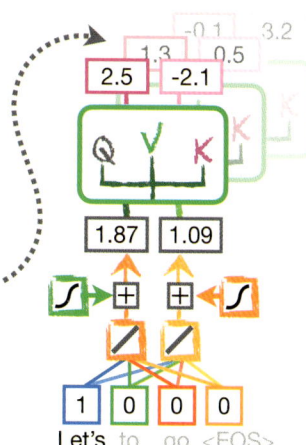

최초의 트랜스포머를 설명한 논문에서, 저자들은 8개의 어텐션 헤드를 쌓았고, 이것을 **멀티-헤드 어텐션**(multi-head attention)이라고 불렀어(Vaswani et al., 2017).

② 멀티-헤드 어텐션을 사용할 때, 우리는 모든 어텐션 헤드에 대해 동일한 입력을 사용해.

이 예제에서는 **3개**의 어텐션 헤드가 있기 때문에, 워드 임베딩과 위치 인코딩의 합계인 **1.87**과 **1.09**를 모든 3개의 어텐션 헤드의 입력으로 사용한다는 의미야.

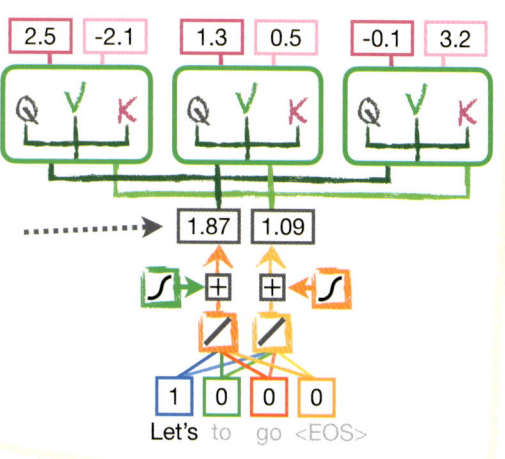

③ 하지만 멀티-헤드 어텐션(multi-head attention)을 사용하면, 입력보다 훨씬 많은 출력값을 얻게 돼.

이 예제처럼 3개의 어텐션 헤드를 사용하면, 각 헤드가 2개의 값을 출력해서 총 6개의 출력값이 생기지.

토큰당 원래 값의 개수(이 예제에서는 2개)로 돌아가기 위해, 우리는 모든 어텐션 값을 입력으로 사용하지만 원래의 출력 개수만을 가지는 완전 연결 레이어를 통해 출력값을 통과시킬 수 있어.

예를 들어 이 완전 연결 레이어는 (최종적으로) 2개의 출력을 가지는데, 이는 각 어텐션 헤드가 (원래) 2개의 입력(값 벡터 차원)을 가졌기 때문이야...

...그리고 이 완전 연결 레이어는 총 6개의 입력을 받는데...

...이는 3개의 헤드 각각이 생성한 2개의 값으로 이루어진 쌍으로부터 온 거야.

또 우리는 어텐션 헤드가 생성할 수 있는 출력값의 수와 얼마나 많은 헤드를 가질 수 있는지에 제약을 가해서, 출력의 수가 입력의 수와 일치하도록 할 수 있어.

Bam!

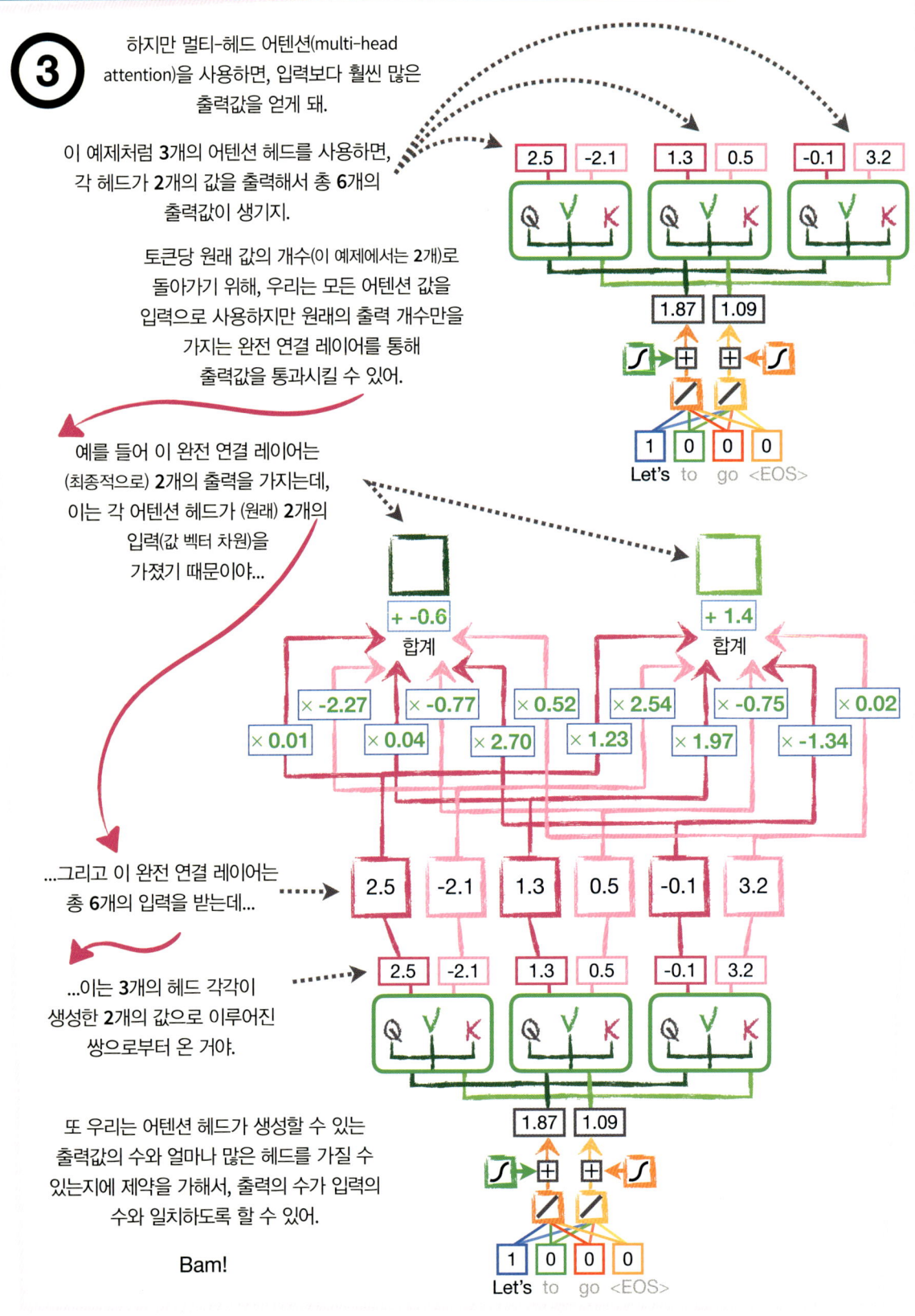

246

트랜스포머: 추가적인 완전 연결 레이어

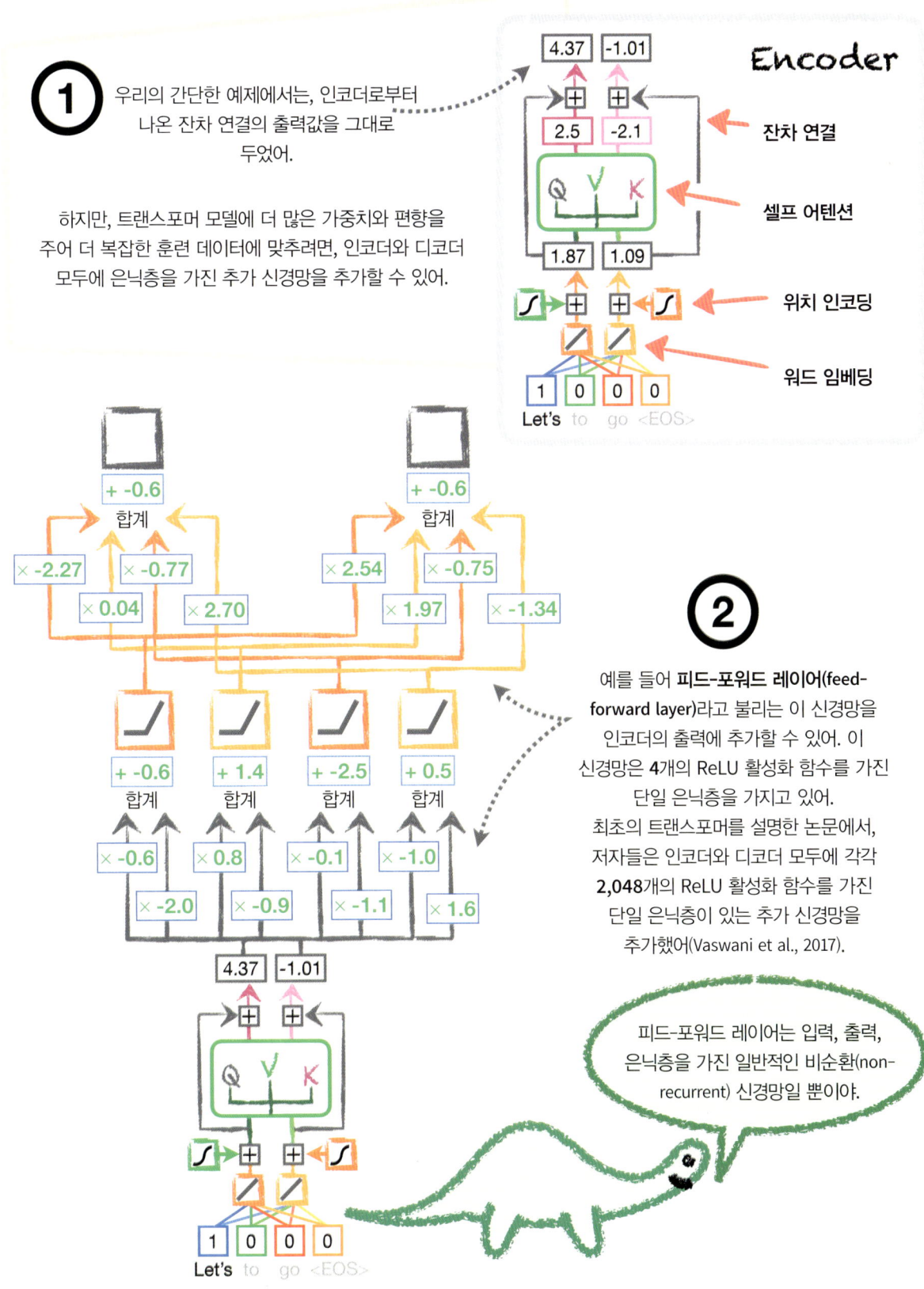

① 우리의 간단한 예제에서는, 인코더로부터 나온 잔차 연결의 출력값을 그대로 두었어.

하지만, 트랜스포머 모델에 더 많은 가중치와 편향을 주어 더 복잡한 훈련 데이터에 맞추려면, 인코더와 디코더 모두에 은닉층을 가진 추가 신경망을 추가할 수 있어.

Encoder

잔차 연결

셀프 어텐션

위치 인코딩

워드 임베딩

Let's to go <EOS>

② 예를 들어 **피드-포워드 레이어(feed-forward layer)**라고 불리는 이 신경망을 인코더의 출력에 추가할 수 있어. 이 신경망은 4개의 ReLU 활성화 함수를 가진 단일 은닉층을 가지고 있어. 최초의 트랜스포머를 설명한 논문에서, 저자들은 인코더와 디코더 모두에 각각 **2,048개의 ReLU 활성화 함수를 가진 단일 은닉층이 있는 추가 신경망**을 추가했어(Vaswani et al., 2017).

피드-포워드 레이어는 입력, 출력, 은닉층을 가진 일반적인 비순환(non-recurrent) 신경망일 뿐이야.

① 마지막으로, 우리는 인코더와 디코더의 서브 유닛(subunit)들을 쌓아 트랜스포머에 훨씬 더 복잡한 데이터에 맞출 수 있는 더 많은 가중치와 편향을 줄 수 있어.

예를 들어 이 인코더는 2개의 셀프 어텐션 레이어가 쌓여 있고, 첫 번째 레이어는 두 번째 레이어에 입력을 제공해.

마찬가지로, 이 디코더는 셀프 어텐션 및 인코더-디코더 어텐션 레이어를 2번 쌓았고, 첫 번째 인코더-디코더 어텐션 레이어의 출력이 두 번째 셀프 어텐션 레이어의 입력으로 들어가.

② 이제 **트랜스포머**에 적용될 수 있는 표준적인 수정 사항들에 대해 알았으니, **트랜스포머**를 어떻게 훈련시키는지 이야기해보자.

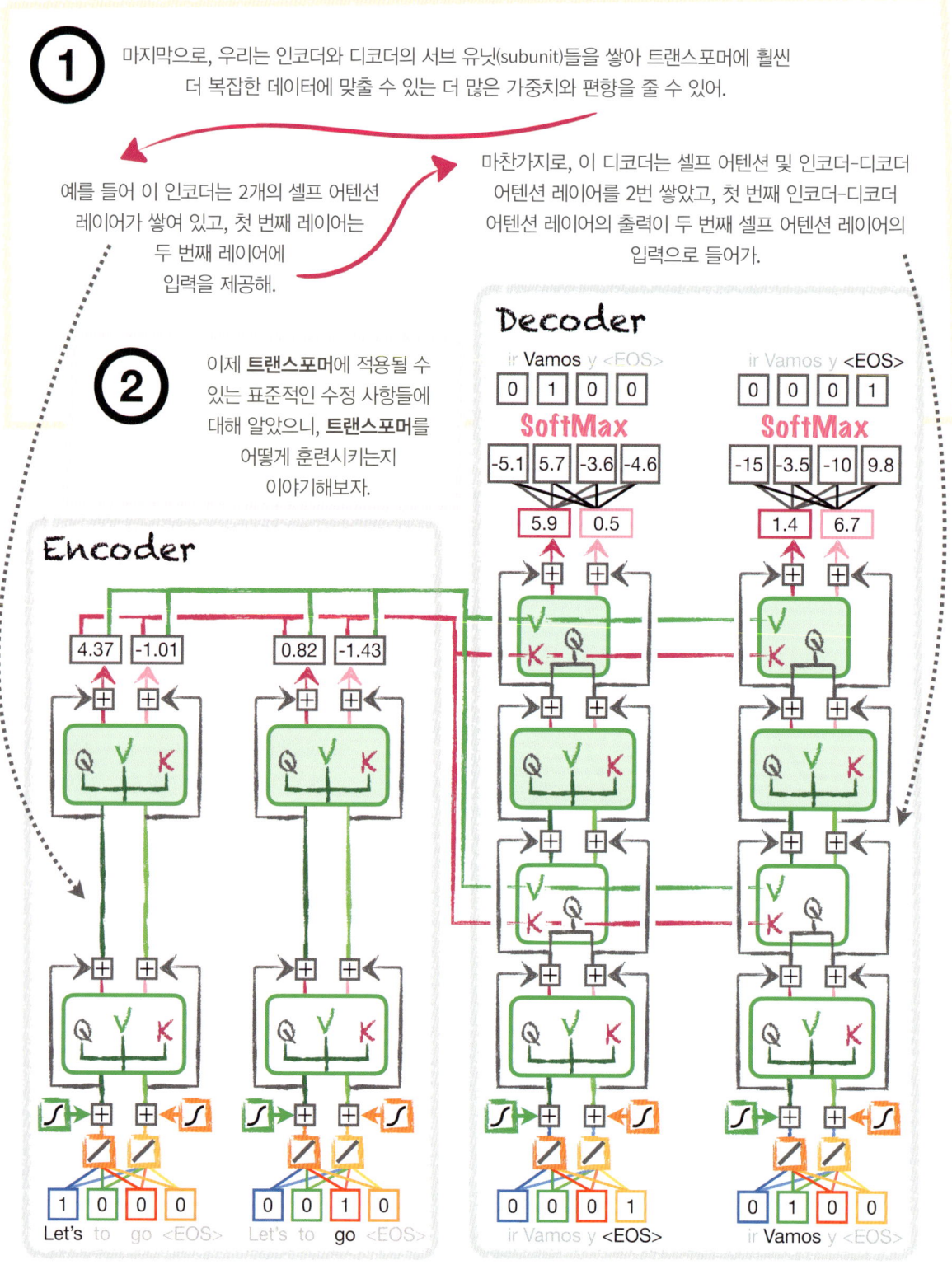

1 비록 트랜스포머에 대해 멋진 것들이 많이 있지만, 훈련(training)이야말로 그것들을 정말 특별하게 만드는 요소야. 왜냐하면 우리가 훈련할 때, 입력 프롬프트 처리와 출력 생성 등 모든 것이 병렬로 수행될 수 있기 때문이야. 이는 LSTM을 사용하는 인코더-디코더 모델을 훈련시킬 수 있는 것보다 훨씬 더 빨라. LSTM 기반 모델은 한 번에 하나의 토큰을 처리하고 생성하기 위해 **장기 기억**과 **단기 기억**을 사용해야 하잖아.

2 예를 들어 우리가 훈련할 때, 우리는 프롬프트가 **Let's go**이고 그 번역이 **Vamos**라는 것을 알아...

그리고 디코더의 입력은 <EOS>로 시작하고 (우리가 디코더를 초기화하기 위해 티처 포싱을 사용하기 때문에) Vamos로 끝나. 그래서 우리는 인코더의 입력으로 **Let's**와 **go**를 넣어.

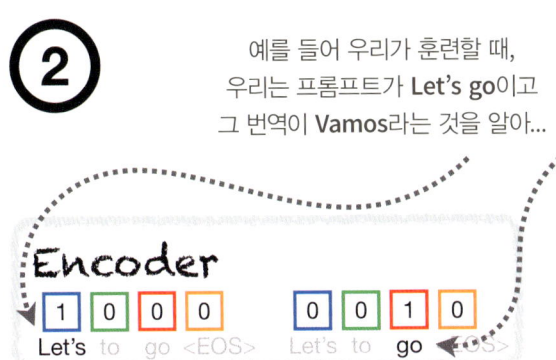

3 그런 다음 인코더와 디코더 모두에서 동시에 워드 임베딩값을 계산할 수 있어...

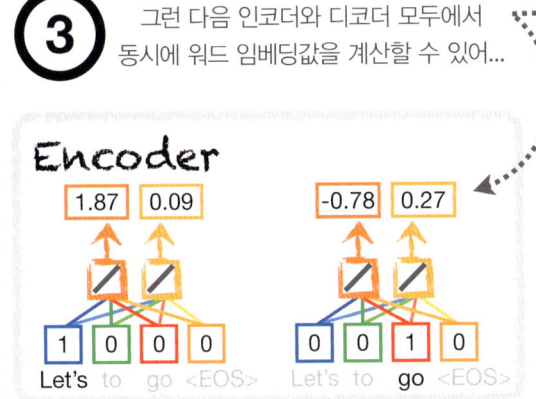
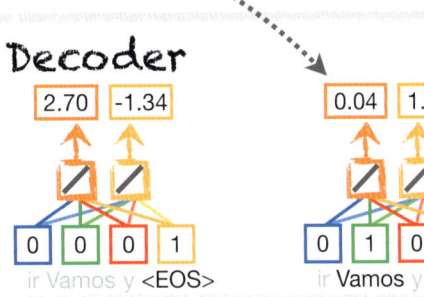

4 ...그러고 나서 인코더와 디코더 모두 동시에 위치 인코딩을 추가할 수 있어.

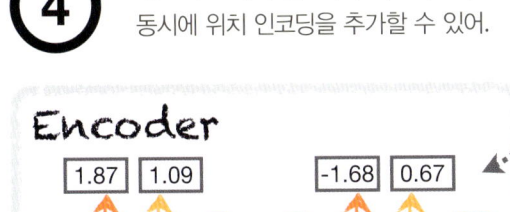
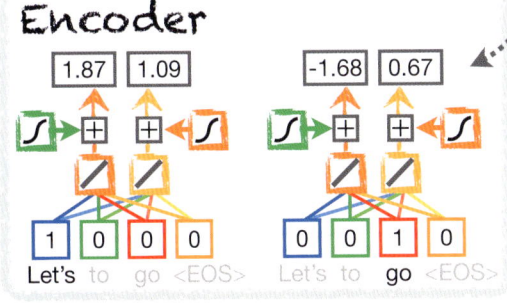
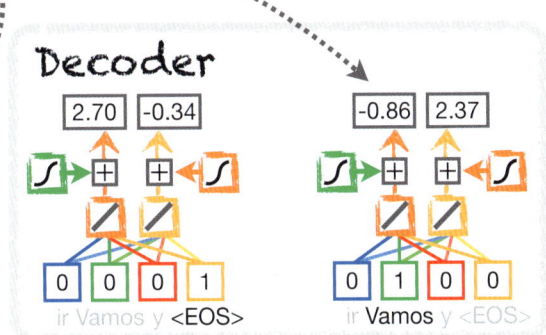

⑤ 다음으로, 인코더와 디코더의 각 토큰에 대한 **쿼리, 키, 값**들을 계산해. 이것 역시 모든 것에 대해 동시에 수행될 수 있어.

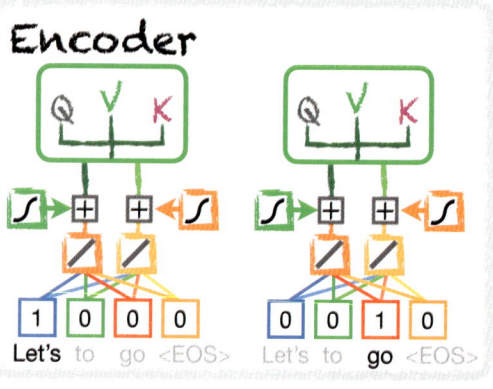

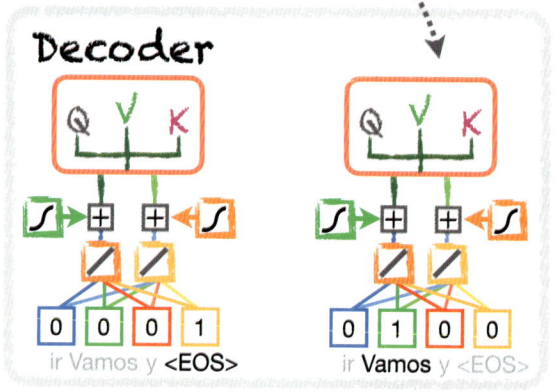

⑥ 이제 셀프 어텐션을 계산할 수 있어.

훈련 중에 인코더는 우리가 이전에 했던 것과 똑같이 작동해. 인코더 내 모든 **키**들과 함께 **Let's**에 대한 **쿼리**를 사용하고, 인코더 내 모든 키들과 함께 **go**에 대한 **쿼리**를 사용하는 거지.

반면, 훈련 중인 디코더는 약간 다른 방식인 **마스크드 셀프 어텐션(masked self-attention)**을 수행해. 이는 기본적으로 각 토큰이 오직 자기 자신과 그 이전에 나온 토큰들만 참조할 수 있다는 것을 의미해. 이 제약 조건은 디코더가 정답을 미리 보고 "컨닝"하는 것을 방지해 생성해야 할 토큰을 순서대로 예측하도록 만들어.

그래서 이 예제에서는 첫 번째 토큰 <EOS>에 대한 마스크드 셀프 어텐션은 그 이전에 나온 토큰이 없으므로, 자기 자신과의 유사도만 포함해...

이와 반대로 두 번째 토큰 Vamos에 대한 마스크드 셀프 어텐션은 <EOS> 토큰이 먼저 나왔기 때문에 자기 자신과 <EOS> 토큰과의 유사도를 모두 포함하게 돼.

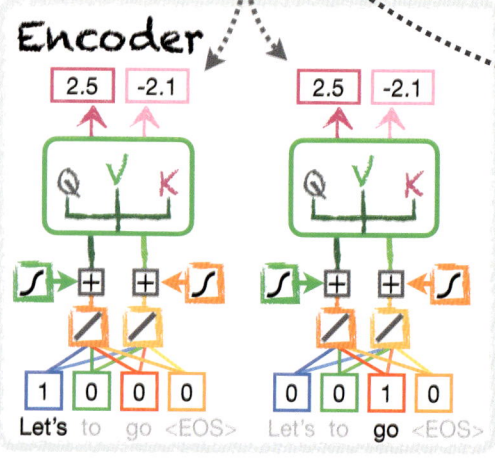

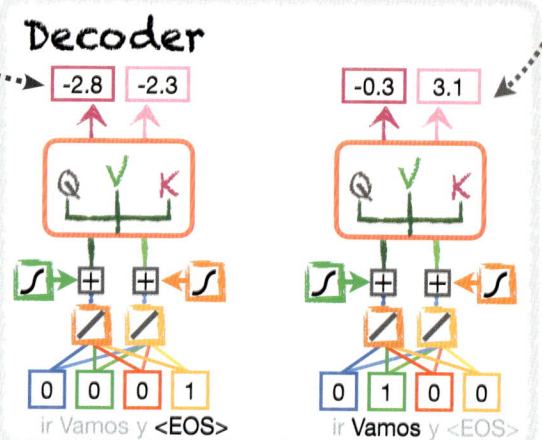

⑦ 다음으로, 인코더와 디코더 모두 동시에 잔차 연결을 추가할 수 있어.

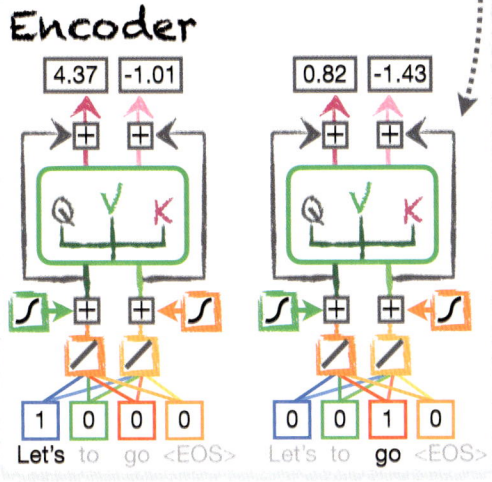

Encoder

| 4.37 | -1.01 | | 0.82 | -1.43 |

Q V K   Q V K

| 1 | 0 | 0 | 0 | | 0 | 0 | 1 | 0 |
Let's to go <EOS>   Let's to **go** <EOS>

Decoder

| -0.1 | -2.6 | | -1.2 | 5.5 |

Q V K   Q V K

| 0 | 0 | 0 | 1 | | 0 | 1 | 0 | 0 |
ir Vamos y **<EOS>**   ir **Vamos** y <EOS>

트랜스포머처럼 한 번에 하나 이상의 일을 처리할 수 있다면 정말 멋지겠지. 하지만 트랜스포머는 간식을 먹지는 않아.

⑧ 그런 다음 쿼리, 키, 값을 모두 동시에 계산하여 인코더-디코더 어텐션을 계산할 수 있어.

참고: 인코더-디코더 어텐션은 '마스크(masked)'될 필요가 없어. 왜냐하면 이 어텐션은 오직 인코더의 출력으로부터 생성된 **키**와 **값**만 참조하기 때문이야.
(즉, 미래의 디코더 정보를 볼 염려가 없어.)

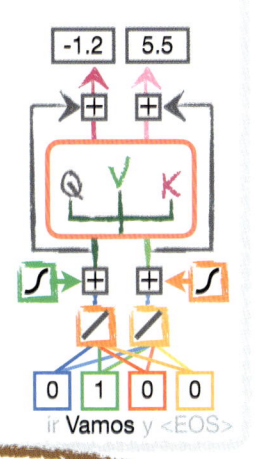

Encoder

| 4.37 | -1.01 | | 0.82 | -1.43 |

Q V K   Q V K

| 1 | 0 | 0 | 0 | | 0 | 0 | 1 | 0 |
Let's to go <EOS>   Let's to **go** <EOS>

Decoder

| 6.0 | 3.1 | | 2.6 | 1.2 |

V   V
K Q   K Q

Q V K   Q V K

| 0 | 0 | 0 | 1 | | 0 | 1 | 0 | 0 |
ir Vamos y **<EOS>**   ir **Vamos** y <EOS>

⑨ 그런 다음 디코더에 잔차 연결을 추가해.

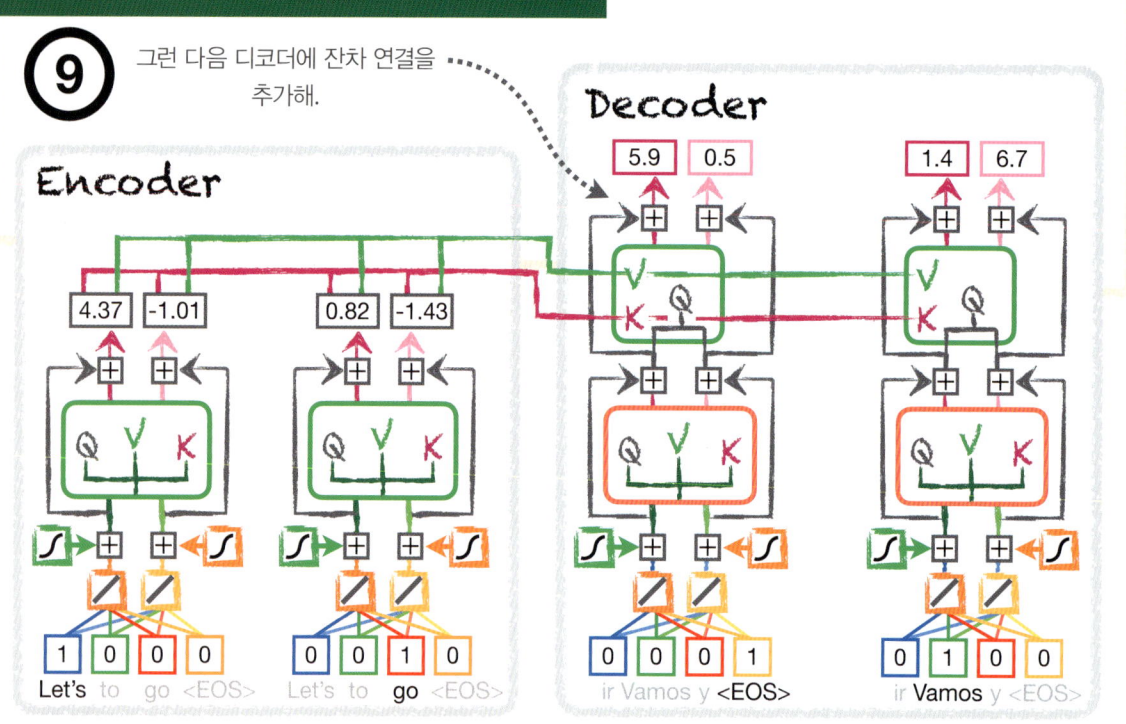

⑩ 마지막으로, 최종 잔차 연결 세트로부터 나온 출력값들을 완전 연결 레이어와 Softmax 함수를 통해 실행하고 다음 토큰들을 생성해. 만약 오류가 있다면, 크로스 엔트로피 손실 함수가 최소화되지 않을 것이고, 우리는 모델을 개선하기 위해 또 다른 훈련을 반복(iteration)할 거야.

Bam!

이제 파이토치로 처음부터 트랜스포머를 코딩해보자!

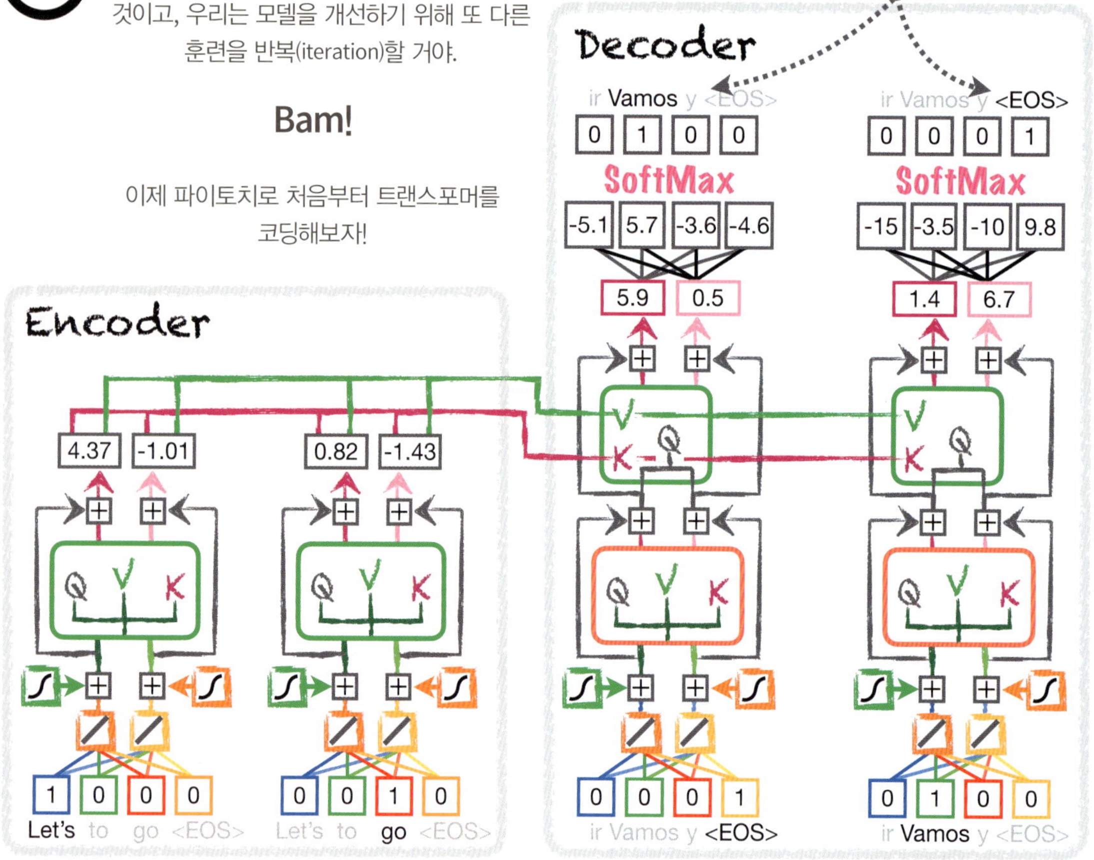

파이토치로 구현하는 인코더-디코더 트랜스포머

① 트랜스포머 아키텍처는 워드 임베딩, 위치 인코딩, 어텐션과 같은 여러 레이어로 구성되어 있기 때문에, 우리는 필요할 때마다 재사용할 수 있도록 각 레이어에 대한 클래스(class)를 생성할 거야.

② 워드 임베딩을 위해서는 **nn.Embedding()**을 사용지만, 위치 인코딩을 위해서는 우리만의 클래스를 생성할 거야.

```
class PositionEncoding(nn.Module):
```

③ 그런 다음 우리가 배운 세 가지 유형의 어텐션, 즉 셀프 어텐션, 인코더-디코더 어텐션, 마스크드 셀프 어텐션을 계산할 수 있는 클래스를 생성할 거야.

The **pizza** came out of the **oven**, and **it** tasted good!

```
class Attention(nn.Module):
```

④ 그런 다음 기본적인 인코더를 만드는 데 필요한 모든 요소를 결합하는 클래스를 생성할 거야...

```
class Encoder(nn.Module):
```

⑤ ...그리고 기본적인 디코더를 만드는 데 필요한 모든 요소를 결합하는 클래스도 만들 거야.

```
class Decoder(nn.Module):
```

⑥ 마지막으로, 인코더 클래스와 디코더 클래스를 결합하여 인코더-디코더 트랜스포머를 생성하는 트랜스포머 클래스를 만들 거야.

```
class Transformer(L.LightningModule):
```

⑦ 이 QR 코드를 스캔하거나, 클릭하거나, 탭해서 인코더-디코더 트랜스포머를 구축하고 훈련시키는 **파이토치** 코드에 접근해봐!!!

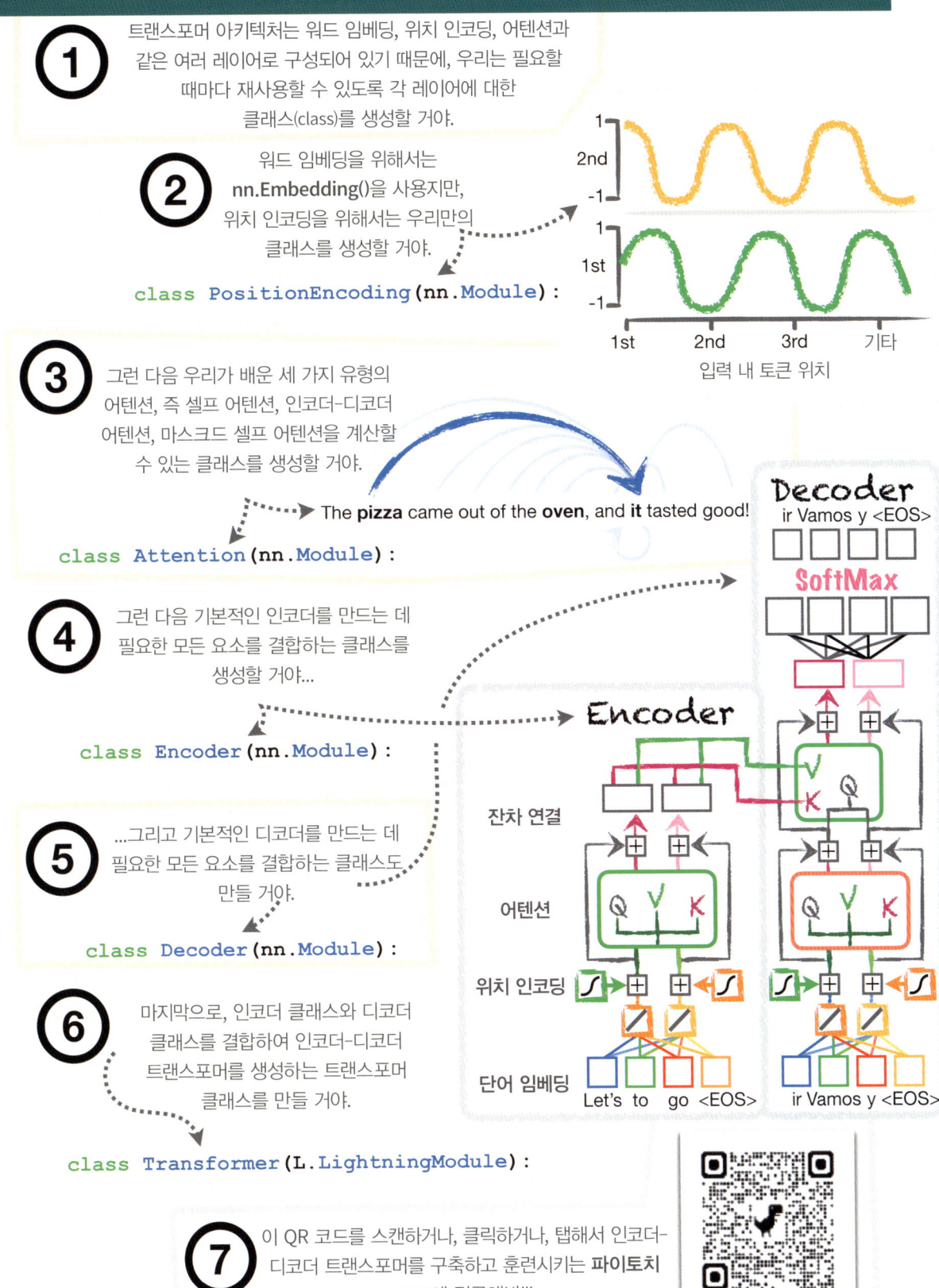

253

Chapter 13

디코더-온리 트랜스포머로
대량의 텍스트 생성하기!!!

① **문제점: 인코더-디코더 트랜스포머**는 굉장하지만, 긴 출력 시퀀스를 생성하는 데는 개선점이 필요해. 즉, 자기소개서나 각본을 쓰는 데는 그다지 뛰어나지 않아.

> 나와 노말사우르스에 대한 영화 각본을 쓰고 싶은데 도움이 필요해!

문제는 인코더가 자체적인 가중치와 편향 세트를 가지고 있고, 이것이 디코더의 가중치 및 편향 세트와 완전히 분리되어 있다는 사실 때문이야.

> 나는 로켓 과학 분야 일자리에 자기소개서를 쓰는 데 도움이 필요해.

이론적으로 두 개의 분리된 세트를 가지는 것은 괜찮지만, 실제로는 두 세트가 컴퓨터 메모리를 차지하고, 두 세트를 가지는 것이 어텐션이 적용될 수 있는 시퀀스의 길이를 제한할 수 있어. 즉, 모델이 생성할 수 있는 출력의 양을 제한한다는 거야.

그래서 노말사우르스와 스콰치가 주연인 바보 같은 각본처럼 많은 출력을 생성할 수 있는 모델을 원한다면 어떻게 해야 할까?

*옮긴이: '출력 제한'은 모델이 출력을 원리적으로 이해하지 못해서가 아니라, 인코더와 디코더가 동시에 처리해야 해서 연산량과 메모리 사용이 폭발적으로 늘어나기 때문에 생기는 한계야.

② **해결책:** 인코더를 버리고 **디코더-온리 트랜스포머(decoder-only transformer)**를 만드는 거야.

> **참고:** 인기 있는 AI 애플리케이션인 ChatGPT는 디코더-온리 트랜스포머를 기반으로 해.

디코더-온리 트랜스포머는 단일 유닛(single unit)을 사용해 프롬프트 처리부터 응답 생성까지 모든 것을 수행해.

이는 모델의 모든 단일 가중치와 편향이 토큰을 생성하도록 훈련되고, 결과적으로 모델이 **스콰치**에 대한 바보 같은 각본을 쓰기에 충분한 수백만 개의 토큰을 생성할 수 있다는 것을 의미해.

디코더-온리(decoder-only)라는 이름은 프롬프트를 포함한 모든 것에 **마스크드 셀프 어텐션**을 사용하고, 훈련 중과 그 이후 내내 사용한다는 사실에서 유래했어.

그리고 인코더가 없으면 더 이상 인코더-디코더 어텐션을 가질 수 없기 때문에 이 디코더에는 그 기능을 포함하지 않아.

이제 **디코더-온리 트랜스포머**가 어떻게 작동하는지 예를 통해 단계별로 살펴보자!

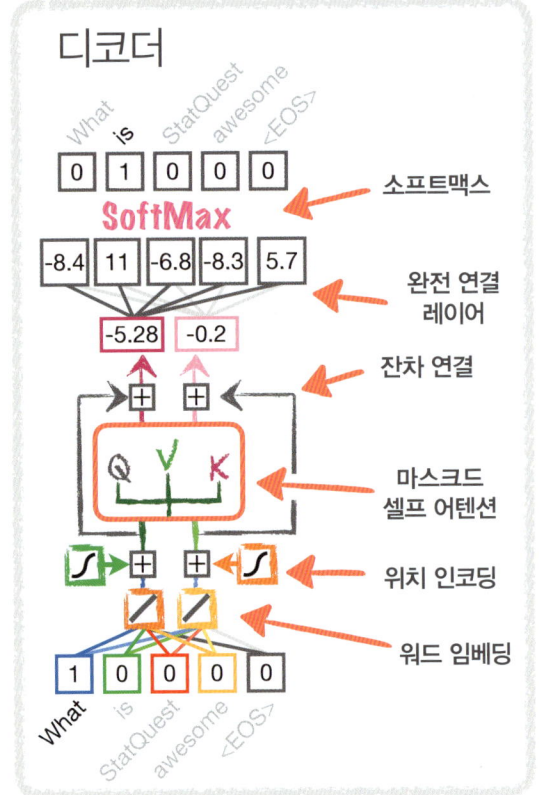

디코더

- 소프트맥스
- 완전 연결 레이어
- 잔차 연결
- 마스크드 셀프 어텐션
- 위치 인코딩
- 워드 임베딩

디코더 온리 트랜스포머: 차근차근 살펴보기

① 디코더-온리 트랜스포머가 어떻게 작동하는지 보려면, **What is StatQuest?**(StatQuest가 뭐야?)라는 프롬프트(prompt)를 주고 어떤 응답을 생성하는지 보자.

② 하지만 시작하기 전에, **12장**에서 사용했던 인코더-디코더 트랜스포머와 달리, 이 디코더-온리 트랜스포머는 입력과 출력에 대해 동일한 어휘(vocabulary)를 사용한다는 점을 먼저 지적하고 싶어.

구체적으로, 입력과 출력 토큰은
What, is, StatQuest, awesome, <EOS>야.

③ 자, 가장 먼저 할 일은 프롬프트 **What is StatQuest?**에 대한 워드 임베딩을 얻는 거야.

> **친절한 알림:**
> 우리는 구두점이나 다른 대문자 표기를 나타내는 토큰은 생략하고 있어. 하지만 이러한 토큰들도 보통 포함된다는 점을 알아두길 바라.

④ 그런 다음 위치 인코딩을 추가해.

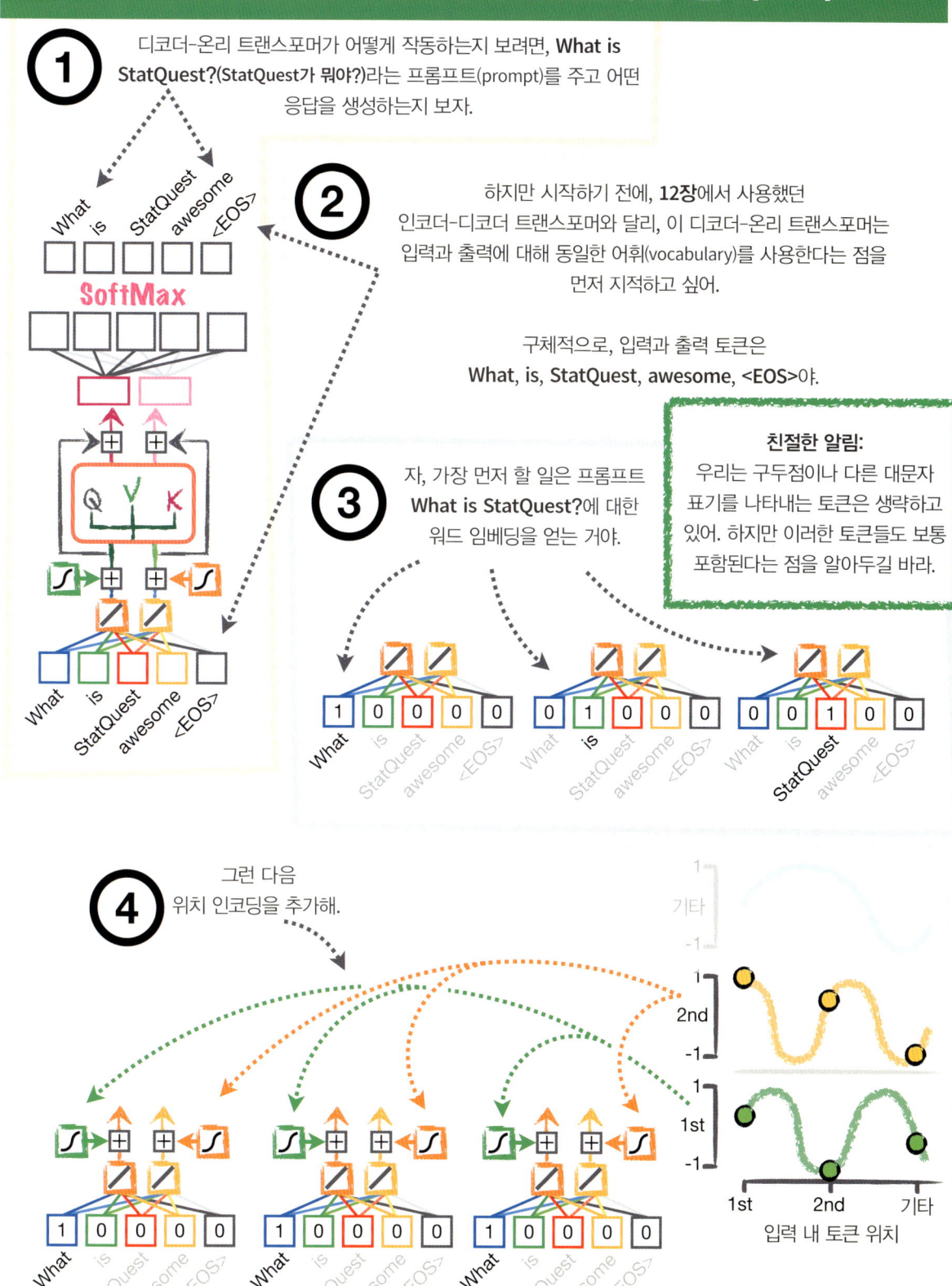

257

디코더 온리 트랜스포머: 차근차근 살펴보기

5 다음에 할 일은 **마스크드 셀프 어텐션**을 계산하는 거야.

> **전문용어 주의!**
> 디코더-온리 트랜스포머는 오직 이전에 나온 토큰들만 볼 수 있기 때문에, 이것들을 **자기회귀 모델**(autoregressive model)이라고도 불러.

프롬프트가 **What is StatQuest?**일 때, 첫 번째 토큰 **What**은 어텐션을 계산하기 위해 오직 자기 자신과의 유사도만 사용할 수 있고...

두 번째 토큰 **is**는 자기 자신 및 **What**과의 유사도를 사용할 수 있으며...

그리고 마지막 토큰 **StatQuest**는 자기 자신과 그 이전에 나온 모든 것들과의 유사도를 사용할 수 있어.

6 그런 다음 잔차 연결을 추가해.

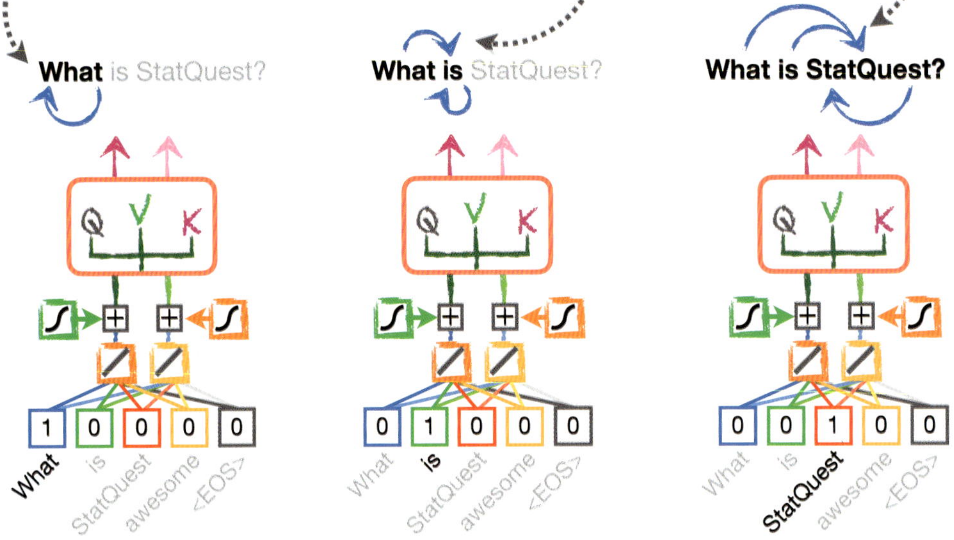

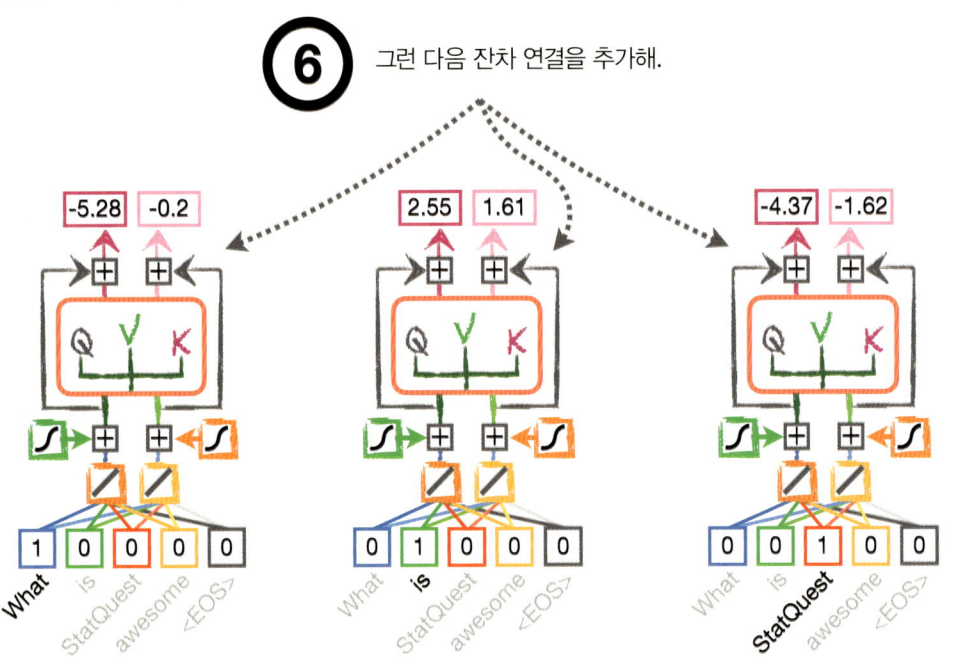

7 그런 다음 완전 연결 레이어와 Softmax 함수를 통해
값들을 실행하고 다음에 올 토큰을 생성해.

프롬프트가 **What is StatQuest?**일
때, 첫 번째 토큰 **What**은 **is**를 생성해야
하는데, 그렇게 하고 있네. BAM!

프롬프트가 노말사우르스와
내가 나오는 각본을 써달라는
것이었으면 더 좋았을텐데...

두 번째 토큰 **is**는 StatQuest를
생성해야 하는데, 대신 **What**을
생성해버렸어. 하지만 훈련 중에는
이 오류를 사용해 가중치와 편향을
개선할 수 있어. 지금은 훈련 중이
아니기 때문에 그냥 무시하자.

마지막 토큰 StatQuest는
프롬프트의 끝에 있기 때문에
<EOS> 토큰을 생성해야 해.
제대로 잘한 것 같아. BAM!

8

이제 프롬프트 **What is
StatQuest?**를 처리했으므로,
응답을 생성할 수 있어.

디코더 온리 트랜스포머: 차근차근 살펴보기

9 프롬프트에서 마지막으로 생성된 토큰이 무엇이든 상관없이, 우리는 **<EOS>** 토큰*으로 응답 생성을 시작해.

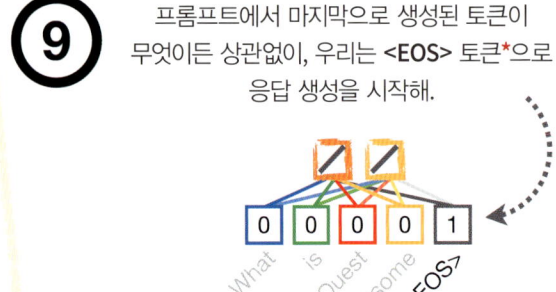

0 0 0 0 1
What
is
StatQuest
awesome
<EOS>

*또는 우리가 응답 생성을 시작하는 것으로 정의한 어떤 토큰이든 사용할 수 있어.

10 그런 다음 위치 인코딩을 추가해.

디코더-온리 트랜스포머는 프롬프트 처리가 끝난 지점에서 바로 이어서 응답을 생성하기 때문에...

...**<EOS>**는 우리가 위치 인코딩을 추가할 4번째 토큰이야.

What is StatQuest **<EOS>**

토큰 위치: **1** **2** **3** **4**

따라서 **<EOS>**에 대한 워드 임베딩값들에 **4**번째 토큰의 x축 위치에 해당하는 사인 및 코사인 구불구불한 선의 y축 좌표들을 추가해.

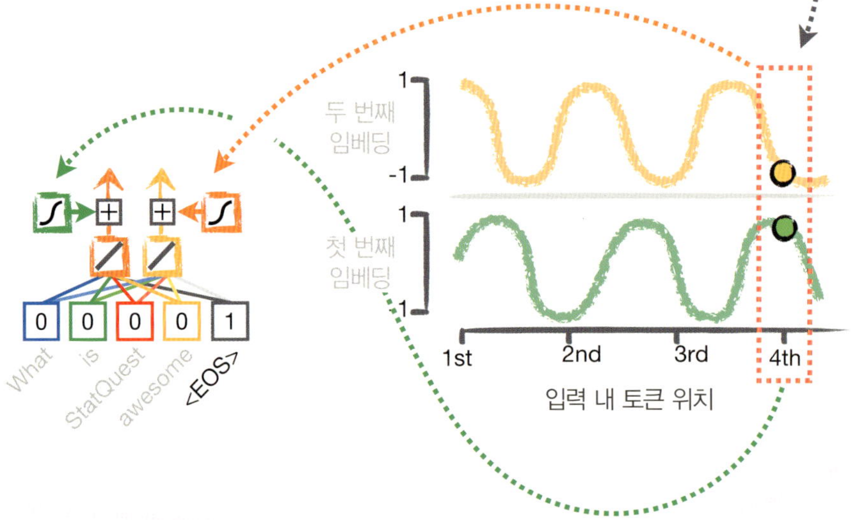

0 0 0 0 1
What
is
StatQuest
awesome
<EOS>
1
두 번째 임베딩
-1
1
첫 번째 임베딩
-1
1st
2nd
3rd
4th
입력 내 토큰 위치

디코더 온리 트랜스포머: 차근차근 살펴보기

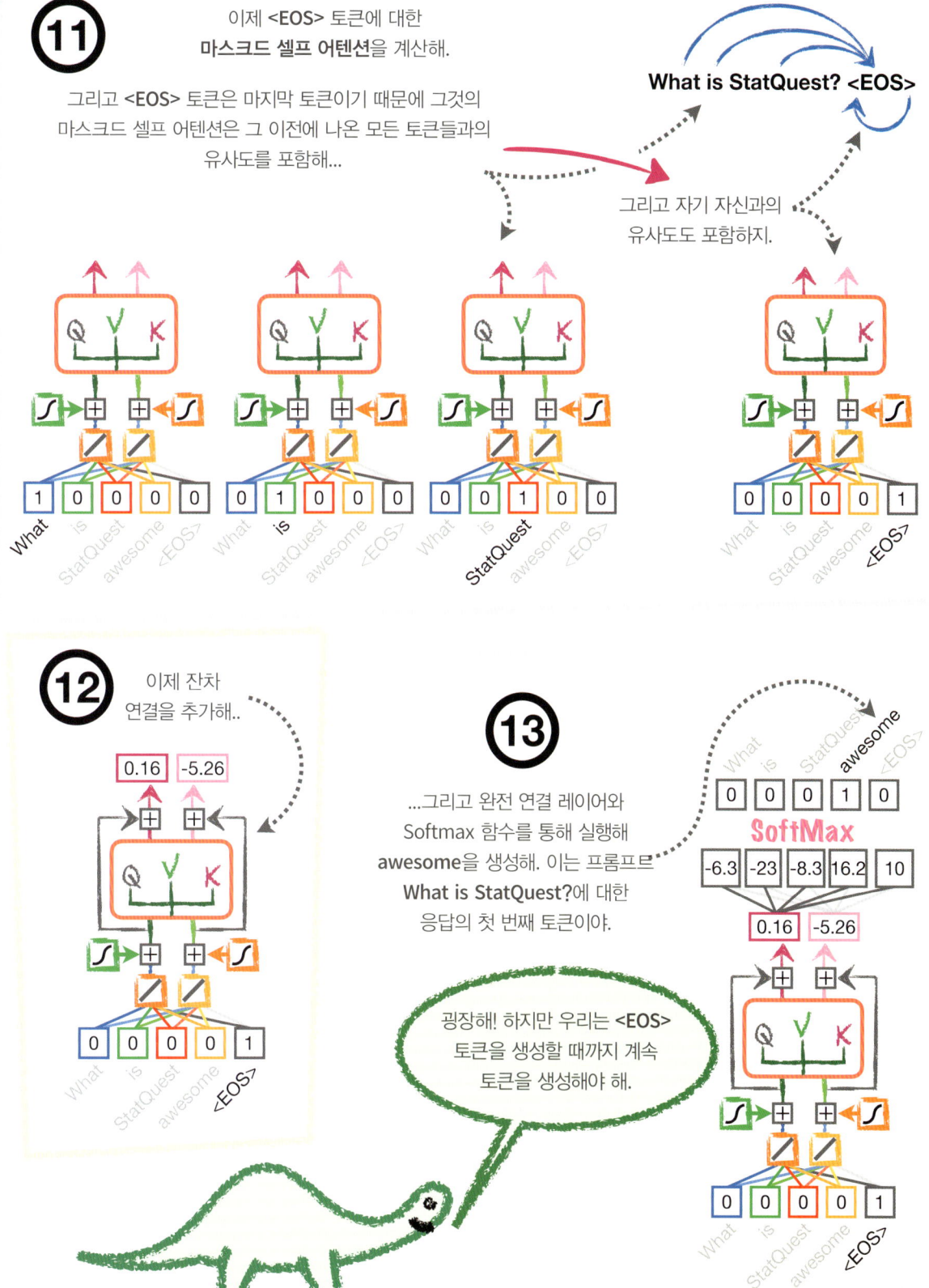

⑪ 이제 <EOS> 토큰에 대한 **마스크드 셀프 어텐션**을 계산해.

그리고 <EOS> 토큰은 마지막 토큰이기 때문에 그것의 마스크드 셀프 어텐션은 그 이전에 나온 모든 토큰들과의 유사도를 포함해...

What is StatQuest? <EOS>

그리고 자기 자신과의 유사도도 포함하지.

⑫ 이제 잔차 연결을 추가해..

⑬ ...그리고 완전 연결 레이어와 Softmax 함수를 통해 실행해 **awesome**을 생성해. 이는 프롬프트 **What is StatQuest?**에 대한 응답의 첫 번째 토큰이야.

굉장해! 하지만 우리는 <EOS> 토큰을 생성할 때까지 계속 토큰을 생성해야 해.

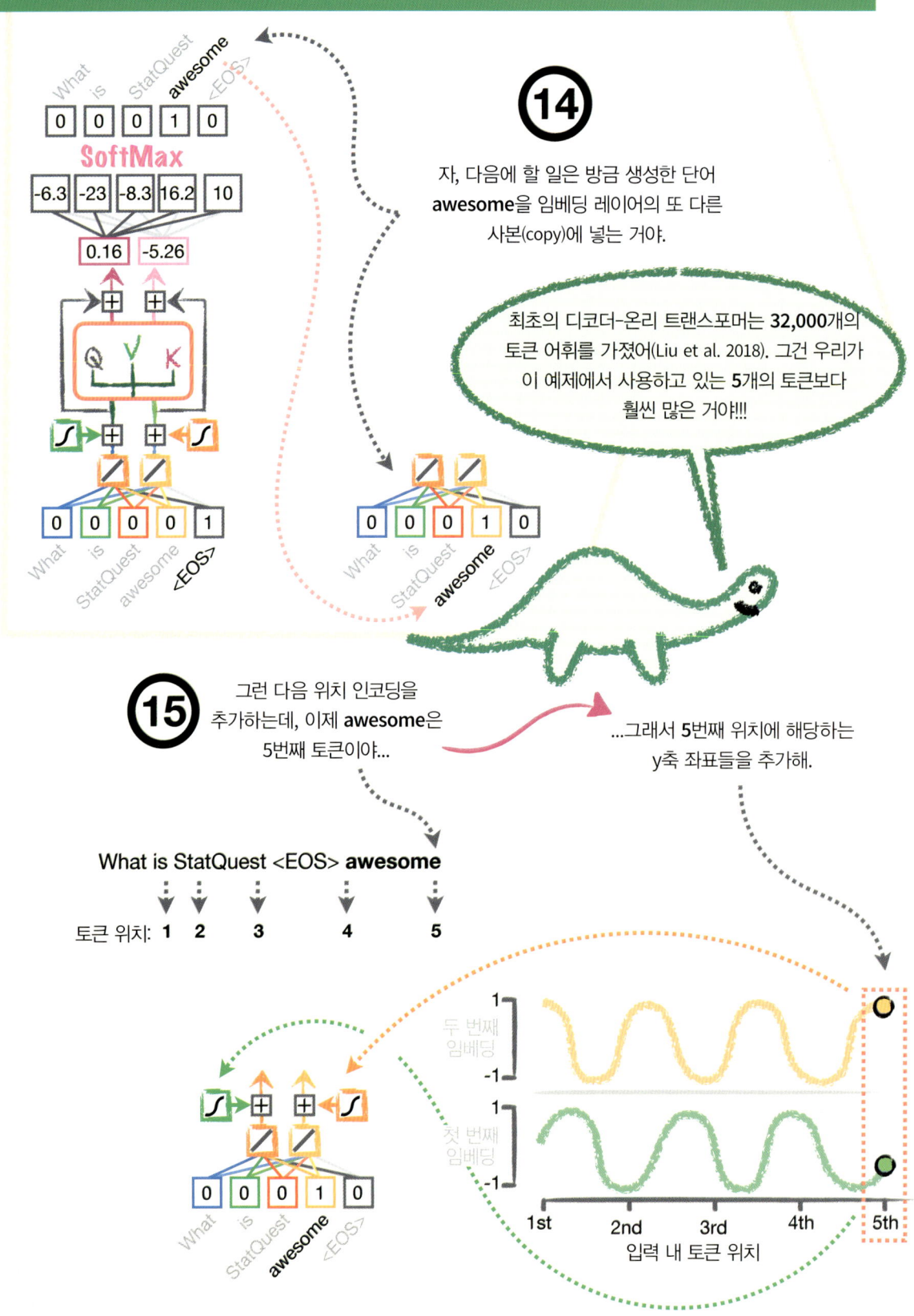

⑭ 자, 다음에 할 일은 방금 생성한 단어 **awesome**을 임베딩 레이어의 또 다른 사본(copy)에 넣는 거야.

최초의 디코더-온리 트랜스포머는 **32,000**개의 토큰 어휘를 가졌어(Liu et al. 2018). 그건 우리가 이 예제에서 사용하고 있는 **5**개의 토큰보다 훨씬 많은 거야!!!

⑮ 그런 다음 위치 인코딩을 추가하는데, 이제 **awesome**은 5번째 토큰이야...

...그래서 5번째 위치에 해당하는 y축 좌표들을 추가해.

What is StatQuest <EOS> **awesome**

토큰 위치: **1** **2** **3** **4** **5**

두 번째 임베딩

첫 번째 임베딩

1st 2nd 3rd 4th 5th

입력 내 토큰 위치

⑯ 그런 다음 **awesome** 토큰을 포함해 우리가 지금까지 처리한 모든 토큰들을 사용해 마스크드 셀프 어텐션을 추가해.

What is StatQuest? <EOS> awesome

⑰ 그런 다음 잔차 연결을 추가해.

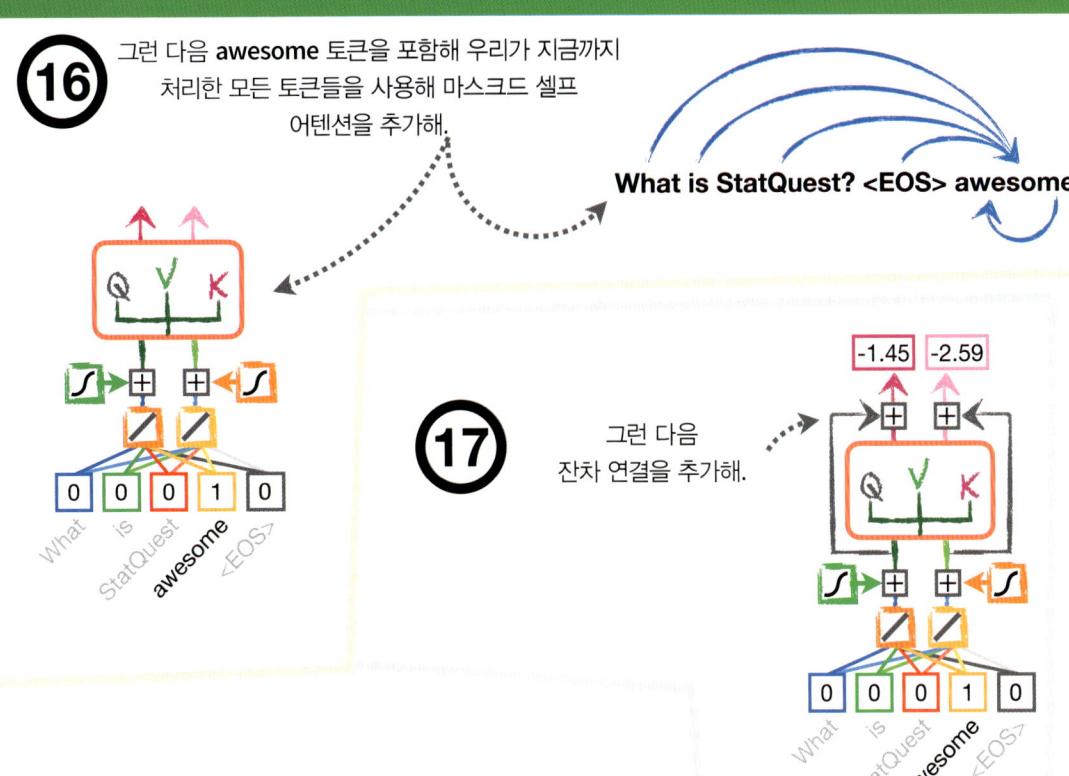

⑱ 마지막으로, 잔차 연결로부터 나온 출력값을 완전 연결 레이어와 Softmax 함수를 통해 실행해 **<EOS>** 토큰을 생성해. 이는 우리가 출력 생성을 마쳤다는 것을 의미해.

따라서 프롬프트...

What is StatQuest? 에 대한 응답은...

awesome
이야.

TRIPLE BAM!!!

이제 디코더-온리 트랜스포머를 어떻게 훈련시키는지 이야기해보자.

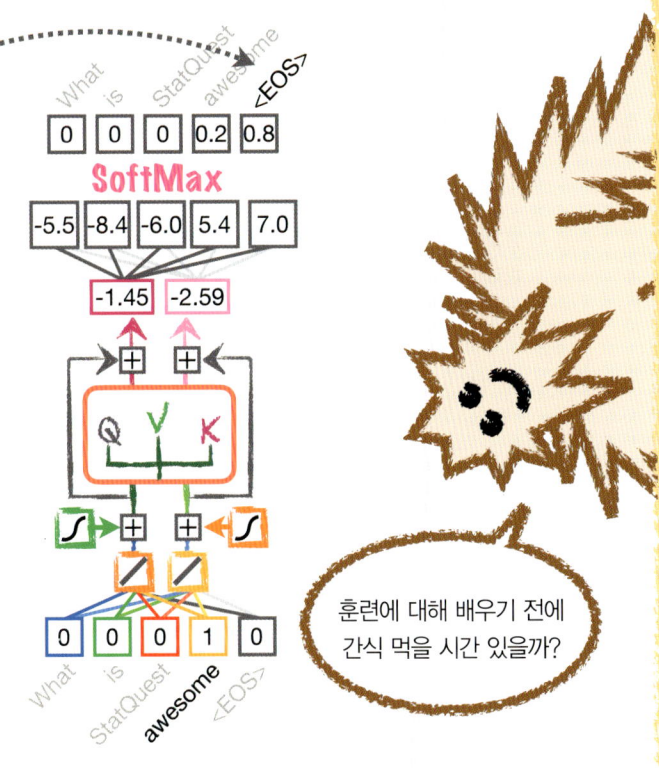

훈련에 대해 배우기 전에 간식 먹을 시간 있을까?

디코더 온리 트랜스포머: 차근차근 살펴보기

① 디코더-온리 트랜스포머는 훈련 중에 프롬프트를 처리하고 응답을 생성할 때 토큰들을 생성하기 때문에, 우리는 생성된 모든 토큰들, 심지어 프롬프트에 있는 토큰들까지도 알려진 것(정답)과 비교할 수 있어.

예를 들어 프롬프트가 **What is StatQuest?**일 때, 우리는 첫 번째 토큰 **What**이 **is**를 생성해야 한다는 것을 알아...

...그리고 훈련 중 크로스 엔트로피 손실 함수에서 **What**을 처리할 때 디코더-온리 트랜스포머에서 나오는 어떤 토큰이든 넣을 수 있어.

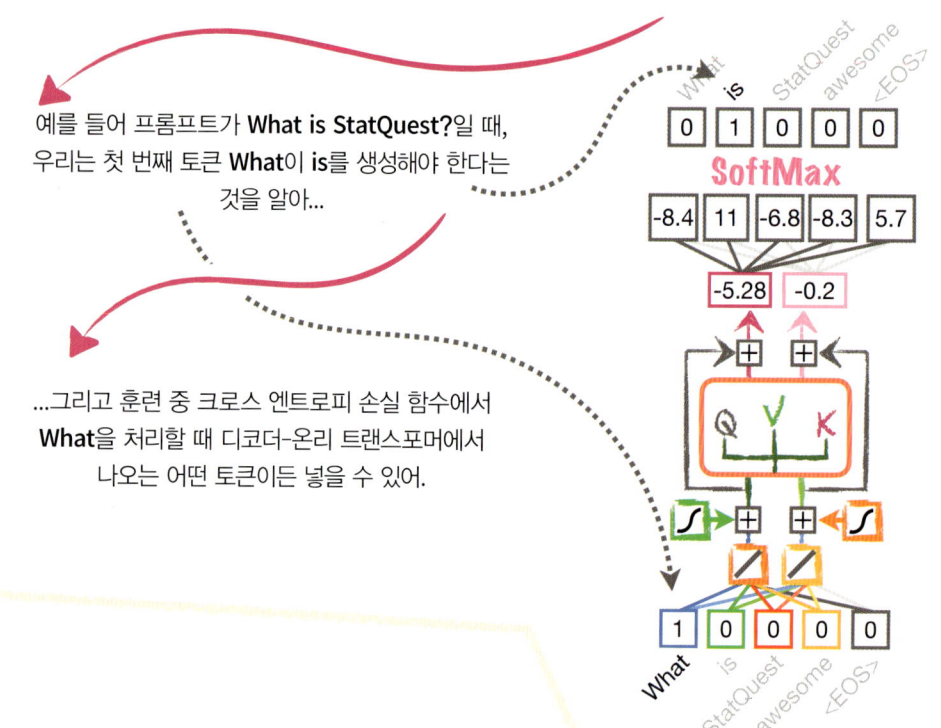

② 마찬가지로, 우리는 두 번째 토큰 **is**가 **StatQuest**를 생성해야 한다는 것을 알고, 대신 **What**을 얻는다면...

....그러면 우리는 그 오류를 사용해 가중치와 편향을 최적화할 수 있어. 비록 우리가 여전히 프롬프트를 처리하고 있을지라도 말이야.

따라서 디코더-온리 트랜스포머는 인코더-디코더 트랜스포머보다 더 효율적으로 훈련될 수 있어. 왜냐하면 디코더-온리 트랜스포머는 단지 응답뿐만 아니라 프롬프트를 얼마나 잘 생성하는지를 정량화할 수 있기 때문이야.

Bam!

이제 파이토치로 처음부터 디코더-온리 트랜스포머를 코딩해보자!

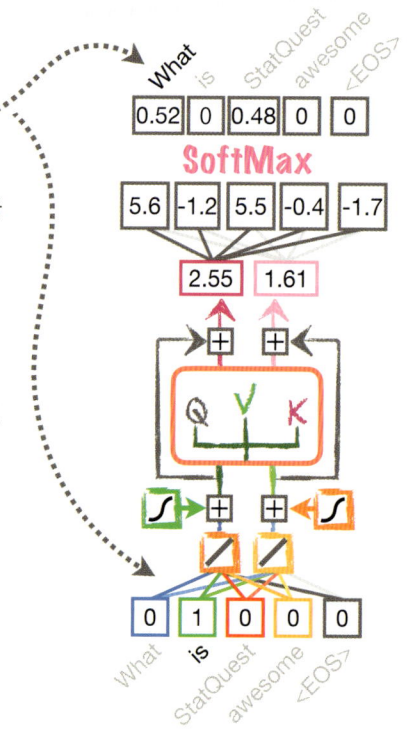

파이토치로 구현하는 디코더-온리 트랜스포머

① 디코더-온리 트랜스포머를 코딩하는 것은 인코더-디코더 트랜스포머를 코딩하는 것보다 실제로 더 쉬워. 왜냐하면 인코더-디코더 어텐션을 포함할 필요가 없기 때문이야.

② 유일하게 까다로운 부분은 훈련 데이터를 만드는 방법을 알아내는 거야.

③ 만약 프롬프트가...

그리고 원하는 응답이...

What is StatQuest? <EOS> 이고...

Awesome <EOS> 라면...

ⓐ ...그러면 What은 is를 예측해야 하고...

What **is** StatQuest? <EOS> Awesome <EOS>

What is StatQuest? <EOS> Awesome <EOS>

ⓑ ...is는 StatQuest를 예측해야 하고...

What is **StatQuest**? <EOS> Awesome <EOS>

What **is** StatQuest? <EOS> Awesome <EOS>

ⓒ ...StatQuest?는 <EOS>를 예측해야 하고...

What is StatQuest? **<EOS>** Awesome <EOS>

What is **StatQuest?** <EOS> Awesome <EOS>

ⓓ ...<EOS>는 awesome을 예측해야 하고...

What is StatQuest? <EOS> **Awesome** <EOS>

What is StatQuest? **<EOS>** Awesome <EOS>

ⓔ ...그리고 awesome은 <EOS>를 예측해야 해.

What is StatQuest? <EOS> Awesome **<EOS>**

What is StatQuest? <EOS> **Awesome** <EOS>

④

이는 훈련을 위한 입력이 이것들이라는 것을 의미해...

```
torch.tensor([[token2id["what"],
               token2id["is"],
               token2id["statquest"],
               token2id["<EOS>"],
               token2id["awesome"]])
```

...그리고 이것들은 우리가 예측하려고 하는 레이블(label)들이야.

```
torch.tensor([[token2id["is"],
               token2id["statquest"],
               token2id["<EOS>"],
               token2id["awesome"],
               token2id["<EOS>"]])
```

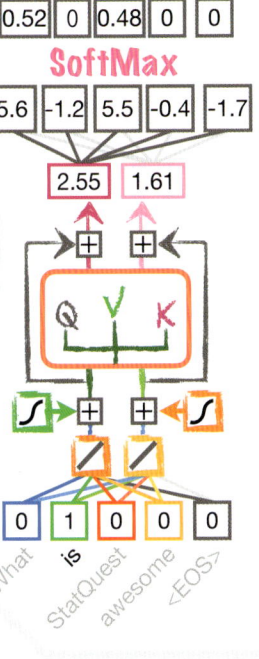

What	is	StatQuest	awesome	<EOS>
0.52	0	0.48	0	0

SoftMax

| 5.6 | -1.2 | 5.5 | -0.4 | -1.7 |

| 2.55 | 1.61 |

| 0 | 1 | 0 | 0 | 0 |

What / is / StatQuest / awesome / <EOS>

⑤

다음 QR 코드를 스캔 하거나, 클릭하거나, 탭해서 **디코더-온리 트랜스포머**를 구축 하고 훈련시키는 **파이토치** 코드를 확인해봐!!!

Chapter 14

인코더-온리 트랜스포머로 분류와 클러스터링하기!!!

인코더-온리 트랜스포머: 핵심 아이디어

① **문제점: 디코더-온리 트랜스포머**는 **프롬프트**에 대한 긴 응답을 생성하는 데는 훌륭해. 그래서 스콰치가 각본을 쓰는 데 도움을 줄 수 있지. 하지만 노말사우르스의 소셜 미디어 게시물이 긍정적인 감정인지 부정적인 감정인지를 판단하는 일이라면 어떨까?

StatQuest는 굉장해!!! #BAM!

다른 말로 하면, 트랜스포머로 감성 분석(sentiment analysis)은 어떻게 할까?

② **해결책: 인코더-온리 트랜스포머**(encoder-only transformer)가 해결할 수 있어!!!

가장 기본적인 형태로 보면, 인코더-온리 트랜스포머는 우리가 12장에서 인코더-디코더 트랜스포머를 설명할 때 본 인코더와 똑같아.

인코더-온리 트랜스포머는 워드 임베딩과 위치 인코딩으로 시작하고, 이어서 마스크되지 않은(unmasked) 셀프 어텐션이 오는데, 이는 각 토큰이 단지 이전에 온 토큰들뿐만 아니라 모든 토큰을 볼 수 있다는 것을 의미해. 그리고 마지막으로 잔차 연결이 와.

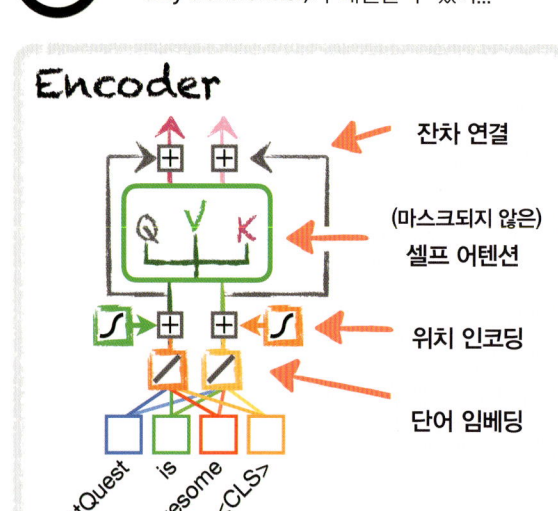

Encoder

잔차 연결

(마스크되지 않은) 셀프 어텐션

위치 인코딩

단어 임베딩

StatQuest is awesome <CLS>

하지만, 우리가 인코더-온리 트랜스포머로 하고 싶은 작업에 따라, 우리는 출력에 다른 네트워크들을 붙이고 다르게 훈련시킬 수 있어.

긍정적 부정적

.98 .02

SoftMax

4.2 0.2

0.16 -5.26

0 0 0 1

예를 들어 만약 소셜 미디어 게시물을 **긍정적(positive)** 또는 **부정적(negative)** 감정을 가진 것으로 분류하고 싶다면, 우리는 단순히 이 피드-포워드 레이어를 인코더-온리 트랜스포머의 출력에 추가하면 돼.

그런 다음, 이미 전체 위키백과와 같은 대량의 텍스트로 훈련된 인코더-온리 트랜스포머를 사용해 상대적으로 작은 게시물 데이터셋으로 피드-포워드 레이어의 새로운 가중치와 편향을 훈련시키기만 하면 돼. 상대적으로 작은 데이터셋으로 후속 훈련하는 것을 **미세 조정**(fine tuning)이라고 불러.

이제 인코더-온리 트랜스포머의 핵심 아이디어를 이해했으니, 조금 더 자세히 살펴보자.

참고: BERT는 트랜스포머로부터의 양방향 인코더 표현(bidirectional encoder representations from transformers)의 약자이며, 인기 있는 **인코더-온리 트랜스포머**야. 양방향 부분(bidirectional part)은 마스크되지 않은 셀프 어텐션을 가리키는데, 여기서 각 토큰 전후에 오는 토큰들을 살펴봐.

인코더-온리 트랜스포머: 자세히 살펴보기

① **9장**에서 워드 임베딩에 대해 이야기했을 때, 우리는 비슷한 단어들을 비슷한 숫자로 변환하기 위해 간단한 신경망을 사용했어. 구체적으로, 우리는 **트롤 2**(Troll 2)와 같은 하나의 입력 토큰을 사용해 다음 토큰인 **는**을 예측하는 네트워크로 시작했지.

② 하지만, 다음 단어를 예측하는 것만으로는 각 단어를 이해하는 데 필요한 많은 맥락을 제공하지 않아. 그래서 우리는 **연속 단어 주머니**(continuous bag of words) 방법을 사용해 맥락을 어떻게 증가시킬 수 있는지 이야기했어. 이 방법은 **트롤 2**와 **훌륭해!** 같은 주변 단어를 사용해 그 사이에 있는 단어 **는**을 예측해.

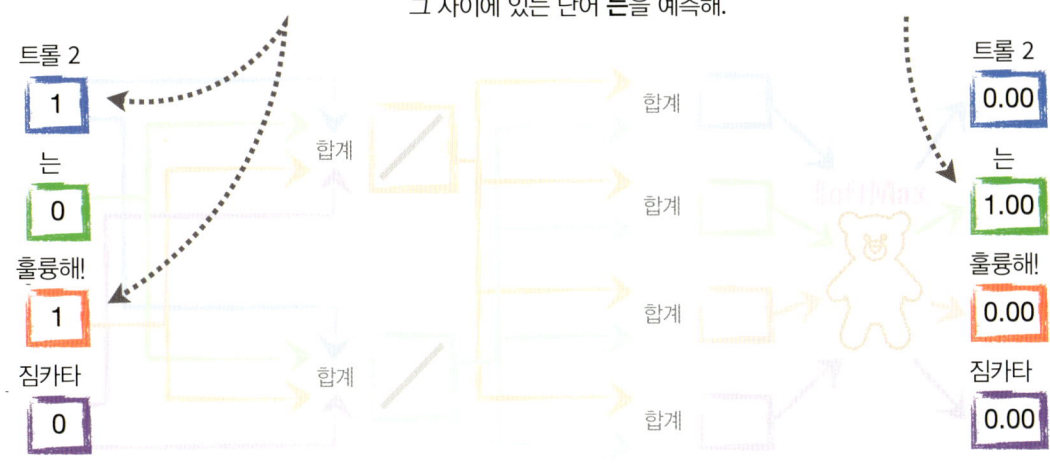

③ **연속 단어 주머니** 방법과 이와 비슷한 **스킵-그램**(skip gram)은 모두 더 넓은 맥락을 반영할 수 있지만, 어느 쪽도 단어 순서를 추적하지는 않아. 그런데 **12장**에서 살펴봤듯이, 의미를 이해하는 데 단어 순서는 매우 중요할 수 있지!

4 단어가 어떻게 사용되는지 이해하는 데 단어 순서가 중요할 수 있기 때문에, 워드 임베딩값에 위치 인코딩 값을 추가해 단어 순서도 고려하도록 했어.

5 좋은 소식은 이것이 바로 트랜스포머의 인코더가 하는 일이라는 거야.

위치 인코딩은 임베딩을 생성할 때 단어 순서를 고려할 수 있게 해줘.

6 그리고 그 단계 다음에는 우리가 이전에 봤듯이 단어들 간의 관계를 설정하는 데 도움이 되는 셀프 어텐션 레이어가 와.

The **pizza** came out of the **oven**, and **it** tasted good!

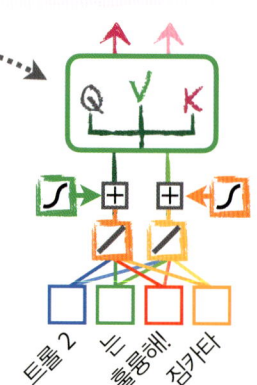

7 그리고 셀프 어텐션을 사용할 때, 관심 단어 이후에 오는 단어들을 포함해 모든 단어의 요소들이 고려되기 때문에, 그 결과로 나오는 임베딩은 **콘텍스트 인식 임베딩**(context-aware embedding) 또는 **문맥화된 임베딩**(contextualized embedding)이라고 불려.

8 일반적인 워드 임베딩과 비교했을 때...

콘텍스트 인식 임베딩은 개별 단어만 군집화하는 대신에 비슷한 문장, 심지어 문서까지 함께 군집화할 수 있어.

BAM!

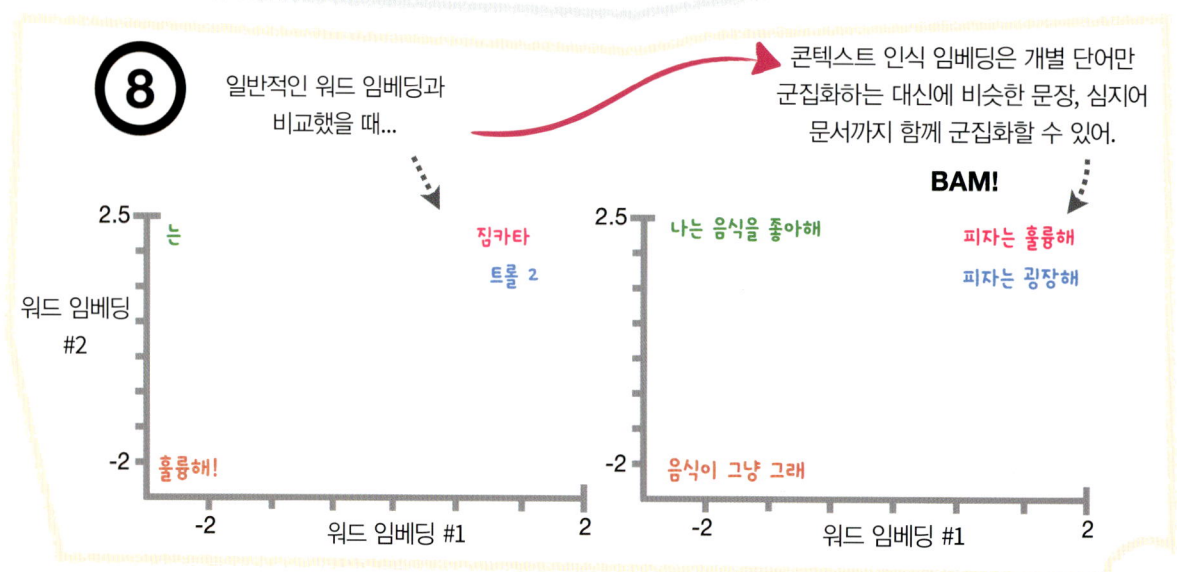

⑨ 이렇게 얻어진 콘텍스트 인식 임베딩은...

입력의 감성을 분류하는 일반 신경망의 입력으로 사용될 수 있어.

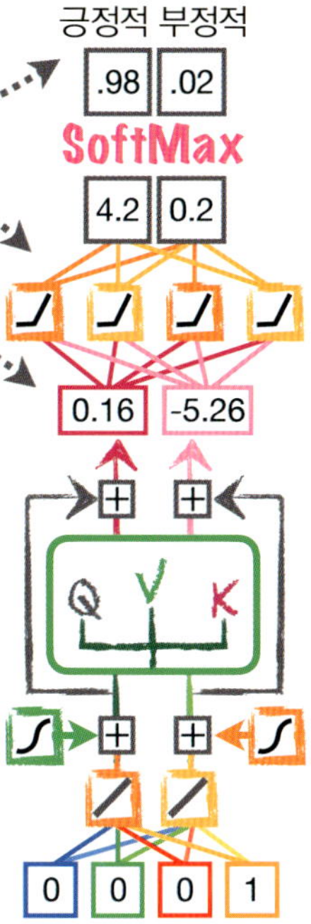

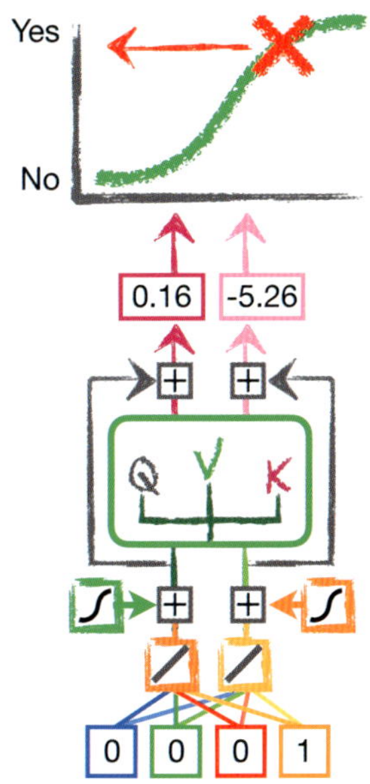

긍정적 부정적

| .98 | .02 |

SoftMax

| 4.2 | 0.2 |

| 0.16 | -5.26 |

| 0 | 0 | 0 | 1 |

⑩ 혹은 이 콘텍스트 인식 임베딩을 분류를 수행하는 **로지스틱 회귀*** 모델의 변수(입력 특성)로 사용할 수 있어.

Yes

No

DOUBLE BAM!!

로지스틱 회귀는 분류에 사용되는 상대적으로 빠르고, 간단하며, 정확한 방법이야. 이것을 신경망과 결합하면 분석 비용이 많이 들 수 있어. 로지스틱 회귀에 대해 더 배우고 싶다면 《그림으로 배우는 StatQuest 머신러닝 강의》를 확인해봐!
(뻔뻔한 자기 홍보 죄송합니다!!)

| 0.16 | -5.26 |

| 0 | 0 | 0 | 1 |

*옮긴이: 여기서 말하는 방법은, 인코더가 만든 문장 임베딩을 받아서 로지스틱 회귀나 간단한 신경망 분류기에 넣고, Softmax로 긍정·부정을 판별하는 걸 뜻해.

⑪ 이제 인코더-온리 트랜스포머가 어떻게 작동하는지에 대한 자세히 살펴봤으니, 노말사우르스의 게시물에 대한 감성 분석을 차근차근 진행해보자!

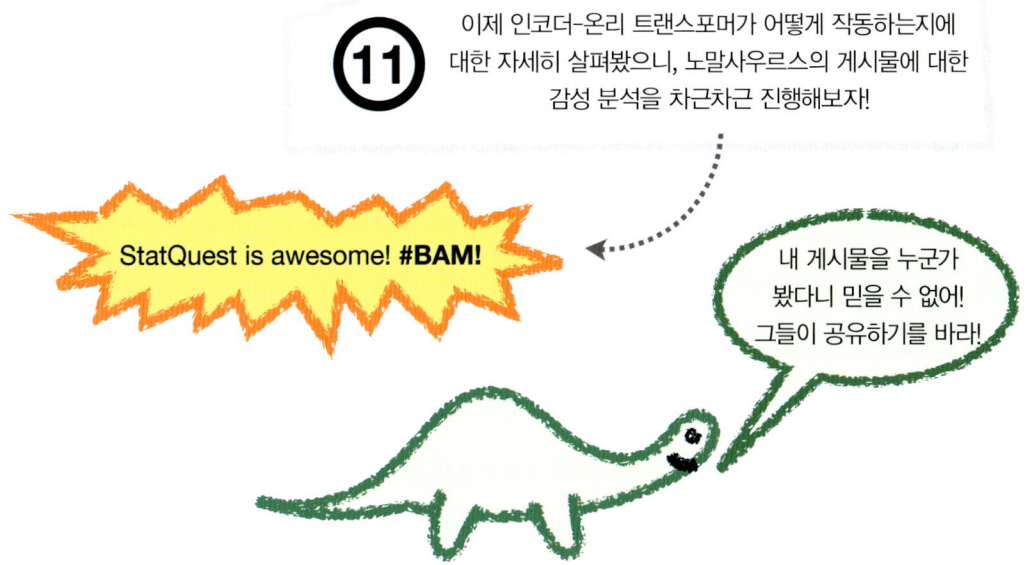

StatQuest is awesome! #BAM!

내 게시물을 누군가 봤다니 믿을 수 없어! 그들이 공유하기를 바라!

① 이번에는 인코더-온리 트랜스포머가 소셜 미디어 게시물 **StatQuest is awesome!**의 감정을 긍정 또는 부정으로 어떻게 판단하는지 알아보자.

항상 그렇듯이, 우리는 **워드 임베딩**으로 시작해... 하지만 이번에는 입력 시작 부분에 **분류(classification)**를 의미하는 특별한 토큰 **<CLS>**를 추가할거야.

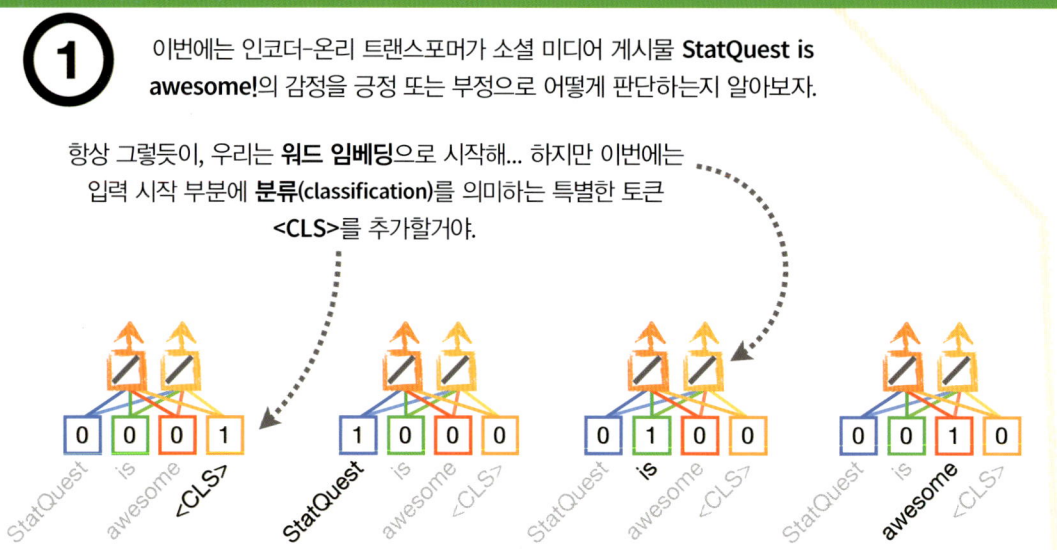

② 그런 다음 위치 인코딩을 추가하는데, **<CLS>** 토큰이 첫 번째 위치에 있어...

...그리고 게시물 **StatQuest is awesome!**이 다음 위치들에 와.

③ 그런 다음 셀프 어텐션을 계산해. 이것은 마스크되지 않았으므로, 각 토큰은 콘텍스트 인식 임베딩을 만들기 위해 다른 모든 토큰들을 사용할 수 있어. 구체적으로, **<CLS>** 토큰은 그 뒤에 오는 모든 것을 사용할 수 있어.

<CLS> StatQuest is awesome!

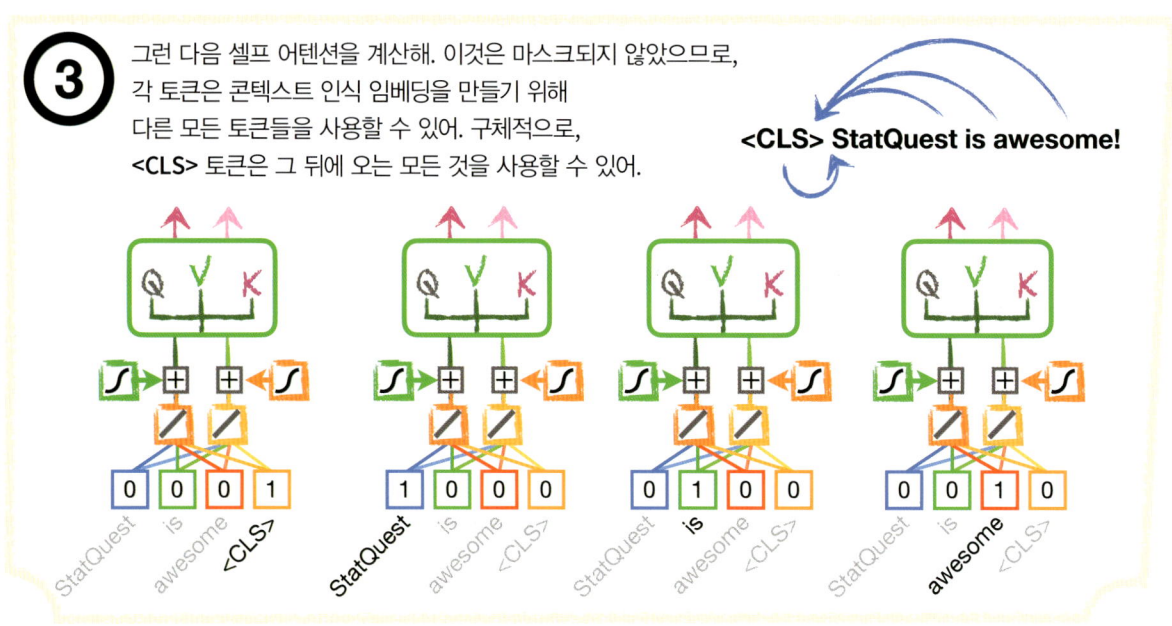

④ 그런 다음 잔차 연결을 추가해.

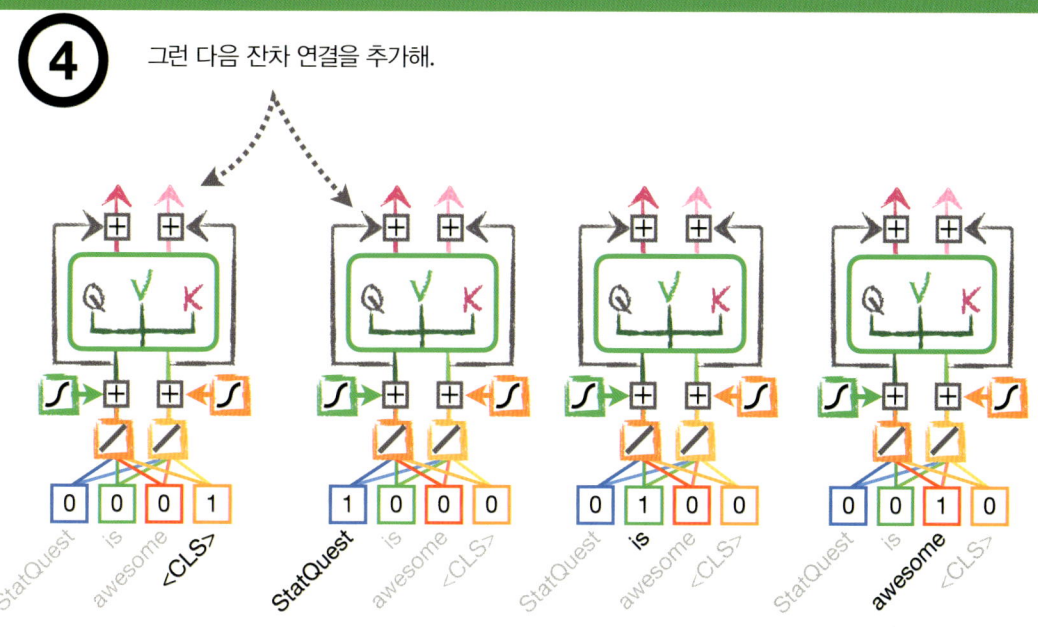

⑤ 마지막으로, **<CLS>**를 입력으로 받았던 유닛의 출력값을 피드 포워드 레이어와 Softmax 함수에 통과시켜 최종 감성 분류를 수행해.

이 결과 **긍정**에 대한 출력이 **0.98**로 **부정** 감성의 **0.02**보다 훨씬 크고 1에 가까우므로, **StatQuest is awesome!**이라는 게시물은 긍정으로 분류되는 거야.

TRIPLE BAM!!!

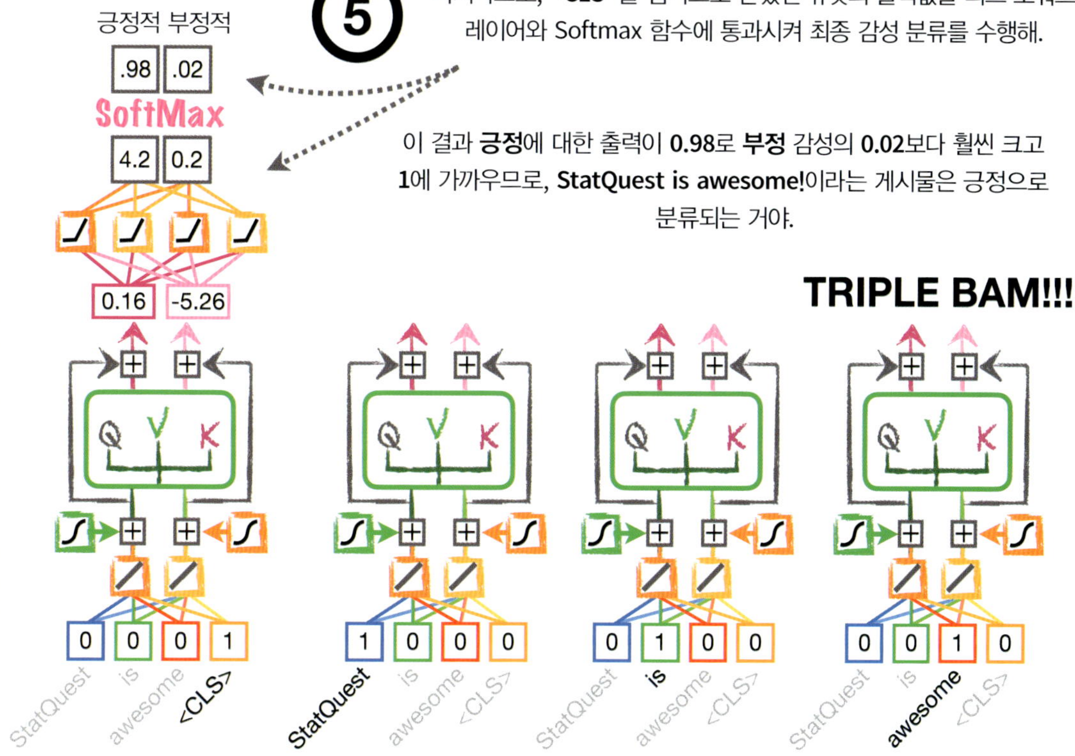

⑥ 이제 **인코더-온리 트랜스포머**를 사용하는 방법을 살펴봤으니, 어떻게 훈련시키는지 알려줄게.

영어 구문을 다른 언어로 번역하도록 훈련된 초기 인코더-디코더 트랜스포머(Vaswani et al., 2017)나, 많은 텍스트를 생성하도록 훈련된 디코더-온리 트랜스포머(Liu et al., 2018)와는 달리, 최초의 인코더-온리 트랜스포머 중 하나인 **BERT**는 마스크된(가려진) 단어를 예측하도록 훈련되었어(Devlin et al., 2018).

예를 들어 만약 우리가 이 문장을 인코더-온리 트랜스포머를 훈련시키는 데 사용하고 싶다면...

...그러면 우리는 단어 **is**(또는 다른 단어)를 **<MASK>** 토큰으로 대체하여 단어를 가릴(mask out) 수 있어...

StatQuest is awesome

StatQuest <MASK> awesome

참고: 단어를 **<MASK>** 토큰으로 대체하는 것은 워드 임베딩이 스스로를 예측하는 것을 방지해.

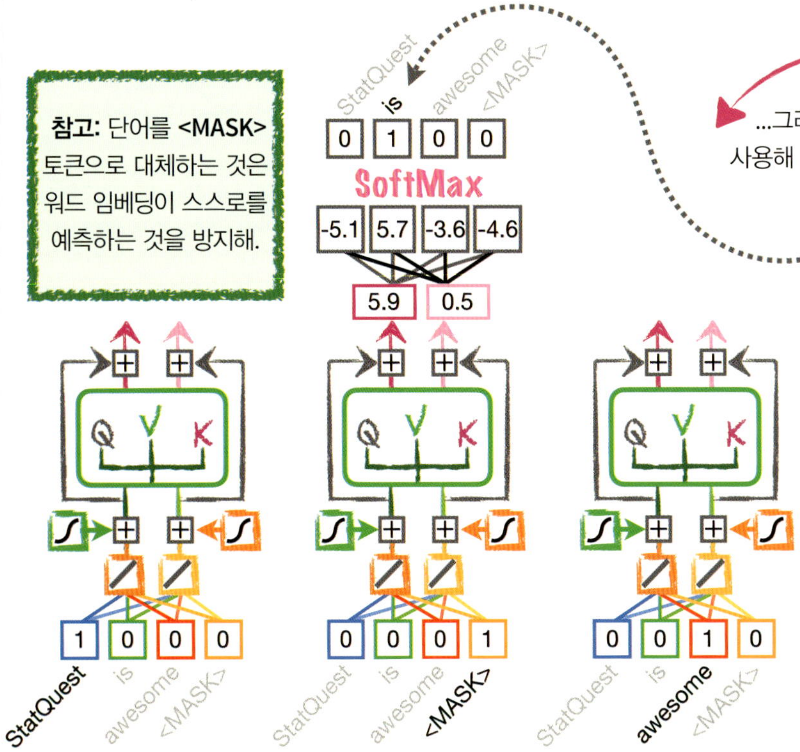

...그리고, 마스크된 문장을 입력으로 사용해 빠진 단어 **is**를 예측하도록 모델을 훈련시키는 거야.

SoftMax

StatQuest	is	awesome	<MASK>
0	1	0	0

-5.1 5.7 -3.6 -4.6

5.9 0.5

이 훈련 유형은 **마스킹된 언어 모델링(masked language modeling)**이라고 불리는데, 우리가 **9장**에서 워드 임베딩에 대해 처음 배웠을 때 본 연속 단어 주머니 방법과 매우 유사해.

Q V K   Q V K   Q V K

1	0	0	0

StatQuest is awesome <MASK>

0	0	0	1

StatQuest is awesome <MASK>

0	0	1	0

StatQuest is awesome <MASK>

이제 코딩 대신에, 미리 훈련된 몇몇 트랜스포머를 다운로드해 뭔가 멋진 것을 해보자!

인코더-온리 트랜스포머가 어떻게 작동하는지 아는 것은 이제 막 시작일 뿐이야. 굉장한 사용 사례들이 수백 가지나 있어. 더 알고 싶다면 우리 친구 제이 알아마르와 마르턴 흐루턴도르스트가 쓴 멋진 책 《핸즈온 LLM》을 읽어봐.

① 이번 마지막 예제에서는 **파이토치**로 처음부터 신경망을 구축하는 대신, 우리는 훨씬 더 실용적인 작업을 해볼 거야. 사전 훈련된 인코더–온리(encoder-only) 및 디코더–온리(decoder-only) 트랜스포머를 다운로드해서, **45,000개의 문서**를 클러스터링하고 생성된 레이블을 지정하는 데 사용할 거야. 이건 큰 작업이고 **LLM**이 필요해. LLM은 단지 아주 큰 트랜스포머일 뿐이지만, 너무 커서 훈련시키는 데 몇 달이 걸릴 수도 있어. 따라서 많은 시간과 비용을 직접 훈련에 쏟는 대신, 우리는 다운로드할 수 있는 사전 훈련된 무료 모델의 이점을 활용할 거야.

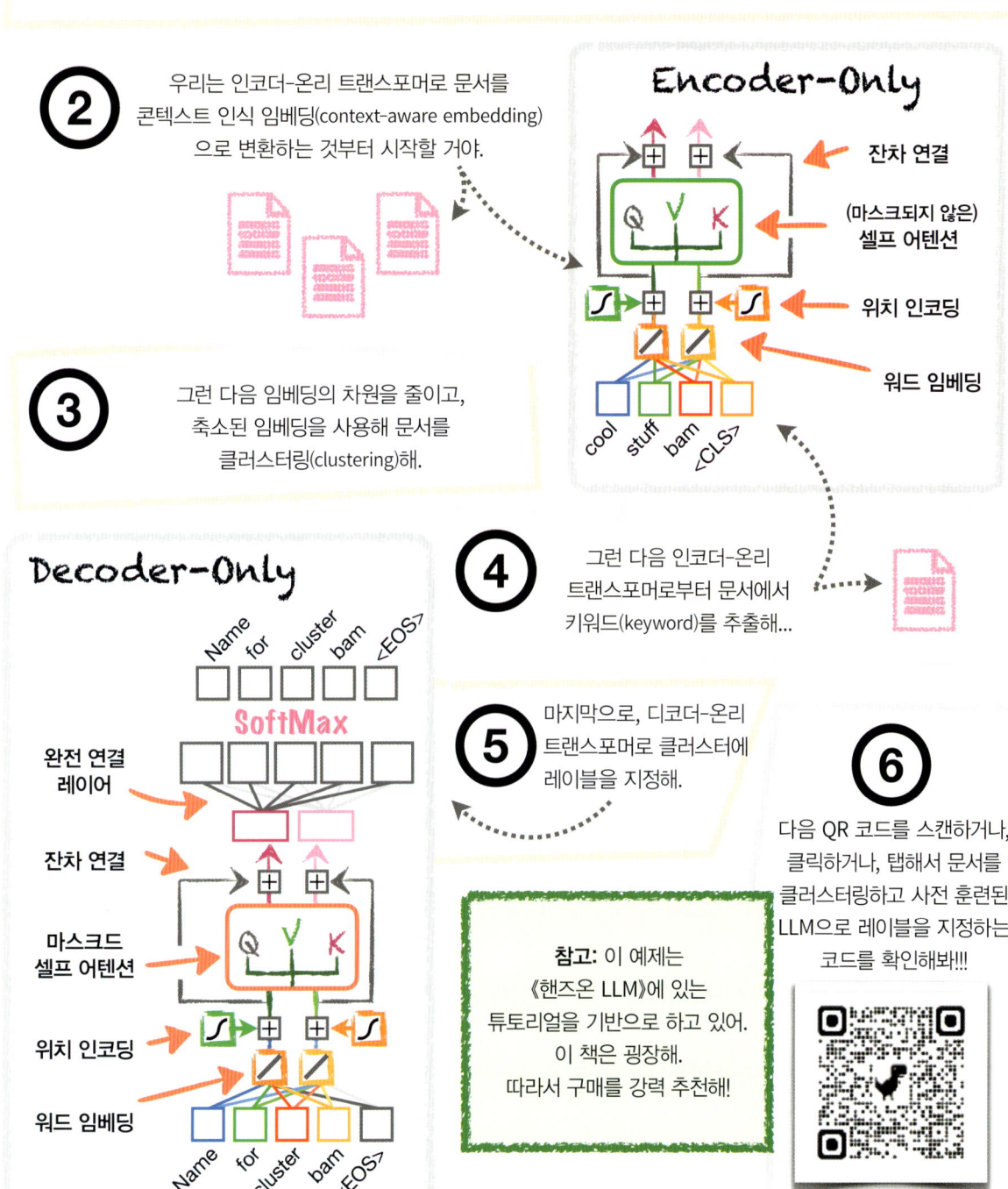

② 우리는 인코더–온리 트랜스포머로 문서를 콘텍스트 인식 임베딩(context-aware embedding)으로 변환하는 것부터 시작할 거야.

Encoder-Only

잔차 연결

(마스크되지 않은) 셀프 어텐션

위치 인코딩

워드 임베딩

cool stuff bam <CLS>

③ 그런 다음 임베딩의 차원을 줄이고, 축소된 임베딩을 사용해 문서를 클러스터링(clustering)해.

④ 그런 다음 인코더–온리 트랜스포머로부터 문서에서 키워드(keyword)를 추출해...

Decoder-Only

Name for cluster bam <EOS>

SoftMax

완전 연결 레이어

잔차 연결

마스크드 셀프 어텐션

위치 인코딩

워드 임베딩

Name for cluster bam <EOS>

⑤ 마지막으로, 디코더–온리 트랜스포머로 클러스터에 레이블을 지정해.

참고: 이 예제는 《핸즈온 LLM》에 있는 튜토리얼을 기반으로 하고 있어. 이 책은 굉장해. 따라서 구매를 강력 추천해!

⑥ 다음 QR 코드를 스캔하거나, 클릭하거나, 탭해서 문서를 클러스터링하고 사전 훈련된 LLM으로 레이블을 지정하는 코드를 확인해봐!!!

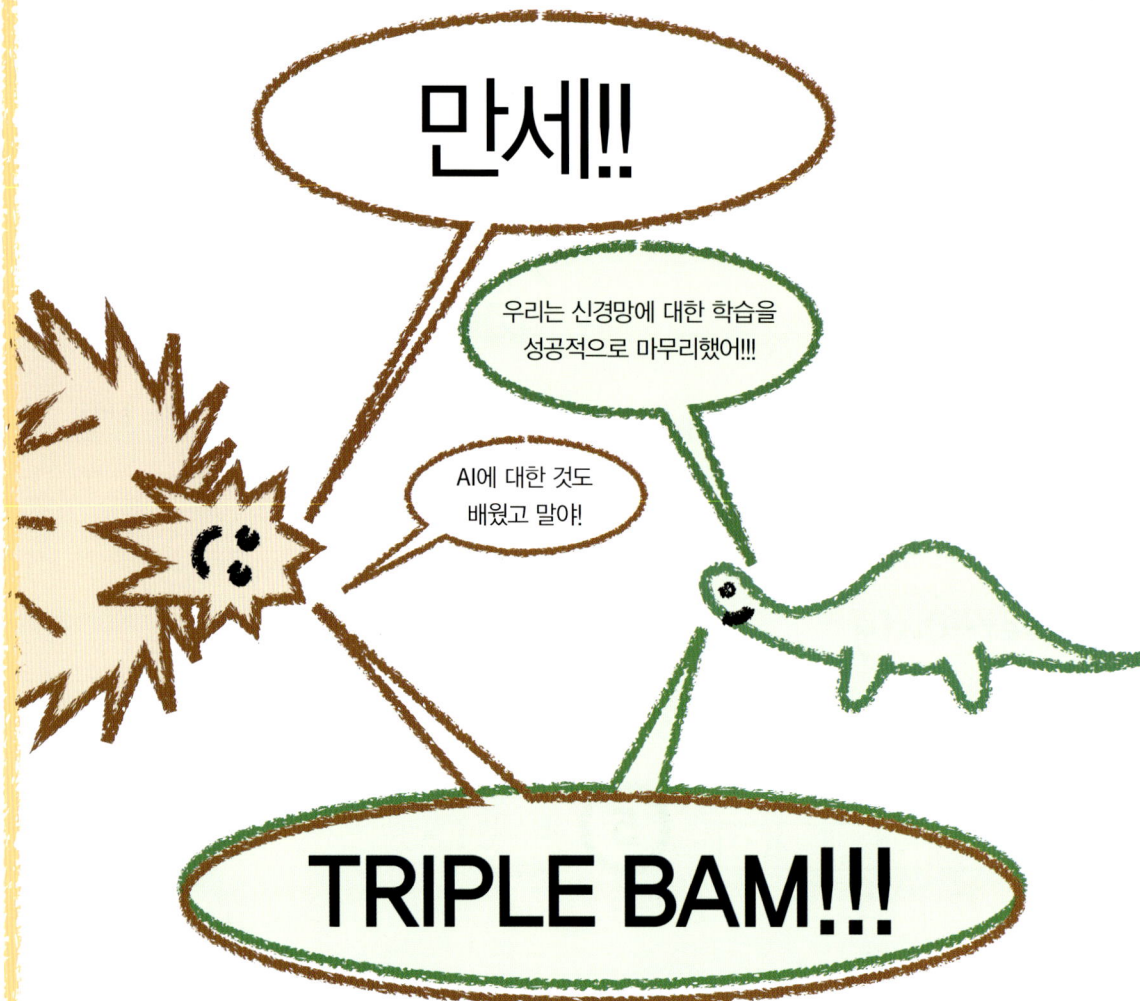

부록

학교에서 배웠겠지만 아마도 지금은 잊어버렸을 내용!!!

미분의 핵심 아이디어

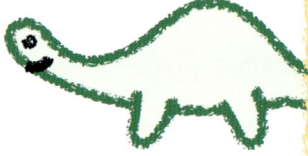

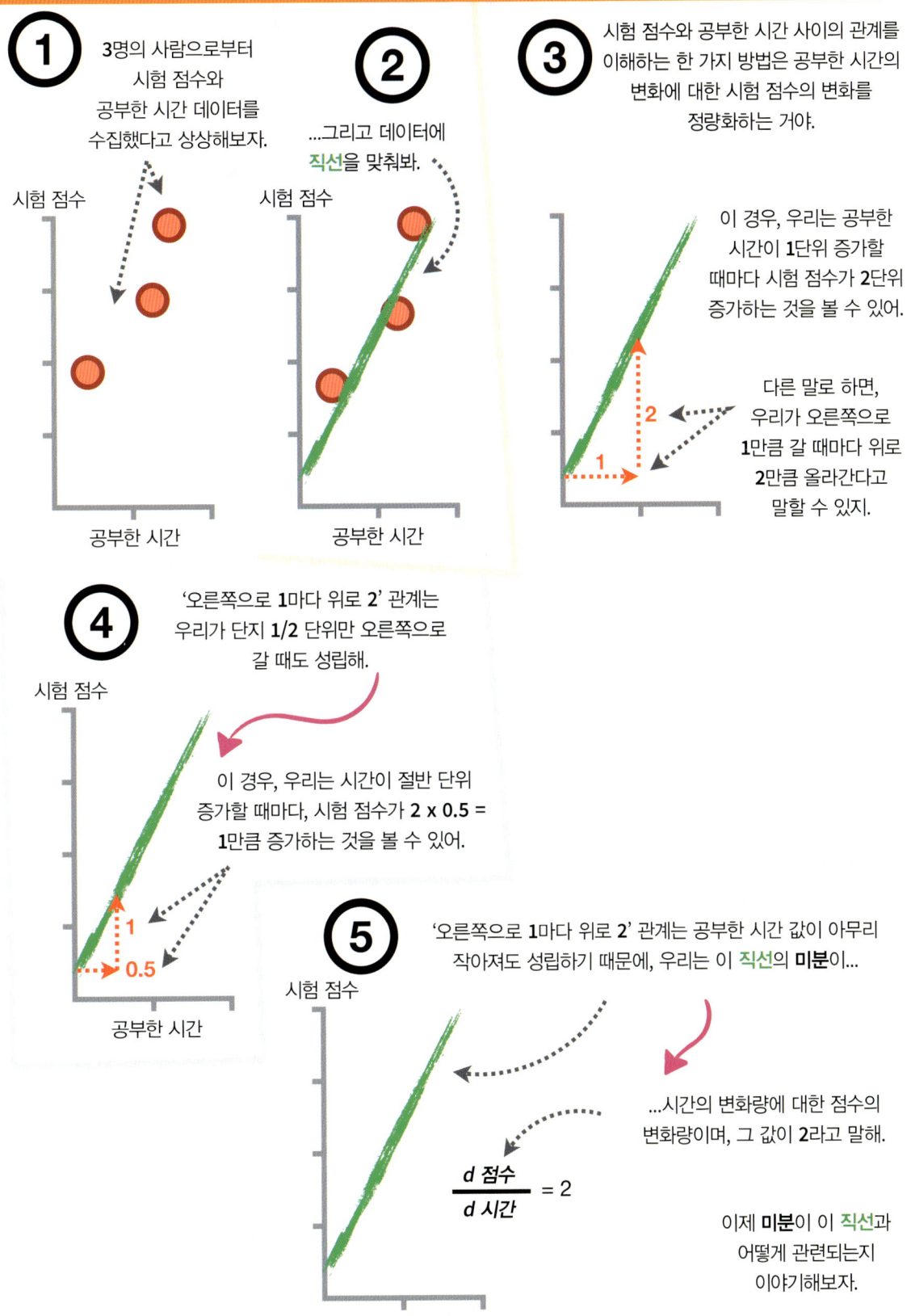

① 3명의 사람으로부터 시험 점수와 공부한 시간 데이터를 수집했다고 상상해보자.

시험 점수

공부한 시간

② ...그리고 데이터에 **직선**을 맞춰봐.

시험 점수

공부한 시간

③ 시험 점수와 공부한 시간 사이의 관계를 이해하는 한 가지 방법은 공부한 시간의 변화에 대한 시험 점수의 변화를 정량화하는 거야.

이 경우, 우리는 공부한 시간이 **1**단위 증가할 때마다 시험 점수가 **2**단위 증가하는 것을 볼 수 있어.

다른 말로 하면, 우리가 오른쪽으로 **1**만큼 갈 때마다 위로 **2**만큼 올라간다고 말할 수 있지.

2
1

④ '오른쪽으로 **1**마다 위로 **2**' 관계는 우리가 단지 **1/2** 단위만 오른쪽으로 갈 때도 성립해.

시험 점수

이 경우, 우리는 시간이 절반 단위 증가할 때마다, 시험 점수가 **2 x 0.5 = 1**만큼 증가하는 것을 볼 수 있어.

1
0.5

공부한 시간

⑤ '오른쪽으로 **1**마다 위로 **2**' 관계는 공부한 시간 값이 아무리 작아져도 성립하기 때문에, 우리는 이 **직선**의 **미분**이...

시험 점수

...시간의 변화량에 대한 점수의 변화량이며, 그 값이 **2**라고 말해.

$$\frac{d\ 점수}{d\ 시간} = 2$$

이제 **미분**이 이 **직선**과 어떻게 관련되는지 이야기해보자.

공부한 시간

⑥

여기 이 **직선**의 방정식이 있어.

기울기는 2이고...

시험 점수

점수 = 1/2 + (2 x 시간)

그리고 y축 절편은 1/2이야.

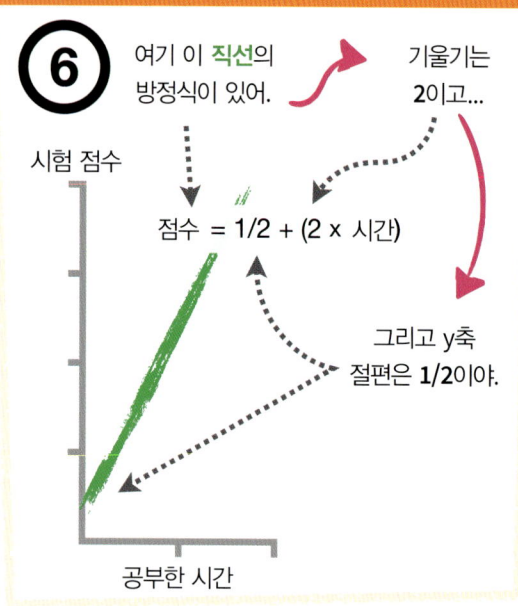

공부한 시간

⑦

따라서 우리는 기울기 2가 미분값과 같다는 걸 알 수 있고, 둘 다 '오른쪽으로 1마다 위로 2' 관계를 알려주는 거지.

시험 점수

점수 = 1/2 + (2 x 시간)

$$\frac{d \text{ 점수}}{d \text{ 시간}} = 2$$

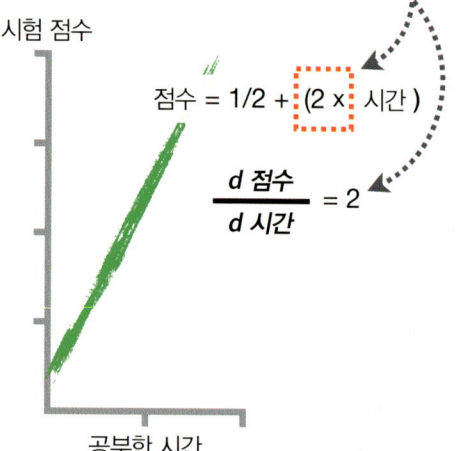

공부한 시간

⑧

자, 이제 공부는 그만하고 먹는 얘기 좀 해볼까! 이 직선은 기울기가 3인데, 아무리 조금만 먹어도 우리의 포만감은 먹은 시간의 3배만큼 증가해.

포만감

따라서 포만감의 변화를 시간의 변화에 대한 상대적인 값으로 나타낸 미분값은 3이야.

$$\frac{d \text{ 포만감}}{d \text{ 시간}} = 3$$

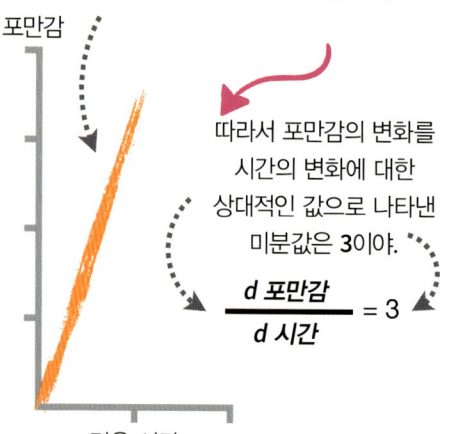

먹은 시간

⑨

엠파이어 스테이트 빌딩의 높이

기울기가 0이고 y축 값이 전혀 변하지 않을 때는, x축 값에 상관없이 미분값, 즉 y축 값의 변화를 x축 값의 변화에 대한 상대적인 값으로 나타내면 그건 0이지. (예: 엠파이어 스테이트 빌딩의 높이는 방문객 수와 상관없이 일정)

$$\frac{\text{엠파이어 스테이트 빌딩의 높이}}{\text{방문객 수}} = 0$$

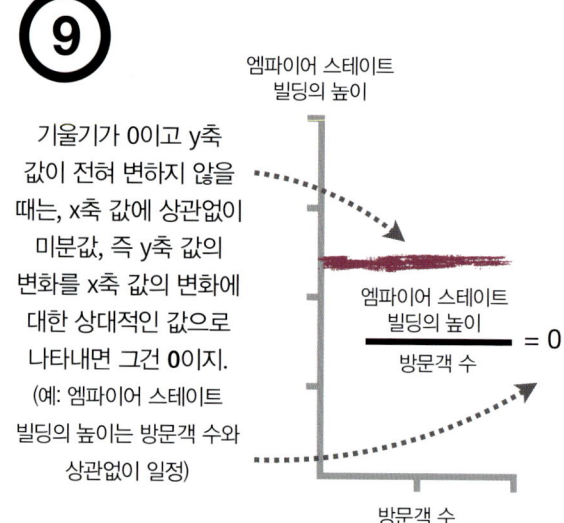

방문객 수

⑩

직선이 수직이고 x축 값이 전혀 변하지 않을 때는 미분값은 정의되지 않아. 왜냐하면 x축 값이 변하지 않으면 y축 값의 변화를 x축 값의 변화에 대한 상대적인 값으로 측정하는 게 불가능하니까.

y축

x축

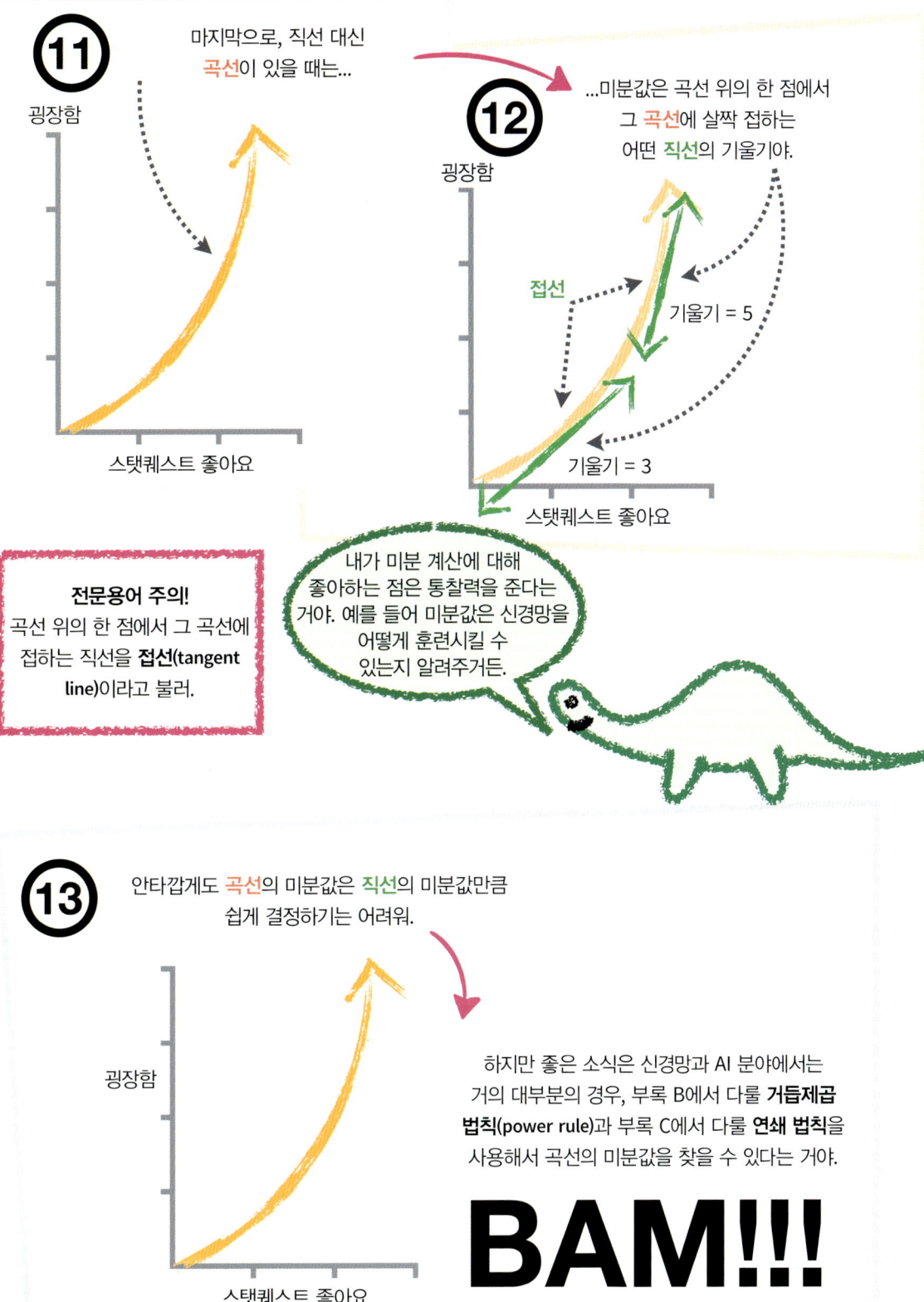

11 마지막으로, 직선 대신 곡선이 있을 때는...

굉장함

스탯퀘스트 좋아요

12 ...미분값은 곡선 위의 한 점에서 그 곡선에 살짝 접하는 어떤 직선의 기울기야.

굉장함

접선

기울기 = 5

기울기 = 3

스탯퀘스트 좋아요

전문용어 주의!
곡선 위의 한 점에서 그 곡선에 접하는 직선을 **접선(tangent line)**이라고 불러.

내가 미분 계산에 대해 좋아하는 점은 통찰력을 준다는 거야. 예를 들어 미분값은 신경망을 어떻게 훈련시킬 수 있는지 알려주거든.

13 안타깝게도 곡선의 미분값은 직선의 미분값만큼 쉽게 결정하기는 어려워.

굉장함

스탯퀘스트 좋아요

하지만 좋은 소식은 신경망과 AI 분야에서는 거의 대부분의 경우, 부록 B에서 다룰 **거듭제곱 법칙(power rule)**과 부록 C에서 다룰 **연쇄 법칙**을 사용해서 곡선의 미분값을 찾을 수 있다는 거야.

BAM!!!

거듭제곱 법칙

참고: 이 부록은 네가 이미 **미분(부록 A)**의 개념에
익숙하다고 가정해.

① 이 예제에서는, 굉장함과 스탯퀘스트 좋아요 사이의 관계를 나타내는 **포물선**(parabola)이 있어.

굉장함

스탯퀘스트 좋아요

이것이 이 **포물선**의 방정식이야.

$$\text{굉장함} = (\text{스탯퀘스트 좋아요})^2$$

② 우리는 미분값, 즉 스탯퀘스트 좋아요의 변화에 대한 굉장함의 변화를 계산할 수 있어...

$$\frac{d}{d\,\text{스탯퀘스트 좋아요}}\ \text{굉장함}$$

...먼저 굉장함에 대한 방정식을 대입하고...

$$\frac{d}{d\,\text{스탯퀘스트 좋아요}}\ (\text{스탯퀘스트 좋아요})^2$$

...그리고 거기에 **거듭제곱 법칙**을 적용해.

③ 거듭제곱 법칙은 우리에게 스탯퀘스트 좋아요 수에 거듭제곱, 이 경우에는 **2**를 곱하라고 알려줘...

그리고 스탯퀘스트 좋아요 수를 원래 거듭제곱인 2에서 1을 뺀 값으로 거듭제곱하라고 해.

$$\frac{d}{d\,\text{스탯퀘스트 좋아요}}\ (\text{스탯퀘스트 좋아요})^2 = 2 \times \text{스탯퀘스트 좋아요}^{2-1}$$

$$= 2 \times \text{스탯퀘스트 좋아요}$$

...그리고 2 - 1 = 1이므로, 스탯퀘스트 좋아요 수에 대한 굉장함의 미분값은 스탯퀘스트 좋아요 수 곱하기 2야.

난 StatQuest를 사랑해!

④ 예를 들어 스탯퀘스트 좋아요 수가 1일 때, **접선**의 기울기인 미분값은 2야.

굉장함

스탯퀘스트 좋아요

$$\frac{d\ \text{굉장함}}{d\ \text{스탯퀘스트 좋아요 수}} =$$

$$= 2 \times (\text{스탯퀘스트 좋아요 수})$$

$$= 2 \times 1 = 2$$

BAM!!!

이제 더 멋진 예시를 살펴보자!!!

부록 B: 거듭제곱 법칙

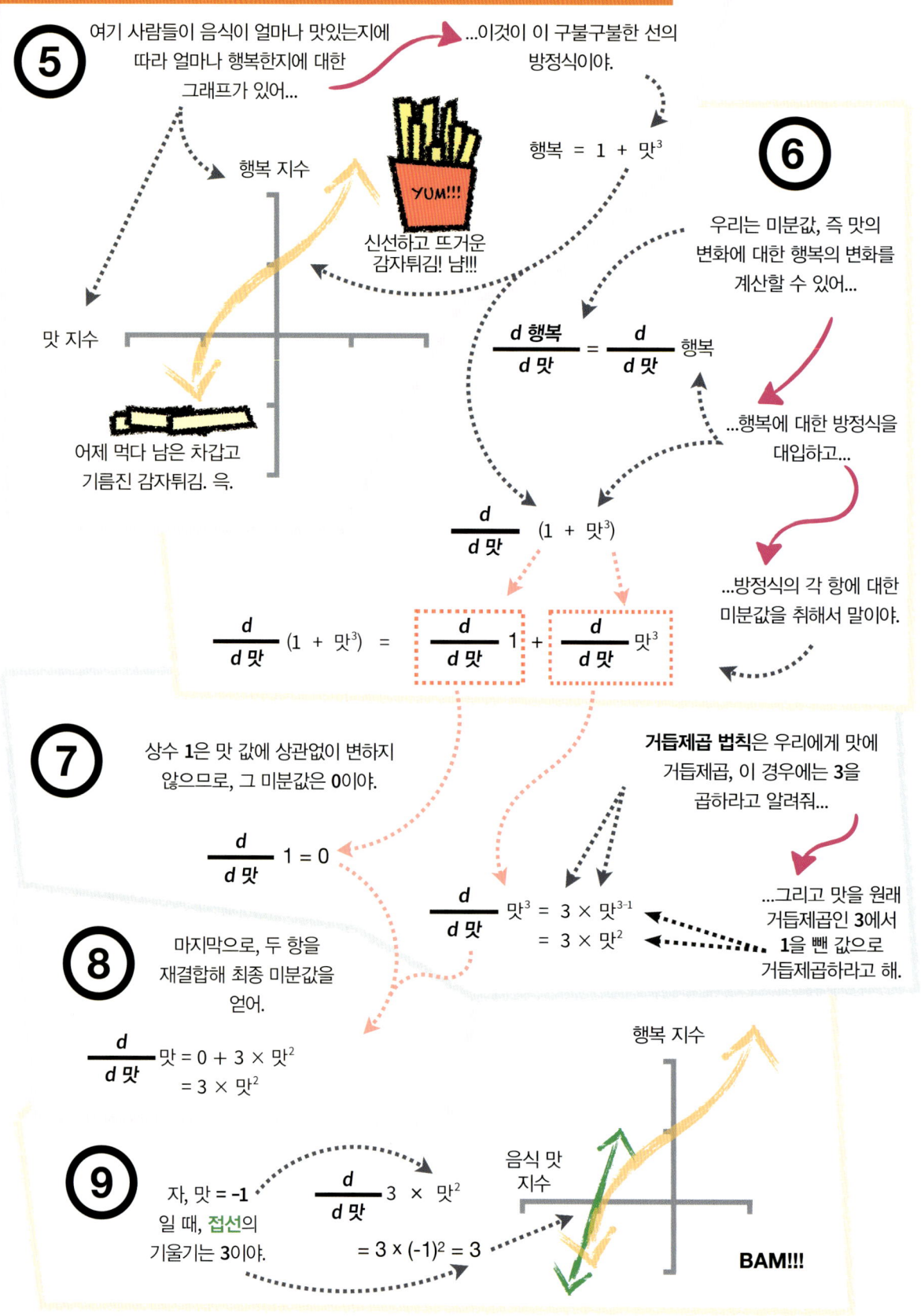

⑤ 여기 사람들이 음식이 얼마나 맛있는지에 따라 얼마나 행복한지에 대한 그래프가 있어...

...이것이 이 구불구불한 선의 방정식이야.

행복 = 1 + 맛³

행복 지수

신선하고 뜨거운 감자튀김! 냠!!!

YUM!!!

맛 지수

어제 먹다 남은 차갑고 기름진 감자튀김. 윽.

⑥ 우리는 미분값, 즉 맛의 변화에 대한 행복의 변화를 계산할 수 있어...

$$\frac{d \text{ 행복}}{d \text{ 맛}} = \frac{d}{d \text{ 맛}} \text{ 행복}$$

...행복에 대한 방정식을 대입하고...

$$\frac{d}{d \text{ 맛}} (1 + \text{맛}^3)$$

...방정식의 각 항에 대한 미분값을 취해서 말이야.

$$\frac{d}{d \text{ 맛}} (1 + \text{맛}^3) = \frac{d}{d \text{ 맛}} 1 + \frac{d}{d \text{ 맛}} \text{맛}^3$$

⑦ 상수 **1**은 맛 값에 상관없이 변하지 않으므로, 그 미분값은 **0**이야.

$$\frac{d}{d \text{ 맛}} 1 = 0$$

거듭제곱 법칙은 우리에게 맛에 거듭제곱, 이 경우에는 **3**을 곱하라고 알려줘...

...그리고 맛을 원래 거듭제곱인 **3**에서 **1**을 뺀 값으로 거듭제곱하라고 해.

$$\frac{d}{d \text{ 맛}} \text{맛}^3 = 3 \times \text{맛}^{3-1} = 3 \times \text{맛}^2$$

⑧ 마지막으로, 두 항을 재결합해 최종 미분값을 얻어.

$$\frac{d}{d \text{ 맛}} \text{맛} = 0 + 3 \times \text{맛}^2 = 3 \times \text{맛}^2$$

행복 지수

⑨ 자, 맛 = **-1** 일 때, **접선**의 기울기는 **3**이야.

$$\frac{d}{d \text{ 맛}} 3 \times \text{맛}^2 = 3 \times (-1)^2 = 3$$

음식 맛 지수

BAM!!!

연쇄 법칙!!!

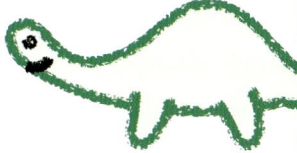

참고: 이 부록은 네가 이미 **미분(부록 A)**와 **거듭제곱 법칙(부록 B)**에 익숙하다고 가정하고 있어.

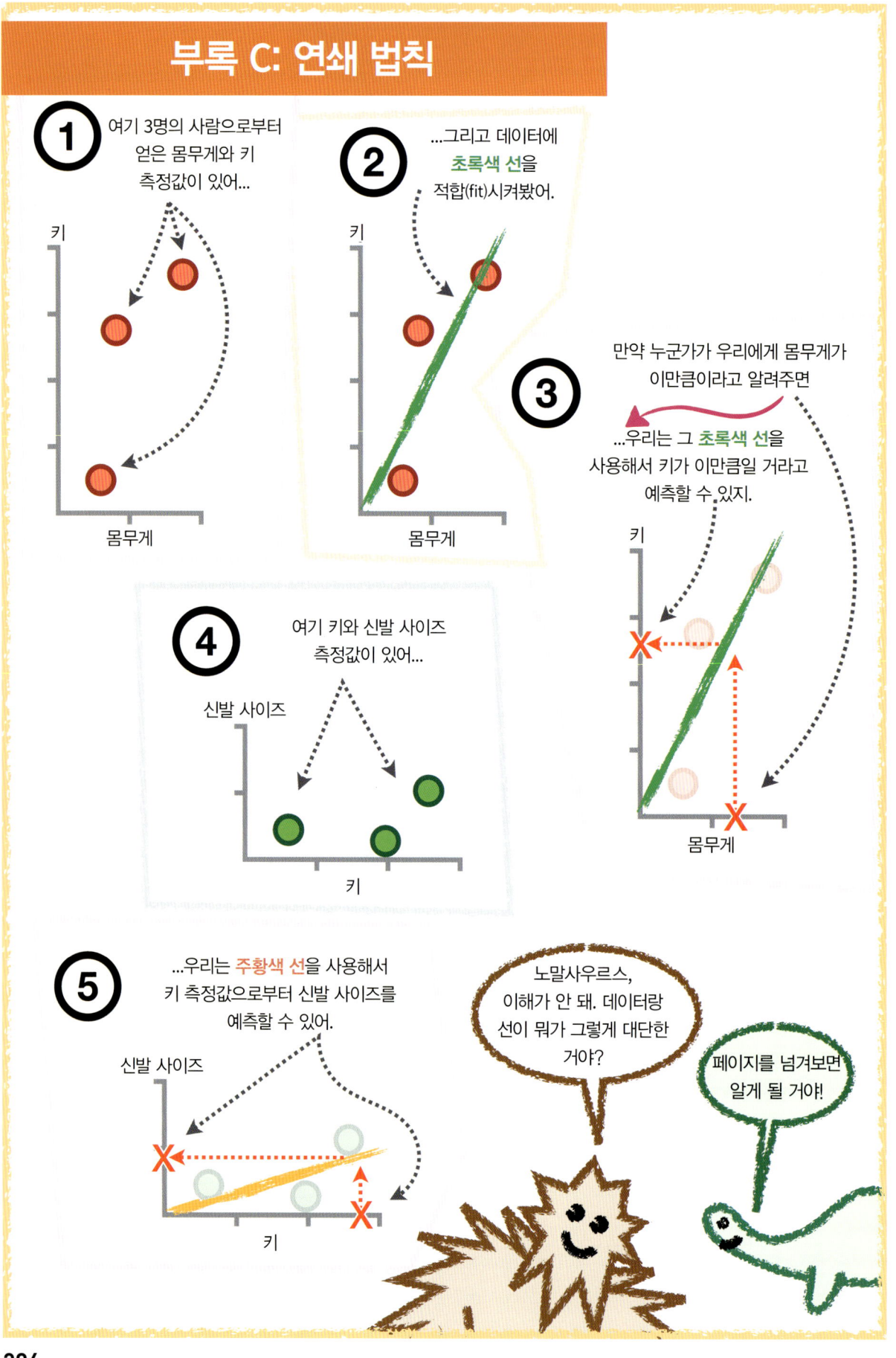

⑥ 자, 만약 누군가가 우리에게 몸무게가 이만큼이라고 알려주면...

...그러면 우리는 키가 이만큼일 거라고 예측할 수 있어...

...왜냐하면 몸무게와 신발 사이즈는 키로 연결되어 있으니까, 그 키는 신발 사이즈를 예측하는 데 사용될 수 있기 때문이야.

키

몸무게

신발 사이즈

키

⑦ 그리고 만약 우리가 몸무게 값을 바꿔서 더 작게 만들면, 그때 키 값도 변해. 이 경우 신발 사이즈도 더 작아져.

키

신발 사이즈

몸무게

키

⑧ 미분값을 계산하는 첫 단계는 이 **초록색 선**이 오른쪽으로 **1** 단위 갈 때마다 위로 **2** 단위 올라간다는 것을 깨닫는 것이고, 따라서 기울기와 미분값은 **2**야...

키

2

1

몸무게

$$\frac{d\,\text{키}}{d\,\text{몸무게}} = 2$$

...그리고 그것은 키에 대한 방정식이 이렇다는 것을 의미해.

몸무게를 변경할 때 신발 사이즈가 얼마나 변하는지는 몸무게에 대한 신발 사이즈의 미분값을 계산해 정량화할 수 있어.

$$\text{키} = \frac{d\,\text{키}}{d\,\text{몸무게}} \times \text{몸무게} = 2 \times \text{몸무게}$$

⑨ 마찬가지로 이 직선은 오른쪽으로 2단위 갈 때마다 위로 1/2단위 올라가고, 따라서 기울기와 미분값은 1/4이야...

신발 사이즈

2

1/2

키

$$\frac{d\,\text{신발 사이즈}}{d\,\text{키}} = \frac{1/2}{2} = \frac{1}{4}$$

...그리고 그것은 신발 사이즈에 대한 방정식이 이렇다는 것을 의미해.

$$\text{신발 사이즈} = \frac{d\,\text{신발 사이즈}}{d\,\text{키}} \times \text{키} = \frac{1}{4} \times \text{키}$$

⑩ 우리는 이 두 방정식을 결합할 수 있는데, 왜냐하면 몸무게로 키를 예측할 수 있고...

그리고 키로 신발 사이즈를 예측할 수 있기 때문이야.

따라서 우리는 키에 대한 방정식을 신발 사이즈 방정식에 대입할 수 있어.

$$\text{키} = \frac{d\,\text{키}}{d\,\text{몸무게}} \times \text{몸무게} \qquad \text{신발 사이즈} = \frac{d\,\text{신발 사이즈}}{d\,\text{키}} \times \text{키}$$

$$\text{신발 사이즈} = \frac{d\,\text{신발 사이즈}}{d\,\text{키}} \times \frac{d\,\text{키}}{d\,\text{몸무게}} \times \text{몸무게}$$

⑪ 그리고 만약 우리가 몸무게 변화에 따라 신발 사이즈가 어떻게 변하는지 알고 싶다면...

...몸무게에 대한 신발 사이즈의 미분값을 풀면 돼.

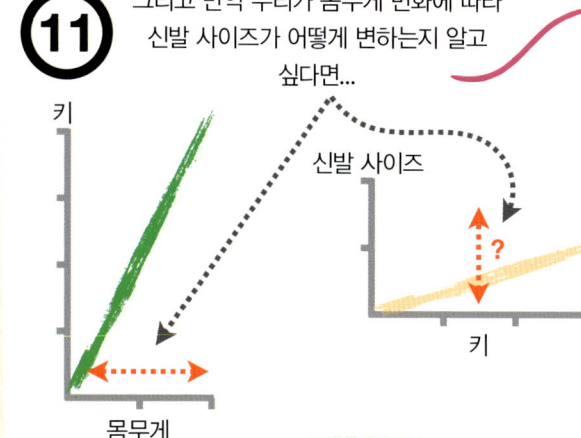

키

신발 사이즈

?

키

몸무게

$$\frac{d\,\text{신발 사이즈}}{d\,\text{몸무게}} = \frac{d\,\text{신발 사이즈}}{d\,\text{키}} \times \frac{d\,\text{키}}{d\,\text{몸무게}}$$

...그리고, 거듭제곱 법칙을 사용해서, 우리는 두 미분값을 곱해서 시작하고(새로운 신발 사이즈를 얻기 위해), 그런 다음 몸무게에 대한 신발 사이즈의 미분값을 얻기 위해 키에 대한 미분값을 취해서 끝나.

*옮긴이: 이 부분은 원문 설명이 연쇄 법칙 적용 과정과 약간 혼동될 수 있게 되어 있어. 아래 최종 결과 중심으로 이해하는 것이 좋아.

다른 말로 하면, 우리가 두 방정식을 공통 변수 (이 예시의 경우는 키)를 통해 연결할 수 있기 때문에, 결합된 함수의 미분값은 개별 미분값들의 곱이야.

⑫ 마지막으로, 미분값들에 대한 값을 대입할 수 있어...

...그리고 우리는 몸무게가 1단위 증가할 때, 신발 사이즈는 1/2만큼 증가한다는 것을 알 수 있어.

친절한 알림:

$$\frac{d\,\text{키}}{d\,\text{몸무게}} = 2$$

$$\frac{d\,\text{신발 사이즈}}{d\,\text{키}} = \frac{1}{4}$$

$$\frac{d\,\text{신발 사이즈}}{d\,\text{몸무게}} = \frac{d\,\text{신발 사이즈}}{d\,\text{키}} \times \frac{d\,\text{키}}{d\,\text{몸무게}}$$

$$= \frac{1}{4} \times 2 = \frac{1}{2}$$

BAM!!!

이제 더 멋진 예시를 살펴보자!

부록 C: 연쇄 법칙, 더 복잡한 예제

① 이번 예제에서는 여러 사람이 얼마나 배고픈지와 마지막 간식 이후 시간이 얼마나 지났는지를 측정했다고 상상해보자.

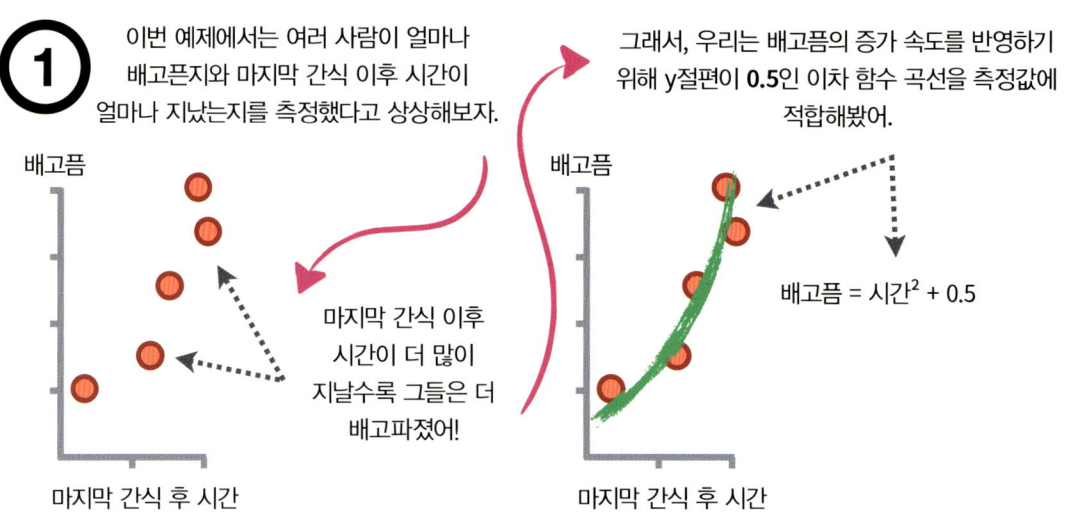

마지막 간식 이후 시간이 더 많이 지날수록 그들은 더 배고파졌어!

그래서, 우리는 배고픔의 증가 속도를 반영하기 위해 y절편이 **0.5**인 이차 함수 곡선을 측정값에 적합해봤어.

배고픔 = 시간^2 + 0.5

② 이와 유사하게, 배고픔이 아이스크림 갈망도와 어떻게 관련되는지 보여주는 데이터에 제곱근 함수를 적합해봤어.

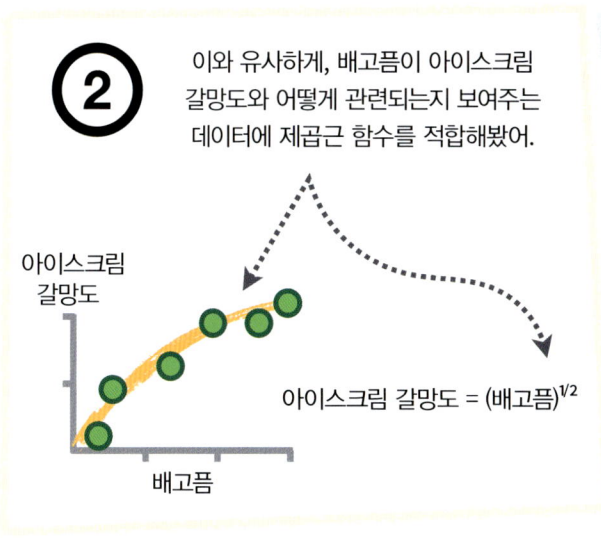

아이스크림 갈망도 = (배고픔)$^{1/2}$

③ 이제 우리는 마지막 간식 후 시간의 변화에 따라 아이스크림 갈망도가 어떻게 변하는지 보고 싶어.

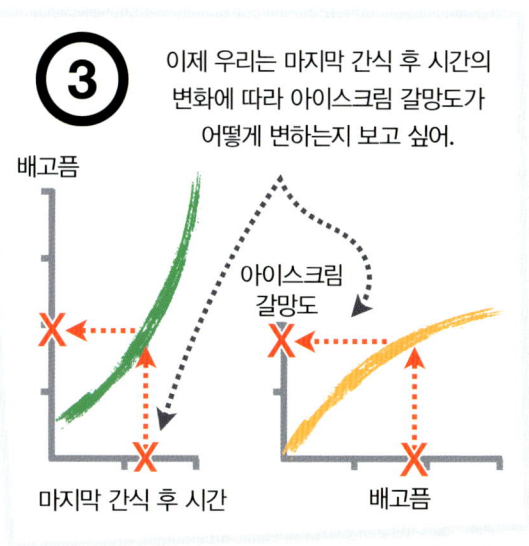

④ 안타깝게도, 배고픔에 대한 방정식을 아이스크림 갈망도 방정식에 대입하면...

이런.

배고픔 = 시간^2 + 0.5

아이스크림 갈망도 = (배고픔)$^{1/2}$

아이스크림 갈망도 = (시간^2 + 0.5)$^{1/2}$

...합계를 **1/2**만큼 거듭제곱하는 것은 거듭제곱 법칙으로 미분값을 찾기 어렵게 만들어.

⑤ 하지만 배고픔이 마지막 간식 후 시간과 아이스크림 갈망도를 연결하기 때문에, 우리는 **연쇄 법칙!!!**을 사용해 미분값을 풀 수 있어.

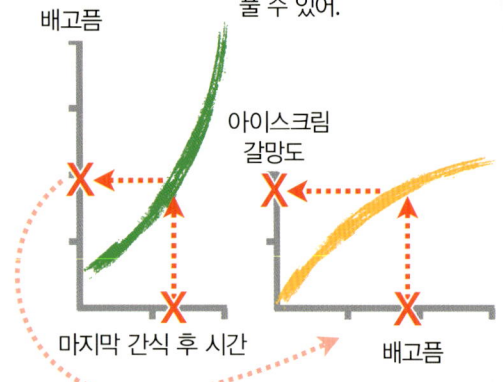

배고픔

아이스크림 갈망도

마지막 간식 후 시간

배고픔

⑥ 연쇄 법칙은 시간에 대한 아이스크림 갈망도의 미분값이...

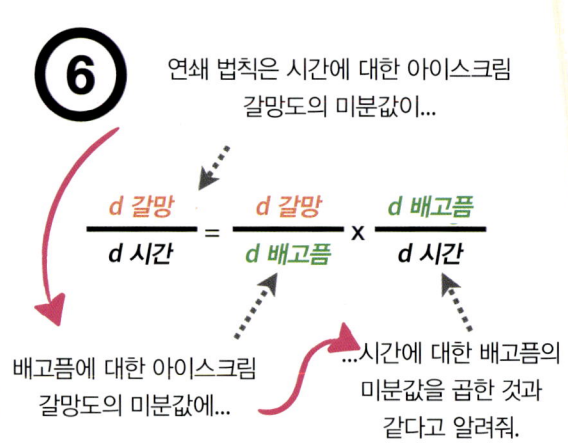

$$\frac{d\ 갈망}{d\ 시간} = \frac{d\ 갈망}{d\ 배고픔} \times \frac{d\ 배고픔}{d\ 시간}$$

배고픔에 대한 아이스크림 갈망도의 미분값에...

...시간에 대한 배고픔의 미분값을 곱한 것과 같다고 알려줘.

⑦ 먼저, **거듭제곱 법칙**을 사용하면, 시간에 대한 배고픔의 미분값은 다음 방정식으로부터 이렇게 계산돼:

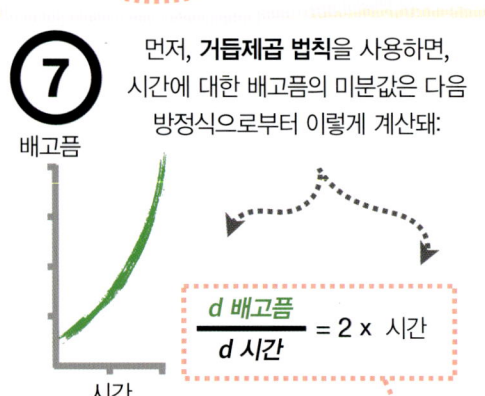

배고픔

시간

$$\frac{d\ 배고픔}{d\ 시간} = 2 \times 시간$$

⑧ 마찬가지로 **거듭제곱 법칙**을 사용하면, 배고픔에 대한 아이스크림 갈망도의 미분값은 다음 방정식으로부터 이렇게 계산돼.

아이스크림 갈망도 = (배고픔)$^{1/2}$

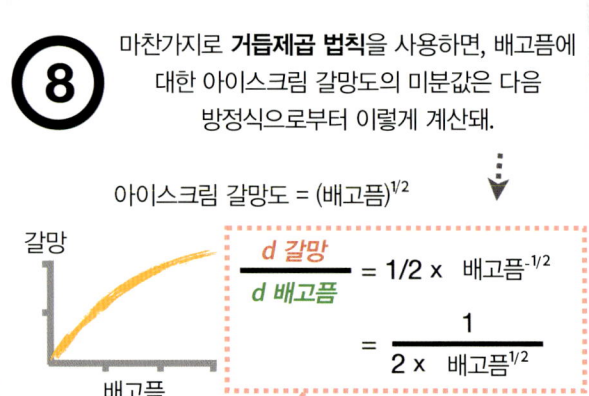

갈망

배고픔

$$\frac{d\ 갈망}{d\ 배고픔} = 1/2 \times 배고픔^{-1/2}$$

$$= \frac{1}{2 \times 배고픔^{1/2}}$$

⑨ 이제 이 미분값들을 **연쇄 법칙**에 그냥 대입하면...

$$\frac{d\ 갈망}{d\ 시간} = \frac{d\ 갈망}{d\ 배고픔} \times \frac{d\ 배고픔}{d\ 시간}$$

$$= \frac{1}{2 \times 배고픔^{1/2}} \times (2 \times 시간)$$

$$= \frac{2 \times 시간}{2 \times 배고픔^{1/2}}$$

$$\frac{d\ 갈망}{d\ 시간} = \frac{시간}{배고픔^{1/2}}$$

...시간이 변할 때 아이스크림 갈망도의 변화는 시간 나누기 배고픔의 제곱근과 같다는 것을 알 수 있어.

⑩ 이 예제에서는, 마지막 간식 후 시간과 아이스크림 갈망도 사이에 배고픔이라는 명확한 연결 고리가 있어서 연쇄 법칙을 적용하기 쉬웠어.
하지만 보통 두 방정식이 이렇게 함께 뒤섞여 있고...

아이스크림 갈망도 = (시간^2 + 0.5)$^{1/2}$

...어떻게 연쇄 법칙을 적용해야 할지 명확하지 않을 때가 있어. 이런 상황에서는 어떻게 해야 하는지 다음 페이지에서 살펴보자!

BAM!!!

① 마지막 부분에서 우리는 합계를 **1/2**만큼 거듭제곱하는 것이 거듭제곱 법칙을 이 방정식에 적용하기 어렵게 만든다는 것을 봤어:

$$\text{아이스크림 갈망도} = (\text{시간}^2 + 0.5)^{1/2}$$

...하지만 시간을 아이스크림 갈망도와 연결하는 배고픔을 사용하는 명확한 방법이 있었기 때문에, 우리는 **연쇄 법칙**으로 미분값을 결정했어.

하지만 방정식을 연결하는 명확한 방법이 없을 때에도, 우리는 여전히 연쇄 법칙을 적용할 수 있어.

② 먼저, 시간과 아이스크림 갈망도 사이에 **인사이드(inside)**라고 하는 링크를 만들어보자. 이것은 괄호 안의 것과 같아...

$$\text{인사이드} = \text{시간}^2 + 0.5$$

...그리고 그것은 아이스크림 갈망도가 인사이드의 제곱근으로 다시 쓰일 수 있다는 것을 의미해.

$$\text{아이스크림 갈망도} = (\text{인사이드})^{1/2}$$

③ 이제 시간과 아이스크림 갈망도 사이에 **인사이드**라는 링크가 생겼으므로, 연쇄 법칙을 적용하여 미분값을 풀 수 있어.

연쇄 법칙은 시간에 대한 갈망도의 미분값이...

$$\frac{d\ \text{갈망}}{d\ \text{시간}} = \frac{d\ \text{갈망}}{d\ \text{인사이드}} \times \frac{d\ \text{인사이드}}{d\ \text{시간}}$$

인사이드에 대한 갈망도의 미분값에...

...시간에 대한 **인사이드**의 미분값을 곱한 것과 같다고 알려줘.

④ 이제 **거듭제곱 법칙**을 사용하여 두 미분값을 풀어.

$$\frac{d\ \text{갈망}}{d\ \text{인사이드}} = \frac{d}{d\ \text{인사이드}} (\text{인사이드})^{1/2} = 1/(2 \times \text{인사이드}^{1/2})$$

$$= \frac{1}{2 \times \text{인사이드}^{1/2}}$$

$$\frac{d\ \text{인사이드}}{d\ \text{시간}} = \frac{d}{d\ \text{시간}} \text{시간}^2 + 0.5 = 2 \times \text{시간}$$

$$\frac{d\ \text{갈망}}{d\ \text{시간}} = \frac{d\ \text{갈망}}{d\ \text{인사이드}} \times \frac{d\ \text{인사이드}}{d\ \text{시간}}$$

$$\frac{d\ \text{갈망}}{d\ \text{시간}} = \frac{1}{2 \times \text{인사이드}^{1/2}} \times (2 \times \text{시간})$$

$$= \frac{2 \times \text{시간}}{2 \times \text{배고픔}^{1/2}}$$

$$\boxed{\frac{d\ \text{갈망}}{d\ \text{시간}} = \frac{\text{시간}}{\text{배고픔}^{1/2}}}$$

⑤ 마지막으로, 미분값들을 **연쇄 법칙**에 대입해...

...그리고 배고픔이 명확했을 때와 마찬가지로 **인사이드**라는 링크를 만들었을 때도 정확히 동일한 결과를 얻었어.

명확한 연결 고리가 없을 때는, 괄호 안에 있는 것을 하나 꺼내서 링크를 만들 수 있어(또는 괄호 안에 넣을 수도 있고).
DOUBLE BAM!!!

SoftMax 함수 미분값 계산하기

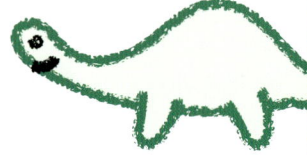

참고: 이 부록은 네가 이미 **미분(부록 A)**, **거듭제곱 법칙(부록 B)**, **연쇄 법칙(부록 C)**에
익숙하다고 가정하고 있어.

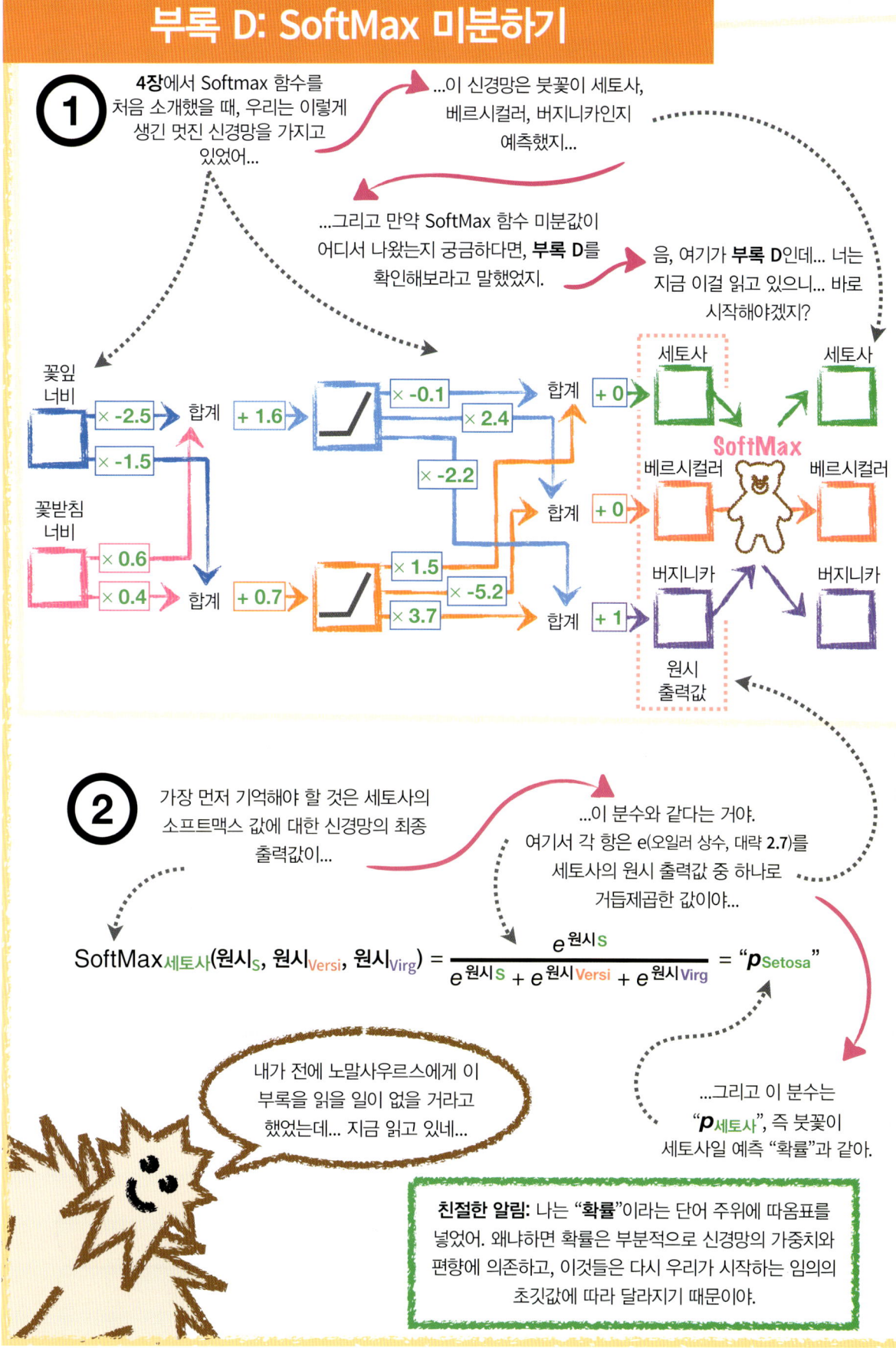

① **4장**에서 Softmax 함수를 처음 소개했을 때, 우리는 이렇게 생긴 멋진 신경망을 가지고 있었어...

...이 신경망은 붓꽃이 세토사, 베르시컬러, 버지니카인지 예측했지...

...그리고 만약 SoftMax 함수 미분값이 어디서 나왔는지 궁금하다면, **부록 D**를 확인해보라고 말했었지.

음, 여기가 **부록 D**인데... 너는 지금 이걸 읽고 있으니... 바로 시작해야겠지?

꽃잎 너비

꽃받침 너비

② 가장 먼저 기억해야 할 것은 세토사의 소프트맥스 값에 대한 신경망의 최종 출력값이...

...이 분수와 같다는 거야. 여기서 각 항은 e(오일러 상수, 대략 **2.7**)를 세토사의 원시 출력값 중 하나로 거듭제곱한 값이야...

$$\text{SoftMax}_{세토사}(원시_S, 원시_{Versi}, 원시_{Virg}) = \frac{e^{원시_S}}{e^{원시_S} + e^{원시_{Versi}} + e^{원시_{Virg}}} = \text{"}p_{Setosa}\text{"}$$

내가 전에 노말사우르스에게 이 부록을 읽을 일이 없을 거라고 했었는데... 지금 읽고 있네...

...그리고 이 분수는 "$p_{세토사}$", 즉 붓꽃이 세토사일 예측 "확률"과 같아.

친절한 알림: 나는 "**확률**"이라는 단어 주위에 따옴표를 넣었어. 왜냐하면 확률은 부분적으로 신경망의 가중치와 편향에 의존하고, 이것들은 다시 우리가 시작하는 임의의 초깃값에 따라 달라지기 때문이야.

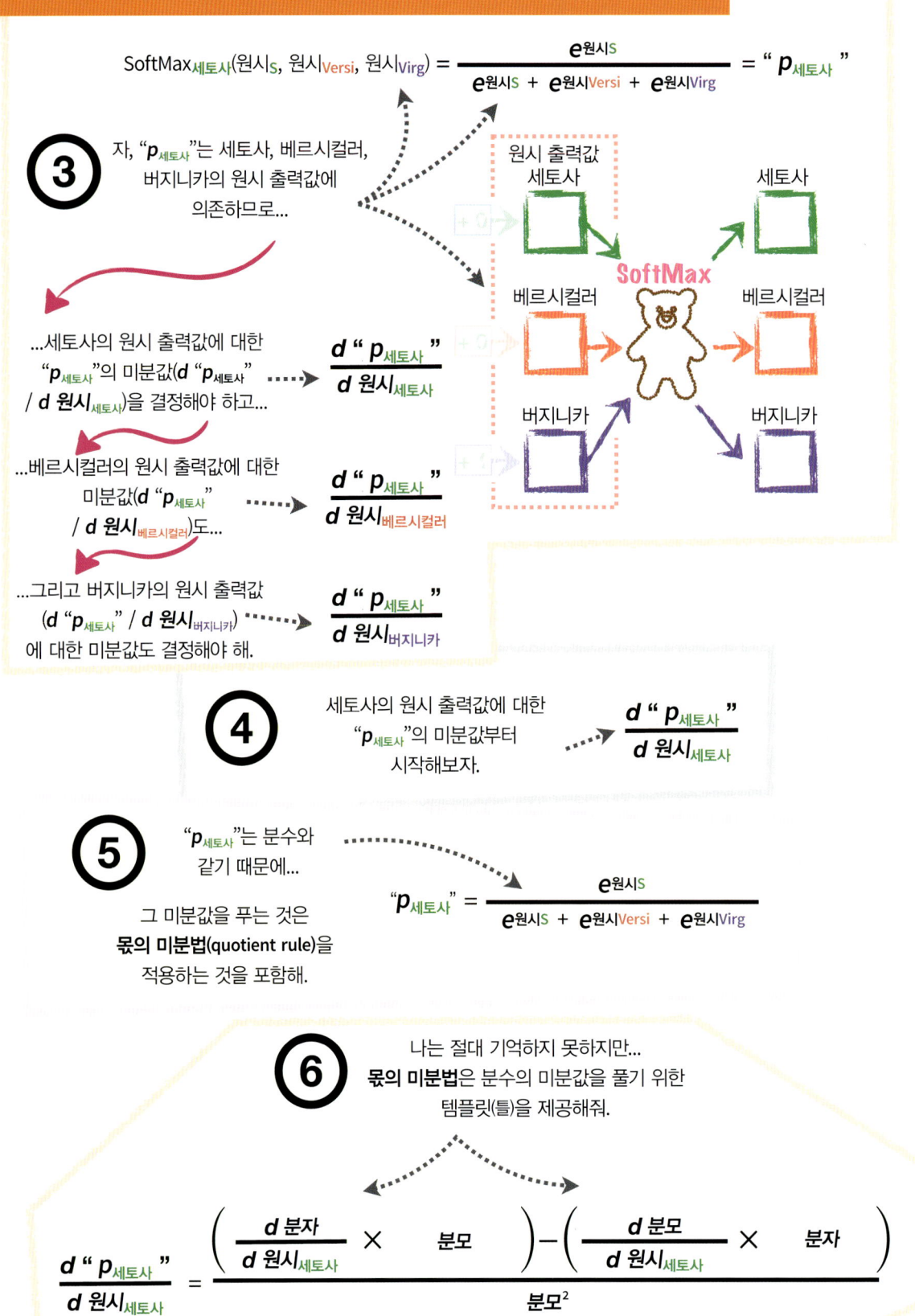

$$\text{SoftMax}_{\text{세토사}}(\text{원시}_S, \text{원시}_{\text{Versi}}, \text{원시}_{\text{Virg}}) = \frac{e^{\text{원시}_S}}{e^{\text{원시}_S} + e^{\text{원시}_{\text{Versi}}} + e^{\text{원시}_{\text{Virg}}}} = \text{“} p_{\text{세토사}} \text{”}$$

③ 자, "$p_{\text{세토사}}$"는 세토사, 베르시컬러, 버지니카의 원시 출력값에 의존하므로...

원시 출력값
세토사

세토사

SoftMax

베르시컬러

베르시컬러

버지니카

버지니카

...세토사의 원시 출력값에 대한 "$p_{\text{세토사}}$"의 미분값(d "$p_{\text{세토사}}$" / d 원시$_{\text{세토사}}$)을 결정해야 하고...

$$\frac{d\text{“}p_{\text{세토사}}\text{”}}{d\,\text{원시}_{\text{세토사}}}$$

...베르시컬러의 원시 출력값에 대한 미분값(d "$p_{\text{세토사}}$" / d 원시$_{\text{베르시컬러}}$)도...

$$\frac{d\text{“}p_{\text{세토사}}\text{”}}{d\,\text{원시}_{\text{베르시컬러}}}$$

...그리고 버지니카의 원시 출력값 (d "$p_{\text{세토사}}$" / d 원시$_{\text{버지니카}}$) 에 대한 미분값도 결정해야 해.

$$\frac{d\text{“}p_{\text{세토사}}\text{”}}{d\,\text{원시}_{\text{버지니카}}}$$

④ 세토사의 원시 출력값에 대한 "$p_{\text{세토사}}$"의 미분값부터 시작해보자.

$$\frac{d\text{“}p_{\text{세토사}}\text{”}}{d\,\text{원시}_{\text{세토사}}}$$

⑤ "$p_{\text{세토사}}$"는 분수와 같기 때문에...

그 미분값을 푸는 것은 **몫의 미분법(quotient rule)**을 적용하는 것을 포함해.

$$\text{“}p_{\text{세토사}}\text{”} = \frac{e^{\text{원시}_S}}{e^{\text{원시}_S} + e^{\text{원시}_{\text{Versi}}} + e^{\text{원시}_{\text{Virg}}}}$$

⑥ 나는 절대 기억하지 못하지만... **몫의 미분법**은 분수의 미분값을 풀기 위한 템플릿(틀)을 제공해줘.

$$\frac{d\text{“}p_{\text{세토사}}\text{”}}{d\,\text{원시}_{\text{세토사}}} = \frac{\left(\dfrac{d\,\text{분자}}{d\,\text{원시}_{\text{세토사}}} \times \text{분모}\right) - \left(\dfrac{d\,\text{분모}}{d\,\text{원시}_{\text{세토사}}} \times \text{분자}\right)}{\text{분모}^2}$$

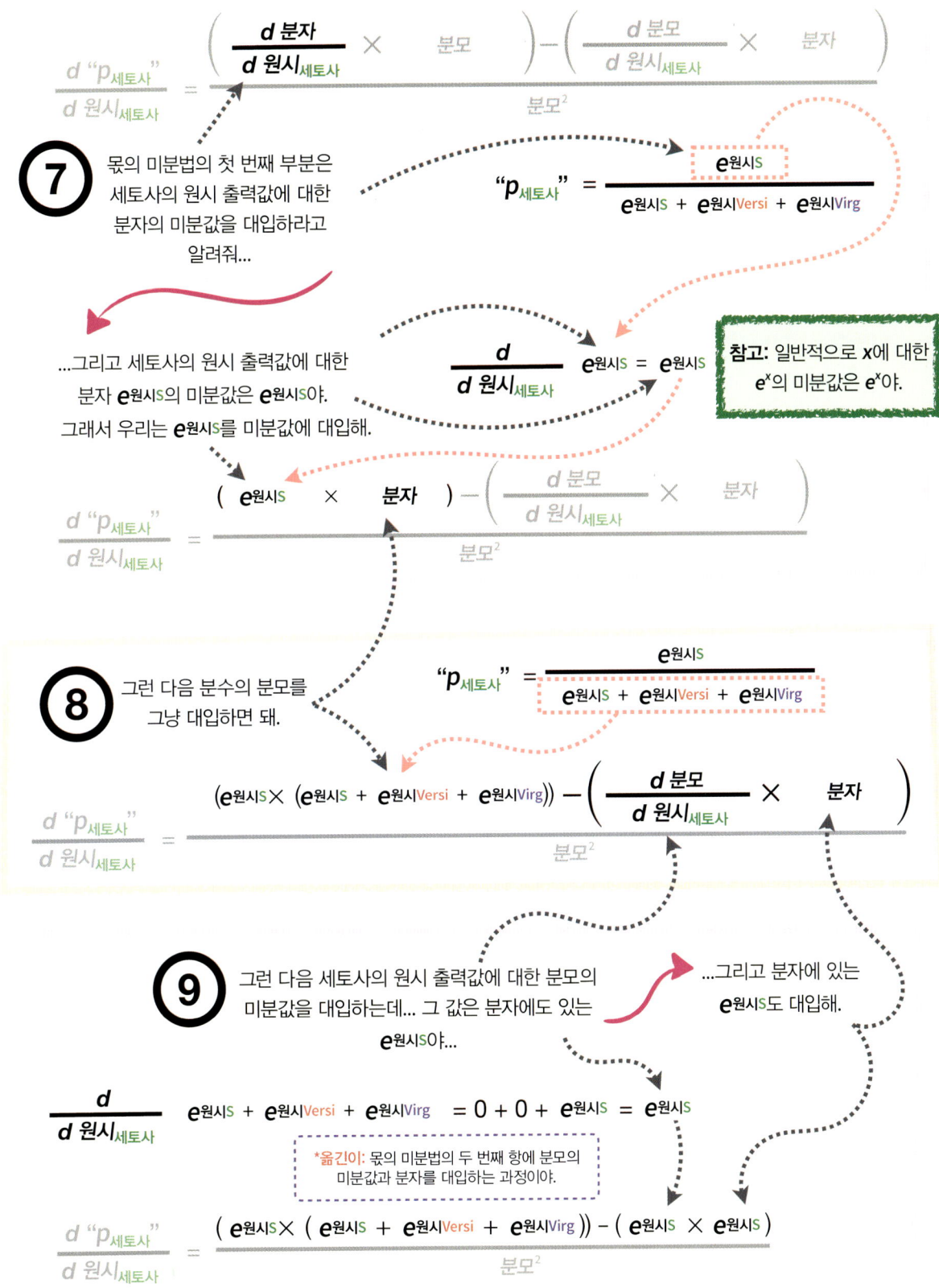

$$\frac{d\ ``p_{세토사}"}{d\ 원시_{세토사}} = \frac{\left(\dfrac{d\ 분자}{d\ 원시_{세토사}} \times 분모\right) - \left(\dfrac{d\ 분모}{d\ 원시_{세토사}} \times 분자\right)}{분모^2}$$

⑦ 몫의 미분법의 첫 번째 부분은 세토사의 원시 출력값에 대한 분자의 미분값을 대입하라고 알려줘...

$$``p_{세토사}" = \frac{e^{원시S}}{e^{원시S} + e^{원시Versi} + e^{원시Virg}}$$

...그리고 세토사의 원시 출력값에 대한 분자 $e^{원시S}$의 미분값은 $e^{원시S}$야. 그래서 우리는 $e^{원시S}$를 미분값에 대입해.

$$\frac{d}{d\ 원시_{세토사}}\ e^{원시S} = e^{원시S}$$

참고: 일반적으로 x에 대한 e^x의 미분값은 e^x야.

$$\frac{d\ ``p_{세토사}"}{d\ 원시_{세토사}} = \frac{\left(e^{원시S} \times 분자\right) - \left(\dfrac{d\ 분모}{d\ 원시_{세토사}} \times 분자\right)}{분모^2}$$

⑧ 그런 다음 분수의 분모를 그냥 대입하면 돼.

$$``p_{세토사}" = \frac{e^{원시S}}{e^{원시S} + e^{원시Versi} + e^{원시Virg}}$$

$$\frac{d\ ``p_{세토사}"}{d\ 원시_{세토사}} = \frac{\left(e^{원시S} \times \left(e^{원시S} + e^{원시Versi} + e^{원시Virg}\right)\right) - \left(\dfrac{d\ 분모}{d\ 원시_{세토사}} \times 분자\right)}{분모^2}$$

⑨ 그런 다음 세토사의 원시 출력값에 대한 분모의 미분값을 대입하는데... 그 값은 분자에도 있는 $e^{원시S}$야...

...그리고 분자에 있는 $e^{원시S}$도 대입해.

$$\frac{d}{d\ 원시_{세토사}}\ e^{원시S} + e^{원시Versi} + e^{원시Virg} = 0 + 0 + e^{원시S} = e^{원시S}$$

*옮긴이: 몫의 미분법의 두 번째 항에 분모의 미분값과 분자를 대입하는 과정이야.

$$\frac{d\ ``p_{세토사}"}{d\ 원시_{세토사}} = \frac{\left(e^{원시S} \times \left(e^{원시S} + e^{원시Versi} + e^{원시Virg}\right)\right) - \left(e^{원시S} \times e^{원시S}\right)}{분모^2}$$

$$\frac{d\ "p_{세토사}"}{d\ 원시_{세토사}} = \frac{\left(e^{원시S} \times \left(e^{원시S} + e^{원시Versi} + e^{원시Virg}\right)\right) - \left(e^{원시S} \times e^{원시S}\right)}{분모^2}$$

⑩ 마지막으로 분모에 대입해야 할 것은 분모 그 자체야.

$$"p_{세토사}" = \frac{e^{원시S}}{e^{원시S} + e^{원시Versi} + e^{원시Virg}}$$

$$\frac{d\ "p_{세토사}"}{d\ 원시_{세토사}} = \frac{\left(e^{원시S} \times \left(e^{원시S} + e^{원시Versi} + e^{원시Virg}\right)\right) - \left(e^{원시S} \times e^{원시S}\right)}{\left(e^{원시S} + e^{원시Versi} + e^{원시Virg}\right)^2}$$

⑪ 이제 우리가 할 일은 약간의 대수학(algebra)을 사용해 방정식을 단순화하는 것뿐이야.

$$\frac{d\ "p_{세토사}"}{d\ 원시_{세토사}} = \frac{\left(e^{원시S} \times \left(e^{원시S} + e^{원시Versi} + e^{원시Virg}\right)\right) - \left(e^{원시S} \times e^{원시S}\right)}{\left(e^{원시S} + e^{원시Versi} + e^{원시Virg}\right)^2}$$

⑫ 분자의 두 항 모두에 $e^{원시S}$가 곱해져 있기 때문에, 그것을 앞으로 빼낼 수 있어.

$$\frac{d\ "p_{세토사}"}{d\ 원시_{세토사}} = \frac{\left(e^{원시S} \times \left[\left(e^{원시S} + e^{원시Versi} + e^{원시Virg}\right)\right) - e^{원시S}\right]}{\left(e^{원시S} + e^{원시Versi} + e^{원시Virg}\right)^2}$$

⑬ 이제 이 단일 분수를 두 부분의 곱으로 바꿀 수 있어.

$$\frac{d\ "p_{세토사}"}{d\ 원시_{세토사}} = \frac{e^{원시S}}{\left(e^{원시S} + e^{원시Versi} + e^{원시Virg}\right)} \times \frac{\left(e^{원시S} + e^{원시Versi} + e^{원시Virg}\right) - e^{원시S}}{\left(e^{원시S} + e^{원시Versi} + e^{원시Virg}\right)}$$

$$\frac{d\,\text{"}p_{\text{세토사}}\text{"}}{d\,\text{원시}_{\text{세토사}}} = \frac{e^{\text{원시}S}}{\left(e^{\text{원시}S}+e^{\text{원시}Versi}+e^{\text{원시}Virg}\right)} \times \frac{\left(e^{\text{원시}S}+e^{\text{원시}Versi}+e^{\text{원시}Virg}\right)-e^{\text{원시}S}}{\left(e^{\text{원시}S}+e^{\text{원시}Versi}+e^{\text{원시}Virg}\right)}$$

(14) 첫 번째 항은 "$p_{\text{세토사}}$"와 같기 때문에 그냥 바로 대입해줘.

$$\text{"}p_{\text{세토사}}\text{"} = \frac{e^{\text{원시}S}}{e^{\text{원시}S}+e^{\text{원시}Versi}+e^{\text{원시}Virg}}$$

$$\frac{d\,\text{"}p_{\text{세토사}}\text{"}}{d\,\text{원시}_{\text{세토사}}} = \text{"}p_{\text{세토사}}\text{"} \times \frac{\left(e^{\text{원시}S}+e^{\text{원시}Versi}+e^{\text{원시}Virg}\right)-e^{\text{원시}S}}{\left(e^{\text{원시}S}+e^{\text{원시}Versi}+e^{\text{원시}Virg}\right)}$$

(15) 다음으로, 두 번째 항을 두 항의 차이로 분리해줘.

$$\frac{d\,\text{"}p_{\text{세토사}}\text{"}}{d\,\text{원시}_{\text{세토사}}} = \text{"}p_{\text{세토사}}\text{"} \times \left(\frac{\left(e^{\text{원시}S}+e^{\text{원시}Versi}+e^{\text{원시}Virg}\right)}{\left(e^{\text{원시}S}+e^{\text{원시}Versi}+e^{\text{원시}Virg}\right)} - \frac{e^{\text{원시}S}}{\left(e^{\text{원시}S}+e^{\text{원시}Versi}+e^{\text{원시}Virg}\right)} \right)$$

(16) 첫 번째 항은 분자와 분모가 동일하므로 1과 같고...

그리고 마지막 항은 "$p_{\text{세토사}}$"와 같기 때문에 그냥 바로 대입해줘...

그러면 4장에서 사용했던 세토사의 원시 출력값에 대한 "$p_{\text{세토사}}$"의 미분값을 얻게 돼.

$$\frac{d\,\text{"}p_{\text{세토사}}\text{"}}{d\,\text{원시}_{\text{세토사}}} = \text{"}p_{\text{세토사}}\text{"} \times \left(1 - \text{"}p_{\text{세토사}}\text{"}\right)$$

BAM!

$$\text{"}p_{\text{세토사}}\text{"} = \frac{e^{\text{원시}S}}{e^{\text{원시}S}+e^{\text{원시}Versi}+e^{\text{원시}Virg}}$$

(17) 자, "$p_{\text{세토사}}$"는 베르시컬러의 원시 출력값에도 의존하기 때문에...

...우리는 베르시컬러의 원시 출력값에 대한 "$p_{\text{세토사}}$"의 미분값을 결정해야 해.

$$\frac{d\,\text{"}p_{\text{세토사}}\text{"}}{d\,\text{원시}_{\text{베르시컬러}}}$$

⑱ 하지만 그 미분값을 결정하기 전에, "$p_{\text{세토사}}$"가 이 분수식과 어떻게 같은지 기억을 되살려 보자...

$$"p_{\text{세토사}}" = \frac{e^{\text{원시}S}}{e^{\text{원시}S} + e^{\text{원시}Versi} + e^{\text{원시}Virg}}$$

그리고 "$p_{\text{베르시컬러}}$"는 이 분수식과 같지...

$$"p_{\text{베르시컬러}}" = \frac{e^{\text{원시}Versi}}{e^{\text{원시}S} + e^{\text{원시}Versi} + e^{\text{원시}Virg}}$$

⑲ 그리고 이전에 설명한 것처럼, "$p_{\text{세토사}}$"는 이 분수식과 같기 때문에, 미분값을 풀기 위해서는 **몫의 미분법을** 적용해야 해.

$$"p_{\text{세토사}}" = \frac{e^{\text{원시}S}}{e^{\text{원시}S} + e^{\text{원시}Versi} + e^{\text{원시}Virg}}$$

유일한 차이점은 이제 우리가 베르시컬러의 원시 출력값에 대한 미분값을 취한다는 거야.

$$\frac{d\ "p_{\text{세토사}}"}{d\ \text{원시}_{\text{베르시컬러}}} = \frac{\left(\dfrac{d\ \text{분자}}{d\ \text{원시}_{\text{베르시컬러}}} \times \text{분모}\right) - \left(\dfrac{d\ \text{분모}}{d\ \text{원시}_{\text{베르시컬러}}} \times \text{분자}\right)}{\text{분모}^2}$$

⑳ 이 차이점 덕분에 계산이 더 쉬워지는데, 왜냐하면 분자 $e^{\text{원시}S}$의 베르시컬러에 대한 미분값은 0이기 때문이야. 베르시컬러는 분자에 없으니까.

$$"p_{\text{세토사}}" = \frac{e^{\text{원시}S}}{e^{\text{원시}S} + e^{\text{원시}Versi} + e^{\text{원시}Virg}}$$

$$\frac{d}{d\ \text{원시}_{\text{베르시컬러}}}\ e^{\text{원시}S} = 0$$

$$\frac{d\ "p_{\text{세토사}}"}{d\ \text{원시}_{\text{베르시컬러}}} = \frac{(0 \times \text{분모}) - \left(\dfrac{d\ \text{분모}}{d\ \text{원시}_{\text{베르시컬러}}} \times \text{분자}\right)}{\text{분모}^2}$$

㉑ 그리고 0에 어떤 것을 곱해도 0이므로, 첫 번째 항은 0이 돼.

$$\frac{d\ "p_{\text{세토사}}"}{d\ \text{원시}_{\text{베르시컬러}}} = \frac{0 - \left(\dfrac{d\ \text{분모}}{d\ \text{원시}_{\text{베르시컬러}}} \times \text{분자}\right)}{\text{분모}^2}$$

친절한 알림:

$$\text{"}p_{\text{세토사}}\text{"} = \frac{e^{\text{원시}S}}{e^{\text{원시}S} + e^{\text{원시}Versi} + e^{\text{원시}Virg}}$$

$$\frac{d \text{ "}p_{\text{세토사}}\text{"}}{d \text{ 원시}_{\text{베르시컬러}}} = \frac{0 - \left(\dfrac{d \text{ 분모}}{d \text{ 원시}_{\text{베르시컬러}}} \times \text{ 분자} \right)}{\text{분모}^2}$$

㉒ 다음으로, 베르시컬러의 원시 출력값에 대한 분모의 미분값을 대입하는데... 바로 $e^{\text{원시}Versi}$야...

...그리고 분자에 있는 $e^{\text{원시}S}$도 대입해.

$$\frac{d}{d \text{ 원시}_{\text{베르시컬러}}} \; e^{\text{원시}S} + e^{\text{원시}Versi} + e^{\text{원시}Virg} = 0 + e^{\text{원시}Versi} + 0 = e^{\text{원시}Versi}$$

$$\frac{d \text{ "}p_{\text{세토사}}\text{"}}{d \text{ 원시}_{\text{베르시컬러}}} = \frac{0 - \left(e^{\text{원시}Versi} \times e^{\text{원시}S} \right)}{\text{분모}^2}$$

㉓ 마지막으로 분모를 대입해.

$$\frac{d \text{ "}p_{\text{세토사}}\text{"}}{d \text{ 원시}_{\text{베르시컬러}}} = \frac{0 - \left(e^{\text{원시}Versi} \times e^{\text{원시}S} \right)}{\left(e^{\text{원시}S} + e^{\text{원시}Versi} + e^{\text{원시}Virg} \right)^2}$$

㉔ 이제 아무 역할도 하지 않는 0을 제거하고...

...남은 것을 두 항의 곱으로 분리해.

$$\frac{d \text{ "}p_{\text{세토사}}\text{"}}{d \text{ 원시}_{\text{베르시컬러}}} = \frac{0 - \left(e^{\text{원시}Versi} \times e^{\text{원시}S} \right)}{\left(e^{\text{원시}S} + e^{\text{원시}Versi} + e^{\text{원시}Virg} \right)^2}$$

$$= \frac{-e^{\text{원시}S}}{\left(e^{\text{원시}S} + e^{\text{원시}Versi} + e^{\text{원시}Virg} \right)} \times \frac{e^{\text{원시}Versi}}{\left(e^{\text{원시}S} + e^{\text{원시}Versi} + e^{\text{원시}Virg} \right)}$$

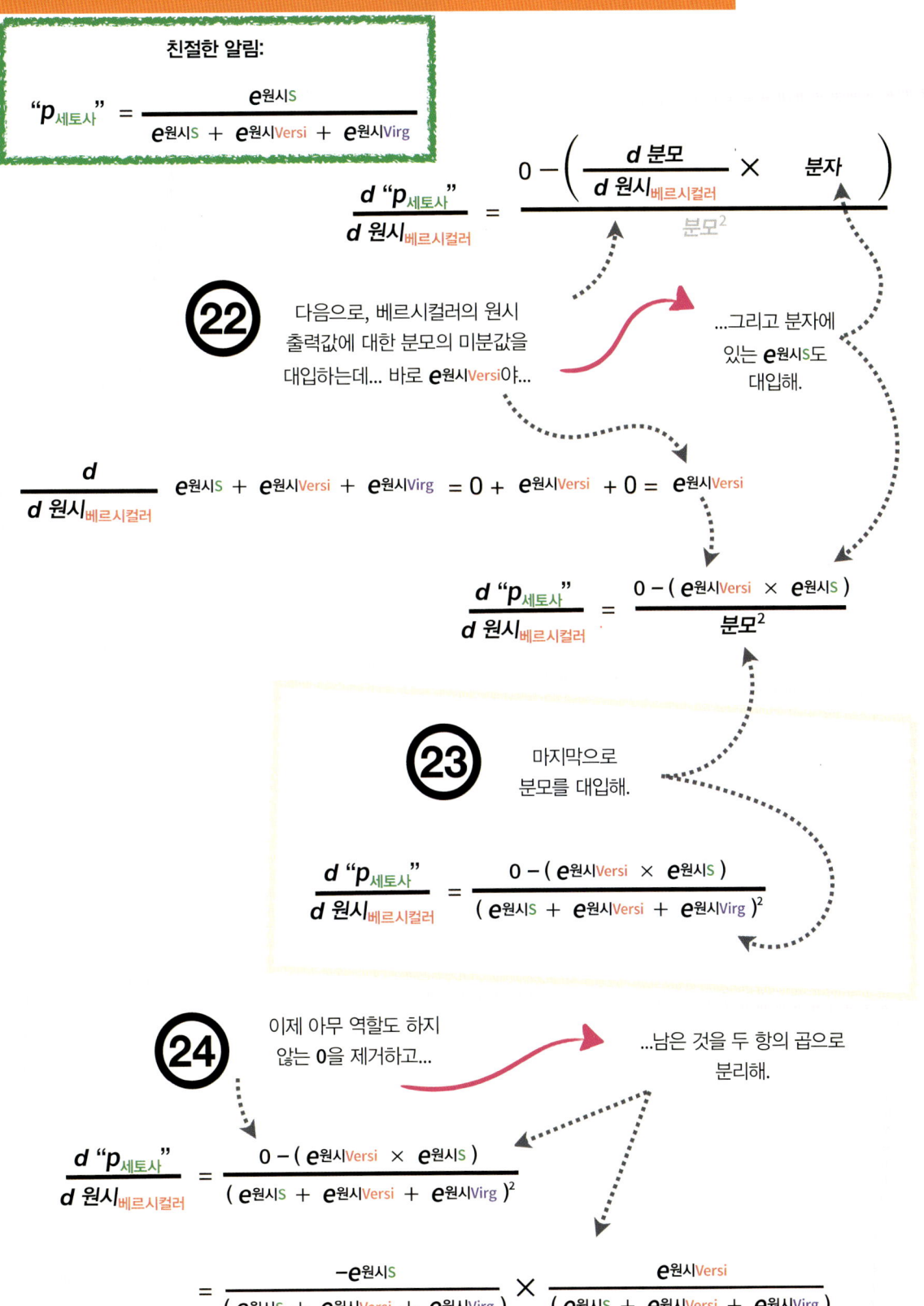

$$\frac{d\ \text{“}p_{세토사}\text{”}}{d\ \text{원시}_{베르시컬러}} = \frac{-e^{원시_S}}{\left(e^{원시_S} + e^{원시_{Versi}} + e^{원시_{Virg}}\right)} \times \frac{e^{원시_{Versi}}}{\left(e^{원시_S} + e^{원시_{Versi}} + e^{원시_{Virg}}\right)}$$

㉕ 첫 번째 항은 "$p_{세토사}$"에 –1을 곱한 것과 같으므로, "$p_{세토사}$"를 대입해.

$$\text{“}p_{세토사}\text{”} = \frac{e^{원시_S}}{e^{원시_S} + e^{원시_{Versi}} + e^{원시_{Virg}}}$$

$$\frac{d\ \text{“}p_{세토사}\text{”}}{d\ \text{원시}_{베르시컬러}} = -\text{“}p_{세토사}\text{”} \times \frac{e^{원시_{Versi}}}{\left(e^{원시_S} + e^{원시_{Versi}} + e^{원시_{Virg}}\right)}$$

㉖ 그리고 두 번째 항은 "$p_{베르시컬러}$"와 같기 때문에 바로 대입해줘.

$$\text{“}p_{베르시컬러}\text{”} = \frac{e^{원시_{Versi}}}{e^{원시_S} + e^{원시_{Versi}} + e^{원시_{Virg}}}$$

㉗ 이렇게 해서 우리는 **4장**에서 사용했던 베르시컬러의 **원시** 출력값에 대한 "$p_{세토사}$"의 미분값을 얻게 돼.

$$\frac{d\ \text{“}p_{세토사}\text{”}}{d\ \text{원시}_{베르시컬러}} = -\text{“}p_{세토사}\text{”} \times \text{“}p_{베르시컬러}\text{”}$$

㉘ 마지막으로, 정확히 동일한 단계를 거치면... **버지니카**의 **원시** 출력값에 대한 미분값은 다음과 같아...

이제 우리는 **4장**에서 사용했던 모든 미분값을 얻게 되었어.

$$\frac{d\ \text{“}p_{세토사}\text{”}}{d\ \text{원시}_{버지니카}} = -\text{“}p_{세토사}\text{”} \times \text{“}p_{버지니카}\text{”}$$

TRIPLE BAM!!!

코사인 유사도

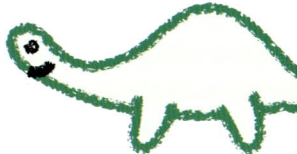

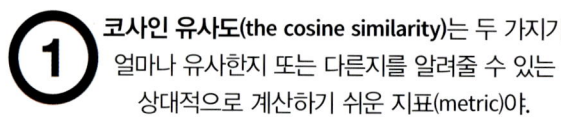

① **코사인 유사도(the cosine similarity)**는 두 가지가 얼마나 유사한지 또는 다른지를 알려줄 수 있는 상대적으로 계산하기 쉬운 지표(metric)야.

② 예를 들어 만약 **Hello, World!**와 **Hello!**라는 두 구문이 얼마나 유사한지 알고 싶다면...

...우리는 각 구문에 어떤 단어가 나타나고 몇 번 나타나는지를 추적하는 표를 만들 수 있어.

	Hello	World
Hello, World!	1	1
Hello!	1	0

이 예에서는, **Hello, World!** 구문은 World에 대해 1을 받고 Hello에 대해 1을 받는다는 것을 의미하고..

...그리고 **Hello!** 구문은 **Hello**에 대해 **1**을 받고 **World**에 대해 **0**을 받아.

③ 그런 다음 x축에는 단어 **Hello**를 본 횟수를...

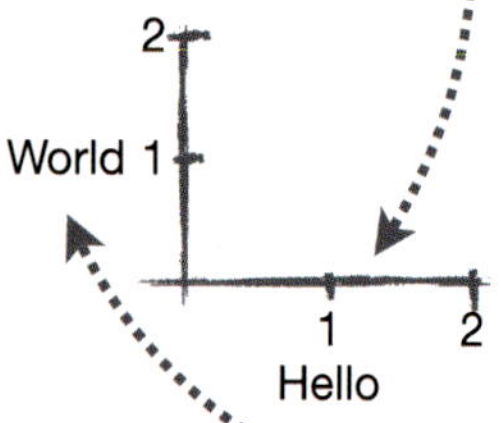

...y축에는 단어 **World**를 본 횟수를 갖는 **2차원** 그래프를 만들어.

④ 자, 첫 번째 구문 **Hello, World!**는 각 단어가 한 번씩 나타났으므로, 그래프 중앙에 점을 찍을 수 있어.

	Hello	World
Hello, World!	1	1
Hello!	1	0

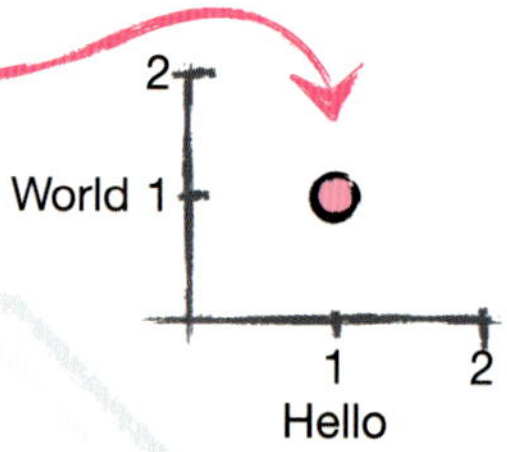

⑤ 반대로, 두 번째 구문 **Hello!**의 점은 x축 1에 있어.

	Hello	World
Hello, World!	1	1
Hello!	1	0

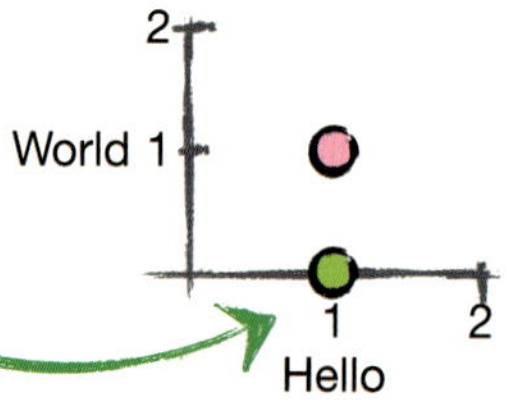

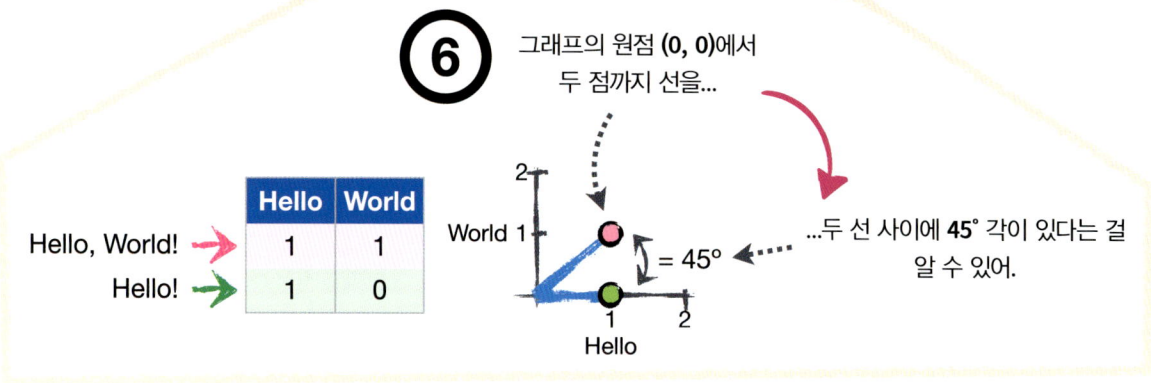

⑥ 그래프의 원점 **(0, 0)**에서 두 점까지 선을... ...두 선 사이에 **45°** 각이 있다는 걸 알 수 있어.

	Hello	World
Hello, World!	1	1
Hello!	1	0

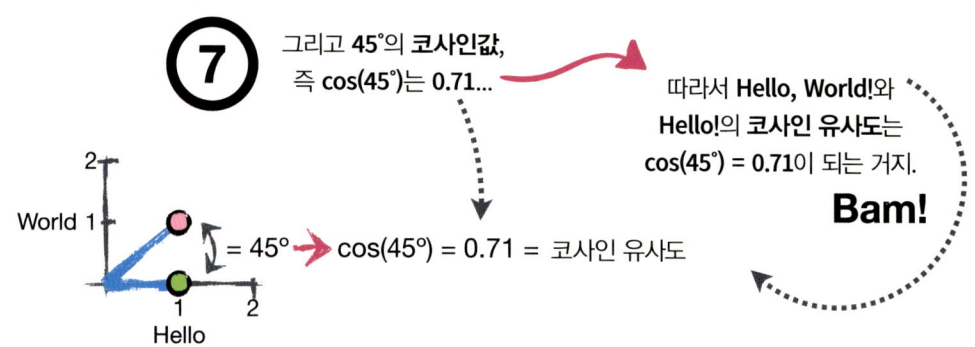

⑦ 그리고 **45°**의 **코사인값**, 즉 **cos(45°)**는 **0.71**... 따라서 **Hello, World!**와 **Hello!**의 **코사인 유사도**는 **cos(45°) = 0.71**이 되는 거지.

Bam!

= 45° ➡ cos(45°) = 0.71 = 코사인 유사도

⑧ 반대로, 두 번째 문장이 **Hello Hello Hello!** ...

표의 두 번째 행에는 **Hello**가 **3번** 들어 있으니까 Hello 자리에 3이 들어가게 돼.

	Hello	World
Hello, World!	1	1
Hello Hello Hello!	3	0

그래서 그래프에서 **Hello Hello Hello!**를 나타내는 점은 x축 쪽으로 더 멀리 가지만, 두 선 사이의 각도는 여전히 **45°**야...

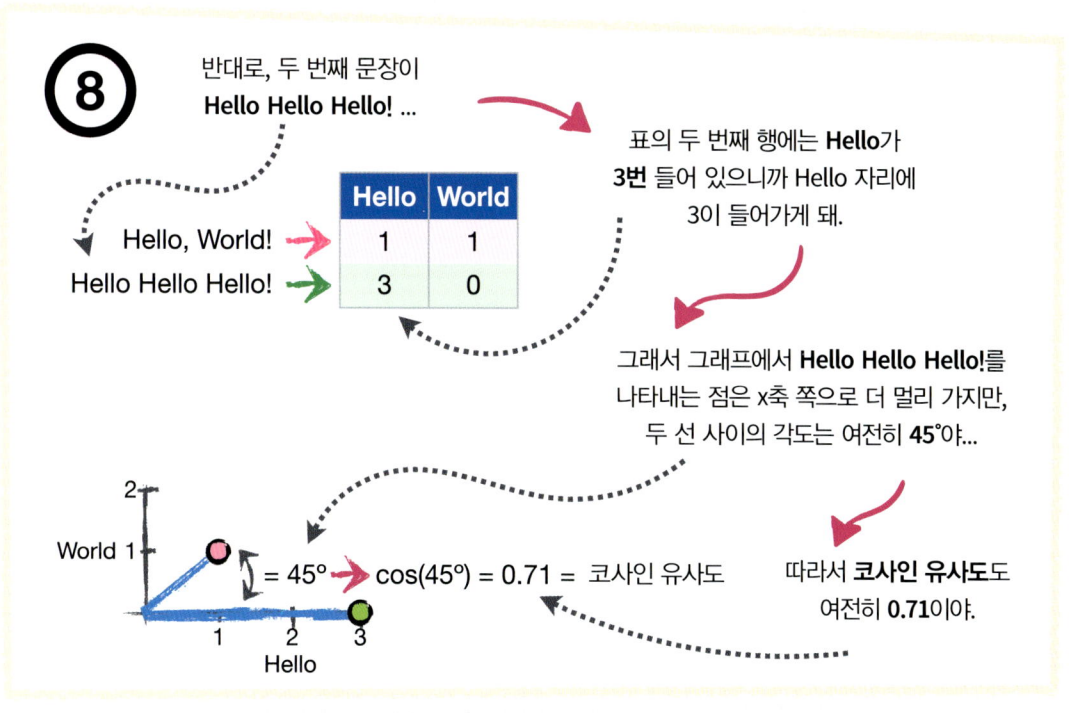

= 45° ➡ cos(45°) = 0.71 = 코사인 유사도

따라서 **코사인 유사도**도 여전히 **0.71**이야.

⑨ 다시 말해, 코사인 유사도는 선의 **길이**가 아니라 오직 두 선 사이의 **각도**로만 결정돼.

Bam.

303

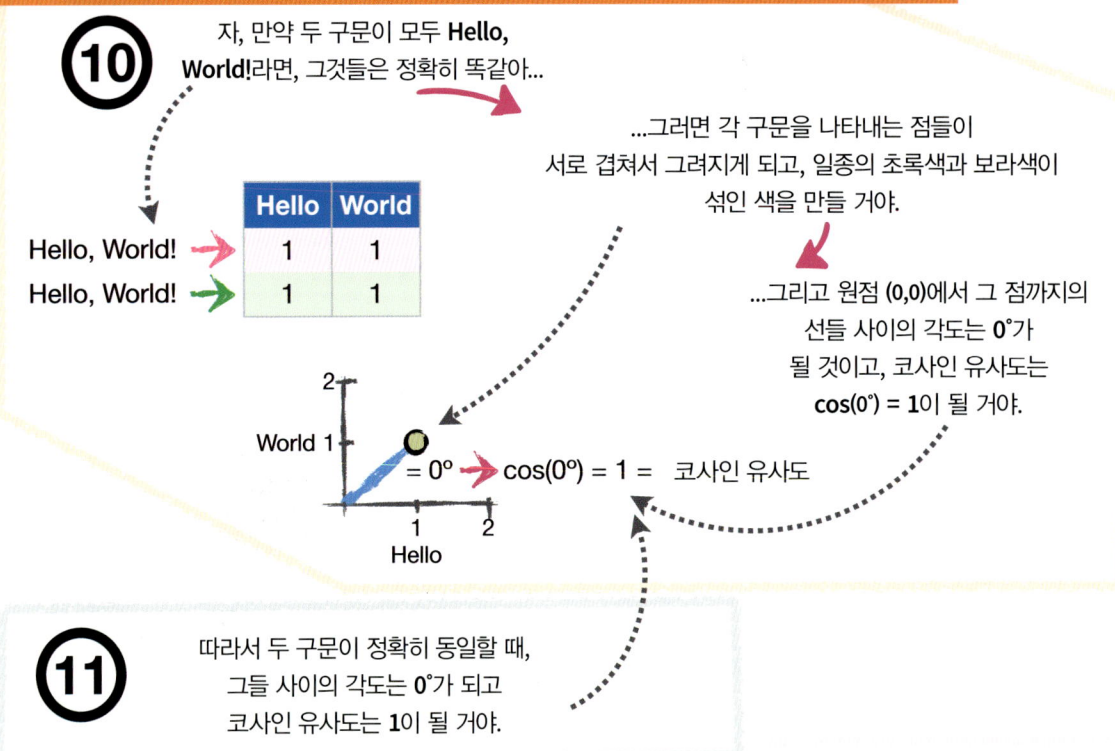

⑩ 자, 만약 두 구문이 모두 **Hello, World!**라면, 그것들은 정확히 똑같아...

...그러면 각 구문을 나타내는 점들이 서로 겹쳐서 그려지게 되고, 일종의 초록색과 보라색이 섞인 색을 만들 거야.

	Hello	World
Hello, World!	1	1
Hello, World!	1	1

...그리고 원점 **(0,0)**에서 그 점까지의 선들 사이의 각도는 **0°**가 될 것이고, 코사인 유사도는 **cos(0°) = 1**이 될 거야.

= 0° → cos(0°) = 1 = 코사인 유사도

⑪ 따라서 두 구문이 정확히 동일할 때, 그들 사이의 각도는 **0°**가 되고 코사인 유사도는 **1**이 될 거야.

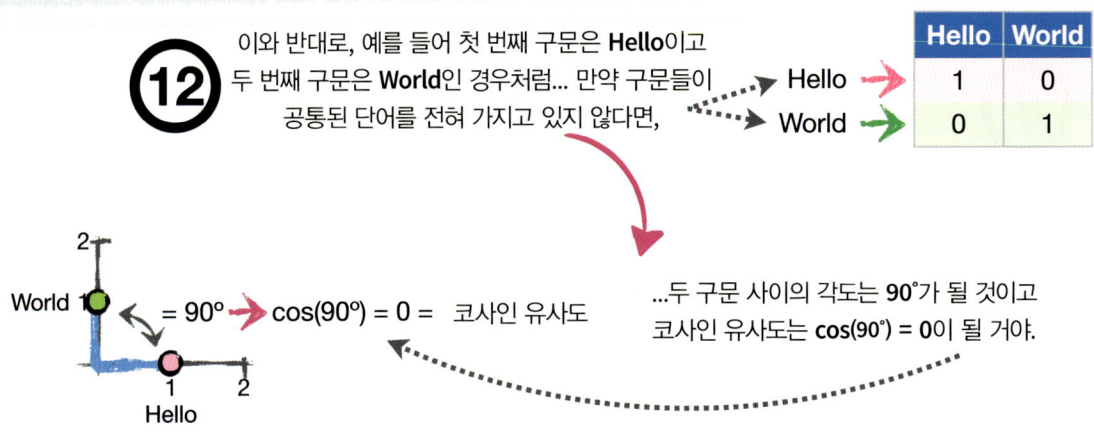

⑫ 이와 반대로, 예를 들어 첫 번째 구문은 **Hello**이고 두 번째 구문은 **World**인 경우처럼... 만약 구문들이 공통된 단어를 전혀 가지고 있지 않다면,

	Hello	World
Hello	1	0
World	0	1

= 90° → cos(90°) = 0 = 코사인 유사도

...두 구문 사이의 각도는 **90°**가 될 것이고 코사인 유사도는 **cos(90°) = 0**이 될 거야.

⑬ 요약하면, 두 구문이 공통된 것이 전혀 없을 때, 코사인 유사도는 **0**이고...

...구문들이 정확히 동일할 때, 코사인 유사도는 **1**이야.

...그리고 두 구문 사이에 약간의 중복이 있지만 정확히 동일하지는 않을 때, 코사인 유사도는 **0**과 **1** 사이야.

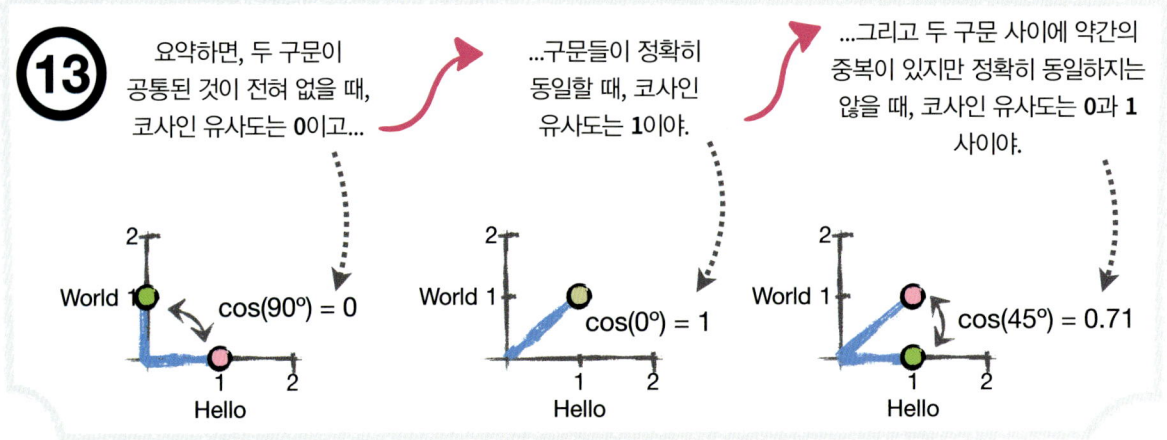

cos(90°) = 0

cos(0°) = 1

cos(45°) = 0.71

데이터 그래프를 그리고 손으로 각도를 알아내는 것은 좀 지루한 일이야. 코사인 유사도를 계산하는 더 쉬운 방법이 있을까?

그림!

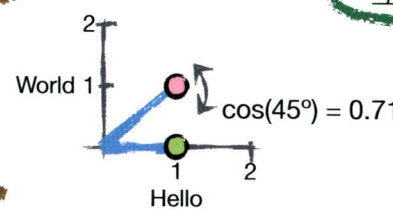

World 1

$\cos(45°) = 0.71$

1   2
Hello

(14) 그래프를 그리는 대신, 우리 데이터를 이 방정식에 바로 대입할 수 있어.

이제 방정식을 단계별로 살펴보자.

	Hello	World
Hello, World!	1	1
Hello!	1	0

$$\text{코사인 유사도} = \frac{\sum_{i=1}^{n} A_i B_i}{\sqrt{\sum_{i=1}^{n} A_i^2}\sqrt{\sum_{i=1}^{n} B_i^2}}$$

(15) 이 시그마(Σ)들은 여러 개를 더하는 것을 간단히 표현한 거야...

i는 **인덱스**(index)를 짧게 표현한 것이고, 우리가 작업 중인 단어를 추적하는 데 사용돼.

i가 **1**부터 시작하므로, 첫 번째 단어는 표의 첫 번째 단어야. 이 경우, 첫 번째 단어는 **Hello**야.

$$\text{코사인 유사도} = \frac{\sum_{i=1}^{n} A_i B_i}{\sqrt{\sum_{i=1}^{n} A_i^2}\sqrt{\sum_{i=1}^{n} B_i^2}}$$

그리고 n은 구문 내 서로 다른 단어들의 수야. 이 경우, **Hello**와 **World**라는 두 단어가 있으므로 $n = 2$야.

(16) 마지막으로, **A**와 **B**는 우리가 코사인 유사도를 계산하는 두 구문을 가리켜.

$$\text{코사인 유사도} = \frac{\sum_{i=1}^{n} A_i B_i}{\sqrt{\sum_{i=1}^{n} A_i^2}\sqrt{\sum_{i=1}^{n} B_i^2}}$$

(17) 이 경우, *A*는 첫 번째 구문 **Hello, World!**이고... 그리고 *B*는 두 번째 구문 **Hello!**라고 하자.

	Hello	World
A = Hello, World!	1	1
B = Hello!	1	0

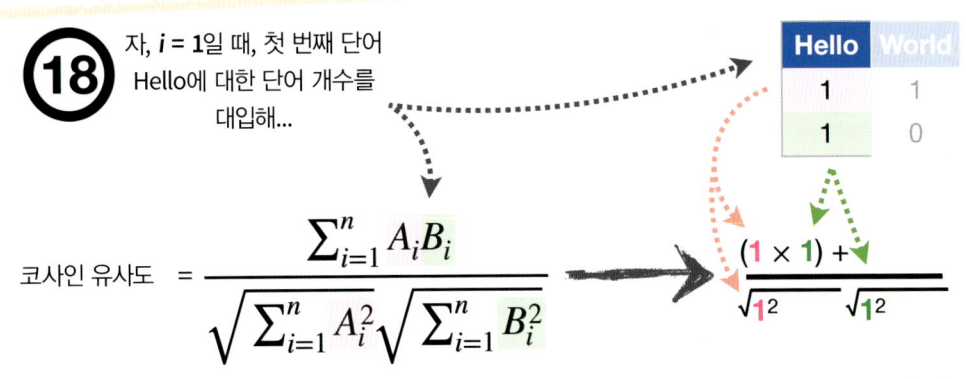

(18) 자, *i* = 1일 때, 첫 번째 단어 Hello에 대한 단어 개수를 대입해...

Hello	World
1	1
1	0

$$\text{코사인 유사도} = \frac{\sum_{i=1}^{n} A_i B_i}{\sqrt{\sum_{i=1}^{n} A_i^2} \sqrt{\sum_{i=1}^{n} B_i^2}}$$

$$\frac{(1 \times 1) +}{\sqrt{1^2} \quad \sqrt{1^2}}$$

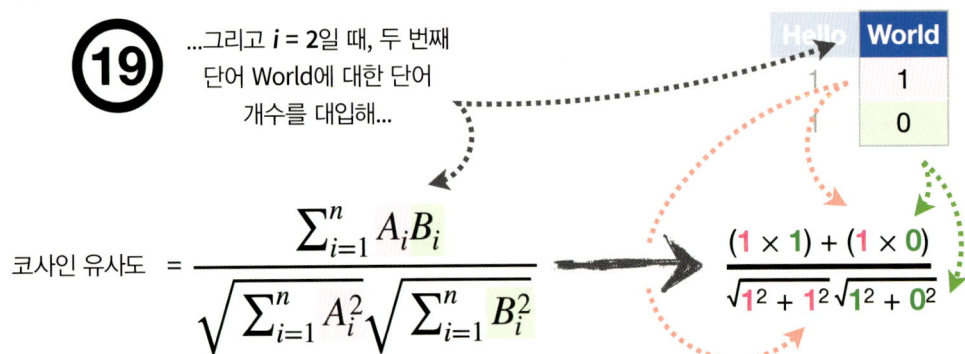

(19) ...그리고 *i* = 2일 때, 두 번째 단어 World에 대한 단어 개수를 대입해...

Hello	World
1	1
1	0

$$\text{코사인 유사도} = \frac{\sum_{i=1}^{n} A_i B_i}{\sqrt{\sum_{i=1}^{n} A_i^2} \sqrt{\sum_{i=1}^{n} B_i^2}}$$

$$\frac{(1 \times 1) + (1 \times 0)}{\sqrt{1^2 + 1^2} \sqrt{1^2 + 0^2}}$$

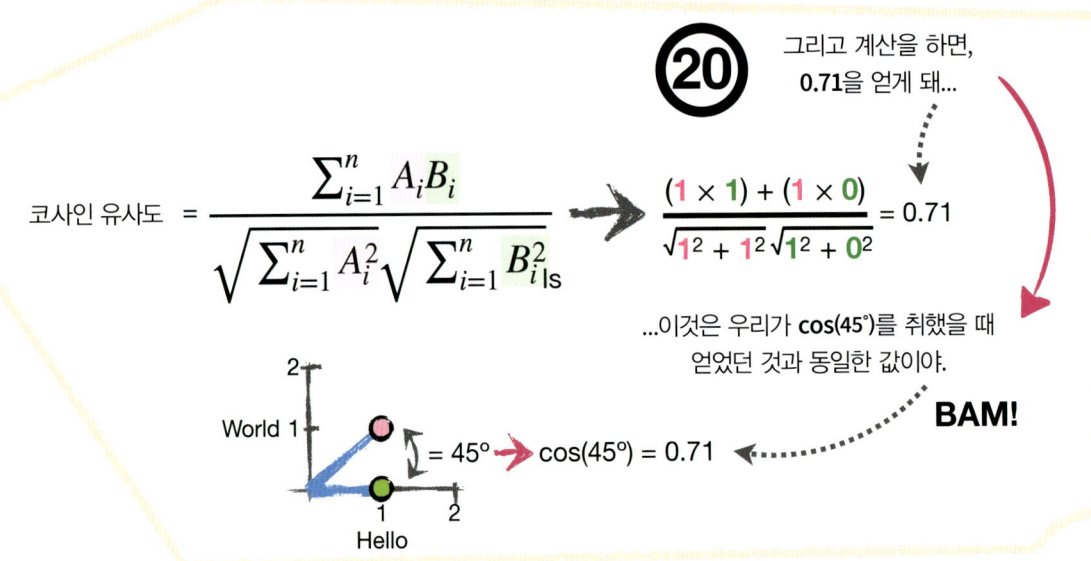

(20) 그리고 계산을 하면, **0.71**을 얻게 돼...

$$\text{코사인 유사도} = \frac{\sum_{i=1}^{n} A_i B_i}{\sqrt{\sum_{i=1}^{n} A_i^2} \sqrt{\sum_{i=1}^{n} B_{i}^2}}$$

$$\frac{(1 \times 1) + (1 \times 0)}{\sqrt{1^2 + 1^2} \sqrt{1^2 + 0^2}} = 0.71$$

...이것은 우리가 **cos(45°)**를 취했을 때 얻었던 것과 동일한 값이야.

BAM!

= 45° → cos(45°) = 0.71

World 1
Hello 1   2

㉑

A = I love Troll 2! ➡️
B = I love Gymkata! ➡️

	I	love	Troll 2	Gymkata
	1	1	1	0
	1	1	0	1

이 방정식의 멋진 점은 데이터의 열(column) 수에
관계없이 작동한다는 거야.
예를 들어 **I love Troll 2!**와 **I love Gymkata!**
사이의 코사인 유사도를 계산하고 싶다면...

데이터를 방정식에
그냥 대입하면 돼.
그러면 **0.67**을 얻어.

$$\text{코사인 유사도} = \frac{\sum_{i=1}^{n} A_i B_i}{\sqrt{\sum_{i=1}^{n} A_i^2}\sqrt{\sum_{i=1}^{n} B_i^2}} = \frac{(1 \times 1) + (1 \times 1) + (1 \times 0) + (0 \times 1)}{\sqrt{1^2 + 1^2 + 1^2 + 0^2}\sqrt{1^2 + 1^2 + 0^2 + 1^2}} = 0.67$$

Bam!

㉒ 지금까지 우리는 두 개의 텍스트 구문 사이의 코사인
유사도를 계산하는 데 집중했지만, 두 개의 숫자 데이터
행을 비교하고 싶을 때 언제든지 사용할 수 있어.

참고: 우리가 단어 개수가 아닌 다른 것들
사이의 코사인 유사도를 계산할 때, 코사인
유사도는 **-1**에서 **1**까지의 범위를 가질 수
있어.

예를 들어 트랜스포머 장에서 했던
것처럼 내적 대신 쿼리와 키 사이의
코사인 유사도를 계산하고 싶다면...

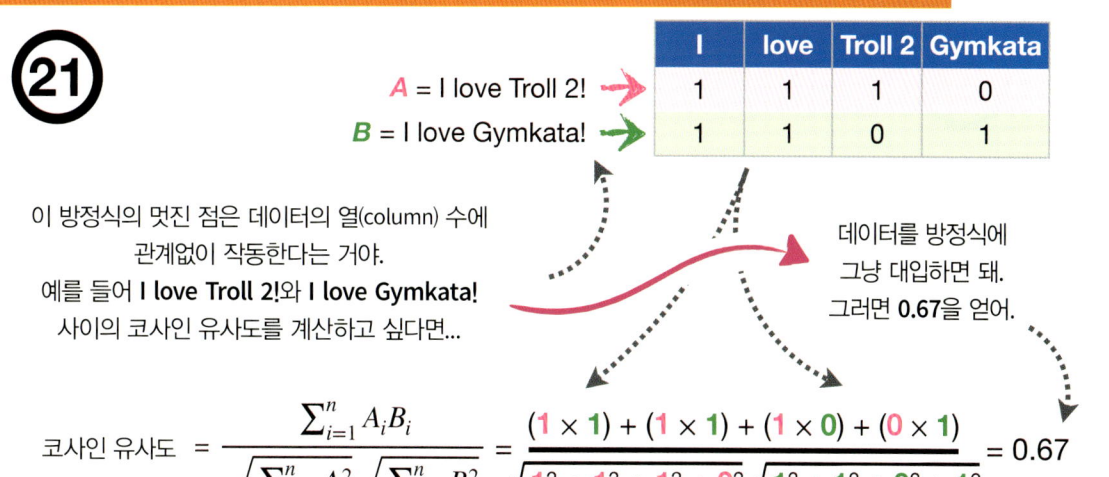

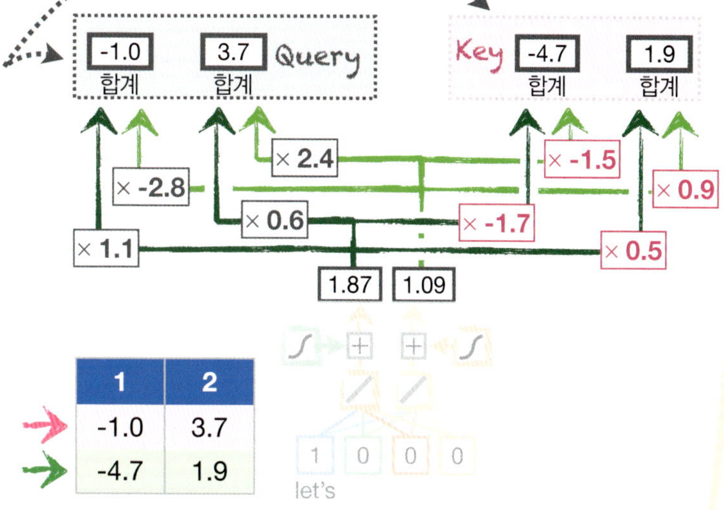

...그러면 A는 쿼리가 되고
B는 키가 될 수 있어...

A = 쿼리 ➡️
B = 키 ➡️

	1	2
	-1.0	3.7
	-4.7	1.9

...그리고 그냥 계산을 해서 코사인
유사도 **0.60**을 얻으면 돼.

Bam!

$$\text{코사인 유사도} = \frac{\sum_{i=1}^{n} A_i B_i}{\sqrt{\sum_{i=1}^{n} A_i^2}\sqrt{\sum_{i=1}^{n} B_i^2}} = \frac{(-1.0 \times -4.7) + (3.7 \times 1.9)}{\sqrt{-1.0^2 + 3.7^2}\sqrt{-4.7^2 + 1.9^2}} = 0.60$$

 이제 코사인 유사도를 계산하는 방법을 알았으니, 그것이 내적과 어떻게 관련되는지 이야기해보자.

$$\text{코사인 유사도} = \frac{\sum_{i=1}^{n} A_i B_i}{\sqrt{\sum_{i=1}^{n} A_i^2} \sqrt{\sum_{i=1}^{n} B_i^2}} \quad \text{vs.} \qquad \text{내적} = \sum_{i=1}^{n} A_i B_i$$

24 가장 먼저 알아야 할 것은 코사인 유사도의 분자가 내적과 같다는 거야.

$$\text{내적} = \sum_{i=1}^{n} A_i B_i$$

$$\text{코사인 유사도} = \frac{\boxed{\sum_{i=1}^{n} A_i B_i}}{\sqrt{\sum_{i=1}^{n} A_i^2} \sqrt{\sum_{i=1}^{n} B_i^2}}$$

25 두 번째로 알아야 할 것은, 항상 **-1**과 **1** 사이인(경곗값 포함) 코사인 유사도와는 대조적으로, 내적은 음의 무한대에서 양의 무한대까지 어떤 값이든 가질 수 있다는 거야.

따라서 만약 코사인 유사도의 분자가 내적이라면...

$$\text{코사인 유사도} = \frac{\sum_{i=1}^{n} A_i B_i}{\sqrt{\sum_{i=1}^{n} A_i^2} \sqrt{\sum_{i=1}^{n} B_i^2}}$$

...그러면 분모가 내적을 **-1**과 **1** 사이로 스케일링(조정)하는 역할을 하는 거지.

26 요약하면, 코사인 유사도와 내적의 유일한 차이점은 코사인 유사도는 내적을 -1과 1 사이로 스케일링한다는 거야. 대조적으로, 내적은 스케일링되지 않은 유사도 측정값이야. 따라서 이 작은 세부 사항은 우리가 **부록 G**에서 행렬 수학을 살펴보고 **12장**, **13장**, **14장**에서 트랜스포머를 코딩할 때 중요해질 거야.

간식 시간!

신경망을 위한 필수 행렬 대수

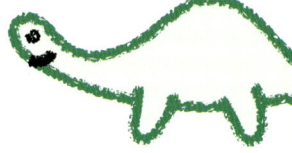

① **행렬 대수(matrix algebra)**는 수학을 하는 매우 풍부하고 강력한 방법이며, 배우는 데 보통 몇 달, 아니 몇 년이 걸리기도 해. 하지만 좋은 소식은 신경망을 이해하고 코딩하는 목적을 위해서는, 우리가 알아야 할 몇 가지 사항만 있고, 우리는 그것들에 집중하면 된다는 거야.

우리는 몇 가지 기본적인 용어를 배우고 가장 이상한 행렬 방정식 부분인 **행렬 곱셈**에 대한 이해를 쌓아나가면서 시작할 거야.

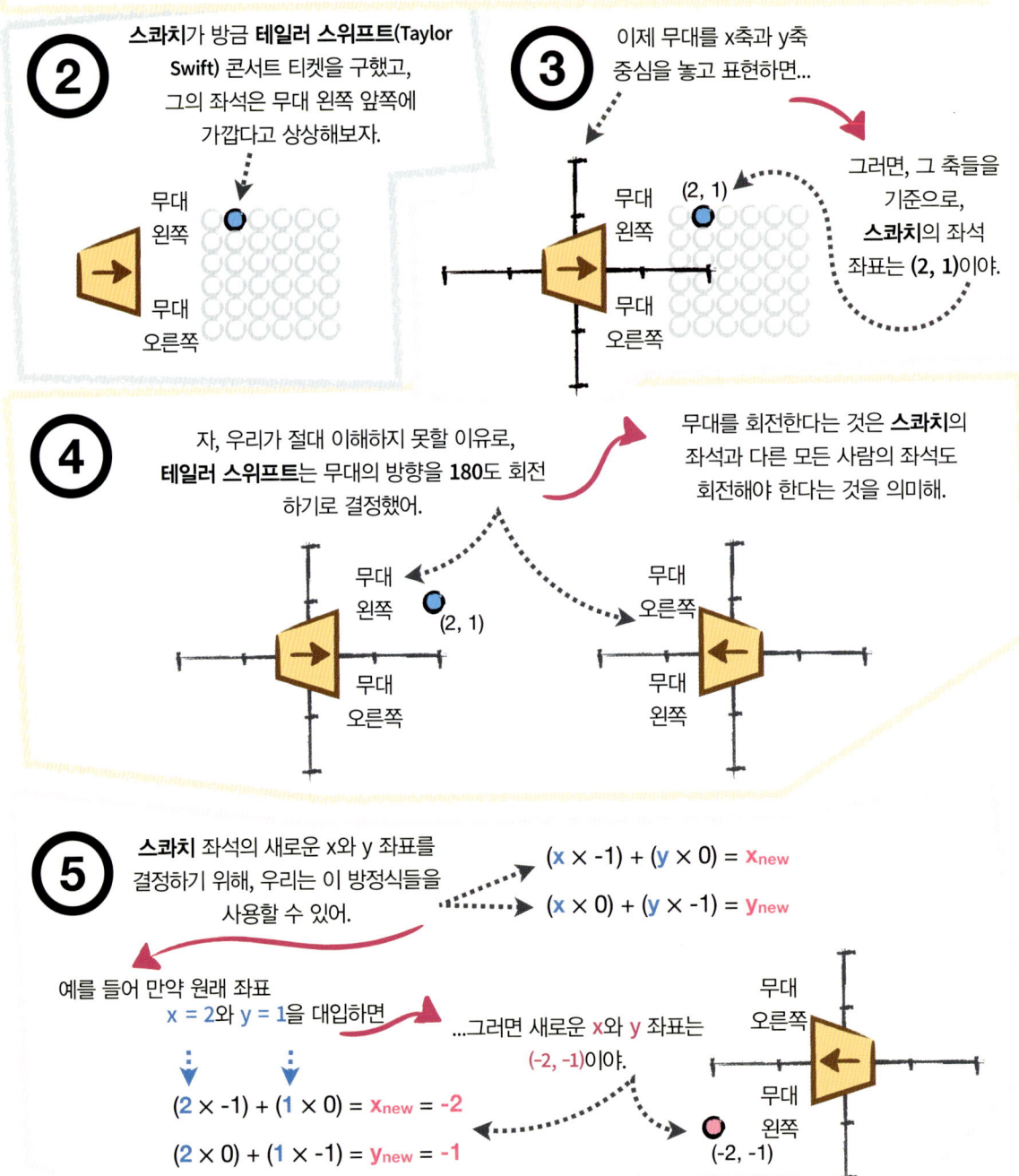

② **스콰치**가 방금 **테일러 스위프트(Taylor Swift)** 콘서트 티켓을 구했고, 그의 좌석은 무대 왼쪽 앞쪽에 가깝다고 상상해보자.

무대 왼쪽
무대 오른쪽

③ 이제 무대를 x축과 y축 중심을 놓고 표현하면...

그러면, 그 축들을 기준으로, **스콰치**의 좌석 좌표는 (2, 1)이야.

무대 왼쪽
(2, 1)
무대 오른쪽

④ 자, 우리가 절대 이해하지 못할 이유로, **테일러 스위프트**는 무대의 방향을 180도 회전 하기로 결정했어.

무대를 회전한다는 것은 **스콰치**의 좌석과 다른 모든 사람의 좌석도 회전해야 한다는 것을 의미해.

무대 왼쪽
(2, 1)
무대 오른쪽

무대 오른쪽
무대 왼쪽

⑤ **스콰치** 좌석의 새로운 x와 y 좌표를 결정하기 위해, 우리는 이 방정식들을 사용할 수 있어.

$(x \times -1) + (y \times 0) = x_{new}$
$(x \times 0) + (y \times -1) = y_{new}$

예를 들어 만약 원래 좌표 x = 2와 y = 1을 대입하면

...그러면 새로운 x와 y 좌표는 (-2, -1)이야.

$(2 \times -1) + (1 \times 0) = x_{new} = -2$
$(2 \times 0) + (1 \times -1) = y_{new} = -1$

무대 오른쪽
무대 왼쪽
(-2, -1)

6 다른 말로 하면, 이 두 방정식은 점 (2, 1)을...

$$(x \times -1) + (y \times 0) = x_{new}$$
$$(x \times 0) + (y \times -1) = y_{new}$$

무대 오른쪽

(2, 1)

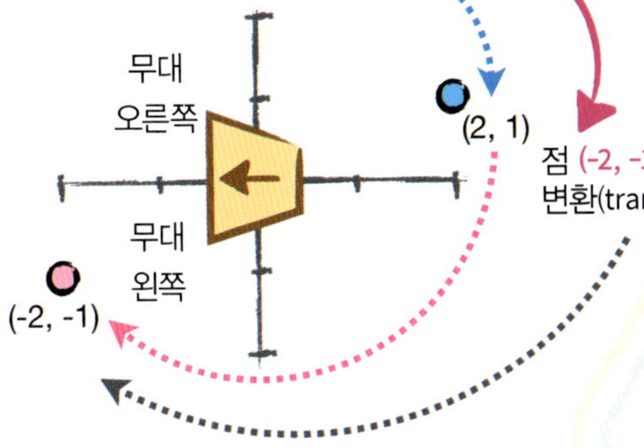

점 (-2, -1)로 변환(transform)해.

무대 왼쪽

(-2, -1)

7 이 방정식들이 원래 x와 y 좌표를...

$$(x \times -1) + (y \times 0) = x_{new}$$
$$(x \times 0) + (y \times -1) = y_{new}$$

...새로운 x와 y 좌표로 변환하기 때문에...

...그리고 원래 x와 y 좌표에 어떤 것을 곱하고 더하기만 하기 때문에, 그 변환은 **선형 변환(linear transformation)**이라고 불려.

8 예를 들어 만약 우리가 새로운 x축 좌표를 제공하는 방정식에 초점을 맞추고 x = 2와 y = 1을 대입하면, -2를 얻어...

$$(2 \times -1) + (1 \times 0) = -2$$

그런 다음 x를 3으로 증가시키면, -3을 얻고...

$$(3 \times -1) + (1 \times 0) = -3$$

마찬가지로, x를 4로 증가시키면 -4를 줘.

$$(3 \times -1) + (1 \times 0) = -4$$

9 따라서 x값을 1만큼 증가시킬 때마다, 출력은 -1만큼 감소해. 다른 말로 하면, x값의 일정한 변화는 출력의 일정한 변화를 가져와.

출력의 변화량이 항상 같기 때문에, 마치 직선의 기울기가 항상 같은 것처럼, 이 변환은 **선형 변환**이라고 불려.

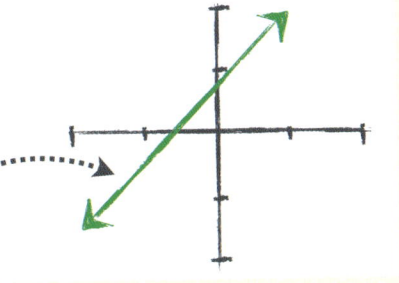

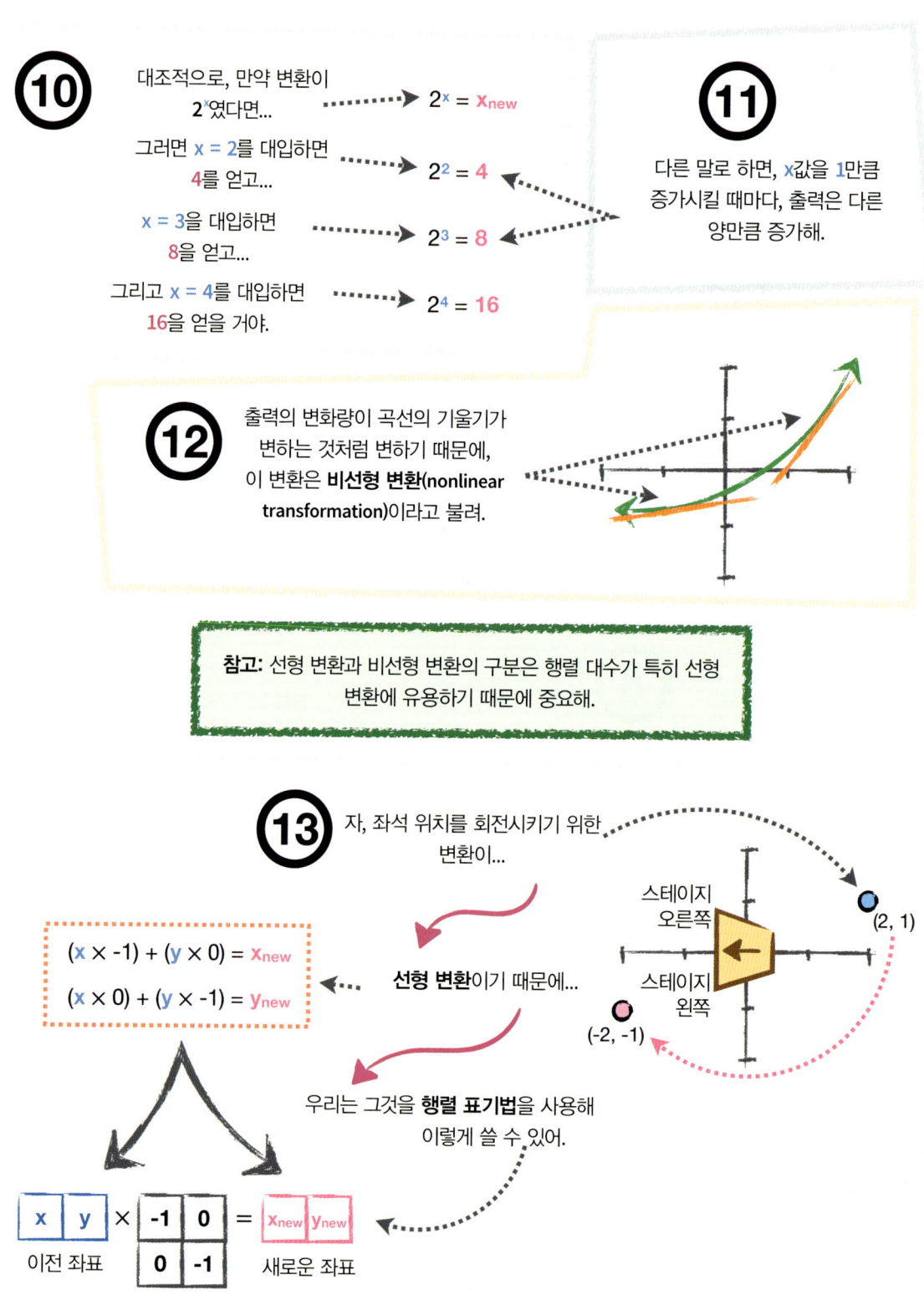

⑩ 대조적으로, 만약 변환이 2^{x}였다면...

$2^x = x_{new}$

그러면 x = 2를 대입하면 4를 얻고...

$2^2 = 4$

x = 3을 대입하면 8을 얻고...

$2^3 = 8$

그리고 x = 4를 대입하면 16을 얻을 거야.

$2^4 = 16$

⑪ 다른 말로 하면, x값을 1만큼 증가시킬 때마다, 출력은 다른 양만큼 증가해.

⑫ 출력의 변화량이 곡선의 기울기가 변하는 것처럼 변하기 때문에, 이 변환은 **비선형 변환(nonlinear transformation)**이라고 불려.

참고: 선형 변환과 비선형 변환의 구분은 행렬 대수가 특히 선형 변환에 유용하기 때문에 중요해.

⑬ 자, 좌석 위치를 회전시키기 위한 변환이...

선형 변환이기 때문에...

$(x \times -1) + (y \times 0) = x_{new}$

$(x \times 0) + (y \times -1) = y_{new}$

스테이지 오른쪽

(2, 1)

스테이지 왼쪽

(-2, -1)

우리는 그것을 **행렬 표기법**을 사용해 이렇게 쓸 수 있어.

x	y	×	-1	0	=	x_new	y_new
			0	-1			

이전 좌표   변환   새로운 좌표

부록 F: 신경망을 위한 필수 행렬 대수

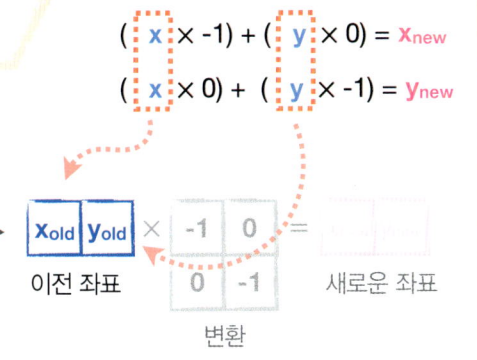

$$(x \times -1) + (y \times 0) = x_{new}$$
$$(x \times 0) + (y \times -1) = y_{new}$$

(14) 이 예제에서는, x와 y 좌표를 **행렬(row matrix)** 또는 **행 벡터(row vector)**라고 불리는 것에 넣었어...

이것을 **1×2 행렬**이라고 부를 수도 있는데, 왜냐하면 **1개의 행**과 그 행에 2개의 숫자가 있기 때문이야. 그래서 우리는 **2개의 열**을 가지고 있다고 말해.

이전 좌표

변환

새로운 좌표

(15) 계수, 즉 x와 y를 곱하고 변환을 정의하는 숫자들도 행렬로 들어가. 그리고 이것을 **2×2 행렬**이라고 부르는데, 왜냐하면 **2개의 행**과 **2개의 열**을 가지고 있기 때문이야.

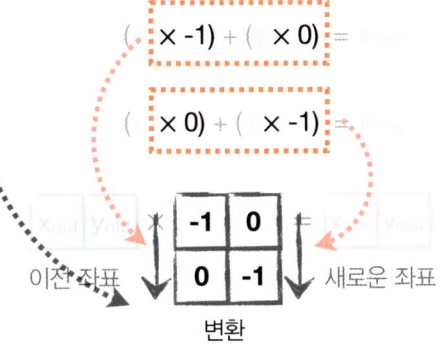

$$(\times -1) + (\times 0) = $$
$$(\times 0) + (\times -1) = $$

이전 좌표

변환

새로운 좌표

전문용어 주의!
일반적으로 행렬은 *m*개의 행과 *n*개의 열을 가지고 있다고 말해. 개인적으로 나는 이 용어를 쉽게 기억하기 위해 유쾌한 노래를 썼어. 321쪽에서 찾아봐!

---

(16) 첫 번째 방정식의 계수들은 행렬의 첫 번째 열로 들어가...

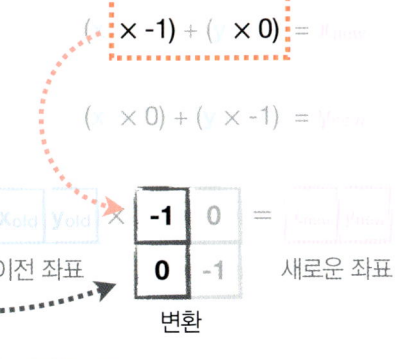

$$(\times -1) + (\times 0) = $$
$$(\times 0) + (y \times -1) = y_{new}$$

이전 좌표

변환

새로운 좌표

(17) ...그리고 두 번째 방정식의 계수들은 행렬의 두 번째 열로 들어가.

참고: 행렬이 왜 이렇게 약간 이상하게 설정되었는지에 대해서는 잠시 후에 이야기할 거야. 그리고 이 모든 것을 스스로 알아내는 과정이 왜 필요한지에 대해서도 알게 될 거야.

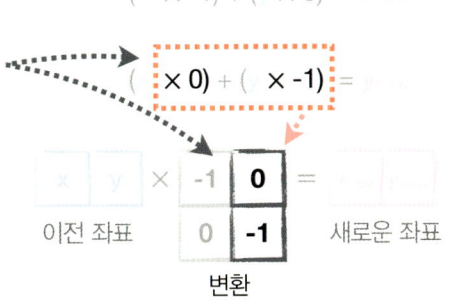

$$(\times -1) + (y \times 0) = ?$$
$$(\times 0) + (\times -1) = $$

이전 좌표

변환

새로운 좌표

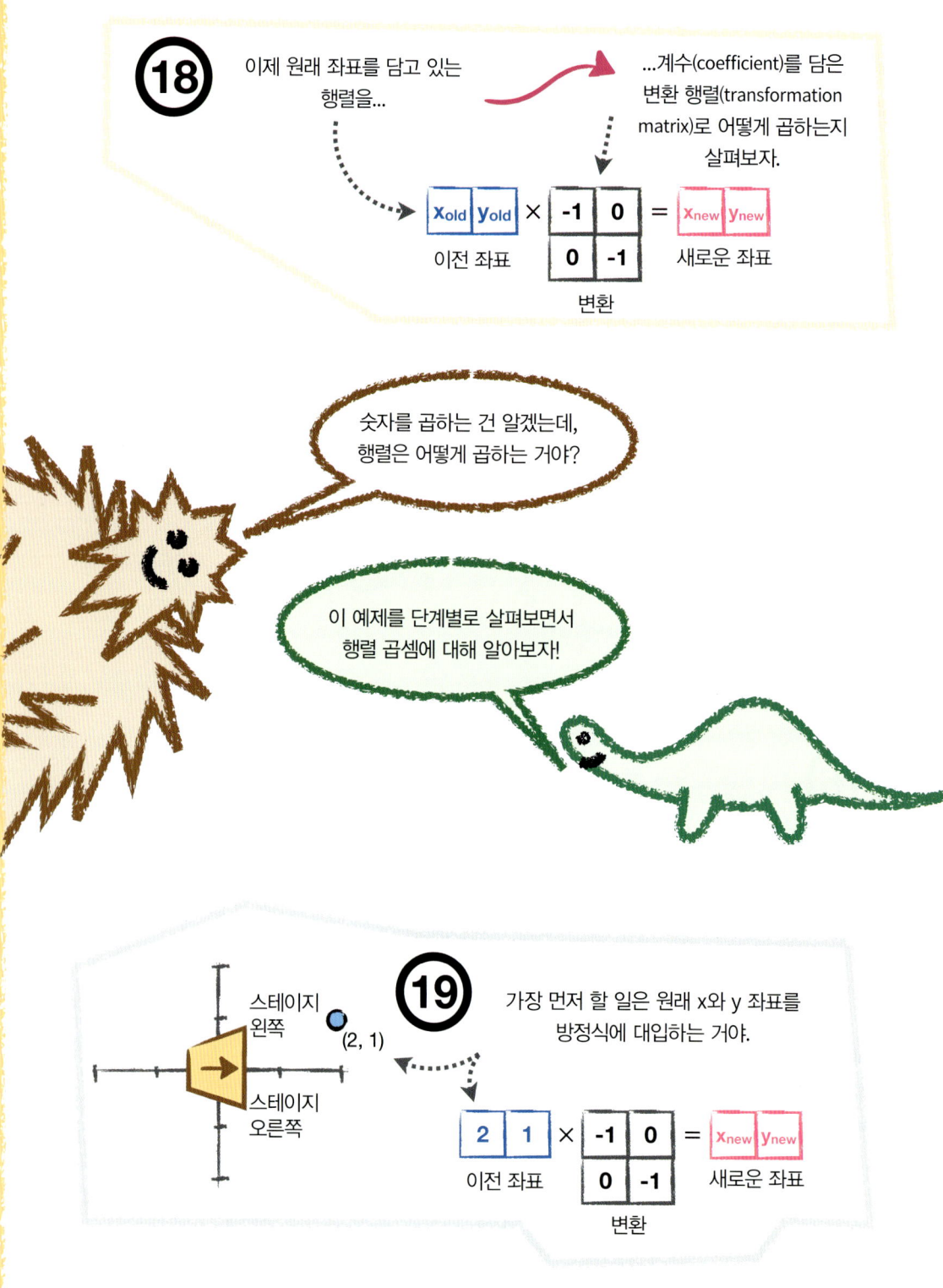

⑱ 이제 원래 좌표를 담고 있는 행렬을...

...계수(coefficient)를 담은 변환 행렬(transformation matrix)로 어떻게 곱하는지 살펴보자.

$$\boxed{\text{x}_{old} \mid \text{y}_{old}} \times \boxed{\begin{matrix} -1 & 0 \\ 0 & -1 \end{matrix}} = \boxed{\text{x}_{new} \mid \text{y}_{new}}$$

이전 좌표

변환

새로운 좌표

숫자를 곱하는 건 알겠는데, 행렬은 어떻게 곱하는 거야?

이 예제를 단계별로 살펴보면서 행렬 곱셈에 대해 알아보자!

스테이지 왼쪽

(2, 1)

스테이지 오른쪽

⑲ 가장 먼저 할 일은 원래 x와 y 좌표를 방정식에 대입하는 거야.

$$\boxed{2 \mid 1} \times \boxed{\begin{matrix} -1 & 0 \\ 0 & -1 \end{matrix}} = \boxed{\text{x}_{new} \mid \text{y}_{new}}$$

이전 좌표

변환

새로운 좌표

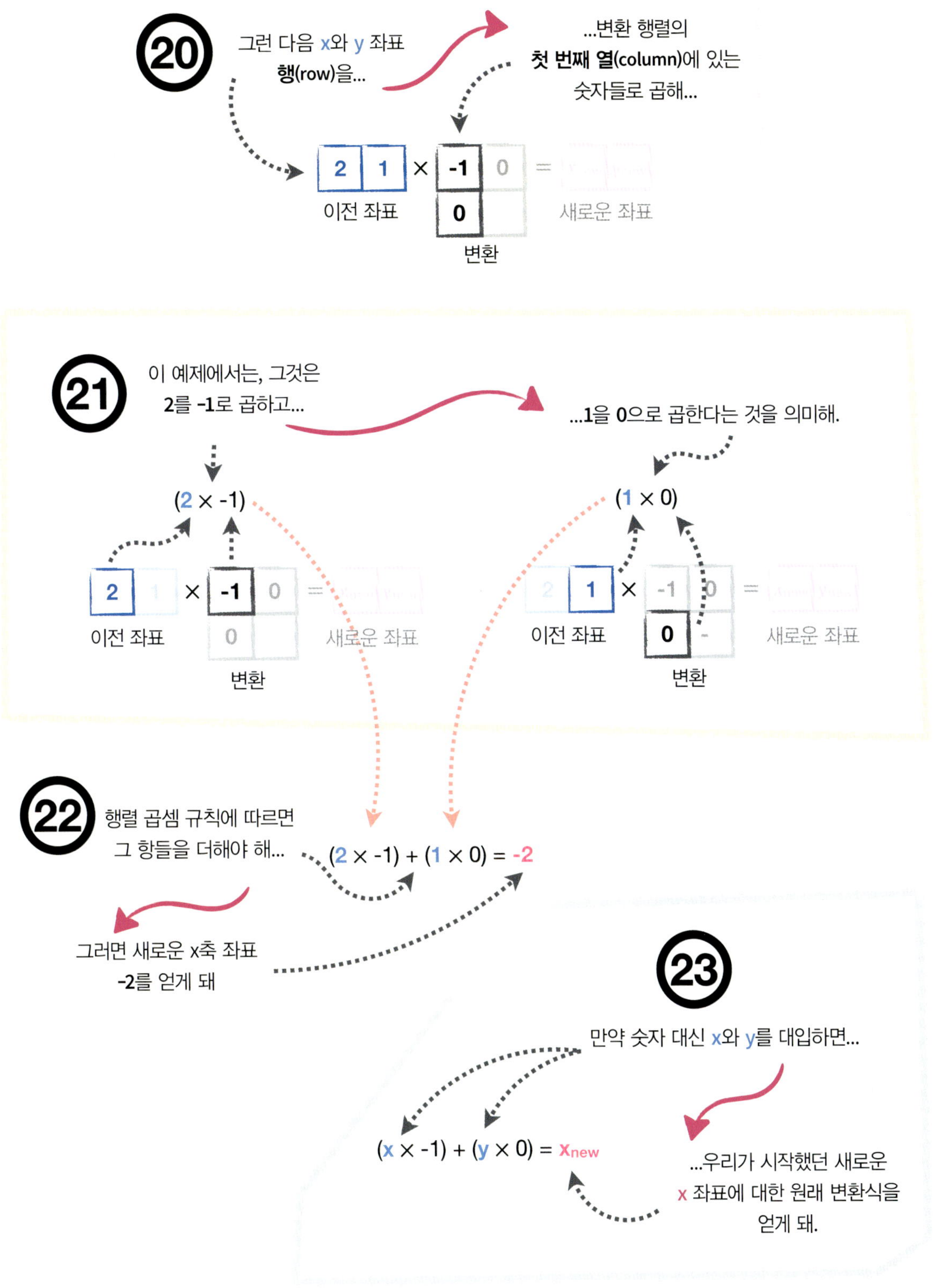

⑳ 그런 다음 x와 y 좌표 **행(row)**을... ...변환 행렬의 **첫 번째 열(column)**에 있는 숫자들로 곱해...

$$\begin{bmatrix} 2 & 1 \end{bmatrix} \times \begin{bmatrix} -1 & 0 \\ 0 & \end{bmatrix} = \begin{bmatrix} & \end{bmatrix}$$

이전 좌표   변환   새로운 좌표

㉑ 이 예제에서는, 그것은 **2**를 **-1**로 곱하고... ...**1**을 **0**으로 곱한다는 것을 의미해.

$$(2 \times -1)$$

$$\begin{bmatrix} 2 & 1 \end{bmatrix} \times \begin{bmatrix} -1 & 0 \\ 0 & \end{bmatrix} = \begin{bmatrix} & \end{bmatrix}$$

이전 좌표   변환   새로운 좌표

$$(1 \times 0)$$

$$\begin{bmatrix} 2 & 1 \end{bmatrix} \times \begin{bmatrix} -1 & 0 \\ 0 & \end{bmatrix} = \begin{bmatrix} & \end{bmatrix}$$

이전 좌표   변환   새로운 좌표

㉒ 행렬 곱셈 규칙에 따르면 그 항들을 더해야 해...

$$(2 \times -1) + (1 \times 0) = -2$$

그러면 새로운 x축 좌표 **-2**를 얻게 돼

㉓ 만약 숫자 대신 x와 y를 대입하면...

$$(x \times -1) + (y \times 0) = x_{new}$$

...우리가 시작했던 새로운 x 좌표에 대한 원래 변환식을 얻게 돼.

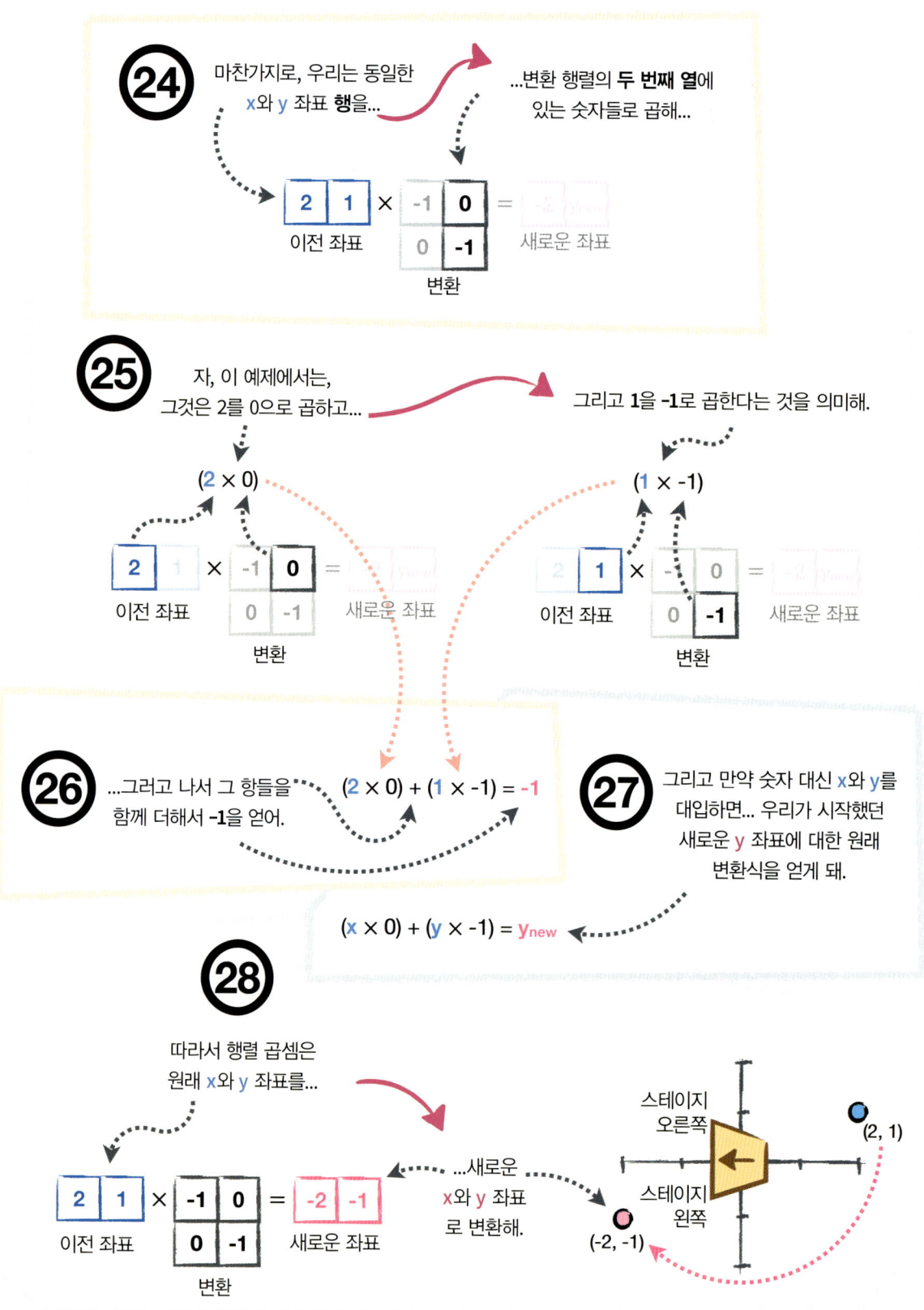

㉔ 마찬가지로, 우리는 동일한 x와 y 좌표 **행을**... ...변환 행렬의 **두 번째 열**에 있는 숫자들로 곱해...

2	1	×	-1	0	=
이전 좌표			0	-1	새로운 좌표

변환

㉕ 자, 이 예제에서는, 그것은 2를 0으로 곱하고... 그리고 **1**을 **-1**로 곱한다는 것을 의미해.

(2×0)

(1×-1)

2	1	×	-1	**0**	=
이전 좌표			0	-1	새로운 좌표

변환

2	**1**	×	-1	0	=
이전 좌표			0	**-1**	새로운 좌표

변환

㉖ ...그리고 나서 그 항들을 함께 더해서 **-1**을 얻어.

$(2 \times 0) + (1 \times -1) = -1$

㉗ 그리고 만약 숫자 대신 x와 y를 대입하면... 우리가 시작했던 새로운 y 좌표에 대한 원래 변환식을 얻게 돼.

$(x \times 0) + (y \times -1) = y_{new}$

㉘ 따라서 행렬 곱셈은 원래 x와 y 좌표를...

2	1	×	-1	0	=	-2	-1
이전 좌표			0	-1		새로운 좌표	

변환

...새로운 x와 y 좌표로 변환해.

스테이지 오른쪽

(2, 1)

스테이지 왼쪽

(-2, -1)

(29) 이제 이 행렬 곱셈이 어떻게 작동하는지 봤으니...

이것은 이 간단한 방정식들과 동일하고...

왜 그냥 간단한 방정식들을 사용하지 않는지 궁금할 수도 있어.

$$\boxed{x_{old} \ \ y_{old}} \times \boxed{\begin{matrix} -1 & 0 \\ 0 & -1 \end{matrix}} = \boxed{x_{new} \ \ y_{new}}$$

이전 좌표　　　변환　　　새로운 좌표

$$=$$

$$(x \times -1) + (y \times 0) = x_{new}$$
$$(x \times 0) + (y \times -1) = y_{new}$$

그녀가 문제일 줄 알았어!

(30) 음, 만약 테일러 스위프트가 다시 마음을 바꿔서 방금 이동했던 곳에서 무대를 시계 방향으로 **90도 회전**했다면 어떨까?

스콰치는 어디에 앉아야 할까?

스테이지 왼쪽 (2, 1)
스테이지 오른쪽

스테이지 오른쪽 (2, 1)
스테이지 왼쪽
(-2, -1)

스테이지 왼쪽
스테이지 오른쪽

(31) **스콰치** 좌석의 가장 새로운 **x**와 **y** 좌표를 결정하기 위해, 우리는 방금 계산한 새로운 좌표를 이 방정식들에 대입할 수 있어.

$$(x \times 0) + (y \times 1) = x_{newest}$$
$$(x \times -1) + (y \times 0) = y_{newest}$$

그리고 이전처럼, 우리는 행렬 표기법으로 그것들을 쓸 수 있는데...

$$\boxed{x \ \ y} \times \boxed{\begin{matrix} 0 & -1 \\ 1 & 0 \end{matrix}} = \boxed{x \ \ y}$$

새로운 좌표　　　변환　　　가장 새로운 좌표

x와 **y** 좌표를 **1×2** 행렬로 넣고...

그리고 계수들을 **2×2** 변환 행렬로 넣어.

$$(x \times 0) + (y \times 1) = x_{newest}$$
$$(x \times -1) + (y \times 0) = y_{newest}$$

$$(\ \ \times 0) + (\ \ \times 1) = x_{newest}$$
$$(\ \ \times -1) + (\ \ \times 0) = y_{newest}$$

$$\boxed{x \ \ y} \times \boxed{\begin{matrix} 0 & -1 \\ 1 & 0 \end{matrix}} = \boxed{x \ \ y}$$

이전 좌표　　　변환　　　가장 새로운 좌표

$$\boxed{x \ \ y} \times \boxed{\begin{matrix} 0 & -1 \\ 1 & 0 \end{matrix}} = \boxed{x \ \ y}$$

이전 좌표　　　변환　　　가장 새로운 좌표

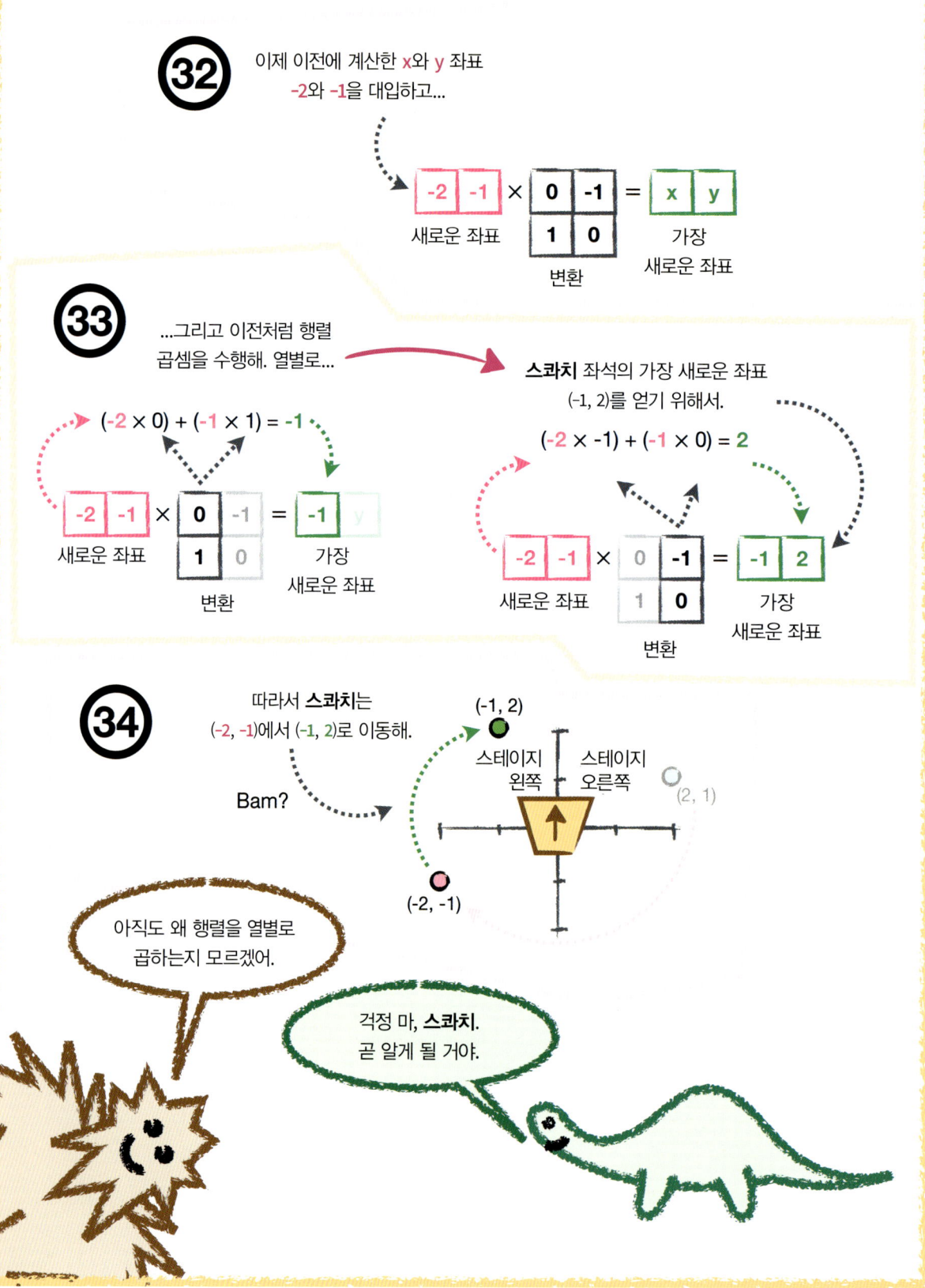

32 이제 이전에 계산한 x와 y 좌표 -2와 -1을 대입하고...

| -2 | -1 | × | 0 | -1 | = | x | y |

새로운 좌표   변환   가장 새로운 좌표

33 ...그리고 이전처럼 행렬 곱셈을 수행해. 열별로...

$(-2 \times 0) + (-1 \times 1) = -1$

| -2 | -1 | × | 0 | -1 | = | -1 | y |

새로운 좌표   변환   가장 새로운 좌표

스콰치 좌석의 가장 새로운 좌표 (-1, 2)를 얻기 위해서.

$(-2 \times -1) + (-1 \times 0) = 2$

| -2 | -1 | × | 0 | -1 | = | -1 | 2 |

새로운 좌표   변환   가장 새로운 좌표

34 따라서 **스콰치**는 (-2, -1)에서 (-1, 2)로 이동해.

Bam?

(-1, 2)
스테이지 왼쪽   스테이지 오른쪽
(2, 1)
(-2, -1)

아직도 왜 행렬을 열별로 곱하는지 모르겠어.

걱정 마, **스콰치**. 곧 알게 될 거야.

㉟ 행의 숫자들을 열의 숫자들로 곱한 다음 그 곱들을 더하는 이유(첫 번째 변환 행렬을 곱하는 것)는...

...두 번째 변환 행렬이 그 효과들을 결합하기 때문이야.

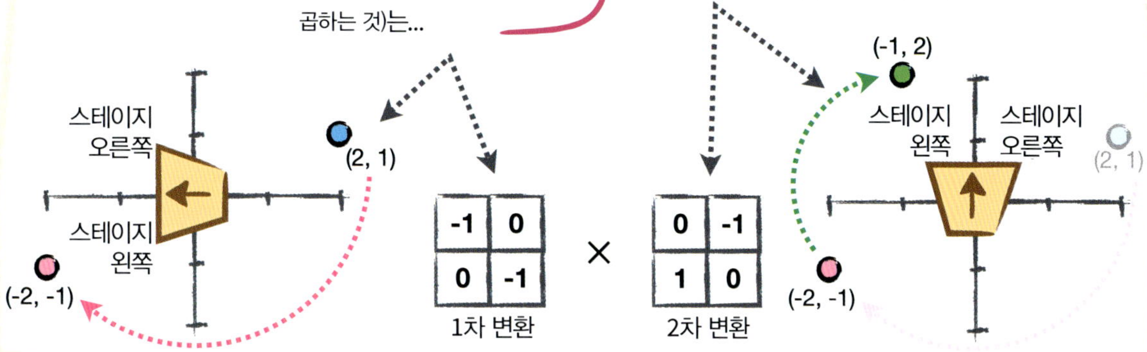

(-1, 2)

스테이지 오른쪽

스테이지 왼쪽

(-2, -1)

(2, 1)

스테이지 왼쪽

스테이지 오른쪽

(2, 1)

$$\begin{bmatrix} -1 & 0 \\ 0 & -1 \end{bmatrix} \times \begin{bmatrix} 0 & -1 \\ 1 & 0 \end{bmatrix}$$

1차 변환   2차 변환

(-2, -1)

㊱ 다른 말로 하면, 첫 번째 행렬의 첫 번째 행을 두 번째 행렬의 첫 번째 열로 곱하고 그 곱들을 더할 때...

$(-1 \times 0) + (0 \times 1) = 0$

$$\begin{bmatrix} -1 & 0 \\ 0 & -1 \end{bmatrix} \times \begin{bmatrix} 0 & -1 \\ 1 & 0 \end{bmatrix} = \begin{bmatrix} 0 \end{bmatrix}$$

1차 변환   2차 변환

...그리고 첫 번째 행렬의 첫 번째 행을 두 번째 행렬의 두 번째 열로 곱하고 그 곱들을 더할 때...

$$\begin{bmatrix} -1 & 0 \\ 0 & -1 \end{bmatrix} \times \begin{bmatrix} 0 & -1 \\ 1 & 0 \end{bmatrix} = \begin{bmatrix} 0 & 1 \end{bmatrix}$$

1차 변환   2차 변환

...그러고 나서 첫 번째 행렬의 두 번째 행을 두 번째 행렬의 첫 번째 열로 곱하고 그 곱들을 더할 때...

$$\begin{bmatrix} -1 & 0 \\ 0 & -1 \end{bmatrix} \times \begin{bmatrix} 0 & -1 \\ 1 & 0 \end{bmatrix} = \begin{bmatrix} 0 & 1 \\ -1 & \end{bmatrix}$$

1차 변환   2차 변환

참고: 첫 번째 행렬의 **두 번째 행**을 곱할 때, 그 결과를 출력의 **두 번째 행**에 넣어.

...그러고 나서 첫 번째 행렬의 두 번째 행을 두 번째 행렬의 두 번째 열로 곱하고 그 곱들을 더할 때...

$$\begin{bmatrix} -1 & 0 \\ 0 & -1 \end{bmatrix} \times \begin{bmatrix} 0 & -1 \\ 1 & 0 \end{bmatrix} = \begin{bmatrix} 0 & 1 \\ -1 & 0 \end{bmatrix}$$

1차 변환   2차 변환   결합된 변환

...우리는 두 변환의 효과를 결합하는 새로운 **2×2** 변환으로 끝나게 돼.

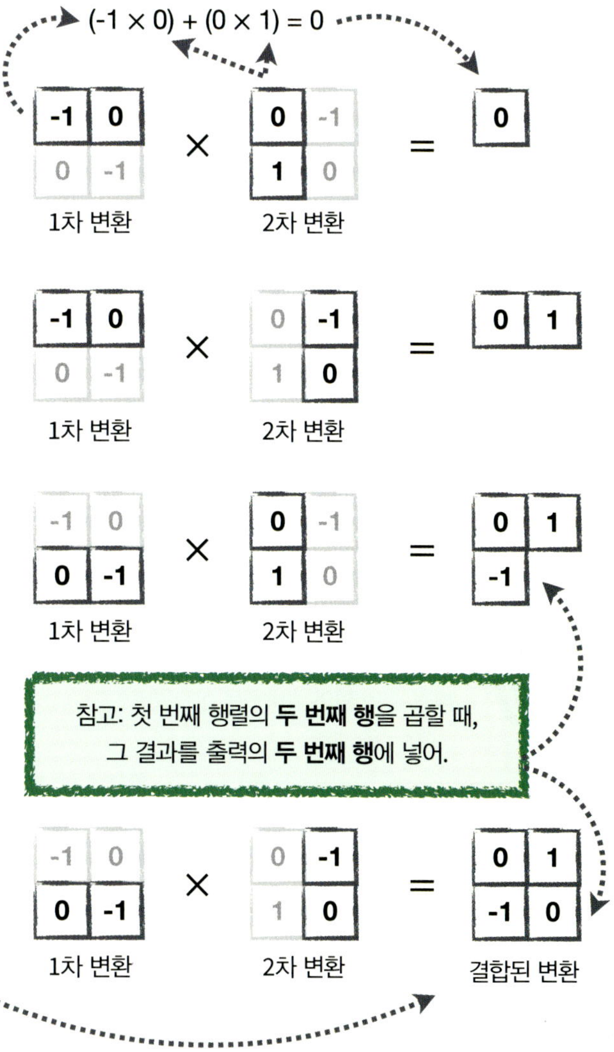

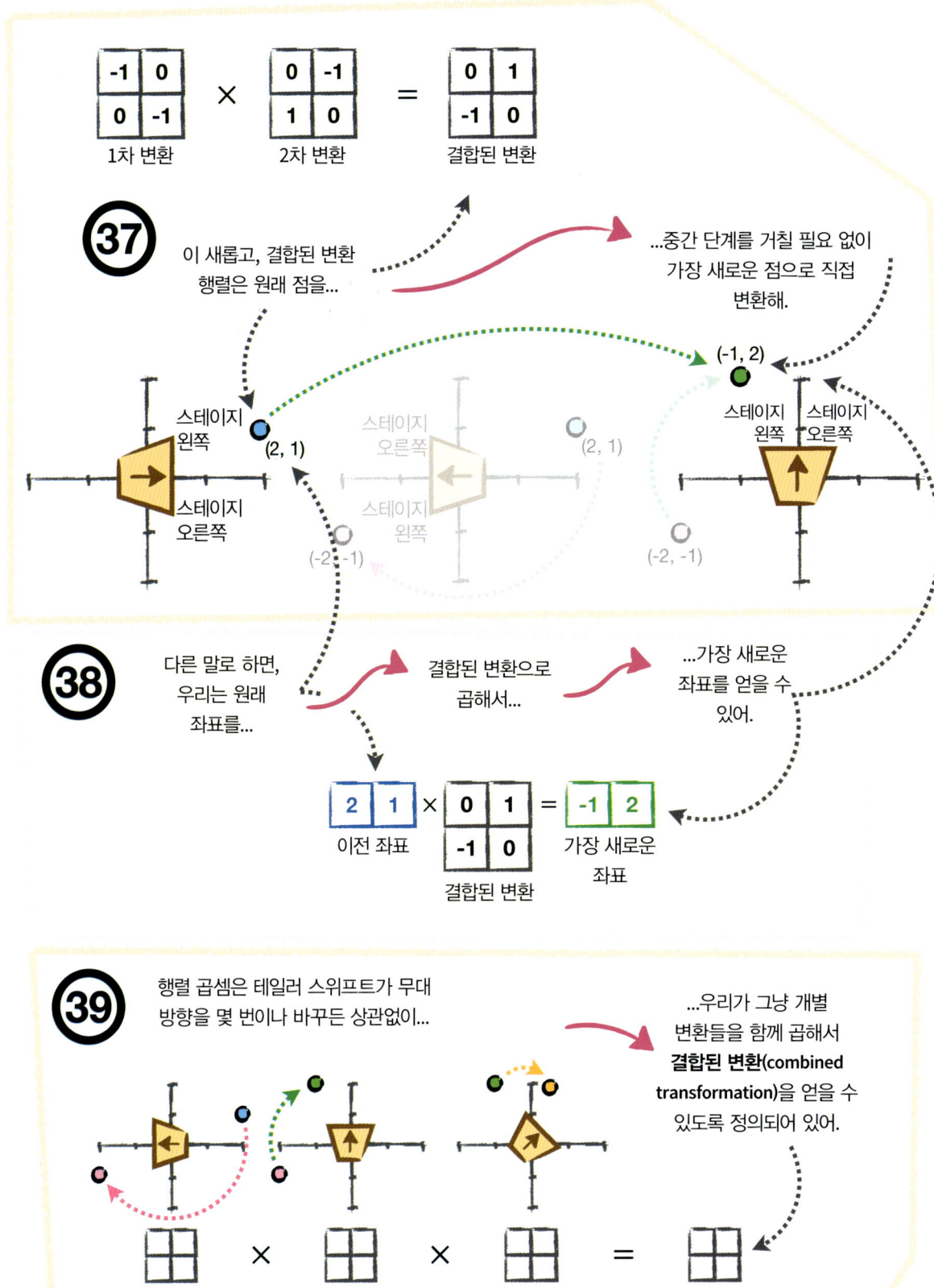

-1	0
0	-1

1차 변환

×

0	-1
1	0

2차 변환

=

0	1
-1	0

결합된 변환

37 이 새롭고, 결합된 변환 행렬은 원래 점을...

...중간 단계를 거칠 필요 없이 가장 새로운 점으로 직접 변환해.

(-1, 2)

스테이지 왼쪽
스테이지 오른쪽

(2, 1)

스테이지 오른쪽
스테이지 왼쪽

(2, 1)

스테이지 왼쪽
스테이지 오른쪽

(-2, -1)

(-2, -1)

38 다른 말로 하면, 우리는 원래 좌표를...

결합된 변환으로 곱해서...

...가장 새로운 좌표를 얻을 수 있어.

2	1

이전 좌표

×

0	1
-1	0

결합된 변환

=

-1	2

가장 새로운 좌표

39 행렬 곱셈은 테일러 스위프트가 무대 방향을 몇 번이나 바꾸든 상관없이...

...우리가 그냥 개별 변환들을 함께 곱해서 **결합된 변환(combined transformation)**을 얻을 수 있도록 정의되어 있어.

×

×

=

320

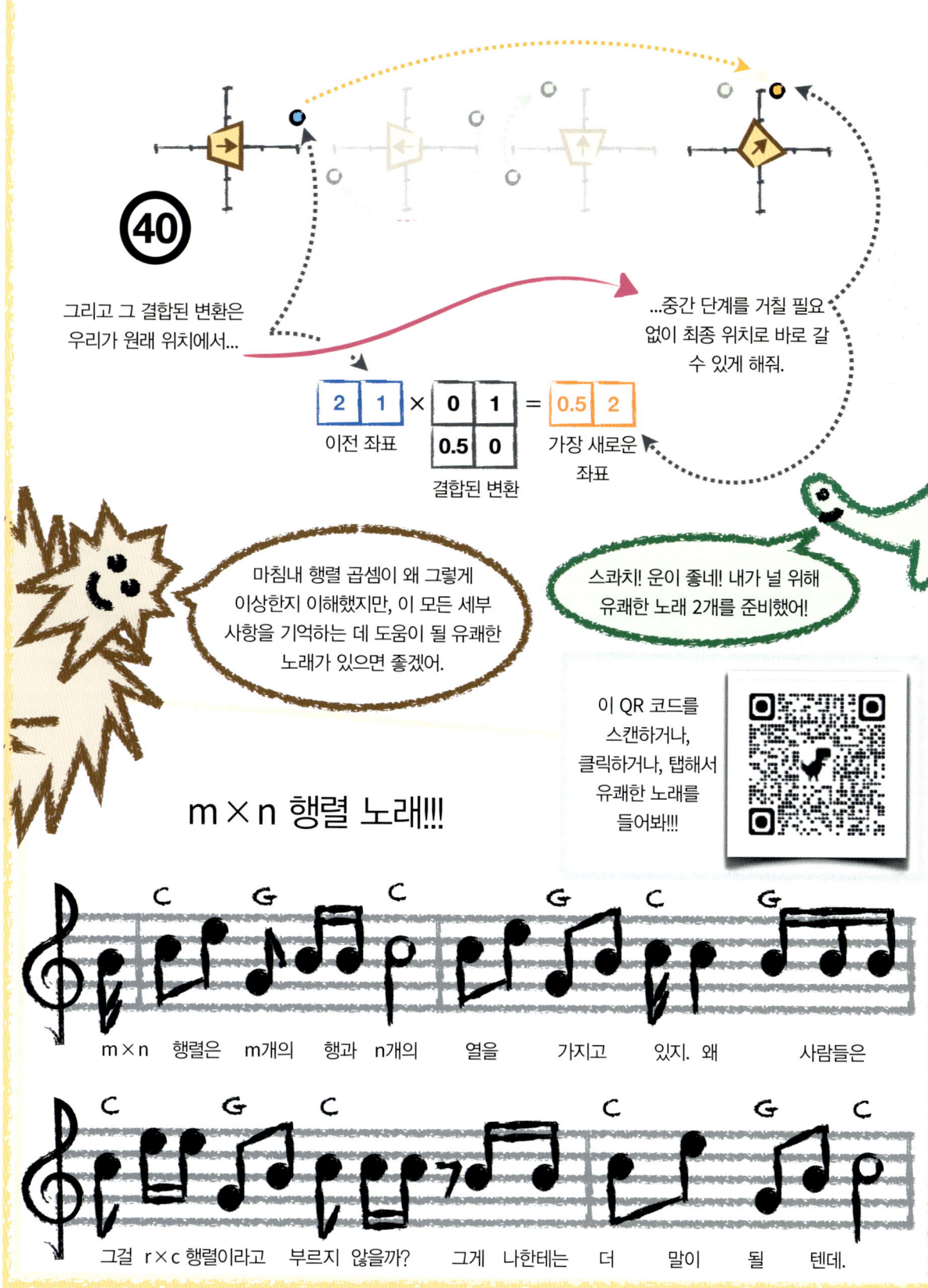

⓵40

그리고 그 결합된 변환은
우리가 원래 위치에서...

...중간 단계를 거칠 필요
없이 최종 위치로 바로 갈
수 있게 해줘.

$$\begin{bmatrix} 2 & 1 \end{bmatrix} \times \begin{bmatrix} 0 & 1 \\ 0.5 & 0 \end{bmatrix} = \begin{bmatrix} 0.5 & 2 \end{bmatrix}$$

이전 좌표   결합된 변환   가장 새로운 좌표

마침내 행렬 곱셈이 왜 그렇게
이상한지 이해했지만, 이 모든 세부
사항을 기억하는 데 도움이 될 유쾌한
노래가 있으면 좋겠어.

스콰치! 운이 좋네! 내가 널 위해
유쾌한 노래 2개를 준비했어!

이 QR 코드를
스캔하거나,
클릭하거나, 탭해서
유쾌한 노래를
들어봐!!!

m×n 행렬 노래!!!

m×n 행렬은 m개의 행과 n개의 열을 가지고 있지. 왜 사람들은

그걸 r×c 행렬이라고 부르지 않을까? 그게 나한테는 더 말이 될 텐데.

행렬 곱셈 노래!!!

행 - 렬   곱 -   3   -셈   행 - 렬   곱 -   3   -셈   이건

행   곱하기   열-----   그래, 이건   행   곱하기   열-----

이 QR 코드를 스캔하거나, 클릭하거나, 탭해서 유쾌한 노래를 들어봐!!!

BAM!!!

이제 행렬 곱셈을 쉽게 이해하고 기억할 수 있으니, 행렬 곱셈에 대한 또 다른 이상한 점에 대해 이야기해보자.

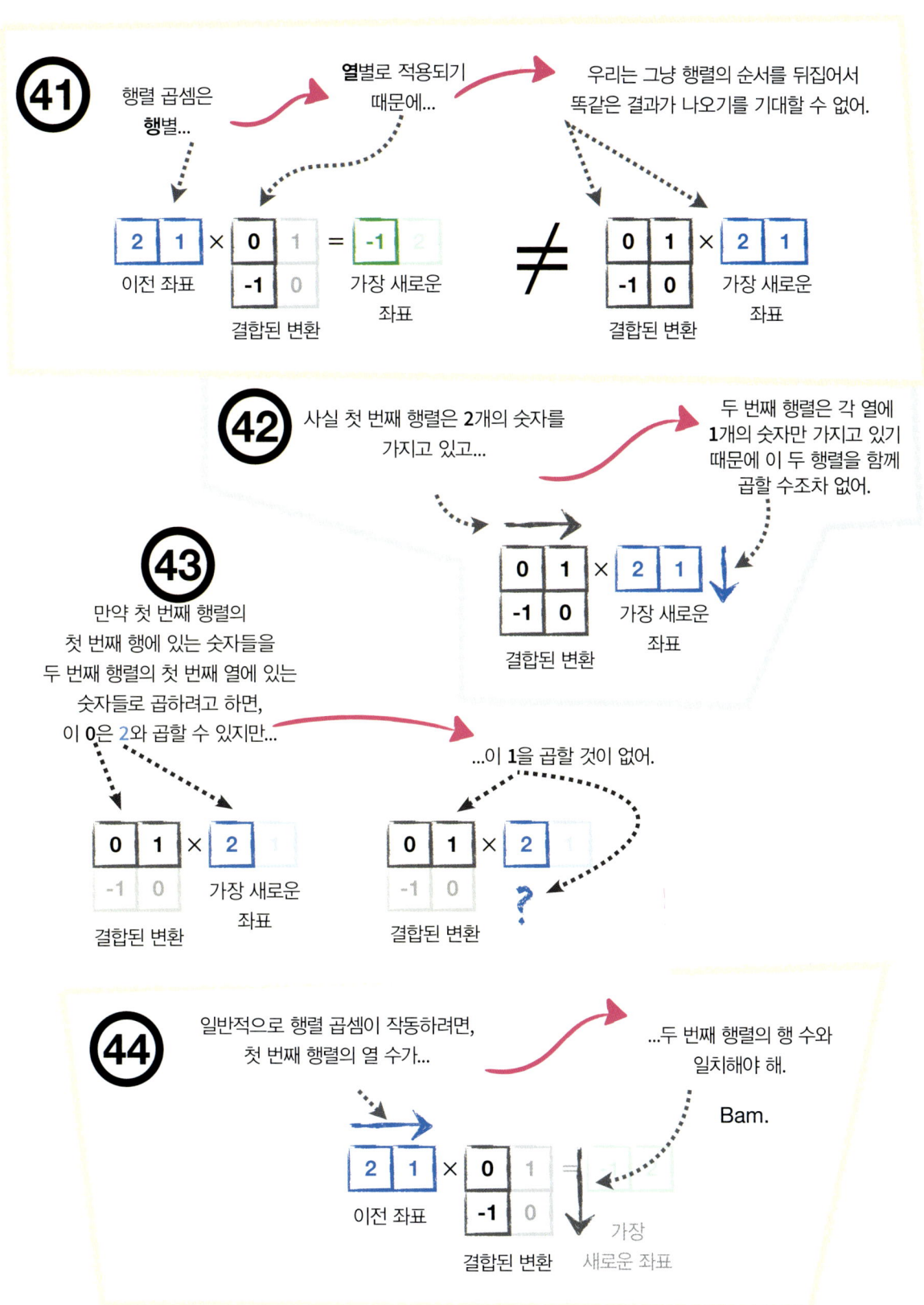

㊶ 행렬 곱셈은 **행별**... **열**별로 적용되기 때문에... 우리는 그냥 행렬의 순서를 뒤집어서 똑같은 결과가 나오기를 기대할 수 없어.

$$\begin{bmatrix} 2 & 1 \end{bmatrix} \times \begin{bmatrix} 0 & 1 \\ -1 & 0 \end{bmatrix} = \begin{bmatrix} -1 & 2 \end{bmatrix}$$

이전 좌표

결합된 변환

가장 새로운 좌표

$$\neq \begin{bmatrix} 0 & 1 \\ -1 & 0 \end{bmatrix} \times \begin{bmatrix} 2 & 1 \end{bmatrix}$$

결합된 변환

가장 새로운 좌표

㊷ 사실 첫 번째 행렬은 2개의 숫자를 가지고 있고... 두 번째 행렬은 각 열에 1개의 숫자만 가지고 있기 때문에 이 두 행렬을 함께 곱할 수조차 없어.

$$\begin{bmatrix} 0 & 1 \\ -1 & 0 \end{bmatrix} \times \begin{bmatrix} 2 & 1 \end{bmatrix}$$

결합된 변환

가장 새로운 좌표

㊸ 만약 첫 번째 행렬의 첫 번째 행에 있는 숫자들을 두 번째 행렬의 첫 번째 열에 있는 숫자들로 곱하려고 하면, 이 **0**은 2와 곱할 수 있지만... ...이 **1**을 곱할 것이 없어.

$$\begin{bmatrix} 0 & 1 \\ -1 & 0 \end{bmatrix} \times \begin{bmatrix} 2 \end{bmatrix}$$

결합된 변환

가장 새로운 좌표

$$\begin{bmatrix} 0 & 1 \\ -1 & 0 \end{bmatrix} \times \begin{bmatrix} 2 \end{bmatrix} \; ?$$

결합된 변환

㊹ 일반적으로 행렬 곱셈이 작동하려면, 첫 번째 행렬의 열 수가... ...두 번째 행렬의 행 수와 일치해야 해.

Bam.

$$\begin{bmatrix} 2 & 1 \end{bmatrix} \times \begin{bmatrix} 0 & 1 \\ -1 & 0 \end{bmatrix} =$$

이전 좌표

결합된 변환

가장 새로운 좌표

45 만약 어떤 이유로든 우리가 이 행렬들의 순서를 바꾸고 싶다면...

...각 행을 해당 열로 변경해야 해. **2×2** 변환 행렬과 원래 좌표를 담고 있는 행렬 모두에서 말이야.

| 2 | 1 |

×

| 0 | 1 |
| -1 | 0 |

=

| -1 | 2 |

이전 좌표 · 결합된 변환 · 가장 새로운 좌표

| 0 | -1 |
| 1 | 0 |

×

| 2 |
| 1 |

46 이제 곱셈을 올바르게, 행별 열별로 수행할 수 있어...

그리고 각 행을 해당 열로 바꾼 후에도, 수식은 이전과 똑같이 잘 맞아떨어져.

하지만, 우리가 원래 행렬들의 행을 열로 바꿨기 때문에, 출력은 이제 행 대신 열이야.

| 0 | -1 |
| 1 | 0 |

×

| 2 |
| 1 |

=

| -1 |
| 2 |

47 행렬의 행을 해당 열로 바꾸는 것을 행렬을 **전치(transposing)**한다고 하며, 우리는 전치 함수를 위 첨자 T로 표기해.

그래서 이것은 **이전 좌표(original coordinates)**의 전치 행렬이고...

이전 좌표^T

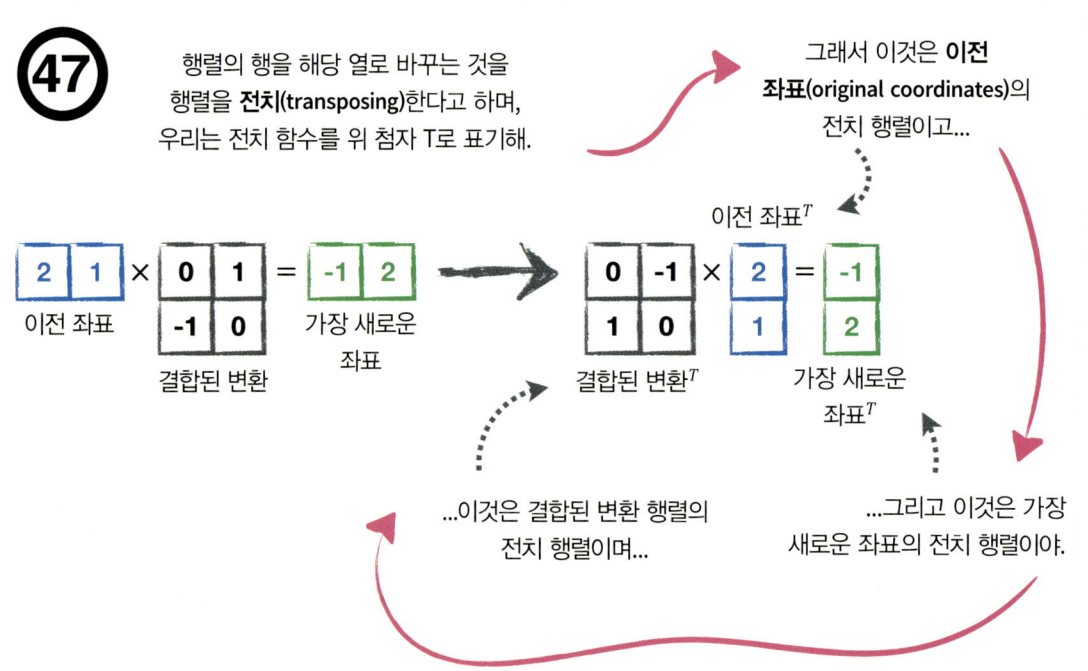

...이것은 결합된 변환 행렬의 전치 행렬이며...

...그리고 이것은 가장 새로운 좌표의 전치 행렬이야.

부록 F: 신경망을 위한 필수 행렬 대수

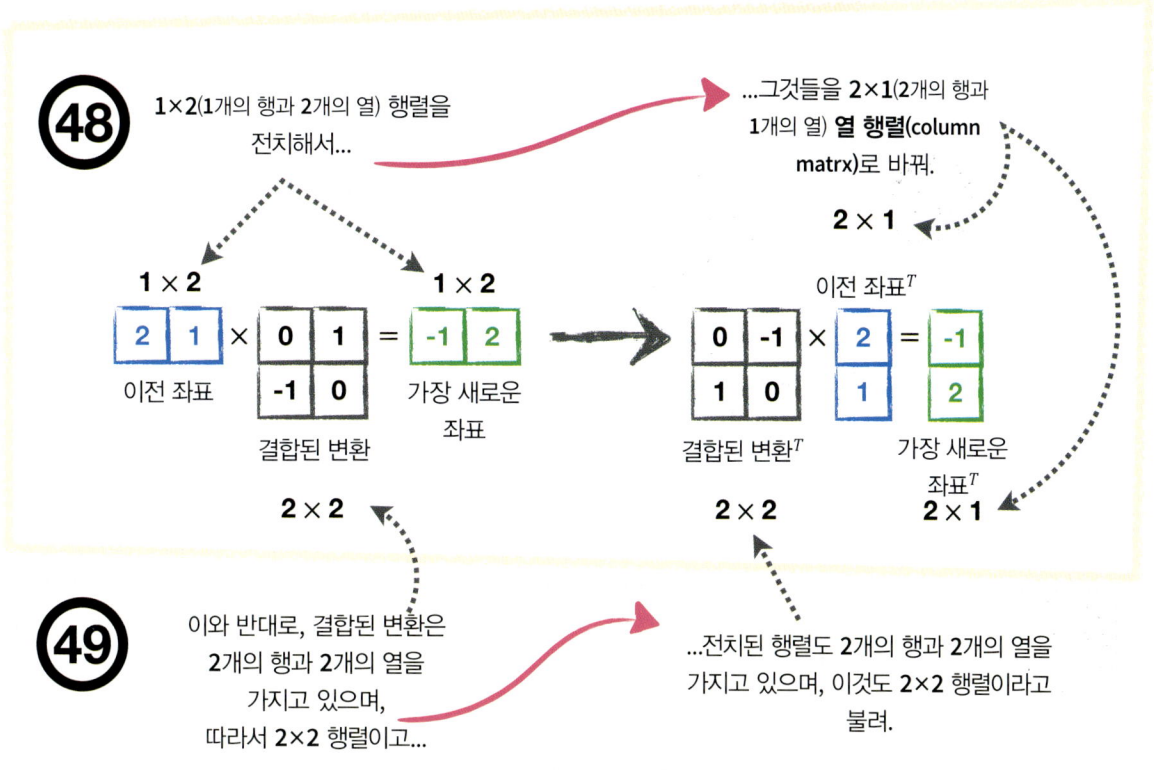

㊽ 1×2(1개의 행과 2개의 열) 행렬을 전치해서...

...그것들을 2×1(2개의 행과 1개의 열) **열 행렬**(column matrx)로 바꿔.

2×1

1×2

| 2 | 1 |

이전 좌표

$\times$

| 0 | 1 |
| -1 | 0 |

결합된 변환

$=$

1×2

| -1 | 2 |

가장 새로운 좌표

이전 좌표^T

| 0 | -1 |
| 1 | 0 |

결합된 변환^T

$\times$

| 2 |
| 1 |

가장 새로운 좌표^T

$=$

| -1 |
| 2 |

2×2

2×2

2×1

㊾ 이와 반대로, 결합된 변환은 2개의 행과 2개의 열을 가지고 있으며, 따라서 2×2 행렬이고...

...전치된 행렬도 2개의 행과 2개의 열을 가지고 있으며, 이것도 2×2 행렬이라고 불려.

㊿ 행렬을 일일이 쓰는 것이 번거로울 수 있기 때문에, 사람들은 종종 변수 이름으로 그것들을 대체해.

단 하나의 행이나 열만 가진 행렬은 보통 소문자로 참조되는데, 이탈릭체일 때도 있고 아닐 때도 있어...

...그리고 하나 이상의 행과 열을 가진 행렬은 보통 대문자로 참조되는데, 이것도 이탈릭체일 때도 있고 아닐 때도 있어.

a

| 2 | 1 |

이전 좌표

$\times$

| 0 | 1 |
| -1 | 0 |

결합된 변환

$=$

b

| -1 | 2 |

가장 새로운 좌표

a

| 2 | 1 |

이전 좌표

W

$\times$

| 0 | 1 |
| -1 | 0 |

결합된 변환

$=$

b

| -1 | 2 |

가장 새로운 좌표

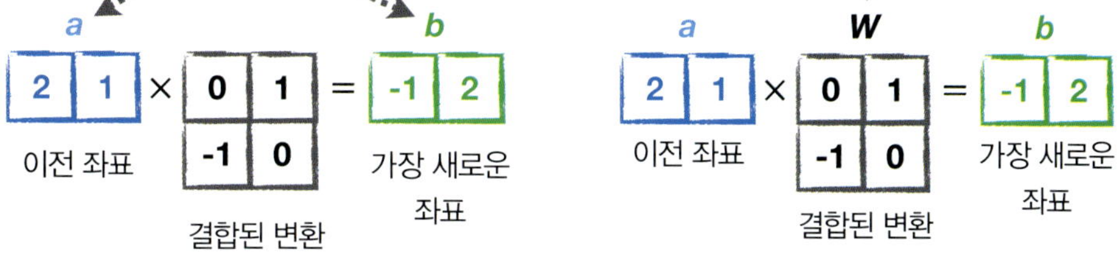

참고: 다른 여러 표기 스타일들이 있으니, 유연하게 대처할 준비를 해둬.

부록 F: 신경망을 위한 필수 행렬 대수

51 아무튼 이 변수 이름들이
주어졌을 때...

...우리는 행렬 방정식을
이렇게 다시 쓸 수 있어.

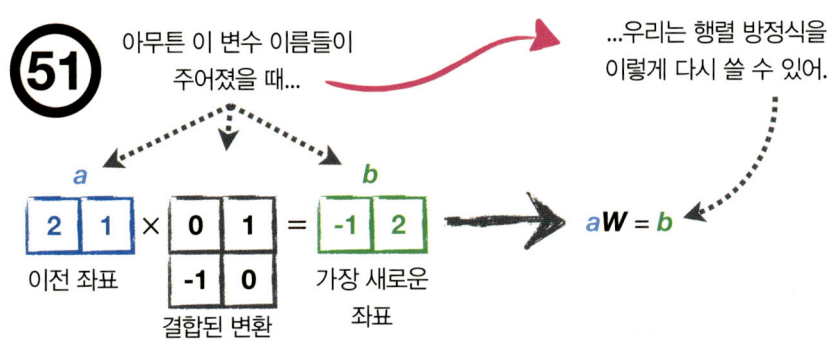

| *a* | | | | | | | *b* | |
| 2 | 1 | × | 0 | 1 | = | -1 | 2 |

이전 좌표

결합된 변환

가장 새로운
좌표

$aW = b$

52 또는 각 변수 이름에 위 첨자 *T*를 간단히
추가하여 전치된 행렬들을 참조할 수 있고...

그리고 행렬 방정식을
이렇게 다시 쓸 수 있어.

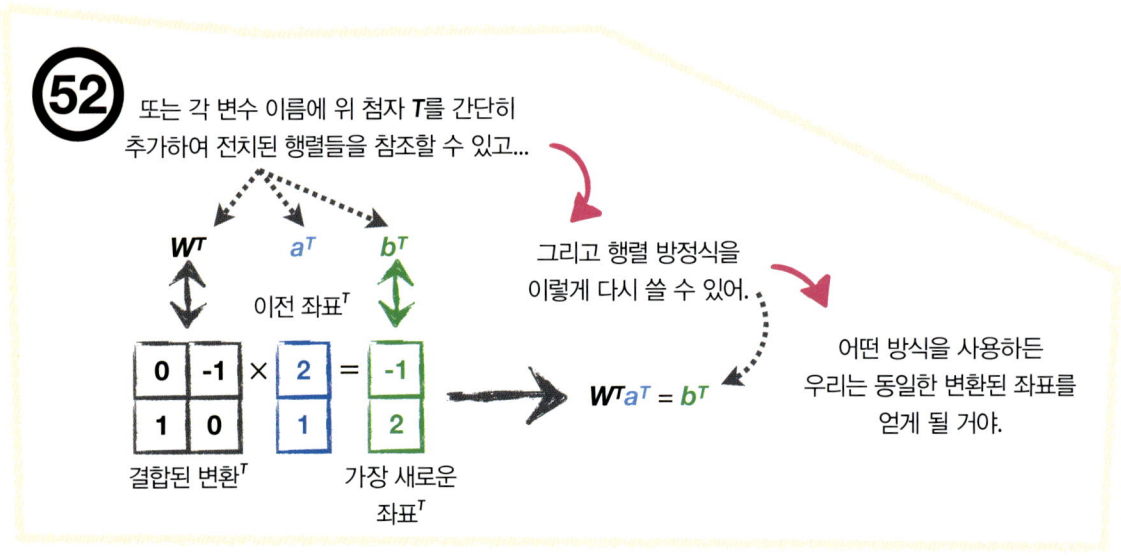

W^T a^T b^T

이전 좌표^T

| 0 | -1 | × | 2 | = | -1 |
| 1 | 0 | | 1 | | 2 |

결합된 변환^T

가장 새로운
좌표^T

$W^T a^T = b^T$

어떤 방식을 사용하든
우리는 동일한 변환된 좌표를
얻게 될 거야.

53 마지막으로, 만약 행렬 *W*의 왼쪽 하단
모서리에 있는 이 **-1**처럼 행렬 내의 개별
값을 참조하고 싶다면...

...변수가 대문자일 경우 그것을 소문자로 변환
하고 아래 첨자 행과 열 인덱스를 이렇게 추가해.

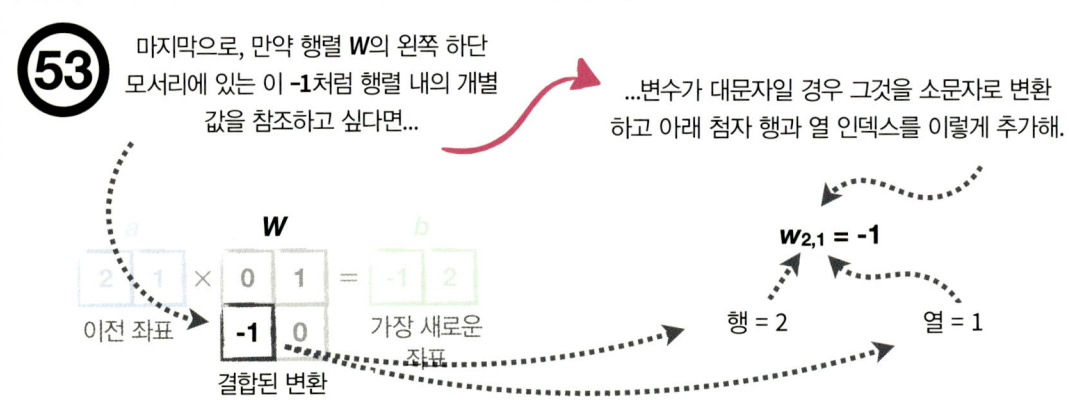

W

| 2 | 1 | × | 0 | 1 | = | -1 | 2 |
| | | | **-1** | 0 | | | |

이전 좌표

결합된 변환

가장 새로운
좌표

$w_{2,1} = -1$

행 = 2

열 = 1

 이제 우리가 행렬 대수에 대한 혼란스러운 것들 일부를 이해했으니, 아주 간단한 한 가지...

 행렬 덧셈에 대해 이야기해보자.

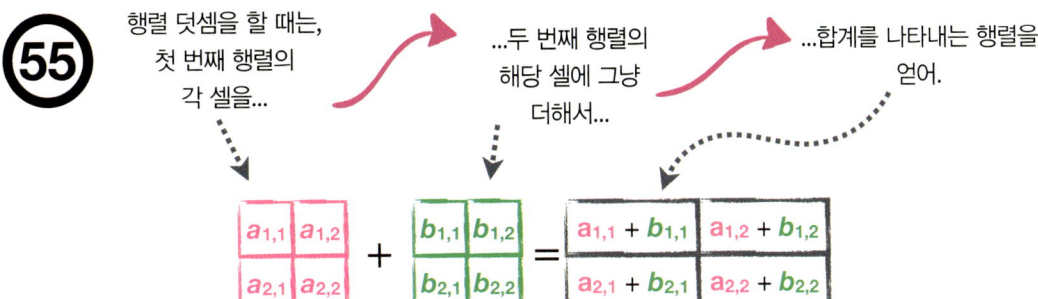

행렬 덧셈을 할 때는, 첫 번째 행렬의 각 셀을...

...두 번째 행렬의 해당 셀에 그냥 더해서...

...합계를 나타내는 행렬을 얻어.

$$
\begin{bmatrix} a_{1,1} & a_{1,2} \\ a_{2,1} & a_{2,2} \end{bmatrix} + \begin{bmatrix} b_{1,1} & b_{1,2} \\ b_{2,1} & b_{2,2} \end{bmatrix} = \begin{bmatrix} a_{1,1} + b_{1,1} & a_{1,2} + b_{1,2} \\ a_{2,1} + b_{2,1} & a_{2,2} + b_{2,2} \end{bmatrix}
$$

 예를 들어 이 두 행렬을 더하면...

...이 합계들의 새로운 행렬을 얻게 돼.

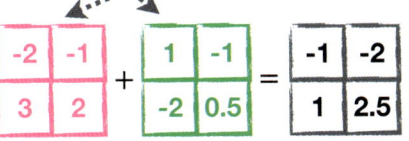

$$
\begin{bmatrix} -2 & -1 \\ 3 & 2 \end{bmatrix} + \begin{bmatrix} 1 & -1 \\ -2 & 0.5 \end{bmatrix} = \begin{bmatrix} -1 & -2 \\ 1 & 2.5 \end{bmatrix}
$$

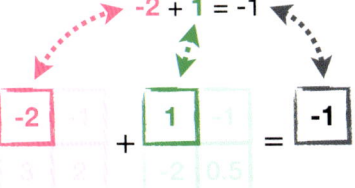

$-2 + 1 = -1$

$-1 + -1 = -2$

$3 + -2 = 1$

$2 + 0.5 = 2.5$

TRIPLE BAM!!!

327

트랜스포머 코딩을 위한
행렬 수학

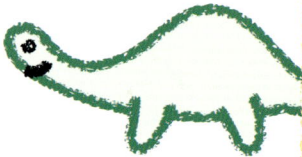

참고: 여기서는 이미 네가 **신경망을 위한 필수 행렬 대수(부록 F)** 내용에
익숙하다고 가정하고 있어.

부록 G: 트랜스포머 코딩을 위한 행렬 수학

Decoder

1 트랜스포머에서 행렬 수학이 어떻게 수행되는지 설명하기 위해, 영어 구문 **Let's go**를 스페인어 단어 **Vamos**로 번역하는 산술 연산을 단계별로 살펴볼 거야.

구체적으로, 인코더-디코더 트랜스포머를 훈련시키는 데 필요한 수학을 보여줄 거야. 인코더-디코더 트랜스포머를 변형함으로써, 어떤 유형의 트랜스포머에 필요한 모든 것을 다룰 거야.

참고: 행렬 계산 과정을 가장 잘 보여주기 위해 **<SOS>** 토큰(**시퀀스 시작**을 뜻하는 특별 토큰)을 추가했어. 이 토큰은 인코더와 디코더 어휘 모두에 들어가. 그래서 여기서 보이는 수학은 **12장**에서 쓴 것과 조금 다를 수 있어.

Encoder

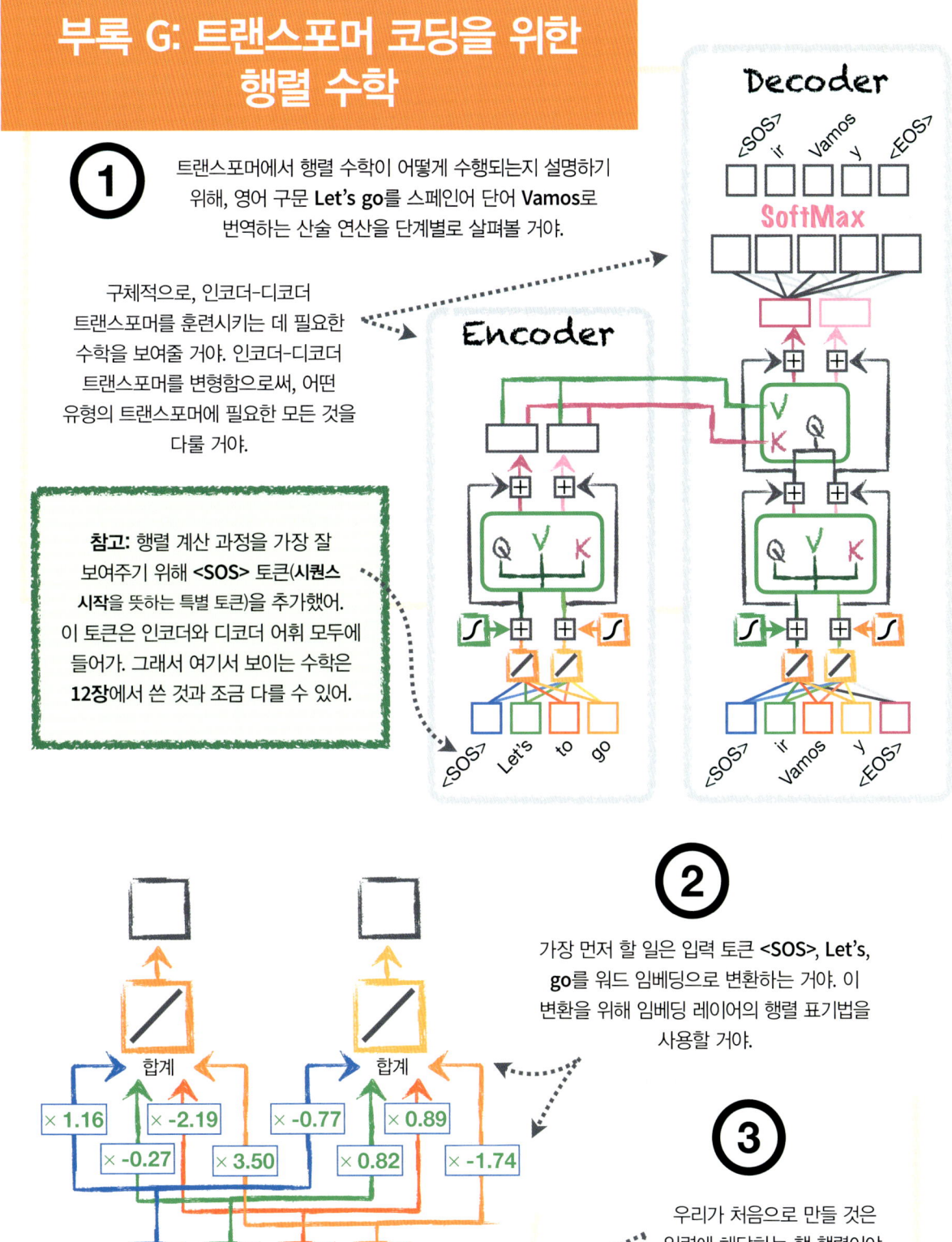

2 가장 먼저 할 일은 입력 토큰 **<SOS>**, **Let's**, **go**를 워드 임베딩으로 변환하는 거야. 이 변환을 위해 임베딩 레이어의 행렬 표기법을 사용할 거야.

3 우리가 처음으로 만들 것은 입력에 해당하는 행 행렬이야.

329

4 그런 다음 입력 행렬을 각 입력과 연관된 가중치를 포함하는 행렬로 곱해.

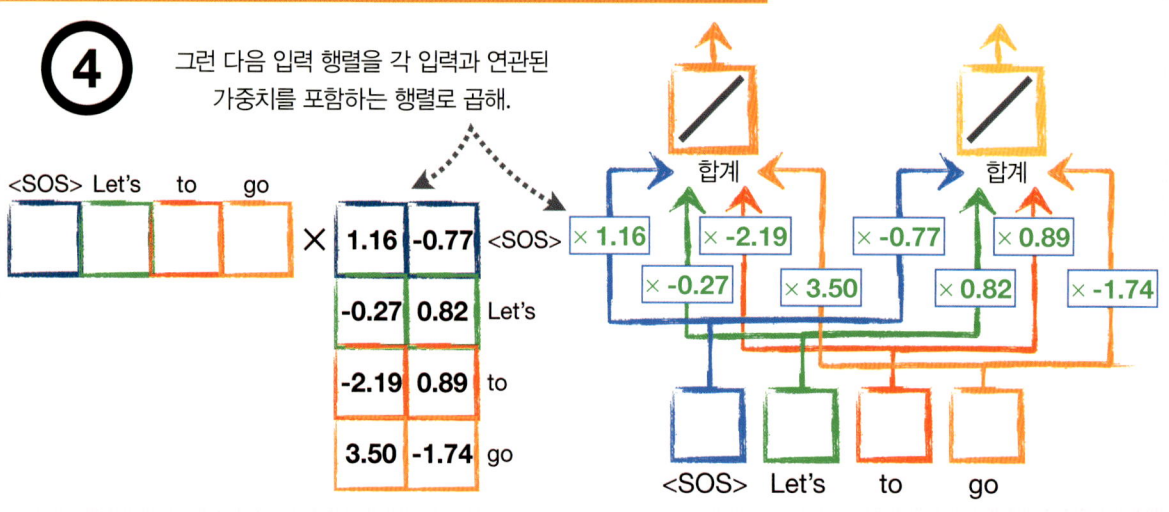

5 이 행렬의 첫 번째 행은 **<SOS>** 토큰의 입력과 연관된 두 가중치에 해당해.

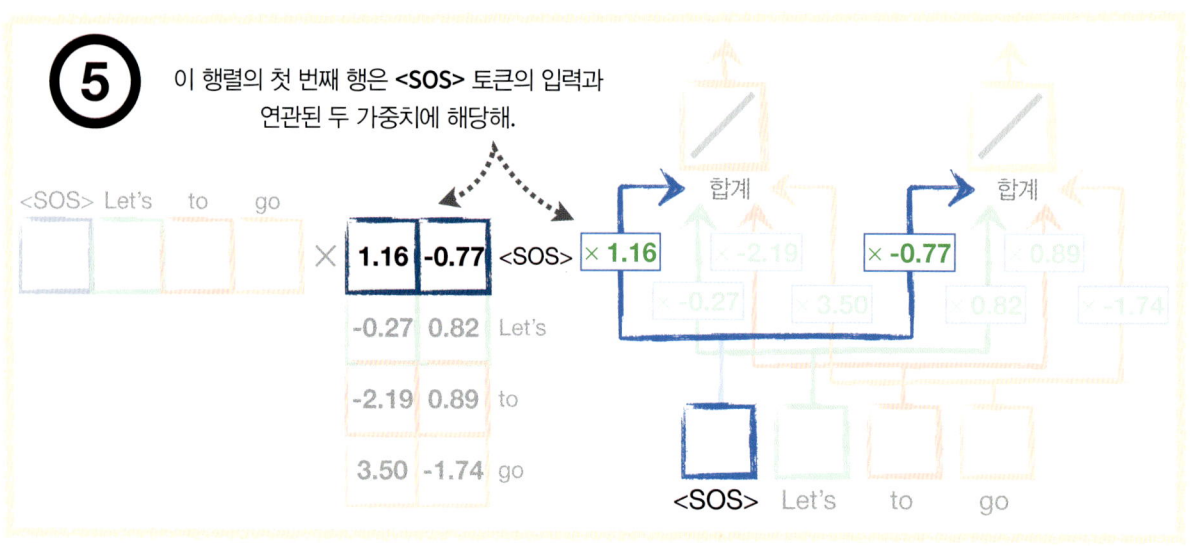

6 두 번째 행은 **Let's**와 연관된 두 가중치에 해당해.

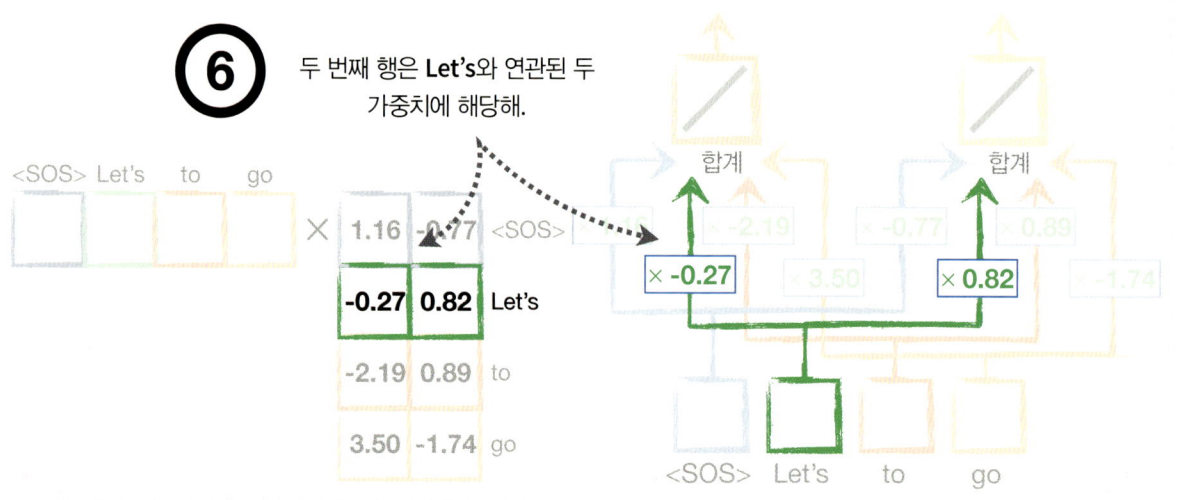

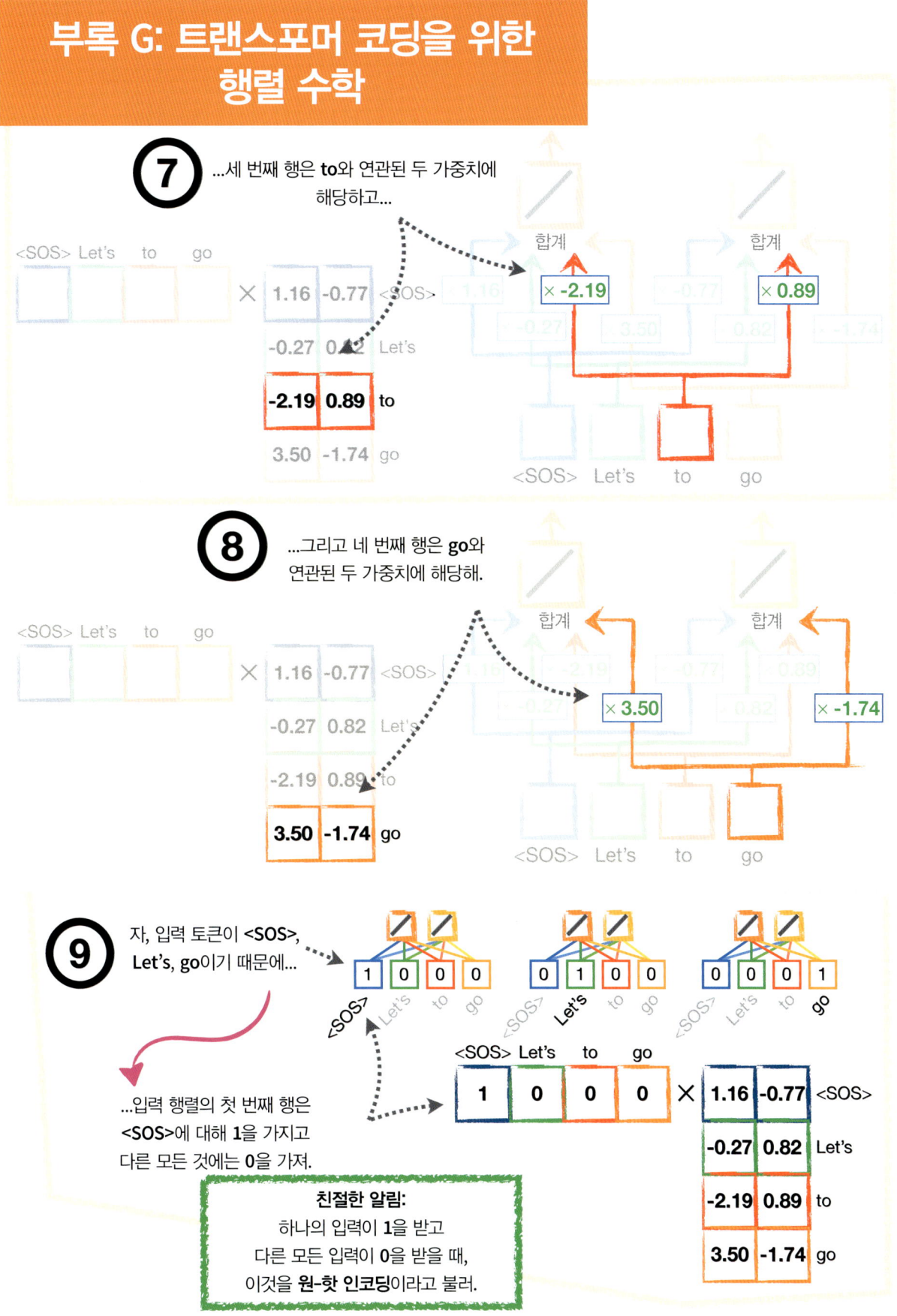

(7) ...세 번째 행은 **to**와 연관된 두 가중치에 해당하고...

합계 × **-2.19** 합계 × **0.89**

× | 1.16 | -0.77 | <SOS>
-0.27 | 0.82 | Let's
-2.19 | **0.89** | to
3.50 | -1.74 | go

(8) ...그리고 네 번째 행은 **go**와 연관된 두 가중치에 해당해.

합계 × **3.50** 합계 × **-1.74**

× | 1.16 | -0.77 | <SOS>
-0.27 | 0.82 | Let's
-2.19 | 0.89 | to
3.50 | **-1.74** | go

(9) 자, 입력 토큰이 <SOS>, **Let's**, **go**이기 때문에...

1 0 0 0   0 1 0 0   0 0 0 1
<SOS>   Let's   go

...입력 행렬의 첫 번째 행은 <SOS>에 대해 1을 가지고 다른 모든 것에는 0을 가져.

<SOS>	Let's	to	go
1	0	0	0

×

1.16	-0.77	<SOS>
-0.27	0.82	Let's
-2.19	0.89	to
3.50	-1.74	go

친절한 알림:
하나의 입력이 1을 받고
다른 모든 입력이 0을 받을 때,
이것을 **원-핫 인코딩**이라고 불러.

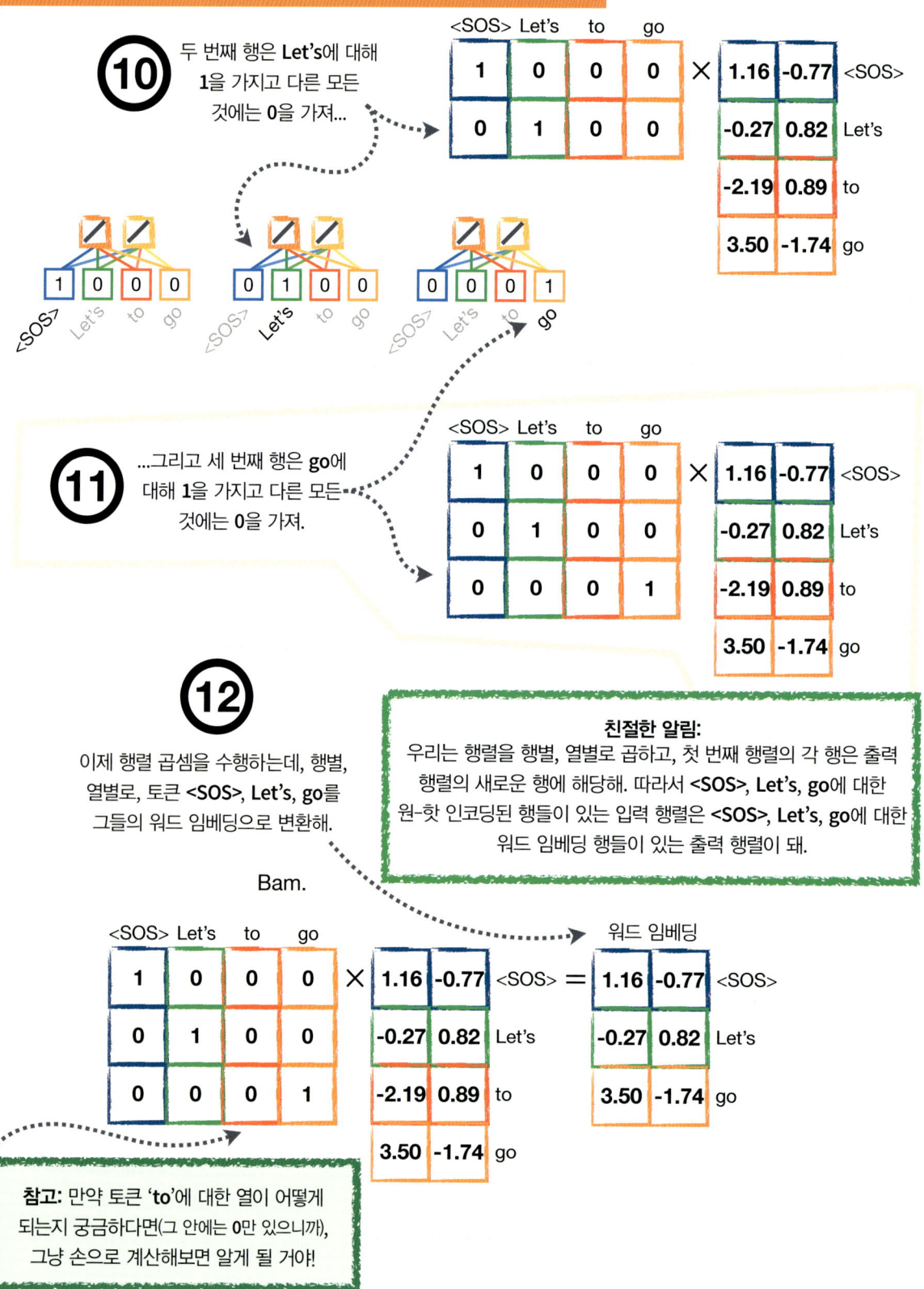

⑩ 두 번째 행은 **Let's**에 대해 1을 가지고 다른 모든 것에는 0을 가져...

⑪ ...그리고 세 번째 행은 **go**에 대해 1을 가지고 다른 모든 것에는 0을 가져.

⑫ 이제 행렬 곱셈을 수행하는데, 행별, 열별로, 토큰 <SOS>, Let's, go를 그들의 워드 임베딩으로 변환해.

Bam.

친절한 알림:
우리는 행렬을 행별, 열별로 곱하고, 첫 번째 행렬의 각 행은 출력 행렬의 새로운 행에 해당해. 따라서 <SOS>, Let's, go에 대한 원-핫 인코딩된 행들이 있는 입력 행렬은 <SOS>, Let's, go에 대한 워드 임베딩 행들이 있는 출력 행렬이 돼.

참고: 만약 토큰 'to'에 대한 열이 어떻게 되는지 궁금하다면(그 안에는 0만 있으니까), 그냥 손으로 계산해보면 알게 될 거야!

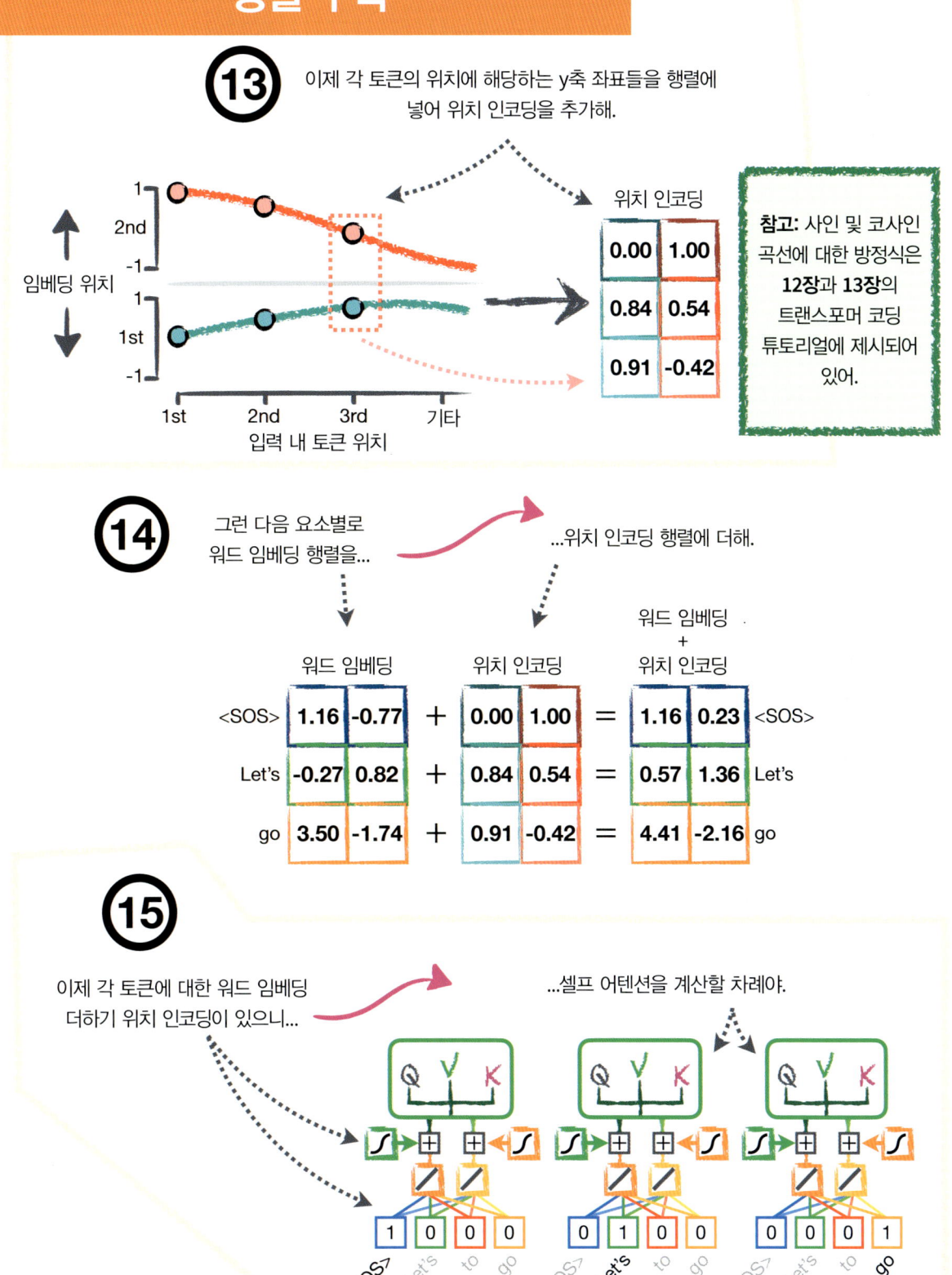

⑬ 이제 각 토큰의 위치에 해당하는 y축 좌표들을 행렬에 넣어 위치 인코딩을 추가해.

위치 인코딩

0.00	1.00
0.84	0.54
0.91	-0.42

참고: 사인 및 코사인 곡선에 대한 방정식은 **12장**과 **13장**의 트랜스포머 코딩 튜토리얼에 제시되어 있어.

⑭ 그런 다음 요소별로 워드 임베딩 행렬을... ...위치 인코딩 행렬에 더해.

	워드 임베딩				위치 인코딩				워드 임베딩 + 위치 인코딩	
<SOS>	1.16	-0.77	+		0.00	1.00	=		1.16	0.23	<SOS>
Let's	-0.27	0.82	+		0.84	0.54	=		0.57	1.36	Let's
go	3.50	-1.74	+		0.91	-0.42	=		4.41	-2.16	go

⑮ 이제 각 토큰에 대한 워드 임베딩 더하기 위치 인코딩이 있으니... ...셀프 어텐션을 계산할 차례야.

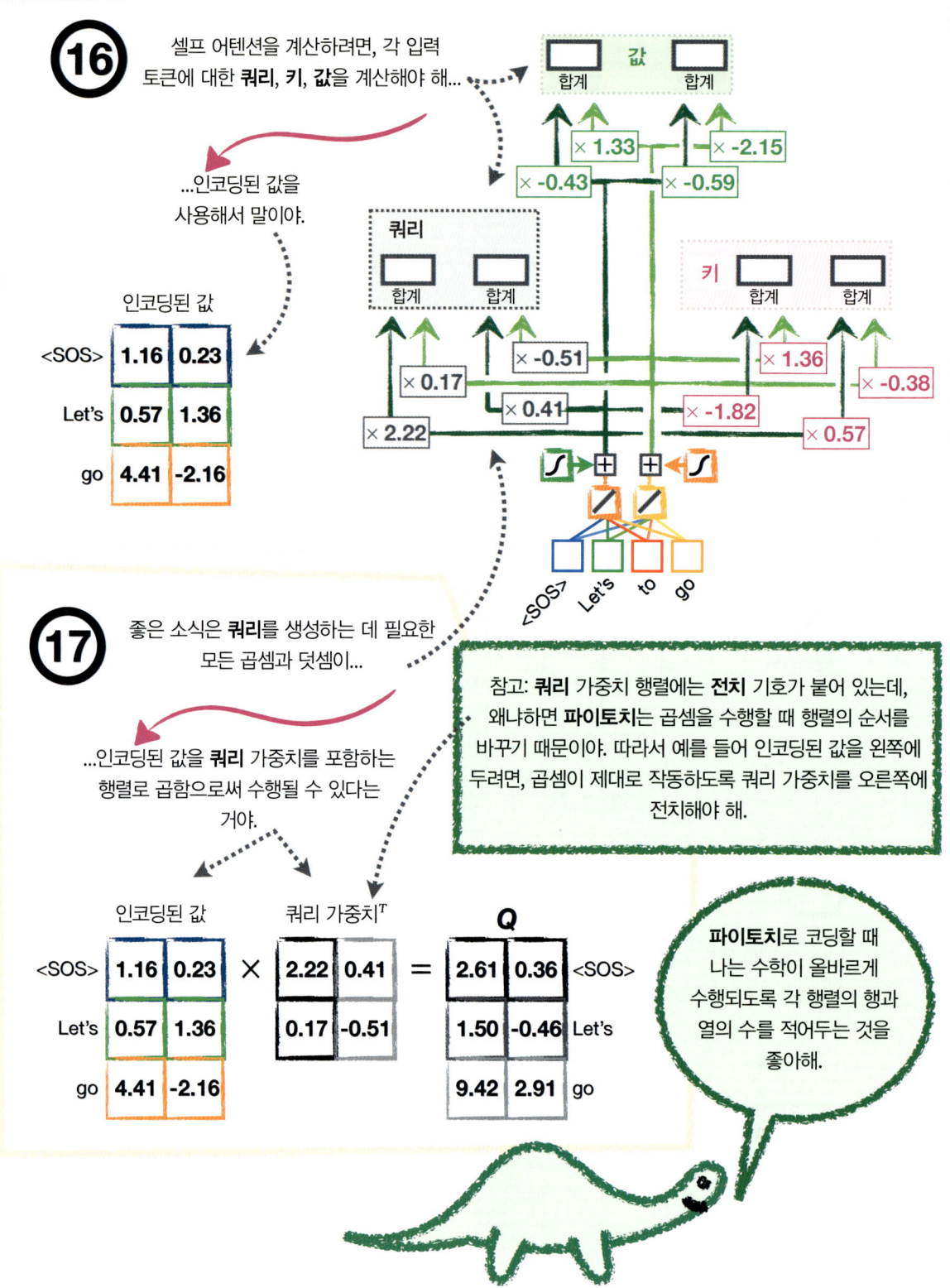

(16) 셀프 어텐션을 계산하려면, 각 입력 토큰에 대한 **쿼리, 키, 값**을 계산해야 해...

...인코딩된 값을 사용해서 말이야.

(17) 좋은 소식은 **쿼리**를 생성하는 데 필요한 모든 곱셈과 덧셈이...

...인코딩된 값을 **쿼리** 가중치를 포함하는 행렬로 곱함으로써 수행될 수 있다는 거야.

참고: **쿼리** 가중치 행렬에는 **전치** 기호가 붙어 있는데, 왜냐하면 **파이토치**는 곱셈을 수행할 때 행렬의 순서를 바꾸기 때문이야. 따라서 예를 들어 인코딩된 값을 왼쪽에 두려면, 곱셈이 제대로 작동하도록 쿼리 가중치를 오른쪽에 전치해야 해.

파이토치로 코딩할 때 나는 수학이 올바르게 수행되도록 각 행렬의 행과 열의 수를 적어두는 것을 좋아해.

⑱ 마찬가지로, 인코딩된 값을 **키** 가중치를 포함하는 행렬로 곱해서 **키**를 생성할 수 있어.

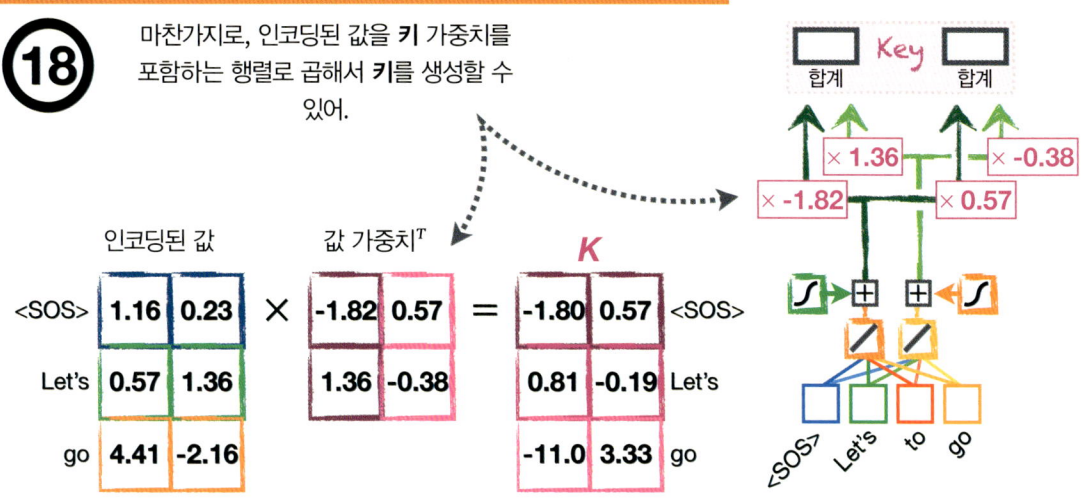

인코딩된 값

<SOS>	1.16	0.23
Let's	0.57	1.36
go	4.41	-2.16

× 값 가중치^T

-1.82	0.57
1.36	-0.38

= **K**

-1.80	0.57	<SOS>
0.81	-0.19	Let's
-11.0	3.33	go

⑲ 그리고 인코딩된 값을 **값** 가중치를 포함하는 행렬로 곱해서 값들을 생성할 수 있어.

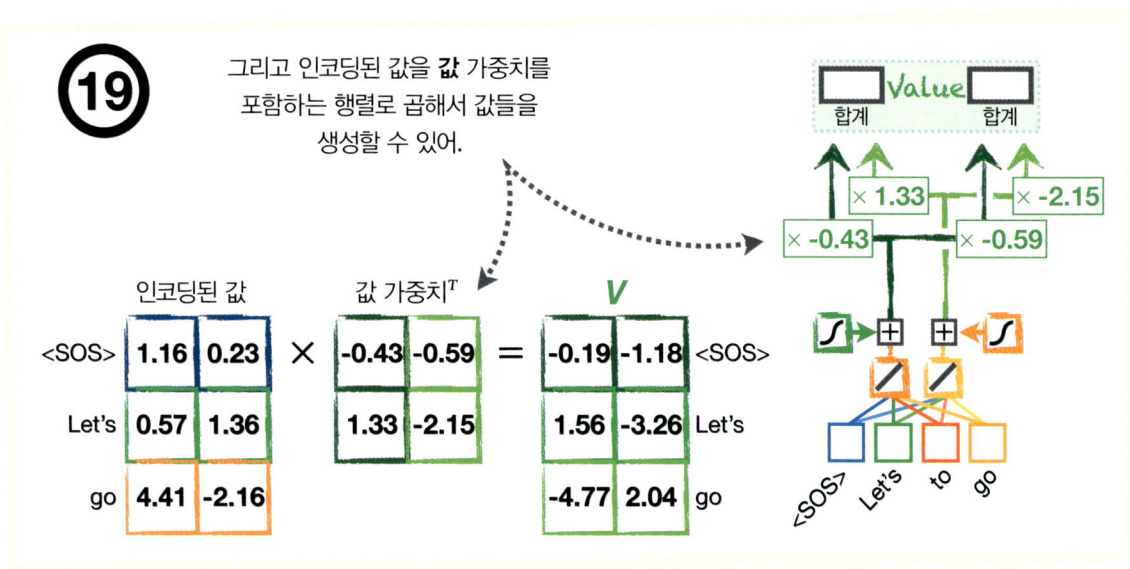

인코딩된 값

<SOS>	1.16	0.23
Let's	0.57	1.36
go	4.41	-2.16

× 값 가중치^T

-0.43	-0.59
1.33	-2.15

= **V**

-0.19	-1.18	<SOS>
1.56	-3.26	Let's
-4.77	2.04	go

⑳ 이제 각 토큰에 대한 **쿼리, 키, 값**이 있으니... ...그것들을 사용해서 셀프 어텐션을 계산할 수 있어.

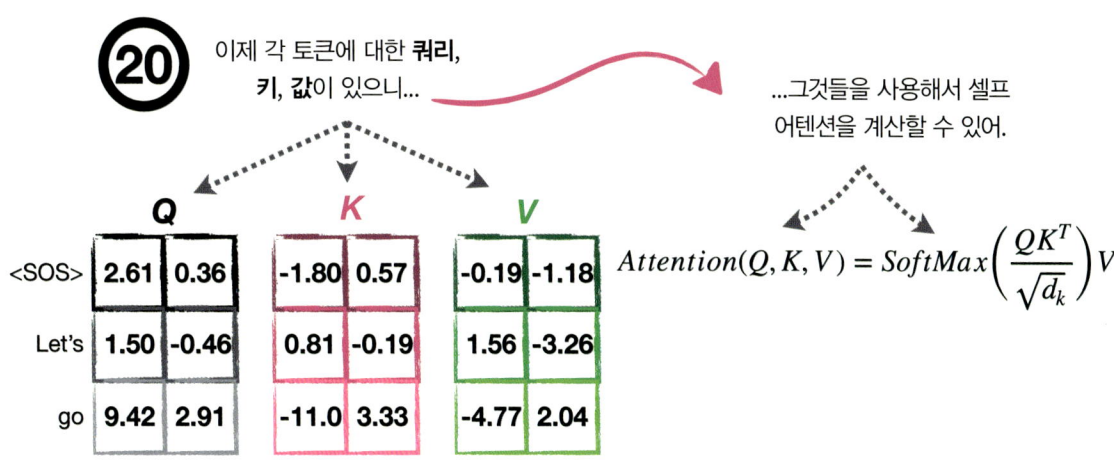

Q

<SOS>	2.61	0.36
Let's	1.50	-0.46
go	9.42	2.91

K

-1.80	0.57
0.81	-0.19
-11.0	3.33

V

-0.19	-1.18
1.56	-3.26
-4.77	2.04

$$Attention(Q, K, V) = SoftMax\left(\frac{QK^T}{\sqrt{d_k}}\right)V$$

335

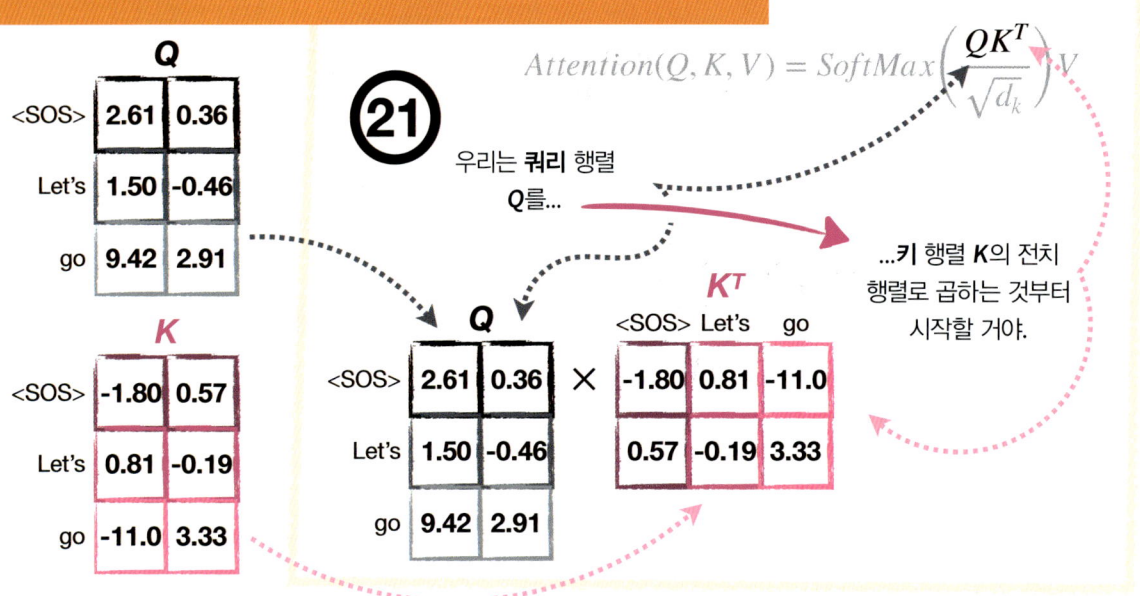

㉑ 우리는 **쿼리** 행렬 Q를...

$$Attention(Q, K, V) = SoftMax\left(\frac{QK^T}{\sqrt{d_k}}\right)V$$

...**키** 행렬 K의 전치 행렬로 곱하는 것부터 시작할 거야.

㉒ Q를 K의 전치 행렬로 곱함으로써, 가능한 모든 토큰 조합에 대해 **쿼리**와 **키** 사이의 내적 유사도를 계산해.

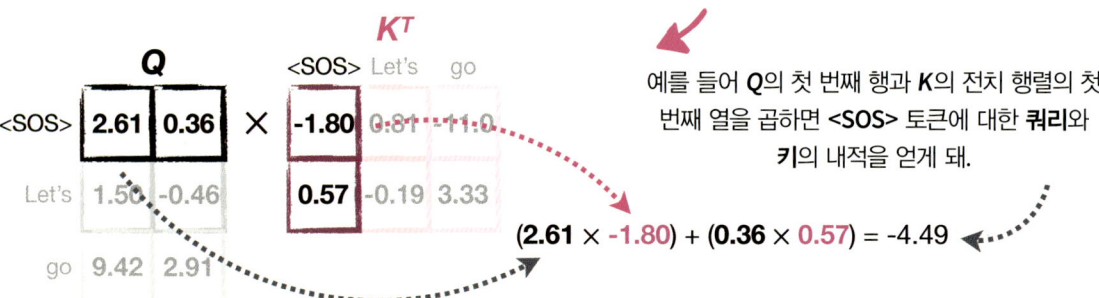

예를 들어 Q의 첫 번째 행과 K의 전치 행렬의 첫 번째 열을 곱하면 <SOS> 토큰에 대한 **쿼리**와 **키**의 내적을 얻게 돼.

(2.61 × -1.80) + (0.36 × 0.57) = -4.49

㉓ 내적 유사도는 **부록 E**에서 설명한 **코사인 유사도**와 밀접하게 관련되어 있어. 큰 차이점은 코사인 유사도는 **내적**을 -1과 1 사이로 스케일링한다는 거야. 따라서 우리는 내적 유사도를 스케일링되지 않은 유사도 측정 지표로 생각할 수 있어.

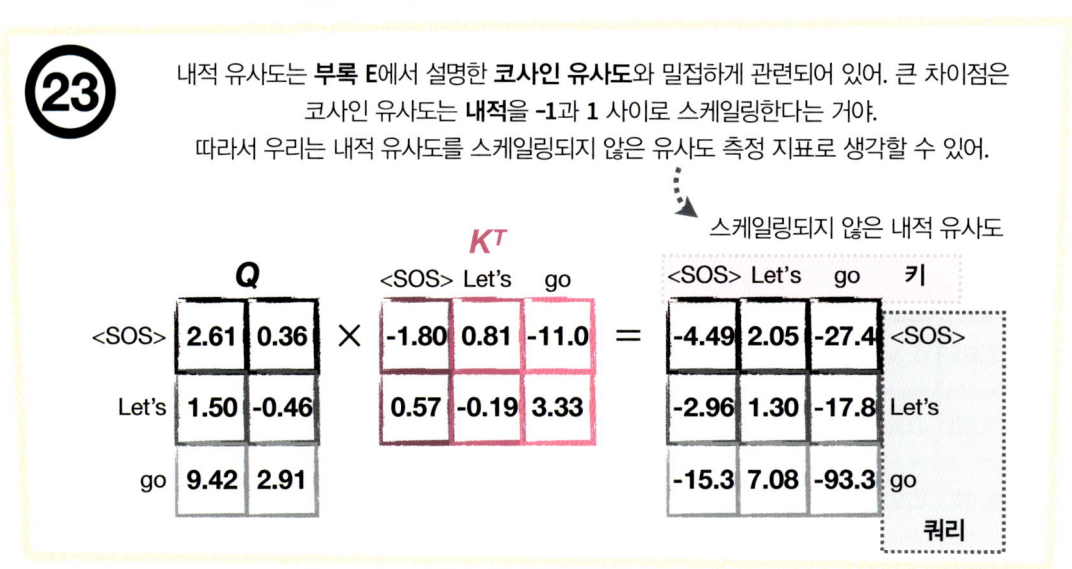

스케일링되지 않은 내적 유사도

$$Attention(Q, K, V) = SoftMax\left(\frac{QK^T}{\sqrt{d_k}}\right)V$$

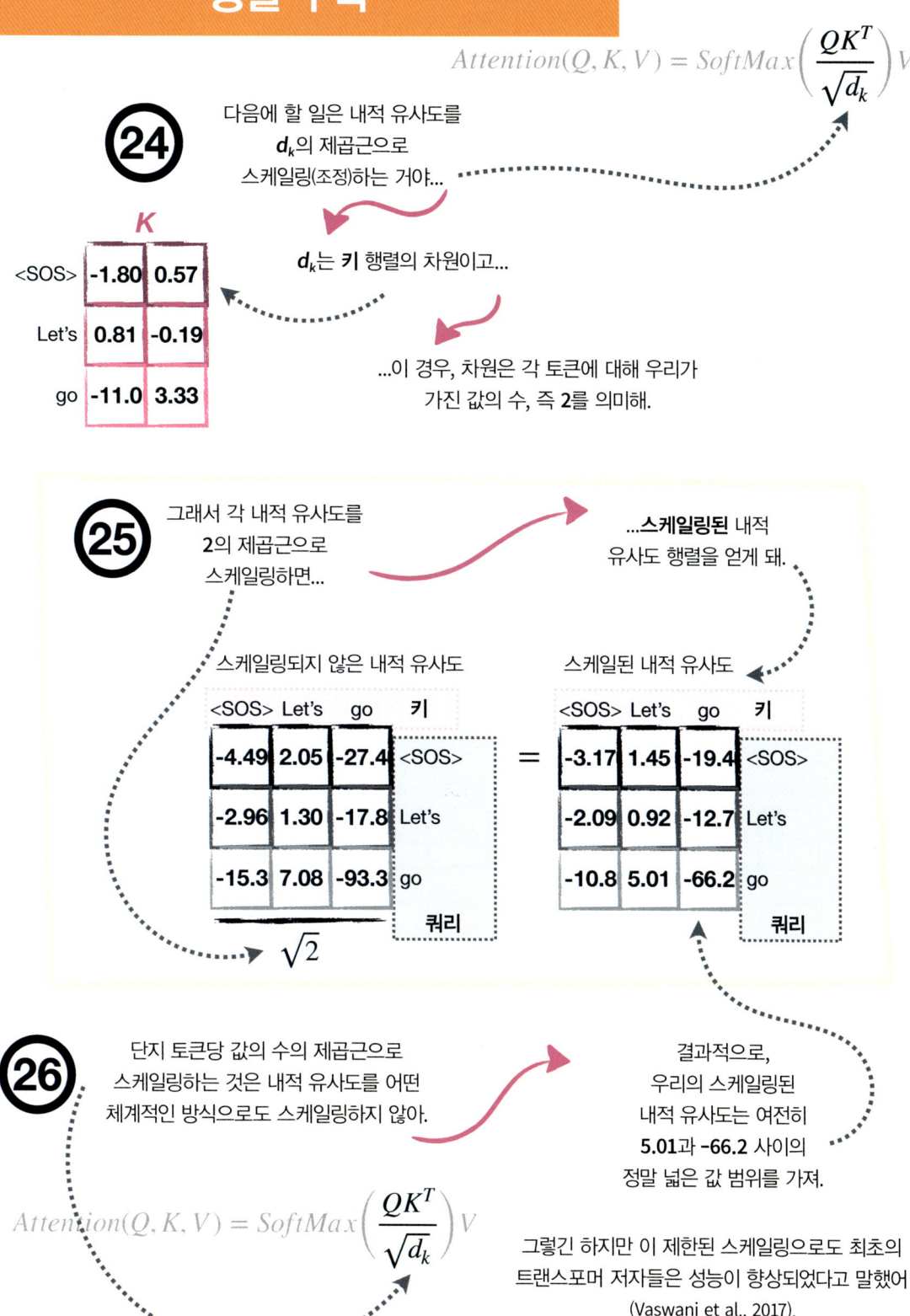

(24) 다음에 할 일은 내적 유사도를 d_k의 제곱근으로 스케일링(조정)하는 거야...

d_k는 키 행렬의 차원이고...

...이 경우, 차원은 각 토큰에 대해 우리가 가진 값의 수, 즉 **2**를 의미해.

K

\<SOS>	-1.80	0.57
Let's	0.81	-0.19
go	-11.0	3.33

(25) 그래서 각 내적 유사도를 **2**의 제곱근으로 스케일링하면...

...**스케일링된** 내적 유사도 행렬을 얻게 돼.

스케일링되지 않은 내적 유사도

	\<SOS>	Let's	go	키
	-4.49	2.05	-27.4	\<SOS>
	-2.96	1.30	-17.8	Let's
	-15.3	7.08	-93.3	go
				쿼리

$\sqrt{2}$

$=$

스케일된 내적 유사도

	\<SOS>	Let's	go	키
	-3.17	1.45	-19.4	\<SOS>
	-2.09	0.92	-12.7	Let's
	-10.8	5.01	-66.2	go
				쿼리

(26) 단지 토큰당 값의 수의 제곱근으로 스케일링하는 것은 내적 유사도를 어떤 체계적인 방식으로도 스케일링하지 않아.

결과적으로, 우리의 스케일링된 내적 유사도는 여전히 **5.01**과 **−66.2** 사이의 정말 넓은 값 범위를 가져.

$$Attention(Q, K, V) = SoftMax\left(\frac{QK^T}{\sqrt{d_k}}\right)V$$

그렇긴 하지만 이 제한된 스케일링으로도 최초의 트랜스포머 저자들은 성능이 향상되었다고 말했어 (Vaswani et al., 2017).

Small bam.

$$Attention(Q, K, V) = SoftMax\left(\frac{QK^T}{\sqrt{d_k}}\right)V$$

㉗ 이제 스케일링된 내적 유사도 행렬의 각 행에 대한 SoftMax값을 계산해.

스케일링된 내적 유사도

	<SOS>	Let's	go	키
	-3.17	1.45	-19.4	<SOS>
	-2.09	0.92	-12.7	Let's
	-10.8	5.01	-66.2	go

쿼리

$SoftMax\Big($

스케일링된 내적 유사도

	<SOS>	Let's	go	키
$SoftMax($	-3.17	1.45	-19.4	<SOS> $)$
$SoftMax($	-2.09	0.92	-12.7	Let's $)$
$SoftMax($	-10.8	5.01	-66.2	go $)$

쿼리

㉘ 각 행에 대한 SoftMax값을 계산하면 이 새로운 행들을 얻게 돼.

스케일링된 내적 유사도

	<SOS>	Let's	go	키
$SoftMax($	-3.17	1.45	-19.4	<SOS> $)$
$SoftMax($	-2.09	0.92	-12.7	Let's $)$
$SoftMax($	-10.8	5.01	-66.2	go $)$

쿼리

Softmax(스케일링된 내적 유사도)

	<SOS>	Let's	go	키
=	0.01	0.99	0.00	<SOS>
=	0.05	0.95	0.00	Let's
=	0.00	1.00	0.00	go

쿼리

㉙ **12장**에서 살펴본 내용을 기억하겠지만, 우리는 SoftMax 함수의 출력을 토큰들 간의 관계 요약으로 생각할 수 있어.

예를 들어 이 결과는 두 번째 행은 **Let's**가 **<SOS>** 토큰과 **5%** 유사하고, 자기 자신과는 **95%** 유사하며, **go**와는 **0%** 유사하다는 것을 알려줘.

부록 G: 트랜스포머 코딩을 위한 행렬 수학

$$Attention(Q, K, V) = SoftMax\left(\frac{QK^T}{\sqrt{d_k}}\right)V$$

㉚ 셀프 어텐션을 계산하기 위해 마지막으로 할 일은 SoftMax의 백분율을 행렬 V의 **값**들로 곱하는 거야.

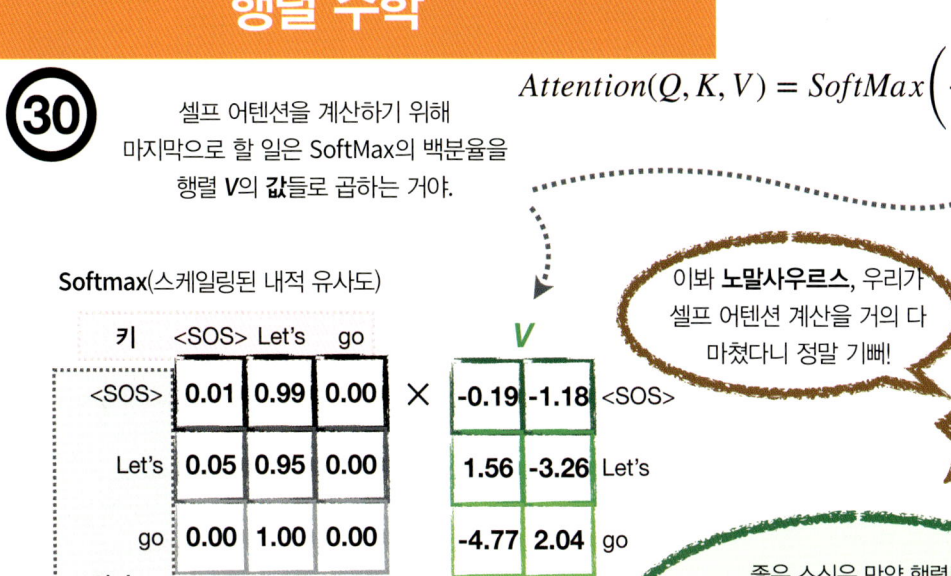

이봐 **노말사우루스**, 우리가 셀프 어텐션 계산을 거의 다 마쳤다니 정말 기뻐!

Softmax(스케일링된 내적 유사도)

키	<SOS>	Let's	go
<SOS>	0.01	0.99	0.00
Let's	0.05	0.95	0.00
go	0.00	1.00	0.00
쿼리			

V

-0.19	-1.18
1.56	-3.26
-4.77	2.04

<SOS>
Let's
go

좋은 소식은 만약 행렬로 셀프 어텐션을 계산하는 방법을 이해할 수 있다면, 마스크드 셀프 어텐션과 인코더-디코더 어텐션 계산은 아주 쉬울 거라는 거야.

㉛ 이 Softmax 백분율들을 값 행렬 **V**로 곱하면 각 토큰의 **값**이 스케일링(가중치가 적용)되어, 최종 셀프 어텐션값들이 모든 입력 토큰들 간의 유사성을 반영하게 돼.

예를 들어 <SOS> 토큰은 자기 자신과 **1%** 유사하고, **Let's**와는 **99%** 유사하며, **go**와는 **0%** 유사하기 때문에...

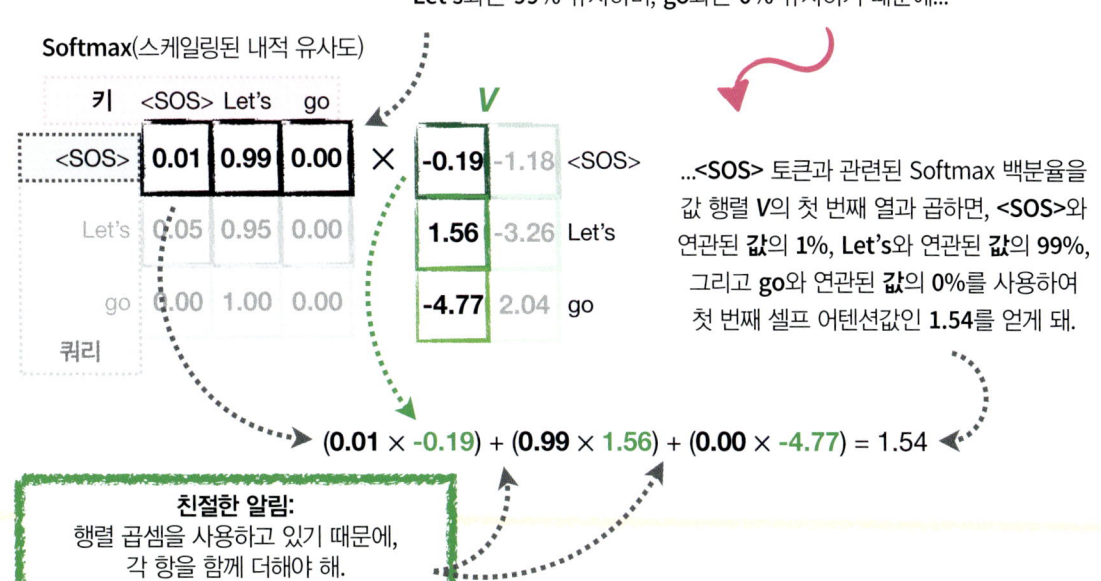

...<SOS> 토큰과 관련된 Softmax 백분율을 값 행렬 **V**의 첫 번째 열과 곱하면, <SOS>와 연관된 **값**의 1%, **Let's**와 연관된 **값**의 99%, 그리고 **go**와 연관된 **값**의 0%를 사용하여 첫 번째 셀프 어텐션값인 **1.54**를 얻게 돼.

Softmax(스케일링된 내적 유사도)

키	<SOS>	Let's	go
<SOS>	0.01	0.99	0.00
Let's	0.05	0.95	0.00
go	0.00	1.00	0.00
쿼리			

V

-0.19	-1.18
1.56	-3.26
-4.77	2.04

(0.01 × -0.19) + (0.99 × 1.56) + (0.00 × -4.77) = 1.54

친절한 알림:
행렬 곱셈을 사용하고 있기 때문에, 각 항을 함께 더해야 해.

(32) 그리고 마침내 길고 긴 계산 끝에, 우리는 각 입력 토큰에 대한 셀프 어텐션값을 계산했어.

BAM!

Softmax(스케일링된 내적 유사도)

키	<SOS>	Let's	go
<SOS>	0.01	0.99	0.00
Let's	0.05	0.95	0.00
go	0.00	1.00	0.00
쿼리			

V

-0.19	-1.18	<SOS>
1.56	-3.26	Let's
-4.77	2.04	go

셀프 어텐션

1.54	-3.24	<SOS>
1.47	-3.16	Let's
1.56	-3.26	go

× =

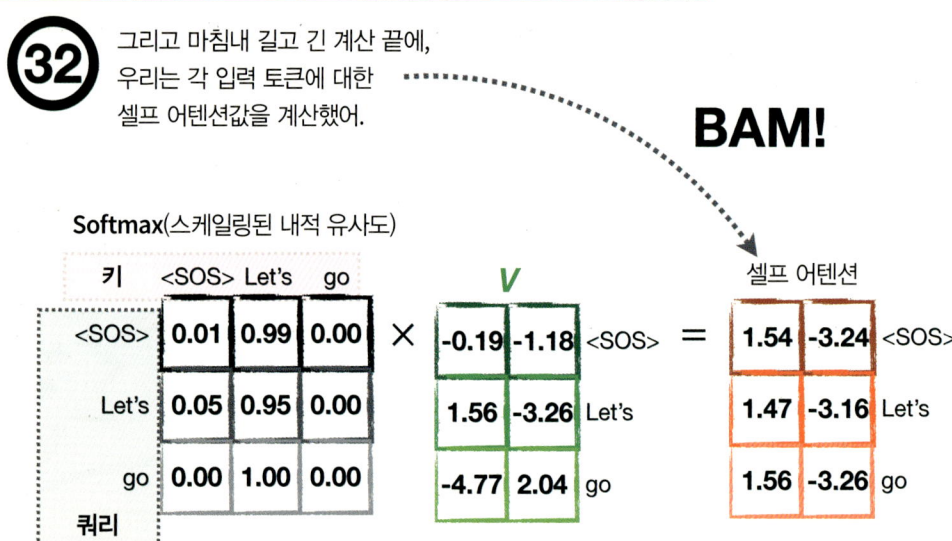

(33) 이제 세 개의 입력 토큰 각각에 대한 셀프 어텐션값을 얻었으니, 잔차 연결을 추가해...

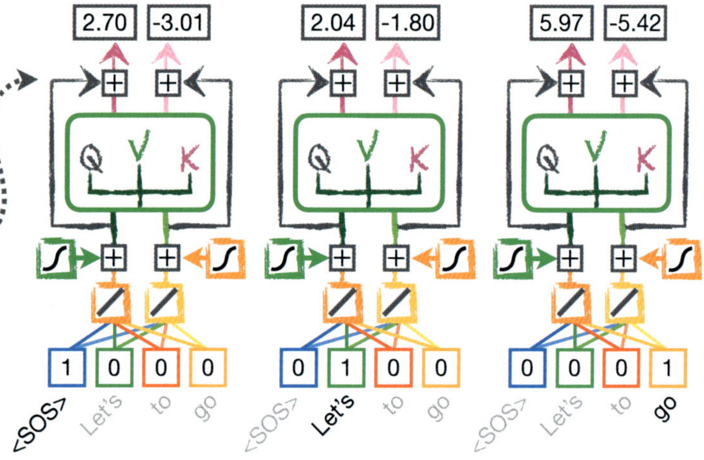

| 2.70 | -3.01 | | 2.04 | -1.80 | | 5.97 | -5.42 |

그리고 그것은 단지 우리가 셀프 어텐션 행렬을 가져와서...

위치 인코딩 바로 다음에 있었던 인코딩된 값 (encoded values, 워드 임베딩과 위치 인코딩의 합)들을 요소별로 더한다는 것을 의미해.

그리고 이 마지막 행렬은 인코더의 최종 출력을 담고 있어.

셀프 어텐션

<SOS>	1.54	-3.24
Let's	1.47	-3.16
go	1.56	-3.26

인코딩된 값

1.16	0.23
0.57	1.36
4.41	-2.16

인코더로부터의 출력

2.70	-3.01	<SOS>
2.04	-1.80	Let's
5.97	-5.42	go

+ = + = + =

DOUBLE BAM!

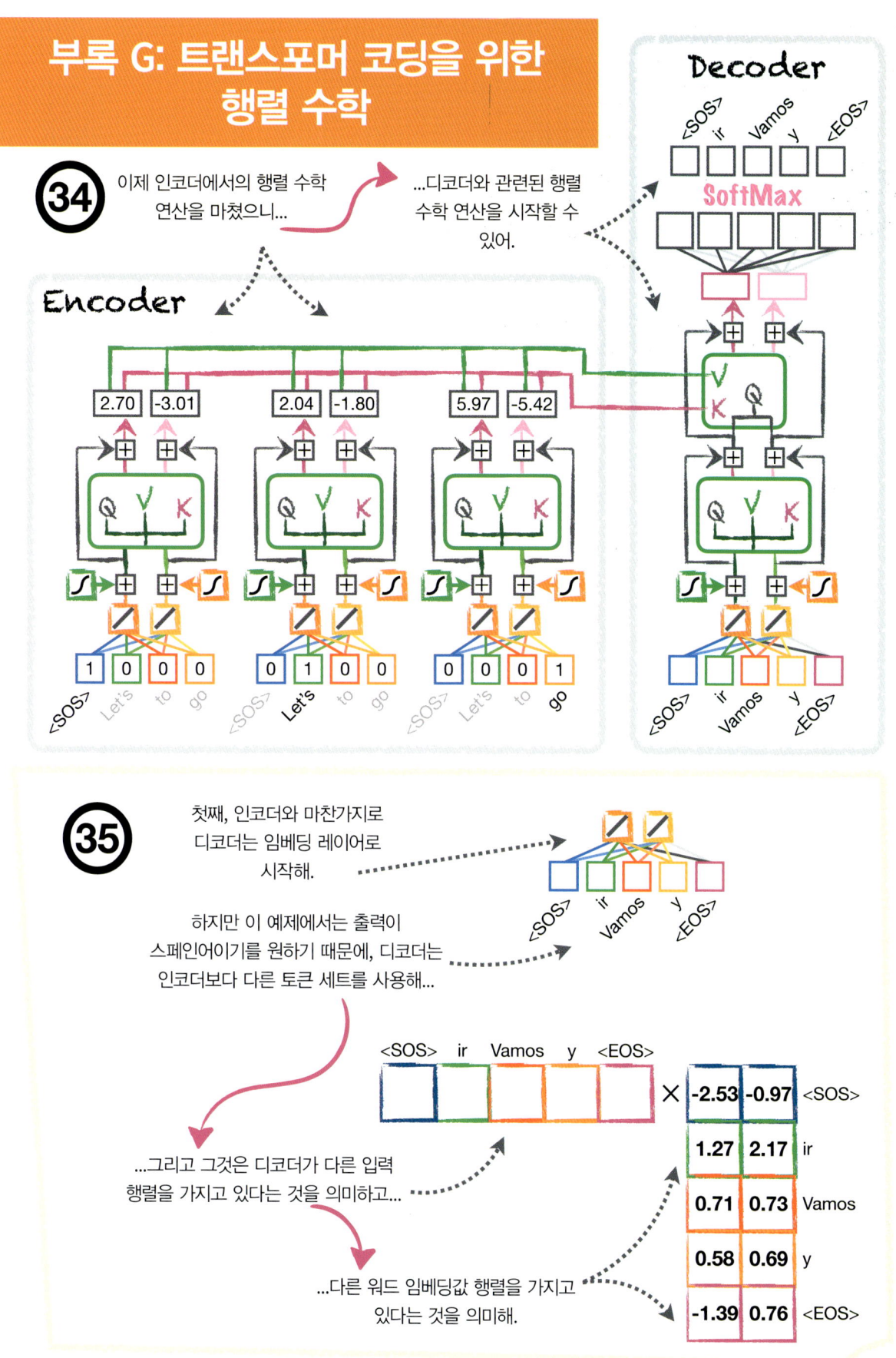

Decoder

Encoder

(34) 이제 인코더에서의 행렬 수학 연산을 마쳤으니...

...디코더와 관련된 행렬 수학 연산을 시작할 수 있어.

| 2.70 | -3.01 | | 2.04 | -1.80 | | 5.97 | -5.42 |

| 1 | 0 | 0 | 0 |

| 0 | 1 | 0 | 0 |

| 0 | 0 | 0 | 1 |

<SOS> Let's to go   <SOS> Let's to go   <SOS> Let's to go   <SOS> ir Vamos y <EOS>

(35) 첫째, 인코더와 마찬가지로 디코더는 임베딩 레이어로 시작해.

하지만 이 예제에서는 출력이 스페인어이기를 원하기 때문에, 디코더는 인코더보다 다른 토큰 세트를 사용해...

...그리고 그것은 디코더가 다른 입력 행렬을 가지고 있다는 것을 의미하고...

...다른 워드 임베딩값 행렬을 가지고 있다는 것을 의미해.

	<SOS>	ir	Vamos	y	<EOS>

X	-2.53	-0.97	<SOS>
	1.27	2.17	ir
	0.71	0.73	Vamos
	0.58	0.69	y
	-1.39	0.76	<EOS>

36 자, 입력 **Let's go**가 **Vamos!**로 번역되기를 원하기 때문에, 우리는 티처 포싱으로 모델을 훈련시키고 **<SOS>** (시퀀스 시작) 토큰과 **Vamos** 토큰을 디코더의 입력 토큰으로 만들 거야.

이는 입력 행렬이 **<SOS>** 토큰과 **Vamos** 토큰에 대한 **원-핫 인코딩**을 포함하는 2개의 행을 가질 것이라는 것을 의미해.

그리고 행렬 곱셈을 수행하면 이 두 토큰에 대한 워드 임베딩값이 추출될 거야.

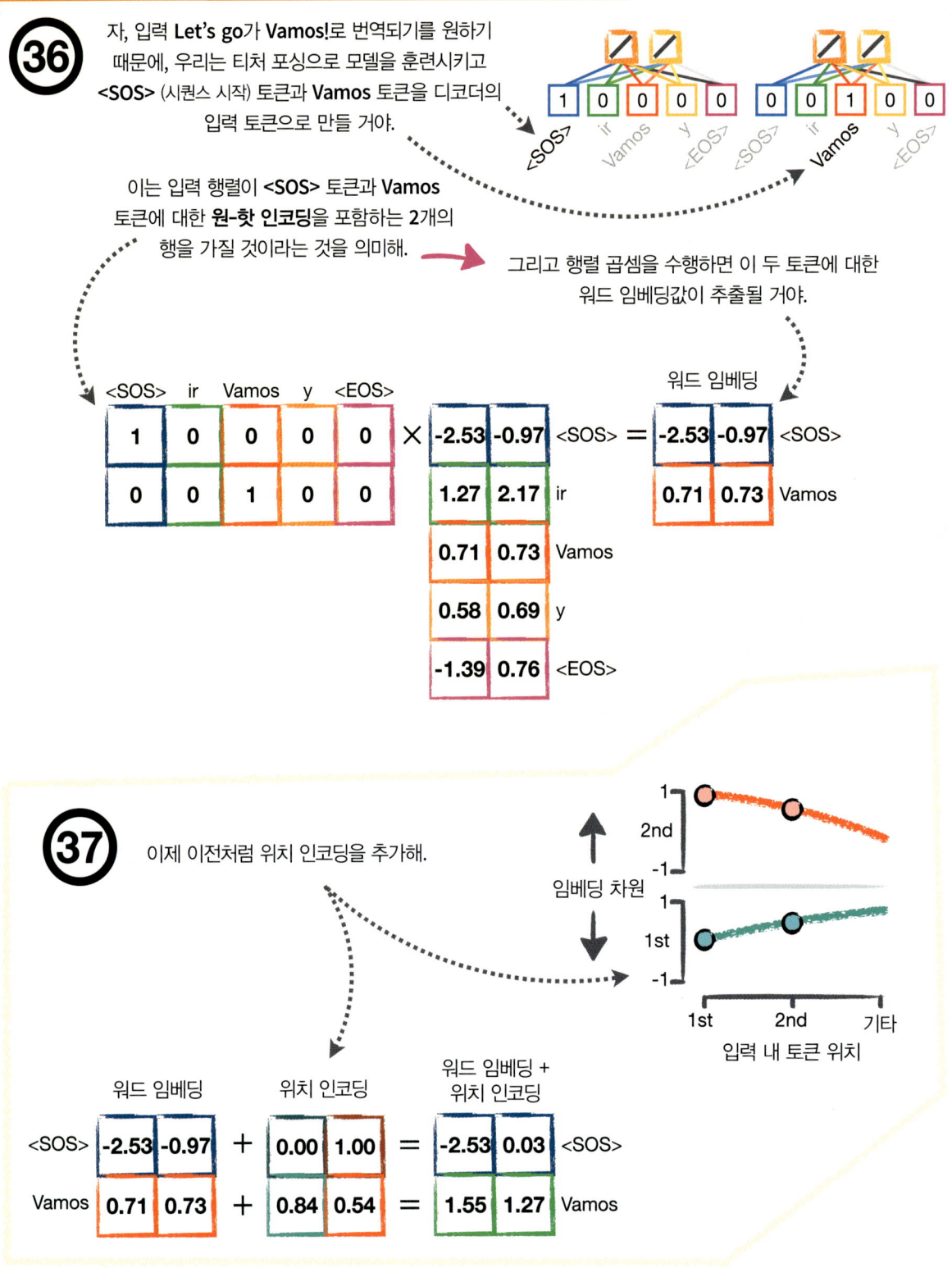

37 이제 이전처럼 위치 인코딩을 추가해.

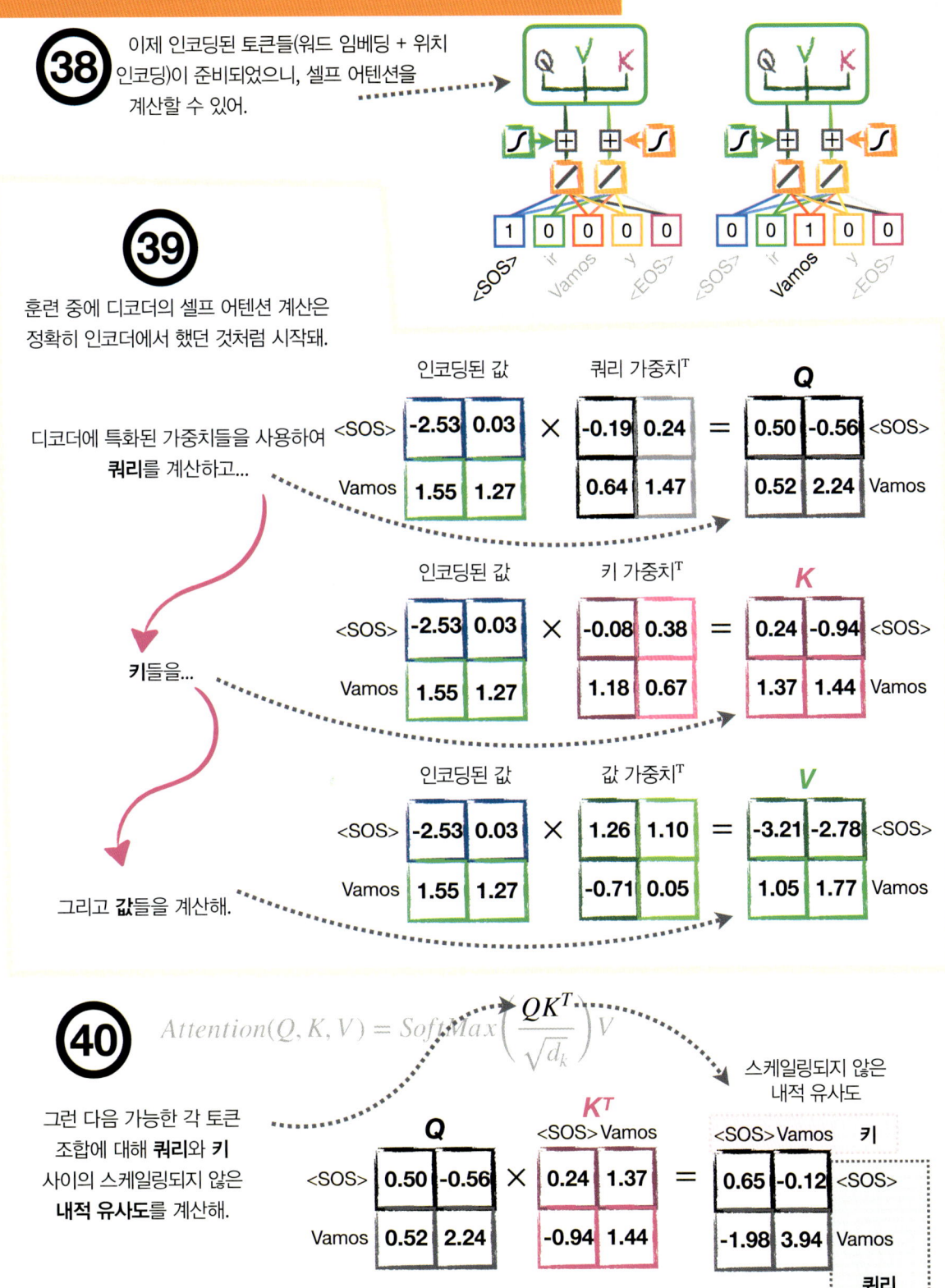

38 이제 인코딩된 토큰들(워드 임베딩 + 위치 인코딩)이 준비되었으니, 셀프 어텐션을 계산할 수 있어.

39 훈련 중에 디코더의 셀프 어텐션 계산은 정확히 인코더에서 했던 것처럼 시작돼.

디코더에 특화된 가중치들을 사용하여 **쿼리**를 계산하고...

인코딩된 값

<SOS>	-2.53	0.03
Vamos	1.55	1.27

× 쿼리 가중치^T

-0.19	0.24
0.64	1.47

= **Q**

0.50	-0.56	<SOS>
0.52	2.24	Vamos

키들을...

인코딩된 값

<SOS>	-2.53	0.03
Vamos	1.55	1.27

× 키 가중치^T

-0.08	0.38
1.18	0.67

= **K**

0.24	-0.94	<SOS>
1.37	1.44	Vamos

그리고 **값**들을 계산해.

인코딩된 값

<SOS>	-2.53	0.03
Vamos	1.55	1.27

× 값 가중치^T

1.26	1.10
-0.71	0.05

= **V**

-3.21	-2.78	<SOS>
1.05	1.77	Vamos

40 그런 다음 가능한 각 토큰 조합에 대해 **쿼리**와 **키** 사이의 스케일링되지 않은 **내적 유사도**를 계산해.

$$Attention(Q, K, V) = SoftMax\left(\frac{QK^T}{\sqrt{d_k}}\right)V$$

스케일링되지 않은 내적 유사도

Q

<SOS>	0.50	-0.56
Vamos	0.52	2.24

× **K^T**

	<SOS>	Vamos
	0.24	1.37
	-0.94	1.44

= 키

	<SOS>	Vamos	
	0.65	-0.12	<SOS>
	-1.98	3.94	Vamos

쿼리

㊶ 그런 다음 **내적 유사도**를 스케일링(조정)해.

$$Attention(Q, K, V) = SoftMax\left(\frac{QK^T}{\sqrt{d_k}}\right)V$$

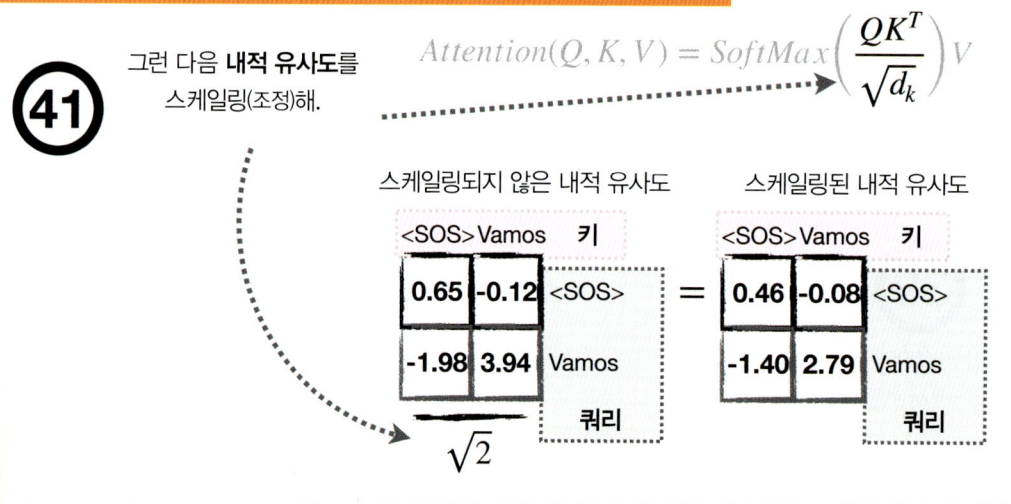

스케일링되지 않은 내적 유사도

	<SOS>	Vamos	키
<SOS>	0.65	-0.12	
Vamos	-1.98	3.94	
			쿼리

$\sqrt{2}$

$=$

스케일링된 내적 유사도

	<SOS>	Vamos	키
<SOS>	0.46	-0.08	
Vamos	-1.40	2.79	
			쿼리

㊷ 자, 티처 포싱을 사용하고 있기 때문에, 디코더 입력 토큰 <SOS>와 ¡Vamos를 동시에 처리하고 있어.

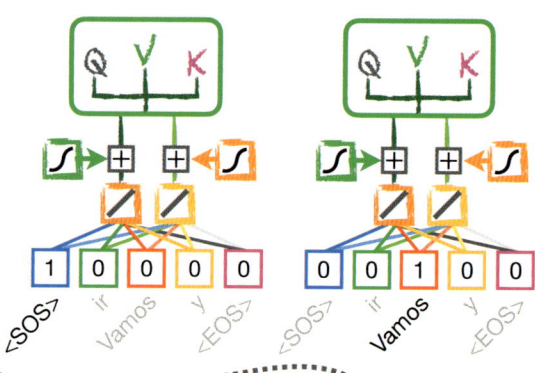

하지만, 두 토큰 모두에 대한 스케일링된 내적 유사도를 계산했지만, <SOS> 토큰에 대한 셀프 어텐션값을 계산할 때는 <SOS> 토큰과 Vamos 사이의 유사도를 사용하지 않아.

왜 그럴까?

스케일링되지 않은 내적 유사도

키	<SOS>	Vamos	
	0.46	-0.08	<SOS>
	-1.40	2.79	Vamos
			쿼리

우리는 <SOS>와 ¡Vamos 사이의 유사도를 사용하고 싶지 않아. 왜냐하면 훈련 중이고 모델이 Let's go라는 구문을 번역하도록 강요하고 있기 때문이야. <SOS> 토큰은 다음에 무엇이 올지 모르고, 다음에 무엇이 올지 알게 되면, <SOS> 토큰이 미리 보고 컨닝하는 것을 원치 않아.

따라서 훈련 중에 우리는 디코더의 마스크드 셀프 어텐션을 사용하여 토큰들이 오직 자기 자신과 그 이전에 온 것들만 보도록 해.

$$MaskedAttention(Q, K, V, M) = SoftMax\left(\frac{QK^T}{\sqrt{d_k}} + M\right)V$$

$$MaskedAttention(Q, K, V, M) = SoftMax\left(\frac{QK^T}{\sqrt{d_k}} + M\right)V$$

(43) 마스크드 셀프 어텐션은 마스킹 행렬(masking matrix), M을 스케일링된 내적 유사도에 더함으로써 작동해.

(44) ...마스크는 마스크드 셀프 어텐션 계산에 포함하고 싶지 않은 어떤 **쿼리/키** 조합에도 **음의 무한대(-infinity)**를 추가하고...

...그리고 우리가 포함하고 싶은 어떤 값에도 **0.0**을 추가해.

스케일링된 내적 유사도

키	<SOS>	Vamos
<SOS>	0.46	-0.08
Vamos	-1.40	2.79

쿼리

M

0.0	-inf
0.0	0.0

(45) 숫자에 **음의 무한대**를 더하면 그것을 **음의 무한대**로 바꿔.

반대로, **0.0**을 더한 모든 값은 동일하게 유지돼.

스케일링된 내적 유사도

키	<SOS>	Vamos
<SOS>	0.46	-0.08
Vamos	-1.40	2.79

쿼리

M

0.0	-inf
0.0	0.0

스케일링된 내적 유사도

키	<SOS>	Vamos
<SOS>	0.46	-inf
Vamos	-1.40	2.79

쿼리

(46) 그리고 그것이 의미하는 바는 우리가 각 행에 Softmax 함수를 적용할 때...

...첫 번째 토큰 <SOS>는 자기 자신과 100% 유사하고 그 이후에 온 어떤 것과도 0% 유사하다는 거야.

스케일링된 내적 유사도

$SoftMax($ | 0.46 | -inf | $) $ <SOS>

$SoftMax($ | -1.40 | 2.79 | $) $ Vamos

쿼리

Softmax(스케일링된 내적 유사도)

키	<SOS>	Vamos
<SOS>	1.00	0.00
Vamos	0.01	0.99

쿼리

$$MaskedAttention(Q, K, V, M) = SoftMax\left(\frac{QK^T}{\sqrt{d_k}} + M\right)V$$

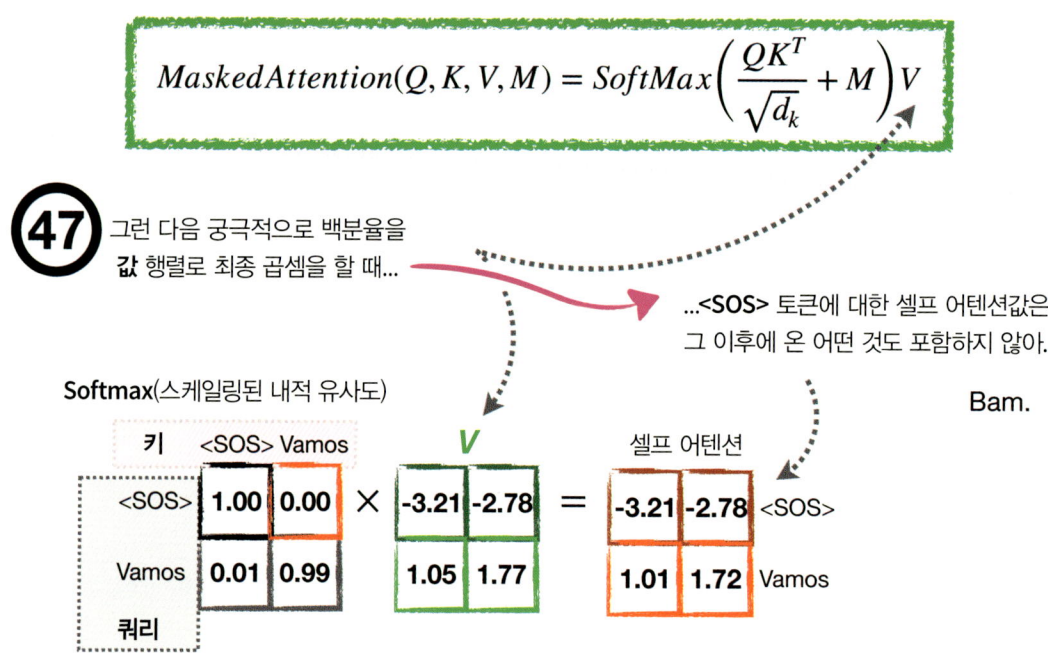

(47) 그런 다음 궁극적으로 백분율을
값 행렬로 최종 곱셈을 할 때...

...<SOS> 토큰에 대한 셀프 어텐션값은
그 이후에 온 어떤 것도 포함하지 않아.

Bam.

Softmax(스케일링된 내적 유사도)

키	<SOS>	Vamos
<SOS>	**1.00**	**0.00**
Vamos	**0.01**	**0.99**
쿼리		

V

-3.21	-2.78
1.05	1.77

셀프 어텐션

-3.21	-2.78	<SOS>
1.01	1.72	Vamos

(48) 이제 <SOS>와 **Vamos**에 대한
마스크드 셀프 어텐션값을
얻었으니, 잔차 연결을 추가해...

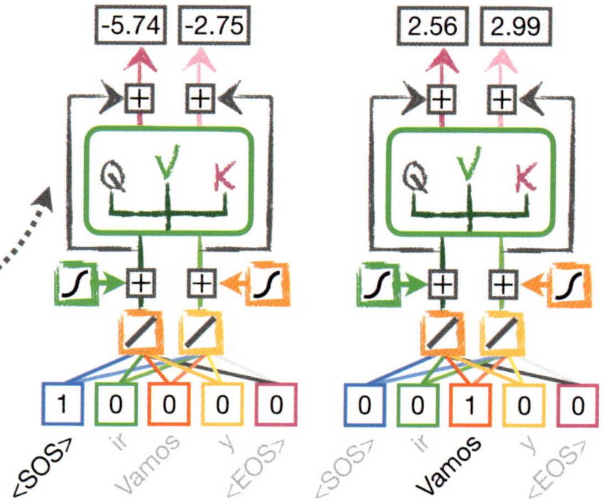

| -5.74 | -2.75 | | 2.56 | 2.99 |

<SOS> ir Vamos y <EOS>   <SOS> ir Vamos y <EOS>

셀프 어텐션		인코딩된 값		디코더값	
-3.21	**-2.78**	+	**-2.53**	**0.03**	=	**-5.74**	**-2.75**	<SOS>

<SOS> | -3.21 | -2.78 | + | -2.53 | 0.03 | = | -5.74 | -2.75 | <SOS>
Vamos | 1.01 | 1.72 | + | 1.55 | 1.27 | = | 2.56 | 2.99 | Vamos

부록 G: 트랜스포머 코딩을 위한 행렬 수학

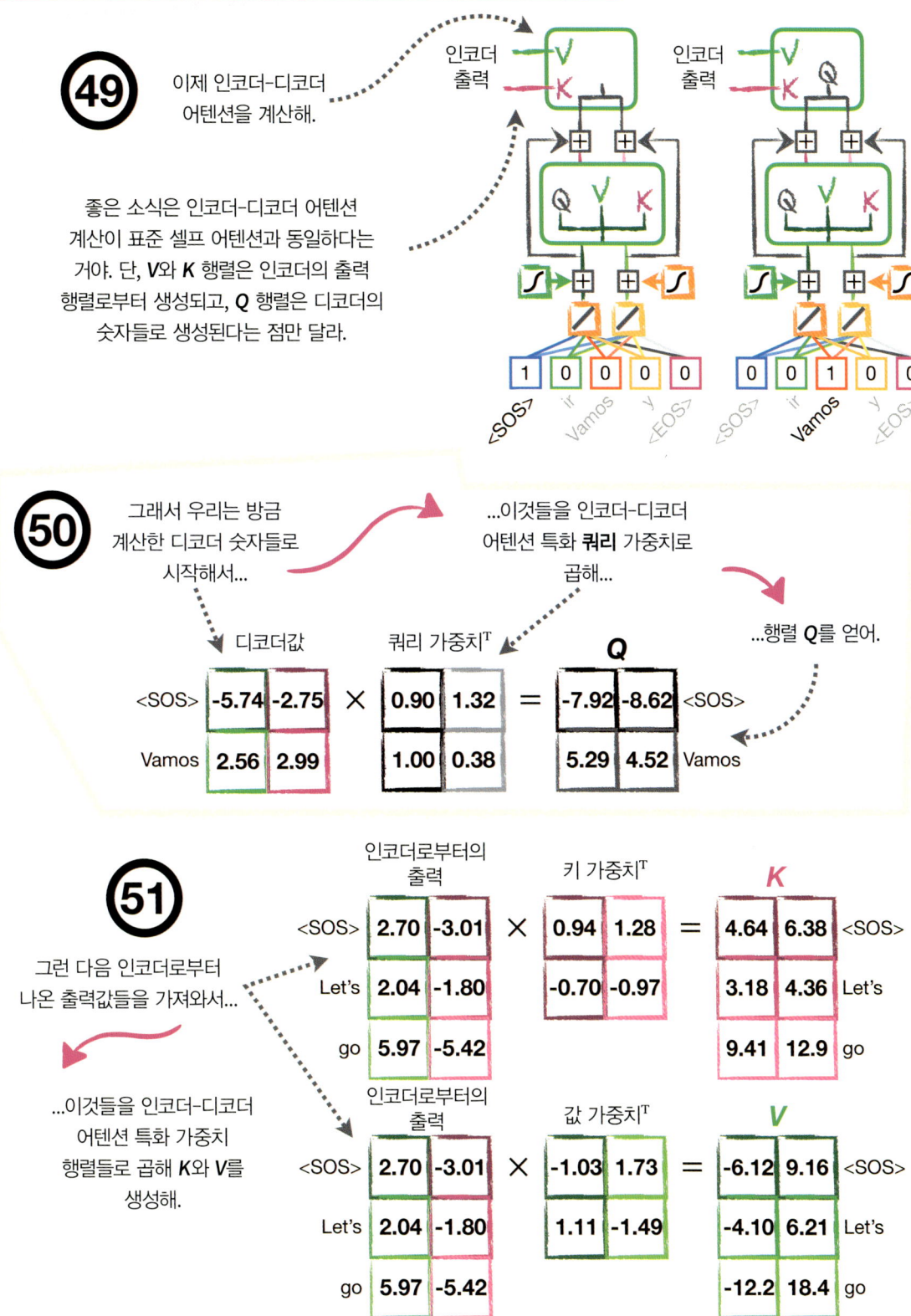

49 이제 인코더-디코더 어텐션을 계산해.

좋은 소식은 인코더-디코더 어텐션 계산이 표준 셀프 어텐션과 동일하다는 거야. 단, **V**와 **K** 행렬은 인코더의 출력 행렬로부터 생성되고, **Q** 행렬은 디코더의 숫자들로 생성된다는 점만 달라.

인코더 출력

인코더 출력

1	0	0	0	0

<SOS> ir Vamos y <EOS>

0	0	1	0	0

<SOS> ir Vamos y <EOS>

50 그래서 우리는 방금 계산한 디코더 숫자들로 시작해서...

...이것들을 인코더-디코더 어텐션 특화 **쿼리** 가중치로 곱해...

...행렬 **Q**를 얻어.

디코더값

<SOS>	-5.74	-2.75
Vamos	2.56	2.99

×

쿼리 가중치^T

0.90	1.32
1.00	0.38

=

Q

-7.92	-8.62	<SOS>
5.29	4.52	Vamos

51 그런 다음 인코더로부터 나온 출력값들을 가져와서...

...이것들을 인코더-디코더 어텐션 특화 가중치 행렬들로 곱해 **K**와 **V**를 생성해.

인코더로부터의 출력

<SOS>	2.70	-3.01
Let's	2.04	-1.80
go	5.97	-5.42

×

키 가중치^T

0.94	1.28
-0.70	-0.97

=

K

4.64	6.38	<SOS>
3.18	4.36	Let's
9.41	12.9	go

인코더로부터의 출력

<SOS>	2.70	-3.01
Let's	2.04	-1.80
go	5.97	-5.42

×

값 가중치^T

-1.03	1.73
1.11	-1.49

=

V

-6.12	9.16	<SOS>
-4.10	6.21	Let's
-12.2	18.4	go

Encoder-Derived

	K	
\<SOS\>	4.64	6.38
Let's	3.18	4.36
go	9.41	12.9

	V	
	-6.12	9.16
	-4.10	6.21
	-12.2	18.4

㊾ 이제 인코더에서 셀프 어텐션을 계산했을 때와 똑같이 인코더-디코더 어텐션을 계산해.

Decoder-Derived

	Q	
\<SOS\>	-7.92	-8.62
Vamos	5.29	4.52

$$Attention(Q, K, V) = SoftMax\left(\frac{QK^T}{\sqrt{d_k}}\right)V$$

ⓐ

Q

\<SOS\>	-7.92	-8.62
Vamos	5.29	4.52

×

K^T

	\<SOS\>	Let's	go
	4.64	3.18	9.41
	6.38	4.36	12.9

= 스케일링되지 않은 내적 유사도

	\<SOS\>	Let's	go	키
	-91.7	-62.8	-186	\<SOS\>
	53.4	36.5	108.1	Vamos

쿼리

ⓑ 스케일링되지 않은 내적 유사도

	\<SOS\>	Let's	go	키
	-91.7	-62.8	-186	\<SOS\>
	53.4	36.5	108.1	Vamos

쿼리

$\sqrt{2}$

= 스케일링된 내적 유사도

	\<SOS\>	Let's	go	키
	-64.9	-44.4	-131	\<SOS\>
	37.8	25.8	76.4	Vamos

쿼리

ⓒ

$SoftMax\Bigg($ 스케일링된 내적 유사도

	\<SOS\>	Let's	go	키
	-64.9	-44.4	-131	\<SOS\>
	37.8	25.8	76.4	Vamos

쿼리 $\Bigg)$

= *SoftMax*(스케일링된 내적 유사도)

	\<SOS\>	Let's	go	키
	0.0	1.0	0.0	\<SOS\>
	0.0	0.0	1.0	Vamos

쿼리

ⓓ

SoftMax(스케일링된 내적 유사도)

	\<SOS\>	Let's	go	키
	0.0	1.0	0.0	\<SOS\>
	0.0	0.0	1.0	Vamos

쿼리

×

V

-6.12	9.16
-4.10	6.21
-12.2	18.4

= 인코더-디코더 어텐션

-4.10	6.21	\<SOS\>
-12.2	18.4	Vamos

BAM!

㊄

그런 다음 다음 잔차 연결
세트를 추가해.

인코더-디코더 어텐션   이전 디코더값

<SOS>	-4.10	6.21	+	-5.74	-2.75
Vamos	-12.2	18.4	+	2.56	2.99

새로운 디코더값

=	-9.84	3.46	<SOS>
=	-9.61	21.39	Vamos

㊄

그런 다음 그 숫자들을
완전 연결 레이어를 통해
계산해줘.

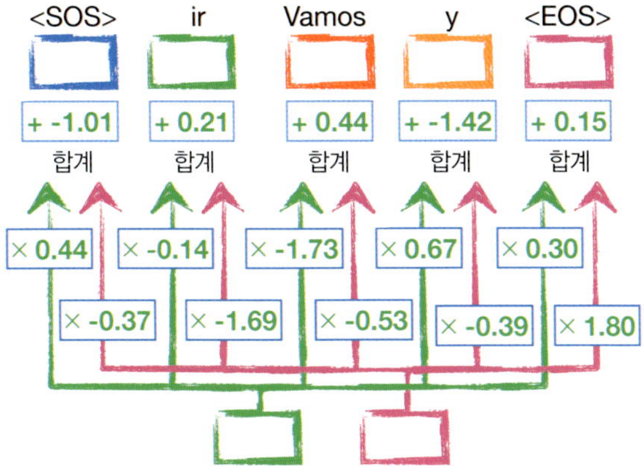

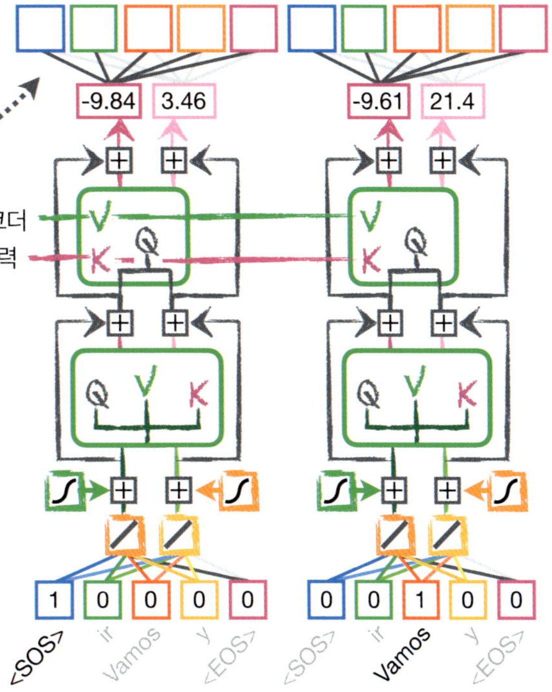

<SOS>	ir	Vamos	y	<EOS>
+ -1.01	+ 0.21	+ 0.44	+ -1.42	+ 0.15
합계	합계	합계	합계	합계

× 0.44	× -0.14	× -1.73	× 0.67	× 0.30
× -0.37	× -1.69	× -0.53	× -0.39	× 1.80

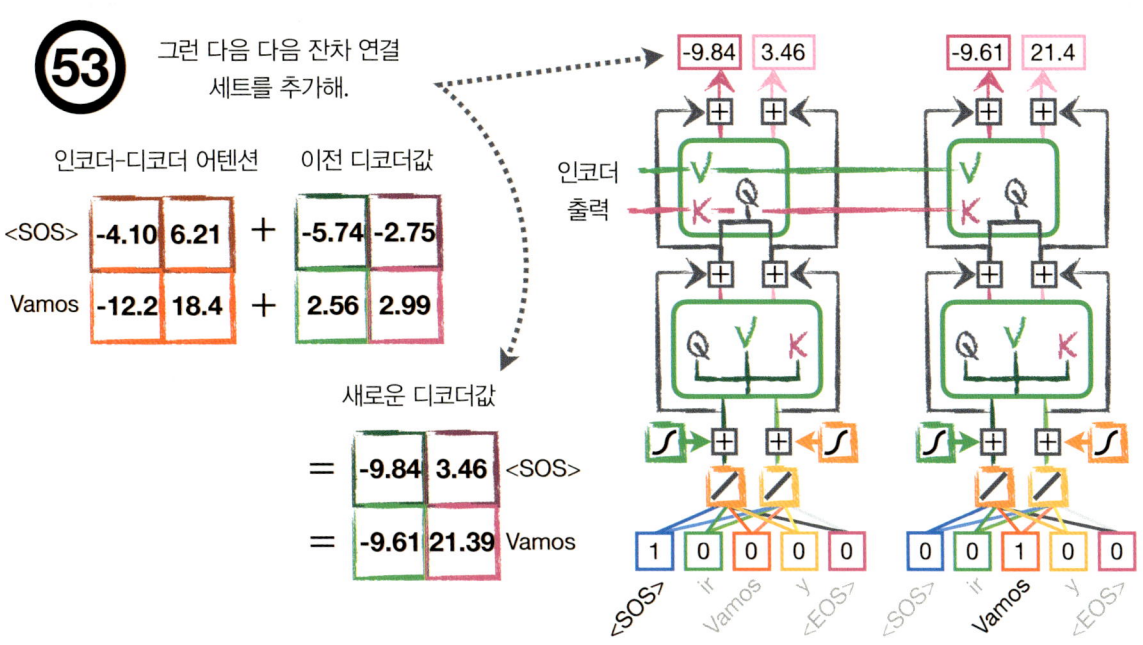

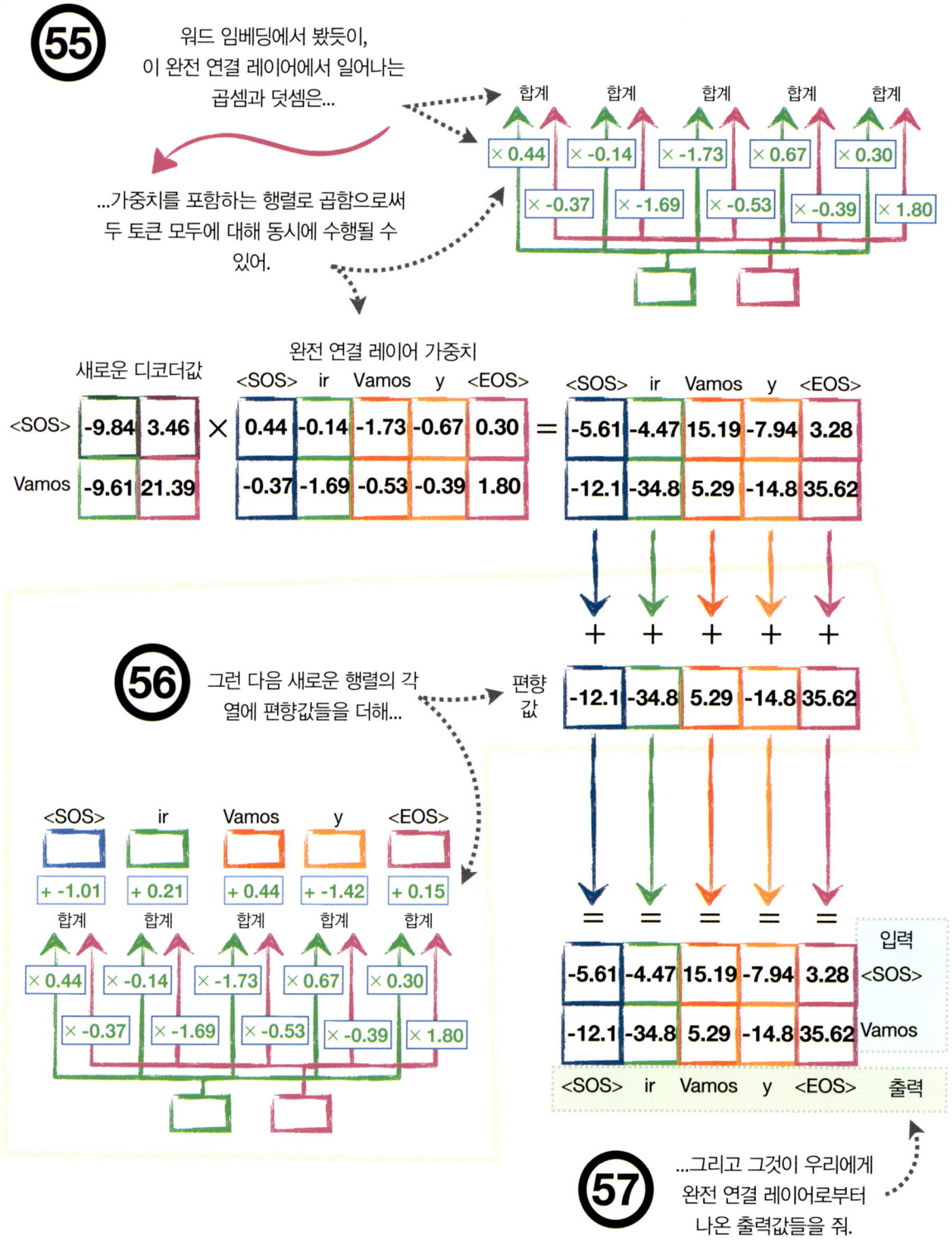

55 워드 임베딩에서 봤듯이,
이 완전 연결 레이어에서 일어나는
곱셈과 덧셈은...

...가중치를 포함하는 행렬로 곱함으로써
두 토큰 모두에 대해 동시에 수행될 수
있어.

| | | 합계 | 합계 | 합계 | 합계 | 합계 |

새로운 디코더값

			완전 연결 레이어 가중치											
			<SOS>	ir	Vamos	y	<EOS>		<SOS>	ir	Vamos	y	<EOS>
<SOS>	-9.84	3.46	×	0.44	-0.14	-1.73	-0.67	0.30	=	-5.61	-4.47	15.19	-7.94	3.28
Vamos	-9.61	21.39		-0.37	-1.69	-0.53	-0.39	1.80		-12.1	-34.8	5.29	-14.8	35.62

56 그런 다음 새로운 행렬의 각
열에 편향값들을 더해...

편향값

| -12.1 | -34.8 | 5.29 | -14.8 | 35.62 |

| <SOS> | ir | Vamos | y | <EOS> |
| + -1.01 | + 0.21 | + 0.44 | + -1.42 | + 0.15 |

						입력
-5.61	-4.47	15.19	-7.94	3.28		<SOS>
-12.1	-34.8	5.29	-14.8	35.62		Vamos
<SOS>	ir	Vamos	y	<EOS>		출력

57 ...그리고 그것이 우리에게
완전 연결 레이어로부터
나온 출력값들을 줘.

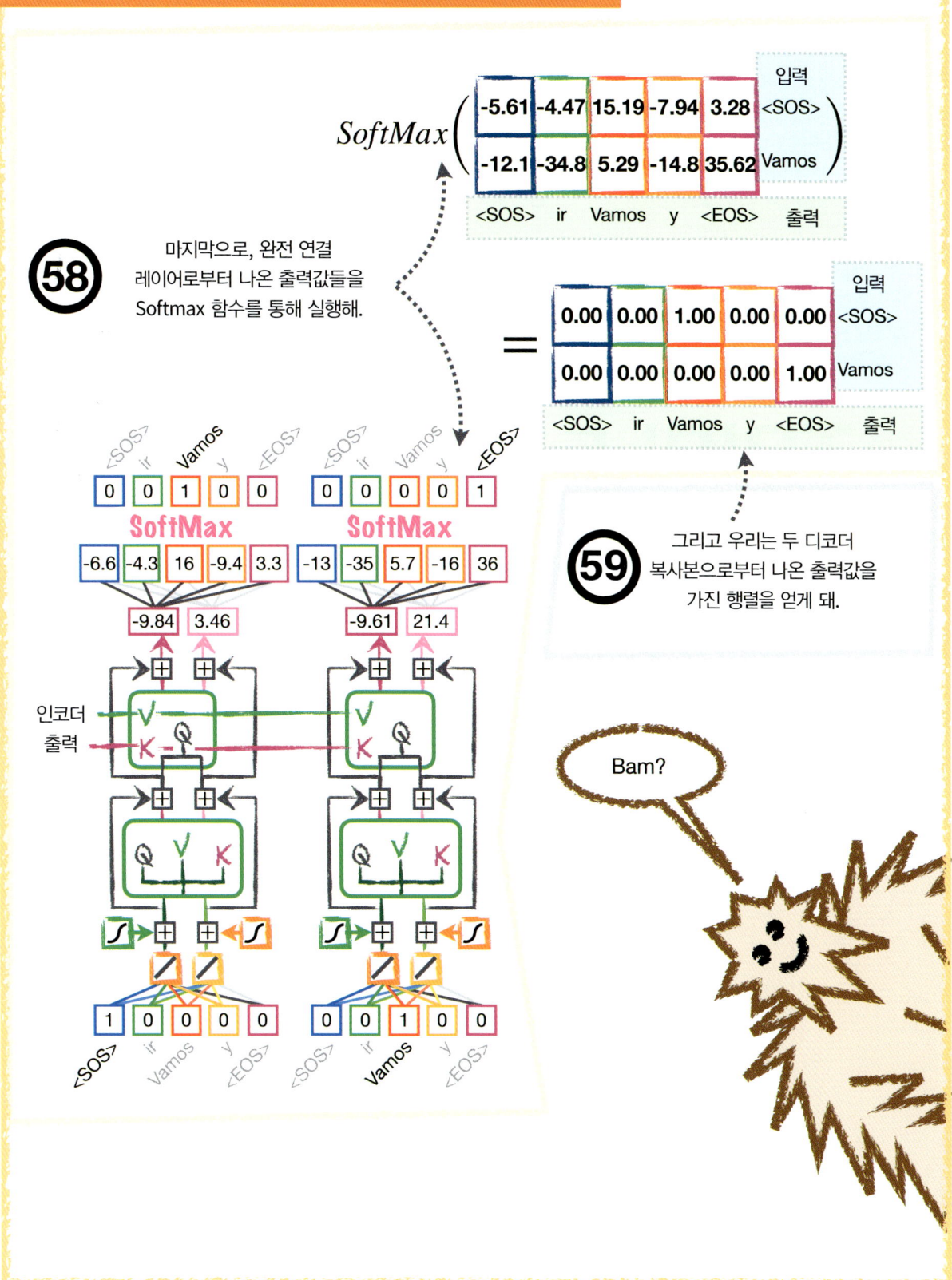

$$SoftMax\left(\begin{array}{ccccc} -5.61 & -4.47 & 15.19 & -7.94 & 3.28 \\ -12.1 & -34.8 & 5.29 & -14.8 & 35.62 \end{array}\right)$$

입력
<SOS>
Vamos

<SOS>   ir   Vamos   y   <EOS>   출력

58 마지막으로, 완전 연결 레이어로부터 나온 출력값들을 Softmax 함수를 통해 실행해.

$$= \begin{array}{ccccc} 0.00 & 0.00 & 1.00 & 0.00 & 0.00 \\ 0.00 & 0.00 & 0.00 & 0.00 & 1.00 \end{array}$$

입력
<SOS>
Vamos

<SOS>   ir   Vamos   y   <EOS>   출력

59 그리고 우리는 두 디코더 복사본으로부터 나온 출력값을 가진 행렬을 얻게 돼.

Bam?

351

60 첫 번째 행은 첫 번째 디코더 유닛으로부터 나온 출력값을 포함하고, **Vamos**에 대한 출력이 1이고 다른 모든 것은 0이기 때문에, **Vamos**는 트랜스포머에 의해 생성된 첫 번째 토큰이야.

두 번째 행은 두 번째 디코더 유닛으로부터 나온 출력값을 포함하고, **<EOS>** 토큰에 대한 출력이 1이므로, 그것은 트랜스포머에 의해 생성된 두 번째 토큰이며, 이는 트랜스포머가 작업을 마쳤다는 것을 나타내.

TRIPLE BAM!!!

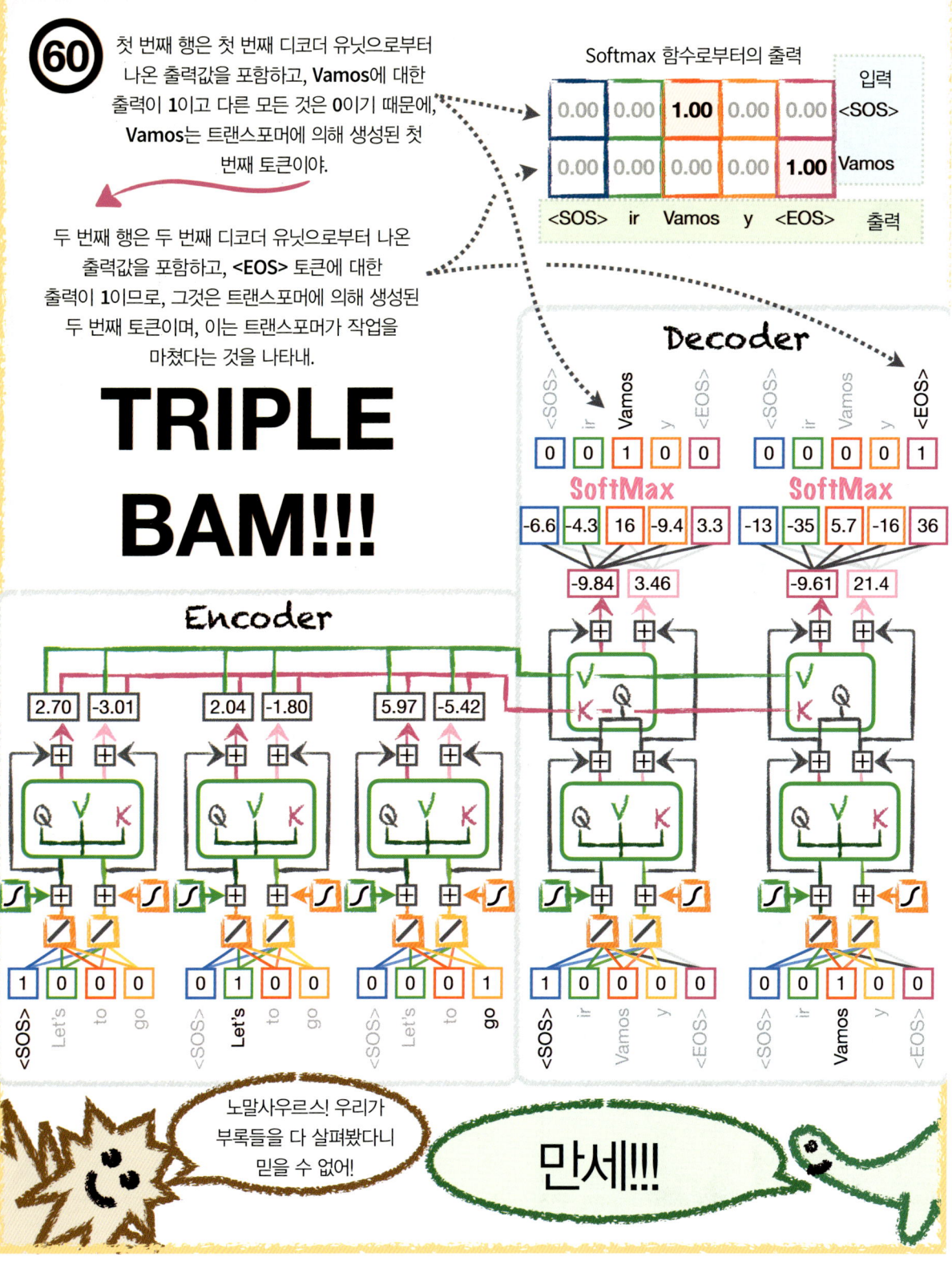

Softmax 함수로부터의 출력

					입력
0.00	0.00	**1.00**	0.00	0.00	<SOS>
0.00	0.00	0.00	0.00	**1.00**	Vamos
<SOS>	ir	Vamos	y	<EOS>	출력

노말사우르스! 우리가 부록들을 다 살펴봤다니 믿을 수 없어!

만세!!!

감사의 글

참고 문헌

찾아보기

감사의 글

먼저 페이트리언(Patreon)과 유튜브(YouTube)의 모든 트리플 뱀(Triple BAM) 후원자분들께 감사의 인사를 전하고 싶어. WayOffTrack, E. Johnson, J. Gaynes, Adila, J. Butt, M., Scola. 이 분들의 지원이 없었다면 내가 하는 일 중 어떤 것도 가능하지 않았을 거야.

편집자 웬디 스피처(Wendy Spitzer)에게도 감사해.
그녀는 수백만 개의 오류를 수정하고, 가독성에 귀중한 피드백을 제공하고,
각 개념이 명확하게 설명되도록 이 책에 마법을 부렸어.

웬디에게 특별한 감사를
전하고 싶어!

고마워, 웬디!

기술 편집자 Adila, Rieda Merzouki, Luis Serrano, Terry Smith, Ashwani Singh,
Samuel Sludge 또한 큰 감사를 받아 마땅해!
그들은 레이아웃부터 수학까지 모든 면에서 도움을 줬어.

이 책이 인도에서 제대로 인쇄되도록 도와준 Pramod와
Minaaz Khera에게도 감사의 인사를 전해!

그리고 Adrian Walchli가 없었다면 파이토치 코드를 한 줄도 쓸 수 없었을 거야.
그는 모든 단계에서 나를 도왔어.

마지막으로, 라이트닝 AI(Lightning AI)의 Will Falcon과 전체 팀, 특히 Nikita,
Sebastian, Jirka, JP, Laura에게 고맙다는 말을 전하고 싶어.

354

Devlin et al. "BERT: Pre-training of deep bidirectional transformers for language understanding(BERT: 언어 이해를 위한 심층 양방향 트랜스포머의 사전 훈련)." *arXiv preprint arXiv:1810.04805* (2018).

– 최초의 인코더–온리 트랜스포머

Liu et al. "Generating wikipedia by summarizing long sequences(긴 시퀀스 요약을 통한 위키백과 생성)." *arXiv preprint arXiv:1801.10198* (2018).

– 최초의 디코더–온리 트랜스포머

Radford et al. "Improving language understanding by generative pre-training(생성적 사전 훈련을 통한 언어 이해 향상)." *openai.com* (2018).

– 최초의 GPT 모델

Sutskever et al. "Sequence to sequence learning with neural networks(신경망을 이용한 시퀀스–투–시퀀스 학습)." *arXiv preprint arXiv:1409.3216* (2014).

– 최초의 Seq2seq/인코더–디코더 모델

Vaswani et al. "Attention is all you need(어텐션이 전부다)." *Advances in Neural Information Processing Systems* (2017).

– 최초의 인코더–디코더 트랜스포머

찾아보기